高等学校法学系列教材

民 法 学

第九版

主　编◎ 彭万林　覃有土

副主编◎ 李开国

撰稿人◎（以撰写章节先后为序）

彭万林　徐国栋　来小鹏

李开国　覃有土　戴永盛

中国政法大学出版社

2022·北京

图书在版编目（ＣＩＰ）数据

民法学/彭万林, 覃有土主编. —9版. —北京：中国政法大学出版社, 2022.7
ISBN 978-7-5764-0324-4

Ⅰ.①民…　Ⅱ.①彭…②覃…　Ⅲ.①民法－法的理论－中国－高等学校－教材　Ⅳ.①D923.01

中国版本图书馆CIP数据核字(2022)第023364号

出　版　者	中国政法大学出版社
地　　　址	北京市海淀区西土城路 25 号
邮　　　箱	fadapress@163.com
网　　　址	http://www.cuplpress.com (网络实名：中国政法大学出版社)
电　　　话	010-58908435(第一编辑部) 58908334(邮购部)
承　　　印	固安华明印业有限公司
开　　　本	787mm×1092mm　1/16
印　　　张	32.75
字　　　数	838 千字
版　　　次	2022 年 7 月第 9 版
印　　　次	2022 年 7 月第 1 次印刷
印　　　数	1~5000 册
定　　　价	86.00 元

作者简介

彭万林　苏联列宁格勒大学法律系研究生部毕业。华东政法大学教授、硕士生导师、校务委员会委员、院学术委员，兼任上海人民政府参事。《法学》、《上海法学研究》编委及审稿人。《辞海》、《经济大辞典》、《民商法辞典》等辞书撰稿人。主要著作有：《民法原理》（全国统编教材）、《民法学》（主编，上海普通高校"九五"重点教材）、《法汉大辞典》、《国家赔偿法原理》等，发表论文百余篇。编译出版《外国民法资料选编》、《国外法学知识译丛》（民法、商法等分册）等。

覃有土　原中南财经政法大学副校长、二级教授、民商法学博士生导师；原社会兼职：中国法学会理事、国家司法考试协调委员会委员、中国商法研究会副会长、中国保险法研究会顾问、湖北省法学会副会长、湖北省人民政府、湖北省高级人民法院及湖北省人民检察院法律咨询专家委员会委员等。主要研究领域为民商法学。主要著作有：《我国经济合同的理论与实践》、《债权法》、《保险法学》、《保险法概论》、《票据法全书》、《有价证券的理论与实务》、司法部规划教材《民法学》（主编）、《社会保障法》、教育部规划教材《商法学》（主编）等，并在《中国法学》、《法学研究》、《法商研究》等刊物上发表论文多篇。

李开国　1966 年毕业于西南政法学院（现西南政法大学），现为西南政法大学教授、博士生导师、市场交易法治研究基地主任、校学术委员会委员。主要著作有：《民法基本问题研究》、《民法总则研究》、《中国民法学》（主编）、《合同法》（主编）、《民法原理与实务》（主编），主要论文有：《民法通则的历史功绩与历史局限》、《对〈合同法征求意见稿〉若干问题的看法和修改意见》、《关于我国物权法体系结构的思考》、《评〈民法草案〉的体系结构》、《我国城市建设用地使用权制度的完善》等。

徐国栋　法学博士，厦门大学法学院罗马法研究所教授、博士生导师，兼任中国民法研究会常务理事、全国外国法制史研究会副会长。著有《民法基本原则解释——成文法局限性之克服》一书，在《中国社会科学》、《法学研究》、《中国法学》、《罗马法与现代民法》等刊物上发表论文二百五十余篇。

来小鹏　法学博士，中国政法大学教授、博士生导师。中国知识产权法研究会理事、中国版权保护协会理事、中国科技法研究会常务理事、中国政法大学知识产权维权援助研究与服务中心主任、国家知识产权战略专家成员。主要研究领域为民商法、知识产权法、网络法等。先后承担国家、省部级研究课题五十余项，著有《知识产权法学》、《版权交易制度研究》、《知识产权法学案例研究指导》（主编）、《网络知识产权法研究》（主编）、《民法学》（主编）等四十余部，公开发表学术论文百余篇。

戴永盛 法学硕士，著有《商业秘密法比较研究》，论文有《隐私权研究》等。

第九版说明

　　20世纪八九十年代，司法部组织其当时所属的五所普高即中国政法大学、西南政法学院、华东政法学院、中南政法学院及西北政法学院，以五校之合力统一编写并适用其所属院校法学专业的一套法学教材。《民法学》正是这套教材中的一本。当年司法部所属的五所普高，亦即今日坊间所谓的"中国法学五院四系"中的"五院"。这套教材的每一本都是上述五院校中各相应学科的学术带头人共同科研之成果，且历经多次修订。《民法学》自然不例外。

　　本教材自1994年初版以来，历经8次修订，此次修订已是第9次修订了。与以往不同的是，其一，此次修订是严格按照《中华人民共和国民法典》（以下简称《民法典》）的规定完成的。民法典是诸法之"母法"，更是所有民事立法之"母法"。本次修订当然要以我国《民法典》规定的内容为准，对全书各编进行了认真的梳理和修订。凡是以往民事立法与《民法典》有"打架"的地方，一律以《民法典》的规定为准。其二，在第八版"瘦身"的基础上进一步"瘦身"——删减了5章的内容。变化最大的是将原第四编即知识产权编舍弃了。知识产权制度是传统民法中重要的组成部分。本教材在编写时，有的法学院校民法学课程中还包括知识产权内容，因此，从初版到第八版都设有知识产权编。考虑到如今知识产权一课已被列为法学专业的核心课之一；更重要的是，《民法典》并未将知识产权制度的主要内容纳入其中。在这种情况下，仍然将知识产权留在本教材中设为一编，显然是不妥的。当然，有删除也有适当增加的。增加的内容主要是《民法典》新增的内容，如人格权制度等。其三，依然保留一些过去我国民事立法和《民法典》都没有规定的内容。中国民法学无疑要以我国《民法典》的基本内容、基本原则及其法理予以准确诠释。但是，民法不等于民法学。我们的民法学不仅要对《民法典》的基本内容和基本原则作出准确的诠释，也要对国外一些具有代表性的民事法律及其立法经验作适当的介绍，一些重要法理更是少不了要论及。例如，债权债务编是大陆法系民法典中的重要组成部分，我国《民法典》却不设债权编。然而，债这一大块是绕不过去的。又如，取得时效制度是众多大陆法系民法典中都规定有的内容，但我国《民法典》中并不确立这一制度。我们认为，作为法科的学生，对这些重要的传统民事立法应有所了解。因此，本教材设有债权编，并在物权编中对取得时效作了适当的介绍。这也算本教材的一点特色吧。

　　本书在20世纪90年代初版时撰稿人分工为：

　　彭万林：绪论，第四编即债权编的"运输合同"，"委托合同、行纪合同、中介合同"两章，以及第五编即继承权编各章；

　　徐国栋：第一编即民法总论各章；

来小鹏：第二编即人身权编各章；

李开国：第三编即物权编各章；

覃有土：第四编即债权编的"债的一般原理""合同总论""侵权行为之债""不当得利和无因管理之债"等章；

戴永盛：第四编即债权编的"买卖合同""赠与合同""借贷合同""租赁合同和融资租赁合同""承揽合同、建设工程合同""技术合同""保管合同、仓储合同""合伙合同""雇佣合同"等章。

参加本次修订工作的有覃有土、徐国栋、来小鹏、戴永盛及刘云生五位老师。其中，徐国栋和来小鹏两位教授对自己原撰稿部分负责修订；覃有土教授、戴永盛老师除对自己原撰稿部分修订外，还分别对原由彭万林教授所撰的绪论和继承权编进行修订。原由李开国教授所撰的物权编，经原撰稿人推荐并经主编和出版社同意，由广州大学法学教授、博导刘云生博士代为修订。全书修订由覃有土教授负责统稿、定稿。

编　者

2022 年 1 月 16 日

第八版说明

　　民法学是以民法为研究对象的一门学科，在中国，其研究对象自当以我国现行民事立法为主。当然，作为一本教材，民法学不仅要对本国现行民事立法的内容、基本原则及其法理予以准确诠释，也要对国外的一些具有代表性的民事法律及其立法经验作适当的介绍，而且还要不断地吸收国内外法学研究及法学教育的新成果。唯其如此，方能保持其内容上的适用性和理论上的与时俱进。本教材这些年来多次修订，用心就在于此。

　　本次修订是在《中华人民共和国民法总则》颁布之后进行的。《民法总则》是我国民法典的开篇之作，是我国行将编就的民法典的脊梁和灵魂，其重要性是不言而喻的。此次修订之特征有三：其一，以《民法总则》作为统领，对全书的内容作了修订。凡其他单行民事立法的内容与《民法总则》的规定不一致的，均以《民法总则》的规定为准（特别规定除外）。但鉴于《民法总则》实施后暂不废除《民法通则》，且《民法通则》对于合同、所有权及其他财产权、民事责任规定的相关条文又是本书论及相关问题时需要加以引用的，因此，此次修订时，仍然继续引用了这些条文（当然以与《民法总则》不相抵为原则）。其二，本次修订，对全书作了适当的"瘦身"。其中最主要的是将不完全属于民法的内容或者我国现行立法没有规定的内容予以剔除。例如原第三十九章即保险合同一章显属商法的内容；原第十五章即用益物权一章的第七节采矿权、第八节水资源使用权应属经济法的范畴，第九节典权在我国《物权法》中并无规定，这些章节，虽然所论颇为精彩，但出于"瘦身"的目的，只能忍痛割爱了。此外，对于一些过详的史料也作了必要的删除。其三，本次修订是对全书逐章逐节地进行，而不是仅仅对一些章节的修修补补。全书虽然作较大的"瘦身手术"，但并不损及结构，更未伤筋动骨，倒是内容更加简洁，结构更为合理了。

　　本书初稿时撰稿人的分工为：彭万林：绪论、第五编的第三十四章、第三十五章、第三十九章及第六编；徐国栋：第一编；来小鹏：第二编及第四编；李开国：第三编；覃有土：第五编的第二十四章、第二十五章、第二十六章和第二十七章；戴永盛：第五编的第二十八章至第三十三章以及第三十六章至第三十八章。

　　参加本次修订工作的有覃有土、徐国栋、来小鹏及戴永盛四位教授，全书修订由覃有土教授负责统稿。

编　者

2017 年 11 月 8 日

第七版说明

　　教材的修订是为了吸收国内外法学研究、法学教育的新成果、新经验，坚持理论联系实际的原则，努力做到科学性、系统性和实用性的统一。

　　本教材从 1994 年初版以来，到今年已进行六次修订、再版，使其与时俱进，不断成熟，日臻完善。实际上，这本教材在国内已成为最有影响的民法教材之一，颇受广大读者的好评。

　　这次教材修订主要目的是对近几年新颁布的法律、法规进行补充、修订和阐述。如《侵权责任法》以及有关知识产权法等。这次修订将使《民法学》能够保持其理论观点的前沿性以及与国内法律现状的契合性。在此次修订过程中还不免有缺漏之处，望广大读者仍能一如既往地给予我们更多的帮助。

　　《民法学》（第七版）由彭万林任主编，覃有土、李开国任副主编，并由彭万林统稿，修订分工如下（以撰写章节先后为序）：

　　彭万林　绪论，第五编第三十四、三十五、三十九章，第六编；

　　徐国栋　第一编；

　　来小鹏　第二、四编；

　　李开国　第三编；

　　覃有土　第五编第二十四至二十七章；

　　戴永盛　第五编第二十八至三十三、三十六至三十八章。

编　者

2010 年 10 月 9 日

目 录

第二编　人身权

第四编 债 权

第五编　继承权

绪　论

一

民法是一个重要的法律部门。民法是一切市场经济国家，特别是发达国家制定的最早、最为完备、最为基本的法律。民法和其他法律部门一样，是一定经济基础的上层建筑，是反映社会经济关系，并且为产生它的经济基础的巩固和发展服务的法律。与其他法律部门相比，民法与经济基础的关系则更为密切、更为直接。民法是社会经济生活的法律表现，所以恩格斯说："民法的准则只是以法律的形式表现了社会的经济生活条件。"[1]

商品经济（即市场经济）在法律上的主要反映是民法，民法是规范商品经济的基本法。无论从各国立法的历史沿革，还是现实情况来看，民法与一定社会的商品经济紧密联系、息息相关，它伴随着商品经济而产生、发展起来。目前，全球 110 余个国家有民法典，还有若干国家正在制定民法典。民法在一个国家法律体系中始终处于举足轻重的位置，它在相当长的时期内直至今天对于经济生活的各个领域普遍发生作用。社会经济越是发展、活跃，民法的作用与意义越是突出；商品经济越复杂，对民法的要求越高，民法就越要发展，越要健全、完善。民法的形成，经历了一个很长的历史发展过程。根据不同时期所有制类型和商品经济发展程度的不同，民法的性质和特点及其内容也有所不同。

民法渊源始于罗马法时期。罗马法是指公元前 8 世纪至公元前 6 世纪查士丁尼皇帝在位时期的罗马奴隶制国家全部法律规范的总称，是古代奴隶制法中最重要和最发达的部分。罗马法的内容极为庞杂（包括国家法、刑法、私法等），其特点是诸法合体、不加分类（即民刑不分、实体法与程序法不分）。其中最为完备、对后世影响最大的是罗马私法（主要是指民法），故法学家通常把罗马私法（罗马民法）和罗马法作为同义语。罗马私法不仅在体系上比较完备、严谨，如其分为人法、物法、诉讼法等，而且在立法技巧上也是高超的。特别是罗马私法中反映商品生产和商品交换关系的有关内容的规定，极为充实、完备、精辟。罗马法是"商品生产者社会的第一个世界性法律"，[2]它的形成绝非偶然，而是罗马市民社会商品经济发展所致。恩格斯对罗马法的这一成就曾经高度评价为："罗马法是简单商品生产即资本主义前的商品生产的完善的立法"，[3]并提到："它对简单商品所有者的一切本质的法律关系（如买主与卖主、债权人和债务人、契约、债务等）都作了无比正

---

[1]　〔德〕马克思、恩格斯：《马克思恩格斯选集》（第 4 卷），中共中央马克思恩格斯列宁斯大林著作编译局译，人民出版社 1995 年版，第 248～249 页。

[2]　〔德〕马克思、恩格斯：《马克思恩格斯选集》（第 4 卷），中共中央马克思恩格斯列宁斯大林著作编译局译，人民出版社 1995 年版，第 248 页。

[3]　〔德〕马克思、恩格斯：《马克思恩格斯选集》（第 36 卷），中共中央马克思恩格斯列宁斯大林著作编译局译，人民出版社 1995 年版，第 169 页。

确的规定。"[1]恩格斯还说："罗马法是纯粹私有制占统治的社会的生活条件和冲突的十分经典性的法律表现，以致一切后来的法律都不能对它做任何实质性的修改。"[2]

罗马法调整当时简单商品生产和商品交换的各种法律关系，如物权、债权、契约、继承权等。罗马法对上述内容作了较详尽规定，其中包含着资本主义时期的许多法律关系。罗马私法中规定的一些民事法律制度都很适用于资本主义社会，它对后世的资本主义民法发展起了很重要的作用，产生了深远的影响，从而成为许多资本主义国家民事立法的主要依据，特别是对大陆法系民法的形成，影响极大。民法传统肇始于罗马法，但其形成却是在中世纪德意志各部族继受罗马法之后。公元 12 世纪起，4 个汇编（即《查士丁尼法典》《学说汇纂》《法学阶梯》和《新律》）被人总称为《查士丁尼民法大全》（又译《查士丁尼国法大全》），它集罗马法精华之大成，标志着罗马法进入发展完备的时期，对后世的民法发展影响很大。通常后来所称罗马法，往往是指《查士丁尼民法大全》。

1804 年的《法国民法典》是世界上最早的一部资产阶级国家民法典，它规定了主体制度、物权、债权、继承权以及涉及诉讼等方面的内容。这些规定有不少就是以罗马法为基础的。《法国民法典》的体系结构也采用罗马私法的模式。法典总结了革命时期的民事立法，并利用了法国习惯法、王室敕令以及著名法学家的学术著作。《法国民法典》正是适应了资本主义自由竞争时期商品经济的发展要求而制定的，它反映了资本主义经济规律的要求。法典的颁布还在于巩固资产阶级革命所取得的成果，发展资本主义和统一民事立法，从而促进了资本主义商品经济的发展，使其成为恩格斯所称的"典型的资产阶级社会的法典"。[3]

《法国民法典》确立了私权神圣、契约自由、过失责任三大原则。法典对商品生产者的利益，作了极为详尽而周密的规定，并依靠强制手段，保证其实施，从而更加充分地表现出《法国民法典》的资产阶级本质，并为发展资本主义经济开拓了道路。《法国民法典》的内容、体系，以其阶级性鲜明、结构严谨、概念清晰、通俗易懂、语言精练及立法技巧新颖、高超为特点。但法典也不可避免地存在局限性、虚伪性，有些问题还受到历史条件的限制，不可能加以规定。《法国民法典》的作用、意义和影响远远超越法国本土，对其他资本主义国家（如欧洲大陆、中美洲、南美洲、非洲及亚洲一些国家）产生重大的影响。所以，恩格斯称《法国民法典》是"世界各地编纂法典时当作基础来使用的法典"。[4]

如果说现代民法是从 1804 年的《法国民法典》开始的，大陆法系是从《法国民法典》开始确立的，那么在经过 92 年后颁布的《德国民法典》则是传统民法的进一步巩固、发展，为大陆法系的形成和发展奠定了基础。《德国民法典》是帝国主义时代资本主义世界第一部且最重要的法典，它的制定是中世纪以来德国经济、政治和法律发展的必然结果。《德国民法典》较全面地吸收了罗马法，使其成为这部法典的主要渊源。如债权法、物权法和住所等基本上都源自罗马法。法典从起草开始时起，经过了 22 年的讨论修改，它是在吸收《法国民法典》制定、实施中所取得的经验教训，并借鉴反映当时最新进展的法律科学成就

〔1〕〔德〕马克思、恩格斯：《马克思恩格斯选集》（第 4 卷），中共中央马克思恩格斯列宁斯大林著作编译局译，人民出版社 1995 年版，第 248 页。

〔2〕〔德〕马克思、恩格斯：《马克思恩格斯选集》（第 21 卷），中共中央马克思恩格斯列宁斯大林著作编译局译，人民出版社 1995 年版，第 454 页。

〔3〕〔德〕马克思、恩格斯：《马克思恩格斯选集》（第 4 卷），中共中央马克思恩格斯列宁斯大林著作编译局译，人民出版社 1995 年版，第 284 页。

〔4〕〔德〕马克思、恩格斯：《马克思恩格斯选集》（第 4 卷），中共中央马克思恩格斯列宁斯大林著作编译局译，人民出版社 1995 年版，第 484 页。

等情况下制定的。因此，与《法国民法典》相比，《德国民法典》在体系和内容上都有不少创新，对 20 世纪以后的许多国家民事立法有重大影响，如日本、韩国、刚果、阿尔及利亚及拉美、欧洲等一些国家。

《德国民法典》具有自己的特点，它在肯定了自由资本主义的民事法律制度和原则外，又作出了许多新规定以适应垄断资本主义发展的要求，但同时法典也保留了封建制度的残余。如在体系上打破了传统的罗马法系民法的模式，确立为五编，将"总则"创造性地列为独立的第一编，对整部法典的基本制度和原则作出概括性的规定。之后的四编即债务关系法、物权法、家族法、继承法，是总则编的扩展和具体化。这种体例，使民事法律规范在反映社会经济关系内容方面，比以往的法典更趋于合理和完善。在内容上，规定了法人制度和法律行为。前者是为了适应经济制度的发展，并为公司制度的广泛实行打下基础；后者高度概括了各种表示当事人意志的行为，是符合社会客观经济规律的科学概念。此外，法典扩大了债的含义和概念，对所有权进行限制和干预以及在侵权行为的责任中增设了无过失责任等规定。以上特点反映了德国民事立法方面的发展，但更主要的是反映了资本主义进入帝国主义时期的特点。但《德国民法典》存在着语言难懂、条文繁琐冗长、内容庞大、条文间相互参证过多等缺陷。

《瑞士民法典》和《瑞士联邦债务法》是典型的民商合一的立法模式，其内容、体例、结构有特色，立法技术高超、通俗易懂，受到许多国家注目，有很大的影响。曾有西方法学家说：《瑞士民法典》是全球最好的民法典之一，如果说《德国民法典》编纂是 19 世纪的尾声，那么《瑞士民法典》则揭开了 20 世纪的序幕。

1922 年制定的《苏俄民法典》是世界上第一部社会主义的民法典，这部法典是在列宁亲自领导下编撰的。该法典分为四编，即总则、物权、债、继承。尽管法典没有明确规定民法的调整对象，但从其主要内容和基本原则来看，它主要调整在流通领域中产生的平等的商品经济关系。这部法典既是巩固社会主义革命取得的成果的需要，又是苏联实行新经济政策的产物。在《苏俄民法典》颁布后，各加盟共和国相继制定本国的民法典或暂用《苏俄民法典》或暂用《乌克兰民法典》。1961 年 12 月通过了《苏联和各加盟共和国民事立法纲要》，并于 1962 年 5 月 1 日起施行。随后，各加盟共和国根据该纲要，在 1963 年至 1965 年先后颁布了民法典。《苏联和各加盟共和国民事立法纲要》的地位仅次于宪法，但要高于各加盟共和国的法规。1991 年 5 月 31 日苏联最高苏维埃通过了《苏联和各加盟共和国民事立法纲要》。这部纲要是在 1961 年的民事立法纲要施行了 30 年后，根据苏联民商法律关系实践的发展、变化，尤其是 20 世纪 80 年代以来推行的经济改革所导致的社会经济关系变动的实际，为引导和规范进一步改革的需要而制定的。苏联解体后，1994 年 10 月 21 日俄罗斯国家杜马通过了《俄罗斯联邦民法典》，从而取代了《苏俄民法典》。

纵观历史上所出现的上述各个时期、各种不同类型的民法，尽管它们各自反映的经济基础、代表的阶级利益、调整的具体社会关系各不相同，但都与商品经济结伴而生，它们所调整的社会关系的基本内容都是一定的商品关系，都是为一定社会的商品经济关系服务的，在这个基本点上，它们则是相同的。

二

中国古代有着辉煌灿烂的法律文化，从《周礼》到历代《刑法志》和明清档案，从皇帝诏旨到乡规民约等包含着丰富的法律史料，浩如烟海而且又博大精深。在两千多年的封建社会中，编撰的法典，基本上都是刑法，但它包含了民法、婚姻法、诉讼法和行政法等方面的内容，形成了民刑不分、诸法合体的法律结构。这种情况与西方古代罗马法的法律结构有其相似之处，这也是中外古代法典编撰的共同特点，不同的是后者偏重于民法，民法所占的比重较大。

据我国历史记载，殷商时代就有了残酷的刑法，即所谓禹刑、汤刑，同样也存在调整财产关系和人身关系的民事法律规范。这些规定散见于诸史书，如《礼记》中记载着"田里不鬻"，即规定土地不得买卖。《周礼》："人民、牛马、兵器、珍异，凡买卖者质剂焉。"说明当时重要的买卖合同必须有书面契据。又记载："凡有责者，有判书以治，则听。""听称责以傅别。""责"就是古"债"字。判书和傅别都是书面形式的契约。唐代以后，涉及财产法、契约法、市场法、土地法、亲属法及继承法等法规内容已有较详细的规定，这些规定分散在刑法典和其他法令中。但其所占比重较小，条文也较为简单。倒是经国家认可的长期通行的习惯以及根据儒家思想所制定的礼，起着十分重要的作用。说到礼，礼起源于原始的习俗，它开始是人们尊神祭祖的宗教仪式，后来逐渐发展成为调整人们关系的风俗习惯。进入阶级社会以后，礼的性质发生了变化，礼已经成为调整统治阶级内部和整个社会秩序的行为规范、准则。当然其中有不少规范已具有法律性质，并且曾起着某种程度的法的作用，但毕竟礼不等于法，不能代替法，特别是在处理财产关系上（如土地分配、租税等），只能用法律手段去解决之。

中国在长期的社会发展中，没有形成独立、系统的民法，民事法律显得比较落后，其原因是多方面的，但归纳起来，主要是：①在中国封建社会里，个体农民经济是社会经济的基本单位，农业与手工业相结合，它们的生产规模狭小而且又分散，并以自给自足为目的的自然经济为主。在这种情况下，商品经济显得极为孱弱，甚至不存在商品交换的问题，民法的调整被限制在极狭窄的范围内。历代统治者又以农业为立国之本，把"重农抑商"奉为基本国策，使我国社会的商品生产和商品交换受到严重的束缚和遏制。②封建社会各朝代都有比较完整的刑法，并以此来镇压人民，维护封建社会的统治。封建统治者并不重视运用民事手段来调整各种社会经济关系，以促进经济的发展。更由于封建专制独裁，皇帝的权力至高无上，这就决定了调整社会的各种经济关系必然是采取行政手段，上令下行，专横独霸。

上述种种原因，使得以调整商品经济关系为主要任务的民法，在中国长期得不到发展。直到1911年，当时的清朝政府才制定出中国第一部民法典草案（即《大清民律草案》）。这部法典是由清政府派沈家本、俞廉三等为修订法律大臣，并聘请日本法学家志甲钶太郎、松冈正义起草。该"法典"共分总则、债权、物权、亲属、继承五编，共36章1569条。"法典"主要内容取自于《德国民法典》《瑞士民法典》和《日本民法典》，同时也保留了中国封建社会的民事法律原则。后来，"法典"还没有来得及公布实施，清政府就被推翻了。1925年，北洋军阀政府在《大清民律草案》的基础上编纂完成了《中华民国民律草案》，其内容与《大清民律草案》较相似，但后来也没有公布施行。南京国民党政府成立后，由立法院设立民法起草委员会着手起草民法典，于1929年至1930年先后颁布《中华民国民法典》总则、债、物权、亲属和继承五编，共1225条，并于1931年5月施行。这部法典是以《大清民律草案》和《中华民国民律草案》为基础制定的。其内容基本上抄袭了德国、瑞士、日本等资本主义国家民法的原则及大量条文。该"民法典"被列为国民党政府的《六法全书》之一，现仍在我国台湾地区施行。

早在中华人民共和国成立前，我党领导下的各革命根据地和解放区，根据当时革命和建设的需要，制定了许多涉及土地、合同、婚姻、继承等内容的民事单行法规。这些法规保护了人民群众的民事合法权益，稳定了社会经济秩序，促进了建设事业的发展，并且为新中国的民事立法和司法积累了丰富的经验。

中华人民共和国成立后，民事立法进入了一个新阶段，但在以后几十年的发展中却经历了一个曲折复杂的过程。我国民事立法在相当长的一段时间内，进展缓慢，民事法律、法规大都是零打碎敲，缺乏立法规划。民法典起草反反复复，无法出台。许多社会上的经济活动不能运用民法来调整，而只能以行政手段予以干预，民法的作用得不到充分发挥。中华人民共和国成立初期，我国面临着国民经济恢复，和对资本主义工商业进行社会主义改造，以及开展大规模经济建设的繁重任务。为了适应革命和建设的需要，国家制定了不少民事单行法规，用民事手段及时调整各种纷繁复杂的社会经济关系。例如为适应财产所有权发生革命转变的形势，国家公布实施了《关于没收战犯、汉奸、官僚资本家及反革命分子财产的指示》《中华人民共和国土地改革法》《新区农村债务纠纷处理办法》等法规；为了废除旧的封建婚姻制度，建立新民主主义婚姻制度，国家公布了《中华人民共和国婚姻法》（以下简称《婚姻法》）。除此，国家还相继颁行了有关合同管理、工商企业登记管理、商标管理、生产发明、技术改进奖励等法规、条例等。

随着社会主义经济建设的发展，仅仅有单行民事法规不能适应客观发展的需要，必须制定一部调整我国社会主义财产关系和人身关系的基本法。从 1954 年开始，全国人大常委会组织民法起草小组，着手我国民法典的起草工作。1956 年草拟了民法典征求意见稿，共计 5 编 433 条。1957 年因政治上开展"反右派斗争"，批判"法律至上"，导致法律虚无主义而使民法起草工作停顿下来。

1958 年全国发动了"大跃进"和农村人民公社化运动，忽视了客观经济规律，使得"左"倾错误严重地泛滥起来，各民事主体之间的经济往来只依靠行政命令调拨，不讲等价有偿、互利原则，搞"一平二调"，严重地侵犯集体和公民（特别是个体农民）的财产所有权，损害他们的利益。1961 年 1 月党的八届九中全会决定对国民经济实行"调整、巩固、充实、提高"的方针。此后，我国国民经济得到比较顺利的恢复和发展。为适应国民经济调整和发展的需要，国家相继制定一些重要的民事法规，如《农村人民公社工作条例修正草案》《国营工业企业工作条例（草案）》《国营商业企业工作条例（草案）》《文物保护管理暂行条例》等。1962 年针对法律虚无主义思潮的泛滥，毛泽东同志发出指示："不仅刑法要，民法也需要。现在是无法无天。没有法律不行。刑法、民法一定要搞。"1962 年下半年全国人大常委会组织了第二次民法典起草工作，并于 1964 年正式提出了《中华人民共和国民法草案（试拟稿）》，其内容包括总则、所有权和财产流转三编，共 24 章 262 条。该法（草案）充斥着一些政治口号，法律规范性不强。后来由于"文化大革命"的开始，这次民法起草工作又再次被迫停止了。

"文革"结束以后，特别是党的十一届三中全会以来，随着改革开放政策的贯彻实施，社会主义法制建设日益加强，我国民事立法工作也进入了一个新的历史发展时期，大量民事法规、条例相继颁布实施。在这之后，经全国人大及其常委会颁布的重要的民事法规就有《中华人民共和国经济合同法》、《中华人民共和国外资企业法》、《中华人民共和国商标法》（以下简称《商标法》）、《中华人民共和国继承法》（以下简称《继承法》）、第二部《婚姻法》、《中华人民共和国著作权法》（以下简称《著作权法》）、《中华人民共和国担保法》（以下简称《担保法》）等 10 多部。国务院还陆续公布了许多民事、经济法规，如《工矿产品购销合同条例》《农副产品购销合同条例》《加工承揽合同条例》《中华人民共和国发明奖励条例》等。最高人民法院制定了 10 多种系统性司法意见。1979 年 8 月，全国人大常委会再次组成民法起草小组，由一批专家、学者、实践工作者参加，着手第三次民法典起草工作，到 1982 年已先后完成了 4 稿民法草案。1980 年 8 月民法草案（征求意见稿），共计 6 编 501 条；1981 年 4 月民法草案（征求意见 2 稿），共计 6 编 426 条；1981 年 7 月民法草案（第 3 稿），共计 8 编 510 条；1982 年民法草案（第 4 稿），共计 8 编 465 条。由于民法典涉及的范围很广、十分复杂，我国民事立法工作又缺乏经验，加之当时我国刚刚开始进行经济体制改革，因此制定一部完整的民法典的时机还不成熟。为了解决上述矛盾，全国人大常委会决定，根据我们实际的需要与可能，先将民法典草案中那些急需的，而又比较成熟的部分制定为单行法规。实践证明，这样的做法是可行的，也是符合当时实际情况的。

1983 年，全国人大常委会法制工作委员会着手进行《中华人民共和国民法通则》（以下简称《民法通则》）的起草工作，成立起草小组，先后多次到全国的一些省市作了大量的调查研究，广泛征求多方面的意见。在座谈讨论，广泛听取各界人士的建议、意见的基础上，对《民法通则》草案认真推敲，反复修改、补充，并于 1986 年 4 月 12 日经全国人大六届四次会议通过。《民法通则》的整个起草、制定过程充分体现了我国立法工作的高度民主和高度集中，专家、学者与实践工作者相结合的基本精神。《民法通则》是新中国第一部调整民事关系的基本法律，它是我国民事立法发展史上的一个新的里程碑。《民法通则》是在总结我国 30 多年来民事立法经验，借鉴、吸取各国民事立法的经验，坚持从我国实际情况出发的基础上而制定的，因此它具有鲜明的中国特色，是一部具有中国特色的社会主义民法。其特色不仅体现在整个体系结构方面，而且也体现在内容方面。《民法通则》的立法形式，既不同于传统的民法总则的框架，也不同于苏联的民事立法纲要，更不同于完整系统的民法典，它突破传统的民法模式，体例上具有独到之处。从内容方面来看，大部分属于民法总则所规定的内容，但又不限于这部分内容，有不少还涉及民法分则的各个具体的民事法律制度方面的内容，但又没有像民法典那样详尽具体。可以说，《民法通则》在我国民事立法史上发挥了重要作用，具有里程碑意义。

民法典之梦是新中国几代人之梦。中华人民共和国成立后曾四次（即 1954 年、1962 年、1979 年、2001 年）启动民法典制定工作。第一和第二次，由于各种原因而未取得实际成果；第三及第四次，按照"成熟一个通过一个"的工作思路，先后出台了《继承法》《民法通则》《担保法》《中华人民共和国合同法》（以下简称《合同法》）等，成绩显著。之后十多年，又先后制定了《中华人民共和国物权法》（以下简称《物权法》）、《中华人民共和国侵权责任法》（以下简称《侵权责任法》）、《中华人民共和国涉外民事关系法律适用法》（以下简称《涉外民事关系法律适用法》）等，再加上经多次修订的《婚姻法》，至此，编纂民法典条件已经具备。

编纂民法典是党的十八届四中全会提出的重大立法任务。按照党中央的要求和全国人大常委会的工作部署，2015 年 3 月以后，法制工作委员会牵头成立了由最高人民法院、最高人民检察院、国务院法制办、中国社会科学院和中国法学会五家单位参加的民法典编纂工作协调小组，并组织了工作专班开展民法典编纂工作。民法典将由总则编和各分编组成，各分编为物权编、合同编、侵权责任编、婚姻家庭编和继承编。编纂民法典任务重、工作量大、要求高。经同有关方面反复研究，编纂工作按照"两步走"的思路进行：第一步，编纂总则编；第二步，编纂民法典各编，拟于 2018 年整体提请全国人大常委会审议，经全国人大常委会分阶段审议后，争取于 2020 年将民法典各分编一并提请全国人民代表大会审议通过，从而形成统一的民法典。

民法典编纂工作协调小组成立后，迅即开展了卓有成效的工作。在深入开展调查研究，梳理分析主要问题，广泛听取各方面意见的基础上，协调小组各成员单位密切配合，工作专班抓紧工作，不到一年时间，形成了民法总则草案（征求意见稿）。2016 年 2 月，全国人大常委会法制工作委员会将草案（征求意见稿）印发地方人大、中央有关部门、法律教学研究机构等征求意见，并根据各方面意见和建议作了反复修改。以习近平同志为核心的党中央高度重视民法典编纂和民法总则的制定。2016 年 6 月 14 日，习近平总书记主持召开中央政治局常委会会议，听取并原则同意全国人大常委会党组关于民法典编纂工作和民法总则草案几个主要问题的汇报，并作出重要指示，为编纂民法典和制定民法总则提供了重要指导。会后，根据党中央的重要指示精神，对草案又作了进一步修改完善，形成了提请全国人大审议的《中华人民共和国民法总则（草案）》。2017 年 3 月 15 日，《中华人民共和国民法总则（草案）》在第十二届全国人民代表大会第五次会议上获得通过。《中华人民共和国民法总则》（以下简称《民法总则》）是民法典的开篇之作，它的获得通过，标志着我国完成了民法典编纂工作的第一步。2018 年 8 月，民法典编纂迈出坚实的第二步，各分编草案首次提请十三届全国人大常委会第五次会议审议。2019 年 12 月，完整版的中国民法典草案首次亮相。2020 年 5 月，第十三届全国人民代表大会提请审议《中华人民共和国民法典（草案）》。5 月 28 日下午，第十三届全国人民代表大会第三次会议召开第三次全体会议，表决通过了《中华人民共和国民法典》（以下简称《民法典》）。国人的民法典梦终于实现了。

这部 7 编、84 章、1260 条已于 2021 年 1 月 1 日生效的《民法典》，开创了新中国立法史上多个"第一"：它是第一部以"典"命名的法律，是中华人民共和国成立以来前所未有的；它是第一部条文超过 1000 条的法律，是现行《中华人民共和国刑法》（以下简称《刑法》）条文的 2.78 倍，《中华人民共和国刑事诉讼法》（以下简称《刑事诉讼法》）条文的 4.1 倍；它也是中华人民共和国立法史上酝酿时间最长一部法律——从 1954 年起，我国足足用 66 年时间才制定出这么一部法典。

三

民法从本质上说就是权利法。历史上各国民法典的内容，一般都包括所谓的"三大块、四小块"。"三大块"即人法、物法和债法，它是构成民法典的三大部分；"四小块"即合同、侵权、亲属权和继承权，是内容相对独立却又占据整部民法典八成以上条文的四个部分。这"四小块"中，亲属权制度所调整的是人与人的关系，当属"人法"无疑；继承权实为所有权之派生，理应列归"物权"那一大"块"；合同及侵权行为则是债最为主要的发生根据，它们当然地构成债法的主要内容。以上这种"三大块、四小块"的民法典体例，民法的权利本位充分地得到了体现。

我国《民法典》实行七编制，即总则、物权、合同、人格权、婚姻家庭、继承、侵权责任。这七编所围绕的中心内容只有一个，那就是民事权利的确认、保护与救济。因此被誉为"人民的权利法"，是一部固根本、稳预期、利长远的基础性法律。

从立法模式上说，我国《民法典》编纂参照的应该是德国民法典的模式。但我国《民法典》的体例却不太像《德国民法典》，更不像《法国民法典》。这些不像，恰恰体现出我国《民法典》的特色与亮点。习近平总书记将我国《民法典》的特色概括为三个：中国特色、实践特色和时代特色。中国特色强调《民法典》要立足于中国实际，要回答中国之问。我们的《民法典》做到了。实践特色是要从中国的实际出发，解决中国的实际问题，我们《民法典》也做到了。时代特色是要回应 21 世纪我们所面临的现实问题，我们的《民法典》也较好地解决了这一问题。

我国《民法典》的亮点的确不少。例如关于胎儿继承权的规定、关于居住权的设定、关于夫妻共同债务的认定，以及关未成年人遭性侵其成年后还能起诉的规定，这些规定，无不顺应民意，深得民心。又如关于离婚冷静期的设定、关于好意同乘的规定、关于意定监护的规定、关于自救行为作为免责事由以及见义勇为非重大过失不承担民事责任的规定等，完全是从我国的实际情况出发，解决了我国司法实践中多年来所遇到的一些难题。再如关于建筑物区分所有权的规定、关于个人信息和网络虚拟财产受保护的规定、关于对高空抛物的受害人予以全面保护及救济的规定、关于生态的破坏者须负修复责任，特别是恶意损害环境生态者须承担惩罚性赔偿责任的规定等，这些规定，不仅是在国内，在国外也是前所未有的。

但我们认为，我国《民法典》最大的亮点还属人格权独立成编。这种立法例，是至今除我国之外其他国家所没有的。人格权单独设编，不仅体现出立法体例的创新，其所规定的内容包括对人格权权利性质的界定、对人格权权利体系的构建、对人格权权利的内容和种类的划分、人格权的保护方式和具体保护方法等，都体现出其明显的创新性。完善人格权立法并加强对人格权保护，其意义重大。著名学者王利明教授说得好：人格权的独立成编是我国《民法典》的创新和最大亮点。人格权单独设编，不仅弥补了传统大陆法系"重物轻人"的体系缺陷，为人格权法未来的发展提供了足够的空间，更重要的是，它从根本上满足了新时代人民群众日益增长的美好幸福生活的需要，强化了对人格尊严的维护，也回应了人格权保护在网络信息时代所面临的各种挑战，解决了实践中诸多新情况、新问题。

《民法典》的出台，标志着我国民事立法之成熟与完善。然而，《民法典》颁布后的中国民法现代使命远远没有结束。事实上，《民法典》颁布前后，国人对于我国的民事立法，从立法体例到具体内容都存有不同的争议，有的甚至争议很大。这是正常的。学术上有争议，立法才能不断得到完善；见解中多争鸣，民法学才更能显出旺盛的生命力。相信在《民法典》时代，通过国人的共同努力，我国的民事立法定会日臻完善，我国的民法学研究水平亦定会达到一个新的高度。

第一编　民法总论

第一章　民法的概念和适用

■ **学习目的和要求**

　　学习本章是为了获得对民法的最宏观方面问题的了解。首先要求学生掌握民法的对象理论，其中包括：人格、身份的公法性，人格权、身份权的私法性，财产关系的客体的范围：财产、服务和知识产品；其次要求正确掌握民法的身份法性质以及公私混合法性质，破除民法是私法的想当然陈说；再次要掌握民法与邻近部门法商法、经济法的关系，尤其是在民法被界定为公私混合法前提下它与经济法的关系；最后要掌握民法渊源理论，尤其掌握习惯对于补救成文法局限性的意义。

第一节　民法的调整对象和调整方法

一、民法的调整对象

（一）民法调整对象的构成

　　法律是社会关系的调节器。任何部门法皆以一定的社会关系之调整为使命，民法亦不例外。民法区别于其他部门法的原因在于，它有自己特殊的调整对象和调整方法。

　　《民法典》第 2 条规定了我国民法的调整对象为平等主体之间的人身关系和财产关系。这一规定包括人身关系、财产关系和平等主体三个要素。

　　1. 人身关系。人身关系，是就人格、人格权和身份、身份权发生的社会关系和法律关系，它是大陆法系的"人法"的调整对象。

　　所谓人格，是主权者赋予的主体资格，就自然人而言，指生物学意义上的人被承认为法律上的人的状态，这种承认的结果表现为国家赋予生物学意义上的人以权利能力。因此，人格与权利能力是两个基本可以相互等同的概念。人格关系包括对外和对内两方面的内容。就对外方面而言，人格关系涉及一个法律共同体与其他法律共同体的成员的关系。在这个世界上，每个国家都是一个法律共同体。每个法律共同体确认自己成员的人格，只是附带地承认其他法律共同体的成员的人格。所以，人格依赖于身份，本国人、外国人、准外国人、无国籍人的人格不同。就对内方面而言，生活在一个法律共同体的人并不见得就被承认为是这个共同体的主体。例如在古罗马，奴隶就不被承认为是完全主体；在现代，也有一些少数群落成员的主体资格因为主体放弃或被惩罚受到限制或贬损的现象，这是国家治理的需要。

人格权，是民事主体对其自身要素享有的权利，包括生命、身体、健康、姓名、肖像、名誉、荣誉、隐私、婚姻自主等具体的人格权。罗马人即有人格权的观念。人格权的理论化是法国近代伟大的民法学家雨果·多诺（Hugues Doneau，1527～1591）的权利分类理论的成果，他把权利分为对物的权利（物权）、对他人的权利（债权）和对我们自己的权利（人格权）三类，[1]这种理论马上传播到德国，在温德沙伊德的《潘德克顿教科书》中被采用，[2]构成我们现在的人格权理论的基础。此外，学术界还有一般人格权的提法，因为关于具体人格权的立法不可能穷尽一切人格权，所以在未为法律明文规定的人格利益受到侵害时，要设立一般人格权制度进行保护。

必须把人格与人格权区分开来。人格本身也是一种权利，是一种前提性的权利，其他权利都要以它为依据取得，所以是派生的权利。人格权即为这些派生的权利的一种。人格是国家赋予的资格，表现了国家与民事主体之间的纵向关系；而人格权主要体现了民事主体之间自由空间的划分，属于横向关系。身份是一个人或团体被置放的相较于其他人或团体的有利的或不利的地位。某人的"身份"，原则上不是由他自己选择的，而是由他人安排的。在本来的含义上，身份的功能是对人进行区分，区分的目的是给予特权或实行歧视，尤其是实行歧视。因此，身份与人格具有密切的联系。人格反映着普通的权利能力；而身份反映着权利能力的超出（特权）或受到贬损（受歧视）的状态。

身份有民法上的身份与民法外的身份之分，以上所述者为民法外的身份，这种身份的典型形式是贵族和平民的身份，已作为消极现象为现代社会所清除。古代亲属法中的身份，在精神上与现代的民法外的身份是一样的。法律区分家父与家子、丈夫与妻子、男性与女性，目的在于歧视性地对待家子、妻子和女性。随着社会的进步，家族制度松弛化，不平等的家父权、夫权、男性对于女性的支配权已为平等性强得多的亲权、配偶权、男女两性关系所取代。

在现代民法上，有亲属法上的身份和亲属法外的身份之分。在亲属法上，身份关系即亲属关系。身份关系中的权利谓之身份权。亲属法上的身份包括父母子女的身份和配偶的身份。父母子女的身份与配偶的身份之不同在于，前者是固有的、不可改变、不可选择的，登报解除父子关系并不能产生亲属法上的效力，换言之，父母子女间的扶养义务和其他义务并不能因此解消；后者是非固有的、可以改变和选择的，离婚可以解除配偶关系。之所以如此，是因为夫妻关系的发生根据不是出生，而是婚姻当事人间的民事契约。配偶间的关系，属亲属法上的契约关系。由于夫妻的身份不同于其他亲属身份，所以产生了夫妻之间是否互为亲属的问题。肯定说把亲属的范围扩大为包括血亲、姻亲、配偶，由此把夫妻算在亲属之内；否定说只认为血亲与姻亲为亲属，配偶既非血亲，又非姻亲，仅为血亲与姻亲的发生根源，他们间的关系本身并非亲属，我们赞同此说。

由此可以看出，即使在亲属法的范围内，也存在两种身份，一种是固有的身份，父母子女间的身份属此；另一种是契约性的身份，夫妻间的身份属此。

身份权是自然人由法律确认的对其亲属人身的控制权，其内容为父母对子女人身的占有（例如子女通常必须以其父母的住所为自己的住所）、配偶相互对对方人身的占有（例

〔1〕 Voir Jean-Louis Gazzaniga，Hugues Doneau et les fondements de la codification moderne，En Denis Alland et Stephane Rials（Directeur），Droit，PUF，Paris，1998，p. 88.

〔2〕 Cfr. Bernardo Windscheid，*Diritto delle pandette*（*Vol. I*），trad. it. di Carlo Fadda e Paolo Emilio Bensa，UTET，Torino，1925，p. 177.

如夫妻互负同居义务）。诱拐他人子女为对前一种身份权的侵犯，引诱配偶一方与自己或他人发生性关系为对后一种身份权的侵犯，这些侵权行为都导致权利人的损害赔偿请求权。

也必须把身份与身份权区分开来。前者是影响主体人格的立法者安排，表现的是国家与民事主体之间的纵向关系；后者是身份权人对自己亲属人身上的支配，属于民事主体之间的横向关系。

2. 财产关系。财产关系是大陆法系的"物法"的调整对象，是以财产、服务和知识产品为媒介的，具有相互性的社会关系。这一定义力图把财产关系的概念调试得符合当代的法律生活现实。

近年来，我国的法律生活有了如下发展。首先，服务在债法的内容中占的比重越来越大，新型合同的主要部分就是提供服务。根据学者的研究，新近制定的民法典比传统民法典中包含的合同种类要多得多，以服务为客体的合同群成为新型合同的增长点，它可以分为以休闲服务为中心的合同群和以金融服务为中心的合同群两个子类。前者包括旅游合同、分时使用度假设施合同、旅馆住宿合同等，后者包括保险合同、融资租赁合同、信用卡合同等。[1]其次，《与贸易有关的知识产权协议》（即 TRIPS 协议）把财产、服务和知识产权定为国际贸易的三大客体，摆脱了过去单纯把财产作为国际贸易客体的陈旧观念。再次，以服务业为内容的第三产业成为支柱产业，合同类型中服务合同的增长不过是对这一现实的反映。最后，人身关系与财产关系的划分基于盖尤斯体系中的人法和物法的划分，此种划分是以对世界的主客二分法为基础组织全部的法律材料的方式，但在这种划分之后，萨维尼创立了以法律关系理论作为轴心统率全部的法律材料，分为法律关系的主体、法律关系的客体和法律关系的内容。依据客体的不同类别把法律关系分为物权关系、债的关系、继承关系和家庭关系。[2]由此开创了以法律关系的客体这一较低的"把手"说明民法调整对象的途径。萨维尼的这种理论以物权与债权的区分为基础，这一工作由比他早的德国法学家约翰·阿佩尔（Johann Apel，1486～1536）完成了。[3]而且，随着知识经济的发展，在传统的民事客体之外发展起了知识产品这一新型客体。知识产品是人通过脑力劳动创造的精神财富，有创造性成果、经营性标记和经营性资信三类。创造性成果包括作品、作品的传播媒介和工业技术。前者是著作权的客体，分为文学作品、艺术作品和科学作品等；中者是邻接权的客体，包括艺术表演、音像录制品、广播节目等；后者是可以取得工业产权和其他知识产权的各类专利技术、技术秘密以及受到新型知识产权即工业版权保护的工业产品。经营性标记是在工业、农业、商业等产业领域中能够标示产品来源和厂家特定人格的区别标记，包括商标、商号、产地名称等。经营性资信是工商企业在经营活动中具有的经营资格、经营优势以及在社会上获得的商业信誉，包括特许专营资格、特许交易资格、信用以及商誉等知识产品。[4]基于上述改变，财产关系的提法本身就发生了问题。如果知识产品还可以被宽泛地称为财产，服务绝不可以如此，服务是服务方对被服务方实施某种行为使后者得到满足的活动。服务可能涉及财产，例如把某一财产作为实施服务的工具，

---

〔1〕　参见方新军：《现代社会中的新合同研究》，中国人民大学出版社 2005 年版，第 22 页。

〔2〕　参见［德］弗里德里希·卡尔·冯·萨维尼：《法律冲突与法律规则的地域和时间范围》，李双元等译，法律出版社 1999 年版，第 6 页。

〔3〕　Cfr. Gerhard Wesenberg, Gunter Wesener, Storia del Diritto Privato in Europa, A cura di Paolo Cappellini e Maria Cristina Dalbaosco, CEDMA Padova, 1999, p.150.

〔4〕　参见吴汉东："关于知识产权本体、主体与客体的重新认识——以财产所有权为比较研究对象"，载《法学评论》2000 年第 5 期。

但在服务关系中，该财产不是给付的内容，只有行为才是给付的内容。因此，财产关系的表达遗漏了服务。

把服务增列为财产关系的客体之一，是对罗马法留下的一个巨大漏洞的填补，因为罗马法把债法当作物法的一部分。而罗马人的物的法律含义是构成人们财产的组成部分的有体物。所有权外的一切权利也是物，称无体物。[1] 这个法律上的物的概念不能包括债的客体，因为在罗马法中，债分为给之债、为之债和供之债。只有给之债的客体是物；为之债的客体是债务人的行为[2]，服务被包括其中；供之债的客体是不履行前两类债导致的责任[3]。显然，在三种类型的债中，为之债是服务的"母体"。服务不能被包括在上述法律意义上的物的概念之内，因为罗马法是通过把债法当作物法的一部分，从而把为之债间接地纳入物法的，这样勉强达到了逻辑上的自洽。然而，这样的安排在层次上是混乱的：物权的客体是物，债权本身就是物（无体物），然而，债权本身的客体是什么？罗马法的答案是：有的是物（给之债），有的是行为或行为与物的混合（为之债和供之债），于是，就出现了债权本身是物，某些债权自己的客体也是物这样的层次混乱。实际上，如果把债权看作与物权等同的权利类型，我们就会分别考察物权和债权的客体，然后得出两大类型的财产权的客体是什么的结论，这样就会得出萨维尼式的以客体定法律关系类型的理论。其好处在于它是开放性的，可以容纳新的法律现象，而"人—物"二分制体系是封闭式的，对于新现象只能用"准"来包容。从萨维尼法律关系理论派生出来的我国的民事法律关系客体理论也比罗马法高明，该理论认为民事法律关系的客体包括物、行为和智力成果三者[4]，这就是在承认物权、债权和知识产权为同位阶的权利的前提下考察它们各自的客体了。这种说明中的行为可以包括服务。

这一定义相较于原有的定义主要有两点补充：

（1）扩大了财产关系的客体的范围，适应现代社会的现实，增加了服务和知识产品作为财产关系的客体。基于这一改变，财产关系的提法本身似乎就需要改变，应该叫客体关系。

（2）增加了对财产关系构成要件上的相互性的要求。相互性指法律行为的当事人相互提供利益的状态，只有一方当事人提供利益，他方单纯承受此等利益的法律行为，不具有相互性。按照这一标准，有些关系尽管涉及财产，但不见得是财产关系，例如赠与、借用、无偿委任、保证（普通保证是提供服务，是情谊行为，专业保证例外）等。出于这一考虑，1942 年的《意大利民法典》不把赠与定性为一种合同规定在关于债的第四编中，而是放在关于继承的第二编中。当然，赠与和遗赠的类似，两者共同受制于遗产税和财产合算制度的事实也导致了这种安排。

3. 平等主体问题。《民法典》的对象定义中有"平等主体之间"的限制语，这属于中国特色，因为西方国家的民法调整对象定义不包含这一要素。这种设定的基本考虑是强调民法的私法性。现在我们已经看到，民法主要通过身份设置来调整社会关系，而身份就是

---

[1] Cfr. Ricardo Cardilli, L'Obligazione di "praestare" e la responsabilità contrattuale in diritto romano（II SEC. A. C – II SEC. D. C），Giuffrè, Milano, 1995, p. 2s.

[2] 参见周枏：《罗马法原论》（下），商务印书馆 1994 年版，第 679 页。

[3] Cfr. Ricardo Cardilli, L'Obligazione di "praestare" e la responsabilità contrattuale in diritto romano（II SEC. A. C – II SEC. D. C），Giuffrè, Milano, 1995, p. 2s.

[4] 参见王作堂等：《民法教程》，北京大学出版社 1983 年版，第 49 页。

制造不平等的，由此可以证明这一限制语的不妥，而且它对民法是私法的认定也不妥。既然如此，征税的关系也以财产为媒介，却不是民法调整的财产关系，为何如此？笔者认为征税为公共利益而为，不同于为私人利益而为的合同关系。因此，对于民法调整的财产关系与行政法和其他法律部门调整的财产关系的区分，应根据利益的尺度而非根据双方主体是否平等的尺度。当然，民法在调整其范围内的社会关系和法律关系时，不仅以私人利益为出发点，在必要的交叉部位，它也会作出保护公共利益的规定。

（二）研究民法对象问题的意义

1. 是立法的需要。立法者要确定哪些社会关系属于民法调整，才能确定将制定的民法应包括哪些内容。20 世纪 50 年代和 20 世纪 80 年代，我国两次掀起关于民法对象问题的讨论，都是为了起草民法典作准备的。

2. 是划清民法与其他部门法之间界限的需要。我国存在过小民法观点和大民法观点。小民法观点主张，民法只调整消费领域的经济关系，将生产领域内的平等经济关系交由经济法调整，这就使民法的范围缩小了。大民法观点主张，民法调整一切方面（包括生产和消费）的平等财产关系。经过长期的论战，立法接受了大民法的主张。因此，如何确定民法的调整对象，影响到民法的范围和与其他部门法的关系。

我国受苏联影响，长期将婚姻法作为独立于民法的法律部门。根据《民法典》第 2 条对我国民法调整对象所作的界定，婚姻法当然属于民法的范围，因为婚姻法所调整的是主体之间的人身关系以及由此发生的财产关系。因此，我国《民法典》已设婚姻家庭编，对婚姻家庭关系进行调整。

3. 是加深对民法自身认识的需要。民法一语源自古罗马的市民法，它是调整城邦社会生活之规则的总和，内容庞杂，诸法合一，熔宪法、民法、刑法、行政法、诉讼法于一炉。在西方，这种诸法合体的现象一直维持到 1756 年《巴伐利亚民法典》的诞生。因此，长期以来，民法在西方各语言中，就是世俗法的整体的意思。18 世纪，由于哲学上的进步和对社会关系进行分门别类的调整的需要，发生了部门法运动，其结果是产生了"六法"的观念，宪法、刑法、民事诉讼法、刑事诉讼法、商法从民法中分离出来，成为与民法相并列的部门法。"六法"的产生，使认识民法对象的问题变得迫切，因为若不搞清楚这一问题，"六法"彼此之间的界限无法划定。

但不能说古罗马人对民法对象问题毫无认识。盖尤斯的《法学阶梯》把罗马法的基本内容按人法、物法和诉讼法的框架进行整理。我们知道，在《巴伐利亚民法典》之后，诉讼法已经脱离民法了。如果撇开诉讼法来谈论盖尤斯的《法学阶梯》的人法、物法的结构对于民法调整对象问题的意义，我们可以说，罗马法中的人法，就是调整人身关系的法律；物法，就是调整财产关系的法律。人身关系是民法的首要对象；财产关系是民法的第二位的对象。盖尤斯以其《法学阶梯》的结构设计回答了民法调整对象问题。在其对民法对象的理解中，民法首先是关于罗马法律共同体的成员之构成的法律，它表现为人法；其次才是关于这些成员进行财产活动的法律，它表现为物法。

孕育了《德国民法典》的潘德克顿学派的诞生，在一些国家改变了人们对民法对象的认识。该学派的核心作家之一温德沙伊德在其《潘德克顿教科书》中主张："所有的私法，要做的事情，有两个对象：①财产关系；②家庭关系。因此，私法的主要划分是财产法与亲属法的划分。"这种观点把财产法作为民法的首要对象，并把人法缩减成了亲属法（身份法），引发了将民法以财产关系化的恶劣倾向。当然，这样做有追求民法的纯粹私法性的技术原因，排除人格法是因为它属于公法。苏联的民法理论和民事立法受此影响，把民法的主要对象界定为商品货币关系。我国又受苏联的影响，在理论上把民法的对象理解为商品关系；在立法上，1964 年 7 月完成的民法典第二次草案包括总则、所有权和财产流转三编，这完全是一个财产法性质的民法典草案，抛弃了人法，忽略了民法的赋予和限制主体资格、保护人的功能。上述财产关系法的民法理解，长期统治着我国的民法学术和民事立法。

20 世纪 90 年代以来，随着哲学上主体性理论的勃兴、人文精神的兴起、人权观念的倡扬和市民社会理论的发展，一些民法学者主张在民法的对象问题上应回到罗马法，发现民法的社会组织以及保护人和关怀人的功能，提出了民法调整平等主体间的人身关系和财产关系且首先调整人身关系的理论，力图矫正片面把民法理解为财产关系的理论错误。这种观点代表了对民法的新理解，本教材就反映了这种观点。

二、民法的调整方法

（一）法律调整的概念

调整是法律凭借其权威对社会关系施加影响、进行规范的活动，目的在于形成一种理想的社会秩序。民法以事前调整与事后调整相结合的方法，作用于在其范围之内的人身关系和财产关系。

调整是一个一般的概念，在这一概念之下，有确定、范导、修补、保障和惩罚等调整手段。民法的调整分为事前调整和事后调整两个阶段。"事"在此处的含义是"争议的发生"。因此，所谓的事前调整，就是民法在当事人发生争议之前对社会生活施加影响的活动；所谓的事后调整，就是民法在当事人发生争议之后对社会生活施加影响的活动。确定和范导属于事前调整的手段；修补、保障和惩罚属于事后调整的手段。

（二）事前调整

1. 确定。是为法律关系的形成提供前提条件的民法调整方法，其具体形式有规定法律关系的主体、规定法律关系的客体和拟制三种。

（1）规定法律关系的主体。民法通过其权利能力和行为能力制度，规定了法律关系参加者的主体资格，将不合格的主体排除在法律关系之外，排除的方式之一是剥夺不合格民事主体全部的或部分的权利能力，由此控制了法律关系的参加者的范围，以保障民事活动参加者方面的秩序。

（2）规定法律关系的客体。民法通过其物的制度，规定了可以参加民事流转的客体的范围，将不合格的客体（例如毒品、武器等）加以排除，从而保障了民事流转客体方面的秩序。

（3）拟制。所谓拟制，是立法者基于公共政策的考虑，把甲事实当作乙事实适用法律的活动。立法者常常使用带"视为"的句子制定拟制性条文。拟制既可适用于主体，也可适用于客体。就前者而言，有如《民法典》第 18 条第 2 款的规定："十六周岁以上的未成年人，以自己的劳动收入为主要生活来源的，视为完全民事行为能力人。"本来，在行为能力问题上，16 周岁以上不满 18 周岁的自然人，与 18 周岁以上的自然人，是两个不同的范畴，由于 16 周岁以上不满 18 周岁的自然人以自己的劳动收入为主要生活来源，表明他们具有与 18 周岁以上的自然人相当的辨认自己行为的能力，立法者基于扩大完全民事行为能力人范围的考虑，遂运用拟制的调整手段，赋予前者以完全的民事行为能力。就后者而言，有如许多国家将船舶、飞机在法律上视为不动产的规定。从事理之性质来看，船舶、飞机本身为动产，但立法者考虑到它们价值巨大且极为重要，遂赋予它们以不动产的地位，对其适用不动产方面的法律。

2. 范导。是为当事人可能的行为提供法律模式的民法调整方法，最典型的体现为法律行为制度。该制度抽象地设定了民事活动合法性的框框，在这个框框内，允许民事主体自由地建立各种法律关系，以此落实私法自治。

（三）事后调整

1. 修补。就是以补充性规定完善当事人间的法律关系的民法调整方法。法律作出某些规定，在当事人设立的法律关系就相关内容无约定，以致影响法律关系的圆满状态时，推定当事人以这些规定为法律关系的当然内容，以达到法律关系的圆满状态。这些用以修补当事人间法律关系残缺的规定，即为补充性规定。

补充性规定是民法独有的特征。民法在许多情况下允许当事人自己设计行为模式，由于思虑不周，可能出现当事人的特别约定就某些必要内容缺乏规定而呈现残缺状态的情况，民法便提供补充性规定进行修补。如当事人就标的物的价金、质量、交付时间、交付地点未作约定，便适用民法中的相应补充性规定。民法通过这种方法，尽量维持法律关系的稳定与顺利运转，不致因法律关系呈现残缺状态便废止这些法律关系。

2. 保障。就是通过适用民事救济使被破坏的法律关系恢复圆满状态的民法调整方法。通过事前调整，民法将社会关系转化为法律关系，形成一种理想的社会秩序。但并不排除法律关系被破坏的可能。法律关系中的权利受到侵害时，民法便通过事后调整使被破坏的权利得到恢复。如果说民法规范的行为模式部分旨在实现事前调整的功能，则其保障手段部分承担着事后调整的任务。事后调整的手段为民事救济，主要有返还财产、恢复原状、赔偿损失等方式。

3. 惩罚。就是在行为人没有按照法律的要求行为的情况下，使其承担不利的法律后果的民法调整方法。惩罚有剥夺权利能力、强令生效、价格制裁、证据规则及解释倾斜等形式。剥夺权利能力，是在行为人没有按照法律的要求行为的情况下，法律令其丧失某种权利能力。例如，债务人赖债不还的，法院可剥夺其进行高消费的权利能力。对在监狱服刑者，也剥夺其部分的权利能力，例如结婚的权利能力。强令生效，是在当事人故意为不真实的意思表示，并无使其生效的动机的情况下，法律强令该意思表示生效，以惩戒不负责任的表意人。价格制裁，指在法律行为履行中，其标的物价格发生变化的，法律令逾期履行的一方承担价格变动造成的损失。《民法典》第513条即为这样的规定。证据规则，就是以分配举证责任的途径达到有利于一方当事人、不利于另一方当事人的立法目的的措施。证据规则作为调整方法，包括采用有利证据和举证责任倒置两种形式，前者有《菲律宾民法典》第33条的例子，该条规定："在破坏名誉、诈欺和人身侮辱的案件中，可由受害的当事人提起完全与刑事诉讼分开与分别地要求赔偿损害的民事诉讼。这样的民事诉讼将独立于刑事追究进行，并且只要求有利的证据。"在这一规定中，法律基于公共政策的考虑，对破坏名誉、诈欺和人身侮辱这些特别恶劣的案件中的受害人提供特别的保护，他们就上述类型的案件提出的证据，以比不有利于他们的主张的证据占优势为已足，换言之，不要求他们绝对地证明事实，只要求他们相对地证明事实，这样，加害人在诉讼中被置于不利的地位，由此实现制裁他们的立法目的。后者有违约责任中的过错推定责任的例子。在通常情况下，实行"谁主张，谁举证"的原则，但许多情况下举证困难，因而举证是一项负担。在违约之情形，违约人只要有违约的事实，就被推定为有过错，要承担相应的违约责任，除非他证明了违约不是由其过错造成的，才可免责，被违约人不承担证明违约人有过错的责任。法律通过这种制度来敦促合同当事人避免违约行为。如果违约，就处在不利的地位。解释倾斜，指立法中规定，如果法律关系双方当事人的地位不均衡，则允许法官在解释作为法律关系产生根据的文件时，作不利于强势一方的解释，以缩小当事人地位的差异。例如《民法典》第498条规定："……对格式条款有两种以上解释的，应当作出不利于提供格式条款一方的解释……"，该条即采用了这种调整方法。

惩罚的民法调整方法，种类甚多，不能一一列举。如果运用归纳法，不难从现有的民事立法中找到诸多这方面的实例。

孟德斯鸠说，在民法慈母般的眼里，每一个个人都是整个国家。[1]此语本用在限制国家征收权的狭窄语境中，采用修辞学表达，并不为错，但我国学者脱离这一语境宣传此语，铸成大错。错在没有看到民法的惩罚功能。事实上，民法的眼神，有时慈爱，有时凶狠，前者针对好人，后者针对坏人。

三、民法的概念

分析了民法的对象和调整方法，我们可以看出：民法是运用事前调整和事后调整的方法调整主要为私人利益性质的人身关系和财产关系的法律部门。这一定义并不把民法调整的关系看作平等的，由此涉及民法与其他相近法律部门的界限问题。我们认为，各个法律部分的界限是传统形成的。这一定义中的"私人利益性质的人身关系和财产关系"的范围即根据民法传统的工作对象确定，即亲属、继承、物权、合同、侵权责任、知识产权。

第二节　民法的性质

一、民法为权利法

民法的重要内容就是规定和保障民事主体的合法民事权利。《民法典》第1条将保护民事主体的合法权益作为自己的根本立法理由之一，这是因为，民法是权利法，每个公民都依法享有政治权利和民事权利，政治权利主要由宪法规定，民事权利则主要由民法规定。民法的一切制度都以权利为轴心建立起来，它规定了权利的主体（自然人、法人、非法人组织）、行使权利的方式（法律行为和代理）、民事权利的种类、权利保护的方式（民事责任）、权利保护的时间限制（诉讼时效）等内容，这完全是一个以权利为中心的体系。

民法之所以为权利法，在于它的规范多为授权性规范，这类法律规范规定具有肯定性内容的权利，如人格权、身份权、物权、债权等，被授权者有完成这样或那样的积极行为的权利。授权性规范不同于禁止性规范，后者规定主体不为一定行为的义务，刑法规范多属此类。以授权性规范为主体的民法，重在鼓励民事主体积极进行活动并对这种活动加以引导；以禁止性规范为主体的刑法，则重在限制主体的行为。二者的立足点完全不同。因此，民法是以权利为本位的法，民法学就是权利之学。

二、民法为身份法

（一）非常公民的类别

民法自古以来就是适用于本国公民间的法律关系的法律。民法一语中的"民"指公民，所以，民法是本国公民的属人法。而公民分为许多子类。首先分为俗人和僧人；其次分为军人和平民；再次分为公务员和平民。他们各有自己的属人法。佛教僧人受十诫的约束，放弃了婚姻能力和大额所有权能力，另外受《全国汉传佛教寺院共住规约通则》的约束，没有遗嘱能力，只能把遗产留给寺院。天主教神职人员受"贫穷、贞洁、服从"三愿的约

---

[1]　参见［法］孟德斯鸠：《论法的精神》（下册），张雁深译，商务印书馆1963年版，第190页。

束以及《教会法典》的约束，也放弃了婚姻能力和大额所有权能力。军人受中国人民解放军总政治部发布的《军队贯彻实施〈中华人民共和国婚姻法〉若干问题的规定》（2001 年 11 月 9 日）约束，现役军人一律不准与外国公民结婚，原则上也不得与香港、澳门特别行政区和台湾地区的居民结婚（第 3 条第 2 款），另外受《中国人民解放军内务条令（试行）》的约束，军人不得经商，不得从事本职以外的其他职业和网络营销、传销、有偿中介活动，不得参与以营利为目的的文艺演出、商业广告、企业形象代言和教学活动，不得利用工作时间和办公设备从事证券期货交易、购买彩票，不得擅自提供军人肖像用于制作商品。《中国人民解放军纪律条令（试行）》第 152 条规定："参与经商或者逃税漏税，以及参加以营利为目的的商业广告活动、文艺演出、企业形象代言和教学科研活动，情节较轻的，给予警告、严重警告处分；情节较重的，给予记过、记大过处分；情节严重的，给予降职（级）、降衔（级）、撤职处分。"由此，军人丧失了与外国人和港澳台居民结婚的权利能力以及商行为能力。公务员则受《中华人民共和国公务员法》（以下简称《公务员法》）的约束，不得从事或者参与营利性活动，不得在企业或者其他营利性组织中兼任职务。由此丧失了商行为能力。

与僧人相对应的俗人、与军人和公务员相对应的普通公民，可统称为常人，他们没有放弃任何权利能力，民法主要是为他们制定的，是他们的身份法。僧人、军人、公务员各有自己的特别准据法，此等法也可称为非常民法，它是普通民法的对称。

（二）港澳台居民的准公民身份

那么，港澳居民和台湾居民是否是上述"常人"？要回答这个问题，首先要搞清什么是香港人，什么是澳门居民。按照《中华人民共和国香港特别行政区基本法》（以下简称《香港特别行政区基本法》）第 24 条的规定，香港居民可分为永久性的和非永久性的。后者有香港身份证，却无香港居留权，可撇开不论。在永久性居民中，可分为中国公民和非中国公民，后者除非入境内地，不是内地民法的主体，应无疑义。前者有中国公民之名，但不享有和承担《中华人民共和国宪法》（以下简称《宪法》）规定的权利义务，而按《香港特别行政区基本法》享有和承担公民的权利和义务。《中华人民共和国澳门特别行政区基本法》（以下简称《澳门特别行政区基本法》）第 24 条与《香港特别行政区基本法》第 24 条基本一致，不过明列永久居住在澳门特别行政区的葡萄牙公民为澳门特别行政区永久性居民而已，所以，澳门居民的民法地位与香港居民的此等地位相同，即使其中的中国公民，也不享有和承担《宪法》规定的权利义务，而按《澳门特别行政区基本法》享有和承担公民的权利和义务，也不是民法考虑的公民。

台湾居民的地位更为特殊，祖国大陆较大尺度地承认台湾居民在祖国大陆进行民事活动的权利能力。

事实上，港澳台居民各有自己的民事法律。例如，香港居民有《婚生地位条例》等，澳门居民有《澳门民法典》；台湾居民有"民法"，《民法典》只有限地对港澳永久居民中的中国公民（并非持有外国护照者）和台湾居民开放，例如《个体工商户条例》第 27 条的规定："香港特别行政区、澳门特别行政区永久性居民中的中国公民，台湾地区居民可以按照国家有关规定，申请登记为个体工商户。"

三、民法为公私混合法

民法原则上为私法，但并非全然私法，因为《民法典》中关于人格和身份等的规定、物权编、婚姻家庭编、继承编的许多规定，是不能以当事人的合意加以变更的，属于强行法，即公法。它们都属于保障社会秩序的规定，但它们不占据民法的本体，民法的大部分规定，仍属于可以以当事人的合意加以变更的任意性规定。因此，民法为公私混合法，这不过是说，为了维护社会秩序，保护弱者，强行性规定仍有必要存在于民法之中。

四、民法为国内法

一国的民事立法者的立法权的界限是本国的国界，这也称为民法的空间效力，超越国界的民事立法只能通过双边的或多边的国际条约或公约实施，例如《联合国国际货物销售合同公约》，否则就是扯着自己的头发离开本国。在本国民法中采用涵盖公民、外国人和无国籍人的"自然人"术语甚至"人类人"术语者，都犯了把民法当跨国法的错误。2014年的《阿根廷国民民商法典》使用了"人类人"术语，立法者马上在法典的名称上加了"国民"两字解毒，以昭示这部法典以阿根廷公民为适用对象的性质。当然，在欧盟等跨国共同体中，有超越国界的民法，但此等民法的政治前提是欧盟取得了跨国主权，欧盟成员国公民既有本国公民身份，又有欧盟公民身份的事实。

第三节 民法与相邻法律部门的关系

一、民法与商法

（一）什么是"商"

对此问题有多种理解。按照第一种理解，"商"的法律含义为营利性的活动，商法的调整对象是企业以营利为目的进行的经济活动。[1]反言之，"民"的含义为非营利性的活动。按照第二种理解，商法以工商业经济为基础，民法以农业经济为基础。[2]第三种理解采取运作方式的角度，认为商法追求效率。反言之，民法没有这个追求。第四种理解采取境域的角度，认为商法具有国际性，民法具有本土性。[3]第五种理解采取主体范围的角度，认为商法是特别法，只适用于一定类别的人（商人法说）或一定类别的活动（商行为说），而民法是普通法，适用于一切人的一切活动。[4]第六种理解采取道德标准的角度，认为商法的道德标准高，主体被假定为诚实商人。反言之，民法的道德要求相对低些。第七种理解采取仁慈性的角度，认为商法为了追求效率，不讲仁慈，民法则有许多仁慈的制度，例如恩惠期、较长的时效期间等。我们所讲的商，采用对"商"的第一种理解。

（二）什么是商法

由于"商"的法律含义为营利性的活动，而企业是以营利为目的的经济组织，因此，商法的调整对象就是企业活动，商法就是调整企业内部关系（商事组织）及对外关系（商事活动）的基本法。由于商法以企业的活动为调整对象，这样，对一个经济行为性质的理解，就不能仅仅根据它是否以营利为目的来判定，而必须根据作出行为的主体的性质来判定。因此，必须是企业作出的营利性行为才由商法调整。如果自然人出租自己的少量房屋，收取房租，这无疑是一种营利性的行为，但主体不是企业，因此不是商行为，而是民事法律行为，由民法调整。相反，若一房地产开发公司建造大批住房出租营利，由于主体与行

---

〔1〕 参见王煜宇："商法的独立性刍议"，载《西南政法大学学报》2005年第5期。
〔2〕 参见王延川："商法的独立性考察——以商法与民法的关系为对象"，载《贵州大学学报（社会科学版）》2007年第4期。
〔3〕 参见王煜宇："商法的独立性刍议"，载《西南政法大学学报》2005年第5期。
〔4〕 参见王延川："商法的独立性考察——以商法与民法的关系为对象"，载《贵州大学学报（社会科学版）》2007年第4期。

为皆符合上述商法含义的界定，故为商行为，由商法调整。

（三）民法与商法的联系和区别

1. 联系。商法为民法的特别法，民法和商法的关系是普通法和特别法的关系。①商法的对象是民法对象的一部分；②商法适用民法的基本原则，如诚实信用原则、公序良俗原则等；③民法中的各种基本制度是商法的依据，如所有权制度、债权制度等；④民法的许多基本制度都适用于商法，如法律行为、代理、民事责任制度等。

2. 区别。①主体不同，商法的主体必须是以营利为目的的商人（商自然人和商法人）；民法的主体是一般的人。②调整范围不同，商事关系几乎全是纯粹的财产关系，这种财产关系都是有偿的；而民法不仅调整财产关系，还调整人身关系，民法调整的财产关系中，有个别从短期看是无偿的，从长期看是有偿的。③商法具有国际性，这是由商业交往没有国家、民族和地区的限制决定的；而民法的许多制度具有地域性。此外，商法还规定了民法所没有的制度（如商业账簿等）。

民商合一是我国的立法传统。多数学者主张我国应制定民商合一的民法典，不制定单独的商法典，但可以以一些商事特别法作为民法典的补充。然而，我国在 2020 年完成的法典却是《民法典》，这一名称未反映我国民商合一的现实。因此我们建议改称这部法典为《民商法典》，在这方面，有《泰国民商法典》和《阿根廷国民民商法典》的先例。

二、民法与经济法

在法律发展史上，经济法属于新近出现的法律部门。由于形成时间不长，对于什么是经济法，无论在国外还是国内，都属众说纷纭的问题。在国外，就什么是经济法，存在着大经济法、狭义经济法和最狭义经济法三种观点。

大经济法观点认为，经济法是调整各部门、各类别、各领域的经济关系的法，换言之，经济法是调整全部社会经济生活的法规。依这种观点，民法、商法当然为经济法的分支，与经济法形成特别法与一般法的关系。

狭义经济法观点将经济法理解为国家在特定历史条件下，为了恢复、振兴经济而颁布的一些干预私人企业的活动的强行法规的总体。国家在制定这些法律时，不是像制定一般私法那样仅仅考虑保持法律行为当事人之间的利益均衡，而且还从恢复和发展国民经济的立场出发，直接介入市场经济，对私人企业加以监督、保护和干涉，因此，人们又将之称为经济统制法，其中最重要、最有代表性的就是反垄断法（或称反托拉斯法）和反不正当竞争法。此说为通说。按这种观点，经济法与民商法都调整经济关系，但在调整方法上，民商法注重维持私法中传统的意思自治原则；经济法注重运用国家强制原则，公法因素、强制性规范的比重较大。从作用上看，经济法旨在保证民商法能充分发挥作用，以实现自由竞争。

按最狭义的经济法观点，经济法只调整各具体领域、具体部门、具体类别的经济关系，以单行法的形式出现，如矿业法、铁路法、邮电法等。

相较于西方，经济法在我国更是新兴的法律门类和学科，1979 年后才出现，理论尚不成熟、定形。我国就什么是经济法主要有六种观点：①认为经济法调整一切经济关系，谓之大经济法观点；②认为经济法调整社会组织之间的经济关系，即只调整法人之间的经济关系；③认为经济法调整行政管理或干预的经济关系，因此，经济法就是经济行政法；④"纵横统一说"，认为经济法除了调整纵向经济关系外，还调整一些横向经济关系，横向经济关系是否由经济法调整，取决于其是否包含计划因素；⑤学科经济法论，认为经济法不是一个独立的法律部门，而是对与经济有关的法律加以研究的学科；⑥社会法论，认为经济法既非完全公法，也非完全私法，而是介乎公法与私法之间的社会法，申言之，既有公法规定，也有私法规定，两者配合发挥作用。这实际上是纵横统一说的变种，目前为通说。

第四节　民法的渊源

一、概说

法律渊源指法律的表现形式，民法的渊源就是民法的表现形式。在民法渊源问题上存在一元制与多元制两种主张。所谓一元制，就是只承认制定法为民法渊源的主张，《法国民法典》属此，其第 5 条规定："审判员对于其审理的案件，不得用确立一般规则的方式进行判决。"该规定排除了适用制定法之外的渊源的可能。按多元制主张，民法的渊源除了制定法外，还包括习惯、判例、法理等。持多元制主张的有《瑞士民法典》，其第 1 条规定："①凡本法在文字上或解释上有相应规定的任何法律问题，一律适用本法；②如本法无相应规定时，法官应依据惯例，如无惯例时，依据自己作为立法人所提出的规则裁判；③在前款条件下，法官应依据经过实践确定的原理和惯例。"此条规定了《瑞士民法典》以制定法、习惯、判例、学说为内容的多元的法律渊源体制，与《法国民法典》就同一问题所作的规定迥然不同。在上述《瑞士民法典》的渊源体制中，制定法是民法的直接渊源，习惯、判例、学说为间接渊源。直接渊源与间接渊源的区别在于：前者具有适用上的直接性和优先性，对于诉讼案件，有制定法的明文规定的，必须先直接适用制定法；后者具有适用上的补充性和间接性，补充性表现为无制定法规定时方可适用，间接性表现为，作为补充渊源的规范，只有经法院选择、认可后，才可作为法律适用。

在民法的渊源问题上是采用一元主义还是多元主义，取决于对两个问题的答案。第一个问题是，立法者是否承认制定法存在局限性，即是否承认制定法存在漏洞。凡不认为制定法有局限性者，必建立制定法完美无缺、不需要以其他渊源加以补充的信仰，而只承认制定法为唯一的法律渊源。凡承认制定法有局限性者，立法者必自知制定法存在漏洞，因而明智地确立其他渊源加以补充。在《法国民法典》产生的时代，立法者受理性主义影响，认为人类的认识能力是至上的、绝对的，立法者能预料未来一切可能发生的社会关系并加以规定，制定法不可能存在漏洞，立法者因而作出一元论的选择。

在设计法律渊源体制是一元还是多元时，需要回答的第二个问题是，立法权与司法权是否要进行严格的划分？因为作为最重要、最经常适用的补充渊源——判例，就是法官立法之产物。《法国民法典》由于奉行严格的三权分立理论，不许可司法者僭越立法权，因而设计了一元的法律渊源体制，其第 5 条明文禁止法官立法。而是否能禁止法官立法，取决于制定法能否做到完美无缺。假若制定法不能做到完美无缺，在法官不得以法无明文为由拒绝审判的条件下，不管立法者是否愿意，法官创立规则以处理手中的案件都是必然之事。由于对法律局限性认识上的突破，近代各国立法逐步舍弃了严格的三权分立观念，认为议会是一般的立法者，法官为个别的立法者。前者制定法律之大纲；后者制定法律之细则。由此淡化了立法与司法两大权力之间的严格划分，淡化了二者之间的界限，因而普遍承认判例为民法的补充渊源。

二、我国的民法渊源

《民法典》第 10 条规定："处理民事纠纷，应当依照法律；法律没有规定的，可以适用习惯，但是不得违背公序良俗。"按照此条，我国民法的渊源有法律和习惯两种：

（一）法律

法律是全国人大及其常务委员会按照立法程序为人民制定的行为规范，它是最典型的成文法。成文法指以文字形式表述并于生效前公布的法律。以文字形式表述使其具有确定性，于生效之前公布使其对于当事人具有可预见性。成文法的特点和优点在于，它是执法者与守法者所共知的法律，守法者在作为执法客体之同时，也是监督执法者的主体。因此，成文法的形式即意味着执法者在人民的监督下司法，防止司法者的任性和专横，最利于保障人民权利的安全。

成文民法在我国有如下形式：

1. 民法典。民法典是成文民法的最高形式。所谓民法典，指将绝大部分民法规范集中在一部立法文件中加以规定的立法方式，以条文众多、体系完备、逻辑严密、便于当事人和法官寻法为特征。相较于民事单行法，民法典的立法形式有利于提高民法的公示性。

我国于 2020 年 5 月 28 日颁布了《民法典》，凡 1260 条，分为总则、物权、合同、人格权、婚姻家庭、继承、侵权责任七编。

2. 其他有权机关的民事立法文件。民法典为形式意义上的民法，同时还存在着实质意义上的民法，这是包括在民法典之外的立法文件中的民法规范。它们主要有：

（1）宪法中的民法规范。如《宪法》第 41 条第 3 款的规定："由于国家机关和国家工作人员侵犯公民权利而受到损失的人，有依照法律规定取得赔偿的权利。"此即属于民法中的侵权行为法规范。

（2）民事特别法。这是对不便在民法典中加以规定的问题由全国人大常委会制定的民事立法，以增强法律的灵活性，因为其制定和修改的程序都较简单，如《商标法》《中华人民共和国专利法》（以下简称《专利法》）等。

（3）行政法规中的民法规范。国务院颁布的一些行政法规中包含了部分民法规范，如《中华人民共和国城市房地产管理法》（以下简称《城市房地产管理法》），其第 36 条规定，房地产转让、抵押，当事人应当依照本法第五章的规定办理权属登记。

（4）其他规范性文件。国务院所属各部、委员会以及地方政府，可颁布各种涉及民法内容的规范性文件。如原商业部 1984 年发布的《纺织品、针织品、服装购销合同暂行办法》、上海市的《上海市技术转让实施办法》（已失效），都含有民法的合同法规范。

（5）最高人民法院就民事问题所作的意见和批复。最高人民法院有权就审判工作具体运用民事法律、法令的问题作出具有法律效力的解释，通常以"意见""批复""指导性案例"的形式发布。如最高人民法院发布的《最高人民法院关于适用〈中华人民共和国民法典〉时间效力的若干规定》《最高人民法院关于适用〈中华人民共和国民法典〉有关担保制度的解释》，这些司法文件为我国民法的重要渊源。

（6）其他有权机关的解释。我国除最高人民法院外，还有其他国家机关有权就法律的应用作出解释，它们在职权范围内对民事法律所作的解释，同样具有法律效力。如财政部《关于集体所有制企业和事业单位的职工死亡后遗留无人继承的财物应归集体所有的批复》，即为这种情况。

（二）习惯

习惯是独立于国家制定法之外，发生于某种社会权威和社会组织，具有一定的强制力的行为规范。作为制定法之外的另一类法律渊源，它并非由国家立法机关制定，而是在社会全体或某一社会领域内以约定俗成的方式形成，由一定的强制力加以保障的法律渊源。构成习惯法须符合两个条件：①经长期反复适用；②为一般国民的法律意识所接受，信其为法律而受其约束。

习惯主要可分为全社会的习惯和特定社会阶层的习惯两类。前者如"打会"（又称合会、台会）的习惯，它是由某人集资以应急为目的发起一批人各出一定资金，所得总额由打会者按抽签或竞标（通过允诺提供更高的利息）方式轮流使用的习惯，在我国广泛流行，为民众资金互助的一种方式。后者如云南摩梭人采用的走婚习惯、古董业中流行的"不保真"习惯。在就上述问题发生争议时，制定法若无规定，可适用习惯法的规则处理当事人间的权利义务关系。

习惯是民法的最初形式。最初的制定法只是习惯的记载。习惯一经制定法吸收，便不再是习惯而是制定法。例如，1999年，我国台湾地区已把"打会"补充为"民法"中的典型合同，一旦完成这一补充，"打会"在我国台湾地区就不是习惯法，而是制定法了。但人民为了满足生活的需要，仍会不断地在相互交往过程中形成新的习惯，或调整制定法所不及的社会关系，或对制定法尽管有规定但不合时宜的问题进行更合理的调整。因此，习惯是人民直接立法，是对制定法的补充和完善，因而是制定法进步的动力。

从习惯法的产生演变史来看，幅员辽阔与习惯法的法源地位确立存在正关联。我国幅员辽阔，故《民法通则》（已失效）第151条设立民族自治地方的人民代表大会可以制定变动性规则的规定，缓和一统性要求与地方特殊性的矛盾。《民法典》放弃了这一条文，但于其第10条承认了《民法通则》未承认的习惯的第二法源地位，可以认为该第10条具有保留《民法通则》第151条的功能的意图。

习惯（Custom）不同于惯例（Usage）或实际做法（Practice）。后两个是重复的行为，但尚未成为规则；习惯也是重复的行为，但已经被确认为规则。[1]

制定法也可以转化为习惯法。在香港九龙，中国人涉及婚姻和继承的事件，可以适用大清律的有关规定。此时，大清律是作为习惯法被适用的，它由过去的制定法转化成了现在的习惯法。

在《民法典》正式承认习惯的法律渊源地位之前，我国司法实践中有采纳习惯作为制定法之补充的做法，例如凶宅问题。所谓凶宅，是在转让前其中发生过凶杀等类型的非正常死亡的住宅，如果转让方隐瞒有非正常死亡发生地的情节转让它们，受转让方会感到受骗，因为他们若知道此等情节不会购买，以求吉利。近年来，我国法院支持确定凶宅为标的物的瑕疵的习惯法，判定交易无效、可撤销或标的物评价减值。另外，在我国民间，广泛存在于结婚前订婚的习惯，以昭婚姻之慎重性。此种做法，从法律角度看，是订立婚姻契约之预约，它无违善良风俗，属于一种优良之民间习惯法，应予尊重。

第五节　民法的适用范围

民法的适用范围，又称民法的效力，指民法在哪些范围发生作用，包括对人的适用范围、对空间的适用范围和对时间的适用范围三个方面。

一、对人的适用范围

"人"作为民法用语，若无特别说明，兼指自然人、法人和非法人组织。民法对人的适用范围，即指民法适用于哪些人之问题。就自然人而言，一国之内存在四种人，即本国公

---

〔1〕　参见单文华："国际贸易惯例基本理论问题研究"，载《民商法论丛》第7卷，法律出版社1997年版，第592页。

民、外国人、无国籍人和准公民（即港澳台居民）。原则上，我国民法适用于我国境内的一切人，包括我国公民、外国人、无国籍人和准公民。就法人而言，一国之内的法人亦有本国法人与外国法人的区分。原则上，我国民法适用于我国境内的本国法人和外国法人。这些体现了我国民法的属地主义，但作为例外的是：①境外的中国自然人和法人依照中国法律、法规和中国签订的国际条约或国际惯例应适用中国法的，仍适用中国法；②在我国境内的外国外交人员，按照协议或国际惯例并根据对等原则，享有管辖豁免，他们涉及的民事案件不归中国法院管辖，但他们自愿放弃豁免权接受中国法院管辖的，法院应适用中国民法并参考国际惯例。

二、对空间的适用范围

对空间的适用范围是指民法在什么地域内适用。民法不仅是身份法，而且是地域法，即原则上只能在颁布此等民法的国家的境内生效。依据此等民法形成的民事权利出境失效，复境则恢复效力。对此，《民法典》第12条规定，中华人民共和国领域内的民事活动，适用中华人民共和国法律。法律另有规定的，依照其规定。从这条规定可以看出，我国民法的适用范围以属地法为原则，凡在中国领域内发生的民事活动，原则上都适用中国法。作为例外的有，外国人在中国实施的法律行为，在能力问题上可以适用他们的属人法。例如，两个外国人在中国缔结合同，关于当事人的行为能力，适用他们共同的本国法。

当然，涉外合同尽管在中国订立，当事人可以选择处理合同争议所适用的法律，这体现了意思自治原则。

在中国境内进行的民事活动，原则上适用中国法，这反映了国家主权原则。

三、对时间的适用范围

指民法从生效到失效的时间段，在这个时间段内，民法持续地保持其法律效力。

民法通常从公布之日起经过一段时间后生效。公布之日与生效之日不一致，是为了让人民在法律生效之前有时间了解该法律，并给有关实施机关以准备时间。在例外的情况下，有些民事特别法从公布之日起生效。

民法原则上没有溯及力。法不溯及既往是法治的根本原则，因为人民不可能按他们不知道的法律行事，只能根据已经公布生效的法律来筹划自己的行为，如此，当事人才能预计自己行为的法律后果，获得行为的安全性。但作为一种惩罚性手段，立法者也可在特殊情形赋予民法规范以溯及力。

■思考题

1. 人身关系为何要优先于财产关系？
2. 平等主体是民事关系的属性吗？
3. 服务是财产关系的客体吗？
4. 论剥夺权利能力的民法调整方法。
5. 为什么说民法是公私混合法？
6. 港澳台居民在祖国大陆的民法地位如何？
7. 论民法渊源问题与立法者认识论选择的关联。
8. 论判例法的意义。
9. 民法规范为何原则上无溯及力？
10. 港澳台地区是否为《民法典》的适用空间？

■**参考书目**

1. 徐国栋:《民法基本原则解释——诚信原则的历史、实务、法理研究》,北京大学出版社 2013 年版。

2. 徐国栋:《民法哲学》,中国法制出版社 2015 年版。

3. 徐国栋主编:《绿色民法典草案》,社会科学文献出版社 2004 年版。

4. 尚继征:《揭开身份的面纱:私法上的身份和身份权利研究》,法律出版社 2014 年版。

第二章　民法基本原则

■ 学习目的和要求

　　获得对民法基本原则制度与民法运作方式的关系的认识。首先要求掌握作为民法基本原则理论基础的法律局限性理论，包括不合目的性、不周延性、滞后性三个方面。其次要求掌握各项民法基本原则，尤其是诚信原则，特别注意客观诚信和主观诚信的分野，摒除把诚信原则的效力范围仅局限于客观诚信的跛脚理论。在意思自治问题上要避免绝对化倾向，注意到国家的保护性干预对这一原则的补充，以及古典民法对主体的完全的理性、完全的意志力假定与当代民法对主体的不完全理性和不完全的意志力假定之不同。难点在于民法的各基本原则的内在逻辑关系及其在实践中的运用。

第一节　民法基本原则概述

一、民法基本原则的概念

民法基本原则是效力贯彻民法始终的民法根本规则，它是一种克服法律局限性的立法技术。

（一）民法基本原则是效力贯彻民法始终的民法根本规则

民法基本原则的基本性，体现在其生效领域的完全性上。民法规范只有在基本原则的指导下，才能发挥出体系的规范功能，离开了基本原则的价值引导作用，民法规范极可能出现违反立法目的的适用。因此，民法基本原则的效力只有完全地贯彻于民法始终，才能实现民法基本原则对全部民法规范的价值导向作用。如果其效力仅局限于民事关系的某一范围，则不是民法的基本原则而是民法的具体原则，这些原则包括情势变更原则和过错责任原则等。不承认这一点，就无法将民法基本原则同民法的具体原则相区别。

民法具体原则是民法基本原则在具体民事关系领域内的展现，其效力只局限于具体的民事关系领域。由于民法基本原则非常抽象，在一定的条件下，需要把它们在特定民事关系领域的表现形式确定下来，以便于司法者操作和守法者理解，在保留民法基本原则的抽象性所带来的有关功能之同时，为具体的民事领域提供直观性和可操作性，具体的民法原则遂由之产生。

有观点认为：所有权绝对、契约自由、过错责任是西方民法的基本原则。事实上，所有权绝对原则只在物权法领域发挥作用，契约自由原则和过错责任原则只分别在合同法和侵权行为法领域发挥作用，就效力须贯彻于民法始终这一标准而言，它们都不是民法基本原则而只是民法具体原则。西方民法中的基本原则只有诚信原则和公序良俗原则，它们的效力贯穿于西方民法始终。

（二）民法基本原则是克服法律局限性的立法技术

1. 什么是法律的局限性？所谓法律的局限性，指法律基于其防范人性弱点的工具的特质，在取得其积极价值的同时不可避免地要付出代价，是法律由于其技术上的特点而不能完美地实现其目的的状况。

在第一章中，我们已经论述过成文法的普遍性和确定性。它们具有非常积极的价值，起到了防范立法者和司法者的人性弱点的作用。具体而言，普遍性要求对民事主体平等地适用法律，使其在竞争中受平等规则的约束，防止立法者和司法者任意地偏惠或苛待某一社会阶层或个人，实现法律上的平等，保障民事主体规则内的自由。确定性要求法律尽可能作出详细的规定，法律一旦作出规定，就保持稳定，使法律有可预见性，人们在行为之前即可预见法律对自己行为的态度，获得行为的安全性，防止权力者朝令夕改，突然宣布某一种行为为非法，造成当事人对法律信赖的破坏。因此，普遍性和确定性限制了执法者权力的危险性，是民法调整民事主体权利与执法者权力之间关系的手段。

但是，法律的处境往往是这样的：为了追求一定的价值，就要以牺牲其他价值为代价。法律的局限性，正是从普遍性和确定性而来。法律具有不合目的性、不周延性、滞后性三大局限性。

（1）不合目的性。指法律的适用达不到其正义的目的情况。正义是法律的根本目的，它是一种使分配的参加者都各得其所的分配方式。分配的对象包括利益和不利益两种，法律是进行上述分配的工具。无论是利益还是不利益，如果分配的参与者都得到了应得的，我们就说这样的分配是正义的。如果以法律为工具进行分配没有达成这样的结果，而是使人感到应该得到利益的人得到了不利益，应该得到不利益的人得到了利益，我们就说法律发生了不合目的性。

不合目的性由法律的普遍性造成。法律的普遍性使法律只对其涉及的关系进行类的调整而不进行个别调整，换言之，只注意适用对象的一般性而忽视其特殊性。但适用于一般情况能带来正义的法律，适用于个别情况的结果就可能是不公正的，因为在任何事物中，除了有一般性和共相的方面外，还存在个别性和殊相的方面。事物的一般性和共相的方面与法律的普遍性是相容的，在这种情况下，法律的适用能达到正义的效果；而事物的个别性和殊相的方面却与法律的普遍性严重冲突，表现为法律的僵化，在这种情况下，法律的适用可能会造成非正义的局面。

（2）不周延性。指法律实然的外延小于其应然的外延的情况。法律的这一局限性由法律的确定性的难以实现造成。法律的确定性的第一个要求是法律应提供尽可能多的规则，使人们的一切行为都有法可依，在法律的范围内获得自由。但立法者受到自身认识能力的限制，不可能预见并规定将来的一切人类行为，客观上不得不在法律中留下星罗棋布的缺漏和盲区，形成所谓的法律漏洞，因此，十全十美的法律是不存在的。于是发生这样的情况：法律没有规定或规定得有缺漏的事项，却要求法律调整，这就是法律的不周延性。

（3）滞后性。指法律不能自我调整，追随社会生活的发展并与之相适应的情况。这一局限性也由法律的确定性造成。按照确定性的第二个要求，法律应保持稳定。但我们知道，法律是对社会生活的反映并调整社会生活。如果法律与社会生活保持协调，这样的法律就是好的；如果法律与社会生活脱节，这样的法律就是恶的。然而，由于各种原因，法律呈现出保守的性质，社会生活向前发展了，法律仍在原地踏步，使这种脱节成为现实。

2. 法律局限性问题的本质。法律局限性问题，产生于法律一身却兼数职，且这些职责又互相冲突的情况。一方面，就成文法的出现和重要作用而论，法律具有防范人性弱点的职责，这就要求在法律的运作中尽可能地排除人的因素而增加规则的因素；另一方面，法律具有适应社会分配的职责。在法治国家，无论是利益还是不利益，都以法律为根据进行分配。由于成文法基于其防范人性弱点的发生原因而设计的普遍性，并不能保证每一次分配都是公平的，而正义又不允许少数人成为牺牲品。对每一次分配的公平性的追求，又使法律不得不在其运作中引入危险的人的因素，因为只有人才能做法律所不能做之事，能够度量事物之间细微精妙的区别并作出适当的裁断。况且，法律还具有适应社会变化的职责，这恰与它相对凝滞的特性相矛盾，这一职责又要求把危险的人的因素引入到法律的运作过程中来，把新的社会要求补充到法律中去。因此，法律始终处于两难处境：顾全了法律职责的这一方面，不可避免地要疏忽法律职责的那一方面，由此形成了法律的局限性。

3. 处理法律局限性问题的方法。既然存在着法律的局限性，就产生了处理它的方法问题。第一种解决方法是无法司法，完全抛开规则而由人根据自己的自由裁量处理一切问题。如果这样做，法律的局限性当然不存在了，但成文法的防范人性弱点的好处也完全被抛弃了，这是危险的人治的解决方法，不足采纳。第二种解决方法把规则的因素与人的因素加以综合利用，换言之，在立法者认识能力所及的地方，他们当对生活事实作出尽可能详细的规定；在立法者认识能力所不及的地方或法律由于时过境迁而过时的地方，他们当授权司法者进行补充立法或对过时的法律进行矫正，由此实现法律对社会生活的完满调整。

民法基本原则即属于处理法律局限性的第二种方法。立法者通过设立民法基本原则，把人的因素或自由裁量的因素引入到法律的运作过程中，授权司法者进行创造性的司法活动，以此补充法律规则的不足，并引进新的社会要求于法律中，消除法律的滞后性。由于司法者通过民法基本原则的授权介入了立法活动，民法基本原则的立法技术的运用，意味着立法权与司法权之间界限的模糊。

二、民法基本原则的特征

（一）非规范性

民法基本原则在民法的总体中，不是民法规范，而属于非规范性的规定，这是因为民法基本原则并不具有作为民法规范所要求的明确的行为模式和确定的保证手段的构成成分。民法基本原则的存在，是为了帮助人们准确地理解和正确地适用民法，其本身并非法律规范，而属于非规范性规定中的原则性规定。它并非产生法律关系的独立依据，而只有补充的性质，必须与其他民法规范结合起来才能发挥法律调整的作用。

（二）不确定性

民法基本原则是不确定规定。法律的规定可分为确定的和不确定的两大类。确定的规定详尽无遗地、具体和全面地规定了权利义务承担者的行为条件，并未给司法机关运用自由裁量权来具体地、个别地调整社会关系留下余地。不确定规定并不对权利义务各方的行为模式和保证手段作十分确定的、详尽无遗的规定，而是运用模糊概念授予司法机关以自由裁量、考虑具体情况解决问题的权力。

民法乃是确定性与不确定性、精确性与模糊性的统一。在民法整体中，不确定性或模糊性主要体现在民法基本原则部分，反映了立法者对其规制对象的认识未达到充分程度。而一般的民法规范、法条、概念，大都是相对确定和精确的。不能片面地过分强调民法规定的不确定性的意义，以免导致法官自由裁量权的过度膨胀，造成民法整体的软化。

三、民法基本原则的功能

（一）立法准则的功能

1. 民法基本原则是制定民事基本法的立法准则。在制定民事基本法时，立法者必须先确定一些根本的出发点。他们必须问自己，这部民法欲表现的基本价值是什么，由此确定基本原则的实体内容。其次他们必须回答，他们对将制定的民法能够涵盖一切发展着的民事关系有无信心。换言之，他们将如何选择立法机关与司法机关之间相互关系的模式，是否决定在严格控制的条件下，将部分立法权交由司法机关行使，由此确定民法基本原则的形式特征，换言之，决定是否对民法基本原则采用不确定规定的形式。立法者在确定这些根本前提后，再以之为指针制定民法的各项制度和繁杂的民法规范，以便制定出的民法制度和民法规范具有内在的一致性，发挥不矛盾的体系功能。所以，在制定民事基本法时，民法基本原则产生于具体民法制度和民法规范之先，再以其为准则制定民法制度和民法规范。因此，民法基本原则是各项民法制度和民法规范的基础和来源。

2. 民法基本原则是制定次级民事法律的立法准则。由于民事立法的多层次性以及民事基本法对民事特别法的统摄地位，在制定次级民事法律时，民法基本原则仍保持其立法准则的功能，据此确定次级民事立法的基本价值取向，以使其与民事基本法保持价值取向上的一致。

（二）行为准则和审判准则的功能

民法规范是从民法基本原则中推导出来的，具有直接的可操作性和具体性，因此，民事活动的当事人首先应以民法规范作为自己的行为准则。当民法规范对有关问题缺乏规定时，当事人即应自觉以民法规范本源的民法基本原则作为自己的行为准则。在这种情况下，民法基本原则具有行为准则的功能。为了实现法律的强制性，行为规范只有同时作为审判规范才具有法律上的意义而与其他规范相区别，因此，法律上的行为规范与审判规范具有同一性。在民法基本原则作为行为准则被遵循时，它同时是司法机关就民法规范未作具体规定的社会关系所发生的争讼进行裁判的审判规则。民法基本原则的行为准则功能主要在民法规范未对有关具体社会关系作出规定时体现出来，但也不排除在民法规范对有关社会关系已有规定时，民法基本原则也具有一定的行为准则功能。对于民事活动的参加者来说，民法基本原则作为民法规范之本，对帮助他们正确理解具体民法规范的立法意图，从而更好地规范自己的行为，有重要意义。在民法规范规定模糊或显得自相矛盾的情况下，尤其如此。

（三）授权司法机关进行创造性司法活动的功能

民法基本原则具有授权司法机关进行创造性活动的客观作用。借此，民法基本原则起克服法律规定的有限性与社会关系的无限性的矛盾、法律的相对稳定性与社会生活的变动不居性的矛盾、法律的正义性与法律的具体规定在特殊情况下适用的非正义性的矛盾的作用。

第二节　各民法基本原则

一、诚实信用原则

《民法典》第 7 条规定：" 民事主体从事民事活动，应当遵循诚信原则，秉持诚实，恪守承诺。" 这一规定是诚信原则的法律表现形式。

从世界范围来看，诚信原则还可以分为客观和主观两个方面。客观诚信是当事人忠实地履行自己义务的行为，主要适用于合同法领域，它具有以下要点：①它是一种课加给主体的具有明显的道德内容的行为义务；②这种行为义务的内容为：除了为保护自己的合法利益之必要外，不损害他人之利益；③评价主体行为的尺度不是当事人自己的，而是一个客观的标准；④但这种客观性不排除对主体之故意和过失等主观因素的考虑；⑤这种客观标准由主体行为与法律标准或典型的中等的社会行为的对比构成；⑥在寻求可适用的法律标准时，应考虑主体实施行为的社会背景。[1]主观诚信是当事人相信自己未损害他人的一种内心状态，主要适用于物权关系，尤其适用于以完成取得时效为目的的占有，通常被译为"善意"。它具有以下要点：①它是主体对其行为符合法律或道德的个人确信；②这种确信尽管是主观的，但从主体产生它的过程来看，它是诚实的和合理的；③主体在形成这种确信时尽到了注意；④主体在形成这种确信的过程中未发生故意和过失；⑤主体的这种确信可就其自己的情势发生，也可就与他有关的人的情势发生；⑥这种确信决定了主体的行为；⑦法律因为主体的这种确信赋予其行为以有利的待遇。[2]由此可见，这两种诚信的差别很大：一个是外部行为；一个是内心状态。但两者都以同样的符号表示（Bona fides 或 Good faith）。我国许多学者理解的诚信仅指客观诚信，把主观诚信指称为"善意"，而将之排除出诚信原则的适用范围，这样就弱化了诚信原则的基本原则属性，将之曲解成仅适用于合同关系的民法具体原则，这是错误的。因此，我们理解的诚信原则是适用于全部民事法律关系的原则，过去被说成是"善意"的占有人的主观状态问题，也在这一原则的调整范围之内。

（一）诚信原则的语源

我国古代典籍中早就出现了"诚信"一词。《商君书·靳令》把"诚信贞廉"与"礼乐、诗书、修善孝弟、仁义、非兵羞战"并称为"六虱"。据《新唐书·刑法志》记载，唐太宗于贞观六年，"亲录囚徒，闵死罪者三百九十人，纵之还家，期以明年秋即刑。及期，囚皆诣朝堂，无后者。太宗嘉其诚信，悉原之"。这两处所称的"诚信"，指人际关系中的诚实不欺。如同作为法律术语的"债"是个外来语一样，作为法律术语的诚信也是个外来语。诚实信用在拉丁文中是 Bona Fides，法文中是 Bonne Foi，英文中是 Good Faith，直译都是"善意"，在德文中是 Treu und Glaube（忠诚和相信），在日文中是"信义诚实"。中国继受大陆法系后，立法和法学理论都通过日本受德国的影响很大，因此，汉语中指称诚信原则的语词是德文指称的直译。

域外学者就诚信原则发表了许多见解。就诚信原则的宗旨而言，他们都认为是为了维持某种秩序，这种秩序或体现为一定的利益平衡，或体现为一定道德基础的可供依赖。就内涵而言，诚信原则是以模糊的公平要求为内容的规则。就外延而言，诚信原则具有不确定性，可补救具体规定的不敷使用。诚信原则与司法活动的关系，即由其内涵的模糊性和外延的不确定性而产生，诚信原则意味着承认法官的创造性司法活动，允许法官在法无明文时依据公平的要求进行裁判。

（二）我国的诚信原则观

我国诚信原则的定义应作如下表述：诚信原则就是要求民事主体在民事活动中维持双方的利益平衡以及当事人利益与社会利益的平衡的立法者意志。概言之，诚信原则就是立

---

[1] Véase Manual Dela Puente y Lavalle, El contrato en general, El fondo para publicacion del PUC del Perú, 1996, p. 30.

[2] Véase Manual Dela Puente y Lavalle, op. cit., p. 33s.

法者实现上述三方利益平衡的要求，目的在于保持社会稳定与和谐的发展。三方利益平衡是这一原则实现的结果，当事人以诚实、善意的态度行使权利、履行义务，法官根据公平正义进行创造性的司法活动，是达到这一结果的手段。

诚信原则涉及两个利益关系：当事人之间的利益关系和当事人与社会间的利益关系，诚信原则的宗旨在于实现这两个利益关系的平衡。在当事人间的利益关系中，诚信原则要求尊重他人利益，以对待自己事务的注意对待他人事务，保证法律关系的当事人都能得到自己应得的利益，不得损人利己。当发生特殊情况使当事人间的利益关系失去平衡时，应进行调整，使利益平衡得以恢复，由此维持一定的社会经济秩序。由于诚信原则对民事活动的当事人作出了这样的要求，它是经济人假说的一个例外，具有道德性和宗教性。在当事人与社会的利益关系中，诚信原则要求当事人不得以自己的民事活动损害第三人和社会的利益，必须在法律范围内以符合其社会经济目的的方式行使自己的权利。

诚信原则在两个方面发挥着作用。首先，它是对当事人进行民事活动时必须具备诚实、善意的内心状态的要求，对当事人进行民事活动起着指导作用；其次，诚信原则是对法官衡平权的授予。"诚实信用"这样的词语从规范意义上看极为模糊，在法律上没有确定的内涵和外延，其适用范围几乎没有限制。这种"模糊规定"或不确定规定导源于这样的事实：立法机关考虑到法律不能包容诸多难以预料的情况，不得不把补充和发展法律的部分权力授予司法者，以"模糊规定"或不确定规定的方式把相当大的衡平权交给了法官。因此，诚信原则意味着承认司法活动的创造性与能动性。

由于诚信原则具有如此重要、广泛和综合的功能，它被称为"帝王条款"。尽管如此，诚信原则的适用也应受到严格的限制，不能动辄越过具体的民法规定直接适用该原则，否则会造成民法规定的软化和对一般条款的逃避。只有在具体的民法规定不敷使用时，才可适用诚信原则。因此，我们在称诚信原则是帝王条款之同时，不妨也把它称为后备条款。

二、公序良俗原则

（一）公序良俗原则的概念

1. 公序良俗原则的定义。《民法典》第 8 条规定："民事主体从事民事活动，不得违反法律，不得违背公序良俗。"这一规定是公序良俗原则的法律表现形式。其中，公序良俗是公共秩序与善良风俗原则的合称。其中的公共秩序，指国家社会之一般利益；其中的善良风俗，指社会的一般道德观念。换言之，公序良俗原则就是对民事活动当事人尊重国家社会之一般利益与一般道德的要求，但事实上，两者的内容几乎完全一致，都以社会和国家的健全发展为目标，因而在理论与实务中往往不区分两者而合称为公序良俗[1]。

2. 公序良俗原则的前身。在《民法典》颁布前，《民法通则》（已失效）第 7 条也对法律行为的合道德性进行审查。其辞曰："民事活动应当尊重社会公德，不得损害社会公共利益，扰乱社会经济秩序。"其中的"社会公德"体现了"良俗"，"社会公共利益"体现了"公序"，并且把维护这样的社会公德和社会公共利益的目的跟经济秩序挂钩，具有商品经济的民法观色彩。《民法典》第 8 条取代《民法通则》（已失效）第 7 条后，把一个中国特色的表述转化为国际共同表述，解除了该原则与经济活动的关联，代表了我国民法学和民事立法对商品经济的民法观的疏离。

3. 公序良俗原则的主要适用领域。与欧洲国家的公诉良俗原则主要适用于性工作、代

---

〔1〕 参见徐开墅主编：《民商法辞典》，上海人民出版社 2004 年版，第 126 页。

孕、赌博三个领域不同。[1]我国《民法典》主要把公诉良俗原则适用于以下领域：其一，控制习惯法的适用（《民法典》第 10 条）。如果被选择的习惯法规范违背公序良俗，则应排除。其二，控制法律行为的合法性（《民法典》第 143 条）。遗嘱是主要的法律行为形式之一，我国法院经常用公诉良俗原则破毁遗嘱人不顾其家人利益的遗赠行为。2001 年，四川泸州中级人民法院判决黄永彬把遗产遗赠给自己的情妇张学英而不全给妻子的公证遗嘱无效，一审的理由就是该遗嘱违反公共秩序和社会公德，二审的理由是该遗嘱违反公序良俗原则，形成了中国公序良俗第一案。其三，用来审查无因管理受益人真实意思的合道德性（《民法典》第 979 条）。其四，用来控制姓名权的行使（《民法典》第 1012 条、第 1015 条）。其五，用来作为判断新闻报道是否侵权的标准（《民法典》第 1026 条）。

（二）与其他类似民法基本原则的区别

在补救法律局限性、引进法外规范于法内的功能上，公序良俗原则与诚信原则十分类似，而且两者都是有别于其他民法基本原则的一般条款，由此产生两个原则的区分问题。这一问题引起了国外和国内学者的探讨，下面介绍一下他们的探讨的内容。

对此有如下三种学说：

1. 纵向区别说。该说主张公序良俗原则与诚信原则对人的要求高低不同，前者为最低要求，后者为较高的要求。[2]故德国学者拉伦茨（Karl Larenz）认为，相较于诚信原则，善良风俗只涉及来自人的社会条件的最低要求，并且只要求在某种情境下遵守这一要求。秘鲁学者德拉普恩德和拉瓦叶（Dela Puente y Lavalle）认为，善良风俗只涉及特定时空的道德；而诚信原则的要求高于这一标准，确切地说，它以专门的约束为前提，并确定了行为的参与者之间的信赖。因此，并非所有违反诚信的行为都违反善良风俗，而不道德的行为却总是违反诚信原则的。[3]西班牙学者莫佐斯（Josè Luis de los Mozos）认为，公共秩序是适用诚信原则的外在界限，在适用公共秩序规范的时候，就不得适用诚信原则。

2. 横向区别说。该说认为公序良俗原则主要适用于家庭法领域，而诚信原则主要适用于经济交换领域。[4]

3. 功能区分说。该说认为公序良俗原则的适用效果是概括地否定某类行为，而诚信原则只否定特定的行为，换言之，具有适用的经验性。之所以如此，乃因为公序良俗原则涉及的行为反社会性比较强，所以必须一体否定，而诚信原则涉及的行为的反社会性较弱，在肯定法律行为效力的基础上，限制当事人行使权利或履行义务的方式，即可平衡当事人间的利益。[5]由此，公序良俗原则往往从法律关系外部矫正其内容，与诚信原则往往从法律关系内部对之进行调整不同。

上述区分标准，都从一定的角度切入了两个原则的差异点，值得综合考虑。

（三）采用公序良俗原则的意义

《民法典》确立公序良俗原则，无疑增加了法官手中的武器，让他们能根据不同的案情运用不同的处理工具，由此，过去没有公序良俗原则时被推到诚信原则一边的属于公序良

---

[1]　参见国际统一私法协会：《国际商事合同通则》，对外贸易经济合作部条约法律司译，法律出版社1996年版，第 51 页。该通则的第 3.1 条也规定：本通则不涉及由不道德原因导致的合同无效。

[2]　参见于飞：《公序良俗原则研究——以基本原则的具体化为中心》，北京大学出版社2006年版，第 87 页。

[3]　Véase Manual Dela Puente y Lavalle, El contrato en general, El fondo para publicacion del PUC del Perú, 1996, pp. 35, 46.

[4]　参见徐开墅主编：《民商法辞典》，上海人民出版社2004年版，第 126 页。

[5]　参见于飞：《公序良俗原则研究——以基本原则的具体化为中心》，北京大学出版社2006年版，第 93 页。

俗原则的案型可以独立出来，避免诚信原则的适用过分庞大的消极现象。

当然，确立公序良俗原则还构成对私法自治的必要限制。

确立公序良俗原则还打破了法律与道德的严格界限，因为公序良俗原则是一个引致性规范，它往往引进道德于法律之中，弥补法律的不足，以此协调个人利益与社会公共利益的矛盾。〔1〕

（四）公序良俗原则的适用

基本原则研究的重要任务是研究特定原则的适用经验并将其类型化。由于公序良俗原则在我国确立不久，学者对这一原则的适用情况所做的类型化研究主要针对法国法、德国法、日本法。例如，梁慧星教授根据对日本法的研究，概括出公序良俗原则如何处理危害国家的行为、危害家庭关系的行为、违反性道德的行为、射幸行为、违反人格和人格尊重的行为、限制经济自由的行为、违反公平竞争的行为、违反对消费者和劳动者之保护的行为、暴利行为等。〔2〕但也有学者把这方面的研究中国化，提出了违反公序良俗原则的如下案型，可资参考：

1. 违反公共秩序的行为。①违反国家安全、国家和社会公共利益、社会经济秩序的行为，例如订立从事违法活动的委托合同；②限制经济自由的合同，例如联合定价协议、禁止竞争合同等；③不正当竞争行为，例如假冒、伪造行为和引诱他人违约的合同等；④垄断行为，即限制一定交易领域内的竞争的行为；⑤暴利行为，是利用他人的无经验或急迫需要取得不当利益的行为，它严重地损害了当事人间的利益平衡，典型者为高利贷；⑥赌博行为，赌博激发人的侥幸之心，往往导致参赌人倾家荡产，故违反公共秩序，赌债因此为自然之债不受法律保护。

2. 违反善良风俗的行为。①反人伦的行为，如约定父母与子女分居的协议，断绝亲子关系的协议，买卖人类配子的行为；②有损人格尊严的行为，如以债务人人身为抵押的约款；③违反道德风俗的行为，例如为成年男性雇用奶妈直接从乳房吸奶；等等。〔3〕

上述违反公序良俗的行为许多已有制定法规制，例如不正当竞争行为已有《中华人民共和国反不正当竞争法》（以下简称《反不正当竞争法》）规制，但学说上还是把这种行为列入违反公序良俗原则的行为类型，因为违反这一原则的行为分为立法型和裁判型两种〔4〕，前者见诸立法规定，后者由法官在司法实践中发现并规制。上列者已有立法规制的当然属于前者。由此我们还可以看到公序良俗原则与诚信原则的一点不同：诚信原则是完全的司法型，它的适用类型完全是司法活动的产物；公序良俗原则则兼具立法型和司法型，它还可以是立法活动的产物。

三、绿色原则

（一）绿色原则的定义

《民法典》第9条规定："民事主体从事民事活动，应当有利于节约资源、保护生态环境。"这是绿色原则在我国民法中的表现形式。所谓绿色原则，就是要求民事活动的当事人在进行民事活动时节约资源、保护环境的原则，也可称为生态原则。其基点是"法律不能创造价值，却能减少价值的破坏"的信条。它诚然维护本代人利益，但主要维护将来世代

---

〔1〕 参见王利明：《民法总则研究》，中国人民大学出版社2003年版，第133页。

〔2〕 参见梁慧星："市场经济与公序良俗原则"，载《中国社会科学院研究生院学报》1993年第6期。

〔3〕 参见赵万一：《民法的伦理分析》，法律出版社2003年版，第157页。

〔4〕 参见赵万一：《民法的伦理分析》，法律出版社2003年版，第148页。

人的利益。由此改变了法律的向度,力图解决好人类本身的代际关系问题。隐含着允许将未来世代人作为民事主体,实现代际公平的可能。未来世代人可通过其代理人或受托人就涉及他们利益的事项发表意见。对此菲律宾最高法院已于1993年作出判例,允许42名儿童以自己及子孙后代的名义提起诉讼要求政府停止大规模出租国有森林给开发公司砍伐的行为。

绿色原则以悲观主义的人类未来论为基础,承认资源耗尽的必然性和一定的可避免性,基于这种确信禁止和限制民事主体对资源的浪费性使用,从而维持人类的可持续生存。

我国是一个人口大国以及相对的资源小国,人与资源的关系比多数国家紧张,因此,绿色原则之提出和践行,对于我国人民和世界人民的福祉,都具有特别的意义。

(二)绿色原则的适用

绿色原则可通过主体、客体和方式的途径适用,容分述之。

1. 通过主体途径适用。就是在主体方面做文章缓和人与资源的紧张关系的途径,减少欲望主体的数量是实现它的最直接方式。这一途径又分为两个方面:①通过合理划定死亡的标准控制欲望主体的数目。为此,我国应采用脑死亡标准,打破传统的心跳呼吸停止的死亡标准,由此可避免对脑组织已坏死但仍有心跳和呼吸的人施医用药的情况,节约宝贵的医疗资源和其他资源用于其他更需要的人。②控制既有的欲望主体的欲望的数量。为此,《民法典》设立了成年人监护制度,该制度可用于限制不正常欲望主体的行为能力,从而不仅保护了家族财产,同时也保护了社会财产。

2. 通过客体途径适用。就是在客体方面做文章缓和人与资源的紧张关系的途径。这一途径体现在取得时效、相邻关系、转租、添附等制度中。容分述之。

(1)取得时效制度。具有讽刺意味的是,在我国一度被误解为鼓励攫取不义之财之制度的取得时效实际上是一项绿色制度,其要旨是允许被所有人忽略(这是他不怎么需要这项财产的外在证据)的财产给他人使用,其道理跟允许剧场里的空座在开演后让需要者使用是一样的,由此缓解人与资源之关系的紧张。

(2)相邻关系制度。它是对所有权的私的限制,目的是使社会财富得到充分的利用。

(3)转租制度。它允许承租人经出租人同意把租赁物转租给他人,允许不动产的承租人不经出租人同意将租赁物的一部分转租给他人。这一制度也是为了社会财富的最大化利用。

(4)添附制度。它把物理上可以分开的合成物在法律上视为不可分开的"一物",用罗马法术语来讲,是单一物,即具有一个灵魂的物,成为一个单一的客体。换言之,原来各自具有灵魂的两物经添附后变得只有一个灵魂,若合成物两部分之一的所有人选择破坏新物还原材料,他对自己贡献部分的破坏被视为对整个新物的破坏,要承担损害他人财产的责任,以此达到资源节约取向的冲突解决的目的。

3. 通过方式的途径。就是在立法者处理有关问题的方式上做文章缓和人与资源的紧张关系的途径。

(1)允许互负债务的双方当事人进行抵消。如此,节省了两个履行。

(2)允许采用传真、电邮方式送达诉讼文书。《中华人民共和国民事诉讼法》(以下简称《民事诉讼法》)第90条第1款规定,经受送达人同意,人民法院可以采用能够确认其收悉的电子方式送达诉讼文书。通过电子方式送达的判决书、裁定书、调解书,受送达人提出需要纸质文书的,人民法院应当提供。此款免除了当事人为得到一个文书跑法院之苦,减少了不必要的出行,构成绿色规定。

（3）限制过度包装。国家质检总局、国家标准委批准发布的《限制商品过度包装要求　食品和化妆品》国家标准于 2010 年 4 月 1 日实施，规定食品和化妆品的包装层数不得超过 3 层，包装空隙不得大于 60%，初始包装以外的所有包装，成本总和不得超过商品售价的 20%。饮料酒的包装空隙率不得超过 55%；糕点的包装空隙率不得超过 50%；保健品和化妆品的包装空隙率不得超过 50%。据科技部的统计数据显示，减少使用 1 公斤过度包装纸可节省 1.3 公斤标准煤；相应减少 3.5 公斤二氧化碳排放。如果全国每年减少 10% 的过度包装纸用量，可节约 120 万吨标准煤，减排二氧化碳 312 万吨，有助于解决 660 座城市中的 220 座被垃圾（30% 的生活垃圾来自遗弃的包装物）包围的困境。

（4）禁止或限制使用塑料包装物，例如吉林省就作出了这样的规定。对于万不得已需要使用塑料袋的情形，也可规定此等袋的厚度。

（5）立法应限制 100 人以上的全国性校友聚会，鼓励替代性的网上聚会。

（6）创立或确立汽车共享制度。汽车共享，指许多人合用一辆汽车，开车人只对车辆有使用权而无所有权。由此，人们既可以保留原有的开车出行方式，又可以省钱、环保。汽车共享像是在车行里短时间租车，且手续简便、费用低廉。计算机和卫星定位系统为这一制度提供了有力的技术保障。

（7）承认规定吃不完多取的食物的自助餐食客要按斤支付代价的社团规则的合法性。

（8）立法开征生态税或环境税，还可以开征碳税，法国已从 2010 年 7 月 1 日起开征此税，每吨二氧化碳收 17 欧元。我国也在考虑开征此税，这是对抗西方国家对我国产品征收的碳关税的一项措施，因为按 WTO 的规则，我们自己收了碳税，他国就不得对我们征收碳关税了。

（9）规定房屋只有经过了精装修才能出售。有行家说过，毛坯房装修，让小装修公司进行，一套房子比标准的精装修多产生 2 吨垃圾。有鉴于此，今后应考虑，凡毛坯房不应允许其进入商品房市场。

（10）允许性倒错者在不必接受变性手术的情况下获得法律认可的变性身份。如此不仅可节省许多医疗资源，还可减少选择变性者许多的生理痛苦。

（11）对于绿色消费行为予以减税、减价待遇。美国政府为了鼓励居民节能，对家庭采用新型能源，例如安装太阳能热水器、采用太阳能电池供电、地热供暖或家用风力发电等，可以有税收方面的优惠，在年度报税时可以从纳税收入中扣除购置和安装这些设备的部分费用。除此之外，如果在更新家用电器的时候，在一些地区购买新型节能的品牌型号，可以直接得到优惠退款。

四、意思自治与国家的保护性干预相结合原则

《民法典》第 5 条规定："民事主体从事民事活动，应当遵循自愿原则，按照自己的意思设立、变更、终止民事法律关系。"这是意思自治原则的法律表现形式。"自愿"就是主体的意志自由，按照国际通行的表述，就是意思自治。我国正日益走向国际化，强调遵循国际共同规则，基于这一条件，我们选择将《民法典》中关于"自愿"的规定表达为意思自治原则。

意思自治原则被许多学者认为是民法核心原则，甚至是唯一的原则。[1]但根据张民安的研究，1804 年的《法国民法典》并未确立意思自治原则，该原则于 1886 年由国际私法

---

〔1〕　参见詹森林：《民事法理与判决研究》，中国政法大学出版社 2002 年版，第 5 页。

学者 André Weiss（1858～1928）提出，后被民法学界普遍接受。但法国学界从 19 世纪 40 年代到 20 世纪 80 年代，对这一原则进行了严厉批判，认为它低估了客观法律尤其是制定法在契约债产生中的作用，将人的意图、意志、意思拔到了高于客观法律、制定法的地步，而且，意思自治原则无法实现契约正义，会引起经济的无序。这些批判导致法国最高法院于 1997 年 3 月 20 日作出判决，认定意思自治原则由于无宪法依据没有宪法价值。人们以正义原则和团结原则取代之。[1] 意思自治原则在法国遭到的打击与它在我国受到的热捧形成了强烈对照。

（一）意思自治与国家的保护性干预相结合原则的含义和功能

意思自治与国家的保护性干预相结合原则要求民法在可能的范围内保障当事人从事民事活动时的意志自由，不受国家权力和其他当事人的非法干预，但在当事人不能作出正确决定的事项上，又承认国家作出保护性干预措施的必要与合理。

（二）意思自治与国家的保护性干预相结合原则的基础

这一原则的意思自治方面奠基于完全的理性和完全的意志力的假设，换言之，被法律赋予行为能力的人，都是具有理性的，他们不是儿童和精神病人，不需要别人的指导和保护。他们被假定为自己利益的最佳判断者，能够利用自己和他人的能力和知识作出有利于自己的判断，享受自己行为带来的利益，同时承担自己行为的风险。而且，他们具有坚强的意志力把对自己利益的认识转化为行为，不折不挠地实现之。

但现代经济哲学已推翻了上述对民事主体的完全的理性和完全的意志力的假定，把现代民法对主体内在素质的假定更换为有限的理性和有限的意志力。第一个更换由于对人具有的各种认识扭曲机制的揭示，例如框架效应、沉没成本谬误等，此等揭示证明了人往往不能正确认识自己的利益；第二个更换由于对人具有的意志力缺陷的揭示，如嗜好、热望、多重自我等，它们导致人们即使正确地认识到了自己的利益，也不能有效地去追求。传统的意思自治原则以两个"完全"为基础。由于当代社会中两个"完全"已被两个"有限"取代，意思自治原则必须以国家的保护性干预作为补充。这种干预较早地体现在消费者保护立法上。这种立法放弃了传统民法对主体的强而智的设定，采取弱而愚的设定，因此赋予消费者犹豫期间和反悔权等保护措施。目前，民法中保护性干预的适用范围日渐增长，例如显失公平的法律行为无效的规定，限制高利贷的规定，禁止买卖人体器官的规定等。可以说，纯粹的意思自治原则是 20 世纪的民法的原则，意思自治与国家的保护性干预相结合原则是 21 世纪的民法原则，它建立在 21 世纪的意识形态和政治结构基础上。

（三）意思自治原则的有限适用

正因为传统的意思自治原则已被限缩为意思自治与国家的保护性干预相结合原则的一个构成成分，它并非适用于民法的全部内容。民法总则皆为强行性规定，该部分所涉的社会生活不在意思自治的范围之内。众所周知，物权法为了公共利益的考虑实行物权法定主义，在多数方面不适用意思自治原则。亲属法、知识产权法在这方面的情况，略近于物权法。在债法中，只有合同法适用这一原则，侵权行为法、无因管理法、不当得利法不适用之。在继承法中，法定继承不适用之，遗嘱继承则适用之。总体来说，在适用法律行为制度的民法内容中，也都适用意思自治原则。具体而言，该原则表现为物权法中的财产自由

---

[1] 参见张民安："法国民法中意思自治原则的新发展"，《法治研究》2021 年第 4 期。

原则、亲属法中的婚姻自由原则、合同法中的契约自由原则和继承法中的遗嘱自由原则。它们都是贯彻意思自治的基本原则的民法具体原则。契约自由原则，是意思自治原则最经常运用的形式。在现代社会，它正受到标准合同的限制和各种法律规定的限制。

■思考题

1. 为什么说民法基本原则是克服法律局限性的工具？
2. 论绿色原则的重要性。
3. 古典民法与现代民法对民法中的人的看法有何不同？
4. 论意思自治原则适用范围的有限性与民法诸多规范的公法性的关联。
5. 什么是客观诚信和主观诚信的界限？
6. 论公序良俗原则与诚信原则的关系。

■参考书目

1. 徐国栋：《诚实信用原则研究》，中国人民大学出版社 2002 年版。
2. 于飞：《公序良俗原则研究——以基本原则的具体化为中心》，北京大学出版社 2006 年版。
3. 姚志明：《诚信原则与附随义务之研究》，元照出版公司 2003 年版。
4. 何孝元：《诚实信用原则与衡平法》，三民书局 1977 年版。
5. ［德］莱因哈德·齐默曼、［英］西蒙·惠特克主编：《欧洲合同法中的诚信原则》，丁广宇、杨才然、叶桂峰译，法律出版社 2005 年版。
6. C. Fernandez Sessarego, *Abuso del Derecho*, Astrea, Buenos Aires, 1992.

第三章　民事法律关系

■ 学习目的和要求

　　获得对民法学的枢纽性部分——民事法律关系——的功能及其构成要素的全面认识。首先要求掌握民事法律关系的概念和特征，了解这一制度对于组织全部民法材料为一个体系的意义。其次要求掌握民事法律关系的三大要素：主体、客体和内容。主体包括自然人、法人和合伙；客体包括人格、身份和物，其中要注意物的概念与财产的概念的差别；内容包括各种类型的权利和义务。最后要求掌握民事法律事实的一般理论，区分事件和行为。

第一节　民事法律关系概述

一、民事法律关系的概念和特征

（一）民事法律关系的概念

民事法律关系是民事主体之间发生的、符合民事法律规范的、以权利义务为内容的社会关系，是民法对其管辖的人身关系和财产关系加以调整的结果。

民法的调整功能是通过将社会关系转化为法律关系来实现的。运用民法的调整方法将社会关系转化为民事法律关系，谓之民法的第一次调整。社会关系转化为法律关系后，若其运行出现障碍（如违约、侵权行为之发生），民法继续对之调整，此谓之民法的第二次调整，其宗旨在于消除法律关系运行中的障碍，使其顺利运行。因此，民法不仅调整社会关系，而且调整法律关系。那种民法不能调整法律关系的观点，是值得商榷的。

民事法律关系之形成，实际上是民法使社会关系秩序化的目的之实现过程。因此，民事法律关系在民法理论研究中占有重要地位，它是对各种具体的人身关系和财产关系的抽象，其理论可适用于对一切具体人身关系和财产关系的分析。

（二）民事法律关系的特征

民事法律关系为法律关系的一种，在法律关系之下，还存在着行政法律关系、刑事法律关系等与民事法律关系平行的法律关系门类，相较于这些门类的法律关系，民事法律关系具有以下特点：

1. 民事法律关系主要为私法关系，以此区别于行政法律关系和刑事法律关系的公法关系。因此，民事法律关系的内容是权利和义务；行政法律关系和刑事法律关系的内容为权力和义务。

由主体间关系的相互性所决定，民事法律关系中的权利义务一般是对等的。通常情况下，一方取得权利必须以承担相应的义务为前提，不允许只享受权利而不承担义务，或只承担义务而不享受权利。就赠与而言，从长期的角度来看，赠与人是对受赠人早期提供的恩惠作出回报，因此，从某种意义上可以说，赠与关系也是权利义务对等的。

2. 民事法律关系主要根据当事人的意志发生。在民法中，有些法律关系，例如亲属关系、物权关系，是根据法律的规定发生的；而大部分法律关系，例如合同关系，是根据当事人的意志发生的。相反，行政法律关系和刑事法律关系都不取决于当事人的意志，而是根据法律的规定发生的。

3. 民事法律关系由国家强制力保障实现。民事法律关系基于民法产生，因此受到民法的保障，在它遭到破坏时国家将进行干预，以保障它顺利运转。这是法律关系与道德关系的不同。当然，大部分民事法律关系是在当事人自律的情况下发生、变更和消灭的，国家强制力只作为一种威慑存在。只有在少数情况下，国家强制力才现实地运用。

二、民事法律关系的分类

民法的内容包括人格权、身份权、物权、债权、继承权、知识产权六大部分。因此，从发生领域区分，民事法律关系可分为人格权关系、身份权关系、物权关系、债权关系、继承权关系、知识产权关系六类。进一步概括其法律特点，可将民事法律关系分为如下类别：

（一）人身权关系和财产权关系

以人格权、身份权为内容的民事法律关系为人身权关系。物权、债权、知识产权皆为财产权，以其为内容的民事法律关系为财产权关系。继承权为以身份权为基础发生的财产权，以其为内容的民事法律关系为人身权关系与财产权关系之复合。

这种分类的意义在于：人身权关系的主体通常不能转让自己的权利。例如，扶养请求权就不能转让给他人行使。财产权关系的主体通常可转让自己的权利。

（二）绝对权关系和相对权关系

人格权、物权、知识产权的权利主体为特定的人，义务主体为不特定的人，故称为绝对权，以其为内容的民事法律关系为绝对权关系。身份权、债权、继承权的权利主体和义务主体皆为特定的人，故称为相对权，以其为内容的民事法律关系为相对权关系。

这种分类的意义在于：可确定两类不同的民事法律关系的义务主体的范围，并确定义务主体所承担义务的性质。绝对权关系中的义务主体负不作为义务；相对权关系中的义务主体通常负作为义务。

（三）单一民事法律关系和复合民事法律关系

在人格权、物权、知识产权构成的绝对权关系中，一方享有权利，他方负有义务，为单一民事法律关系。在债权、身份权、继承权构成的相对权关系中，多数情况为当事人互为权利主体，同时互为义务主体，一方在作为他方的权利人之同时，也为他方的义务人。例如，在买卖这种双务合同中，买受人就标的物所有权之转移，为出卖人的债权人；就价金之支付，他又为出卖人的债务人。因此，买卖合同就是两个合同的复合：一个是转移标的物所有权的合同；另一个是就标的物的转让支付价金的合同。由两个单一的民事法律关系合成的民事法律关系，就是复合的民事法律关系。

这种分类的意义在于：单一的民事法律关系较为简单，复合的民事法律关系较为复杂。区分二者，有助于正确适用民法规范。

第二节 民事法律关系的要素

民事法律关系的要素，是指构成民事法律关系必须具备的条件。任何法律关系都必须具备主体、客体、内容三个条件才能成立。民事法律关系作为法律关系中的一种，遵循法律关系的一般原理，因此，也必须具备这三个条件。

一、民事法律关系的主体

（一）民事法律关系主体的概念

民事法律关系的主体，指参与民事法律关系，享受权利、承担义务的人。构成民事法律关系主体的主要标准，是被评价者是否具有自己的意思能力。

民事法律关系是人与人之间和人与物之间的关系，所以必须有人作为主体。在法律上，如未附加说明，"人"包括自然人、法人和非法人组织。

（二）民事法律关系主体的种类

1. 自然人。指可以通过感官认知的人类个体，是与"法人"相对应的概念。法人是靠我们的心灵想象才能感知的民事主体，我们能感知法人的一些成员、一些财产，但我们不能感知法人本身，所以，法人最早被称为"观念人"。由此反推，"自然人"是通过感官认知的主体，故最早被称为"物理人"。自然人是民事法律关系的最重要的参与者，法人不过是自然人的集合。

《民法通则》（已失效）使用"公民"一语，但加括号说明其就是自然人。从 1999 年的《合同法》（已失效）和同年 6 月 28 日发布的《中华人民共和国公益事业捐赠法》开始，到 2017 年 3 月的《民法总则》（已失效），我国立法摈弃公民的概念，改用自然人的概念，造成了民法的身份法性质的减损。罗马法以降把民法定位为身份法，是保障民法赋予的利权原则上只给本国人。使用自然人术语，就把本国人的利权开放给外国人和无国籍人了，而且不设任何条件。这导致民法的名称危机，既然其主体已不是公民，而是自然人，民法应改称自然人法，如此，就把法人遗漏了。解决这些问题只有一条路，那就是回归"公民"的用语。

2. 法人。法人是由法律赋予民事权利能力和行为能力的自然人团体或目的性财产，法人设有章程和管理机构，有独立财产。法人是自然人为进行更大规模的民事活动而采取的组织形式，是民事法律关系的另一类重要参与者。国家参与民事活动时，是作为公法人出现的。

3. 非法人组织。非法人组织是不具有法人资格，但是能够依法以自己的名义从事民事活动的组织，包括个人独资企业、合伙企业、不具有法人资格的专业服务机构等。

4. 有感生灵。是能感觉、察知、反应，有快乐感和痛苦感的动物。[1]典型的例子是狗和猫，它们能与人互动，觉察人的态度而调整自己，人对它们好即快乐，反之则痛苦。有感动物的反义词是有意识动物。即人类，人类不仅有感，而且能认知自身及他者的存在。[2]无感生灵可能包括爬虫类动物。[3]有感生灵是 2020 年的《波多黎各民法典》第 232 条（条名"家畜、驯化动物"）采用的正在世界流行的概念，其辞曰：①家畜和驯化动物是有感生灵。②家畜是靠人照管、与人共同生活、需要人供养的非野生动物。③驯化动物是为了改变其行为而受训，以图实现警卫、保护、搜救、诊疗、协助、娱乐人及其他类似活动的动物。④家畜和驯化动物并非财产或物，不是强制执行的对象，工业、体育活动、娱乐用动

---

[1] Véase Alberto Argüello, Situación jurídica de los animales en Centro América como seres sintientes, En dA. Derecho Animal. Forum of Animal Law Studies, Vol. 8, Núm. 3 (2017), p. 1.

[2] VéaseMaría José Chible Villadangos, Introducción al Derecho Animal. Elementos y perspectivas en el desarrollo de una nueva área del Derecho, En Revista Ius et Praxis, Año22, N. 2, p. 397.

[3] 参见曹菡艾：《动物非物：动物法在西方》，法律出版社 2007 年版，第 146 页。

物，不在此限。[1]按照此条，有感生灵相对于人类是一种较弱的主体。

《波多黎各民法典》第 232 条体现了动物去客体化运动的一个进步。1811 年的《奥地利普通民法典》在 1988 年修订时，增加了第 285a 条，规定"动物不是物"，力图实现动物的去所有权化。[2]《德国民法典》第 90a 条[3]、1994 年的《俄罗斯联邦民法典》（第一部分）第 137 条[4]以及 2002 年的《摩尔多瓦民法典》第 287 条[5]都沿袭这一规定。但奥、德、摩、俄四国的民法典规定了动物不是物，却未说明动物是什么，留下一个缺憾。《波多黎各民法典》第 232 条通过把有感动物确定为准主体补救了这一缺憾。

二、民事法律关系的内容

民事法律关系的内容，指民事主体所享有的民事权利和所承担的民事义务。

（一）民事权利

1. 民事权利的概念。

（1）定义。民事权利，是法律为保障民事主体实现某种利益的意思而允许其行为的界限。

第一，民事权利意味着权利人在一定范围内的意志自由，在这一范围内，他可以做他所希望的事情。相反，民事义务即意味着义务人的自由受到了限制，义务人必须听命于他人的意志为一定行为或不行为。因此，民事权利首先是一种自由权。法律设定权利，就是为了划定各民事主体间自由的界限，使他们的自由不致互相妨碍，从而实现社会关系的有序化。

第二，民事权利意味着权利人实现一定利益的可能性。权利人享有自由权并非目的，其目的在于运用这种自由权来实现自己的利益。在民法领域，多数法律关系都归结为利益关系，当事人为自己设定、受让权利，多数是将其作为实现自己利益的工具。因此，民事权利的落脚点，大多可归结在利益上。

第三，民事权利具有法律保障性。没有法律保障的权利为"裸体权利"或自然权利，不具有实际意义。民事权利之所以受到法律保障，乃因为它是依法产生的，任何权利都出于根据法律进行的设权行为。因此，凡权利，必具有合法性，否则不成其为权利。法律之所以保障权利，乃因为权利所反映的利益不违背立法者的要求，因而得到其认可。民事权利的法律保障性，反映在法律对各种权利都提供了相应的救济措施上。

（2）权限。在民法上，代理人所处的地位往往被称作"权"，实际上，代理人的"权"与民事权利有根本区别，其只是一种权限而非权利，必须将两者区别开来。

民事权利的最终落脚点在于权利人所享有的利益，而代理权是为被代理人的利益，而非为代理人自己的利益设定的。因此，代理权并非权利，而只是一种权限。

权限是由法律授予的、由当事人的行为使其发生作用的法律地位，根据这种地位，一方当事人须根据他方当事人的意思为一定的行为。权限更接近于法律义务的概念，不可误以为权利。在民法中，除"代理权"外，尚有"监护权"也不具有权利性质，容易被混同

---

[1] Véase Código Civil de Puerto Rico，Ley Núm. 55 – 2020，1de Junio de2020，p. 66. 感谢参加起草这一法典的阿根廷法学家 Luis F. P. Leiva Fernández 第一时间为我提供这一法典的文本。

[2] 参见《奥地利普通民法典》，周友军、杨垠红译，清华大学出版社 2013 年版，第 47 页。

[3] 参见《德国民法典》，陈卫佐译，法律出版社 2015 年版，第 31 页。

[4] 参见《俄罗斯联邦民法典（全译本）》，黄道秀译，北京大学出版社 2007 年版，第 88 页。

[5] Vedea Codul civil al Republicii Moldova，2003，p. 71.

为权利，必须注意区别。

（3）权能。权能是权利的具体运用形式。权利的各种具体运用形式之总和，构成权利的内容。例如，占有、使用、收益、处分为所有权的具体运用形式，它们的总和构成所有权的内容。

2. 民事权利的分类。

（1）人格权、身份权、物权、债权、知识产权、继承权。这是以民事权利的标的为标准进行的分类。上述六种权利，又可分为人身权和财产权两类。人格权、身份权为人身权；物权、债权、知识产权为财产权；继承权为介乎二者之间的边缘性权利。

（2）支配权、请求权、形成权、抗辩权。这是以民事权利的作用方式为标准进行的分类。

支配权为对权利标的直接进行排他性支配的权利，其行使不需他人配合，他人不得为同样的支配行为。物权、知识产权即为支配权。

请求权为法律关系的一方请求他方为一定行为或不行为的权利。权利人不能对权利标的进行直接支配，而只能请求义务人进行配合。债权为典型的请求权。身份权中的扶养请求权，顾名思义，亦为一种请求权。

形成权是依照权利人的单方面意思表示就能使权利发生、变更和消灭的权利。形成权的特点，在于依权利人的单方面的意思表示就可发生特定的法律效果。撤销权、解除权、抵销权、追认权等权利皆为形成权。

抗辩权是权利人所享有的对抗对方当事人请求权的权利。其作用在于阻止对方请求权的效力，其典型形式有双务合同中的同时履行抗辩权、不安抗辩权以及保证人的检索抗辩权等。

（3）期待权和既得权。期待权是已具备权利构成的部分条件，须待其他条件发生时才可完全构成的权利。既得权是已具备权利构成的全部条件，由权利人实际享有的权利。由于权利的落脚点为利益，因此，期待权的本质，在于它是对当事人获得将来利益可能性的保护。附条件和附期限法律行为所产生的权利，属于典型的期待权。

（4）主权与从权。这是根据权利的相互关系所作的分类。主权是不以其他权利为存在条件的权利；从权是须以其他权利的存在为发生条件的权利。例如，被担保的债权为主权，担保权为从权。通常情况下，从权须随主权一并移转。

（5）原权与救济权。这是根据权利的服务与被服务关系所作的分类。救济权是当基础权利受到侵害时为保护基础权利而产生的权利；基础权利就是原权，救济权是原权的保障手段，使原权成为现实性的权利。通常的民事权利皆为原权，救济权有自力救助权、诉权等形式。

3. 民事权利的行使和保护。

（1）民事权利的行使。民事权利，应按照诚信原则行使，不得滥用权利，以使权利人与义务人的利益获得平衡，当事人的利益与社会利益获得平衡。

（2）民事权利的保护。①公力救济。当权利人的权利受到侵害或有被侵害之虞时，权利人可行使诉权，诉请法院保护自己的权利。法院通过对侵权人科处民事责任，排除对权利的现实的或可能的侵害。公力救济是保护民事权利的主要手段，现代社会的文明性即在于以公力救济取代了自力救济。②自力救济。即权利人自己采取措施保护自己权利的行为。在现代社会，原则上不允许自力救济，但在来不及采取公力救济措施、权利有被侵犯的现实危险时，则作例外论。自力救济一般限于对侵权行为使用，例如正当防卫。

（二）民事义务

1. 民事义务的概念。民事义务，是民事主体为了实现其他民事主体的权利而使自己的意志受到限制的状态。

民事义务是民事权利的对称。权利的实现往往须借助于其他人的行为或不行为，因此，此主体的义务，往往为彼主体的权利。离开了权利，不可能有义务；同样，没有义务支持的权利也是不可能存在的。如果说权利表示着主体一定限度内的意志自由，则义务表示着主体的意志自由受限制的状态。基于法律规定或当事人约定承担了义务的当事人，不论愿意与否，都必须进行一定的行为或不行为，否则，将承担民事责任。

2. 民事义务的分类。以义务人行为的方式为标准，可将民事义务区分为积极义务和消极义务。要求义务人作为的义务为积极义务，大部分民事义务皆为积极义务。要求义务人不作为的义务为消极义务。例如，不得建造妨碍邻人眺望视野之建筑的义务，公司董事解职后不得从事与原公司业务相同的业务的竞业禁止义务，即为消极义务。

3. 附随义务。在合同关系中，还存在着附随义务，这是在法律规定和当事人的约定之外，基于诚信原则的要求产生的义务，目的在于要求当事人以对待自己事务的注意对待他人事务，求得当事人双方的利益之平衡。附随义务主要有协助义务、通知义务、照顾义务、保护义务和忠实义务等类型。

三、民事法律关系的客体

（一）民事法律关系的客体的概念

民事法律关系的客体，是民事权利和民事义务所共同指向的对象。我们认为，民事法律关系的客体包括人格和身份、物、行为和智力成果。

（二）人格和身份

在本书第一章，我们已阐述了人格和身份的概念，此处不赘。人格和身份，是人身权的客体。

（三）物

1. 物的概念和特征。

（1）物的概念。物是能满足人的需要，具有稀缺性和合法性，能为人所支配、控制的物质对象。物是最主要的民事法律关系客体，大部分民事法律关系的客体都是物。民法上的物，就是财产。

（2）物的特征。①物能满足人的需要。物能满足人的需要，表明物能增进人的福利，因此具有效用。物对于人的效用，可以是物质效用，也可以是精神效用。物可以是由劳动创造的，大部分物为劳动产品；也可是天然存在的，例如钻石和水。因此，劳动产品和非劳动产品，只要它们能满足人的需要，都可以成为民法中的物，换言之，都可以成为交易的对象。②物必须具有稀缺性。并非一切能满足人的需要的物都能成为民法中的物。阳光和空气能满足人的需要，在通常情况下却不能成为民法中的物，原因在于它们是无限地供给的，不具有稀缺性。要成为民法中的物，除了须具有效用外，还必须具有稀缺性。所谓稀缺性，是某种物品的现有数量同该物品的用途之间的关系，在这种关系中，该物品的用途超出了其数量。同时具备了效用和稀缺性，物即具有了价值。价值可以来源于劳动，也可以来源于效用和稀缺性。物中的非劳动产品部分，其价值的来源即为效用和稀缺性。物能满足人的需要的特征，意味着民法中的物都具有价值。③物必须具有合法性。要成为民法中的物，除了上述要求外，还要求具有合法性，即某一具有效用和稀缺性的物品，须法律不禁止其进入民事流转。例如各种文凭，法律就不允许其成为民法中的物。法律之所以作出这样的禁止，是为了维护公共秩序。文凭为自然的物无疑，但不是民法中的物，由于合法性要求的存在，民法上的物不能完全等同于自然的物。④物必须能为人支配和控制。不能为人支配的东西，例如日月星辰，人对之可望而不可即，尽管可能具有巨大价值，但不能成为民法中的物。

传统理论认为，物必须是人类自身之外的物质对象，这种观点受到了现实的挑战。在实际生活中，经常有捐献遗体、捐献人体器官的事情发生，这表明人类自身的一些部分也成了赠与合同的客体。

据此，我们可以把物分为普通财产、身体财产、私生活利益。普通财产是人的身体以外的或不以人的身体为来源的财产；身体财产是人的可以转让的身体脏器或其脱离部分；私生活利益是人的不可以转让的身体脏器或其脱离部分。上述三类客体，前者可大致被说成是身外之物，中者和后者可大致被说成身内之物。

2. 物的分类。

（1）有体物和无体物。有体物是具有一定形态的物；无体物是所有权以外的一切权利。这种物的分类始自罗马法，后为《智利民法典》所承袭。《德国民法典》采用有体物即物的概念，将无体物排除在物的范畴之外。我国的民法理论也一直不承认无体物。但现代经济生活的发展，使交易客体的范围日益扩大，无体物成为重要的交易客体。例如，我国的土地使用权买卖、股票和债券的买卖、期货买卖，甚至于交易所席位的买卖，无不是买卖权利。因此，民法理论应反映这种实际情况，将物的概念扩张为包括无体物——权利，承认有体物与无体物的分类。

知识产权是人对智力成果所享有的权利，属于无体物。智力成果是一种特殊的民事法律关系的客体，知识产权是智力成果之上的权利形式。《德国民法典》采用有体物主义，原则上不承认无体物，因而把知识产权排除在民法典之外。我国长期受德国民法影响，也不承认无体物。所以，我国民法典中也未设知识产权编。

（2）流通物和限制流通物。流通物是法律允许在民事主体之间自由流转的物，大部分物皆为流通物。限制流通物是依据法律的规定，在民事流转过程中受到一定限制或禁止自由流转的物，如武器、弹药、毒品、金银、安全带扣等物。限制其流通，是为了保障社会的安全及维护国家金融管理秩序。

（3）动产和不动产。在空间上占有固定位置，移动后会影响其经济价值的物，为不动产，有土地、房屋等形式。凡能在空间上移动而不会损害其经济价值的物，为动产。大部分物为动产。这种分类的意义在于：不动产往往比动产更为稀缺，因此更为重要，所以，不动产所有权的转移，通常要求采用要式的法律行为，以免发生纠纷；而动产所有权移转的形式则简单得多。在法律适用上，就不动产发生的纠纷，依物之所在地法解决，以便于调查情况。

尽管有划分不动产和动产的上述标准，在一些国家的法律上，仍视船舶和飞机等为不动产。按照上述标准，这些物应为动产，但法律基于这些财产价值巨大的事实，把它们当作不动产对待。这种不动产，可以说是准不动产，即被拟制的不动产。此外，有些国家（如《埃塞俄比亚民法典》第1128、1129条）把本来是无体物的无记名有价证券中体现的请求权和其他无体权利以及电力之类的具有经济价值的自然力视为动产，也可把这两种动产称为拟制的动产。

（4）特定物和种类物。特定物为具有独特的属性，不能以其他物代替的物，即世界上独一无二的物。种类物是具有共同的属性，可以用品种、规格或度量衡加以计算的物，具有可替代性。在债的关系中，若以特定物为标的物，如其灭失，债务人不需作替代履行，交付标的物的义务免除，只需进行赔偿。若以种类物为标的，如其灭失，债务人须作替代履行，因为根据种类物的性质，替代履行是可能的。

（5）主物和从物。在两种以上的物互相配合、按一定经济目的组合在一起时，起主要作用的物为主物；配合主物的使用而起辅助作用的物为从物。从物分为简单的和复杂的。简单的，例如，汽车为主物，修车千斤顶为从物；复杂的，可区分城乡举例，乡村的例子如，土地为主物，与它配合构成一个农场进行生产的系列生产工具为从物。城市例子如，房屋为主物，里面的家具、电器为从物。通常情况下，在转让主物时，简单从物应一并转让，以使主物能尽其功用。但对于复杂从物，德国等国家适用从不随主原则。

与从物相似的是物的重要成分（又称物的内在要素），这一类物在《德国民法典》第93条、《荷兰民法典》第三编第4条、《埃塞俄比亚民法典（薛军译，厦门大学出版社2013年版，第162页）》第1132条都作了规定。它是在物质上与某物相连接，不对该物造成破坏或损害、不能与之分离的物。例如，树木和庄稼在与土地分离前就是土地的重要成分。物的重要成分的概念与从物的概念不同，它不反映两个物配合使用的关系，而反映两个物之间存在整体与部分的关系。其法律意义在于：物的重要成分原则上不得独立成为权利的标的，但如果专门就它们的分离订立了合同，它们也可被视为独立的动产。

（6）可分物和不可分物。凡可进行实物分割而不会改变其经济用途和价值的物，为可分物。凡经实物分割后，将使该物失去其原有的经济用途，降低其价值的物，为不可分物。在共有关系终止时，这两种物的分割方式不同。对于可分物，可进行实物分割；对于不可分物，只能进行价值分割，即有的共有人得到原物，其他的共有人得到金钱补偿。此外，在债的关系中，标的物若为可分物，债权和债务都是按份的；标的物若为不可分物，则债权和债务都是连带的。

（7）原物、孳息和费用。三者的合称为关系考虑物。[1] 原物能产出孳息；孳息是原物所产生的收益，可分为天然孳息和法定孳息。前者如母畜所生之幼仔；后者如由贷款所生之利息，出租物于他人所得之租金等。费用为非所有人为某人的物支出的花费（Impensa），包括必要费用、有益费用和奢侈费用。通常情况下，原物所有人有权取得孳息之所有权，但用益权人和诚信占有人也可取得孳息的所有权。费用请求权追随受益物。

（8）可消耗物和不可消耗物。可消耗物是经一次有效使用就灭失或改变其原有状态的物。不可消耗物是可长期使用、通过逐渐磨损实现其经济价值的物。尽管同为使用他人之物，借贷合同只能以可消耗物为标的物；借用合同只能以不可消耗物为标的物；租赁合同只能以不可消耗物为对象订立。

（9）单一物、合成物和聚合物。单一物为能独立成为个体而存在的物，如一头牛。合成物为由几个或许多物所组成的独立物，如房屋。聚合物为由多数物的集合而各物仍保持其独立存在形式的物，如工厂、图书馆、羊群等。若合成物中的一物为第三人所有，则他不能请求返还原物，而只能取得金钱补偿，以避免损害社会财富。但聚合物中的一物为第三人所有时，他可以请求返还原物，因为这样做不会损害物的经济价值。对于聚合物，可以买卖其中的一部分物，也可对聚合物的整体进行买卖。

以上是以物的名目进行的分类。近来产生了几种重要的以财产的名目进行的分类。

（1）人格财产（Personal property）与可替代财产（Fungible property）。前者指与人格

---

[1] 参见徐国栋："论民法典第320条确立的从随主规则的历史演进及我国适用"，载《甘肃政法大学学报》2020年第5期。

（Personhood）紧密相连、其灭失造成的痛苦无法通过替代物补救的财产，相反的财产是可替代财产，其中最典型的是金钱。请注意，"人格"财产中的人并非主体资格意义上的人，而是指与特定环境因素联成一体了的自然人，把他从这种环境剥离会给他造成损害。[1]这种财产分类的基本理念是：反对人只是精神上的存在、肉体是物质的观点，认为人格与肉体相连并与外在环境相连，一个东西越是可替代，它与人格的联系就越松懈，它越是个人化，就越与人格相连。[2]

人格财产的范围往往因人而异，但通常认为家宅、结婚戒指、肖像、传家宝、家庭相册、日记[3]、宠物、骨灰和墓地是人格财产[4]。有人主张人的身体也是人格财产，也有人主张只有在人的组织如血液、头发或器官脱离人体后才是人格财产。[5]

人格财产与可替代财产的分类有现实的法律意义：①人格财产是特定物的一种类型，人格财产概念的出现丰富和细化了特定物理论。②民法中本来就有对特定物的保护优于对种类物的保护的原则，它现在更可细化为人格财产比可替代财产受更强的法律保护的原则，由此造成了较强的财产和较弱的财产的区分[6]，在侵害较强财产的情况下发生精神损害问题十分正常，基本的原则是财产与人格联系得越密切，其所有权就越强劲[7]。人格财产用财产规则保护，可替代财产用责任规则保护。[8]这两种规则的区分是根据对财产的国家干预的程度和转让时的价格确定方式作出的，是耶鲁大学教授圭多·加拉布雷西（Guido Calabresi）和 A. 道格拉斯·梅拉梅德（A. Douglas Melamed）律师的工作成果。财产规则是要求相对人获得财产必须向所有人偿付其主观评定的价值的规则，在财产规则运作的情形下，国家只限于确定所有人对财产的初始所有权，对转让财产的价格不作干预；责任规则是在所有人不愿出售的情况下也可以通过偿付某些外在确定的价金（所谓的市场价）取得财产的情形，在责任规则运作的情形下，国家不仅可以决定财产的归属，而且也可以决定其价格。[9]显然可见，适用财产规则的财产受到保护的程度高，之所以对人格财产适用这一规则，是基于其适用对象的难以替代的性质，责任规则的适用是基于其适用对象可以从市场获得替代物的属性。③在继承法中要妥善安排人格财产的归属。因为被继承的人格财产属于家族团体，将之分割会损害其价值，将之归于某一集体成员又会否定此等财产的团体所属的性质，因此，必须把此等财产交给团体中的适当人取得或保管。④家宅是最典型的人格财产，它是"自由、私生活和结社自由之间的道德核心地带"[10]，为此受到特别的保护。

---

〔1〕 See Margaret Jane Radin, *Reinterpreting Property*, Chicago and London: the University of Chicago Press, 1993, p. 64.

〔2〕 See Linda MacDonald Glenn, "*Biotechnology at the Margins of Personhood: An Evolving Legal Paradigm*", Journal of Evolution and Technology, 13, 2003.

〔3〕 See Margaret Jane Radin, *Reinterpreting Property*, Chicago and London: the University of Chicago Press, 1993, p. 36.

〔4〕 参见《魁北克民法典》第 642 条。

〔5〕 See Margaret Jane Radin, op. cit., p. 41.

〔6〕 See Margaret Jane Radin, op. cit., p. 48.

〔7〕 See Margaret Jane Radin, op. cit., p. 52.

〔8〕 See Margaret Jane Radin, op. cit., p. 54.

〔9〕 See Guido Calabresi and A. Douglas Melamed, "*Property Rules, Liability Rules, and Inalienability: One View of the Cathedral*", Harvard Law Review, 85, 1972. See Michael I. Krauss, Property Rules vs. Liability Rules, http://encyclo. findlaw. com/3800book. pdf, 2005 年 4 月 21 日访问。

〔10〕 See Margaret Jane Radin, op. cit., p. 56.

一些国家和地区，诸如瑞士（民法典第 350 条及以下数条）、魁北克（民法典第 401 条及以下数条）都规定了家宅制度，把家宅作为团体的人格财产，不允许家庭成员中拥有或承租它的人未经其他家庭成员同意对其进行处分。买卖不破租赁的理由之一是租赁物对于承租人是人格财产，对于出租人不过是可替代财产。

（2）实际财产与虚拟财产。前者是我们通常遇到的财产，后者是存在于网络空间中的财产。虚拟财产有：①网络游戏的玩家们的游戏账号，通过游戏获胜或购买取得的"宝物""武器""级别""段位"等；②网民在网站上发表的帖子、照片等；③自然人或法人购买或免费获得的邮箱及其内存信息等；④经注册的域名。我国的香港特别行政区和台湾地区都制定了法律保护上述虚拟财产。[1]

这种分类的意义在于正视我们的时代正在网络化的现实，对网络活动的成果的权属问题作出回应，为处理日渐增多的这方面案件提供财产法的依据。

（3）容实财产与容空财产。这是根据财产本身的物理构成作出的分类。容实财产是内容与形式统一的财产，换言之，此等财产既有自己的内容，又有自己的形式，例如一个西瓜，瓜皮是其形式，其内容是瓜瓤；容空财产只有自己的形式，没有自己的内容，例如一间住房、一间仓库、一个箱子，此等财产自身就是一个形式，人们可在这一形式中安排自己喜欢或需要的内容，例如在住房中安放自己选择的家具，在仓库中陈放自己拟出售的物品等。

有些财产具有容空财产的样子，例如一个烧水的铝壶，它的壶的形式包含的是一个空间，显得是一个容空财产，但它通常是容实财产。为了证成这一点，必须增加区分容实财产和容空财产的进一步条件。容实财产是其自身被使用的财产；容空财产是作为使用其他财产之条件的财产。按这一条件，水壶在烧水时是按其事理之性质被使用的，并无配合其他财产之使用的目的，因此是容实财产。不过，如果得到停水的通知后用水壶存水，此时的水壶是容空财产，是存储另一个财产——水——的容器。水壶的例子证明容实财产与容空财产之间界限的相对性。

笔者创立容实财产与容空财产的分类的目的，是把空间这样的新财产纳入财产的分类体系中，并在它与既有的类似物（例如住房、仓库、箱子）之间建立起联系。我国民法学界对于空间权的研究蓬勃发展、欣欣向荣，但对空间权的客体——空间本身——却研究甚少，没有把这种客体理论化。因此，有关空间权的理论显得头重脚轻，容空财产概念的创立或许可弥补这一缺憾。

容空财产存在有体的与无体的之分。上述住房、仓库等都是有体的容空财产，它们的形式可被人的五种感官感知，故为有体的；其形式不能为上述五种感官感知，只能凭我们的心灵感知的，为无体的容空财产，典型的例子是空间。所谓空间，即处于地下或地上的由于人力所致或自然形成的无内容的想象立方体。空间符合容空财产的条件：首先，它是没有内容的；其次，它本身并非直接的使用对象，而往往构成使用其他财产的条件，例如用来停车、建立商场甚至教堂。空间的范围（即其形式）由授予机关以数学方法决定，通常不能以物理方法感知，因此是无体的容空财产。

空间有地下的和地上的之分，在现代建筑技术条件下，建筑物的地下部分可达到数层，它们可以用来做商场、停车场、旅馆或人防工事等，因而具有了独立的价值，由此可以就此等空间设立独立于地表所有权或使用权的所有权或使用权。地上一定高度（《十二表法》

---

[1] 参见柳经纬主编：《民法总论》，厦门大学出版社 2005 年版，第 194 页。

第 7 表第 9 条规定的是 15 英尺）的空间应附属于地表所有权人或使用权人，此为维持其利用地表所必要。对在此以上的空间，则可设立独立于地表所有权或使用权的所有权或使用权，从而满足管线架设等需要。地下空间之现实化，往往要假手于人力；地上空间之现实化，往往不假人力。

空间利用观念的提出，表明人类对地球的利用分层化了，人类力图压榨地球提供更多的用途，体现了人与资源的紧张关系的加剧，由此导致人与资源的关系比较于缓和时代的平面的物权关系，为立体的物权关系所取代，这是问题的一方面；另一方面，空间作为民事权利的客体并非一种新得不得了的现象，它是容空财产古老的、实际运作的财产类型的现代形式。自古以来，对房屋的买卖、租赁实际上是针对一种有体的容空财产实施的交易而已。

（4）公产（Public domain）与私有财产。前者可以直译为"公共领域"，即任何人都可以进入的地方，实际上指以全人类为所有人的财产；后者是以自然人或法人为所有人的财产。前一种财产要么从后一种财产转化而来，例如著作权失效、专利权失效后的作品和专利；要么因著作人、发明人未能满足保护其作品或发明的必要手续而来[1]；要么是人为设定而来，例如，为了人类频繁相互交往产生的利益大于设备、建造投资的价值的考虑，互联网就被设定为公产[2]，另外，政府的作品，例如法律，也被设定为公产[3]。

这种分类的意义在于：证明一定的公共财产的存在对于增进人类进步的必要，为许多财产的人人可得接近的现象提供理论依据。

（四）行为

行为指权利人行使权利的活动以及义务人履行义务的活动。例如，运送合同中运送人运送旅客、货物的行为，即为运送合同法律关系的客体。

行为主要是债的关系的客体，有"给""做""供"三种形式。"给"是交付他人某一已有的物，涉及买卖合同类型的债；"做"是提供一定的劳务，涉及服务合同类型的债；"供"是违反上述两种债产生的责任，涉及责任之债。在所有这些以行为为客体的民事法律关系中，行为大都以物为作用对象，例如被买卖的物、定作物、被运送的物，但它们不是法律关系的客体，而是法律关系的标的。

（五）智力成果

智力成果为人类运用脑力劳动创造的精神财富。作品、发明、实用新型、外观设计、商标、地理标志、商业秘密、集成电路布图设计、植物新品种等，都是智力成果，是著作权关系、发明权关系、专利权关系、商业秘密关系和其他知识产权关系中的客体。

第三节　民事法律事实

一、民事法律事实的概念和特征

（一）民事法律事实的概念

民事法律事实，是符合民法规范，能够引起民事法律关系发生、变更和消灭的客观现

---

[1] https://en.wikipedia.org/wiki/Public_domain，2022 年 1 月 10 日访问。

[2] See Carol M. Rose, "*The Public Domain: Romans, Roads, and Romantic Creators: Traditions of Public Property in the Information Age*", Law and Contemporary Problems, 66, 2003.

[3] http://www.unc.edu/~unclng/public-d.htm，2005 年 4 月 20 日访问。

象。民事法律关系的发生，指建立民事法律关系，例如，由于被继承人死亡发生继承关系。民事法律关系的变更，指民事法律关系三个要素中的一个或数个发生变化，有主体的变更、内容的变更、客体的变更三种形式，例如将租赁关系更改为买卖关系，即为民事法律内容的变更。民事法律关系的消灭，指终止民事法律关系，如合同一方当事人行使解除权，可使合同关系归于消灭。

因此，法律事实是民事法律关系发生、变更和消灭的原因。民事法律关系是一个生生不息的过程，不断地发生、变更和消灭，民事权利在这一过程中得到实现。

（二）民事法律事实的特征

1. 法律事实是一种客观的现象。没有表现为客观现象的主观意识，不是法律事实。例如，内心存在订立合同的意思，却未表示出来，这种内心意思不能使合同成立。

2. 作为法律事实的客观现象必须同一定的法律效果相联系，能够引起民事法律关系的发生、变更和消灭。并非一切客观情况都可作为法律事实，日出日落、闲谈不能引起任何法律效果，因此不是法律事实；而人的出生、成年、死亡等，能够引起一定的法律效果，因此是法律事实。

3. 作为法律事实的客观现象必须符合民法的规定。客观现象能否作为法律事实是民法规定的，违反民法规定的客观现象不是法律事实。

二、民事法律事实的分类

对于民事法律事实，可根据其是否与当事人的意志有关分为行为和事件两大类。

（一）行为

行为指与当事人的意志有关的，能够引起民事法律关系发生、变更和消灭的人的活动。此为最经常发生作用的法律事实。又可再分为表意行为和非表意行为等类别。

1. 表意行为，是行为人通过意思表示，旨在设立、变更、消灭民事法律关系的行为，又称法律行为，是最大量地产生民事法律关系的法律事实。

2. 非表意行为，是行为人主观上没有产生民事法律关系的目的，但依据法律的规定，客观上引起了某种法律效果之发生的行为，如发现埋藏物的行为、侵权行为等，即属非表意行为。非表意行为包括事实行为（如发现埋藏物）和非法行为（如侵权行为）。

（二）事件

事件又称自然现象，指与当事人的意志无关，能够引起民事法律关系发生、变更和消灭的客观现象。人的自然死亡、自然灾害等，皆为事件。人的自然死亡可导致继承关系的发生，又可导致保险关系的消灭。自然灾害的发生，导致保险合同所附条件的成就，引起保险公司对投保人的赔偿关系。

三、民事法律事实构成

民事法律事实构成，指能引起民事法律关系发生、变更、消灭的几个法律事实的总和。

通常情况下，一个法律事实足以构成一个民事法律关系发生、变更、消灭的原因，但在有的情况下，须具备几个法律事实作为原因，才能使一个民事法律关系发生、变更和消灭。例如，在遗嘱继承的情况下，继承关系之发生，有赖于被继承人死亡、被继承人留有遗嘱、继承人接受继承三个法律事实。

■思考题

1. 论民事法律关系理论对于建构民法理论体系的作用。
2. 什么是权利的本质？

3. 论民事权利的主要分类。

4. 论附随义务的主要类型及其与诚信原则的关系。

5. 试述物与财产的不同。

6. 论现代社会中的新的财产类型。

7. 论动物在现代民法中的地位。

8. 论智力成果的类型。

9. 论事件和行为的差异。

■参考书目

1. 尹田：《民事主体理论与立法研究》，法律出版社 2003 年版。

2. 朱虎：《法律关系与私法体系：以萨维尼为中心的研究》，中国法制出版社 2010 年版。

3. 崔拴林：《动物地位问题的法学与伦理学分析》，法律出版社 2012 年版。

第四章 自然人

■ **学习目的和要求**

获得对民事主体的最基本类型——自然人——的最基本问题的全面认识。首先要求学生掌握法律能力的一般理论，其中分为权利能力理论和行为能力理论。对于前者，要注意它与罗马法中的人格制度的渊源关系，以及剥夺权利能力制度对于民法的赏罚功能和公法性的证明意义，而且要注意"生"与"死"的科学界定对于权利能力起止时间的影响及其伦理意义；对于后者，要注意它不仅取决于当事人的智力，而且取决于其体力，因此有智力行为能力与体力行为能力之别，而且行为能力的概念中内在地含有责任能力的概念。其次要求掌握监护制度的基本内容，注意监护的性质、该制度在老年化社会冲击下产生的新类型、监护由"他设"到"他设"与"自设"相结合的变迁等。再次要掌握住所制度，了解现代全球化社会提出的一人可有数个住所的要求。最后要掌握宣告失踪与宣告死亡制度，注意两个制度的关系。

第一节 自然人的能力

一、自然人的概念

自然人是可以通过感官认知的人类个体，是相对于法人和非法人组织的民事主体。人类的每一分子都是自然人，因此，自然人包括内国公民、外国公民、无国籍人和准公民。外国人是具有某一外国国籍的自然人；无国籍人是不具有任何国家的国籍的自然人。造成无国籍的原因是多样的，例如，被剥夺或放弃了内国国籍而又未申请外国国籍。准公民是港澳台人。

在世界范围内，只有少数国家和地区（路易斯安那、智利、德国、厄瓜多尔、哥伦比亚、尼加拉瓜、洪都拉斯等）采用自然人概念，大多数国家和地区（意大利、法国、西班牙等）采用物理人（Physical person）的概念，对应于法人（Moral person，严格翻译是"观念人"）。因为法人的存在只能凭心灵把握，所以，在法人制度初创的时期，法人被称为观念人，反过来发生如何指称既有的人生父母养的人的问题，解决之道是称他们为物理人，即可从物理存在的角度感知的人。物理人是希腊式的表达，自然人是拉丁式的表达，因为希腊词根词 Physical 与拉丁词根词 Natural 同义。所以，自然人是被法人概念倒逼出来的概念，与自然权利、自然法等术语看起来是同根词，却了无关涉。

"自然人"还有其他表达形式。《奥地利普通民法典》称之为"单个人（Einzeln person）"；老《阿根廷民法典》称之为"可见其存在之人"；《法国民法典》《西班牙民法典》的立法者认识到民法的身份法和国内法性质，干脆采用"法国人""西班牙人"的表达。

《日本民法典》和《韩国民法典》拒绝法人概念的倒逼，尽管采用法人的概念，但仍然把人生父母养的人称为"人"。《大清民律草案》和《中华民国民律草案》也采用这样的体制。在这样的体制下，人不是权利主体的意思，而是"自然人"的意思。到《中华民国民法典》正式颁布时，把"人"提升为权利主体的意思，运用一章的篇幅以为规定。该章下辖"自然人"和"法人"两节。由此，与民法的本土主义格格不入的世界主义的自然人概念进入了我国的法律术语体系。

二、自然人的权利能力

（一）权利能力的概念

权利能力，是法律赋予自然人享有民事权利和承担民事义务的资格。只有具备了权利能力，才具有法律上的人格或主体资格，才能作为主体参加民事活动，承担义务并享受权利。权利能力为自然人享有民事权利和承担民事义务提供了可能性，要将这种可能性转化为现实性，自然人必须实施法律行为，为自己设定特定的权利或承担特定的义务。

由于权利能力往往人人有之，容易被误认为是自然人与生俱来的东西，实际上，权利能力是法律赋予的。人人具有权利能力，是现代文明社会的现象。在奴隶社会，奴隶没有完全的权利能力，经常作为权利的客体，之所以如此，乃因为法律未赋予奴隶以完全的权利能力。今昔对比，权利能力的法律赋予性就显示出来了。此等法律赋予性也可通过剥夺显示，例如，1942 年版的《意大利民法典》第 1 条第 3 款曾规定："由于属于特定种族受到的权利能力限制，由特别法规定。"该款旨在限制犹太人的权利能力，例如与雅利安意大利人结婚的权利能力和收养雅利安意大利人的权利能力。

（二）权利能力的特征

1. 公法性。前文已述，民法是公私混合法，包括许多公法的内容。这方面最典型的就是关于权利能力的规定。按照法律实证主义的观点，权利能力并非天赋的，而是出于主权者基于政策的考虑作出的授予，因此，权利能力表现的是私人与主权者之间的纵向关系。正因为权利能力是授予的，它也可以由主权者剥夺，以此作为惩罚某种违法行为的手段。这就是名之为失权的法律制度。《德国民法典》第 43 条第 1、2 项是这方面的典型规定："社团全体成员大会的决议或者董事会的违法行为危及公共利益时，可以剥夺社团的权利能力。根据章程不以经营为目的的社团，如果经营时，可以剥夺其权利能力。"此条证明权利能力之剥夺是立法者调控民事主体行为的手段。当然，这种能力的授予可以服务于同样的目的。法人的权利能力可以剥夺，自然人的权利能力也可以承受这种处置。不过，在民法上，立法者通常不剥夺自然人的一般的权利能力，因为这是他们生存和发展的必要条件，而往往剥夺他们的特殊的权利能力作为惩罚。例如《中华人民共和国会计法》（以下简称《会计法》）第 40 条规定："因有提供虚假财务会计报告，做假帐，隐匿或者故意销毁会计凭证、会计帐簿、财务会计报告，贪污，挪用公款，职务侵占等与会计职务有关的违法行为被依法追究刑事责任的人员，不得再从事会计工作。"此条就剥夺有不检财会行为的会计人员再度从事会计职业的资格。当然，对有严重不法行为者，是永久剥夺；对有较轻的不法行为者，是有期剥夺。这是立法者剥夺权利能力的两种方式。既然权利能力可以剥夺，被剥夺者与未被剥夺者的权利能力的大小是不一样的，因此，流行于各种民法教材上的自然人权利能力一律平等的观点是错误的，它既无法理依据，更无立法依据。当然，有人会说上面例子所依据的是《会计法》在民法之外，属于公法，因而与民法无关。这种说法的人还是持民法是单纯私法的观点。如果我们了解到民法本身就是公私混合法，而且其中关于权利能力的规定属于完全的公法，就不会注意到权利能力制度与《会计法》的差别了。

2. 原子性。即权利能力由各项具体的能力构成的属性，例如婚姻能力、所有权能力、遗嘱能力、合同能力。人们可放弃或被剥夺一项或数项能力而保留其他。换言之，权利能力并非有机的，并非要么全部有、要么全部没有。

3. 可放弃性。参军的人、当公务员的人，就放弃了自己的经商权利能力。出家的人，就放弃了自己的婚姻权利能力并连带放弃收养能力以及大额所有权能力。

4. 差异性。正因为权利能力可以被剥夺，也可以放弃，所以，每个人的权利能力的大小不一样。例如，按照《民法典》第36条被剥夺监护能力者的权利能力小于未经受此等剥夺者的权利能力。

5. 不可转让性。权利能力是法律对特定自然人进行考评的结果，转让权利能力，无异于抛弃自己的生存权。因此，权利能力是不可转让的，当事人"自愿"转让的，法律不承认其效力。

（三）权利能力与权利的区别

1. 权利能力是取得权利的资格和前提条件；而权利是利用这种资格和前提条件获得的结果。

2. 权利能力是自然人享受权利和承担义务两方面的资格，而绝大多数权利并不包括义务方面，只有《魏玛宪法》第153条曾规定，所有权附有义务，必须按符合社会利益的方向行使。20世纪90年代以来，一些国家的新宪法和民法典还规定，所有权附有保护环境的义务。

3. 自然人自出生至死亡，始终具有权利能力，因此，权利能力是一种绵延的状态；而权利只在一定时间段内存在，通常情况下，权利皆有存续的期限。

4. 权利总是意味着比较具体的东西，能力总是意味着比较抽象的东西。

5. 权利通常是既定的现象，能力通常是未定的现象。所以，权利经常是面向过去的，而权利能力经常是面向未来的。因此，剥夺权利往往是剥夺现实性，剥夺权利能力只是剥夺可能性。

（四）自然人权利能力的开始

在我国，自然人的权利能力始于出生。从历史和比较法的观点看，对自然人权利能力的开始时间有"阵痛说""断带说""独立呼吸说""受孕说""父亲承认说"等学说和立法例。

确定自然人权利能力开始的时间标准不同，影响到对许多行为性质的法律认定。例如，侵犯孕妇的人身并伤及其腹内的胎儿的行为，按照"受孕说"，侵权人侵害的是两个民事主体，因为胎儿已有人格或权利能力，由此发生侵权人向孕妇和胎儿两个受害人赔偿，胎儿的赔偿请求权由他人代理行使之问题。但按照"独立呼吸说"，在同样的情况下，则只发生侵权人侵害一个民事主体的行为，因为按照此说，对胎儿的侵害，法律只看作对孕妇的侵害，只发生侵权人对孕妇的赔偿。由此可见，确定一个一般的权利能力开始的时间标准，于实务上十分重要。

我国采用"活着出生"的权利能力开始的时间标准，实际上采用的是"独立呼吸说"。胎儿脱离母体，谓之"出"；脱离母体后胎儿有呼吸的，谓之"生"。"出"与"生"兼备，则出生者的权利能力就开始了。胎儿生下来若为死胎，即不存在权利能力开始的问题。但生下来若有啼哭但旋即死亡，则属于出生者开始了其权利能力但马上终止的情况。对这种出生者，既要作出生登记，又要作死亡登记。在继承问题上，如此处理的意义在于，这样的婴儿继承了遗产，而他的遗产又马上由其继承人继承，而对死胎则不发生这种继承关系。

自然人的权利能力始于出生，只是一般而言，对此存在两个例外。①《民法典》第16

条规定胎儿享有遗产继承、接受赠与等方面的权利能力。因此，在继承、受赠与等问题上，权利能力开始的时间标准是"受孕说"。这是为了保护未来的民事主体，使其出生后不至于生活无着。因此，在分割遗产时，应保留遗腹子（即胎儿）的继承份额，只要出生时不是死胎，其继承权即可实现。胎儿还有受遗赠的权利能力。《民法典》把胎儿的权利能力提高到总则层次，这意味着胎儿在整个的民法领域享有权利能力。不过要指出的是，现代人工辅助生殖技术的商业化运用导致"受孕"概念的二分化，即自然受孕和人工受孕。后者在试管内完成，通常受孕的胚胎不止一枚（例如 7 枚），而植入子宫的胚胎只有一枚或两枚，得不到植入机会的胚胎没有成为自然人的机会。所以，对于人工辅助生殖中的"受孕"，宜解释为把体外授精的胚胎植入子宫。②结婚的权利能力并非始自出生，而是始自自然人达到法定婚龄。一种观点认为，结婚的能力是行为能力而非权利能力。然而，有权利能力而无行为能力的，可由他人代理实现其行为能力。因此，照此推理，自然人在未达法定婚龄前，可由他人代理结婚，这显然不合事理。因此，结婚的能力是权利能力，自然人只有达到法定婚龄才具有这种能力。

（五）自然人权利能力的终止

自然人的权利能力因死亡而终止。民法上的死亡有自然死亡和法定死亡两种，后者包括推定死亡（被宣告死亡）和民事死亡。所谓的民事死亡，即在自然人尚生存的情况下剥夺其全部或部分权利能力的法律处置。[1] 无论何种死亡，都导致自然人权利能力终止。

就何谓自然死亡，有多种不同的标准，有"心跳停止说""呼吸停止说""脑死亡说"等标准。在医学上，我国采用呼吸、心跳、脉搏停止，瞳孔放大的死亡标准。由于死亡多发生在医院，医学上的死亡标准实际上就是法律上的死亡标准，因为法律所依据的死亡证书由医院出具。自然人的死亡是重要的法律事实，不仅发生死亡人权利能力终止的法律效果，而且还发生关系到他人的法律效果，如继承开始、婚姻关系消灭、人寿保险合同的条件成就等。

现代医学的发展对死亡标准提出了新问题。生命维持系统的出现，可使一个脑组织已不可逆转地坏死的人继续保持呼吸、心跳乃至妊娠。就这种人是否已经死亡，产生了"脑死亡说"，即将脑组织的不可逆转的坏死作为死亡标准，而不论被认定者是否仍保持心跳和呼吸。这是一个在伦理上有争议的死亡标准，其接受者有日益扩大的趋势。该标准一经采用，则法律关系将发生变化。按现有的死亡标准，靠机器维持心跳与呼吸的人不丧失权利能力，不能对其继承，其婚姻关系不消灭，相反，他可继续继承他人的财产。采用脑死亡标准后，这些情况都会改变。我们认为，采用"脑死亡说"有利于节约有限的医疗资源给更有治愈希望的人使用，体现民法的绿色原则。

同样，自然人的权利能力终于死亡，也只是一般而言，对此存在例外。死者的名誉权仍受保护，意味着死者仍有名誉权方面的权利能力。对此，我国已有立法。《侵权责任法》（已失效）第 18 条第 1 款规定："被侵权人死亡的，其近亲属有权请求侵权人承担侵权责任……"《民法典》第 185 条规定，侵害英雄烈士等的姓名、肖像、名誉、荣誉，损害社会公共利益的，应当承担民事责任。《侵权责任法》规定的是侵害普通死者的名誉权等权利，《民法典》规定的是侵害特殊死者的名誉权和其他人格权。在保护死者名誉权方面，我国法院已经有判例（已故之荷花女名誉权被侵犯案以及已故之海灯法师名誉权被侵犯案）。此外，死者保有著作权方面的权利能力，对著作权中的精神权利，永久享有；对著作权中的

---

〔1〕 参见徐国栋："论民事死亡——兼论社会死亡和社会瘫痪"，载《东方法学》2015 年第 5 期。徐国栋："论宗教身份对出家人的私法和公法能力的影响"，载《现代法学》2016 年第 2 期。

经济权利，可于其死亡后享有 50 年，由其继承人行使，这是我国《著作权法》的规定。

三、自然人的行为能力

（一）行为能力的概念

行为能力，是自然人以自己的行为取得民事权利、承担民事义务的资格。权利能力是古罗马的人格制度的现代形式，它以公民的身份为基础，表征一个人对特定国家的从属。国家根据公民的现实表现赋予或剥夺他们的权利能力，所以，权利能力制度具有政治性。相反，行为能力制度具有医学性，它以主体的理智（包括智力和意志，前者是认识能力，后者是主体控制自己行为的善恶方向的能力）、体力为基础，决定一个主体能够实施哪些行为，所以，以主体的内在理性为基础的行为能力制度表征着现代民法的理性主义精神。

具备权利能力，并不意味着自然人都能正确地运用这种能力，要正确地运用权利能力，自然人必须具备成熟的理智，能认识自己行为的意义，如此才能在民事活动中维护自己的利益，承担自己行为的后果。因此民法设立行为能力制度，其目的在于：首先，保障未获成熟理智者的利益，使其不因自己的轻率行为蒙受损失；其次，维护交易秩序，将未获成熟理智者排除在其能力不能承担的民事活动之外，以免因其误入而又不能承担责任的事件发生，影响其相对人的利益。

（二）确定自然人是否具有行为能力的标准

从表面看，确定自然人是否具有行为能力的标准为年龄，各国民法皆规定达到一定年龄者为成年人，即有行为能力人。但从实质看，确定自然人是否具有行为能力的标准是智力发育程度，只有达到了一定的智力发育水准，自然人才能正确地以自己的行为取得民事权利、承担民事义务，在明确自己行为后果的前提下行为。

根据《民法典》第 18 条的规定，我国自然人取得行为能力的年龄标准为 18 周岁，达到这一年龄的人为完全行为能力人。

（三）一般的取得行为能力的年龄标准之例外

由于个体发育的差异，不能说同样年龄的人都具有同样的智力，因为存在着实际年龄与心理年龄不一致的情况。所谓的"智商"，就是心理年龄与实际年龄之商。智商高者，提前于规定年龄达到成熟的理智；智商低者，滞后于规定年龄达到成熟的理智或根本无望达到。由于法律规定的具有行为能力的年龄标准仅为形式，其实质标准是自然人的理智成熟状态，因此，法律对上述两种情况，以准治产和禁治产两种制度作例外处理。

1. 准治产人。即未达到法律规定的成年年龄，但具备了这一年龄所代表的智力，法律因而使其提前具有行为能力的人。

《民法典》第 18 条第 2 款规定，16 周岁以上的未成年人，以自己的劳动收入为主要生活来源的，视为完全民事行为能力人。这种人以其接近成年年龄且能自谋生活的事实证明了他已具有进行民事活动所要求的成熟的理智，法律因而承认这一事实状态，使其提前具有行为能力。

2. 禁治产人。即虽已达到法律规定的成年年龄，但不具备这一年龄所代表的智力和意志，法律因而不使其具有完全的行为能力。根据《民法通则》（已失效）第 13 条的规定，这种人有精神病人。外国法中还将酗酒者包括在内。禁治产人只有有限的行为能力，只能进行与他的精神健康状况相适应的民事活动。其他的民事活动由他的法定代理人代理，或者征得他的法定代理人的同意进行。

然而，禁治产制度包含对被宣告者进行贬损的旨趣，有辱他们的人格尊严，带有歧视性，随着人权意识的加强，法国于 1968 年废除了禁治产宣告制度，德国于 1992 年、日本于

2000 年也废除了同一制度，把过去的所谓禁治产人实施的法律行为的效力问题交给法院个案判断确定其效力。我国也有类似的处置，2017 年颁布的《民法总则》（已失效）未采用精神病人的概念，改用"不能完全辨认自己行为的成年人"概念。

3. 8 周岁以上的未成年人和不满 8 周岁的未成年人。根据《民法典》第 19 条的规定，8 周岁以上的未成年人为限制民事行为能力人，有一定的行为能力，可以独立实施纯获利益的民事法律行为或者与其年龄、智力相适应的民事法律行为，其他民事活动由其法定代理人代理，或者经其法定代理人同意、追认。这种人往往为在校小学生，有进行一定民事活动的必要，且具备一定的识别自己行为的能力，法律因而承认其部分行为能力。而对不满 8 周岁的幼童，则确定其为无行为能力人，因为这种人的心智过于不成熟。尽管如此，他们购买一些零星小物件的活动，并非因其为无行为能力人而无效。此外，仅为他们带来利益，而不会带来任何负担的法律行为（如赠与）之效果，他们也可以接受。

但上述规定面临现代交易形式的挑战，这些交易形式有自动提款机交易、网上交易和自动售货机交易等。这些机器不能识别与之交易的人的年龄，即使他们在法定年龄以下，只要他们提供的密码正确，即使提出了大额款项，只要他们按正确的方式完成了电子商务，不能认为这些交易无效。因此，上述关于各行为能力年龄段的人可为行为的范围的规定，也只有相对的意义。

第二节　监　护

一、监护的意义

（一）监护的概念

监护是监护人对未成年人和需要保护的成年人的人身、财产和其他合法权益依法实行的监督和保护。

在法定监护的范围内，监护是一种义务性的职位。承担监护义务的人为监护人；受监护人监督和保护的人为被监护人。

监护制度的重要作用，是在自然人具有权利能力而无行为能力的情况下，帮助这种自然人的权利能力得到实现，从而使他们得到生存和发展，使家庭成员与社会成员之间的互助义务得到法律的强制性的保障。

（二）监护的分类

1. 法定监护。此即由法律直接规定监护人的监护。《民法典》第 27 条规定的由父母、祖父母、外祖父母、兄、姐等人担任的监护，即为法定监护。父母作为其子女的保护人这一法律关系，大陆法系多数国家传统上称为亲权，英美法国家传统上称为监护。两类国家新近都发展了"亲责（Parental Responsibility）"的概念。我国虽属于大陆法系国家，但也把父母对于其子女的保护称为监护。

2. 遗嘱监护。《民法典》第 29 条规定的被监护人的父母以遗嘱方式选定监护人的监护属此。该条辞曰：被监护人的父母担任监护人的，可以通过遗嘱指定监护人。由此可见，父母作为第一顺序的法定监护人可通过指定遗嘱监护人排除第二、第三顺位的法定监护人，这要么因为父母认为他们都不合适，所以在法定监护人之外另寻监护人，例如指定朋友为自己子女的监护人；要么因为父母认为法定的顺位不合适而通过自己的遗嘱调整顺位，例如把第三顺位的法定监护人指定为遗嘱监护人。遗嘱监护对法定监护人的排除或顺位调整，一定程度上体现了遗嘱监护相对于法定监护的优先性。

除非父母订立了共同遗嘱，遗嘱监护人应以父母中最后死亡的一位的遗嘱中所指定者为准。

遗嘱监护为我国过去的民事立法所无，属于《民法典》增加的良好制度。说良好，乃因为它体现了意思自治。

3. 意定监护。《民法典》第 33 条规定的预料自己将丧失行为能力的人为自己以委托方式设立的监护属此。该条辞曰：具有完全民事行为能力的成年人，可以与其近亲属、其他愿意担任监护人的个人或者组织事先协商，以书面形式确定自己的监护人，在自己丧失或者部分丧失民事行为能力时，由该监护人履行监护职责。从该条可见，担任意定监护人的可以是近亲属，也可以是非亲属，可以是自然人，也可以是法人（最通常的情形应该是养老院）。他们与未来的被监护人的代理关系通过一个书面协议确定。监护人开始监护的情形有二：一是被监护人全部丧失行为能力；二是部分丧失行为能力。当然，行为能力是否丧失以及丧失的程度，应通过一个有资质的医院的鉴定确定。

意定监护也为我国过去的民事立法所无，属于《民法典》增加的良好制度。说良好，乃因为它回应了我国已进入老龄化社会的现实。2019 年，我国 60 周岁及以上人口有 25 388 万人，占总人口的 18.1%；65 周岁及以上人口有 17 603 万人，占总人口的 12.6%。1982 年，这个数字是 4.91%。65 周岁及以上的人口比率超过总人口的 7%，就被称为"老龄化社会"，而超过了 14% 就被称为"老龄社会"。中国在 2005 年达到了 7.6%。实际上中国在 2001 年就已开始进入了老龄化社会。在上述老人中，失能者近 4000 万人，得出 16% 左右的失能率。所谓失能，一是自理能力的丧失；二是社交能力的丧失。成年人监护人可弥补失能老人失去的能力，照料他们的人身，并代理他们为重要的法律行为。

二、被监护人

（一）未成年人

未成年人即 18 周岁以下的人，但被监护人不包括 16 周岁以上、18 周岁以下，以自己的收入为主要生活来源的准治产人。

未成年人分为 8 周岁以下的完全无行为能力人和 8 周岁以上的限制行为能力人两种，前者的行为完全受监护，后者的行为只受部分监护，在后者行为能力范围内的行为的实施，不需要监护人的授权或批准。

（二）需要保护的成年人

需要保护的成年人包括不能完全辨认自己行为的成年人和全部或部分失能的老年人。

不能完全辨认自己行为的成年人，由法律规定的监护人对其提供监督和保护。这种人中应包括植物人，即持续处于植物状态中的人。所谓植物状态，是因颅脑外伤或其他原因（如溺水、中风、窒息等）大脑缺血缺氧、神经元退行性改变等导致的长期性意识障碍，具有如下征象：①认知功能丧失，无意识活动，不能接受指令；②保持自主呼吸和血压；③有睡眠—觉醒周期；④不能理解和表达语言；⑤能自动睁眼或在刺激下睁眼；⑥可有无目的性地眼球跟踪运动；⑦丘脑下部及脑干功能基本保存；⑧以上征象持续 1 个月以上。[1]对植物人的监护持续时间长，被监护人能否以及何时脱离被监护状态不确定。

不能完全辨认自己行为的成年人分为无行为能力和限制行为能力两种，无行为能力的人不能辨认自己行为的成年人已完全丧失理智；限制行为能力的人不能完全辨认自己行为

---

〔1〕 参见杨立新、张莉："论植物人的法律人格及补正"，载《法律适用》2006 年第 8 期。

的成年人只部分地丧失理智。担任不同类别的不能完全辨认自己行为的成年人的监护人，其责任显然不一样。

失能的老年人丧失行为能力的程度不同，担任不同类别的老年人的监护人者的职责也不一样。

三、监护机关

（一）监护机关的概念和种类

监护机关是行使监护职能的人或组织。完备的监护机关是实现监护立法目的的组织保障。各种监护机关的互相配合与互相制约，保障着监护任务的完成和被监护人的不受侵害。

监护机关分为如下职能部门：

1. 监护权力机关。负责任免、更换监护人，并就监护中的一些重大事项（如重要财产处分等）作出决定。

2. 监护监督机关。负责对监护人的活动进行监督，防止并纠正其侵害被监护人权利的行为，以确保被监护人的利益。

3. 监护执行机关。即监护人，负责具体执行监护事务。

4. 监护保障机关。在被监护人无财产或财产不足，又无对其负扶养义务的亲属时，由其负责被监护人的生活费用并支付监护人报酬，或在监护人因为紧急情况不能履职时代行监护职责。对此，《民法典》第34条第4款规定："因发生突发事件等紧急情况，监护人暂时无法履行监护职责，被监护人的生活处于无人照料状态的，被监护人住所地的居民委员会、村民委员会或者民政部门应当为被监护人安排必要的临时生活照料措施。"根据此款，监护保障机关有居民委员会、村民委员会和民政部门。此款由新冠肺炎危机催生而来。来由是：在武汉一家中学食堂当厨师的鄢某文有两个孩子。大儿子患有脑瘫，生活不能自理，小儿子患有自闭症。2020年1月24日，鄢某文和小儿子因为发烧被带走隔离，留下大儿子独自在家。1月29日，他被发现死在家中。[1]此事引起举国震动，导致《民法典》第34条增加第4款，由此补上了《民法总则》（已失效）没有规定紧急替代监护制度的短板。

《民法典》规定了下列人为监护活动的参加者：祖父母、外祖父母、兄、姐、配偶、父母、子女、其他近亲属，经批准的愿意担任监护人的个人或组织。同时规定了下列组织为监护活动的参加者：未成年人和精神病人住所地的居民委员会、村民委员会、学校、医疗机构、妇女联合会、残疾人联合会、未成年人保护组织、依法设立的老年人组织、民政部门、法院。

根据《民法典》的规定，可将上述参加者依其不同职能分别纳入监护权力机关、监护监督机关、监护执行机关和监护保障机关。

（二）监护权力机关和监护监督机关

依《民法典》第31条的规定，监护权力机关为被监护人住所地的居（村）民委员会、民政部门、人民法院。就担任监护人事项发生争议时，居（村）民委员会、民政部门有权指定监护人；有人对上述机关的指定不服时，法院有权进行裁决。上述两类机构共同构成监护权力机关，负责不同层次的监护事项的决策。

按照《民法典》第36条第2款的规定，监护监督机关有居民委员会、村民委员会、学校、医疗机构、妇女联合会、残疾人联合会、未成年人保护组织、依法设立的老年人组织、

---

[1]　参见庄永志："致敬战'疫'七大监督报道"，《青年记者》2020年第6期。

民政部门等。它们发现监护人有积极或消极危害被监护人的行为的，可以向法院申请撤销监护人资格。这些机关中的学校、医疗机构易于发现被监护人受残害的情况，作为监护监督机关非常合适。

（三）监护执行机关（监护人）

在未成年人监护中，监护执行机关（监护人）是：①父母；②祖父母、外祖父母；③兄、姐；④经批准的其他愿意担任监护人的个人或组织。

在对不能辨认自己行为的成年人的监护中，监护执行机关（监护人）是：①配偶；②父母、子女；③其他近亲属；④经批准的愿意承担监护人的个人或组织。

由于已明确监护为一种义务，以上排列有顺序意义。上一顺序的法定监护人阙如或履行监护职责不利于监护人时，方可考虑下一顺序的法定监护人；同一顺序的法定监护人居前者阙如或履行监护职责不利于监护人时，方可考虑居后者。

意定监护的执行机关可以是被监护人信任的任何人，既可以是亲属，也可以是非亲属。

（四）监护保障机关

监护保障机关为民政部门，被监护人无财产或财产不足的，由民政部门酌情承担其生活费用。随着我国慈善事业的发展，也可培植、鼓励建立具有这种目的的基金会充当监护保障机关。

四、监护人的职责和权利

（一）职责

1. 担任被监护人的法定代理人，代理被监护人进行民事活动，实施法律行为。从根本而言，监护制度乃为补充有权利能力的被监护人之行为能力而设。

2. 照料和保护被监护人的人身，例如支持其接受教育、医疗、职业培训等。

3. 管理被监护人的财产。为此，在接任监护职务时要制作一份被监护人财产的清单作为卸任监护时汇报账目的依据。对于被监护人的动产，监护人可为被监护人的利益独自处分。监护人应最有保障地出借被监护人的闲置金钱，以便最有保障地以此取得普通利息。对于被监护人的不动产、商业或工业企业、贵重物品和可转让证券，必须征得监护权力机关的同意才可处分。放弃给被监护人的遗产或遗赠，监护人也必须得到监护权力机关的批准。如此等机关拒绝批准，只能接受。卸任监护时，监护人还须制作一份被监护人财产的清单，并把这一清单与接任时制作的财产清单对比，证明自己尽到了让被监护人的财产保值增值的义务。

4. 承担被监护人致人损害的侵权责任。监护人尽了监护责任的，可以适当减轻其民事责任，赔偿金从被监护人的财产中支出，不足部分由监护人作适当赔偿。但由法人充当监护人的，由其赔偿全部差额。

5. 监护人不履行监护职责或侵害被监护人的合法权益，给被监护人造成财产损失的，负赔偿责任。法院可根据有关人员或组织的申请撤销其监护人资格。

（二）权利

为了使找监护人难的问题得到解决，消除监护人只承担义务而不享受任何权利的不平衡状态，应赋予监护人下列权利：

在如下情况中，监护人应有辞职权：①年满70周岁；②病重、长期卧床；③正在服兵役或担任驻外使节；④长期在被监护人居所地之外的地方工作；⑤已担任过两个监护职务。

对不能辨认自己行为的成年人的监护，可由其亲属轮流担任。因为对未成年人的监护最长以18年为期，而对不能辨认自己行为的成年人的监护可能持续终身，将如此重的负担只加诸一人身上，是不合理的。

五、监护的终止

（一）正常终止

1. 对未成年人的监护，因被监护人成年或成为准治产人而终止。

2. 对需要保护的成年人的监护，因被监护人恢复理智而终止。在不能辨认自己行为的成年人恢复理智后，监护人可申请法院宣告其为完全行为能力人。获得这种宣告，即同时解除其监护责任。

3. 监护人或被监护人的死亡导致监护终止。监护终止后，监护人要向已获得行为能力的被监护人交付自己代管的财产，并汇报账目。后者若发现前者有欺诈行为，在时效期间内，可提出撤销之诉。

（二）非正常终止

1. 非正常终止监护的事由、程序和效果。按《民法典》第36条的规定，监护人因为加害于被监护人而被剥夺监护资格。该条辞曰："监护人有下列情形之一的，人民法院根据有关个人或者组织的申请，撤销其监护人资格，安排必要的临时监护措施，并按照最有利于被监护人的原则依法指定监护人：（一）实施严重损害被监护人身心健康行为；（二）怠于履行监护职责，或者无法履行监护职责并且拒绝将监护职责部分或者全部委托给他人，导致被监护人处于危困状态；（三）实施严重侵害被监护人合法权益的其他行为……"该条规定的监护人加害于被监护人的第一种情形是经常性地毒打后者；第二种情形是监护人消极地不作为，致使被监护人挨饿受冻甚至饿死冻死；第三种情形涵盖一切监护人加害被监护人的其他行为，例如父母出租10岁以下的子女给人当盗窃的帮手的行为。按照该条，利害关系人和监护监督机关可提出撤销监护人资格之诉，法院认为依据充分的，可撤销被指控者的监护人资格，为被监护人指定新的监护人，例如在与被撤销者同顺位者中寻找并指定，在这样做时，要遵循最有利于被监护人原则。

撤销监护人资格是剥夺被撤销者的监护能力，他们不仅终止手头的监护，而且将来也不得当监护人，因为他们的劣迹已证明他们不具有担任这样的职位所需要的仁心。

撤销监护人资格导致监护人代理被监护人的依据丧失。被撤销者不得再代理被监护人，否则无效。

撤销监护人资格不影响抚养、赡养、扶养义务的履行。按照《民法典》第37条的规定，父母、子女、配偶被撤销监护资格后，应继续履行抚养、赡养、扶养义务。这样就发生了抚养、赡养、扶养义务人与监护职责承担人的分离。

2. 监护资格的恢复。按照《民法典》第38条的规定，被监护人的父母或者子女被人民法院撤销监护人资格后，除对被监护人实施故意犯罪的外，确有悔改表现的，经其申请，人民法院可以在尊重被监护人真实意愿的前提下，视情况恢复其监护人资格，人民法院指定的监护人与被监护人的监护关系同时终止。该条恢复被撤销监护资格者监护资格的理由是确有悔改表现并取得了被监护人的谅解。但如果监护资格被剥夺是因为监护人对被监护人实施了犯罪，则虽有悔改表现和谅解，也不发生监护资格的恢复。

第三节　住　所

一、住所的意义

（一）住所的概念

住所，是一人以久住的意思而经常居住的某一处所。住所是一个人的生活中心地。构成住所需要两个条件：①心素，即久住的意思；②体素，即经常居住的事实。舍此二条件，不构成住所。

（二）住所与居所

住所之构成，要求自然人有久住的意思和经常居住的行为两个条件，只要符合这两个条件，一个人可以有数个住所。居所是自然人无久住的意思但经常居住的处所，一个人除可有数个住所外，还可有数个居所。

《民法典》第25条规定："自然人以户籍登记或者其他有效身份登记记载的居所为住所；经常居所与住所不一致的，经常居所视为住所。"因此，在通常情况下，自然人的住所即为其户籍所在地的居住地。在特殊情况下，经常居住地即居所，亦可承认为住所，以求确定法律关系本座的方便。这样的规定很符合当代人口流动规模大，经常在自己户籍所在地以外的地方务工、经商的现实。

（三）住所的法律意义

1. 是确定准据法的根据之一。《民法通则》（已失效）第146条第1款规定："侵权行为的损害赔偿，适用侵权行为地法律。当事人双方国籍相同或者在同一国家有住所的，也可以适用当事人本国法律或者住所地法律。"依此条规定，住所与行为地、国籍，同为确定侵权行为损害赔偿准据法的根据。

2. 是确定未成年人和不能辨认自己行为的成年人的监护籍的依据。所谓监护籍，即处理需要保护的人的监护事务的地点。按照《民法典》第27条、第28条、第31条、第32条，需要保护者的住所地的居民委员会、村民委员会和民政部门处理他们的监护事务。

3. 是确定失踪的根据之一。自然人离开其住所满2年，杳无音讯，即为失踪。

4. 是确定债务履行地的根据。通常债务在债权人的住所地履行。

5. 是继承活动进行的地点。继承活动通常在被继承人的住所地进行。

二、自然人的身份证、护照和户籍

（一）身份证

身份证是公安机关颁发的记载内地公民的姓名、性别、民族、出生日期和住址等资料的法定证件，用以证明某人是特定中国地方的中国公民。在进行某些重要的民事活动（如购买飞机票）时，必须出示身份证。港澳台居民各有其自己法域的身份证。

（二）护照

护照是对外国当局证明内国公民身份的法定证件，其中包括了身份证上的所有记载事项，另外还包括持有人在内国的身份证号码。可以说，护照就是内国公民对外的身份证。某一内国公民在自己的国家使用身份证，出国即使用护照。如果他有权得到身份证，他就也有权得到护照。

中国公民归化外国的，要在归化国移民局以剪碎的形式销毁中国护照，同时取得归化国的护照，还要宣誓效忠于归化国。我国外交机构被动或主动获知此等归化情事的，要通知国内公安机关注销归化者的身份证和户籍，以免他们继续在中国冒充中国公民享受此等身份带来的利益，例如农村宅基地之享有、中国律师身份之维持。

（三）户籍

户籍是对自然人按户进行登记的公共证明簿，记载事项有属于特定家庭的自然人的姓名、出生日期、亲属、结婚、离婚、收养、死亡等。它主要有下列法律意义：

1. 确定持有者的中国国籍。护照是中国国籍的对外证明，户籍是中国国籍的对内证明。所以，对于归化外国者，必须吊销其中国户籍，以昭示他们作为一个中国公民已不存在。

2. 确定公民的权利能力和行为能力开始和终止的时间。

3. 确定公民的住所地。

4. 确定法定继承人的范围和顺序。

5. 确定夫妻关系从而确定他们彼此间的扶养义务以及他们对子女的生活保持义务。

6. 确定监护职责的承担者。

7. 确定收养关系之存在与否。

第四节　宣告失踪和宣告死亡

一、宣告失踪

(一) 宣告失踪的概念

自然人离开自己的住所或居所，没有任何消息达2年，处于生死不明的状态的，经利害关系人申请，法院在查明事实后，依法宣告该自然人为失踪人，以结束失踪人财产关系上的不确定状态的司法程序，为宣告失踪。

宣告失踪是对一种确定的自然事实状态的法律认定，目的在于结束失踪人财产关系的不确定状态，保护失踪人的利益和利害关系人的利益。

在生活实践中，经常有自然人离开住所，长期下落不明的事件发生，例如，由于自然灾害、事故、战争造成自然人的下落不明的情况。在人口流动过程中，也常发生自然人下落不明的情况，由此造成以失踪人为当事人的社会关系不确定。宣告失踪制度就是为处理此类事件设立的。

(二) 宣告失踪的条件

1. 自然人下落不明满2年。根据《民法典》第40条的规定，自然人下落不明满2年的，利害关系人可以向人民法院申请宣告该自然人为失踪人。下落不明，指自然人离开住所或居所地无任何消息。下落不明的时间必须是持续地、毫不间断地满2年，而不是累计相加达2年。

下落不明期限的起算时间，有如下情况：①通常情况下，从得到离开住所或居所的自然人的最后消息之日起计算；②由于事故而下落不明的，从事故发生之日起计算；③在战争期间下落不明的，从战争结束之日起计算，以保护军人的利益。

2. 有利害关系人的申请。自然人下落不明满2年，并不必然被宣告失踪，除非有利害关系人的申请，否则宣告失踪的程序并不发生。所谓利害关系人，指在法律上与下落不明的自然人存在一定的人身关系或财产关系的人，例如亲属、债权人、债务人等。因自然人的下落不明，他们与该公民的法律关系处于不确定状态，从而造成他们的不利益。

3. 须经法院宣告。法院收到利害关系人的申请后，应发出公告，寻找该下落不明的人。公告中应规定下落不明者作出答复的期限，期满后仍无下落的，宣告该自然人为失踪人。

(三) 宣告失踪的法律效果

1. 为失踪人设立财产代管人。下落不明的自然人由法院宣告失踪后，其财产由其近亲属或其他关系密切的亲属、朋友代管。依《民法典》第42条的规定，近亲属包括失踪人的配偶、父母、成年子女、其他愿意担任财产代管人的人。确定财产代管人时有争议的，或法律规定有代管资格的人阙如或无代管能力的，由法院指定的人代管。财产代管人应以管理自己财产的注意去管理失踪人的财产。因故意或者重大过失造成失踪人财产损失的，应当承担赔偿责任。

2. 债务之履行与接受履行。由于自然人的失踪，他应履行的债务未能履行；他人应对他履行的债务也无法履行。宣告他失踪后，其财产代管人可以以他的财产履行其债务，也可以代他接受他人的债务履行。同时可代他履行公法上的义务，如偿付其所欠的税款、各种费用。

由上可见，宣告失踪制度的目的，只在于结束失踪人财产关系上的不确定状态。

3. 财产代管人之更换。依《民法典》第44条第1款的规定，财产代管人不履行代管职责、侵害失踪人财产权益或者丧失代管能力的，失踪人的利害关系人可以向人民法院申请变更财产代管人。

（四）失踪人重新出现

下落不明达到法定期限的自然人被宣告失踪之后，完全可能重新出现或查明其下落。发生这种情况时，经本人或利害关系人申请，法院应撤销对他的失踪宣告。其财产代管人应向他交付代管的财产及其收益，并汇报财产管理情况，提交财产收支账目。

二、宣告死亡

（一）宣告死亡的概念

宣告死亡是自然人下落不明达到一定期限，经利害关系人申请，法院宣告其死亡的法律制度。

宣告死亡是生理死亡的对称。生理死亡是自然现实，宣告死亡是法律现实，它是一种推定，即从自然人下落不明满一定年限的事实，推导出他已死亡的事实。它所确认的不是自然现实而是法律现实，因为被宣告死亡的自然人可能仍在某处生存着，并不见得已在生理上死亡。这就是说，法律现实可能与自然现实一致，也可能不一致。

宣告死亡制度的目的与宣告失踪制度不同。宣告失踪只结束失踪人财产关系的不确定状态；而宣告死亡不仅旨在结束被宣告死亡人财产关系的不确定状态，而且旨在结束被宣告死亡人人身关系上的不确定状态。因此，宣告失踪制度重在保护失踪人的利益；而宣告死亡制度重在保护被宣告死亡人的利害关系人的利益。

（二）宣告死亡的条件

宣告死亡的条件与宣告失踪的条件基本相同，都要有利害关系人的申请、法院的宣告，但自然人下落不明的期限不同。根据《民法典》第46条的规定，有普通期限和特别期限两种。

1. 普通期限为4年，适用于通常情况下自然人的下落不明情况。

2. 特别期限为2年，适用于因意外事故造成的自然人下落不明的情况。此期限自事故发生之日起计算。但因意外事件下落不明，经有关机关证明该自然人不可能生存的，申请宣告死亡不受2年时间的限制。

（三）宣告死亡的法律效果

与生理死亡相同，被宣告死亡人的婚姻关系自宣告死亡的判决作出之日（因意外事件下落不明宣告死亡的，自意外事件发生之日）起解除，其配偶可与他人结婚，其继承人可继承其遗产，其所负担的人身性债务消灭。

但被宣告死亡人并不见得已事实上死亡，他在其生存地点所为的法律行为，并不因其被宣告死亡而无效。

（四）被宣告死亡人重新出现

由于宣告死亡只是一种推定，可由反证推翻。因此，若被宣告死亡人重新出现或已确知其并未死亡，则宣告死亡的推定被推翻。经本人或利害关系人申请，法院应撤销对他的死亡宣告。其原配偶若未再婚，婚姻关系恢复，此等配偶向婚姻登记机关书面声明不愿恢复的除外，其原因通常是这样的配偶已与他人建立起恋爱关系；若已再婚，不因撤销死亡宣告而影响第二次婚姻关系的效力。被宣告死亡人之子女在宣告死亡期间被他人合法收养的，收养关系不因撤销死亡宣告而受影响，以维持既已形成的法律关系的确定。因宣告死亡而获得财产的人，不论取得财产的根据是继承、遗赠或人寿保险，皆应返还给重新出现人或其他给付者。所返还的应为原物；原物不存在的，应给予重新出现人适当补偿。

三、恶意宣告亲人死亡的法律后果

明知亲人生存并有其音讯但隐瞒之，向法院申请宣告此等亲人死亡并成功的人，按照《民法典》第53条第2款的规定，应当返还财产并赔偿损失，此等损失应包括精神损害。另外，要按照《刑法》第307条之一承担虚假诉讼罪的刑事责任。

四、宣告失踪与宣告死亡的关系

一些国家的民法典只规定了单一的宣告失踪制度，但我国《民法典》规定了宣告失踪与宣告死亡的双轨制，由此发生这两种制度的关系问题。

宣告失踪并非宣告死亡的必经步骤，利害关系人可自由选择提出宣告失踪或宣告死亡的申请。这是为了尊重利害关系人对下落不明者的感情。但这种尊重有一定的限度，因为《民法典》第47条规定，对同一自然人，有的利害关系人申请宣告死亡，有的利害关系人申请宣告失踪，符合本法规定的宣告死亡条件的，人民法院应当宣告死亡。

宣告失踪只结束下落不明者财产关系的不确定状态；而宣告死亡同时结束下落不明者财产关系和人身关系的不确定状态。

宣告失踪不是推定，而是对自然现实的确认；而宣告死亡是推定，是从自然现实推导出法律现实。

■ 思考题

1. 权利能力是公法制度吗？
2. 在何种情况下法律可剥夺自然人的权利能力？
3. 自然人的权利能力一律平等的说法正确吗？
4. 为何一些西方国家要取消传统的禁治产制度？
5. 论行为能力制度与法律理性主义的关系。
6. 为何说监护不是一种权利？
7. 遗嘱监护与法定监护的关系如何？
8. 论意定监护对于发展监护制度的意义。
9. 论老年人监护与老龄化社会的关联。
10. 为什么不能让归化外国者保留中国的身份证和户籍？

■ 参考书目

1. 张善斌：《权利能力论》，中国社会科学出版社2016年版。
2. 周清林：《主体性的缺失与重构：权利能力研究》，法律出版社2009年版。
3. 张翔：《自然人格的法律构造》，法律出版社2008年版。
4. 朱涛：《自然人行为能力制度研究》，法律出版社2011年版。

第五章 个体工商户和农村承包经营户

■ **学习目的和要求**

得到对民法中的户的制度的全面认识。首先要求学生掌握户的一般理论，包括户的法律特征，尤其是户的成员的不独立性，户与合伙的关联，个体工商户与农村承包经营户的立法平等问题，"两户"制度的体效应等。其次要求掌握个体工商户的一般理论，包括个体工商户资格的中国公民特权性、个体工商户与流动商贩的区别、个体工商户与其雇工的关系，个体工商户的登记，个体工商户的歇业等。最后要掌握农村承包经营户的一般理论，包括农村承包经营户资格的专属身份性、农村承包经营户的团体人格、土地承包经营权的流转等。

第一节 概 述

一、"两户"的现实性

《民法通则》（已失效）与《民法典》相隔34年，两个法律体现了不同时代的社会经济和意识形态环境。就"两户"而言，它反映了1986年及以前存在的城乡二元社会结构。34年后，这样的结构瓦解不少，2016年我国31个省市全面取消农业户口，并鼓励农民进城发展小城镇。但《民法典》第54~56条仍规定了"两户"，尽管有许多人反对，认为应将"两户"转化为商自然人。保留"农村承包经营户"的理由是：农村承包经营制度是我国宪法制度。《民法典》不得变更《宪法》的规定。而且，全国有2亿多"农村承包经营户"，去留影响很大，不能轻易取消这一制度。保留个体工商户的理由是：当时的国家工商行政管理局（2018年后被撤销）不同意取消它。既然如此，笔者姑且把现实的当作合理的，研究一下户的法律意义以及法律特征。

二、户的法律意义

（一）户在我国法律中的体现

家庭在民法上有两个名称。其一，家庭，它归民法中的亲属法调整，这一民法的分支体现家庭作为人口生产单位的方面。其二，户，它归《民法典》中的"两户"制度调整。这一民法的分支体现家庭作为社会生产的一个单位的方面。个体工商户体现家庭在工商生产中的样态，农村承包经营户则体现家庭在农业生产中的样态。

在我国法律中，户也是或明或暗地被作为一个主体单位考虑的。例如，1984年以来最高人民法院、最高人民检察院单独或会同发布的司法解释都规定，盗窃自己家中财物或近亲属财物的，可不按盗窃犯罪处理。确有追究刑事责任必要的，也与其他盗窃区别对待。[1] 对这

---

[1] 参见鲁昕："新中国亲属相盗问题研究——以家庭伦理为背景的展开"，载《甘肃政法学院学报》2011年第6期。

一规定，有"法不入家庭"等解释，我们的解释是盗窃者是家庭财产的共有人，换言之，他并非独立于家庭的主体，所以，他自己"盗"自己的财产不构成盗窃。又如，《最高人民法院关于限制被执行人高消费及有关消费的若干规定》第 3 条规定："被执行人为自然人的，被采取限制消费措施后，不得有以下高消费及非生活和工作必需的消费行为：……（七）子女就读高收费私立学校……"三如，根据《中国共产党纪律处分条例》和其他党规，非独公务员本人不得经商，司局级以上的公务员的配偶、子女也不得经商办企业。[1]例如，2011 年 1 月 26 日国务院出台为控制房价限制购买二套房的贷款措施，也是以户为主体。[2]

在私法上，户有时也被作为法律关系的主体，例如房屋租赁合同的主体。对此其一，可见《民法典》第 732 条的规定：承租人在房屋租赁期限内死亡的，与其生前共同居住的人或者共同经营人可以按照原租赁合同租赁该房屋。其二，可见《民法典》第 1188 条第 1 款的规定：无民事行为能力人、限制民事行为能力人造成他人损害的，由监护人承担侵权责任。监护人尽到监护职责的，可以减轻其侵权责任。假设这里的监护人是父母，未成年的子女闯祸的，父母赔，体现了责任的"户"性。其三，可见《绿色民法典草案》第三分编第 55 条的规定：……③配偶一方只有在取得他方明示同意后，才可以解除婚姻住所租赁合同、转让婚姻住所或通过其他法律行为在婚姻住所上设定负担。④配偶一方有充分理由需要得到他方同意才可为此等处分，无法得到前款同意或配偶他方无充分理由拒绝同意的，可诉请法院批准。[3]故我国学者徐学鹿主张户（家庭）是民法法人。[4]其四，可见《意大利民法典》的几个规定，典型的是其第 2083 条，其辞曰：自耕农、手工业者、小商人以及其他从事以自己和家庭成员提供劳动为主的有组织的职业活动的人，是小企业主。[5]该条把我国的个体工商经营户和农村承包经营户都包括了，承认了"户"是一种民事主体。既然如此，一些合同就不因缔约的自然人死亡而解除。它们有分益耕种契约（第 2158 条）、共同耕种契约（第 2168 条）、一般牲畜饲养契约（第 2179 条）。其五，可见《巴西新民法典》第 626 条的规定：承揽合同不因任一当事人的死亡而消灭，但此等合同明确地考虑承揽人的个人资质订立的除外。[6]由于合同当事人不是个人而是户，所以，单个承揽人或加工人的死亡不导致合同消灭。

（二）户的法律特征

1. 其成员彼此间具有血缘或亲属关系，这是"户"的题中之义，但不排斥雇工。然而雇工的数量不得超过家庭成员的数量，且其处在辅助的地位。

2. 其成员互相依存，换言之，彼此不独立，表现为同居共财。"独立"是一个民法术语。例如，2013 年《匈牙利新民法典》第 1 条规定，本法根据独立原则和平等原则调整人之间的财产关系和人身关系。[7]又如，《朝鲜民法典》第 2 条规定，本法规制平等地位的

---

[1] 参见"中央和国家机关部分单位关于司（局）级以上领导干部的配偶、子女个人经商办企业的规定"，载《中国监察》2001 年第 3 期。

[2] 参见林伟祺："家庭的民事主体地位的研究"，载《商品与质量》2012 年第 3 期。

[3] 参见徐国栋主编：《绿色民法典草案》，社会科学文献出版社 2004 年版，第 192 页。

[4] 参见徐学鹿：《商法总论》，人民法院出版社 1999 年版，第 213 页。

[5] 参见《意大利民法典》，费安玲等译，中国政法大学出版社 2004 年版，第 488 页。

[6] 参见《巴西新民法典》，齐云译，中国法制出版社 2009 年版，第 90 页。

[7] See Act V of 2013 on the Civil Code, https://tdziegler. files. wordpress. com/2014/06/civil_code. pdf，2015 年 6 月 10 日访问。

机关、企业、团体、公民之间形成的财产关系。国家保护机关、企业、团体、公民在民事法律关系中的独立地位。〔1〕这两部民法典都把民法规制的自然人设想为独立的，昭示了独立是一个民法术语，尽管意大利的法律词典只把独立当作一个宪法术语（宪法机关间彼此独立、司法独立）和国际法术语；〔2〕但在中国的词典把独立当作一个国际法术语和军事术语。〔3〕

3. 户的成员死亡，并不必然导致其缔结的法律关系消灭，涉及专业技能和人身信任关系的除外。例如，按优士丁尼《法学阶梯》，以户的成员之一的名义缔结的租赁合同不因户主的死亡而消灭，但以户成员之一的名义缔结的委任合同和合伙合同因订约当事人的死亡而消灭。〔4〕

4. 户的成员间彼此可代理且无需专门授权，尤其在夫妻之间。例如《法国民法典》第220条规定，夫妻各方均有权单独订立旨在维持家庭日常生活与教育子女的合同。夫妻一方为此缔结的债务对另一方具有连带约束力。〔5〕

5. 户的成员间的关系类似于全产合伙，各成员除了少量生活用品，不得有异财。

（三）《民法典》关于"两户"的规定存在的问题

《民法典》第54条规定，自然人从事工商业经营，经依法登记，为个体工商户。个体工商户可以起字号。第55条规定，农村集体经济组织的成员，依法取得农村土地承包经营权，从事家庭承包经营的，为农村承包经营户。第56条规定，个体工商户的债务，个人经营的，以个人财产承担；家庭经营的，以家庭财产承担；无法区分的，以家庭财产承担。农村承包经营户的债务，以从事农村土地承包经营的农户财产承担；事实上由农户部分成员经营的，以该部分成员的财产承担。

这三个条文有三个问题。第一个是逻辑问题。第56条把个体工商户分为个人经营和家庭经营两种形态，显然，个人经营的形态就不属于户，不应在"两户"的标题下规定。事实上，"个体工商户"的名称就是自相矛盾的，既然是"户"，何来"个体"？第二个是平等问题，表现为两个方面。第54条允许个体工商户起字号，其他条文未允许农村承包经营户起字号，反面解释，农户不可起字号。目前城乡区隔的社会结构已崩解，城市人可以起字号农村人不可，可以认为后者受到了歧视并因此蒙受经营中的许多不便。第三个是第54条误用自然人概念问题。说"误用"，是对比《个体工商户条例》第2条第1款和第27条的结果。前者规定：有经营能力的公民，依照本条例规定经工商行政管理部门登记，从事工商业经营的，为个体工商户。后者规定：香港特别行政区、澳门特别行政区永久性居民中的中国公民，台湾地区居民可以按照国家有关规定，申请登记为个体工商户。这两个规范限定可以在中国大陆当个体户的主体必须是中国公民、港澳特别行政区的中国公民（排除港澳居民中的持有外国护照者）、台湾地区居民，此等限定把个体工商户资格当作一种利益赋予自己人和值得争取的人，但第54条却允许一切自然人（包括外国人和无国籍人在大陆中国当个体户），把《个体工商户条例》精心设置的各种屏障化为乌有，允许外国人和

〔1〕 参见［韩］崔达昆：《北朝鲜の民法·家族法》，日本加除出版株式会社2001年版，第331页。
〔2〕 Cfr. Federico del Giudice, Nuovo Dizionario Giuridico, Edizione Simone, Napoli, 1998, p.638.
〔3〕 参见中国社会科学院语言研究所词典编辑室编：《现代汉语词典》，商务印书馆1978年版，第264页。
〔4〕 Cfr. I.3, 24, 6; I.3, 26, 10; I.3, 25, 5. 中译文参见徐国栋：《优士丁尼法学阶梯评注》，北京大学出版社2011年版，第439、449、442页。
〔5〕 参见《法国民法典》（上册），罗结珍译，法律出版社2005年版，第207页。

无国籍人分享过去由中国人独享的利益。这可能并非深思熟虑的结果，而是把自然人术语统一取代公民术语的结果。故我们说"误用"。

饶有兴味的是，立法者在制定第 55 条时保持了清醒，没有允许一切自然人来当我国的农村承包经营户，而是保留了《民法通则》（已失效）留下的"农村集体经济组织的成员"的门槛，值得钦佩。

（四）"两户"的主体效应

既然《民法典》规定了两户，那就必须按"户"的本意规定两户制度。"户"的本意是不同于自然人和法人的一种民事主体。对此，有罗马私法的蓝本可以参考。

罗马私法除了个别情形以个人为主体外，都是以户为主体，表现为大家熟悉的家父制度。户被理解为一个法人，家父是其法定代表人。

当然，罗马私法规定的是一般的户，《民法典》规定的是商户。

第二节 个体工商户

一、概念

个体工商户是按照《个体工商户条例》进行登记，有固定经营场所、以家庭或个人的形式从事工商业活动的商事主体。

个体工商户要进行商业登记并有固定经营场所，由此区别于流动商贩。后者由于占道经营、出售的食品不卫生等问题经常遭到城管的打击，有时引发流血冲突。有人呼吁取缔，有人呼吁合法化，例如，广东省就打算将其合法化。无论如何，流动商贩是与个体工商户不同的一种商事主体。

个体工商户可以家庭经营，此时，整个户构成一个家庭合伙。家庭合伙中往往不存在合伙协议，家庭成员以相互默契的方式参加共同经营，以同样的方式分派盈利和亏损甚至不分。当然，个体工商户也可以个人经营，这个时候的"户"名不副实，实际上是商自然人。

要指出的是，根据《个体工商户条例》第 21 条，无论以何种方式经营，个体工商户都可以雇工。雇工的数量无上限。雇工的形式可以是学徒、帮手，也可以是某方面的技术能手或一般的工人。允许雇工减少了个体工商户的家族性。但雇主必须与雇工订立劳动合同，保障后者的合法权益，包括为他们购买各种必要的保险。

个体工商户只能从事工商业活动，不能从事农业活动。这是个体工商户的题中之意。个体工商户经营旅馆、印刷、刻字等特种行业的，必须得到管理部门的批准。

个体工商户以营利为目的，所以是商事主体，是企业。

二、登记

个体工商户因在其经营场地所在地的国家市场监督管理局完成登记而成立。登记事项包括经营者的国籍、姓名和住所、组成形式、经营范围、经营场所。个体工商户使用字号的，此等字号也作为登记事项。工商局审查此等事项合格的，发给营业执照。

尽管在广州、义乌等城市已有大量的外国人经商，但他们不能以个体工商户的形式在中国经营，因为按照《个体工商户条例》第 2 条和第 27 条的规定，只有中国公民、港澳永久居民中的中国公民、台湾地区的居民可以在我国当个体工商户。所以，个体工商户的经营形式是中国公民身份或准中国公民身份拥有者的一项特权。中国公民是中国大陆居民中拥有中国国籍者。港澳永久居民中的中国公民是港澳永久居民中的拥有外国国籍者的对称。

香港地区有 350 万人是英国海外国民，澳门地区也有 10 多万人拥有葡萄牙国民身份，这些人就不具有在中国大陆当个体工商户的资格。台湾地区尚未回归，基于九二共识，台湾地区居民是准公民，可以在中国大陆当个体工商户。事实上，"宝岛眼镜"就是一家台湾人在大陆开的个体工商户企业，现在已在全国发展出很多分号。对于申请个体工商户登记的外国人和无国籍人，国家市场监督管理局应驳回其申请，以保护我国的劳动市场。

我国的农村居民也是中国公民，具有个体工商户资格。

个体工商户除了要办理营业登记外，还要办理税务登记。此等登记在取得营业执照后进行。

营业执照和税务登记是个体工商户在银行或其他金融机构开立账户的必要条件。

三、歇业

个体工商户歇业的，必须对自己的债权债务进行清算，然后到工商管理局办理注销登记。尔后，个体工商户可卸下商人身份从事其他工作。

第三节　农村承包经营户

一、概念

依法取得农村土地承包经营权的农村集体经济组织的成员，全部家庭成员或部分成员参与农业经营的，为农村承包经营户。

按照这个定义，农村承包经营户必须是农村集体经济组织的成员。农村集体经济组织，指原生产大队建制经过改革、改造、改组形成的经济组织：村。它拥有土地所有权。农村集体经济组织的成员即乡民。换言之，城市居民、港澳永久居民中的中国公民、台湾地区居民、外国人和无国籍人无充当农村承包经营户的资格。由此可见，农村承包经营户制度是我国的农村社会组织制度。

农村居民取得的农村土地承包经营权是占有、使用、收益并一定程度上处分承包土地的权利，类似于罗马法上的永佃权。承包地必须用于农业，不得变更为其他用途。

农村居民取得此等土地承包经营权所依据的法律有：《中华人民共和国农村土地承包法》（以下简称《农村土地承包法》）、《农村土地经营权流转管理办法》。

农村承包经营户可以家庭经营，也可以个人经营。农业劳动以户为单位进行，是世界各国通例，因为这种劳动繁重、类型琐细，个人难以承担，需要合作的团体才能承担。但由于剪刀差的存在，农业劳动价值偏小，不少农村集体经济组织的成员进城务工，留下部分家庭成员留守农村，形成一家两制的局面。此时，不必让不参与务农的家庭成员承担务农家庭成员的债务的责任。

二、农村承包户的团体人格

农村承包经营户尽管不是法人，但具有法人的某些特性，即户的主体资格不因其成员的变化受影响，换言之，承包户个别成员的死亡、外嫁、外地入赘以及因读书、入伍、服刑或其他原因户籍外迁的，不影响原承包关系，发包方不得强行收回承包土地。只有在全体家庭成员都死亡时，承包关系才消灭。反过来，承包经营户成员因为出生、收养等原因增加的，原承包关系也不受影响。

三、土地承包经营权的流转

通过家庭承包取得的土地承包经营权可以依法采取转包、出租、互换、转让或入股等方式流转，以此达成土地的相对集中，形成规模经营。这样就形成了承包权与经营权的分离。

转包是承包经营户与相对人签订再承包合同，把土地移转给后者进行农业经营。出租是承包经营户把承包地租给相对人进行农业经营。互换是同一集体经济组织的成员为了利用土地的便利或其他考虑，相互交换彼此的承包地。转让是有稳定的非农收入的承包经营户将全部或者部分土地承包经营权转让给其他从事农业生产经营的农户，由该农户同发包方确立新的承包关系。入股是承包经营户将土地承包经营权入股，从事农业合作生产。

根据法律的要求，采取转让方式流转的，应当经发包方同意；采取转包、出租、互换或者其他方式流转的，应当报发包方备案。

■思考题

1. 户是法人吗？
2. 为何只让中国公民和准公民当个体工商户？
3. 个体工商户与流动商贩有何区别？
4. 允许个体工商户雇工对其"户"的性质有无影响？
5. 论农村承包经营户制度的宪法基础。
6. 农村承包经营户的团体人格有何表现？
7. 论工体工商户的责任财产范围与经营参与者范围的关联。
8. 个体工商户和农村承包经营户是否为家庭合伙？

■参考书目

1. 李永安：《中国农户土地权利研究》，中国政法大学出版社 2013 年版。
2. 马强：《合伙法律制度研究》，人民法院出版社 2000 年版。

第六章　法　人

■ **学习目的和要求**

　　得到对民法中法人制度的全面了解。第一要求学生掌握法人的概念及其在与自然人和非法人组织比较中的特征，外加我国的法人分类，尤其注意此等分类的特色；第二要掌握法人的成立要件和成立程序；第三要求掌握法人的能力及其与自然人的能力的区别；第四要掌握法人的机关和法人的责任承担问题，尤其注意其中的"撩开法人的面纱"制度；第五要掌握法人的变更、消灭和清算制度。

第一节　概　述

一、法人的概念和特征

（一）法人的概念

法人是具有权利能力，依法独立享有民事权利和承担民事义务的组织或目的性财产。"人"在民法中即为民事主体之意。自然人是物理存在的民事主体；法人是由法律出于便利需要假想的民事主体。

在上述定义中，"组织"指社团法人，"目的性财产"指财团法人。

（二）法人的特征

1. 法人是集合性的主体。法人与自然人的区别在于，自然人是单个的主体，而法人是由两个以上自然人组成的主体。法人可分为社团法人和财团法人。社团法人是先有社员，然后由社员出一定的资产构成法人的财产；而财团法人是先有财产，然后由专门委任的人去管理经营的目的性财产。因此，法人是人的集合体与财产的集合体的有机统一。

正因为法人是人的集合体或财产的集合体，才发生法人的组织问题。因此，社团法人必须有稳定的组织机构，财团法人必须有一定的管理机构，以便形成不同于组成人员各自意志的法人的意志，并保证法人按一定的方向进行活动。

2. 法人拥有独立的财产。从本质上言，法人是一种经济实体。取得了法人资格的社会组织或目的性财产，并非在任何情况下都以法人的资格进行活动，只有在它们从事民事活动或进行民事诉讼活动时，才是民法意义上的法人。在一般意义上，民事活动是财产性的活动，或者说是市场交换活动。这种活动只有有财产者才有资格参加，因此，法人作为一种民事主体，必须有自己的财产。法人与自然人不同，它不仅要拥有财产，而且要拥有独立的财产。

独立的财产有三层含义：①法人的财产独立于其他法人和自然人的财产，彼此不相混同；②法人的财产独立于其成员的财产；③法人的财产独立于其创始人（包括国家）的其他财产。因此，法人的创立人或其他成员对法人的债务只负有限责任。

法人是社会组织或目的性财产，以此区别于自然人。法人有独立的财产，以此区别于非法人组织。非法人组织无绝对独立的财产，其成员要对组织的债务负无限责任。而法人有独立的财产，这意味着法人成员不能说法人的财产是自己的，该财产属于法人自身所有，形成法人所有权。成员一旦设立了一个法人，即丧失了对其出资的所有权，而只保有股东权。

3. 法人能独立承担民事责任。这意味着法人能以自己的财产承担自己行为的法律后果，而非以法人成员、法人创始人或其他法人的财产作这种承担。法人能够独立承担民事责任是它拥有独立财产的必然结果。正因为法人有独立的财产，所以它理所当然地要独立承担由自己的活动产生的债务和责任。法人能独立承担民事责任的反面解释，就是法人的成员对法人的债务只负有限责任。

4. 法人能以自己的名义参加民事诉讼。社团法人成员众多，财团法人只是目的性财产，如果他们起诉或被诉，社团法人的所有成员都要出庭，财团法人无法出庭。为了追求方便，法律赋予两种法人人格，让它们的法定代表人出庭，视为法人自己出庭，由此克服了许多不便。所以，法人从根本上讲，是诉讼上的一种便利安排。

二、法人制度的历史沿革

1. 罗马法中法人制度的萌芽。罗马法中就有法人现象，包括社团和财团。佛罗伦丁在其《法学阶梯》第 8 卷中说："如果作为被告的主债务人死亡，在遗产被接受前可以接受保证人，因为遗产具有人的地位，如同自治市、同业者小组（decuria）和公司。"[1]这个法言说的是主债务人死亡后其遗产被接受前，还可以为其债务找保证人，此时的被保证人是遗产，它取代了主债务人从而具有人的地位。这个法言提到了待继承的遗产、自治市、同业者小组和公司虽非人却具有人的地位，实际上是说它们是法人。其中的待继承遗产是财团，自治市是公法人，同业者小组 例如文书团体这样的职业组织下属中的十几个人的次级单位，为同业者小组。和公司是私法人，但罗马法未赋予它们法人的类名。

2. 法人的最初类名：拟制人。教皇格里高利九世（1227 年～1241 年）于 1239 年发布一个教令处理一个这样的案件：一个修道院的院长和副院长以为修道院的意图在法院发誓，他们到底是为自己发誓还是为修道院发了誓？格里高利九世认为是为后者。教皇英诺森四世（1195 年～1254 年）在研究这一教令时写道："根据这一教令，已经允许以为修道院的意图就其遗嘱发誓，或者说，根据这一教令的权威，在今天，所有的团体为其他团体发誓，都是合法的，因为团体在涉及共同体的诉讼中被拟制为一个人。值得指出的是，一个成员起誓的，如果团体的其他成员愿意，起誓的效力及于他们。"[2]此语认定修道院的院长是修道院的法定代表人，其行为就是修道院的行为，并把修道院及其他社团确定为拟制人。由此第一次确定了法人的人格，英诺森四世由此被现代研究者公认为法人概念之父或至少是其中之一。[3]

3. 观念人是法人的类名。沿着英诺森四世创立的拟制人的线索，托马斯·阿奎那

[1] See The Digest of Justinian, Vol. 4, edited by Mommsen and Alan Waston, Philadelphia: University of Pennsylvania Press, 1985, p. 690.

[2] Ver Pedro Resina Sola, Fundamenta Iuris. Terminología, Principios e Interpretatio, Universidad Almería, 2012, p. 134.

[3] See John Dewey, "*The Historical Background of Corporate Legal Personality*", The Yale Law Journal, Vol. 35. No. 6 (Apr. 1926), p. 665. See V. Bolgar, The Fiction of the Corporate Fiction, From Pope Innocent IV to the Pinto Case, In Festschrift für Imre Zajtay, hrsg. R. H. Graveson, Tübingen1982, pp. 67～96.

（1225 年 ~ 1274 年）进一步创立了观念团体的概念。他说："国家是政治和观念团体"（corpus politicum et morale）。[1]此语中的 Morale 一词在这里的意思是"精神上的"，中世纪学者用该词指称精神团体（corpo morale）或精神单位（ente morale），以替代过去用来指称教会的词 corpus mysticum（神秘团体或精神团体）。[2]阿奎那用 morale 形容作为一种法人类型的国家，打造了用拟制人以外的术语形容法人的新路径。1794 年《普鲁士普通邦法》采之。其第一编第 18 题第 687 条规定："若最初的出租人是教堂、市镇（或社区）或其他类型的观念人，则更宜推定其为土地继承税负的承担者。"本条列举了观念人的类型有教堂、市镇，并认可其他类型的观念人，而且确定它们是出租和纳税的主体。[3]

同一法典第一编第 23 题第 3 条使用物理人的概念与观念人对立。其辞曰："若涉及某土地之占有，则此种强制性法律措施既可以对特定自然人，也可以对观念人作出。"[4]本条把物理人和观念人都作为诉讼主体并使其承受判决。

1811 年的《奥地利普通民法典》第 26 条也采用观念人（Moralischen person）的概念，其辞曰："依法成立的观念人，依合同或目的以及可适用的特别规定确定其成员间的相互权利。在依法成立的观念人与其他人的关系中，一般享有与单个人（einzeln Person）相同的权利……"[5]

1811 年的《列支敦士顿民法典》第 26 条也用"观念人"的概念。[6]该国完全采用《奥地利普通民法典》，因此与《奥地利普通民法典》的规定一样。

1863 年的瑞士《格劳宾登州民法典》第 87 条使用了观念人（Persona morale）的概念，与第 5 条等条规定的物理人形成对立。[7]

可能正是以《格劳宾登州民法典》的成果为基础，瑞士民法典的学者建议稿（avant-projet du code civil suisse）第 61 条及以下数条使用了"观念人"的概念[8]，但到正式颁布时，"观念人"被"法人"（persona giuridica）取代（第 52 条及以下数条）。[9]

1850 年来的意大利立法一直使用 Corpo morale（观念团体）或 enti morali（观念单位）的术语表征法人，偶尔使用 enti morali giuridici（法律观念人）的啰唆表达。[10]1865 年的《意大利民法典》第 1 条在规定权利主体时使用了"观念团体"的表达。1882 年的《意大利商法典》使用了"集体单位"（ente colletivo）的表达。[11]意大利同时使用"企业"（sta-

---

[1] Cfr. Anna di Bello, Ordine e Unità nel Medioevo: la rappresentanza dal corpus mysticum all'universitas, In Esercizi Filosofici, 4, 2009, p. 20.

[2] Cfr. la voce di Persona giuridica, http://www.treccani.it/enciclopedia/persona-giuridica_（Enciclopedia-delle-scienze-sociali）/, 2016 年 6 月 8 日访问。

[3] Vgl. Allgemeines Landrecht für die Preussischen Staaten, Nauck, Berlin, 1835, S. 255.

[4] Vgl. Allgemeines Landrecht für die Preussischen Staaten, Nauck, Berlin, 1835, S. 399.

[5] 参见《奥地利普通民法典》，周友军、杨垠红译，清华大学出版社 2013 年版，第 4 页。

[6] 该法典的德文版存在网址 http://www.wipo.int/edocs/lexdocs/laws/de/li/li053de.pdf, 2016 年 6 月 7 日访问。

[7] Cfr. Codice civile del Cantone des Grigione, Coira, 1863, p. 32, 4.

[8] Voir L. Michoud, La théorie de la personnalité morale et son application au droit français, Librairie Generale de Droit & de Jurisprudenc, Paris, 1906, p. 5. Note1.

[9] Cfr. Codice civile svizerro, p. 15.

[10] Cfr. Cfr. Bernardo Windscheid, Diritto delle pandette（Vol. I）, trad. it. di Carlo Fadda e Paolo Emilio Bensa, UTET, Torino, 1895, p. 775ss.

[11] Cfr. Folansa Pepe（a cura di）, Codice Civile（1865）, Codice di Commercio（1882）, Edizione Simone, Napoli, 1996, 1 - 12. 234 - 246.

bilimento)、"机构"（Istituto 或 istituzione）的术语表征法人。但 1863 年 5 月 17 日的法律偶然使用了"法人"（persona giuridica）的表达。[1]

1870 年的《阿根廷民法典》用"观念中存在之人"（persona de exsistencia ideal）的术语指称法人，相应地，用"可见其存在之人"的术语指称自然人。

4. 法人术语的诞生。1865 年的《萨克逊民法典》用"法学家人"（Juristische personen）的术语指称法人。Juristische 的词根是 Jurisite（法学家），所以，严格说来，Juristische personen 是"法学家打造的人"的意思，这一表达符合法人概念的发生和进化史，所以，尽管都是说的法人，意大利语中的 giuridica 的词根意思是"司法"，故意大利语的"法人"术语强调的是这个名词背后的制度的运用效果：被法院承认为主体。德语中的"法人"强调的是这个名词背后的制度的创造者。如果德国人要走意大利人的道路，可以使用相当于 giuridica 的德语词 gerichtlich 表征法人。现行的《德国民法典》，仍使用 Juristische personen 的概念，这似乎见证了德国法学家在法律发展中的强势地位。

5. 法人术语产生后引起的震荡。人（persona）的术语过去专用来指称自然人，法人术语产生后，产生了在两者之上设立一个属概念的必要。日本和韩国外加《大清民律草案》和《中华民国民律草案》都抵制这种必要，不设立属概念，人，仍然专指自然人，与法人并列。但到了《中华民国民法典》，则放弃了对法人侵入主体体系的抵抗，把"人"升格为属概念，下辖自然人和法人。自然人也好，物理人也好，单个人也好，可见其存在之人也好，都是被新生的法人术语倒逼出来。当然，有的国家以主体作为两种人的属概念。

从法人术语史的角度看，先驱者是以两分法区分法人和自然人的，要么是靠想象把握的，要么是靠物理把握的，没有在两者之间的，换言之，没有为所谓的非法人组织留下地盘。从法人制度思想史的角度看，非法人组织不能物理把握，就是法人。

6. 法人的本质。关于这一问题，有法人拟制说、法人实在说、法人否认说等学说。我们认为，法人是一种立法技术，立法者运用这一技术使团体的法律关系简化，把复数的主体归纳为单一的主体或赋予目的性财产以独立人格，以降低民事活动和民事诉讼的复杂性。

三、法人的分类

（一）营利法人和非营利法人

按照《民法典》第 76 条的规定，以取得利润并分配给股东等出资人为目的成立的法人，为营利法人。营利法人包括有限责任公司、股份有限公司和其他企业法人等。依同法第 87 条的规定，为公益目的或者其他非营利目的成立，不向出资人、设立人或者会员分配所取得利润的法人，为非营利法人。非营利法人包括事业单位、社会团体、基金会、社会服务机构等。不难看出，营利法人即企业法人，非营利法人即公益法人。公益法人既有社团性的，也有财团性的，即基金会。

营利法人有如下具体形态：

1. 有限责任公司。是由 50 个以下的股东出资设立，每个股东以其所认缴的出资额对公司承担有限责任，公司以其全部资产对公司债务承担全部责任的经济组织。

2. 股份有限公司。是由两个以上的股东设立、全部资本分为均等的股份、其成员以其认购的股份金额为限对公司债务承担责任的公司。

3. 其他企业法人。包括中外合资经营企业、中外合作经营企业、外资企业法人等法人。

〔1〕　Cfr. Cfr. Bernardo Windscheid，Diritto delle pandette（Vol. I），trad. it. di Carlo Fadda e Paolo Emilio Bensa，UTET，Torino，1895，p. 777.

非营利法人有如下具体形态：

1. 事业单位，是指国家为了社会公益目的，由国家机关举办或者其他组织利用国有资产举办的，从事教育、科技、文化、卫生等活动的社会服务组织。这些法人不以营利为目的，一般不参与生产和经营活动，虽然有时也谋求一定收益，但属于辅助性质。

2. 社会团体，是由自然人或法人自愿组成，从事社会公益事业、文学艺术活动、学术研究、宗教等活动的各类社团，如中国法学会、土豆研究会等。

3. 基金会，是企业事业单位、社会团体和其他组织以及个人自愿捐赠的资金组成的以公益为目的的财团。其重要特点为先有财产，后有管理组织。由于其财产来自于捐献，故又称为捐献法人，与大陆法中的财团法人相当。捐献法人将所得捐款用于生息或投资，用这些孳息进行社会公益活动。进行这种活动的捐献法人有中国残疾人福利基金会、宋庆龄儿童基金会、茅盾文学奖基金会等。

4. 社会服务机构，是民办的非企业组织。例如在自然科学和工程技术领域内从事学术研究和交流活动的科技类社会服务机构；提供扶贫、济困、扶老、救孤等服务的公益慈善类社会服务机构；为满足城乡社区居民生活需求开展活动的城乡社区服务类社会服务机构等。

（二）普通法人和特别法人

上述营利法人和非营利法人皆为普通法人。何谓特别法人？按《民法典》第96条的规定，机关法人、农村集体经济组织法人、城镇农村的合作经济组织法人、基层群众性自治组织法人，为特别法人。以下分述特别法人的各种具体形式。

1. 机关法人，是依法行使国家行政权力，并因行使职权的需要而享有相应的权利能力的国家机关。国家机关只在参加民事活动时才是法人，是民事主体，在进行其他活动时不是法人，而是行政法主体。

2. 农村集体经济组织法人，是以土地共同共有为基础、连接一定区域内农民生产关系的经济组织。主要表现为村。

3. 城镇农村的合作经济组织法人，是为了从事共同的生产活动或其他经济活动，由自然人自愿联合组成，社员亲自或以其他方式参加劳动并缴纳股金、不以营利为主要目的，而以社员之间的互济、互助、互惠、互利为主要目的的经济组织。城镇合作社多种多样。例如住宅合作社，它是经市（县）房地产行政主管部门批准，由城镇居民职工为解决自身住房问题和改善自身住房条件而自愿参加，不以营利为目的的经济组织。农村合作社是从事同类农产品生产、加工、经营、服务的农民、组织和其他人员自愿组织起来，以搞好服务、促进发展、增加社员收入为目的，通过提供技术、信息、购销、加工、储运等服务，实行自我管理、民主决策、互助合作的经济组织。

4. 基层群众性自治组织法人，即居民委员会和村民委员会。前者是城镇居民自我管理、自我教育、自我服务、自我监督的基层群众性自治组织。后者是村民自我管理、自我教育、自我服务的基层群众性自治组织。

第二节　法人的成立

一、法人的成立条件

法人一旦成立，便作为一种团体性的民事主体在社会上活动，对社会生活好的和坏的影响都是重大的，例如，以法人的形式从事违法活动，其破坏性就比自然人从事同样的活动大得多。在现代社会，法人已经成为与自然人一样的犯罪主体，《刑法》第162条规定了法人犯罪的种种类型。因此，承认法人制度有一定的风险，为了维护交易安全，扩大法人的有利影响，限制其不利影响，立法规定了严格的法人成立条件。《民法典》第58条规定，法人应当具备下列条件。

（一）依法成立

这一条件有二重含义：①法人组织的设立必须合法，其设立目的和宗旨要符合国家和社会公共利益的要求，其组织机构、设立方式、经营范围、经营方式等要符合国家法律的要求。简言之，法人的活动内容必须合法。②法人成立的审核和登记程序必须合乎法律的要求，即法人的设立程序必须合法。

（二）有自己的名称、组织机构和住所

1. 名称。法人的名称是其拥有独立于其成员的人格之人格的标志，也是将其特定化，以区别于其他法人的标志。法人的名称还是其商誉的载体，因此，法人的名称权是财产性的权利，可以转让、出卖。法人的名称应包括其所在地、责任形式、经营范围等内容，以便于交易相对人联系和识别。

就企业法人而言，其名称应当由行政区划、字号、行业、组织形式依次组成。企业法人不可任意取名。按照原国家工商总局于2017年7月31日颁布的《企业名称禁限用规则》，企业名称不得含有有损于国家、社会公共利益的内容和文字，也不得含有可能对公众造成欺骗或者误解的内容和文字，不得含有外国国家（地区）名称、国际组织名称，不得含有政党名称、党政军机关名称、群团组织名称、社会组织名称及部队番号。

2. 组织机构。股份有限公司是最典型的营利法人，通过分析这种公司的内部组织，可明了一般营利法人的组织机构。

在股份有限公司中，设股东大会，此为公司的最高权力机关和重大事项的决策机关。在股东大会之下，设董事会，此为日常决策机关。董事会之下设经理，此为执行机关。与董事会平行，设监事会，此为监察机关。董事会、监事会皆由股东大会选举产生，因此，股份有限公司是一种民主的企业形式。

上述机关分为权力机关、执行机关和监察机关三个分支，互相制约、互相配合，使法人的意思能够产生并得到正确执行。一般法人也应具备这三类机关。健全的法人组织机构是法人开展正常活动的必要条件，因此，具有完备的组织机构，才可成为法人。

3. 住所。法人同自然人一样，要有自己的住所，以便确立一个活动中心地同各方面进行联系，开展业务活动。法人的住所是法人的主要办事机构所在地。

（三）有自己的财产或经费

这里的"财产"，是对营利法人和捐献法人的要求；"经费"，是对非营利法人的要求。

法人本质上是一种人为设定的民事主体，民事活动许多是财产活动。所以，法人拥有必要的财产或经费，是其享有民事权利和承担民事义务的物质基础，也是其承担民事责任的物质保障。

符合以上条件，再履行有关程序，即可成立法人。

二、法人的成立

（一）营利法人的成立

这类法人按照登记的程序成立。

1. 法人的发起人制定法人章程。章程是法人的"宪章"，它应载明法人的名称和住所、法人的经营范围、法人的资本额、法人出资人的姓名或名称、上述出资人的出资方式、出资额和出资时间、法人的机关及其产生方法、职权、议事规则及法人的法定代表人的姓名等事项。

2. 认缴创始资本并缴纳。各出资人按照章程的规定缴纳自己允诺的出资，以达到法律要求的最低资本额。

3. 组建法人机关。按照章程的规定推举或选举法人机关，例如法定代表人、董事、监事。

4. 进行设立登记。法定代表人代表设立中的法人向工商行政管理机关申请法人登记，工商行政管理部门经过审查，认为符合法定条件的，准予登记，同时对申请者颁发企业法人营业执照及其必要副本。

国家市场监督管理局还应公示法人的登记事项。

如果法律、行政法规规定了设定一定的法人必须经有关机关批准，此等法人的设立在登记前还要走批准程序。例如，设立从事特种行业的法人，必须经过公安机关批准。

5. 取得法人资格。营业执照发放日为法人成立日，法人从此具有权利能力。

（二）非营利法人的成立

1. 登记。这类法人中的事业单位、公益社会团体的成立采登记与免登记的双轨制。按照《民法典》第 88 条、第 90 条的规定，事业单位、公益社会团体经登记成立，法律另有规定的除外。这里的"法律另有规定"，对于事业单位而言，指《事业单位登记管理暂行条例》第 11 条第 2 款。其辞曰："县级以上各级人民政府设立的直属事业单位直接向登记管理机关备案。"对于社会团体而言，指《中华人民共和国工会法》（以下简称《工会法》）第 14 条第 1 款。其辞曰："中华全国总工会、地方总工会、产业工会具有社会团体法人资格。"相反，按照《民法典》第 92 条的规定，这类法人中的捐助法人和社会服务机构法人采登记设立的单轨制。

2. 章程。按照《民法典》第 91 条、第 93 条的规定，这类法人中的社会团体法人和捐助法人需要订立章程。

3. 法人的机关。按照《民法典》第 89 条、第 91 条、第 93 条的规定，事业单位法人、社会团体法人、捐助法人都应设理事会，其负责人为理事长。社会团体法人还应设会员大会或会员代表大会等作为权力机构。捐助法人还应设监事会等作为监督机构。

（三）特别法人的成立

这类法人都是非登记成立。机关法人设立即成立。农村集体经济组织、城镇农村的合作经济组织、居民委员会、村民委员会都存在已久，法律未赋予法人资格，造成活动的不便，引起基层干部群众的呼吁，这次被《民法典》一并授予法人资格。

第三节　法人的能力

一、权利能力

（一）法人的权利能力的概念

法人的权利能力，是国家赋予社会组织和目的性财产参加民事法律关系，取得民事权利和承担民事义务的资格。法人的权利能力和行为能力合称为法人的能力。

（二）法人的权利能力与自然人的权利能力的区别

法人尽管和自然人一样享有权利能力，但两种权利能力并不完全一样，存在着以下区别：

1. 专属自然人的某些权利能力的内容，如结婚权、扶养请求权等，法人不可能享有；

专属某些法人权利能力的内容，如银行法人开展信贷业务的权利，自然人也不能享有。

2. 法人的特殊权利能力。《德国民法典》第43条第4项规定："其权利能力以授予为基础的社团追求章程所规定的目的以外的目的的，它可以被剥夺权利能力。"这是关于法人的特殊权利能力的立法规定。

规定法人的特殊权利能力的目的，首先在于维护社会经济秩序。因为对于企业法人来说，它们在国民经济中担负着不同的角色，具有不同的社会职能，应当在核准登记的经营范围内从事活动，以实现其在社会经济生活中的特定作用，否则将造成经济秩序的混乱。其次在于保障投资者的利益。投资者之所以投资于特定企业法人，原因之一是认为法人章程所公示的经营范围是可以导致营利的，不按章程规定的经营范围经营，将损害投资者之投资安全性，并使公司章程形同虚设。

但是，随着市场经济体制的建立，经济生活中的不确定性日益增加，过于严格地限制法人权利能力的范围将损害其适应复杂的市场环境的能力。因此，我国在法人的特殊权利能力上逐步放宽，允许其有主营范围，又有兼营范围，只要求企业法人的特殊权利能力大致确定。

法人擅自改变、超出自己的经营范围进行活动，订立越权合同的，如果双方当事人已履行完毕，法律不加干预；如果正在履行中，一方诉他方违约，他方可以以合同越权为由提出抗辩；如果一方已履行完毕，另一方尚未履行，此时若发生诉讼，法院可确认越权合同无效，接受履行的一方应返还其所受给付。总之，为了避免社会资源的浪费，不宜一概认定法人超越经营范围订立的越权合同无效，而应分别情况具体对待。

由于法人的特殊权利能力具有保护投资者利益之宗旨，因此，越权合同造成法人损失的，法人的决策机关应对投资者进行赔偿。若越权合同并未给法人造成损失，而是增加了法人的财产，则投资者可行使归入权，享受由此获得的利益。[1]

二、法人的行为能力的问题

德国、法国、意大利、奥地利等国的民法认为法人无行为能力，但瑞士民法认为法人具有行为能力。我们认为，法人无自然人一样的先出生、后获得行使自己权利的心智条件的过程，因此无必要既有权利能力，又有行为能力，有权利能力足矣。妄谈法人的两种能力是比附自然人能力制度进行的，实无必要。

第四节　法人的机关和民事责任

一、法人的机关

(一) 法人机关的概念和特征

1. 法人机关的概念。法人的机关，是根据法律或法人章程的规定，对内管理法人事务，对外代表法人从事民事活动，行使其权利能力的个人或集体。

由于法人是不同于自然人的社会组织，它必须有类似于自然人的器官的组织，才能完成其活动，形成其意志，行使其权利能力，因此，任何法人都必须有自己的组织机构和机关。机关是在一个团体内发挥一定职能的个人或集体。个人也可以成为机关，这是"机关"一语的法律含义，不可将"机关"理解为其日常用语中的含义。

---

[1]　参见李静冰："民法中必须重申的两个观念"，载《中国法学》1993年第4期。

2. 法人机关的特征。

（1）法人机关有自主的意志。法人的独立意志要通过一定的机关来形成、表示和实现，所以，作为一个法人，至少必须有自己的意思机关和执行机关。

（2）法人机关由个人或集体组成。法人机关由一个自然人组成的，为独任制机关。法人机关由两个以上自然人组成的，为合议制机关。合议制机关有职工代表大会、理事会、董事会、管理委员会等形式。独任制机关有厂长、经理等形式。法人的意思机关通常采用合议制形式；法人的执行机关通常采用独任制形式。

（3）法人机关有权代表法人进行活动。在法律、章程规定的范围内，法人机关的行为就是法人的行为，不需要法人就这些行为进行特别授权，法人将承担这些行为的法律效果。因此，法人机关是法人的权利能力的行使者。

（4）法人机关的活动具有连续性。由于作为法人机关的自然人在为法人活动时并不代表自己，而代表法人，因此，在充当法人机关的自然人发生更替时，继任者要受其前任的行为的约束，不得以充当法人机关的自然人发生更替为由，拒绝承认其前任所为的法律行为的效果。

（二）法人机关的分类

1. 意思机关，是法人得以形成自己意思的机关，又称为权力机关或决策机关。它有权决定法人进行民事活动和业务管理的重大问题，具体形式有股东大会、职工代表大会等。

2. 执行机关，是具体执行法人的意思机关所形成的意思的机关。法人的对内进行管理、对外进行民事活动的功能，由执行机关具体实施，其具体形式有董事会、厂长、经理等。

3. 代表机关，是法人的意思表示机关，代表法人对外进行民事活动和诉讼活动，通常称为法人的法定代表人。具体形式有董事长、厂长、经理等。但是，在有些法人中，执行机关和代表机关是互相重合的，例如厂长、经理，同时为法人的执行机关和代表机关。

4. 监察机关，是对法人执行机关的活动进行监督的机关。其设立宗旨在于维护法人的出资人的利益，具体形式有监事会或监事。并非任何法人都必须设监察机关，只有股份有限公司和有限公司必须设此机关。

二、法人的责任

（一）概述

1. 责任的概念。责任是履行债务的担保，换言之，法人的责任，就是法人以什么财产来履行自己的债务之问题。法人的民事活动是一种财产性活动，必以一定的财产为基础进行，发生债务时，必须以一定的财产担保债务的履行。因此，法人的财产是其责任手段。

2. 法人责任的特点。法人责任的特点是以其全部财产承担民事责任，即仅以法人自己的财产作为对法人债务的担保，并不将法人成员的财产和法人创立人的财产作为法人债务的责任手段。法人的有限责任是法人制度的生命力之所在，它使巨大资本的聚集成为可能，是法人成员享受的一种利益。

3. 法人承担有限责任的前提条件。法人只在自己能独立支配的财产范围内承担民事责任。这对法人成员是一种利益，但对法人的债权人来说却是一种不利益，因为法人财产的多寡与其债权的安全性成正比。法人只承担有限责任，意味着法人成员的财产不能成为法人的责任财产，从某种意义上讲，这就减少了法人的责任手段。因此，只有在法人自身的财产达到一定规模的情况下，才能保障法人之债权人的债权的安全。所以，作为法人承担有限责任的前提条件，法人必须具有独立的财产，且此等财产要达到一定规模，即达到法定最低资本额的要求，才可成为法人，以此保障交易的安全。此外，法人的财产必须具有公示性，交易相对人应能随时查询到法人的资本额及其资产负债情况，以便他们能在充分考虑到交易风险的前提下与法人交易。享受有限责任是一种利益，为此要付出公开法人财产状况的代价。无限责任是一种不利益，但承担这种不利益的人可享受不公开其财产状况的利益。

4. "撩开法人的面纱"理论。法人的股东享受到有限责任的利益，在某种意义上说对法人的债权人是不公正的。由于有些法人利用有限责任进行违法活动，为了应付这种局面，在20世纪，美国以判例法率先创造了"撩开法人的面纱"（又称为"撩开公司的面纱"理论）的制度，这一制度为德国、法国、日本、意大利等国继受，并正在我国发生影响。

所谓的"撩开法人的面纱"理论，是指在具体的法律关系中，基于特定事由否定法人的独立人格和股东的有限责任，对之重新配置义务或责任的法律制度，其适用的通常结果是使股东在某些情况下对法人债务承担无限责任；或者撇开法人的存在，重新确定股东应承担的公法义务。

适用"撩开法人的面纱"理论的事由主要有：①股东滥用对法人的控制权，损害了法人的独立，使法人空壳化、资产不足；股东强迫法人实施有损法人利益的行为。②股东的控制权滥用行为客观上损害了债权人利益或公共利益。

"撩开法人的面纱"制度在私法上的作用在于，在构成该制度之适用要件的情况中，法人的行为被视为操纵公司的股东之行为，法人的债权人可越过公司直接要求股东承担责任，以实现有限责任制度与保护法人债权人利益之要求的平衡，使利用法人名目规避法律、规避合同或侵权债务、逃避强制执行等滥用法人独立人格的行为落空。[1]

（二）营利法人内部的责任划分

由于社团法人是多数自然人的集合体，组成法人的自然人有些是法人的机关，有些是法人的成员，有些是法人的雇员。在法人存续期间内，这些人都进行一定的与法人有关的活动，其活动的法律效果是以法人的财产承担责任，还是以他们自己的财产承担责任，构成法人的内部责任划分问题。

1. 法人机关与法人的责任划分。在法律、章程规定的范围内，法人机关的行为就是法人的行为，其法律效果由法人的财产承担责任。超出法律、章程范围的行为，是法人机关的越权行为，在发生损失时，以他们自己的财产承担责任。对法人造成损害的，还要对法人进行赔偿。

2. 法人与法人成员的责任划分。法人的成员，在企业法人中，是法人的出资人；在社会团体法人中，是法人的参加者。前者如股份有限公司的股东；后者如中国法学会的会员。

法人成员不是法人的机关，他们为法人的利益进行活动必须经过授权。在授权下进行活动的法律效果以法人的财产承担责任；未经授权进行活动的法律效果以他们自己的财产承担责任。

在法人破产时，企业法人的成员以其出资额为限对法人的债务承担责任。

3. 法人与其雇员的责任划分。《民法通则》（已失效）第43条规定，企业法人对它的

---

〔1〕 参见蔡立东："公司人格否认论"，载梁慧星主编：《民商法论丛》（第2卷），法律出版社1994年版；陈现杰："公司人格否认法理述评"，载《外国法译评》1996年第3期。

法定代表人和其他工作人员的经营活动，承担民事责任。此条中的"其他工作人员"，实际上就是法人的雇员，他们在法人内部不是法人的机关，通常也不是法人的成员（如股东），而是领取固定报酬为法人工作的人。他们不能全面代表法人进行民事活动，但在其岗位性质所决定的某些方面他们可代表法人，其行为就是法人的行为，而不是他们个人的行为。例如，百货公司的售货员向顾客出售物品的行为即为百货公司的行为，而非他们自己的行为，其法律效果由百货公司承担责任，而不是以他们自己的财产承担责任。在发生产品责任时，顾客的正确被告是百货公司。

第五节　法人的变更、消灭和清算

一、法人的变更

（一）法人的变更的概念

法人的变更，指法人在存续期间内，法人的组织和其他重要事项发生变化。

法人的变更，是为了适应复杂的市场形势、追求自身利益最大化。企业法人变更自身形式的自由是企业自由的重要内容。一旦法人发现已选定的企业形式对于达到自己的经营目标不利，可在履行有关法律手续的前提下变更企业形式，改择其他企业形式，或将本企业与其他企业合并，或将本企业分立，以此调整经营规模，分散经营风险，实现资源的优化配置。

（二）法人变更的类型

法人组织的变更，指法人的合并和分立以及责任形式的变更。

1. 法人的合并。这指两个以上的法人合为一个法人，分为新设合并和吸收合并两种情况：①新设合并，指两个以上的法人合并为一个新法人，原来的法人消灭，新的法人产生；②吸收合并，指一个法人归并到一个现存的法人中去。参加吸收合并的两个法人，只消灭一个，另一个继续存在并吸收了已消灭的法人。这是企业兼并所采取的形式。吸收合并的特殊形式为一个法人分成若干部分并入其他法人之中，吸收已消灭的法人的，不是一个法人，而是几个法人。

2. 法人的分立。这指一个法人分成两个以上的法人。有创设式分立和存续式分立两种情况，它们又称新设式分立和派生式分立。①新设式分立。即解散原法人，而分立为两个以上的新法人。②派生式分立。即原法人存续，但从中分出新的法人。上述两种分立一般需征得法人的债权人同意。

3. 责任形式的变更。在公司法人中，由于经营的需要，可以将无限公司变更为有限公司，将有限公司变更为股份有限公司或者作完全相反的变更。这种公司责任形式的变更将导致公司组织的变更，例如，有限公司可不设监事会，将其变更为股份有限公司后，必须设监事会。

二、法人的其他重要事项的变更

法人的其他重要事项的变更，指法人的活动宗旨和业务范围等事项的变化，包括名称、住所、经营范围、资本额的变动等。这些变动虽不消灭旧的法人、产生新的法人，但影响了法人的权利能力。

上述法人的变更，皆须到登记机关办理变更登记，登记机关应对变更登记进行公示，以知会有关法人的交易相对人，保障交易安全。此外，在法人合并或分立的情况下，因合并而消灭的法人，其权利义务由合并后新设或派生的法人概括承受。因分立而消灭的法人，其权利义务由分立后的法人概括承受。在派生式分立中，权利义务的承担按分立合同的约定办理。

三、法人的消灭

（一）法人的消灭的概念

法人消灭，指法人丧失民事主体资格，导致其权利能力的终止。

（二）法人消灭的原因

1. 依法被撤销。这是法人的他因消灭。

2. 解散。这是法人的自因消灭。主要因法人设立的目的已达到或被证明已不能达到、法人章程规定的存续期间届满而发生。

3. 破产。这是指法人不能偿付已到期债务而由法院消灭其法律人格。

4. 其他原因。主要有国家经济政策调整、发生战争等。

四、法人的清算

（一）法人清算的概念

法人的清算，指法人消灭时，由依法成立的清算组织依据其职权清理并消灭法人的全部财产关系。

（二）法人清算的分类

1. 非破产清算，即法人因破产以外的原因消灭时所进行的清算。在这种清算中，法人的成员对法人的剩余资产进行分配，法人的债权人往往全额受偿。在因法人解散而清算时，尤其如此。若在清算中发现法人有破产原因，即应转入破产清算。

2. 破产清算，即法人因破产而消灭时所进行的清算。在这种清算中，法人成员得到剩余财产分配的可能性已大为减少，甚至债权人的债权也往往不能得到全额清偿。

（三）清算活动

1. 在清算期间，法人只能为消极行为，不能为积极行为。主要活动为：了结现务、收取债权、偿还债务、分配剩余财产。

2. 在破产清算中，自破产宣告后，法人人格消灭，处于假存续状态。此时破产财团具有人格，为目的性财产。

（四）清算组织

清算事务的执行者为清算组织。在法人解散的情况下，清算组织由法人的意思机关选举产生。在法人因国家经济政策调整而关、停、并、转时，法人的清算组织由主管行政机关组构。在法人因破产而清算时，由法院组织清算组织。根据《民法典》第70条第2、3款之规定，法人的董事、理事等执行机构或者决策机构的成员为清算义务人。法律、行政法规另有规定的，依照其规定。清算义务人未及时履行清算义务，造成损害的，应当承担民事责任；主管机关或者利害关系人可以申请人民法院指定有关人员组成清算组进行清算。清算组可以聘任必要的工作人员。

清算完毕，清算组织应至工商行政管理机关办理法人注销登记，正式使法人消灭。

■思考题

1. 如何设定一个同时涵盖社团法人和财团法人的法人概念？

2. 为何德语世界以"法学家人"一语表征法人？

3. 合作社法人的特性如何？

4. 为何要把居民委员会和村民委员会设定为法人？

5. 论非营利法人在社会公益事业中的作用。

6. 法律有必要赋予法人行为能力吗？

7. "撩开法人的面纱"制度有什么意义？

8. 特别法人的特别性何在？

9. 法人的合并和分立有哪些类型？

10. 破产法人的领导人要承担什么责任？

■参考书目

1. 蒋学跃：《法人制度法理研究》，法律出版社 2007 年版。

2. 赵旭东：《企业法律形态论》，中国方正出版社 1996 年版。

3. 朱慈蕴：《公司法人格否认法理研究》，法律出版社 1998 年版。

4. 刘俊海：《公司的社会责任》，法律出版社 1999 年版。

5. 韦祎编著：《中国慈善基金会法人制度研究》，中国政法大学出版社 2010 年版。

第七章　非法人组织

第一节　概　述

一、非法人组织的概念

　　按照《民法典》第102条的规定：非法人组织是不具有法人资格，但是能够依法以自己的名义从事民事活动的组织。非法人组织包括个人独资企业、合伙企业、不具有法人资格的专业服务机构等。该条确定了非法人组织的内涵和外延。此等组织的内涵一：不具有法人资格但能以自己的名义进行民事活动。其中，"能以自己的名义"指用组织自身的名义而非组织构成成员的名义，这意味着这个组织有自己的人格，但第102条第1款又说非法人组织没有法人资格。这似乎自相矛盾。内涵二：是组织而非个人。首先，这意味着非法人组织不止一个成员，必须有两人以上的成员才可称为组织。其次，这样的组织是人为形成而非自然形成的，因为按照组织的本义，它是人们为达成一定目的互相协作形成的集体。自然形成的团体是家庭，其存在无"一定目的"。所以，个体工商户和农村承包经营户不是非法人组织，事实上，《民法典》把上述"两户"作为自然人的特殊形态规定，以此把它们与非法人组织区别开来。

　　按照《民法典》第102条，非法人组织有个人独资企业、合伙企业、不具有法人资格的专业服务机构等类型。

二、非法人组织的法律化

　　1. 物理人与观念人的二分法排斥非法人组织概念。我们在本书第六章"法人"中已述，最早以观念人的术语表述的法人概念是为了描述与物理人相对立的一类民事主体而发明的，物理人与观念人的二分法没有为中间物留下地盘，换言之，民事主体要么是物理人，要么是观念人，不可能存在既非物理人、又非观念人的主体。我们现在说的非法人组织也只存在于我们的观念中，所以，按照上述二分法，它也是观念人。基于二分法的这种排斥性，法人概念产生后，不可能马上产生非法人组织的概念。

2.《德国民法典》采用"无权利能力社团"概念的原因。1896 年的《德国民法典》在自然人和法人的两极世界夹进了"无权利能力社团"（Nicht rechtsfähige Vereine）的第三极。其第 54 条规定，对于无权利能力的社团，适用关于合伙的规定。以此种社团的名义对第三人实施的法律行为，行为人亲自负责任；二人以上实施行为的，全体行为人作为连带债务人负其责任。此条告诉我们，物理人与观念人的二分法不能包纳合伙，所以，类似合伙的组织体可以在法人的旁边存在。对于它们，适用关于合伙的规定。而这样的规定对无权利能力社团的成员不利。他们的组织体没有团体人格，所以行为人必须亲自负责。这样的苛待出自立法者的蓄意安排：促使受不了的非法人组织的成员尽快让自己的组织取得权利能力，完成各种登记手续。如果受不了这样的折腾，就赶紧解散。[1]但这一规定产生了歪打正着的效果，各种雇主联合会、工会、政党利用无权利能力的社团制度找到了自己存在的合法性依据，它们宁愿放弃权利能力也不愿受政府的监管。[2]所以，德国的无权利能力社团制度成了德国人满足结社自由需要的工具。但发展到现在，德国的无权利能力社团已经名不副实，它们取得了法人拥有的大部分权利能力，成为第三类权利能力的拥有者。

3. 其他国家的非法人组织。《意大利民法典》第 36 条及以下数条把这种组织称为未受承认的社团（Associazioni non riconosciute）。既然在法典中规定了，难以说不承认。所以，这里的"不承认"意思是不登记。像德国一样，意大利的未受承认的社团与受到承认的社团相比，有差不多的权利能力。1984 年的《秘鲁民法典》第 124 条消除了上述《意大利民法典》规定的易生误解性，干脆称非法人组织为"不登记之社团"（Asociacion no inscrito）（条名中称"事实上的社团"）。言下之意，社团一旦登记就是法人了，不是非法人组织。

三、对《民法典》关于非法人组织规定的分析

1. 非法人组织应当登记。这是《民法典》第 103 条的规定。该条第 2 款甚至考虑到了在登记前得到有关机关批准的非法人组织。其逻辑性可以商榷。从德国人发明非法人组织制度的意旨到该制度在当代各国的适用来看，非法人组织的特征是不用登记，《秘鲁民法典》干脆把这种组织称为"不登记之社团"。如果要登记，则其设立要承受国家的监管，不合非法人组织的事理之性质。而且，一旦登记，不是非法人组织了，而是法人。

2. 非法人组织的存在区域。《民法典》第 102 条考虑到该制度的存在区域是经济。个人独资企业、合伙企业都是经济活动组织。该法条提到的"不具有法人资格的专业服务机构"按照通常的解释是律师事务所、合伙制会计师事务所等服务性营利组织，没有考虑到政党、工会、非政府组织等超越于经济的组织。从非法人组织制度的产生和发展史来看，它更多地在非经济领域运作。这是我们在解释《民法典》第 102 条时要特别注意的。

3. 我国非法人组织的法人性。非法人组织不是自然人，具有某些法人的权利能力。按照《民法典》的规定，它们可以"以自己的名义从事民事活动"（第 102 条）、有法定代表人（第 105 条）、有自己的章程（第 106 条）、可以优先以组织的财产清偿债务（第 104 条），这些都是法人才享有的特权。唯一的与自然人相同的是出资人或设立人最终对组织的债务承担无限责任。所以，我国的非法人组织跟法人只有很小的差别。

---

[1] 参见 ［德］迪特尔·梅迪库斯：《德国民法总论》，邵建东译，法律出版社 2000 年版，第 853 页。

[2] 参见 ［德］迪特尔·梅迪库斯：《德国民法总论》，邵建东译，法律出版社 2000 年版，第 854 页。

第二节　非法人组织的类型

一、独资企业

（一）独资企业的概念和特征

1. 独资企业的概念。根据 2000 年实施的《中华人民共和国个人独资企业法》（以下简称《个人独资企业法》）第 2 条的规定，独资企业是指在中国境内设立，由一个自然人投资，财产为投资人个人所有，投资人以其个人财产对企业债务承担无限责任的经营实体。这一定义告诉我们：①独资企业是中国企业，因为它是依照中国法在中国境内设立的。②独资企业的投资人为自然人，换言之，法人不得为独资企业的投资人。这样，国家投资的国有企业不是独资企业，这暗示了独资企业的私营企业性质。确实，在当下，这种企业是我国私营经济的重要成员。③独资企业没有独立于投资人的财产，它仍然是投资人的个人财产的一部分，但不排除两种财产间有相对的区分。④投资人对独资企业的债务承担无限责任，这是由独资企业的财产与投资人的财产不区分造成的。

2. 独资企业的特征。

（1）独资企业的资产来源单一，据此与合伙相区别。合伙的财产来源于多个合伙人的出资；独资企业的财产来自一个自然人的出资。

（2）独资企业无独立人格，据此与法人相区别。法人具有独立于出资人的人格，因为它有独立于出资人的财产，哪怕是一人公司也是如此。

（3）独资企业具有企业性。所谓企业，是以生产、交换或提供服务为目的，从事有组织的经济活动的民事主体。一人不成企业，独资企业可通过招工形成工作团队，以此与自然人区别开来。普通自然人不具有企业性，也无工作团队。

（二）独资企业的设立

1. 设立独资企业的条件。按照《个人独资企业法》第 8 条的规定，此等条件有：①投资人为一个自然人。法人投资违反了这种企业的名称，两个或以上的自然人投资构成合伙。这里的自然人包括中国公民（含港澳台）、外国人、无国籍人。所以，个人独资企业的设立人资格要求较宽。个体工商户只能由中国公民、港澳永久居民中的中国公民、台湾居民设立。当然，不具有商行为能力的僧人、神父、公务员、军人等不能成为独资企业的投资人，假托他人名义进行的投资也不行。②有合法的企业名称。在这方面，应遵守《企业名称禁限用规则》的规定。③有投资人申报的出资。这是申请人开办企业的准备金，有它表明申请人具有办企业的实力。④有固定的生产经营场所和必要的生产经营条件。如厂房，生产场所的通水通电等。⑤有必要的从业人员。这是因为独资企业不是一人企业，必须有工作团队。至于此等团队的规模上限，法律无规定。这表明我国立法突破了雇工即剥削的理论禁区，这种禁区曾对于个体工商户的雇工规模存在，为此限定不得超过 8 人。

2. 申请设立。投资人具备如上条件后，可制作设立申请书。此等文书应载明如下事项：①企业的名称和住所。②投资人的姓名和居所。③投资人的出资额和出资方式。不见得全部用现金出资，也可用土地使用权、知识产权出资，但后种出资必须折合成金钱。④经营范围。即说明未来的独资企业将生产何种产品或提供何种服务。可以说明主营何者，兼营何者。申请的经营范围必须不为法律、行政法规所禁止。申请经营特种行业的，必须得到主管机关的批准。

完成的设立申请书应提交给未来的独资企业住所地的市场监督管理局，该局在 15 日内作出批准或不批准的决定。批准的，发给营业执照，独资企业从得到营业执照之日起成立。不批准的，市场监督管理局要向申请人说明理由。

（三）独资企业的运作

1. 企业的管理。可以是出资人自己管理，也可以委托或聘用他人管理。

2. 责任财产的范围。以出资人的个人财产出资的，以此等财产承担企业的债务。以出资人的家庭共有财产出资的，以此等共有财产承担企业的债务。在后种情形，个人独资企业接近于以家庭财产经营的个体工商户。

3. 商业账簿。个人独资企业必须设立会计账簿，进行会计核算，这要求企业的财产与出资人个人的家计财产相对区分。

4. 工作团队。独资企业招工的，必须与工人签订劳动合同，为他们缴纳社会保险费，保障工人的劳动条件。

5. 完税。独资企业应按法律规定纳税。

（四）独资企业的解散和清算

1. 解散的原因。

（1）投资人决定解散。

（2）投资人死亡、被宣告死亡或民事死亡，无继承人或继承人决定放弃继承。

（3）独资企业被依法吊销营业执照。

（4）其他原因。例如遭受重大自然灾害，企业经营难以为继。

2. 清算程序。采用如下程序：①在清算日前15日通知企业的债权人；无法通知的，公告清算事宜。②得到通知的债权人在30日内向投资人申报债权；未得到通知的债权人在60日内申报自己的债权。③先用企业财产、不足的再用投资人个人财产清偿：所欠职工工资和社会保险费用、所欠税款、普通债权，按申报先后并根据有无担保按比例清偿之；不足部分搁置。④责任消灭。债权人在5年内不追索余债的，出资人不必清偿之。⑤注销登记。清算结束后，清算人应制作清算报告，并于15日内到市场监督管理局办理注销登记，至此，独资企业法人消灭。

二、合伙

（一）合伙的概念和特征

1. 合伙的概念。合伙是依法设立、由各合伙人订立合伙协议，共同出资、共享收益、共担风险，至少部分合伙人参与经营并对合伙企业债务承担无限连带责任的营利性组织。这一定义告诉我们，合伙是一种介于自然人与法人之间的组织体，区别于两者。

2. 合伙的特征。

（1）合伙是组织。这是合伙区别于自然人的特征。合伙由一个以上的自然人或法人联合而成，不同于自然人是单个的人。所以，至少为了诉讼的便利，有赋予合伙主体资格的自然需要。

（2）普通合伙人对合伙债务承担无限责任。这是合伙区别于法人的特征。法人的出资人通常只对法人的债务承担有限责任。

（3）合伙基于合伙协议成立。此等协议是合同，不过，一般合同当事人的意志是相向的，比如，你想买，我想卖。而合伙协议的当事人的意志是平行的，即他们都想设立一个合伙达成营利目的。所以，协议的成果是一个组织，这造成了合伙的合同性与组织性的双重性。一些国家侧重其合同性，把合伙当作一种合同规定。另一些国家侧重其组织性，把合伙当作一种主体规定。我国属于后者。

（二）合伙的种类

合伙通常分为下列种类：

1. 普通合伙与有限合伙。全体合伙人都参与经营并对合伙债务承担连带无限责任的合伙，为普通合伙。除了有普通合伙人外，还有以认缴的资本额为限对合伙债务承担责任的有限合伙人的合伙，为有限合伙。有限合伙人不参与经营，对合伙债务承担有限责任，他们的存在，满足了合伙融资的要求。

2. 一般普通合伙和特殊的普通合伙。后者是提供专业知识与专业技能服务的合伙，例如律师事务所、会计师事务所。前者是从事除此以外的其他业务的合伙。两种合伙的责任承担不同。在一般普通合伙，无论哪个合伙人因故意或重大过失造成合伙的责任，所有的合伙人都承担连带无限责任。在特殊普通合伙，无限连带责任只属于以故意或重大过失造成合伙责任的合伙人，其他合伙人只以自己的出资额承担有限责任。

3. 个人合伙和法人合伙。按照《中华人民共和国合伙企业法》（以下简称《合伙企业法》）第2条第1款的规定，自然人和法人都可设立合伙企业。前者设立的，为个人合伙；后者设立的，为法人合伙。

（三）合伙的成立

1. 合伙成立的概念。合伙的成立，是合伙创设人在具备一定条件的前提下，向国家工商行政管理机关提出设立合伙的申请，经后者审查合格，颁发营业执照，合伙取得民事主体资格的过程。合伙作为民事主体，同法人一样也具有国家认可性，因此，其成立也必须履行有关的法律程序。这一程序由合伙创设人提交法定文件、登记机关对这些文件进行审查、然后作出予以登记或不予以登记的决定三个阶段构成，其核心在于审查待设立的合伙企业是否具备法律规定的条件。

合伙创设人是发起设立合伙的人，也就是合伙成立时的全体合伙人。合伙成立后，在其存续期间，合伙人可以退伙，第三人也可以入伙，因此，合伙的成员可能不断变化。新入伙的合伙人不是合伙的创设人，但其权利义务与合伙创设人无别。由于合伙是2人以上组成的经济组织，在合伙创设人为数人的情况下，可由众合伙人推举一人至登记机关办理合伙成立手续。该人应持有由其他合伙创设人签名的授权证书，还应携带登记申请书、合伙协议、合伙人身份证明等文件至登记机关申请登记。法律、行政法规规定须经有关部门审批才能成立的合伙企业，办理合伙成立登记手续的合伙创设人还须在申请登记时提交有关批准文件。这种情况主要指要经司法局批准才能成立的合作制律师事务所之设立程序。此外，一个已成立的合伙欲设立分支机构，设立人须向分支机构所在地的登记机关申请登记，并须领取独立的营业执照。

合伙的登记机关是各级市场监督管理局，与法人的登记机关无异。登记机关在收到申请登记文件之日起的30日之内作出是否登记的决定。对符合法律规定之条件的予以登记。登记事项包括合伙协议中的必载事项，即合伙的名称和住所、经营范围、合伙人的姓名及其住所、合伙人出资的方式、数额和期限。与法人的登记不同，合伙的登记不具有最低资本额的要求，这反映了合伙的人合性和合伙人所承担的无限责任，也使合伙的设立比较容易。此外，在合伙有事务执行人的情况下，还要登记合伙执行人的姓名和住所。经登记后，发给被登记的合伙营业执照。自营业执照签发之日起合伙获得主体资格，合伙成立。

对不予登记的申请者，登记机关要作出书面答复，说明不予登记的理由。

2. 合伙成立的条件。合伙作为与法人、独资企业相并列的企业形式，其成立也必须具备一定的条件。法律规定合伙成立的条件，是为了使成立的合伙企业具备起码的经营条件，由此取得权利能力。成立合伙企业须具备如下条件：

（1）合伙人达到法定人数，且全体合伙人都承担无限连带责任。一人出资且经营不成其为合伙，而为独资企业，因此，合伙人之人数须在2人以上，此为合伙人法定人数之下限。因退伙或合伙人死亡或丧失行为能力，合伙仅剩一个有行为能力的合伙人时，合伙自然解散。合伙人人数过多，众合伙人难以做到彼此信任，使合伙丧失人合企业的属性。因此，从合伙的性质出发，合伙人人数须有上限限制，但《合伙企业法》未对合伙人人数之上限设立规定。我们认为，可参照英国公司法中关于合伙人数通常不得超过20人的规定，将合伙之法定人数的上限规定为不得超过20人。超过20人的，如为待设立的合伙，登记机关则不予登记；如是在合伙存续期间因入伙的关系造成这种情况，原登记机关应督促合伙作出企业形式的变更，或改组为有限公司或股份公司，或裁减超出部分之合伙人。

需说明的是，合伙法定人数中的"人"，不仅包括自然人，而且包括法人和其他合伙。

（2）有书面的合伙协议。合伙协议是合伙的存在依据，是规范合伙内部关系的文件。合伙协议由全体合伙创设人以合意订立。在合伙存续期间，经合伙人协商一致，也可对之进行修改或补充。合伙协议须载明如下必要事项：①合伙企业的名称和主要经营场所；②合伙企业的经营范围；③合伙人的姓名及其住所；④合伙人出资的方式、数额和缴付出资的期限；⑤利润分配和亏损分担方法；⑥合伙企业事务的执行；⑦入伙与退伙；⑧合伙企业的解散与清算；⑨违约责任；⑩合伙企业的经营期限和合伙人争议的解决方式。

（3）有各合伙人实际缴付的出资。合伙具有自己的财产是它从事经营活动的物质基础，也是合伙取得法律人格的基础。合伙人既谋共同事业，自当负出资义务。因此，合伙之成立以各合伙人认缴出资为条件。由于合伙的人合企业性质和合伙人承担的无限责任，合伙人的出资不同于股份有限公司股东的出资，换言之，合伙人的出资不必都采用货币形式，也不要求众合伙人的出资总额达到一定的最低资本额，因此，合伙人除可以以货币出资外，还可以以实物、劳务、土地使用权、知识产权和其他财产权出资。为了保障经营的顺利进行，一定比例的流动资金是必不可少的，在众合伙人以各种财产出资的情况下，可要求以现金出资的比例达到总出资的20%。由于货币是衡量其他财产之价值的方便尺度，为了确定以非货币出资的合伙人之出资在合伙总资产中的份额，有必要对非货币的出资作出估价，例如，对知识产权，可通过无形资产估价机构遵照一定的方式进行估价。

（4）有合伙企业的名称。企业名称是一企业区别于其他企业，并表明出资人之责任形式的符号。合伙企业有自己的名称，才能把自己与其他合伙区分开来，并对外昭示自己的出资人对合伙之债务所承担的责任。企业的名称还是其商誉的载体。因此，成立合伙企业，一定的名称是必不可少的。合伙企业的名称由原名与扩展名两部分构成。原名应说明合伙企业的经营范围，如"灯具"或"电缆"；扩展名中必须有"厂""店""所"字样。由于合伙人对合伙债务的责任是连带无限责任，为了避免公众的误解，禁止在合伙企业的名称中使用"有限"或"有限责任"字样，违者构成诈欺行为，由原登记机关要求限期改正。

（5）有经营场所和从事合伙事业必要的条件。合伙企业的经营场所是进行合伙营业的必要条件。因此，一个合伙企业必须至少有一个经营场所。设有分支机构的合伙企业，其分支机构可以有另外的经营场所。从事合伙事业所必要的其他条件，包括银行账号、电话号码等。

待设立的合伙企业具备上述条件，经登记机关登记，取得营业执照后，自签发之日起成为合伙企业，具有相应的权利能力。

（四）合伙的能力和责任

1. 概述。合伙的能力，是国家赋予合伙的权利能力，合伙凭借此等能力参加民事法律关系。

合伙多为营利性组织，因此，合伙参加的民事法律关系通常是财产关系，所以，合伙的能力以合伙财产为基础。合伙为人的组合，存在 2 个以上的合伙人，由此发生合伙能力的行使问题。

2. 合伙能力的特殊性。合伙都有由合伙协议载明的特定的经营范围，因此，合伙的权利能力也具有特殊性，换言之，合伙超越其经营范围所为的法律行为原则上无效。

3. 合伙能力的财产基础。合伙的财产构成合伙能力的物质基础。合伙设立时由各合伙人缴付的出资以及在合伙存续期间以合伙的名义获得的财产，为合伙财产，由各合伙人按各自的份额共有。基于这种共有关系，各合伙人对合伙财产享有所有权的各项权能，能够参与合伙事务的经营，并分派由此造成的盈利或亏损。合伙财产之共有关系的变化，将导致合伙事务经营者构成的变化。基于合伙的人合性质，这种变化必须受到限制。因此，在合伙企业清算前，除非有法律规定的事由，合伙人不得请求分割共有财产；在合伙存续期间，合伙人向第三人转让自己在合伙中的财产份额的，必须经全体合伙人同意；其他合伙人在同等条件下享有优先购买权；购得合伙财产份额的第三人经全体合伙人同意成为新的合伙人；为了维持合伙财产的稳定，合伙人非经其他合伙人一致同意，不得将其合伙财产份额出质。未经同意出质的，出质无效；或把该合伙人作退伙处理。

4. 合伙能力的行使。合伙能力的行使，有全体合伙人行使、合伙事务执行人行使、聘请第三人行使三种方式。

（1）全体合伙人行使合伙能力。基于出资的法律行为和对合伙财产享有共有权的事实，各合伙人都有管理和使用合伙财产，代表合伙从事交易的权利能力。在这种情况下，对内，各合伙人相互协商管理合伙内部事务；对外，每个合伙人都代表合伙，该合伙人在合伙协议范围内的行为就是合伙的行为，由合伙承担责任。

（2）合伙事务执行人行使合伙能力。如果合伙人人数众多，经营能力高低不等，为了取得更好的经营效果，可由合伙协议约定或由全体合伙人决定，委托一名或数名合伙人执行合伙事务。合伙事务执行人对外代表合伙。未取得合伙事务执行权的其他合伙人不得以合伙的名义对外交易，否则无效。在这种情况下，合伙的能力主要由合伙事务执行人行使。但其他合伙人对合伙事务执行人享有监督权、账目检查权。合伙事务执行人有义务向他们报告事务执行情况。不执行合伙事务的其他合伙人还对合伙的重大事务享有决定权，这些事务如：①处分合伙企业的不动产；②改变合伙企业的名称；③转让或处分合伙企业的知识产权和其他重要财产权利；④向企业登记机关申请办理变更登记手续；⑤以合伙企业的名义为他人提供担保；⑥聘任合伙人以外的人担任合伙企业的经营管理人员等。合伙事务执行人处理上述事务时须取得全体合伙人同意。在商议合伙重大事务时，合伙人以表决的方式作决定。原则上实行一人一票，换言之，对合伙财产享有较多份额的合伙人与享有较少份额的合伙人在表决中处于同样的地位。当然，合伙协议或合伙人也可以约定或决定采用一个出资份额一票的表决方式，这样，出资多的合伙人在表决中处于更有利的地位。法律对这样的约定或决定并不予以禁止。

（3）聘请第三人行使合伙能力。经全体合伙人同意，可聘请合伙人以外的第三人为合伙企业的经营管理人员，他在授权的范围内行使合伙的能力。

5. 合伙的责任承担。责任是对债务的担保。合伙能力对外行使的结果之一是合伙发生对第三人的债务。以何种财产作为经营体之债务的担保，构成区分不同民事主体的重要标准。自然人以个人的全部财产作为对该种债务的担保，称之为个人的无限责任；法人以独立于其成员的财产作为该种债务的担保，换言之，法人的担保手段不延伸于其成员的财产，称之为有限责任；合伙以合伙财产和合伙人的个人财产作为该种债务的担保，称之为团体的或连带的无限责任。合伙人对合伙债务承担连带无限责任是合伙区别于其他企业形式的基本特征，是合伙的人合企业性质的表现。

事实上，合伙具有相对独立于合伙人财产的财产，即合伙人的出资以及在合伙存续期间积累的财产。合伙的到期债务应先由该财产清偿，不足部分才由各合伙人的财产清偿。各合伙人应清偿的合伙债务按合伙协议中规定的各合伙人分担亏损的比例分派。万一合伙协议缺乏此项规定，债务由各合伙人平均分担。任一合伙人无力偿付的应分担债额，由于合伙的连带无限责任形式，由其他合伙人偿付。偿付人于偿付后，就超出自己分担额的部分，有权向其他合伙人追偿。在合伙破产与合伙人个人破产同时发生的情况下，合伙财产优先用于偿还合伙债务；合伙人个人财产优先用于偿还合伙人个人债务。两个清偿中有剩余的，才可用于偿还另一债务。此为所谓的"双重优先规则"，以平衡合伙债权人与合伙人个人债权人的利益，减少合伙人的连带无限责任之适用可能发生的消极后果。

（五）合伙的变更、终止和清算

1. 合伙的变更。

（1）定义。合伙的变更，指合伙在存续期间内，经全体合伙人协商一致或由于法律的规定，合伙协议重要事项发生改变。由合伙协议的基本内容所决定，不论变更的原因是合伙人的协商还是法律的规定，都体现为合伙协议主体、内容或期限的变更。合伙企业发生变更，应于15日内向企业登记机关办理变更登记。

（2）合伙协议主体的变更。包括入伙和退伙两种情况。

第一，入伙。是合伙成立后第三人加入合伙，取得合伙人身份。显然，入伙人不是合伙的创设人。由于合伙的人合性，新合伙人入伙，须取得全体既有之合伙人同意，并依法订立书面的入伙协议。原合伙人死亡、被宣告死亡或民事死亡的，继承其合伙财产份额的继承人可依合伙协议的约定或经全体合伙人同意成为合伙人。原则上，新合伙人与原合伙人享有同等的权利，承担同等的责任。例如，享有合伙既有之债权，同时，对合伙既有的债务承担连带责任。但是，对于新合伙人在合伙中的地位，原合伙人与新合伙人也可以在入伙协议中达成另外的约定，只要此等约定符合公平原则，法律不加干预。

第二，退伙。是既有的合伙人脱离合伙关系。退伙分为声明退伙、法定退伙和强制退伙三种。声明退伙为合伙人自愿地退出合伙；法定退伙为由于法律规定的事由合伙人退出合伙；强制退伙为合伙将某一些合伙人除名。

声明退伙有合伙协议规定了合伙的经营期限和未规定经营期限两种情况。在前者，由于：①合伙协议约定的退伙事由出现；②经全体合伙人同意；③发生合伙人难于继续参加合伙企业的事由；④其他合伙人严重违反合伙协议约定的义务，合伙人可以退伙。在后者，合伙人以不执行合伙企业事务造成不利为前提，经提前30日通知其他合伙人，可以退伙。合伙人不遵循上述规定，擅自退伙造成其他合伙人损失的，必须赔偿。

合伙人发生下列情况之一的，发生法定退伙：①死亡、被宣告死亡或民事死亡；②被宣告为无民事行为能力人；③个人破产；④被法院强制执行其在合伙企业中的全部财产份额。

合伙人发生下列情形之一的，发生强制退伙或除名：①不履行出资义务；②因故意或重大过失给合伙企业造成损失；③执行合伙企业事务时有不正当行为；④合伙协议约定的其他事由。

不论是声明退伙、法定退伙还是强制退伙，都发生退伙时对合伙财产进行结算、退还给退伙人其财产份额之问题。

（3）合伙企业形式的变更。是合伙企业由于合伙人人数的变化或由于全体合伙人的决定，向独资企业或有限公司或股份有限公司的转化。合伙人人数由于合伙人的死亡或退伙只剩一人的，合伙消灭；也可根据当事人的选择转化为独资企业。合伙人人数超过 20 人的，合伙解散；也可根据全体合伙人的选择，把合伙转化为有限公司或股份有限公司。

（4）合伙协议的其他变更。依意思自治原则，合伙人可以协商变更合伙企业的经营范围、合伙事务的执行方式、合伙人出资的方式、数额、利润分配和亏损负担方法以及合伙企业的经营期限等事项，并至企业登记机关办理变更登记。

2. 合伙的终止。

（1）定义。合伙的终止，即合伙的法律人格的消灭，有解散和破产两种情况。无论因何种原因终止，都发生对合伙财产的清算。

（2）解散，是合伙人自愿或因法律的规定消灭合伙。解散有下列事由：①合伙协议约定的经营期限届满，合伙人不愿继续经营的；②出现合伙协议约定的解散事由；③全体合伙人决定解散合伙；④合伙已不具备法定人数满 30 天；⑤合伙协议约定的合伙目的已经实现或被证明无法实现；⑥合伙依法被吊销营业执照、责令关闭或者被撤销；⑦出现法律、行政法规规定的合伙企业解散的其他原因。

（3）破产，即合伙企业的财产和合伙人个人的财产不能偿付到期债务，由法院通过破产程序消灭合伙的法律人格。合伙企业破产，准用《中华人民共和国企业破产法》（以下简称《破产法》）的一般规定。

3. 合伙的清算。合伙的清算，是在合伙被决定解散后，由各合伙人了结合伙现务、收取债权、偿还债务，清理出剩余财产分配给各合伙人，以便消灭合伙的法律人格的法律程序。

（1）清算的程序。

第一，清算人。清算人是清算事务的执行人。清算人有三种形式。合伙企业清算时，清算人可由全体合伙人担任；也可经全体合伙人过半数同意，自合伙企业解散后 15 日内指定一名或数名合伙人担任清算人；另外，合伙解散后，15 日内未能以上述方式确定清算人的，经合伙人或其他利害关系人申请，由法院指定清算人。

第二，清算事务。清算人在清算期间进行下列事务：①清理合伙企业的财产，编制资产负债表和财产清单；②清理与清算有关的合伙企业未了结的事务；③清缴所欠税款；④处理债权债务；⑤处理合伙企业清偿债务后的剩余财产；⑥代表合伙企业参与民事诉讼。

第三，剩余财产的分配。清算后剩余的财产按下列顺位分配：①偿付清算费用；②偿付所欠职工工资和劳动保险费用；③偿付合伙企业所欠税款；④偿付合伙企业的债务；⑤返还合伙人的出资。进行上列顺序的清偿后仍有剩余的，按合伙协议中关于分派盈利的比例分配给各合伙人。在清算过程中，发现合伙企业的全部财产不足以清偿其债务的，由各合伙人以个人财产清偿；仍不能清偿的，清算程序转入破产程序。合伙的破产程序实行不免责主义，换言之，在合伙企业因破产解散后，原合伙人对合伙企业存续期间的债务仍承担连带责任。但 5 年内，债权人未提出请求的，因除斥期间的经过消灭其债权。

（2）清算的终止。清算结束后，清算人编制清算报告，经全体合伙人签名盖章后，于15日内向企业登记机关报送此报告并办理注销登记手续，合伙消灭。

三、不具有法人资格的专业服务机构

（一）概述

我们在本章的合伙分类中讲到了特殊的普通合伙，这种合伙是《合伙企业法》第55条及以下数条确立的，用来调整以专门知识和专门技能为客户提供有偿服务的专业服务机构，包括律师事务所、会计师事务所、合伙制公证处、设计师事务所等。《民法总则》（已失效）第102条微调《合伙企业法》把专业服务机构包裹在合伙企业中规定的方法，把此等机构与合伙企业并列规定，可能的意图是强调它们的不完全企业性，因为这些机构有些承担一定的国家职能，例如律师事务所和合伙制公证处。前者处在保障诉讼公正的重要一环，所以，一些国家（日本、韩国）把律师也当作法曹，与法官、检察官并列，并在三者间实行旋转门体制。后者提供国家公信力，营利是其次要目的。当然，专业社会服务机构的量大，把它们裹在合伙中也有所不妥，故《民法总则》（已失效）把它们单列。尽管如此，对此等机构适用合伙的一般规定，则无疑义。

专业社会服务机构众多，本书择要而论，只介绍实行合伙制的律师事务所和会计师事务所。

（二）律师事务所

在1988年以前，律师是"国家的法律工作者"，在司法局下辖的法律顾问处上班。1988年，司法部实行合作制律师事务所试点。合作制律师事务所由所内律师共同出资成立，以该事务所的全部资产对其债务承担责任。合作制律师事务所遵循"两不四自"原则，"两不"即不占行政编制、不靠财政经费，"四自"即自收自支、自负盈亏、自我发展、自我约束。1996年的《中华人民共和国律师法》（以下简称《律师法》）把律师重新定性为"为社会提供法律服务的执业人员"。2017年《律师法》再次修正。其中，把律师重新定义为"为当事人提供法律服务的执业人员"。《律师事务所管理办法》第7条规定："律师事务所可以由律师合伙设立、律师个人设立或者由国家出资设立。合伙律师事务所可以采用普通合伙或者特殊的普通合伙形式设立。"现阶段我国的律师事务所主要为合伙律师事务所，而合伙律师事务所其机理实为合伙制度，不必赘述。

（三）合伙制会计师事务所

在1993年之前，我国的会计师事务所挂靠国家机关或事业单位，属于被挂靠单位的附属机构，资产归国家所有，责任也归国家承担。1993年颁布、2014年修正的《中华人民共和国注册会计师法》（以下简称《注册会计师法》）第23条允许成立合伙制的会计师事务所，第24条允许成立有限责任制的会计师事务所。后者具有法人资格，不属于非法人组织。目前在我国，合伙制会计师事务所少于法人制会计师事务所。

合伙制会计师事务所的机理同于合伙，不必赘述。

（四）其他非法人组织

《民法典》第102条在罗列各种非法人组织后用了一个"等"字表示这是不穷尽列举。这个"等"字为寻找其他非法人组织打开了大门。

首先，有非政府组织，即不以营利为目的的公益性或互益性组织。例如自然之友、北京地球村等。其次，有一些政治组织，例如中国少年先锋队。江苏省高级人民法院于1999年曾致函最高人民法院询问中国少先队江苏省工作委员会是否是法人，得到否定的答复，

理由是该委员会没有独立的财产或经费。

■思考题

1. 为何要承认非法人组织是第三民事主体？
2. 独资企业有哪些类型？
3. 为何要对合伙人的数目设定上限？
4. 论合伙与法人的区别。
5. 合伙有哪些类型？
6. 论合伙事务执行人与其他合伙人的关系。
7. 合伙的债务由哪些财产担保？
8. 合伙制律师事务所与一般合伙有何不同？
9. 为何要允许设立非政府组织？
10. 我国有哪些重要的非政府组织？

■参考书目

1. 石碧波：《非法人团体研究》，法律出版社 2009 年版。
2. 马强：《合伙法律制度研究》，人民法院出版社 2000 年版。
3. 严军兴、罗力彦：《律师责任与赔偿》，法律出版社 1999 年版。

第八章　法律行为

■ 学习目的和要求

　　得到对民法中的法律行为制度的全面认识。首先要求学生掌握法律行为的一般理论，包括其概念和特征，尤其注意意思表示制度与法律行为制度的关系；法律行为的分类理论，尤其是诺成行为与实践行为、物权行为与债权行为正在遭受挑战的区分；法律行为的形式理论，尤其是新技术对法律行为形式的影响。其次要求掌握法律行为的成立和有效理论，把法律行为的成立和有效区分开来，把无效的法律行为与可撤销的法律行为区分开来。最后要求掌握法律行为的样式理论，尤其注意负担与条件和期限的同质性。

第一节　概　述

一、法律行为的概念和特征

（一）法律行为的概念

1. 定义。《民法典》第 133 条规定："民事法律行为是民事主体通过意思表示设立、变更、终止民事法律关系的行为。"这个定义没有像《民法通则》那样把法律行为界定为合法行为，并设定民事行为作为合法的法律行为与效力待定的法律行为间的属概念。这证明经过 35 年的实验，《民法通则》的上述设计已经失败，我国立法回归到法律行为的法效行为的本意。

2. 法律行为制度的历史发展。民事法律行为制度是从合同制度和遗嘱制度中抽象出来的。在罗马法中，即有了法律行为制度的萌芽。罗马法中的"契约构成要件"的概念以及"适法行为"的抽象概念，已有现代的法律行为理论的色彩。尤其是罗马法中的原因制度和一般的诈欺抗辩制度，试图对法律行为的合法性进行一般的管控。罗马法之所以未能达成现代意义上的法律行为制度，乃因为罗马法学家主要采用决疑法处理法律问题，也就是法律的推理不是基于抽象的规则，而是基于先前法院的决定（先例）。[1]决疑法与基于抽象规则推理的方法互相对立，后种方法恰恰是法律行为制度的灵魂。

　　作为私法自治工具的法律行为概念是德国法学家创立的。约翰内斯·阿尔特胡修斯（Johannes Althusius，约 1563 年~1638 年）在其于 1618 年在法兰克福出版的《公正说三卷本：对全部适用的法律的条例性总结》（*Dicaeologica*：*Libri Tres Totum et Universum Jus Complectens*）一书中用"Negotio"一词表达具有行为人意愿的效果的行为，用"Actus"一词

---

〔1〕　参见舒国滢："决疑术：方法、渊源与盛衰"，载《中国政法大学学报》2012 年第 2 期。

表达一般意义上具有法律效果的行为。前者成为后世的法律行为概念的滥觞。达贝洛（Christian von Dabelow）于 1794 年出版的《当代民法大全体系》一书中首次使用了法律行为术语的德文形式"rechtlich Geschäfte"。到了 1807 年，海赛（Arnold Heise）在其《为了潘得克吞之讲授目的的普通民法体系的基础》（*Grundriss eines Systems des gemeinen Civilrecht zum Behufe des von Pandectenvorlesungen*）将两者合并，形成"Rechtsgeschäfte"，萨维尼把它解释为"个人意思的独特支配领域"。1863 年《萨克逊民法典》第一次在现代意义上使用"法律行为"概念，1896 年的《德国民法典》继之。此后该概念为采用总则的国家的民法典广泛仿效，法律行为制度成为总则的标配。

从法律调整方式来看，法律行为制度是有别于法定主义调整方式的抽象模式调整方式。立法者对可以预见或有必要严格化处理的社会关系，可以采用法定主义的调整方式。例如对物权法，各国普遍采取法定主义的调整方式。而立法者对无法全面预见或无必要严格化的社会关系，可以采用像法律行为制度这样的抽象模式调整方式。例如对债权法，各国多采取法律行为的调整方式。与民法规范采用的具体行为模式的调整方式不同，法律行为制度并不规定当事人具体应做什么、不应做什么，而只确定行为是否合法的一般尺度，确定行为或合法，或无效，或可撤销的法律效果，由此实现使社会关系秩序化的立法目的。

（二）法律行为的特征

1. 法律行为是人为的法律事实。从法律行为的定义可以看出，法律行为是民事主体旨在设立、变更和终止民事法律关系的行为，因此，法律行为是民事法律关系得以发生的原因之一。民事法律关系的发生原因包括事件和行为两大类，前者与人的意志无关，后者包括人的意志因素。法律行为属于行为的范畴，因为其包含人的意志因素，因此是人为的法律事实。相较于事件，行为是民事法律关系发生的更经常的原因，因此可以说，法律行为是民事法律关系得以发生的最大量的法律事实。

2. 法律行为是表意行为。作为民事法律关系发生原因，行为可分为表意行为和非表意行为。表意行为的行为人具有导致一定法律效果之发生的意图；非表意行为又称事实行为，其行为人主观上并无产生法律效果的意图，但行为在客观上引起了某种法律效果的发生。技术发明创造、发现埋藏物、拾得遗失物等行为，皆属于事实行为。

3. 法律行为以意思表示为要素。只要确认了法律行为为表意行为，法律行为含有意思表示就是题中之意。所谓意思表示，是表意人将其期望发生某种法律效果的内在意图以一定方式表现于外部的过程。由于法律行为是私人愿望的法律表达方式，因而意思表示是法律行为不可或缺的内容或最基本的要素。有些学者甚至将意思表示等同于法律行为。的确，在许多情况下，意思表示就是法律行为。例如遗嘱中所为的意思表示就是订立遗嘱的法律行为，在诺成合同中也是这种情况。但在另一些情况下，仅有行为人的意思表示并不构成法律行为，法律行为之构成还须辅之以行为人交付实物的行为，实践合同的订立就是如此。因此我们说，意思表示是法律行为的基本要素，但并不等同于法律行为。

4. 大部分法律行为是合法行为。法律行为从本质上讲应当是一种合法行为，因为只有合法的法律行为才能得到法律的确认和保护，从而才能产生行为人所追求的民事法律后果。法律行为应具有合法性，这也是法律行为制度的德国创立者抱有的观点。[1] 所以，《民法通则》把法律行为界定为合法行为，未必有错，《民法总则》把法律行为确定为法效行为，

---

[1] 参见柯伟才："'合法性'等于国家强制？——法律行为合法性问题的历史解析"，载《华东政法大学学报》2018 年第 1 期。

其操作者未必理解好了法律行为制度的本意。无论如何，仍存在无效的和可撤销的法律行为，它们可能变成无效行为，也可能转化为合法行为。

法律行为应当具有的合法性，不仅指行为形式符合法律规范，而且指行为内容不违背法律。法律对法律行为的形式有特殊要求的，该行为符合法律所要求的形式便被认为合法。

但是，如前所述，由于事物本身之界限的不清晰，仍有不合法的法律行为存在。

二、法律行为的分类

（一）人身行为和财产行为

1. 人身行为。它是发生人身关系变动效果的行为，有婚约、结婚与离婚、收养、输血、人体器官移植与捐赠、精子、卵子的捐赠、运动员、艺员的转让等行为，这些行为具有不可强制执行、被宣告无效或被撤销后不能恢复原状的特征。

2. 财产行为。它是导致财产关系发生、变更和终止的法律行为。法律行为制度产生之初，主要考虑的是财产行为，其规则以这类行为为基础进行设计，造成了该法律行为的规则不能适用于人身行为的情况。《荷兰民法典》基于此把法律行为制度安排在财产法总则中，不许它适用于人身行为。这是一种现实的处置，由于人身行为与财产行为的差异太大，如果设计同时涵盖人身行为和财产行为的法律行为制度，会造成共同规则很少的局面。

（二）单方法律行为、双方法律行为和多方法律行为

1. 单方法律行为。这是根据一方当事人的意思表示就可成立的法律行为。其特点在于不需要他方当事人的同意就可发生法律效力。订立遗嘱、放弃继承权、撤销委托代理、免除债务、追认无权代理等行为皆属于此类。

2. 双方法律行为。这是当事人双方相对应的意思表示达成一致才可成立的法律行为。合同行为是典型的双方法律行为。

3. 多方法律行为。多方法律行为又称协定行为，是两个以上当事人并行的意思表示达成一致才可成立的法律行为。两个以上的合伙人订立合伙合同的行为即为多方法律行为。

（三）有偿法律行为和无偿法律行为

1. 有偿法律行为。行为使当事人双方承担互为对待给付义务的，是有偿法律行为。所谓对待给付，指当事人一方以付出某种利益为代价交换所获得的利益。由于民法的相当内容调整市场交换关系，因此，有偿法律行为为法律行为之常态。有偿法律行为反映了人的欲望与满足此等欲望的资源间的紧张关系。

2. 无偿法律行为。在双方法律行为中，一方当事人承担给付义务，他方当事人不承担对待给付义务的，为无偿的法律行为。赠与、使用借贷、无偿寄托等行为皆属此类。无偿的法律行为反映了人类的互助活动和社会团结精神，其在法律行为整体中占的比例较小。

（四）诺成法律行为和实践法律行为

1. 诺成法律行为，指仅以意思合致为成立要件的法律行为。

2. 实践法律行为，又称要物行为，指除意思表示外，还须交付实物才可成立的法律行为。

诺成法律行为自当事人意思表示达成一致时成立。实践法律行为在意思表示达成一致后，因物的交付而成立。因此，两者成立的时间不同。由于实践法律行为在当事人双方意思表示达成一致时与物的交付之间往往存在一段时间差，给予了当事人犹豫期间以思考自己行为的后果，决定是否把行为进行到底。

（五）要式法律行为和略式法律行为

1. 要式法律行为，指依法律规定必须采取一定形式或履行一定程序才可成立的法律行

为。民法规定了某些法律行为必须采取要式，主要是为了促使当事人谨慎进行民事活动，使法律关系明确具体并留下可靠证据，防止发生纠纷，切实保障民事流转的正常进行。要式法律行为主要适用于重要标的（如不动产、机动车辆等）或标的数额大的民事法律关系，以牺牲民事流转的迅速灵活换取交易的安全。

2. 略式法律行为，指法律不要求采取特定形式，可按当事人自由选择的形式而成立的法律行为。此为法律行为之多数，它更强调民事流转的迅速灵活。

（六）主法律行为和从法律行为

1. 主法律行为，指不需要有其他法律行为的存在就可独立成立的法律行为。

2. 从法律行为，指从属于其他法律行为而存在的法律行为。例如，当事人间订立一个借贷合同，为保证债的履行，又订立了一个抵押合同，在这两个合同的关系中，借贷合同是主法律行为，抵押合同是从法律行为。

从法律行为的成立和效力取决于主法律行为。主法律行为不成立，从法律行为无法成立；主法律行为无效将导致从法律行为不能发生效力。

（七）独立的法律行为和辅助的法律行为

1. 独立的法律行为，指行为人借助自己的意思表示即可成立的法律行为。由完全行为能力的民事主体所为的法律行为皆为独立的法律行为。

2. 辅助的法律行为，如果行为人的意思表示须在他人意思表示的辅助下才能成立法律行为，该他人的意思表示即为辅助的法律行为。法定代理人对未成年人的意思表示所作的同意表示、被代理人对代理人超越代理权行为的追认，皆属于辅助的法律行为。

（八）物权行为和债权行为

1. 物权行为，是引起物权关系发生、变更和终止的行为。转移所有权、转移对所有物的占有或使用权、共有财产的分割等行为，皆为物权行为。

2. 债权行为，指引起债权关系发生、变更和终止的法律行为。合同行为即是债权行为。

物权行为常与债权行为有密切关系。物权行为通常是债的履行行为，如交付标的物的行为、支付价金的行为。但物权行为也可不以债权行为为前提，如分割共有财产的行为。此外，债权也存在不通过物权行为即可实现的情形，如委托合同、劳务合同中不以物为标的的债务之履行。

物权行为是德国民法创造的概念。按照这一概念，一个买卖合同的订立是债权行为，但合同标的物的交付和价金的支付各为物权行为，债权行为的无效不影响物权行为的效力，换言之，物权行为具有无因性。物权行为理论尽管对维护交易安全有利，但使法律关系人为地复杂化。依我国目前的通说，我国民法不采用物权行为概念。

（九）有因行为和无因行为

1. 有因行为，是以给付原因为要件的财产行为，给付原因存在欠缺将影响财产行为的成立和效力。

2. 无因行为，是不以给付原因为要件的财产行为，给付原因存在欠缺不影响由此发生的财产行为的成立和效力。票据行为为典型的无因行为。立法之所以设立无因行为，是为了保障交易安全。

（十）活人间的行为和死因行为

1. 活人间的行为，是在活人间订立的、不以意思表示人的死亡为生效要件的法律行为。多数法律行为属于此类。

2. 死因行为，它是以意思表示人的死亡为生效要件的法律行为。遗嘱为典型的死因行为。

活人间的行为和死因行为代表了法律行为的两大分支。前者中的意思表示可以找表示人澄清，故形式要求相对宽松；后者中的意思表示死无对证，故形式要求比较严格。

（十一）纯粹法律行为和非纯粹法律行为

法律行为不设条件、期限和负担、只包含纯粹的意思表示的，为纯粹的法律行为，相反的法律行为为非纯粹法律行为。纯粹法律行为旨在限制一方当事人以条件、期限或负担凌迫另一方。[1]

三、法律行为的形式

法律行为的形式，实际上是作为法律行为基本成分的意思表示的形式，主要有如下种类：

（一）口头形式

口头形式，指以说话的形式进行的意思表示。"说话"的外延包括电话交谈、托人带口信、当众宣布自己的意思等。口头形式的法律行为是略式的法律行为，具有简便迅速的优点，但同时有缺乏客观记载，一旦发生纠纷，日后难以取证的缺点，大多适用于即时清结、标的数额小的交易。

（二）书面形式

书面形式，指用书面文字所进行的意思表示。技术的进步推动书面形式的变迁。在过去，电报是书面形式的一种，随着电子邮件的极大普及以及低成本化，电报已逐渐退出历史舞台。2001年，我国邮局取消了部分电报业务。电传、电子数据交换和电子邮件等数据电文形式仍然保留。电传为人们所熟知，毋需说明。电子数据交换（Electronic Data Interchange，简称 EDI）是由电脑及其通信网络处理业务文件的技术，是一种新的电子化交易工具，人们又将之称为电子合同。在利用这种技术的情况下，双方当事人使用统一的标准编制资料，通过电脑网络把商业资料从一台电脑的应用程序传送到其他电脑的应用程序，从而达成交易。电子邮件（Electronic Mail，简称 E-mail）是通过电脑网络在两台电脑之间实现通信的现代技术，它要求发信人和收信人都有电脑终端，与电脑网络系统连接并登记注册，网络系统为每一个注册用户分配一个信箱，由用户确定自己的用户名和密码。用户可以随时随地通过电脑使用密码开启自己的信箱，写作和收发电子邮件，被收发的可以是文本文件、数据文件、传真、语音和图像文件。电子邮件也可被当事人用来作为达成法律行为的工具。电子邮件与电子数据交换的不同在于：前者是非标准化的，当事人使用非统一的标准编制资料；后者是标准化的，要求双方当事人使用统一的标准编制资料。在国际上，有多种 EDI 标准存在，我国已决定采用 UN/EDIFACT 标准。它们的共同点为"无纸贸易"，其特点是当事人之间的合意并不体现在传统的"纸面"意义上的书面文件中，而是体现在电子中介物如磁带、磁盘和光盘中。当然，体现在上述电子中介物上的当事人合意也可以通过打印成为"纸面"意义上的书面文件。在过去，我国对"书面"的理解停留在"纸面"的传统水平上。随着《民法典》第137、469、491、492条承认数据电文作为意思表示的书面形式，我国立法对"书面"的理解已完成了向"可见形式"或"可视形式"的过渡。

书面形式可促使当事人经过深思熟虑后才实施法律行为，使双方的权利义务关系明确

---

[1] 参见徐国栋："我国《民法典》规定的纯粹法律行为的罗马法起源、比较法沿革和本土适用"，载《河南财经政法大学学报》2021年第1期。

化，并可保存证据，有助于预防和处理争议。书面形式是要式法律行为的一种形式，是否采用该形式，或由法律规定，或由当事人约定，主要适用于不能即时清结、标的数额较大的交易。

书面形式又可分为一般书面形式和特殊书面形式。

1. 一般书面形式，指当事的人意思表示无须由国家有关机关认可的文字记载形式。

2. 特殊书面形式，指当事人的意思表示具有获得国家有关机关承认的文字记载形式。有如下具体种类：

（1）公证形式，即当事人将其书面的意思表示提请国家公证机关依照法定程序对该意思表示的真实性和合法性予以确认。经公证的法律行为具有直接的执行力，可不经过诉讼阶段直接进入执行阶段。但公证要收费，而且价格不便宜，所以，在是否选用公证形式上，立法者和当事人要在安全性和经济性之间进行权衡。

（2）鉴证形式，即当事人将其书面的合同行为提请国家工商行政管理机关或有关上级机关对该合同行为的真实性和合法性进行审查后给予证明，只适用于合同行为。

（3）审核登记形式，即当事人将其书面的意思表示提请国家有关主管机关加以审查，确认其真实、合法后，将有关事项记载于审查机关的公共登记簿并发给证明文件。城市私房买卖所须履行的，须到房管部门办理登记和过户手续的程序，即为审核登记形式。

以上三种特殊书面形式，在法律有特别规定时，当事人必须采取，否则将影响法律行为的效力。在法律无特别规定时，对于公证和鉴证形式，当事人可以自由选用。

（三）推定形式

推定形式，指当事人通过有目的、有意义的积极行为将其内在意思表现于外部，使他人可以根据常识、交易习惯或相互间的默契，推知他已作出某种意思表示，从而使法律行为成立。如租期届满后，承租人继续交纳房租，出租人接受之，由此可推知当事人双方作出了延长租期的意思表示。

（四）沉默方式

既无语言表示又无行为表示的消极行为，为沉默。在法律有特别规定的情况下，当事人的沉默被视为构成意思表示，由此使法律行为成立。

通常情况下，内部意思之外部表达须借助于积极的表示行为，沉默不是表示行为，因此，沉默不是意思表示，不能成立法律行为。只有在法律有特别规定时，当事人的消极行为才被赋予一定的表示意义，并产生成立法律行为的效果。法律作这种规定，是为了尽快了结现务，使法律关系趋于确定，制裁怠惰者，其结果往往不利于沉默人。

第二节 法律行为的成立

一、法律行为成立的概述

法律行为的成立，是法律行为具备其构成要件的状态。当行为人的某一表意行为符合特定法律行为的成立要件时，其行为构成特定的法律行为。当行为人的具体表意行为不符合任何法律行为的成立要件时，在理论上应视为法律行为不存在。设立法律行为成立制度的意义，在于将社会生活中民事主体有意从事法律行为的活动与无意从事法律行为的活动区别开来，使一切法律行为都具有法律规定的典型特征。法律行为的成立规则不同于法律行为的有效规则，揭示的是法律行为是否已存在的问题；而法律行为的有效规则，揭示的是已经存在的法律行为是否合乎法律规定的要求之问题。

但长期以来，我国民法理论并不将法律行为的成立要件和有效要件加以区别，以法律行为的有效取代了法律行为的成立。实际上，确定法律行为是否有效的第一步，应是确定该法律行为是否已成立。法律行为的成立属于事实判断问题，法律行为的有效属于价值判断问题。法律行为有效要素的欠缺是可以弥补的。而法律行为构成要素的欠缺是无法补救的，它说明一个法律行为并不存在，讨论其效力问题缺乏本质的基础。此外，法律行为的成立时间与生效时间可以不同，在附延缓条件或延缓期限的法律行为中，法律行为已经成立，但不立即生效，行为的成立与生效之间存在时间差。若混淆法律行为的成立与生效，无疑会造成极大的理论混乱。但在大部分法律行为中，行为的成立与生效的时间是同步的。

二、法律行为的成立要件

（一）法律行为的一般成立要件

法律行为的一般成立要件，是确定一项法律行为是否成立的标准。行为人已作出意思表示是法律行为的一般成立要件。它包括以下基本要求：

1. 行为人的意思表示中必须包含设立、变更或终止民事法律关系的意图，换言之，必须包含追求一定法律效果的意图，无这种意图，法律行为不成立。

2. 行为人的意思表示必须完整地表达将要设立、变更或终止的民事法律关系的必需内容。内容残缺不全的意思表示通常不能使法律行为成立。

3. 行为人必须以一定的方式将自己的内心意图表达于外部，令其可以由他人客观地识别。仅存在于内心的意图、内心意图与外部表达不一致的意思表示、内心意图虽已表达于外部但他人无法识别的意思表示，均不能成立法律行为。

（二）法律行为的特别成立要件

在合同行为、要物行为和要式行为的成立中，除了须具备一般成立要件外，还须具备特别成立要件。在合同行为的成立中，须具备当事人双方意思表示达成一致的特别成立要件；在要物行为的成立中，须具备交付标的物的特别成立要件；在要式行为中，须具备采用特别表意形式或履行特定程序的特别成立要件。

第三节　法律行为的有效

一、法律行为的有效要件

（一）法律行为的一般有效要件

法律行为的有效，指法律行为因符合法律规定而获得能引起民事法律关系设立、变更和终止的法律效力。法律行为有效，证明法律行为已成为合法行为，因而其获得了国家的保护。根据法律行为的不同性质，法律规定了法律行为的一般有效要件和特别有效要件。依《民法典》第143条的规定，任何法律行为皆须符合如下的一般有效要件：

1. 行为人具有相应的行为能力。法律行为以当事人的意思表示为基本要素。具有健全的理智是作出合乎法律要求的意思表示的基础，因此，作出法律行为的行为人必须具有相应的行为能力。

就自然人而言，具有从事法律行为的行为能力的人有：成年人、准治产人和能从事与其精神健康状况相适应的民事活动的精神病人，以及能从事与其年龄、智力相适应的民事活动的8周岁以上的未成年人。不具有相应的行为能力的人所从事的法律行为，又未经其法定代理人追认的，原则上无效。但无行为能力人可独立实施单纯获得利益、不承担义务的法律行为。

就法人而言，只在特定范围内有权利能力，超越法律规定或章程规定的经营范围所为的法律行为是越权行为，原则上无效，但当事人已履行完毕、未发生争议的除外。

2. 当事人的意思表示真实。意思表示真实，指当事人在具备意志自由、能认识到自己的意思表示之法律效果的前提下，内心意图与外部表达相一致的状态。将意思表示真实作为法律行为的有效要件是为了保障当事人的自由决策，杜绝诈欺、胁迫，维护民事流转的正常秩序。

意思表示不真实，指当事人的内心意图与外部表达不一致的状态。这种状态可由多种原因造成，分为主观原因的不真实和客观原因的不真实两类。前者由表意人自己的原因造成；后者由他人的原因造成。

在主观原因的不真实中，又可分为故意的不真实和基于错误的不真实。前者为当事人明知自己的内心意图与外部表示不一致而为意思表示。表意人这样做，或是为了欺瞒相对人，或是在估计相对人不会信以为真的前提下所作的戏言或戏谑表示。在这两种情况中，为了维护相对人的信赖利益，表意人皆无权主张行为无效或可撤销，以此抵销为故意不真实表示者对其相对人可能造成的损害。后者为当事人因某种认识上的缺陷而导致内心意图与外部表示不一致。错误的发生基于表意人自己的原因，且错误表示使相对人产生了信赖，由此产生错误表意人与相对人的利益衡量问题。确认这种意思表示无效，采用的是真意主义，利于表意人而不利于相对人；确认这种意思表示有效，采用的是表示主义，利于相对人而不利于表意人。法律若过分保护某一方的利益，有不公平之嫌。由于现代社会对交易安全的高度重视，各国关于意思表示之解释的立法皆趋向于表示主义。但对表意人的利益也不能一概不予保护，因此采折中主义，确认只有意思表示基于重大错误的，才能使法律行为成为可撤销的法律行为，基于一般错误的意思表示并不能使法律行为的效力受到影响。

客观原因的不真实，指表意人因其认识或意志受他人不正当干涉，在非自觉或非自愿的基础上作出的不合其内心意图的意思表示。不正当干涉表意人认识或意志的行为有欺诈、胁迫、乘人之危等，这些行为严重地违反了自由的竞争秩序并极大地损害了表意人的利益，由此导致的意思表示只能形成效力待定的法律行为。

总之，意思表示不真实并不一律构成法律行为无效的原因，须对造成意思表示不真实的原因加以区别而具体对待。

3. 不违反法律、行政法规的强制性规定，不违背公序良俗。法律行为要取得法律效力，必须符合法律的规定，否则只能成为无效的或可撤销的法律行为。法律行为的行为人具有相应的行为能力、意思表示真实的有效要件，皆出于法律的直接规定，也是法律行为必须合法才能有效之要求的内容，但这种列举式的规定难以涵盖一切可能的不合法的法律行为，因此，《民法典》特设法律行为不得违反法律、行政法规的强制性规定、不违背公序良俗的概括式有效要件，以增强法律控制法律行为之合法性的能力，这是一种旨在克服法律的不周延性的规制方式。法律行为不得违反的法律，不仅包括民法规范，而且包括其他部门法的规范。通过这种引致式的规定，使法律行为的合法性处于法律整体的控制之下。但民法包括强行性和禁止性规范、任意性和补充性规范，后者属当事人可自由选用的规范，对它们的违反并不构成违法。因此，法律行为不得违反的民法规范，应解释为只包括民法中的强行性和禁止性规范。

尽管法律行为的上述有效要件已运用引致式规范使法律整体参与对法律行为合法性的控制，但法律之整体同样可能存在不周延性的问题，因此，《民法典》另设不得违背公序良俗的一般条款，于法律整体出现空白时发挥规制作用，由此形成对法律行为合法性的严密控制。善良风俗是一个有待具体化的概念，要由执法者在执法过程中予以具体化，因此，这一规定实际上赋予了执法者判断法律行为是否合法的自由裁量权。

4. 权利能力欠缺。这是一个《民法典》第143条未加规定，由学说加以补充的法律行为有效要件。例如，和尚和尼姑、神父和修女如果隐瞒自己的出家人身份取得了结婚登记，此等婚姻无效，因为和尚通过接受"不淫"诫，神父通过发"守贞"愿，已放弃了结婚的权利能力。当然，婚姻登记机关发现了他们的出家人身份的，应拒绝为他们办理结婚登记手续。

（二）法律行为的特别有效要件

通常情况下，法律行为具备一般有效要件即产生法律效力。但在特殊情况下，法律行为除具备一般有效要件外，还须具备特别有效要件，才能产生法律效力。例如附延缓条件或延缓期限的法律行为、遗嘱行为，它们成立且具备有效要件后，并不立即生效，只有在条件成就、期限届至或遗嘱人死亡后，上述法律行为才发生法律效力。上述使具备一般有效要件的法律行为的效力开始运行的因素，为法律行为的特别有效要件。依《民法典》第136条之规定，①民事法律行为自成立时生效，但是法律另有规定或者当事人另有约定的除外。②行为人非依法律规定或者未经对方同意，不得擅自变更或者解除民事法律行为。因此，法律行为在具备一般有效要件后，具备特别有效要件前的间隙时间内，仍然受到法律的保护。

二、无效的法律行为

（一）无效的法律行为的概念

无效的法律行为，是已经成立、但欠缺法律行为的有效要件，导致行为人设立、变更和终止民事法律关系的意思表示不能发生法律效力的法律行为。

无效法律行为也是法律行为，也能产生一定的法律后果，但因其不符合法律规定的有效要件，法律对其采取否定的效力评价，因此，它造成的法律效果并不符合行为人的愿望或甚至完全与之相反。

（二）无效法律行为的分类

《民法典》第144条及以下数条规定的无效法律行为的类型有：①无民事行为能力人实施的法律行为；②限制民事行为能力人依法不能独立实施的法律行为；③行为人与相对人以虚假的意思表示实施的法律行为；④行为人与相对人恶意串通，损害他人合法权益的行为；⑤违反法律、行政法规的强制性规定的法律行为；⑥违反公序良俗的法律行为。容分述之。

1. 无民事行为能力人实施的行为。这个要件只适用于自然人。《民法典》第20条把8周岁以下的人规定为无民事行为能力人，他们实施的法律行为原则上无效，如果标的额小，双方无争执，则作例外论。因为这个年龄的人一般都是小学生，在校期间，难免要买一瓶水、一条红领巾等，不可能不实施任何法律行为。

2. 限制行为能力人超越其行为能力实施的行为，原则上无效。这个要件只适用于自然人。有效的原因有三：①得到了法定代理人的同意或追认；②实施的是纯获利益的行为；③行为人具有实施行为时要求的智力。

3. 以虚假的意思表示实施的法律行为。虚假的意思表示，说的是对事实的描述与事实本身的不一致，分为绝对和相对两种情形。在前者，是行为人声称缔结了一个法律行为，但实际上没有缔结。在后者，是行为人声称缔结了A法律行为，实际上缔结的是B法律行为。例如，号称租赁，实则赠与的情况。前种为假装的法律行为，应当无效；后种是否有效，要看实际情况。如果被隐藏的法律行为符合所有的有效要件，则有效；在相反的情形下，则无效。

4. 行为人与相对人恶意串通，损害他人合法权益的行为。这是指法律行为的双方或多方当事人故意合谋，弄虚作假实施的损害第三人利益的法律行为。如有代理人与相对人通谋损害被代理人利益；代理人代理两个被代理人，代理人与其中一个通谋损害另一个的利益；债务人与第三人通谋转移财产损害其债权人的利益；恶意串通实施无权处分、恶意串通实施财产的多重让与；恶意串通实施共同欺诈；恶意串通规避法律等案型。

5. 违反法律、行政法规的强制性规定的法律行为。这是一个开放性的要件，可简称为违反法律禁令的法律行为。例如法律禁止流通枪支，缔结买卖枪支的法律行为就违反了这一要件。违反法律的任意性规定的法律行为不违反这一要件。

6. 违反公序良俗的法律行为。这也是一个开放性的要件。违反这一要件的法律行为有如借腹生子合同、诱使他人违约的合同、夫妻间订立的抛弃扶养费合同等。

三、可撤销的法律行为

（一）可撤销的法律行为的定义

可撤销的法律行为，是因为法律行为欠缺合法性，根据法律享有撤销权的行为人，可依其自主意思使法律行为之效力归于消灭或维持其效力的法律行为。

可撤销的法律行为只是相对无效，不同于无效法律行为的绝对无效，其有效与否取决于当事人的意志。可撤销法律行为制度之设立，既体现了法律对公平交易的要求，又体现了意思自治原则，是对上述两项价值的调和。

（二）可撤销的法律行为的特征

1. 可撤销的法律行为在被撤销前已发生针对无撤销权的当事人的效力。在撤销权人行使撤销权之前，这一效力继续保持。

2. 是否使可撤销的法律行为的效力归于消灭取决于撤销权人的意思。撤销权人以外的人不得主张撤销该法律行为。

3. 撤销权人可行使其撤销权使法律行为的效力归于消灭；也可以通过承认的表示抛弃撤销权，此时，可撤销的法律行为转化为有效的法律行为。

4. 可撤销的法律行为效力的消灭必须存在撤销行为。仅有可撤销事由而无撤销行为时，法律行为的效力并不消灭。

5. 撤销权一旦行使，可撤销的法律行为原则上溯及其成立之时，效力归于消灭但人身性的法律行为除外。

（三）可撤销的法律行为的种类

参照《民法典》第147条及以下数条的规定，有如下四种可撤销的法律行为：

1. 行为人对行为内容有重大误解的法律行为。这是指法律行为的当事人在作出意思表示时，对涉及法律行为法律效果的重要事项存在认识上的显著缺陷，在此基础上而实施的法律行为。严格说来，误解与错误并不相同。错误是表意人基于无过失的原因产生的外部表示与内心意图的不符，意思表示不真实的原因在表意人方面。而误解是表意人的相对人对意思表示之内容认识错误，并基于这种错误认识而为意思表示，意思表示不真实的原因在表意人的相对人方面。因此，在传统民法中，对误解和错误是分别处理的。但在制定《民法通则》时，受苏联民法的影响，立法者用"重大误解"的术语表征其他国家用"错误"表征的对象[1]；制定《民法总则》时，考虑到"重大误解"已为民众、执法者熟知，

---

[1] 参见王天凡："民法'重大误解'继受之反思——兼以台湾'民法'第88条第1款为例"，载《华东政法大学学报》2017年第2期。

陡然取消会引起震荡，所以采取将错就错的立场，继续采用"重大误解"的术语来表征错误。[1] 所以，我国的"重大误解"就是他国民法中的错误。

重大误解之构成，从主观方面看，行为人的认识应与客观事实存在根本性的背离；从客观方面看，因为发生这种背离，从而给行为人造成了较大损失。例如，行为人因对行为的性质，标的物的品种、规格、质量、数量和价格，以及法律关系的主体发生错误认识，使行为的后果与行为人的意思相悖，造成较大损失的，才构成重大误解，行为人才可提出撤销该法律行为的请求。

2. 通过欺诈达成的法律行为。这是当事人一方或第三人故意捏造虚假情况，或歪曲、掩盖真实情况，使表意人陷入错误认识，并因此作出不合真意的意思表示。欺诈可分为积极欺诈和消极诈欺、当事人欺诈和第三人诈欺。

3. 通过胁迫达成的法律行为。这是当事人一方或第三人用施加肉体或精神压力的方式使他方当事人陷入恐惧而作出不合其真意的意思表示。

上面讲到的第三人诈欺和第三人胁迫分为两种情形：①第三人实施欺诈或胁迫并非为了有利于法律行为的一方当事人，而是歪打正着地有利于该方，此时，法律行为并不可撤销，但受害当事人享有对第三人的损害赔偿请求权。②第三人实施欺诈或胁迫出于有利于法律行为的一方当事人的目的，此时，法律行为可被撤销，因为具有通谋的因素。

4. 显失公平的法律行为。这是利用他人的危困状态、缺乏判断力等情形，在法律行为成立时造成当事人利益重大失衡的法律行为。危困状态、缺乏判断力是显失公平的原因，显失公平是利用相对人处于危困状态、缺乏判断力的结果。危困状态，例如处于绝境，如沙漠中断水的情形；缺乏判断力，例如由于过分年轻或专业知识不够对交易内容难以理解或发生误解的情形。显失公平是个弹性的表达，宜采用量化的标准，罗马法的标准是价格不到价值的 7/12（约等于 58.3%），法国法的标准是价格不到价值的 50%。我国可借鉴法国的标准。

（四）撤销权的行使

1. 撤销权的概念。撤销权是法律行为中享有撤销权的当事人通过自己单方面的意思表示使法律行为的效力归于消灭的权利。由于仅以单方行为就可影响法律行为的效力，撤销权为形成权。根据《民法典》第 147 条和第 151 条的规定，享有撤销权的人为重大误解的法律行为中的误解人和显失公平法律行为中的受害人，其他当事人概无撤销权。

2. 撤销权的行使。有下列情况：①实现撤销权，即撤销权人以自己的单方意思表示使法律行为的效力归于消灭。撤销权人的这种意思表示须向法院或仲裁机构作出，而非向相对人作出。因此，撤销权的实际实现，必须借助于法院或仲裁机构的裁断。若法院或仲裁机构承认撤销权人的撤销权，则法律行为的效力原则上自其成立之时消灭。但在法律行为为继续性合同的情况下，撤销法律行为的裁断只对将来生效，其不具有溯及力。②变通实现撤销权。即撤销权人并不追求使法律行为无效，而只是谋求变更其有关内容。这实际上是撤销原有的法律行为，并在其基础上成立一个新的法律行为。变更的表示也须向法院仲裁机构作出，并向相对人作出。与相对人达不成协议的，由法院或仲裁机构裁断。③抛弃撤销权。撤销权是建立在处分原则基础上的一种权利，可以抛弃，但抛弃应以明示的意思表示为之，以免相对人处于不确定状态。④怠于行使撤销权。即撤销权人既不明示地抛弃

---

[1] 参见宋江涛："我国民法重大误解制度的反思和完善"，载《法律适用》2016 年第 9 期。

撤销权，又不实现这一权利的状态，法律人除斥期间限制这种怠惰。

3. 撤销权的消灭。因下列原因而消灭：①撤销权的实现。②撤销权的抛弃。承认是抛弃撤销权的一种方式，即对具有可撤销性的法律行为作出确认其效力的意思表示。③除斥期间的经过。除斥期间是对怠于行使撤销权情况的处理，旨在实现法律关系的确定化。《民法典》第 152 条规定，一般的撤销权的除斥期间为 1 年，因重大误解产生的撤销权的除斥期间是 90 日，从知道或者应当知道撤销事由时起算。从法律行为发生之日起过去 5 年的，任何不行使的撤销权皆归于消灭。

四、法律行为被确认无效或被撤销的法律后果

法律行为皆能引起一定的法律效果。有效的法律行为能达到行为人所期望的法律效果。被确认无效和被撤销的法律行为也能引起一定的法律效果，但这种法律效果并不符合行为人的愿望。参照《民法典》第 155 条及以下数条的规定，无效或被撤销的法律行为发生如下法律后果：

（一）恢复原状

恢复原状，即指当事人的法律地位恢复到法律行为成立之前的状态。此等法律后果只发生于财产法律行为，不适用于人身法律行为，因为这类法律行为被宣告无效或被撤销后，基于事理之性质不能恢复原状。所以，无效婚姻被宣告无效后，夫妻关系和亲子关系的效力要部分保持，形成拟制的婚姻。

在财产关系的恢复原状中，在法律行为自成立、生效至被确认无效或被撤销的期间，当事人可能已根据该法律行为取得对方的财产。法律行为被确认无效或被撤销后，当事人取得财产的法律根据丧失，交付财产的一方可基于所有权的效力请求受领财产的一方返还财产。只有一方交付财产的，作单方返还；双方皆交付了财产的，作双方返还。原物存在的，返还原物；原物已不存在的，折价返还其价值。除返还原物外，还应返还由原物所产生的孳息。

（二）赔偿损失

法律行为被确认无效或被撤销，由一方或双方的过错造成的，皆发生赔偿损失问题，要由有过错的一方向无过错的一方赔偿因法律行为被确认无效或被撤销所发生的损失。在双方皆有过错的情况下，各自承担相应的责任。一方过错大的，对过错小的一方偿付过错相抵后的余额。被确认无效或被撤销的法律行为为合同行为时，这种赔偿责任就是缔约上的过失责任，以弥补信赖合同已经有效成立的当事人所受到的损害。

第四节　非纯粹法律行为的样式

样式是一个哲学概念，概指事物存在的可能性、存在性和必然性。[1] 它又是一个法律概念，用来描述法律行为的效力受到限制的诸形式：现在的被限制为将来的；实然的被限制为或然的；绝对的被限制为部分的。在西方法律传统中，它被用作期限、条件和负担等限制法律行为效力之要素的属概念。期限是把法律行为的效力从现在的限制为将来的要素；条件是把法律行为的效力从现实性限制为可能性的要素；负担是把法律行为的效力从绝对的限制为部分的要素。兹分述之。

---

〔1〕　参见〔德〕康德：《任何一种能够作为科学出现的未来形而上学导论》，庞景仁译，商务印书馆 1978 年版，第 69～70 页。

一、附条件的法律行为

（一）附条件的法律行为的概念

附条件的法律行为，指法律行为效力的开始或终止取决于将来不确定事实的发生或不发生的法律行为。法律行为所附的条件，实际上就是法律行为的特别生效要件，旨在以不确定事实限制法律行为的效力，使行为人的行为动机获得法律意义。例如，在"如果你戒烟，我将赠你一台钢琴"的附条件法律行为中，劝人戒烟作为赠与的动机就获得了法律意义。法律行为所附的条件必须是将来的事实，已经发生的事实不能作为条件。条件必须是不确定的事实，即是否发生为当事人不能精确预料的事实，必定要发生的事实如"假若你明天睡觉"不能作为条件。条件必须合法，不能以违反法律或道德的事实作为条件，否则，法律视为法律行为未附条件。条件还必须可能，不能以不可能的事实如"假如你得到月球"为条件。当事人约定的不确定事实之发生或不发生，谓之条件的成就。

要指出的是，条件制度不适用于人身法律行为。

（二）条件的种类

1. 延缓条件。指法律行为效力的开始取决于其成就的事实。在条件成就之前，已成立且符合一般生效要件的法律行为的效力处于停止的状态。在延缓条件成就之前，尚待生效的法律行为受到法律的保护，当事人非依法律规定或者取得对方同意，不得擅自变更或解除之。

2. 解除条件。指法律行为在成立、生效后，因其成就而丧失法律效力的事实。

此外，条件还可分为积极条件和消极条件、单一条件和复合条件等种类。

（三）对附条件法律行为的保护

附条件的法律行为，是当事人基于意思自治原则，使行为人的动机获得法律表现的形式，因而受到法律的保护。按照法律的要求，作为条件的事实必须是因其自然进程而发生或不发生的，不能受任何一方当事人的影响，否则，都难免对他方当事人产生不公平的结果。因此，《民法典》第159条规定，当事人恶意促使条件成就的，法律视为条件不成就；恶意促使条件不成就的，法律视为条件已成就。

（四）不得附条件的法律行为

我国《民法典》中至少有24个条文规定的法律行为应具有纯粹性。这里略举数例。第1049条规定了结婚登记的程序，其中隐含了当事人间的结婚行为。第1076条规定了夫妻自愿离婚情况下的离婚协议的应载事项。无论是结婚行为还是离婚行为，都必须是纯粹的。顺便指出，结婚行为若不具有纯粹性，便构成试婚或典妻。我国法未允许这两种行为。在收养方面，第1096条规定了监护人送养孤儿的，应当征得有抚养义务的人同意。第1097条规定，生父母送养子女，应当双方共同送养。第1101条规定，有配偶者收养子女，应当夫妻共同收养。后两条中的"共同送（收）养"包含父母一方送（收）养应取得另一方同意的意思。这三个条文中或明或暗的"同意"，都必须是纯粹的。顺便指出，收养行为本身须是纯粹的，否则发生"试养"，也就是附解除条件的收养。试养对被收养人是一种伤害，我国未采用这一在有些国家存在的制度。[1]

---

[1] 《瑞士民法典》第264条允许试养。其辞曰：收养人对养子女最少已抚育2年，并且可推定建立子女关系有利于养子女，又不致因此影响养父母的其他子女的地位，始得收养子女。参见《瑞士民法典》，殷生根、王燕译，中国政法大学出版社1999年版，第72页。按照此条，如果养子女的入家影响养父母的其他子女的地位，他们可弃养，如此把收养附有解除条件，一旦条件成就，对已在养父母家生活2年的养子女构成损害。所以，我国不允许有试养制度的国家的人到我国收养弃儿。

《民法典》第 145 条规定，限制民事行为能力人实施的纯获利益的民事法律行为或者与其年龄、智力、精神健康状况相适应的民事法律行为有效；实施的其他民事法律行为经法定代理人同意或者追认后有效。民事法律行为被追认前，善意相对人有撤销的权利。撤销应当以通知的方式作出。第 171 条第 1、2 款规定，行为人没有代理权、超越代理权或者代理权终止后，仍然实施代理行为，未经被代理人追认的，对被代理人不发生效力。相对人可以催告被代理人自收到通知之日起 30 日内予以追认。行为人实施的行为被追认前，善意相对人有撤销的权利……此两条中规定的追认行为和撤销行为，必须是纯粹的。第 476 条第 1 款规定，要约可以撤销。第 658 条第 1 款规定，赠与人在赠与财产的权利转移之前可以撤销赠与。此两条规定的撤销行为都必须是纯粹的。

二、附期限的法律行为

（一）附期限的法律行为的概念

附期限的法律行为，是以一定期限的到来为其效力开始或终止原因的法律行为。期限与条件不同，任何期限都是确定地要来的；而条件的成就与否具有不确定性。

也要指出的是，期限制度不适用于人身法律行为。

（二）期限的种类

1. 延缓期限。即法律行为所附的使法律行为成立、有效后并不发生效力，而待其到来后才开始生效的期限。

2. 解除期限。即法律行为所附的使法律行为成立、有效后即发生效力，而待其到来时效力消灭的期限。

期限还可与条件一起共同组成对一个法律行为效力的限制因素组。法律行为所附的期限可以是期间，也可以是期日。

（三）法律对期限的限制

法律不允许对法律行为附加不能期限，如"千年后赠你一台彩电"中的期限，即为不能期限，因为人寿充其量不过百年，设定这样的期限毫无意义。期限违法的，法律视为法律行为完全未附期限。

三、附负担的法律行为

（一）附负担的法律行为的概念和历史发展

附负担的法律行为，是其效力受当事人设定的负担影响的法律行为。负担是课加给权利取得人的一种附加的特别的义务。例如，遗嘱人在遗赠中，要求受遗赠人负担其亲属的扶养。"负担其亲属的扶养"，即为受遗赠人承受的负担。附负担的法律行为皆为无偿的法律行为。

附负担的法律行为发展于罗马法中。当时的法学家们对负担问题作了不少的讨论。例如，盖尤斯和尤里安把遗赠的负担概括为以遗赠物为遗嘱人做某事、为公众做某事、为第三人做某事、按遗赠人的意志为受遗赠人自己做某事四种类型。法学家们还讨论了负担之不履行的法律效果问题。

罗马法中的以负担限制法律行为的效力的制度，被 1871 年的《阿根廷民法典》系统地继承，该法典将条件、期限和负担共同作为限制法律行为效力的因素。当然，其他的民法典也有这方面的零星规定。我国《民法典》第 661 条规定："赠与可以附义务。赠与附义务的，受赠人应当按照约定履行义务。"该条实际上是关于附负担的法律行为的规定。条文中的"义务"一词，严格意义上应解作"负担"。由于这一法律条文的诞生，可以认为我国已经建立了附负担的法律行为制度，在法律行为制度中对负担的限制因素进行研究具有必要性。

（二）负担的特征

1. 负担是课加给当事人一方的义务，因此，他方当事人可以要求强制性地履行这一义务。

2. 负担是一种附加的义务，对因它得到的权利产生约束，不在适当的时间内履行负担所包含的义务，已经取得的权利可能丧失。因此，负担之设，限制了权利取得人收受的利益。但是，负担带来的不利益不得大于权利带来的利益，否则，权利取得人仅以所得权利的利益为限对负担承担责任，超出部分不承担责任。

3. 负担是一种例外的义务，换言之，并非任何授予权利的法律行为都要附加负担。只是出于权利授予人的意志，才把权利的取得与负担的履行联系起来，以保证该意志得到贯彻。

4. 负担与它联系的权利具有从属性，权利的转移导致负担的转移，但负担之履行具有人身性的除外。

5. 负担必须具有合法性，不得把不道德或违法的事项设定为法律行为的负担。

（三）负担与条件和期限的区别

1. 与条件的区别。

（1）负担是人的行为；条件是将来不确定的事实，既可以是人的行为，也可以是事件。

（2）负担具有履行的必然性，是确定的；条件是否成就，则是不确定的。

（3）负担不停止法律行为的效力；而延缓条件停止法律行为的效力。

（4）负担具有履行的强制性；条件不具有履行的强制性。

2. 与期限的区别。负担与期限的界限比较明确。一者是人的行为；另一者是时间的经过。

（四）负担对法律行为效力的影响

1. 如果当事人不履行法律行为设定的负担，利害关系人可以通过法院请求他履行之。如当事人没有约定履行负担的期限，应在法院确定的期限内履行之。在法院作出判决前，权利的取得和行使不受影响。

2. 如果负担伴有解除条款，权利取得人不履行负担的，利害关系人可请求法院撤销权利取得人已取得的权利。

3. 如果负担已不能履行或无必要履行，法律行为的效力继续维持，权利人保有已取得的权利。

■思考题

1. 德国学者为何要创立法律行为的概念？

2. 法律行为都是合法行为吗？

3. 我国民法是否承认物权行为？

4. 简述电子商务的出现与法律行为形式的演变。

5. 法律行为的成立与法律行为的有效有何不同？

6. 如何划定无效法律行为与可撤销法律行为的界限？

7. 误解与错误有何不同？

8. 简述负担在法律行为设定中的意义。

■参考书目

1. 窦海阳：《论法律行为的概念》，社会科学文献出版社 2013 年版。
2. ［德］维尔纳·弗卢梅：《法律行为论》，迟颖译，法律出版社 2013 年版。
3. 常鹏翱：《事实行为的基础理论研究》，北京大学出版社 2016 年版。
4. 张初霞：《显失公平制度研究》，中国社会科学出版社 2016 年版。

第九章 代 理

■ 学习目的和要求

　　得到对民法中的代理制度的全面认识。首先要求学生掌握代理的一般理论，如直接代理与间接代理的区分、代理权的性质、代理的基本种类、代理证书的意义等。其次要掌握代理权的行使理论，尤其是代理人的义务、对代理权的限制、复代理的有限可允许等。再次要掌握无权代理理论，通晓其构成以及法律效果，外加它向有权代理转化的途径；另外注意无权代理与表见代理的界限。最后要掌握代理关系消灭过程的各个环节，尤其是基于代理关系的诚信性质发生的卸任中代理人的善后义务。

第一节 概 述

一、代理的概念和特征

（一）代理的概念

　　代理，是通过他人缔结法律行为的法律制度。在这种制度中，代理人根据被代理人、法院等有权机关的授权行为或法律赋予的代理权，为被代理人的利益独立与第三人为法律行为，被代理人取得该法律行为的法律效果。

　　在代理制度中，为他人利益实施法律行为的人叫作代理人；被按其利益实施法律行为的人叫作被代理人，也称本人；与代理人实施法律行为的人叫作第三人。

　　在世界范围内存在着对"代理"的不同理解。狭义的代理仅指直接代理，即以被代理人的名义所进行的代理行为。大陆法系各国采用对代理的狭义理解。广义的代理不仅包括直接代理，而且包括间接代理。所谓间接代理，就是受托人以自己的名义代他人为法律行为，行纪行为即为间接代理。英美法采用对代理的广义理解。《国际货物销售代理公约》也采纳间接代理制度，规定代理人（受托人）可以以自己的名义在被代理人（委托人）授权的范围内与第三人为法律行为。

　　代理人的使命在于代他人为法律行为。在事实行为的实施中不存在代理问题，因此，代理主要就是法律行为的代理。最为常见的可借助于代理人实施的法律行为为合同行为。在代理人之使命为代订合同的情况下，代理中必然涉及两个合同、三种关系。两个合同是被代理人与代理人之间签订的委托合同，以及代理人受被代理人的委托与第三人签订的合同，该合同的法律效果归属于被代理人。三种关系是被代理人与代理人之间、代理人与第三人之间、第三人与被代理人之间的关系。被代理人与代理人之间的关系，称为代理的内部关系；代理人与第三人以及被代理人与第三人的关系，称为代理的外部关系。

（二）代理的特征

1. 代理人以意思表示为使命。由于代理是被代理人利用代理人的技能为自己服务，因此，代理人应以自己的技能为被代理人的利益独立为意思表示，才符合代理制度的上述目的。代理人以此区别于使者，后者只传达他人的意思而不独立为意思表示。由于意思表示是法律行为的基本要素，因此，代理人的使命就是代他人为法律行为，如订立合同、履行债务、受领债的给付、请求损害赔偿等行为。不为意思表示的行为不得成立代理，由此使代理行为区别于其他委托行为，如代人保管物品、照看儿童等事实行为，这些行为尽管也出于他人委托，但受托人不必对第三人为意思表示，因而不是代理行为。

2. 代理人必须为被代理人的利益进行活动。代理人为被代理人实施法律行为，其实施的法律行为只能是为被代理人的利益，而不能为自己的利益，此为代理制度的目的之所在，亦为被代理人役使代理人的目的之所在。代理人在为被代理人实施法律行为的过程中若追求佣金以外的自己的利益，则构成不诚实行为，是对代理制度之本质的违反，要承担相应的责任。必须说明的是，在有偿代理的场合，代理人在实施代理的过程中有获取报酬的权利。我们所说的代理人必须为被代理人的利益进行活动，仅指代理人在与第三人所为的法律行为中只能贯彻被代理人的利益。

3. 代理行为的法律效果归属于被代理人。被代理人利用代理人的工作的目的是增进自己的利益，因此，代理行为的法律效果直接归属于被代理人，为代理制度的题中之义。

代理行为的法律效果归属于被代理人的方式依直接代理和间接代理的不同而不同。在直接代理之情形中，代理行为的法律效果直接归属于被代理人。在间接代理之情形中，代理行为的法律效果间接地归属于被代理人。"间接归属"，指代理行为的法律效果先由代理人承担，然后移转给被代理人。

（三）代理的适用范围

1. 可以适用代理的行为。严格来说，代理只能适用于法律行为。但为了保护当事人的合法权益，促进正常民事流转和维护社会经济秩序，允许将代理制度及有关规则扩展适用于法律行为以外的其他行为。主要有：①申请行为。即请求国家有关部门授予某种资格或特许权的行为，例如向国家专利局申请授予专利许可的行为，即可由代理人进行，这是为了利用专利代理人的特殊技能。②申报行为。即向国家有关部门履行法定的告知义务和给付义务的行为，例如向税务局申报纳税的行为。③诉讼行为。即在民事诉讼、行政诉讼和刑事附带民事诉讼中，作为原告、被告或第三人的诉讼代理人参加诉讼的行为。

2. 不可适用代理的行为。代理的适用，仅限于不具有人身性质的行为。下列行为不得适用代理：①意思表示具有严格的人身性质，必须由表意人亲自作出决定和进行表达的行为，例如订立遗嘱、婚姻登记、收养子女等人身性行为；②具有严格人身性质的债务，例如受约演出。

（四）代理权的性质

代理制度为被代理人的利益而设，这是众所周知的事实。但是，代理人的法律地位又被称为"权"，若将此种"权"解释为权利，则必然得出代理制度是为代理人的利益而设的结论，因为权利的最终落脚点为权利人所享有的某种利益。这种解释显然于理不通。为了解决上述矛盾，学者们提出了种种对代理权的新解释以取代"权利说"。"资格说"认为，代理权是由于被代理人的委托行为而使代理人所具有的一种资格，据此可以为代理行为。"权力说"认为，代理权（Power of agency）是一种权力—义务关系，代理人被授予改变被代理人与第三人之间的法律关系的权力，被代理人承担接受这种被改变了的关系的相应义务。严格来说，代理人的权力不是被代理人授予的，而是法律授予的。只是由于被代理人和代理人的委托合同才使有关的法律规则发生作用，其结果是代理人得到了这种权力。"权力说"为英美法所主张。[1]

"权利说"之谬误无可置疑。"资格说"似乎偏重以委托代理为对象进行分析，对法定代理和指定代理注意力度不够。"权力说"克服了"资格说"的缺陷，将代理权看作法律授予的，能很好地解释法定代理和指定代理以及表见代理现象。

1998年，又有学者根据其对权利的另外理解为"权利说"辩护，认为权利的本质不是利益而是自由。权利所意味的自由诚然在多数情况下给权利人带来利益，但也有这种自由给权利人带来某种意义上的不利益的情况，如赠与行为、捐助行为和舍己救人行为。因此，权利并不全然表现为利益，而表现为权利人实现自己意志的可能性，由于代理人在执行代理事务的过程中享有一定范围的自由裁量余地，这种自由意志的存在，证明了代理人的法律地位是一种权利。[2]

（五）代理制度的意义

1. 代理制度能使民事主体不仅可利用自己的能力和知识，而且可利用他人的能力和知识进行民事活动，从而使民事主体从事民事活动的能力得到极大的扩展。代理制度基于民事活动的复杂性和社会分工的必要性而产生，它可弥补被代理人精力、知识的不足，拓展其活动空间，提高其办事效率。

2. 代理制度有助于降低交易成本。如果被代理人从事任何交易活动事必躬亲，则不胜其烦，且交易成本将上升。如果利用代理制度，广设代理人，那么要亲自跑一趟的事情即可通过一个电话委托解决，如此大大降低了交易成本。

因此，代理制度为民事主体更好地实现自己的权利能力、参与社会经济活动提供了极大的便利。在现代社会，若无代理制度，一切企业都将无法存在。

二、代理的种类

（一）委托代理

1. 委托代理的概念。委托代理，是基于被代理人的委托授权而发生的代理，又称为意定代理，是最常见、最为广泛适用的代理形式。

2. 委托合同与委托授权行为。委托合同与委托授权行为皆为委托代理权的发生原因，但两者也存在区别。委托合同又称委任合同，是受托人与委托人之间订立的前者以后者的名义和费用在委托权限内为后者办理委托事务的协议。委托合同是委托代理的基础。委托授权行为是被代理人以委托的意思表示将代理权授予代理人的行为，是委托代理产生的直接根据。

一般情况下，委托合同是产生委托代理授权的原因和基础，但委托合同的成立和生效并不当然地产生代理权，在委托人作出委托授权的单方行为后，代理权才发生。因此，委托代理人之取得代理权，通常要以委托合同和委托授权行为两个法律行为为前提。例如，一个律师受聘为某法人的法律顾问，这是一个委托合同。法律顾问的职责之一是为委托人处理诉讼事务，但该律师代理该法人参与诉讼时，他还须取得其特别授权。因此，作为法

---

〔1〕 参见梁慧星：《中国民法经济法诸问题》，法律出版社1991年版，第100~101页。

〔2〕 参见李锡鹤："民事代理理论的几个问题"，载梁慧星主编：《民商法论丛》（第10卷），法律出版社1998年版，第78~82页。

律顾问的律师代理委托人处理诉讼事务，须以委托合同和委托授权行为为前提。所以，委托合同是进行委托授权行为的基础。但委托合同是双方法律行为，须经双方协商一致才可成立；而委托授权行为是单方法律行为，以委托人单方的意思表示即可成立。委托合同是代理中的内部关系，旨在确定当事人双方的权利义务；而委托授权行为是一种对外行为，旨在取得第三人的信任。而且授权行为具有独立性，委托合同无效或被撤销后，只要未取消委托授权行为，代理人的代理权并不因此消灭。这是为了保障交易安全，因为第三人无从得知代理的内部关系中所发生的变化。因此，被代理人在撤销委托合同时必须同时撤销委托授权行为。

基于上述原因，委托合同和委托授权行为具有不同的功能，不可混淆。

3. 委托代理授权的形式。一般以略式行为授权。根据《民法典》第165条的规定，委托代理授权采用书面形式的，授权委托书应当载明代理人的姓名或者名称、代理事项、权限和期限，并由被代理人签名或者盖章。

4. 委托代理的种类。委托代理分为直接代理和间接代理。前者为代理人使用被代理人名义的代理，又称为显名代理；后者为代理人使用自己名义的代理，又称为隐名代理。间接代理实际上就是行纪合同。

根据《民法典》第926条的规定，在间接代理中，被代理人享有介入权，第三人享有选择权。

所谓介入权，是在代理人因第三人的原因对被代理人不履行义务的情况下，代理人有义务对被代理人披露第三人，被代理人因此处在代理人的地位直接对第三人享有行使请求权的能力。

介入权的行使要件为：①须在隐名代理的场合行使，换言之，是指在代理人以自己的名义与第三人缔结法律行为，第三人并不知晓代理关系之存在的场合。②代理人非因自己的过失，而是出于第三人的原因对被代理人不履行义务。此时代理人自然要披露出第三人以求免责。③须被代理人对第三人表明自己的被代理人身份，把隐名代理转化为显名代理，以证明自己对第三人享有权利。介入权之设，是为了减少代理纠纷解决中的中间环节，把真正的利害关系人显露出来，让他们直接解决权利义务问题。它客观上还有解脱无过错的代理人的作用。

所谓选择权，是在代理人因被代理人的原因对第三人不履行义务的情况下，代理人有义务对第三人披露被代理人，第三人可以选择代理人或被代理人主张权利的能力。选择权行使的要件为：①须在隐名代理的场合行使；②代理人因被代理人的原因不对第三人履行义务，此时代理人自然要披露出被代理人以求免责。符合这些要件，第三人产生选择权。选择权是法律赋予第三人的一种权益，使其可以根据求偿可能性的大小或行使权利的便利与否选择追索对象。但选择权之行使以一次为限，换言之，第三人一旦在代理人和被代理人中选定了自己主张权利的对象，即不得更改，以维护法律关系的确定性。

（二）法定代理

1. 法定代理的概念。这是指基于法律的直接规定发生的代理。在法定代理中，代理权之授予基于法律的直接规定。法律之所以作出这种规定，一是为了保护处于特定情况下的民事主体的利益；二是为了维护交易安全。

2. 法定代理的适用对象。这适用于被代理人为无行为能力人或限制行为能力人的情况，以及法人或非法人组织的工作人员在其职责范围内代理法人或非法人组织的情况，如监护人是被监护人的法定代理人。另外有所谓的家事代理，指夫妻于家庭生活中的日常性法律行为相互有代理权。在法律有特别规定的情况下，社会团体也可成为其成员的法定代理人。例如，工会在特定情况下是其会员的法定代理人，可代理会员签订集体劳动合同、参加与劳动争议有关的诉讼等。

法人或非法人组织的工作人员在其职责范围内代理法人或非法人组织的情况属于职务代理。例如，按照《民法典》第170条的规定，执行法人或非法人组织工作任务的人员在其职权范围内以法人或非法人组织的名义实施的民事法律行为，对法人或非法人组织发生效力。法人或非法人组织的其他工作人员，例如百货店的售货员在百货店内实施的出售行为，也对法人或非法人组织发生效力。

（三）指定代理

1. 指定代理的概念。这是指基于法院或有关机关的指定行为发生的代理。"有关机关"，指依法对被代理人的合法权益负有保护义务的组织，如未成年人所在地的居民委员会、村民委员会等。与法定代理不同，法定代理人的代理事务比较宽泛；而指定代理人的代理事务比较专门、特定。

2. 指定代理的适用。法院为失踪人的财产指定代管人，为民事诉讼中的原告、被告指定诉讼代理人，皆属指定代理。

就代理而言，还可分为本代理和复代理、积极代理和消极代理、紧急代理、表见代理等种类。

三、代理证书

（一）代理证书的概念和内容

代理证书是委托授权行为的书面形式，是被代理人制作的证明代理人之代理权及其权限范围的证书，只存在于委托代理中。在法定代理和指定代理中不存在代理证书。

代理证书包括代理人的姓名或名称、代理事项、代理的权限范围、代理权的有效期限、被代理人的签名盖章等内容。代理证书应制作得尽可能详尽具体，不易发生歧义。在实际生活中，介绍信也被作为代理证书使用，司法实践承认其法律效力。

（二）代理证书的效力

代理证书是向第三人证明代理人拥有代理权的文件，它以委托合同为基础而作出。委托合同为代理的内部关系，作为第三人，无必要知道委托合同的存在，只凭代理证书即可认定其持有者具有代理权，根据这种信赖产生的法律关系受法律保护。由于委托授权行为具有独立性，委托合同已经消灭而代理证书未收回的，持有者与第三人发生的法律关系的效果仍由被代理人承受，这是为了保护诚信第三人的利益以及交易安全。因此，被代理人对代理证书管理不善或已取消委托关系但未及时收回代理证书的，将自负其法律后果。

（三）代理证书不明确的法律责任

根据《民法通则》（已失效）第65条第3款的规定，委托书授权不明的，被代理人应当向第三人承担民事责任，代理人负连带责任。代理证书授权不明，容易使代理人作出违反被代理人本意的行为，从而对第三人造成损害。发生这种情况，被代理人和代理人要连带对第三人承担赔偿责任。被代理人承担责任的根据在于其在授权时处于漫不经心的状态；代理人承担责任的根据在于他有机会发现代理证书授权的不明确并提出改正，但他没有这样做。因此，对第三人的损害是被代理人和代理人共同造成的，故他们应当承担连带赔偿责任。

第二节 代理权的行使

一、代理人的义务

由于代理权的特殊性质，代理权之行使就是代理人的义务之履行。通过履行自己的义务，代理人就实现了被代理人设立代理的目的。代理人负有如下义务：

（一）为被代理人的利益实施代理行为的义务

被代理人设立代理，是为了利用代理人的知识和技能为自己服务。代理人的活动是为了实现被代理人的利益。因此，代理人的代理行为应从被代理人的利益出发，而不是从代理人自己的利益出发，以对待自己事务的注意处理好被代理人的事务，增进被代理人的利益。

（二）亲自代理的义务

被代理人之所以委托特定的代理人为自己服务，是基于对该代理人的知识、技能、信用的信赖，因此，代理人必须亲自实施代理行为才合于被代理人的愿望。除非经被代理人同意或有不得已的事由发生，否则不得将代理事务转委托他人处理。

（三）知错不为的义务

按照《民法典》第167条的规定，代理人知道或者应当知道代理事项违法仍然实施代理行为，或者被代理人知道或者应当知道代理人的代理行为违法未作反对表示的，被代理人和代理人应当承担连带责任。此条课加代理人知错不为的义务。

（四）报告义务

代理人应将处理代理事务的一切重要情况向被代理人报告，以使被代理人知道事务的进展以及自己财产的损益情况。报告必须是忠实的，不能包括虚伪不实等可能使被代理人陷于错误的陈述。在代理事务处理完毕后，代理人还应向被代理人报告执行任务的经过和结果，并提交必要的文件材料。

（五）保密义务

代理人在执行代理事务过程中知晓的被代理人的个人秘密和商业秘密，不得向外界泄露或利用它们同被代理人进行不正当竞争。

二、共同代理

共同代理，即数人代理一人的情形。按照《民法典》第166条的规定，在此等情形，诸代理人应共同行使代理权，但允许当事人另有约定。共同行使代理权，意味着各代理人一致同意才能作出决定，发生基于职责有亏的损失的，参与决策的各代理人共同承担责任。其中某个代理人擅自作出决定的，无效。"另有约定"，可以是复数的代理人推举一人行使代理权，大家就他的决定享受权利并承担义务和责任。

三、代理权的限制

代理人违反其义务实施代理行为即损害了被代理人的利益。因此，立法上应对代理权设立若干限制以维护被代理人的利益。

（一）自己代理之禁止

所谓自己代理，是指代理人在代理权限内与自己为法律行为。在这种情况下，代理人同时为代理关系中的代理人和第三人，交易双方的交易行为实际上只由一个人实施。由于交易通常都是以对方利益为代价追求自身利益的最大化，很难不发生代理人为自己的利益牺牲被代理人利益的情况，但并不必然发生这种情况。因此，自己代理的情形，如果事前得到被代理人的同意或事后得到其追认，法律承认其效力。这是《民法典》第 168 条第 1 款的规定。

（二）双方代理之禁止

双方代理又称同时代理，指一个代理人同时代理双方当事人为法律行为的情况。在交易中，当事人双方的利益总是互相冲突的，通过讨价还价，才能使双方的利益达到平衡。而一个人同时代表两种利益难免顾此失彼，最终倾向于一种利益。另外，由于一个人同时代表两种利益无法实现讨价还价的过程，两种利益难以达到平衡。因此，双方代理的情形，法律不许，但如果事先得到过双方当事人的同意或事后得到了其追认，法律亦承认其效力。这是《民法典》第 168 条第 2 款的规定。

（三）代理人懈怠行为与诈害行为之禁止

代理人的懈怠行为，指代理人不履行勤勉义务，疏于处理或未处理代理事务，使被代理人设定代理的目的落空，并使其蒙受损失的行为。根据《民法典》第 164 条第 1 款的规定，被代理人由此受到的损失由代理人予以赔偿。

代理人的诈害行为，指代理人与相对人恶意串通损害被代理人利益的行为。这种行为违背了代理关系的诚信性质。根据《民法典》第 164 条第 2 款的规定，被代理人由此受到的损失由代理人和第三人承担连带赔偿责任。

四、复代理

（一）复代理的概念

复代理又称再代理，是代理人为了实施代理权限内的全部或部分行为，以自己的名义选定他人担任自己的被代理人的代理人，该他人称复代理人，其代理行为产生的法律效果直接归属于被代理人。

代理人之被选定，基于被代理人对其知识、技能、信用的信赖，因此，代理的内部关系具有严格的人身信赖性质，代理人故而负有亲自执行代理事务的义务，不得转委托他人处理代理事务，此为常例。但在发生紧急情况代理人不能亲自处理代理事务，任由这种状况持续将会进一步损害被代理人之利益的情况下，法律允许复代理之发生，以更好地保护被代理人之利益。此外，被代理人对代理人的信任包括对后者所选择的人的信任，在事先得到被代理人同意或事后得到其认可的情况下，《民法典》第 169 条也允许产生复代理，这些皆为例外情况。由于复代理人总是先由代理人选择的，所以，复代理之形成，为行使代理权的一种方式。代理人选择他人担任复代理人的权利称为复任权，是代理权的一项内容。

（二）复代理人与被代理人的关系

复代理人是被代理人的代理人，而不是代理人的代理人，因此，他只能为被代理人的利益为法律行为，其行为的法律效果归属于被代理人，而不必经过代理人这一中间环节。

（三）复代理人与代理人的关系

在发生复代理之后，复代理人并不取代代理人，代理人的地位不变，而只是由复代理人分担了他的部分职责。代理人之代理权并未让与复代理人，而只是在代理权之下派生出另一个代理权，因此，选任复代理人之后，代理人仍可继续执行代理权，复代理人的行为受代理人监督。代理人对复代理人还享有解任权，可取消其代理权限，因为复代理人是代理人以自己的名义选任的。

第三节　无权代理

一、无权代理的概念和特征

（一）无权代理的概念

无权代理，是代理人不具有代理权实施的代理行为。这种代理行为具备一般代理行为的表面特征，但不具备其实质特征，因此不是真正的代理，而属于类似于代理的一种情况，根据代理的法律规定和代理理论加以处理。

无权代理包括如下三种情况：

1. 根本未经授权的代理。即"代理人"实施代理行为，根本未获得被代理人的任何授权，"代理人"或明知这一事实而为代理行为；或误以为被代理人已作授权而为代理行为。这些无权代理行为不可混同于无因管理行为，因为无权代理人实施的是关涉他人的法律行为；而无因管理人所实施的是关涉他人的事实行为。

2. 超越代理权的代理。即代理人获得了被代理人的授权，但其实施的代理行为不在被代理人的授权范围之内。其代理行为中超越代理权限的部分构成无权代理。

3. 代理权已终止后的代理。即代理人获得了被代理人的授权，但在代理证书所规定的期限届满后，代理人继续实施代理行为。其超过代理权存续期限后实施的代理行为为无权代理。

（二）无权代理的特征

1. 行为人所实施的法律行为符合代理行为的表面特征。代理行为的特征有表面特征和实质特征两类。表面特征为代理人以为意思表示为使命、代理人以被代理人的名义进行活动。实质特征为代理行为的法律效果直接归属于被代理人。无权代理是符合代理行为的表面特征而不符合其实质特征的行为。若不符合代理行为的表面特征，则不属于代理行为，无由成立无权代理，而属于其他的行为，如无因管理行为。

2. 行为人对所实施的代理行为不具有代理权。行为人不具有代理权的原因可以是原始的（自始未授予代理权），也可以是嗣后的（已授予代理权，但超越了其范围或期限行使）。在就代理权之有无发生争议时，无权代理人有责任证明其有代理权。在无代理权的事实由被代理人或相对人主张时，由被代理人或相对人负举证责任。

二、无权代理的法律效果

（一）确定无权代理之法律效果时的价值选择

确定无权代理的法律效果时，需要考虑两方面的利益并加以兼顾。一方面，被代理人的利益必须保护。被代理人往往为无权代理行为的受害人，要求他就未授权的他人行为承担责任，这是不公平的。因此，在无权代理行为造成被代理人损害的情况下，应不对其生效，而只产生无权代理人对被代理人和相对人的赔偿责任。但是，也不排除无权代理行为有利于被代理人的可能，以及无权代理之发生被代理人负有责任的可能。在这些情况下，无权代理行为的效力处于不确定状态，发生何种法律效果，听命于被代理人的选择。另一方面，由于代理人与被代理人的关系是难以为相对人知晓的代理的内部关系，相对人往往难以知晓代理权授予的确定根据，而只能按一些表面现象来判断代理人有无代理权，并根据这种判断与代理人进行交易活动，若一概确定无权代理行为无效，则可能损害相对人的信赖利益，不利于交易安全。因此，关于代理的立法，还必须保护善意相对人的利益及交易的安全。

所以，民法对无权代理采取区别对待的方针。在一定情况下，使无权代理产生与有权代理同样的法律效力；在另一些情况下，使无权代理行为无效，并要求有过错的当事人承担责任。基于意思自治原则，在无权代理不违反强行法的前提下，由当事人自主选择发生何种法律效果。

（二）无权代理的生效

通过被代理人的追认，可使无权代理行为中所欠缺的代理权得到补足，转化为有权代理，发生法律效力。被代理人的追认有事实的追认和拟制的追认两种。

1. 事实的追认。此是指被代理人对无权代理行为于事后以积极的意思表示予以承认的单方法律行为。追认无权代理行为有效，是被代理人基于意思自治原则所享有的权利，其法律性质为形成权。

在无权代理行为发生后，被代理人拥有否认或承认的选择权。否认的表示可对无权代理人或相对人作出。无权代理人受领了这种表示且无异议的，有义务通知相对人，否则应对相对人因不知被代理人否认而发生的损失承担赔偿责任。无权代理人若对这种表示有异议，应提出其具有代理权的证据，以对抗被代理人的不诚实行为。

与被代理人享有追认权相对应，善意相对人享有撤销权。他们发现所谓的代理人没有代理权后，为了自己交易的安全性考虑，可以行使这项《民法典》第145条第2款和第171条第2款赋予的权利，撤销应以通知的方式作出。反言之，恶意相对人没有撤销权，此等人知道代理人没有代理权仍然与之交易，图谋以损害被代理人的利益为代价获利，其主观状态可堪谴责。善意相对人的撤销权，应于被代理人作出追认的意思表示之前行使。经撤销的无权代理行为，被代理人不得再为追认。相对人关于撤销的意思表示可向被代理人作出，也可向无权代理人作出。

被代理人对无权代理行为的另一选择为作出追认，使无权代理所欠缺的代理权得到补足而成为有权代理。追认的意思表示可向相对人作出，也可向无权代理人作出。一旦作出追认，无权代理行为即获得如同有权代理行为一样的法律效力。追认的表示具有溯及力，无权代理行为因而自始有效，被代理人接受因无权代理行为发生的法律效果。

2. 拟制的追认。此是指被代理人对于无权代理行为，于相对人已行使催告权后，仍不作出是否追认的意思表示，法律视被代理人的沉默为对无权代理行为的追认的情况。

无权代理行为发生后，由于被代理人享有追认或拒绝的选择权，代理行为处于效力未定状态，相对人处于不确定地位。若被代理人无限期地不作出选择，相对人的不确定地位无法消除。为平衡被代理人与相对人的利益，《民法典》第145条第2款和第171条第2款赋予相对人催告权，即催告被代理人于30日内作出是否承认无权代理行为的意思表示的权利。被代理人超过催告期仍没有就是否追认无权代理行为作出确切答复的，视为他已作出追认，由此使相对人的法律地位确定化，保护相对人的合法利益。无权代理行为经被代理人拟制的追认后，自始具有与有权代理行为同样的效力，其法律效果直接归于被代理人。

（三）无权代理的无效

无权代理行为没有被代理人事实的或拟制的追认时，不产生法律效力，其无效性溯及代理行为成立之时。基于无权代理发生的法律行为按关于无效法律行为的规则处理。

三、表见代理

（一）表见代理的概念

表见代理，是被代理人的行为足以使善意相对人相信无权代理人具有代理权，基于此项信赖与无权代理人进行交易，由此造成的法律效果由法律强制被代理人承担的代理行为。

表见代理为无权代理之一种，属广义的无权代理。前面所述的皆为狭义的无权代理。表见代理与狭义的无权代理之不同，在于后者的发生出于无权代理人的原因；前者的发生却出于被代理人的原因。

表见代理制度之设，是为了保护善意相对人的信赖利益与交易安全，并对疏于注意的被代理人加以规制，令其自负后果。

（二）表见代理的构成要件

1. 客观上存在使善意相对人相信无权代理人拥有代理权的理由。如无权代理人持有被代理人的授权委托书，不论这一证书的来源如何，皆足以使相对人相信其拥有代理权。

2. 相对人为善意且无过失。即他无从知道无权代理人不拥有代理权，而且这种不知情并非由他的疏于注意所致。

3. 无权代理人与相对人所为的法律行为合于法律行为的一般有效要件和代理行为的表面特征。如果两者间的法律行为不具备法律行为的有效要件或不符合代理行为的表面特征，也不发生被代理人承担其法律效果之问题。

（三）表见代理的发生原因

1. 被代理人以书面或口头形式直接或间接地对相对人表示以他人为自己的代理人，而事实上他并未对该他人进行授权，相对人信赖被代理人的表示而与该他人为交易。

2. 被代理人将有证明代理权之存在作用的文件交给他人，相对人信赖此项文件而与该他人为交易，而事实上，被代理人对该他人并无授予代理权的意图。

3. 代理证书授权不明，代理人超越代理权限为代理行为，相对人善意无过失地因代理证书的授权不明而相信其为有权代理。

4. 代理关系终止后，被代理人未采取必要措施公示代理关系终止的事实，并收回代理人持有的代理证书，造成相对人不知代理关系终止而仍与前代理人进行交易。

5. 被代理人知道他人以自己的名义进行活动而不置可否。

（四）表见代理的效力

符合构成要件的表见代理具有与有权代理同样的效力，代理行为的法律效果直接归属于被代理人。被代理人承担表见代理的法律后果，如果因此受有损失，有权向无权代理人请求赔偿。如果损失因双方的过错发生，按双方过错的性质和程度分担损失。相对人可自由选择主张表见代理的效果或主张无权代理的效果，可抛弃享受表见代理效果的地位，承认无权代理人的行为为狭义的无权代理，依民法关于无权代理的规定追究无权代理人的责任。

第四节　代理关系的消灭

一、代理关系消灭的原因

（一）委托代理关系的消灭原因

1. 代理期限届满或代理事务完成。期限届满或事务完成的时间以代理证书的时间记载为准。记载不明的，被代理人有权随时以单方面的意思表示加以确定代理期限。

2. 被代理人取消委托或代理人辞去委托。代理关系以人身信任为存在基础，一旦这一基础丧失，被代理人可以取消委托；代理人可以辞去委托。代理人辞去委托时，应履行善后义务，于新的代理人继任前继续处理代理事务。

3. 被代理人或代理人死亡。代理关系是一种特定人之间的民事法律关系，不具有可继承性，被代理人或代理人死亡致使代理关系的一方失去了相对人，代理权因此终止。

4. 代理人失去行为能力。代理人的活动条件为其行为能力，被代理人所要借助的也是这种能力。代理人一旦失去行为能力，代理关系当然消灭。

5. 被代理人或代理人为法人时，因法人消灭使代理关系消灭。

（二）法定代理和指定代理关系的消灭原因

1. 被代理人已取得或恢复行为能力，使代理成为不必要。

2. 被代理人死亡或代理人死亡、丧失行为能力。

3. 代理人丧失权利能力。法定代理权以监护资格为基础，如果监护人按照《民法典》第 36 条第 1 款规定被剥夺监护资格，他们因此丧失法定代理方面的权利能力。

4. 指定机关撤销对指定代理人的指定。

二、代理关系消灭的效果

1. 代理关系消灭后，代理权归于消灭，代理人不得再以被代理人的名义进行活动，否则即为无权代理。

2. 代理关系消灭后，代理人在必要和可能的情况下，应向被代理人或其继承人、遗嘱执行人、清算人、新代理人等，就其代理事务及有关财产事宜作出报告和移交。

3. 委托代理人应向被代理人交回代理证书及其他证明其代理权的凭据。

■思考题

1. 我国为何同时采用直接代理和间接代理的概念？

2. 代理人拥有的是一种权利吗？

3. 代理制度有何积极意义？

4. 为何代理人丧失权利能力会导致代理消灭？

5. 民法承认一定程度上的复代理的理由何在？

6. 论外观主义与表见代理。

7. 卸任中代理人履行善后义务的依据何在？

■参考书目

1. 江帆：《代理法律制度研究》，中国法制出版社 2000 年版。

2. 汪渊智：《比较法视野下的代理法律制度》，法律出版社 2012 年版。

3. 郑自文：《国际代理法研究》，法律出版社 1998 年版。

第十章 诉讼时效和期限

第一节 概　述

一、时效的概念和种类

（一）时效的概念

　　时效，指一定的事实状态经过一定的时间导致一定的法律后果的法律制度。一定的事实状态，指占有财产或不行使权利的客观状况；一定的时间，指法律规定的占有财产或不行使权利的事实状态不间断地持续进行的时间；一定的法律后果，指占有财产或不行使权利的事实状态持续至法律规定的时间之后，发生当事人取得权利或权利相对人产生抗辩权的法律效果。

　　时效是导致民事法律关系发生、变更和消灭的法律事实。由于时间的经过不取决于当事人的意志，时效属于法律事实中的事件。时效制度的设立，出于充分利用社会财富以及结束权利义务关系不确定状态的公共目的，是对当事人权利的限制，属于强行性规定，当事人不得约定不受时效限制或变更法定的时效期间。

（二）时效的种类

　　根据引起时效发生的事实状态的不同以及由此导致的法律效果的不同，可以将时效区分为取得时效和诉讼时效（即消灭时效）。前者的事实状态为占有他人财产，法律效果为占有人取得财产所有权；后者的事实状态为权利人不行使权利，法律效果为权利相对人产生抗辩权。法国、奥地利、日本等国的民法设立统一的时效制度，将取得时效和消灭时效一并规定。德国民法将取得时效与消灭时效分立，将取得时效规定于物权编，将消灭时效规定于总则编。因为对取得时效持消极看法，我国现行民事立法无取得时效制度之设，《民法典》只规定了诉讼时效。但是，如果消灭时效的客体包括物权请求权，对于时效完成后的被占有物，原所有人不能取得，如果法律认可占有人取得，则消灭时效与取得时效就衔接起来了。[1]

二、诉讼时效的概念和种类

(一) 诉讼时效的概念和特征

1. 诉讼时效的概念。诉讼时效指对在法定期间内不行使权利的权利人，使其相对人产生抗辩权的法律制度。《民法典》总则编第九章所规定的即为诉讼时效，在学说上亦称为消灭时效。

诉讼时效包括如下要素：①权利人不行使权利。例如，侵权行为的受害人不主张损害赔偿请求权。②权利人不行使权利的状态在法律规定的权利行使期限内始终不间断地持续。《民法典》第 188 条第 1 款规定普通诉讼时效期间为 3 年。③导致一定法律效果的发生。即义务人产生对权利人所提之请求的抗辩权。

诉讼时效制度的意义在于督促权利人及时行使权利，对怠于行使权利者进行制裁，从而使权利义务关系确定化。若权利人能行使权利而长期不行使，义务人的法律地位将长期处于不确定状态，将导致当事人之间社会关系的事实状态和法律状态长期不一致，不利于当事人建立新的、确定化的社会关系。法律认为，权利人不关心自己的利益并照料之，可认为他有放弃权利的意思，因此撤销对其权利的强行性保护。此外，诉讼时效制度之设立，还有利于法院及时、正确地处理民事纠纷，免去对年深月久的民事纠纷进行查证、取证的困难。

2. 诉讼时效的特征。诉讼时效的特征只有在与类似制度的比较中才能显示出来，与诉讼时效类似的法律制度为除斥期间。除斥期间是法律规定的某种权利的存续期间，期间届满后权利归于消灭。在使某种权利贬损这一点上，除斥期间与消灭时效一致，但两者存在如下区别：①诉讼时效的期间是可变期间，可以中止、中断、延长；而除斥期间为不变期间，不能中止、中断或延长。②诉讼时效完成并不使不行使的权利本身消灭，而只是导致义务人拥有抗辩权；而除斥期间完成使权利本身消灭。③诉讼时效期间自权利人能行使请求权之时起算；而除斥期间自权利成立之时起算。

(二) 诉讼时效的种类

1. 普通诉讼时效。这是指由民事基本法统一规定、普遍适用于法律未规定特殊诉讼时效的各种民事法律关系的时效。除特别法另有规定外，所有的民事法律关系皆适用普通时效。《民法典》第 188 条第 1 款规定普通诉讼时效的期间为 3 年。

2. 特别诉讼时效。这是指由民事基本法或特别法就某些民事法律关系规定的短于或长于普通诉讼时效期间的时效。特别诉讼时效通常短于普通诉讼时效，这是因为它处理的民事法律关系对确定性的要求更强，必须在更短的期间内使之确定化。特别诉讼时效不具有普遍性，只适用于特殊的民事法律关系。

例如《中华人民共和国海商法》（以下简称《海商法》）第 257 条第 1 款规定，就海上货物运输向承运人要求赔偿的请求权，时效期间为 1 年；第 260 条规定，有关海上拖航合同的请求权，时效期间为 1 年；第 263 条规定，有关共同海损分摊的请求权，时效期间为 1 年。又如，《中华人民共和国民用航空法》（以下简称《民用航空法》）第 135 条、《中华人民共和国国家赔偿法》（以下简称《国家赔偿法》）第 39 条第 1 款规定了 2 年的诉讼时效期间。

3. 仲裁时效。诉讼时效旨在敦促权利人及时行使权利，除了向法院起诉，申请仲裁也

---

[1] 金印："论所有权与时效制度的关系"，载《法学家》2017 年第 3 期。

是权利人行使自己权利的一种方式，因此有仲裁时效问题。对此，《民法典》第 198 条规定，法律对仲裁时效有规定的，依照其规定；没有规定的，适用诉讼时效的规定。对仲裁时效有规定的法律，例如《中华人民共和国劳动争议调解仲裁法》（以下简称《劳动争议调解仲裁法》），其第 27 条第 1 款规定了 1 年的仲裁时效期间。又如《民法典》，其第 594 条规定，因国际货物买卖合同和技术进出口合同产生的争议的仲裁时效期间为 4 年。

4. 权利的最长保护期限。《民法典》第 188 条第 2 款规定："诉讼时效期间自权利人知道或者应当知道权利受到损害以及义务人之日起计算。法律另有规定的，依照其规定。但是，自权利受到损害之日起超过二十年的，人民法院不予保护，有特殊情况的，人民法院可以根据权利人的申请决定延长。"其意思为，权利人不知或不应当知道自己的权利已被侵害，自权利被侵害之日起经过 20 年的，其权利也失去法律的强制性保护。

《民法典》规定的上述 20 年期间不是除斥期间，因为它不是权利的存续期间，而是权利的保护期间，与除斥期间旨趣不同。20 年的期间届满后，义务人自愿履行的，权利人有权接受履行，并不因此构成不当得利。此外，除斥期间一般较短，以 20 年的期间为除斥期间未免违背除斥期间之性质。

同时，《民法典》规定的 20 年期间也不是诉讼时效期间，因为它与诉讼时效期间的起算点不同，其以权利发生之日为起算点；而诉讼时效期间以权利人知道或应当知道权利被侵害之时为起算点。依诉讼时效制度之本旨，权利人若不知道或不应当知道权利被侵害，诉讼时效期间即不应开始。但如果权利人在任何期间，一旦知道或应当知道其权利被侵害，只要在 3 年内诉至法院或采取其他保护权利的措施，法院就应给予其权利以保护，这样就可能产生与时效制度维护社会关系的确定性之目的相违背的情况。因此，最长权利保护期限之设，旨在克服诉讼时效制度可能导致的无限期保护权利的缺点。最长权利保护期限与诉讼时效的发生原因也不相同，后者是因权利人不行使权利发生的；而前者并非因权利人不行使权利所致，而是权利人不知自己的权利，无从行使之。此外，最长权利保护期限不像诉讼时效期间那样可以中止、中断，而是持续进行，属于不变期间。在此点上，它与除斥期间相似。

三、诉讼时效的客体

（一）概说

诉讼时效的客体，指可以适用诉讼时效制度的民事法律关系。有些学者认为，诉讼时效制度不适用于婚姻家庭关系。[1]另外，《民法典》第 196 条第 3 项规定，支付赡养费、扶养费、抚养费的请求权不适用诉讼时效。我们认为，诉讼时效制度不适用于婚姻家庭关系的说法过于绝对，为了避免具有无效原因的婚姻的当事人的法律地位长期不确定，影响他们间的婚姻的安定性以及他们的子女的生活的安定性，请求宣告婚姻无效的权利应受 1 年的诉讼时效的限制。[2]

（二）其他排除适用诉讼时效的法律关系

按照《民法典》第 196 条第 1 ~ 2 项的规定，停止侵害、排除妨碍、消除危险的请求权，不动产物权和登记的动产物权的权利人的返还财产请求权不适用诉讼时效。两者可概

〔1〕 参见陈华彬："论我国《民法总则（草案）》的构造、创新与完善"，载《比较法研究》2016 年第 5 期。也参见张民安："《中华人民共和国民法总则（草案）》的创新与不足"，载《法治研究》2016 年第 5 期。
〔2〕 徐国栋："我国民法典应承认诚信缔结的无效婚姻效力并确立宣告婚姻无效请求权的时效"，载《上海政法学院学报》2020 年第 1 期。

括为物权请求权不适用诉讼时效的更简短表述，把诉讼时效的客体限于债权请求权。这样的安排客观上允许权利人睡眠于自己的权利之上，对此有这样的案例。1992 年，张女士花了 33.2 万元在深圳宝安华天花园购买了一套 144 平方米的房子。她付款之后一直很忙，未办理房产证。28 年后的 2019 年，该房屋已增值到 600 万元。她按照房屋买卖合同上的地址找上门，发现房子从毛坯房变成了精装修，还住着林先生一家。华天花园物业管理处主任表示，只知道房屋管理费一直是现住户在交。而有居民称，现有住户不是业主，是撬开门住进去的。新安湖社区综治办主任称，该住户曾拿出一份手写的转让合同，还有一份火化证明，证明当时卖给他的所有者已经去世。如何能证明张女士是所有者呢？华天花园物业管理处所主任表示，张女士需拿到房产证才能证明她是业主。她拿到房产证后，管理处会协调公安机关，把跟业主没有关系的人员清理出小区。张女士当年全款从开发商手中买下这套房，但时隔 28 年，原开发商早已被其他集团收购。原开发商恒基地产公司的经理表示，只剩张女士的房子没办理房产证，单位所在处早就拆了。为办理房产证，张女士的弟弟张先生找到了收购恒基地产的宝安集团。工作人员表示，因事情比较久远，需要找到公司留底的合同原件和收据原件。如果发现原件，公司将会核实走访或写纸质证明。住户称其父以现金形式购房。2020 年 5 月 19 日下午，双方在新安湖社区工作站进行了对话协商。[1]过程中，现住户林先生声称其父以现金从他人手中购房，花费了 20 余万的装修费，却拿不出相关凭证，林先生称购房协议因保险柜被盗灭失。其父当初并不知道这套房产系张女士所有。如果张女士希望收回房产，林先生愿意搬离，但希望张女士能补偿 20 万元的装修费或按 28 年前的价格买下涉事房屋。对此，张女士表示，对方主动腾房或可既往不咎，若要返还装修费用则考虑向其追偿租金。最后，张女士提出给林先生半月缓冲时间，要求其于 6 月 6 日前搬离。林先生表示，将于近期另寻住处。最终，林先生一家于 6 月 6 日完成搬离。这个案例也证明了我国应采用取得时效制度。

另外，《民法典》第 196 条第 4 项对于不适用诉讼时效的法律关系作了一个兜底规定，"依法不适用诉讼时效的其他请求权"。这包括但不限于因人格权被侵害而产生的停止侵害、恢复名誉、赔礼道歉、消除影响请求权。

第二节　诉讼时效的运作

一、诉讼时效的起算

（一）概说

诉讼时效的起算，指确定诉讼时效期间开始的时间点。根据《民法典》第 188 条第 2 款的规定，诉讼时效期间从权利人知道或者应当知道权利受到损害以及义务人之日起计算。权利人知道自己的权利遭到了侵害以及谁是侵害人，这是其请求法院保护其权利的基础，从这一时间点开始计算诉讼时效期间，符合诉讼时效是权利人请求法院保护其权利的法定期间的本旨。知道权利遭受了侵害，指权利人现实地主观上已明了自己的权利被侵害之事实的发生；应当知道权利遭受了侵害，指权利人尽管于主观上不明了其权利已被侵害的事实，但根据他所处的环境，有理由认为他已明了其权利已被侵害的事实，他对权利被侵害的不知情，出于对自己的权利未尽必要注意或将之作为推延诉讼时效期间起算点的借口

---

[1] 谢煜楠、施丹璐："忘记 28 年前买了房，登门发现住着陌生人"，载腾讯网，https://new.99.com/omn/20200518/20200518AOL7VJ00.html，最后访问时间：2020 年 6 月 14 日。

的情况。对于不尽必要注意照料自己的权利的人，当然要使其承受消灭时效的不利后果；对于以不知权利被侵害为借口使诉讼时效期间起算点后推者，出于维护社会关系确定性的考虑，当然使其借口不成立。

尽管知道或应当知道权利遭受了侵害，但不知道谁是侵害人，仍然不能起算诉讼时效，因为不能进行追诉。尤其是在污染性的侵害事件中，感知了污染并受害是一回事，查明谁是排污人是另一回事。这一方面需要技术的支撑；另一方面，多家污染难知"谁家污染了我"的情况多有，搞清这个"谁家"是个复杂的过程。

诉讼时效的起算，以权利人之权利客观上受到了侵害且权利人主观上已知晓其权利被侵害的事实为构成要件。权利人主观上误以为自己的权利受到了侵害，而事实上其权利并未受到侵害的，不能使诉讼时效期间开始起算。

（二）几种诉讼时效的起算点

1. 分期付款之债的诉讼时效的起算。按照《民法典》第 189 条的规定，自最后一期履行期限届满之日起算。

2. 无民事行为能力或者限制民事行为能力人对其法定代理人的请求权的诉讼时效的起算。按照《民法典》第 190 条的规定，自该法定代理终止之日起算。此前被代理人无行为能力或限制行为能力，并处在法定代理人的控制下，没有起诉的自由意志，故要等待他们有自由意志之时才可起算时效期间。

3. 遭受性侵的未成年人赔偿请求权的诉讼时效的起算。按照《民法典》第 191 条的规定，自受害人满 18 周岁之日起算。此前他们无行为能力，并可能被性侵人控制，不能自由起诉。

二、诉讼时效的中止、中断和延长

（一）诉讼时效的中止

1. 诉讼时效中止的概念。此指在诉讼时效进行中，因发生一定的法定事由使权利人不能行使请求权，故暂时停止计算诉讼时效期间，待阻碍时效进行的法定事由消除后继续进行诉讼时效期间的计算。诉讼时效制度之目的，在于使怠于行使权利者承担不利后果。但权利人不行使权利并非出于怠惰，而是因为不得已的事由时，使权利人承担与怠于行使权利者同样的不利后果，未免失之不公，因此时效立法中有中止制度之设，以求衡平。

2. 中止的法定事由。依《民法典》第 194 条之规定，不可抗力和其他障碍为诉讼时效中止的法定事由。

不可抗力为不能预见、不能避免和不能克服的客观情况。自然灾害如地震、洪水，人的活动如战争、罢工，皆可构成不可抗力。发生不可抗力时，权利人主观上要求行使权利，但客观上无法行使，处在无奈的状态，法律遂予之以中止的救济手段。

其他障碍为概括性规定。根据学说的解释，主要包括如下情况：①权利人为无行为能力人、限制行为能力人且无法定代理人，法定代理人已死亡、丧失行为能力、丧失代理权；②继承开始后，没有确定继承人或遗产管理人；③权利人被义务人或者其他人控制；④其他构成行使权利之障碍的事由，这些事由将由法官以自由裁量权决定之。

3. 诉讼时效可以中止的时间。依《民法典》第 194 条的规定，诉讼时效可以中止的时间为诉讼时效期间的最后 6 个月。这是督促权利人及时行使权利的规定。在时效期间最后 6 个月前的期间发生的法定中止事由并不能使诉讼时效期间中止，因为权利人还有足够的时间行使权利。只有中止事由发生于期间的最后 6 个月内时，才可使诉讼时效期间中止，因为此时发生中止事由，可能导致权利人无足够的时间行使权利。

4. 诉讼时效中止的法律效果。诉讼时效中止后，中止的期间不计入时效期间内，待中止事由消除后，时效期间继续进行，与中止前已经过的时效期间合并计入总的时效期间。

（二）诉讼时效的中断

1. 诉讼时效中断的概念。指在诉讼时效进行期间，因发生一定的法定事由使已经过的时效期间统归无效，待时效中断的事由消除后诉讼时效期间重新起算。中断的法定事由，为权利的主张和义务的承认，其发生已使趋于不确定的社会关系确定化，使诉讼时效失去适用理由，因而产生使诉讼时效暂不适用的效力。

2. 中断的法定事由。依《民法典》第 195 条之规定，可使诉讼时效中断的法定事由有权利人向义务人提出履行请求、义务人同意履行义务、权利人提起诉讼或申请仲裁、权利人有与提起诉讼或者申请仲裁具有同等效力的行为。

（1）权利人向义务人提出履行请求。指权利人于诉讼外对义务人主张其权利的意思表示，可向义务人、保证人、义务人之代理人或财产代管人、调解委员会作出，其效力并无二致。

权利人主张权利与诉讼时效制度制裁怠于行使权利者之本旨不合，因而使诉讼时效中断。

（2）义务人认诺。即义务人对权利人作出表示，承认其权利的存在，愿意履行义务。这种表示使当事人间的权利义务关系重新得到确定，使诉讼时效失去适用理由，因而使时效中断。义务人对权利人的认诺表示可以以各种方式作出。以口头或书面形式对权利人或其代理人作出通知、请求延期给付、提供担保、支付利息或租金、清偿部分债务等义务人的行为，在法律上皆构成认诺。

（3）权利人提起诉讼或申请仲裁。起诉或申请仲裁的性质为权利人向司法机关主张权利之保护。其效力类似于又强于权利人向义务人提出履行请求，同样发生使诉讼时效中断的法律效果。但权利人起诉或申请后又自行撤诉或撤回申请，或因起诉或申请不符合法定程式被法院或仲裁机关驳回的，不构成提起诉讼或申请仲裁，因而不能使诉讼时效中断。

（4）权利人有与提起诉讼或者申请仲裁具有同等效力的行为。如向有关行政机关提出保护权利的请求、向法院申请强制执行、向清算人申报破产债权、申请支付令、在诉讼中主张抵消等。

3. 中止与中断的区别。①发生的事由不同。中止的法定事由为当事人的主观意志所不能决定的事实；中断的法定事由为当事人的主观意志所能左右的事实。②发生的时间不同。中止只能发生在时效期间的最后 6 个月内；中断可发生于时效期间内的任何时间。③法律效果不同。中止的法律效果是指不将中止事由发生的时间计入时效期间，中止事由发生前后经过的时效期间合并计算为总的时效期间；而中断的法律效果是于中断事由发生后，已经经过的时效期间全部作废，重新开始起算时效期间。

（三）诉讼时效的延长

通常情况下，权利人在诉讼时效期间内不行使权利，于时效期间届满后，向法院要求保护权利的，法院不予支持。但有的权利人在诉讼时效期间内未能行使权利确有正当原因，而它们又不包括在使时效期间中止、中断的法定事由内，严格适用诉讼时效将造成不公。针对这种情况，《民法典》第 188 条第 2 款规定："……有特殊情况的，人民法院可以根据权利人的申请决定延长。"此款旨在保护特殊情况下权利人由于特殊原因未能及时行使的权利，避免造成不公平之结果。

诉讼时效的延长是对诉讼时效的中止和中断制度的补充。由于关于中止和中断的事由的立法倾向于采取法定主义，不可能包罗诸多使权利人不及时行使权利变得可原宥的原因，法律特别设立诉讼时效之延长制度予以衡平，由法官行使自由裁量权弥补立法的列举式规定的不足。因此，是否构成必须使诉讼时效期间延长的特殊情况，是由法官依据自由裁量权予以确定的问题。

第三节　诉讼时效完成后的法律效果

一、关于诉讼时效效力的诸学说

诉讼时效完成后的法律效果，即诉讼时效的法律效力。就这一问题，各国（地区）立法的认识颇不一致。《日本民法典》持权利消灭说。依此说，诉讼时效之完成使权利人不及时行使的权利本身消灭，义务人履行而权利人接受履行的，构成不当得利，权利人应予返还。此说未免对权利人过苛，而且杜绝了义务人于时效完成后自愿履行的合法性，将法律与道德区分得过于绝对，不足采用。《德国民法典》持抗辩权发生说。依此说，消灭时效之完成并不使权利人不及时行使的权利归于消灭，但使义务人发生抗辩权，义务人可以以时效已完成之抗辩对抗权利人的权利主张，而拒绝履行义务。由于抗辩权同其他权利一样可以抛弃，义务人自愿履行义务的，法律不予置问，承认权利人的接受履行为合法。此说正确地处理了法律与道德的关系，承认义务人基于道德原因的自愿履行之合法性，较为可采。《法国民法典》和1922年《苏俄民法典》持诉权消灭说。依此说，消灭时效之完成并不使权利人不及时行使的权利消灭，而只使附着于权利之上的诉权消灭。时效完成后，权利人向法院起诉要求保护权利的，法院将以丧失诉权为由驳回起诉。由于无诉权的权利为自然权利，诉权消灭后，自然权利依然存在，权利人仍可不通过法院向义务人主张其自然权利，义务人也可自愿履行，法律不加干预。我国时效立法采抗辩权发生说。

二、诉讼时效完成后的法律效果

（一）义务人之抗辩权发生

《民法典》第192条第1款规定："诉讼时效期间届满的，义务人可以提出不履行义务的抗辩。"换言之，时效完成后，权利人的权利仍然存在，但可能遭到义务人的抗辩权的妨碍，沦为"自然"权利，即没有国家强制力保障的权利。但义务人仍可能基于道德义务而非法律义务而履行，所以，权利人并非没有任何机会获得偿付。

（二）义务人之自愿履行

依《民法典》第192条第2款之规定，超过诉讼时效期间，义务人同意履行的，不得以诉讼时效期间届满为由提出抗辩。已自愿履行其义务的，权利人可受领其履行，不因此构成不当得利。义务人于履行后反悔的，不得诉请权利人返还其所受履行。

第四节　期　限

一、期限的概念和意义

（一）期限的概念

期限，指权利义务产生、变更和终止的时间，分为期日和期间。

1. 期日，指一定的时间点。如某年某月某日等。

2. 期间，指一定的时间段，即自某一时间点始至另一时间点止的时间段。如自某年某月某日至某年某月某日。

（二）期限的种类

1. 法定期限，是由法律直接规定的期限。如时效期间、自然人成年的期间。

2. 指定期限，是由法院或有关机关确定的期限。如法院指定的债务履行期日或期间、宣告死亡的期日。

3. 约定期限，是当事人自行约定的期限。如附期限法律行为中的所附期限。

（三）期限的意义

任何民事法律关系的发生、变更和消灭，都在一定的时间内进行，没有期限，即不能确知和确定权利义务的产生、变更、消灭和持续的时间，因此，期限在民法上具有重要意义。具体如下：

1. 期限是确定民事主体权利能力和行为能力开始和终止的尺度。

2. 期限是作出法律推定的根据，如失踪人下落不明的期间，即为作出死亡推定的根据。

3. 期限是确定权利的取得或丧失的根据，时效期间即有这种作用。

4. 期限是行使权利和履行义务的时间段，合同履行期限即属此种期限。

5. 期限是法律行为效力的起点或终点。

二、期限的确定和计算

（一）期限的确定

1. 规定日历上的某一具体时刻为期限，如 2017 年 10 月 8 日。

2. 规定一定的时间段为期限，如 3 个月。

3. 规定某一必然发生的事件之发生时刻为期限，如房屋落成之日，某人死亡之时。

4. 规定以当事人提出请求的时间为期限。

（二）期限的计算

期日为不可分的特定时间点，不发生计算问题。

期间为一定的时间段，存在计算方法问题。就期间的计算，有自然计算法和历法计算法两种方法。前者以实际的精确时间计算，以时、分、秒为计算单位，如 1 天为 24 小时；后者以天为计算单位，以日历所定的日、月、年计算。我国民法的期间计算法兼采二者。

1. 以小时为单位的期间计算法。以规定时为起点，经过规定的期间所达到的时为届满点。如租用相机 3 小时，自 8 时开始计算，经过 3 小时，达于 11 时，11 时即为届满点。

2. 以日、月、年为单位的期间计算法。期间开始的当天不算入，从次日开始计算，期间的最后一天算至当日的第 24 时。有上班时间的，算至下班之时。最后一天为周末或其他假日的，以其次日为期间的最后一天。若周末和其他法定假日有变通，则以实际休假日的次日为期间的最后一天。

当事人非以月、年的第一天为起算点的，则 1 个月以 30 天计，1 年以 365 天计。

在期限的表达中，有"以上""以内"用语的，在计算中均包括本数；有"不满""以外"用语的，在计算中均不包括本数。

当事人对期间的起算时间有约定的，从其约定。

■**思考题**

1. 民法为何要设立时效制度？

2. 诉讼时效与取得时效的同质性大还是异质性大？

3. 适用诉讼时效制度有何积极意义？

4. 权利的最长保护期限与诉讼时效有何区别？

5. 诉讼时效的中止与中断有何区别?

6. 为何诉讼时效可以中止的时间只能是时效期间届满前的 6 个月?

7. 论诉讼时效与除斥期间的区别。

8. 诉讼时效完成后会产生何种法律后果?

9. 期限有哪些类型?

■参考书目

1. 冯恺:《诉讼时效制度研究》，山东人民出版社 2007 年版。

2. 李群星:《法律与道德的冲突——民事时效制度专论》，法律出版社 2011 年版。

3. 张雪楳:《诉讼时效前沿问题审判实务》，中国法制出版社 2014 年版。

第二编　人身权

第十一章　人身权概述

■ 学习目的和要求

人身权是民事主体的基本权利，也是我国《民法典》予以承认和保护的重点内容。《民法典》将人格权独立成编，并将民法定义为调整民事主体之间的人身关系和财产关系的基本法律，把人身关系放置在财产关系之前，这一做法彰显了鲜明的中国特色。本编着重掌握人身权的一般理论，人身权法律制度的历史演变，人格权和身份权的具体内容以及人身权法律保护等。关注我国人身权立法进程及司法实践中人身权受侵害问题并掌握我国《民法典》及相关司法解释中的规定。难点在于人身权与人权、人格权与身份权的关系与区别。

第一节　人身权的一般理论

一、人身权的内涵

人身权是指民事主体依法享有的与其人格或身份不可分离而无直接财产内容的民事权利。人身权作为法学用语具有多方面的含义，它既可指人身权利，又可指人身权制度，有时还可指人身权法律关系。人身权利的范围比较广泛，凡是与自然人的人身或者法人及非法人组织体紧密联系在一起而又无直接财产内容的权利，均可称为人身权利。作为人身权制度，它规定有关人身权的问题，调整人身权法律关系。人身权制度是一种重要的民事法律制度，它为人身权法律关系的产生、人身权的实现和保护提供了法律依据和行为准则。人身权法律关系则是指民法调整人身关系而于当事人之间产生的民事权利义务关系。它是人身关系在法律上的表现，并以当事人之间的民事权利和民事义务直接制约人身关系，按照法律的要求运转。因此，使用人身权的场合不同，其具体含义也可能不同。

人身权是与财产权相对称的一个类概念，可分为人格权和身份权两部分。自然人的人格权包括生命权、身体权、健康权、姓名权、肖像权、名誉权、荣誉权、隐私权、婚姻自主权及个人数据信息保护等，法人、非法人组织的人格权则主要包括名称权、名誉权、荣誉权及数据权益等。自然人的身份权是指存在于一定身份或地位关系上的权利，一般认为包括配偶权、亲权、亲属权和监护权等。

人身权是民事主体依法享有的最基本的民事权利，也是现代文明社会中人们赖以生存的不可缺少的社会条件。一个人可能因某种原因而不享有某些具体的财产权，却不可能不享有人身权。人身权与其他民事权利一样，都是国家依法赋予的。国家通过法律手段对人身关系进行调整，对民事主体的人身权益进行保护，旨在满足其人身自由、人格尊严和身份保障的需要，维持社会关系的协调发展。基于此，我国《民法典》第109条规定，自然人的人身自由、人格尊严受法律保护。该条创设了一般人格权的规定，对自然人人格权从立法和司法上起到了统领和弥补的作用。

二、人身权的法律特征

人身权与其他民事权利相比较，具有以下法律特征：

（一）人身权具有专属性

人身权与特定权利主体的人身不可分离，具有专属性。人身权是保障人的精神利益得以实现的法律形式，而该精神利益又是以自然人的人身和法人或非法人组织体为依附的。离开了权利主体的人身或者组织体，其精神利益就无从附着，保障精神利益的权利也就失去了存在的基础。因此，人身权依附于权利主体的存在而存在。除法律另有规定外，人身权不得以任何形式移转，即不能出售、赠与或继承。

（二）人身权具有非财产性

在我国，人身不是财产，既不能有经济学上的价值和使用价值，也不能用金钱去衡量，只能从观念上对它作出评价，一般称之为主观权利。因此，人身权不以满足权利主体的物质利益为目的，不直接体现民事权利主体的财产利益，也不由权利主体的财产利益所决定。

人身权虽无直接财产内容，但它与财产权又有着密切的联系，往往是发生财产关系或为主体带来财产利益的依据或前提。因为人是精神与物质的统一体，当他参与民事活动时，其精神利益与物质利益往往难以分离，有时甚至互为前提。这就使得人身权在动态的民事活动中又不得不与财产权产生一定的联系。

（三）人身权具有绝对性

人身权是一种绝对权，其权利主体是特定的人；义务主体是权利主体之外的任何人，其负有不可侵犯、不妨害权利主体人身权的义务。人身权的绝对性也表现为权利人对自己人身、人格利益（身体、健康、生命、姓名等）可直接支配，权利的实现无需他人协助。

三、人身权与人权

人权与人身权是含义相近、外延上有交叉的两个概念。区分二者，能帮助我们准确地认识人身权。

人权是一个来自西方法学的概念，是人基于自然属性和社会属性所固有的基本权利。从历史发展角度讲，人权本是资产阶级为摆脱封建桎梏，发展资本主义而提出的政治口号，最早可以追溯到资产阶级革命初期。17世纪初，英国资产阶级根据其经济利益，要求自由竞争，而自由竞争最基本的条件却是政治上的个人自主、不受等级限制。于是，英国国会于1628年提出了《权利请愿书》，其基本原则就是"保障人权"，规定人民有不受非法拘禁、处罚、摊派税债、其住宅不受非法强占的权利。后1679年的《人身保护法》和1689年的《权利法案》，均阐述了人权思想。作为人类历史上"第一个人权宣言"的1776年《美国独立宣言》庄严宣称："人人生而平等，造物者赋予他们若干不可剥夺的权利，其中包括生命权、自由权和追求幸福的权利。"真正开创人权史的则是1789年的法国《人权与公民权宣言》，它规定，"人生来就是而且始终是自由的，在权利方面一律平等""一切政治结合均旨在维护人类自然的和不受时效约束的权利""整个主权的本原根本上乃存在于国民"。正是这样一些学说和口号，从思想上瓦解了封建统治的基础，从政治上摧毁了封建政权。新兴的资产阶级以人对抗神，以人权对抗神权和君权，以致"从今以后，迷信、偏私、特权和压迫，必将为永恒的真理，为永恒的正义，为基于自然的平等和不可剥夺的人权所排挤"。[1]尽管如此，资产阶级的人权仍有一定的历史局限性和阶级局限性。

马克思主义人权观认为，人权无论是作为一种要求、一种政治主张，还是作为法定权利，它的产生、实现和发展，都必须以一定社会的经济条件为基础，"权利永远不能超出社会的经济结构以及由经济结构所制约的社会的文化发展"。[2]

人权是一个历史范畴，它不是天赋的，而是历史的产物。在阶级社会里，人是有阶级性的，因此，人权自然带有阶级的烙印。人权的作用和目的不仅在于使人获得权利，而且在于使人明确自我解放的目标和获得自我解放的手段。可见，马克思主义的人权观主张人权是市民社会成员的普遍权利，是资本主义方式的必然产物，它的存在不取决于法律而是取决于社会。

"人权"一词在国内法上大致相当于各国宪法上规定的"公民的基本权利"，而在国际法律文献中使用时，其包括的范围更广。1948年12月通过的《世界人权宣言》以及据此于1966年制定的《公民权利和政治权利国际公约》与《经济、社会及文化权利国际公约》中，"人权"不仅包括政治权利，也包括民事性权利。

民法上所讲的人身权比"人权"概念的范围要小得多，它只是指那些与权利主体的人格或身份不可分的民事权利，是人权的一个组成部分。从逻辑上看，人身权属于民事权利，而民事权利又属于人权。宪法规定了人权保护，民法只是基于宪法的委托，将宪法规定的基本权利的保护予以落实，是对宪法的实施。

第二节 人身权法律制度的历史发展

一、古代人身权法律制度

人身权是现代世界各国民事立法的一项重要内容，并随着社会的进步愈来愈为各国所重视。然而，人身权的产生与发展较之财产权的发展则缓慢得多。作为一项独立的民事法律制度，人身权是近代才逐步形成、发展起来的。

在古代社会，个人受到宗法的、家族的、身份的关系的种种束缚，很难享有并实现独立的人身权。在古罗马时期，奴隶在法律上不属于"人"的范畴，而属于"物"，被称作"会说话的工具"，其根本无人身权可言。正如盖尤斯《法学阶梯》所言："奴隶是处于主人权力之下，这种对奴隶的权力是万民法的制度；因为我们可以发现，在各民族中，主人都对奴隶拥有生存权、处死权，以及奴隶所获得的一切也就是主人获取的；根据裁判官法，或根据市民法，或根据其他替代法，奴隶被认为是每个人的财产。"在这一时期，家长对家子拥有人身权，即家长对家子拥有生杀权、出卖权、剥夺自由权等。到了共和国末期以后，虽然立法已开始对家长权作某些限制，如禁止家父杀戮家子等，家长权仍然十分强大。在我国奴隶社会，奴隶、奴婢首先被视为客体，如同财货，是剥削者占有、奴役、买卖、赠与、赏赐的对象。在家庭关系上，"父为子纲""夫为妻纲""家无二尊"，父权、夫权、家长权集于一身。父母有权教令、惩戒，甚至杀死子女。

---

〔1〕〔德〕马克思、恩格斯《马克思恩格斯选集》（第3卷），中共中央马克思恩格斯列宁斯大林著作编译局译，人民出版社1995年版，第57页。

〔2〕〔德〕马克思、恩格斯《马克思恩格斯选集》（第3卷），中共中央马克思恩格斯列宁斯大林著作编译局译，人民出版社1995年版，第143页。

封建社会，土地的多重等级占有结构，决定了农民对封建地主存在着严重的人身从属和依附关系。农民没有或只有很少的人身自由，而封建地主阶级及其总代表皇帝，则享有许多特权，包括人身权。故于此期，真正的人身权在法律上并未形成。

二、近现代人身权法律制度

近代意义上的人身权是伴随着资产阶级革命而产生的。法国资产阶级革命时期发表的《人权与公民权宣言》，力图以法律形式确立"人"所应有的一切权利，其中包括公民的人身权、财产权和政治权利。1804 年的《法国民法典》作为"典型的资产阶级社会的法典"。[1]虽对人身权未作出任何规定，但它不能不受《人权宣言》的影响。它不仅确立了作为"人"的意思表示自由、契约自由等原则，而且将"人"作为法典首卷的卷名，表示"人"在民事法律关系中的主体资格地位。1896 年公布的《德国民法典》在总则中规定了对公民姓名权的保护，并在债务关系法中对侵害生命、身体健康、自由、信用的行为规定了侵权的责任。它对人格权的保护和人身权制度的形成起到了推动作用，标志着现代法上人身权的完备。1898 年施行的《日本民法典》以《德国民法典》为蓝本，在第三编债权的侵权行为中，有"非财产损害的赔偿"的规定，提出了致他人身体、自由、名誉、生命的损害的赔偿责任。1907 年的《瑞士民法典》在总则中不仅就公民的姓名权作了规定，而且还就人格权的保护作了一般性的规定。其第 28 条明确宣称："人格关系受到不法侵害时，可请求排除侵害，诉请损害赔偿或给付一定数额的抚慰金，只有在法律明确规定的情况下始得允许。"[2]这些规定从法律上肯定人格权，确立了精神损害赔偿，初步形成了一套保护人身权的民事法律制度。

后"二战"时期，德国通过判例扩大解释立法，依法保护名誉权、隐私权、肖像权等具体人格权，联邦最高法院于 1954 年通过"读者投书案"确认一般人格权。[3]随着互联网技术发展，美国也依法确认隐私权作为受宪法保障的权利，并确认了保护个人信息的相关立法。[4]

三、社会主义国家人身权法律制度

人身权民事法律制度在社会主义国家的民事立法历程中，也经历了一个逐步发展和完善的过程。1922 年的《苏俄民法典》中，调整人身关系的条文很少，仅在第十三章"致人损害所生之债"中规定了对生命、健康损害的财产赔偿。1964 年施行的新《苏俄民法典》在人身权的保护范围方面有了明显的扩展，除了债编中保留保护生命、健康的规定外，还在总则中专门增加了保护名誉和尊严的条文。此后，在东欧各社会主义国家的民事立法中，凡是制定了民法典的，几乎都对人身权的保护作了较为系统的规定，如 1964 年通过的《捷克斯洛伐克民法典》和 1977 年重新修订的《匈牙利民法典》中，被列为人身权的客体加以保护的有公民的身体、健康、姓名、名誉、尊严、肖像以及录音、私人文件、私人住宅等。《匈牙利民法典》还宣告对公民因性别、民族出身而实行歧视、妨害公民信仰自由、限制人身自由、侵犯通信秘密等行为，都是侵害人身权的行为，并摈弃了对人格的侵害不能用金钱加以赔偿的观点，首次在社会主义国家的民事立法上确立了精神损害赔偿制度。尽管这

---

〔1〕〔德〕马克思、恩格斯：《马克思恩格斯选集》（第 4 卷），中共中央马克思恩格斯列宁斯大林著作编译局译，人民出版社 1995 年版，第 248 页。

〔2〕《瑞士民法典》，殷生根译，法律出版社 1987 年版，第 7～9 页。

〔3〕王利明主编：《民法典·人格权法重大疑难问题研究》，中国法制出版社 2007 年版，第 544～545 页。

〔4〕杨立新：《人格权法》，法律出版社 2015 年版，第 14 页。

些国家现行的政治制度、经济制度发生了变化，但在民事立法上对人身权加以确认和保护的规定并未改变，且在不断完善。

我国《民法通则》（已失效）从国情出发，借鉴各国民法的先进经验，对自然人和法人的人身权利作了专节规定，并赋予相当重要的地位。从具体规定来看，《民法通则》（已失效）明确宣告公民的生命健康权、姓名权、肖像权、名誉权、荣誉权、人格尊严、婚姻自主权和法人的名称权、名誉权及荣誉权均受法律保护，且对其中的大多数权利都从确认权利内容和禁止侵权行为两个方面加以规定。《民法通则》（已失效）还在第六章"民事责任"中相应地规定了侵害各种人身权所应承担的民事责任，规定了对精神损害可以请求物质赔偿。就如何正确确定精神损害赔偿责任，2021 年 1 月 1 日施行的《最高人民法院关于确定民事侵权精神损害赔偿责任若干问题的解释》作了详尽解释。2010 年 7 月 1 日起施行的《中华人民共和国侵权责任法》（以下简称《侵权责任法》，已失效）不仅将生命权、健康权、姓名权、名誉权、荣誉权、肖像权、隐私权、婚姻自主、监护权等界定为民事权益，并明确规定侵害他人人身权益，造成他人严重精神损害的，被侵权人可以请求精神损害赔偿。如果明知产品存在缺陷仍然生产、销售，造成他人死亡或者健康严重损害的，被侵权人还有权请求相应的惩罚性赔偿。2017 年 10 月 1 日施行的我国《民法总则》（已失效），不仅就具体人格权和身份权作了明确规定，而且增加了对一般人格权和自然人个人信息保护的规定。2021 年 1 月 1 日施行的我国《民法典》，首次在立法上将人格权独立成编，并就人格权的类型、权利的行使及保护规则作了规定。2021 年 11 月 1 日起施行的《中华人民共和国个人信息保护法》（以下简称《个人信息保护法》），在有关法律的基础上，进一步细化、完善了个人信息保护应遵循的原则和个人信息处理规则，明了个人信息处理活动中的权利义务边界，健全了个人信息保护工作体制机制。目前，我国对于人身权保护的单行法，已有《中华人民共和国妇女权益保障法》（以下简称《妇女权益保障法》）、《中华人民共和国残疾人保护法》（以下简称《残疾人保护法》）、《中华人民共和国未成年人保护法》（以下简称《未成年人保护法》）、《中华人民共和国消费者权益保护法》（以下简称《消费者权益保护法》）、《个人信息保护法》等。《民法典》及单行法规定都是我国民事立法中人身权法律制度已基本确立的重要标志。《民法典》是调整民事主体间人身权民事法律关系的重要立法，也是人民法院正确处理人身权纠纷的重要法律依据。

第三节 人身权法律关系

人身权法律关系，是民法调整一定社会中的民事人身关系而在当事人之间形成的具有民事权利义务内容的一种民事法律关系。我国《民法典》第四编第 989 条规定："本编调整因人格权的享有和保护产生的民事关系。"人身权法律关系与其他民事法律关系一样，由主体、内容、客体三个要素构成。但由于人身权法律关系是围绕着民事主体的人身利益而产生的，其构成要素的内部结构不同于一般财产权法律关系。

一、人身权法律关系的主体

人身权法律关系的主体是指人身权法律关系中享有权利或承担义务的人。其中享有权利的人为权利主体，可以是自然人、法人或非法人组织等；负有义务的人是义务主体。依我国《民法典》的规定，自然人从出生时起到死亡时止，即享有民事权利能力，具有民事主体资格，同时也就成为人身权的主体。而当自然人死亡、民事权利能力消灭时，其人身权主体的资格也同时消失。法人或非法人组织作为人身权主体的资格始于成立，终于终止，是与其法律生命共始终的。由于人身权主体的资格与主体在法律上的人格不可分离，因此，民事主体法律上人格的存在与否是断定其是否享有人身权的首要标准。这与财产权法律关系不同，财产权是离开权利主体的人身而单独存在的权利，是一种身外权，只要该项财产存在，就可依法取得而成为该项财产的权利主体。

人身权是一种绝对权，其义务主体为权利主体以外的任何人。而财产权法律关系的义务主体，有的（如所有权法律关系）是除权利主体以外的不特定的任何人，有的（如债权法律关系）是特定的相对人。

二、人身权法律关系的内容

人身权法律关系的内容是指权利主体所享有的权利和义务主体所负有的义务。凡具有法律人格的自然人或社会组织，除自然人依法享有一般人格权外，都享有具体的人格权，并根据其自身状况享有一定的身份权。就自然人而言，其人身自由权及人格尊严权属于最基本的、一般人格权；具体还包括生命权、健康权、身体权、肖像权、姓名权、名誉权、荣誉权、隐私权、婚姻自主权及个人数据信息保护等人格权，是人与生俱来、一律平等的，且只需有出生和生命延续这一法律事实便可取得。就法人或非法人组织而言，其人格权主要包括名称权、名誉权、荣誉权等。身份权是基于一定的身份事实而产生的，自然人依法取得后，要以其身份事实的存在方能享有该种身份权。该身份事实一旦消灭，其特定的身份权也随之消灭。比如，只有履行结婚登记手续的男女双方，才享有具体的配偶权。当然，基于身份权与人格权的共性，我国《民法典》第 1001 条规定："对自然人因婚姻家庭关系等产生的身份权利的保护，适用本法第一编、第五编和其他法律的相关规定；没有规定的，可以根据其性质参照适用本编人格权保护的有关规定。"

人身权法律关系中义务主体所负担的义务，通常都是一种不作为的义务，即不得妨碍、侵害、干涉人身权主体对其权利的行使或其权利享有状态的保持。

三、人身权法律关系的客体

人身权法律关系的客体是指权利和义务所共同指向的对象。与一般财产权和知识产权的客体不同，人身权法律关系的客体既不是物也不是行为或智慧成果，而是一种无形的不直接反映为财产内容的人身利益。人身利益是精神利益在民法上的用语，是指民事主体因享有人身权而得到的心理上、生理上、生产经营上以及从事民事活动等方面不可缺少的切身利益。一般情况下，人身利益主要表现为以下两种形式：

（一）人格利益

人格利益为人格权所保护的对象，主要包括以下内容：

1. 人格尊严。人格尊严是自然人对自身价值的认识及社会和他人对其客观评价的结合。

2. 人身自由。人身自由包括自然人身体自由和精神自由两个方面。身体自由，即行为的自由，指自然人按照自己的意志和利益，在法定范围内作为或不作为的状态；精神自由，即决定意思的自由，是自然人按照自己的意志和利益，在法定范围内自主思维的状态。

3. 生命。生命是指人的生理活动能力正常延续，并不受非法剥夺。生命是人身权主体最基本、最重要的人身利益，是主体享有其他一切权益的基础。

4. 健康。健康是以人体生理机能完整、无缺陷和疾病并正常运行和发挥作用为内容的人格权。健康包括生理健康和心理健康两个方面。

5. 身体。身体是指自然人的生理组织整体，包括主体部分和附属部分受到正常维护并不受非法侵害。

6. 肖像。肖像是自然人个人真实形象通过造型艺术或其他客观形式的再现，自然人有权排除他人非法侵害。

7. 姓名和名称。姓名是自然人的代号，由自然人决定、使用或变更并排除他人非法侵害。名称是一个法人或非法人组织区别于其他法人或非法人组织的标志，专属于特定法人或非法人组织享有并排除他人非法侵害。

8. 名誉。名誉是特定人因其观点、行为、作风、工作表现等所形成的有关品德、才干、素质等方面应有的社会评价的总和。

9. 荣誉。荣誉是特定人从社会特定组织获得的专门性的积极评价。

10. 个人信息。个人信息是以电子或者其他方式记录的与已识别或者可识别的自然人有关的各种信息。

11. 信用。信用是民事主体所具有的秉承诚实、恪守承诺的能力在社会上获得的相应的信赖与评价。

（二）身份利益

身份利益为身份权所保护的对象，主要体现为特定相对人之间的人身权益。如配偶权所保护的是配偶之间的人身权益，以配偶另一方为相对人；亲权是父母与未成年子女之间的人身权益，以未成年子女为相对人；亲属权是家庭成员之间的人身权益，以被赡养、抚养、扶养成员为相对人；监护权是监护人与被监护人之间的人身权益，以被监护人为相对人等。

■ **思考题**

1. 人身权有何特征？
2. 人身权法律关系的客体有哪些？

■ **参考书目**

1. 江平主编：《民法学》，中国政法大学出版社 2007 年版。
2. 张俊浩主编：《民法学原理》（上、下册），中国政法大学出版社 2000 年版。
3. 陈甦、谢鸿飞主编：《民法典评注人格权编》，中国法制出版社 2020 年版。
4. 杨立新：《人格权法》，法律出版社 2015 年版。
5. 王利明主编：《民法典·人格权法重大疑难问题研究》，中国法制出版社 2007 年版。

第十二章　人身权种类和内容

第一节　一般人格权

　　一般人格权是指民事主体享有的、包括人格独立、人格自由和人格尊严的一般人格利益。我国《民法典》第 109 条规定，自然人的人身自由、人格尊严受法律保护。学界普遍认为这一规定是我国立法对一般人格权的规定。该规定彰显了一般人格权以人身自由、人格尊严为核心价值，具体人格权不得违反一般人格权原则规定，当具体人格权无法保护的其他人格利益受到侵害时，可采用一般人格权提供法律保护。一般人格权是自然人为维护自己的民事主体地位，充分享受民事权利的基本条件。人身自由权范围广泛，我国宪法规定公民依法享有言论、出版、集会、结社、游行、示威、宗教信仰、通信等自由权。人身自由权不仅是一种民事权利，同时也是一种政治权利。

一、人身自由权

　　人身自由权是指自然人依法享有的其人身和行动完全由自己支配而不受任何组织或个人非法限制或侵害的权利。它是自然人最起码、最基本的权利，也是自然人参加政治、文化、社会、诉讼等活动和享受其他权利的先决条件。

　　自然人的人身自由权，主要内容表现为自然人不受非法拘禁、逮捕和搜查。人身自由依法受到保护。我国《宪法》第 37 条规定："中华人民共和国公民的人身自由不受侵犯。任何公民，非经人民检察院批准或者决定或者人民法院决定，并由公安机关执行，不受逮捕。禁止非法拘禁和以其他方法非法剥夺或者限制公民的人身自由，禁止非法搜查公民的身体。"据此，除对人身自由权的合法限制外，任何个人和组织均不得侵害自然人的人身自由。对侵害自然人人身自由权的，行为人除依法承担民事责任或行政责任外，构成犯罪的，还应依法承担刑事责任。如我国《刑法》第 238 条规定："非法拘禁他人或者以其他方法非法剥夺他人人身自由的，处三年以下有期徒刑、拘役、管制或者剥夺政治权利。具有殴打、侮辱情节的，从重处罚。犯前款罪，致人重伤的，处三年以上十年以下有期徒刑；致人死亡的，处十年以上有期徒刑。使用暴力致人伤残、死亡的，依照本法第二百三十四条、第二百三十二条的规定定罪处罚。为索取债务非法扣押、拘禁他人的，依照前两款的规定处罚。国家机关工作人员利用职权犯前三款罪的，依照前三款的规定从重处罚。"

1. 言论、出版、集会、结社、游行、示威自由权。我国《宪法》第 35 条规定："中华人民共和国公民有言论、出版、集会、结社、游行、示威的自由。"这些规定是自然人关心国家大事、表达自己的见解和愿望以及参加国家政治生活不可缺少的民主自由权。言论自由权是指宪法规定的自然人通过口头或书面以及著作表达自己意见的一种权利。从广义上讲，出版也包含在言论自由之内，但二者表达形式不同。结社自由权是宪法赋予自然人为一定宗旨组成某种社会组织的权利。国家依法保护自然人该种自由权，但禁止敌对势力和敌对分子假借这种自由进行破坏活动。集会自由权是自然人依法享有为某种需要聚集在一定场所商讨问题或表达意愿的权利。游行自由权则为自然人依法享有采取列队行进方式表达意愿的权利。自然人通过集会或游行来表达强烈意愿的权利，即为示威自由权。

上述权利依法受到保护，一旦受到非法侵害时，其救济方式与人身自由权的救济方式基本相同。

2. 通信自由权。自然人的通信，包括信件、电报、电话等。通信自由权是指自然人依法按照自己的意愿，采用信件、电报、电话等形式向他人表达自己意思的权利。除国家有关部门依法对自然人信件、电报实施扣押和检查外，任何组织和个人不得非法干涉，不得非法扣押、隐匿或毁弃他人的信件。

按照我国《刑法》第 252 条、第 253 条的有关规定，非法隐匿、毁弃或者非法开拆他人信件，侵犯公民通信自由权利，情节严重的，处 1 年以下有期徒刑或者拘役；如果是从事邮电工作的人员利用职务之便私自开拆或者隐匿、毁弃邮件、电报的，处 2 年以下有期徒刑或者拘役；如果邮电工作人员私自开拆或毁弃邮件、电报，同时还窃取了其中的财物，则按盗窃罪从重处罚，可处自拘役至无期徒刑。

3. 住宅自由权。住宅是自然人居住和生活的处所。住宅自由权是自然人依法享有选择住宅并不受侵害的权利。住宅是自然人日常生活、休息的场所，依法保护自然人的住宅不受侵犯，有利于自然人安定生活、学习、休息和生产，也有利于社会秩序的稳定。

自然人的住宅自由权依法受到保护。我国《宪法》第 39 条规定："中华人民共和国公民的住宅不受侵犯。禁止非法搜查或者非法侵入公民的住宅。"据此，除依法进入、搜查、拆除自然人住宅外，任何组织和个人不得侵犯自然人的住宅自由权。依《刑法》第 245 条规定，非法搜查他人住宅或者非法侵入他人住宅的，处 3 年以下有期徒刑或者拘役。

4. 婚姻自主权。婚姻自主权又称婚姻自由权，是涉及自然人婚姻关系的一项重要的人格权，是指自然人依法享有的按照自己的意志、自主自愿地结婚或离婚，不受他人非法干涉的权利。婚姻自由是我国《宪法》规定的一项原则，也是公民基本权利的一项重要内容。对此，《民法典》第 1041 条第 2 款规定，实行婚姻自由、一夫一妻、男女平等的婚姻制度。我国《民法典》第 110 条也规定，自然人享有婚姻自主权。可见，婚姻自由在我国不仅是自然人的一项重要权利，也是一种重要的法律制度。婚姻自主权包括结婚自由和离婚自由两方面。结婚自由是指自然人有权自己做主，决定其婚姻状况，即是否结婚、和谁结婚及何时结婚等，其他任何组织和个人都不能强制和干涉。离婚自由是男女任何一方基于夫妻感情确已破裂而提出解除婚姻关系的请求，经调解无效而解除婚姻关系的自由。

自然人的婚姻自由权依法受到保护，禁止买卖、包办婚姻和其他干涉婚姻自由的行为。依《刑法》257 条规定，凡以暴力干涉他人婚姻自由，构成犯罪的，处 2 年以下有期徒刑或者拘役；若因暴力干涉他人婚姻自由致使被害人死亡的，则处 2 年以上 7 年以下有期徒刑。

二、人格尊严权

人格尊严权是一个极其抽象的概念，通常与人格独立、人格自由密切关联。人格独立强调的是人的客观地位；人格自由注重的是人的主观状态；而人格尊严则是一种主观状态与客观状态相结合的产物。就主观状态而言，人格尊严是自然人对自身价值的认识；从客观状态来看，人格尊严又是社会、他人对特定主体的最起码的做人的资格的评价。人格尊严权是指自然人对自身人格价值的认识和他人、社会对其做人资格的评价依法所享有的不可侵犯的权利。我国《宪法》第38条规定："中华人民共和国公民的人格尊严不受侵犯。禁止用任何方法对公民进行侮辱、诽谤和诬告陷害。"我国《民法典》第109条、第991条分别规定，人格尊严受法律保护；民事主体的人格权受法律保护，任何组织或者个人不得侵害。人格尊严权涵盖范围较广，立法上大多将其作为一种宣誓性和包容性权利予以规定。

第二节　生命权、身体权与健康权

生命健康权是指自然人对己身所享有的生命维持与安全、身体健康、生理机能完整的人身权利。它是自然人参加一切社会活动，享有任何其他权利的基础，也是自然人最重要的人身权。我国《民法典》第110条规定了自然人享有生命健康权等，生命健康权一般包括自然人的生命权、身体权和健康权。

一、生命权

生命权是自然人以其生命维持和安全利益为内容的人格权。生物学意义上的生命是指由高分子的核酸蛋白体和其他物质组成的生物体所具有的特有现象。而法律上的生命则是指能够独立呼吸并能进行新陈代谢的活的有机体，是人赖以存在的前提，也是自然人行使其他民事权利的基础。生命的存在和生命权的享有，是每个自然人的最高人身利益。如果生命终止了，自然人的其他任何人身权利，也就全部失去了意义。因此，我国《民法典》第1002条从两个方面就自然人的生命权作了规定：一方面是自然人的生命安全，学者称之为"享受生命安全人格利益的权利"，[1] 即生命利益的维持自由，非经正当程序和依法审批，不得剥夺自然人的生命；另一方面是自然人的生命尊严，即生命安全是维护物理意义上的生命延续，而生命尊严则是从伦理属性意味着自然人有权追求生命的高质量。

二、身体权

身体权，即自然人对其躯体、器官及其他组织的完整和行动自由所享有的人格权。假肢、假牙已构成肢体不可分离的一部分，亦应属于身体，但可以自由装卸者不属于身体。身体是人的生命和健康得以存在的物质载体。无身体，也就无所谓生命、健康。身体权为自然人对肢体、器官和其他组织依法享有的完整和自由的权利。我国《民法典》第1003条规定："自然人享有身体权。自然人的身体完整和行动自由受法律保护。任何组织或者个人不得侵害他人的身体权。"与自然人的生命权不同，身体权主要保护的是人的肢体、器官和其他组织的完整和自由。但自然人可以将身体的血液、骨髓、器官等进行捐赠，也可以将遗体捐赠。但我国禁止以任何形式买卖人体细胞、人体组织、人体器官和遗体。

三、健康权

健康权是自然人以其器官乃至整体的功能利益为内容的人格权。我国《民法典》第

---

[1]　史尚宽：《债法总论》，中国政法大学出版社2000年版，第146页。

1004 条规定："自然人享有健康权。自然人的身心健康受法律保护。任何组织或者个人不得侵害他人的健康权。"健康与生命互相联系而又不相同。生命是健康的前提和条件，没有生命，无所谓健康；但有生命也不一定健康。

保护自然人的生命、身体和健康，是我国各个法律部门的共同任务。司法实践中，侵害生命权、身体权和健康权的违法行为主要表现为三种：①侵害生命权，即非法剥夺他人生命；②侵害身体权，即因直接伤害行为或不履行法律规定的义务而伤害自然人身体完整，包括侮辱、损害遗体、损害骨灰等；③侵害健康权，即违反环境保护法或违反相邻关系法律准则，以污染物、噪音等损害他人健康。对侵害自然人生命权、身体权、健康权的行为，根据侵害行为的性质、情节和危害程度等，可相应追究加害人的民事责任、行政责任、刑事责任。我国《刑法》第 232～235 条，对故意杀人或过失致人死亡、故意伤害等严重侵害他人生命、身体和健康的犯罪行为分别规定给予不同的刑事处罚，最高可判处死刑。《中华人民共和国治安管理处罚法》（以下简称《治安管理处罚法》）第 40～45 条，对侵害他人生命权、身体权和健康权，尚不够刑事处罚的违法行为人规定给予一定的行政处罚，包括拘留和罚款。但是，对于侵害自然人生命权、身体权和健康权的行为，不论是追究刑事责任，还是行政责任，都不能排除民事责任的承担。通常情况下，大部分侵害自然人生命权、身体权和健康权的行为，可能不构成犯罪，或未达到承担行政责任的程度，但一般都能依照我国《民法典》相关规定令其承担民事责任。

第三节　姓名权和名称权

一、姓名权

姓名包括姓氏和名字两个部分。姓名权是自然人依法享有的决定、使用、改变自己姓名，并排除他人侵害的权利。我国《民法典》第 1012 条规定："自然人享有姓名权，有权依法决定、使用、变更或者许可他人使用自己的姓名，但是不得违背公序良俗。"具有一定社会知名度，被他人使用足以造成公众混淆的笔名、艺名、网名、译名、字号、姓名和名称的简称等，参照适用姓名权和名称权保护的有关规定。姓名权作为自然人的一项重要的人格权，主要包括下列内容：

（一）姓名的命名权

姓名的命名权即自然人有权决定自己的姓名。每一个自然人都有权依照法律和有关规定，决定自己的姓名、别名、笔名、艺名、网名等，任何人无权干涉。一般情况下，我国自然人出生后进行户籍登记时，可由父母协商确定子女的称姓；子女有识别能力时亦可自行选择姓氏。如我国《民法典》规定，子女可以随父姓，也可以随母姓，也可以在父母姓氏之外选取符合法律规定的姓氏。

（二）姓名的使用权

姓名的使用权即自然人有权使用自己的姓名。自然人对自己的姓名享有专用权，任何人无权加以阻止。同时，自然人也有权请求他人正确使用自己的姓名。但在具有法律意义的证件、契据、文件及向司法机关作证等场合，自然人必须使用登记的姓名。

（三）姓名的变更权

姓名的变更权即自然人有权变更自己的姓名。自然人的姓名在其出生后即记入户籍登记簿，成为一项重要的人身权利。自然人可以改变自己的姓名，但必须依照有关规定申请户籍管理机关批准，并在户籍簿和身份证上作变更登记。

（四）许可他人使用权

许可他人使用权实质上是姓名使用权的一项内容，系我国《民法典》对姓名权能的新增规定，也是对姓名利益与自然人主体适当分离在立法上的肯认。许可他人使用权一般发生在商业场景，但是依照法律规定或者根据其性质不得许可的除外。

二、名称权

名称权是法人、非法人组织依法享有的决定、使用、改变其名称，并排除他人非法侵害的权利。法人、非法人组织的名称作为民事主体存在的重要条件，是一法人、非法人组织区别于他法人、非法人组织的标志。法人、非法人组织的名称通常必须反映其营业性质、业务活动范围、隶属关系，且只能使用一个法定名称。非法人组织虽不具有法人资格，但能够依法以自己的名义从事民事活动。我国《民法典》第 1013 条规定："法人、非法人组织享有名称权，有权依法决定、使用、变更、转让或者许可他人使用自己的名称。"

名称转让权是指法人、非法人组织转让自身名称给他人的权利。依据我国修订后的《企业名称登记管理规定》规定，企业名称转让或者授权他人使用的，相关企业应当依法通过国家企业信用信息公示系统向社会公示。《民法典》第 1016 条第 1 款亦规定，法人、非法人组织决定、变更、转让名称的，应当依法向有关机关办理登记手续，但是法律另有规定的除外。

侵犯他人姓名权、名称权的违法行为主要有三种：①干涉他人决定、使用自己的姓名、名称，即强迫他人使用或不使用姓名、名称，或者强迫他人使用或不使用某个姓名、名称，强迫其变更姓名、名称等。②盗用他人的姓名、名称，即不经他人同意而使用其姓名、名称。盗用是指未经他人授权，即擅自使用他人的姓名、名称，以他人的名义进行民事活动，或从事不利于他人、不利于社会公共利益的活动等。③假冒他人的姓名、名称，即冒名顶替，包括冒充他人的姓名、名称，或故意利用相同或近似的姓名、名称，冒充他人参与民事活动，以牟取私利、损害他人的情况。受害人得自力加以制止，或者依法请求加害人恢复原状、消除影响、赔礼道歉，以及赔偿损失；情节严重、危害程度大的，除承担民事责任外，还要依法追究有关人员的行政责任；情节严重、构成犯罪的，依法追究刑事责任。

第四节 肖像权

我国《民法典》第四编第四章对肖像权在立法上首次作了专章规定，依法确立了系统完整的肖像权内容和具体保护规则。

一、肖像

我国《民法典》首次对肖像权保护对象作出了规定，即肖像是通过影像、雕塑、绘画等方式在一定载体上所反映的特定自然人可以被识别的外部形象。这一规定表明了肖像是与人身不可脱离的外部形象。自然人的外部形象主要包括：一是自然人的容貌，即自然人的脸部形象。自然人外部形象的反映，大多是以自然人的面部为中心的形态及神态的表现。[1] 二是自然人的体貌，即除自然人容貌外，其他足以呈现自然人外部形象者，但不包括可通过著作权获得保护的表演者塑造的形象等。

---

[1] 王利明：《人格权法研究》，中国人民大学出版社 2018 年版，第 418 页。

二、肖像权

肖像权是指自然人通过造型艺术或其他形式在客观上再现自己形象所享有的专有权。我国《民法典》第 1018 条第 1 款规定："自然人享有肖像权，有权依法制作、使用、公开或者许可他人使用自己的肖像。"自然人有权同意或不同意在造型艺术作品或其他客观形式中再现自己的形象；同意或不同意某一社会组织或个人使用其肖像；以及同意或不同意在某种范围内以何种方式使用其肖像。自然人的肖像权主要表现在如下两方面：

（一）形象再现权

形象再现权即自然人享有通过造型艺术或其他形式来再现自己形象的专有权，通常表现为制作肖像的决定权和实施权。自然人可以自己拥有肖像，任何人不得侮辱、损坏他人的肖像，不得未经本人同意制作、取得他人的肖像。

（二）肖像使用权

肖像使用权即自然人享有是否允许对其肖像进行传播、展览、复制、用作广告或商标等的专有权。自然人可以同意、也可以不同意他人使用自己的肖像。除法律另有规定外，未经本人许可，他人不得公开使用自然人的肖像。至于实践中出现的多个自然人的肖像并存在一个载体上而作为一个整体，每个自然人对其肖像各自独立享有使用权；如果对整体肖像进行使用，则需获得自然人对各自肖像权的分别授权。

三、肖像的合理使用

肖像权属于自然人的个体权利，但基于公共利益的考量，权利行使过程中也会受到一定的限制，即在法律规定的情形下合理使用他人肖像可以不经肖像权人同意。我国《民法典》第 1020 条首次对肖像的合理使用作出了具体规定，通过立法平衡肖像涉及的个人权益与公共利益。行为人合理实施下列行为的，可以不经肖像权人同意：

1. 为个人学习、艺术欣赏、课堂教学或者科学研究，在必要范围内使用肖像权人已经公开的肖像；

2. 为实施新闻报道，不可避免地制作、使用、公开肖像权人的肖像；

3. 为依法履行职责，国家机关在必要范围内制作、使用、公开肖像权人的肖像；

4. 为展示特定公共环境，不可避免地制作、使用、公开肖像权人的肖像；

5. 为维护公共利益或者肖像权人合法权益，制作、使用、公开肖像权人的肖像的其他行为。

自然人享有的肖像权依法受保护，任何组织或者个人不得以丑化、污损，或者利用信息技术手段伪造等方式侵害他人的肖像权。未经肖像权人同意，不得制作、使用、公开肖像权人的肖像，但是法律另有规定的除外。实践中应注意区分肖像权人与肖像作品权人的不同。肖像作品依法产生著作权，但未经肖像权人同意，肖像作品权利人不得以发表、复制、发行、出租、展览等方式使用或者公开肖像权人的肖像。

第五节 名誉权和荣誉权

一、名誉权

名誉是对民事主体的品德、声望、才能、信用等的社会评价。名誉权则为自然人、法人或非法人组织对自己在社会生活中所获得的社会评价即自己的名誉，依法所享有的不可侵犯的权利。名誉的好坏直接关系到民事主体在社会上的地位、尊严和信誉，并可能对其参与民事活动以及其他社会活动的机会产生影响。根据我国《民法典》第 1024 条第 1 款规定:"民事主体享有名誉权。任何组织或者个人不得以侮辱、诽谤等方式侵害他人的名誉权。"可见,名誉权主要包括自然人名誉权和法人或非法人组织名誉权。

损害自然人、法人或非法人组织名誉权的行为,一般是通过散布有关自然人、法人或非法人组织的不真实情况,损害社会对该自然人、法人或非法人组织的评价。较为常见的有:新闻报道中的严重失实行为;文学作品、演讲中的诽谤行为;通过网络或其他媒体传播谣言侮辱他人的行为;诬陷行为;公开他人隐私的行为;等等。对这些侵害行为,受害人得自力制止,也可依法请求加害人停止侵害、排除妨碍、赔礼道歉、恢复名誉、消除影响和赔偿损失。凡用侮辱、诽谤等方式或通过信息网络实施侮辱、诽谤等方式侵犯他人名誉,情节严重,构成犯罪的,应按照我国《刑法》第 246 条追究其刑事责任,并附带民事赔偿。

二、荣誉权

荣誉权为自然人、法人或非法人组织依法享有的保持自己的荣誉称号,并不受非法剥夺的权利。我国《民法典》第 1031 条第 1 款规定,民事主体享有荣誉权。任何组织或者个人不得非法剥夺他人的荣誉称号,不得诋毁、贬损他人的荣誉。从其性质看,它具有严格的人身属性,与权利主体不可分离,既不可转让,也不受非法剥夺;从其权利义务主体看,它属于绝对权,权利主体仅凭自身行为就可享有和实现自己的权利,其他不特定的任何人均负有不妨碍和不侵犯的义务;从其内容看,该权利并无财产内容,但它可成为自然人、法人或非法人组织获取财富和从事民事活动的前提和基础。

(一)荣誉和名誉

荣誉和名誉一样,都是社会对特定的自然人、法人或非法人组织行为的一种评价,在某些方面有一定的关联性,如获得荣誉称号能提高人的名誉,使之较其他人具有更高的名誉;而侵害了荣誉权,往往也就侵害了名誉权。但荣誉权与名誉权仍有很大不同,其主要的区别点在于:

1. 取得的方式不同。名誉权是法律赋予每个自然人、法人或非法人组织对自己的名誉依法享有的不可侵犯的权利,该权利的取得,不需任何其他条件。而荣誉权虽为每一个自然人、法人或非法人组织可以取得的权利,但又不是每个自然人、法人或非法人组织都能取得的,因为除了法律规定的之外,它必须通过自己的劳动,对社会作出重大贡献并受到国家机关或社会组织的表彰、授予荣誉称号时才能取得。

2. 范围不同。名誉权是每一个自然人、法人或非法人组织普遍享有的人身权,只要作为一个民事主体,便可享有一定的名誉权。而荣誉权并非每个自然人、法人或非法人组织都享有,只有某些特定的自然人、法人或非法人组织才能享有。因此,名誉权具有普遍性,而荣誉权则具有专属性。

3. 内容不同。名誉是社会对每一个自然人、法人或非法人组织的品德、生活作风、才干、声望等方面的评价;荣誉则为国家机关或社会组织对某一特定的自然人、法人或非法人组织授予的一种特殊名誉。

4. 消灭不同。名誉权通常无法剥夺和限制,而荣誉权则不同,在法定事由发生时,对自然人、法人或非法人组织已经获得的荣誉称号可依法予以剥夺。如获得荣誉称号的自然人有犯罪行为被判处徒刑,依法院的判决剥夺其荣誉称号;自然人、法人或非法人组织以虚报事实等不正当方式骗取荣誉称号,经查实后由原授予单位作出决定予以撤销;自然人、法人或非法人组织有其他违反法律或社会公德的行为,显然与荣誉称号获得者的身份不相称时,也可由有关国家机关作出决定予以剥夺等。

（二）荣誉权的取得和保护

按照有关法律的规定，自然人、法人或非法人组织的荣誉因其种类不同，荣誉权的取得也不同。

1. 因科学技术研究及技术进步而取得的荣誉权。该类荣誉权所涉及的荣誉主要包括：发明奖、合理化建议和技术改进奖、自然科学奖、科学技术进步奖等。

2. 因企业产品质量而取得的荣誉权。

3. 自然人因尽职尽责而取得的荣誉权。例如记功、记大功、授予先进工作（生产）者荣誉称号等。

4. 其他荣誉权。自然人、法人或非法人组织依法取得的其他荣誉，如模范教师、优秀党员、文明单位、先进集体等。

我国《民法典》第 110 条规定，自然人、法人或非法人组织均享有荣誉权。据此，凡侵犯自然人、法人或非法人组织的荣誉权，包括非依法定程序取消荣誉获得者的荣誉称号或资格，取消荣誉称号获得者应得的奖章、证书和奖励等行为，均构成侵权行为。

为传承和弘扬英雄烈士精神、爱国主义精神，培育和践行社会主义核心价值观，针对现实中出现的以各种形式诋毁、侮辱、诽谤英雄人物、丑化英雄人物形象、贬低英雄人物名誉，削弱英雄人物精神价值的现象，我国《民法典》第 185 条规定，侵害英雄烈士等的姓名、肖像、名誉、荣誉，损害社会公共利益的，应当承担民事责任。备受社会关注的"狼牙山五壮士"后人诉洪某名誉权、荣誉权纠纷案，法院通过判决，责令侵权人立即停止侵权、公开赔礼道歉并消除影响，保护了英雄人物的名誉与荣誉，维护了社会公共利益。

第六节　隐私权和个人信息保护

一、隐私权

隐私是指自然人的私人生活安宁和不愿为他人知晓的私密空间、私密活动、私密信息。一般包括自然人个人生活中不愿为他人公开或知悉的秘密，包括个人生活、个人日记、相簿、储蓄及财产状况、生活习惯、个人信息及通讯秘密等。隐私权亦称个人生活秘密权或生活秘密权，是指自然人不愿公开或让他人知悉个人秘密的权利。

隐私权是人类文明发展的结果。一般认为，这一概念起源于美国法理学家沃伦（Warren）和布兰代斯（Brandeis）合写的题为《私生活秘密权》的论文，该论文于 1890 年在《哈佛法学评论》上发表。到 20 世纪 70 年代，美国相继制定了与保护隐私权有关的法律。美国于 1970 年制定了《公开签账账单法》；于 1974 年制定了《隐私权法》《家庭教育及隐私权法》《财务隐私权法》；于 1978 年制定了《质询自由法》等。随后，世界上许多国家都将隐私权作为一种宪法权利加以保护。《保加利亚宪法》第 32 条、《希腊宪法》第 9 条均规定，私生活和家庭生活不受非法干预；《荷兰宪法》第 10 条、《马耳他宪法》第 33 条规定，私生活依法受尊重；《西班牙宪法》第 18 条规定了个人和家庭隐私权；《土耳其宪法》则将隐私权分为个人的生活秘密、住宅不受侵犯、通讯自由三项权利等。由于各国以法律形式肯认隐私权，使得权利的保护发展较快，并引起国际社会的关注。联合国大会 1948 年通过的《世界人权宣言》第 12 条规定："任何人的私生活、家庭、住宅和通信不得任意干涉，他的荣誉和名誉不得加以攻击。人人有权享受法律保护，以免受这种干涉或攻击。"1966 年联合国大会通过的《公民权利和政治权利国际公约》也作了类似规定，并指出刑事审判应该公开进行，但为了保护个人隐私，可以不公开审判。

　　我国隐私权观念引进时间虽不长，但《宪法》和许多法律中均有隐私权保护性条款。如我国《宪法》第38~40条规定，公民的人格尊严不受侵犯；公民的住宅不侵犯；公民的通信自由和通信秘密受法律保护。《民法典》第110条第1款亦规定，自然人享有隐私权。《刑法》及其他部门法有关条款都规定了对公民的隐私权依法予以保护。此外，《刑事诉讼法》《民事诉讼法》《中华人民共和国行政诉讼法》（以下简称《行政诉讼法》）有关条款，也从程序法上规定了对隐私权的保护。

　　隐私权的范围包括私密空间、私密活动和私密信息。主要表现为通信秘密与个人生活秘密。通信秘密在于保护自然人信件、电报、电话及谈话的内容，非法公开他人电报、电话、信件、谈话的内容，为侵害自然人通信秘密权利的违法行为。个人生活秘密在于保护自然人个人的私生活、日记、财产状况、生活习惯、往事以及不愿为他人所知悉的有关事实，非法公开他人生活秘密，为侵害自然人个人生活秘密权利的违法行为。此外，自然人或法人的营业秘密，亦属于人身权范围，依法同样受到保护。

　　隐私权依法受保护，我国《民法典》第1033条规定，除法律另有规定或者权利人明确同意外，任何组织或者个人不得实施下列行为：①以电话、短信、即时通讯工具、电子邮件、传单等方式侵扰他人的私人生活安宁；②进入、拍摄、窥视他人的住宅、宾馆房间等私密空间；③拍摄、窥视、窃听、公开他人的私密活动；④拍摄、窥视他人身体的私密部位；⑤处理他人的私密信息；⑥以其他方式侵害他人的隐私权。一旦构成侵害他人隐私权的非法行为，加害人除依法承担停止侵害、消除影响、恢复名誉、赔礼道歉以及赔偿损失等民事责任或行政责任外，情节严重、构成犯罪的，还应当依法承担刑事责任。

二、个人信息保护

（一）个人信息

　　依据我国《中华人民共和国网络安全法》（以下简称《网络安全法》）、《民法典》和《个人信息保护法》的规定，个人信息是以电子或者其他方式记录的与已识别或者可识别的自然人有关的各种信息，包括自然人的姓名、出生日期、身份证件号码、生物识别信息、住址、电话号码、电子邮箱、健康信息、行踪信息等，但不包括匿名化处理后的信息。

　　自然人不愿公开的，且和公共利益、他人利益无关联，不为他人知悉处于隐秘状态的个人信息一般作为隐私权客体进行保护；如果自然人公开或者个人信息隐秘状态被破坏，由此引发的信息一般作为个人信息进行保护。

（二）个人信息的处理

　　个人信息的处理一般包括个人信息的收集、存储、使用、加工、传输、提供、公开、删除等。根据我国《民法典》《个人信息保护》的规定，处理个人信息的，应当遵循合法、正当、必要和诚信原则，不得通过误导、欺诈、胁迫等方式处理个人信息，并须符合下列条件：①征得该自然人或者其监护人同意，但是法律、行政法规另有规定的除外；②应当遵循公开、透明原则，公开个人信息处理规则，明示处理的目的、方式和范围；③应当具有明确、合理的目的，并应当与处理目的直接相关，采取对个人权益影响最小的方式；④应当保证个人信息的质量，避免因个人信息不准确、不完整对个人权益造成不利影响。同时，个人信息处理者应当对其个人信息处理活动负责，并采取必要措施保障所处理的个人信息的安全。⑤任何组织、个人不得非法收集、使用、加工、传输他人个人信息，不得非法买卖、提供或者公开他人个人信息；不得从事危害国家安全、公共利益的个人信息处理活动。

（三）　个人信息的保护

网络技术发展给人们带来便捷的同时，也对个人信息安全提出了挑战。个人信息保护最早源于 1973 年瑞典政府制定的《资料法》。1980 年经济合作发展组织制定了《个人数据的隐私保护和跨国界流动的指导原则》。1981 年欧洲委员会签署并发布了《个人自动文档保护公约》。1990 年联合国签署了《个人数据自动化档案指导原则》。从保护模式来看，美国主要采取隐私权保护模式。由于美国的法律理念建立在个人数据信息基础上，与最终实现个人人格的独立和发展密切关联，故美国以隐私权为基础，通过大量的判例逐步构建起了一套对个人数据信息的保护制度，并主要体现在个人数据信息收集过程中的保护数据信息隐私和个人数据信息在数据信息公开过程中的保障数据信息隐私，最终构建起数据信息隐私保护体系。而 1995 年发布的欧盟《个人数据保护指令》则确立了适用于欧盟成员国的一般数据信息的保护规则。该指令最为核心、也最为重要的内容是赋予数据信息主体维护其对个人数据信息实际控制的各项权利，即从法律上将数据信息权视为个人人格权的延伸。实际上，德国早在 20 世纪 70 年代就对数据信息作了立法规定，从立法上确认数据信息保护权为一般人格权，并从一般人格权延伸发展成为信息自决权，但也是仅停留在基本法上，其并未成为一项独立的人格权利。此外，欧盟于 2012 年 1 月 25 日发布的个人数据保护立法提案中正式提出了"被遗忘权"的概念，即请求个人信息控制者对已经发布在网络上不恰当的、过时的、会导致其社会评价降低的信息进行删除的权利。但该种权利并未涉及对大数据环境下标志性的二次传播与利用以及随之产生的相关法律问题。我国台湾地区于 2010 年 4 月 27 日出台了"个人资料保护法"，该法采用统一立法的方式对个人信息进行保护，但并没有明确规定"个人信息权"为一项独立的权利，而是借鉴欧盟各国的经验，将"医疗、基因、性生活、健康检查及犯罪前科"等五种个人信息规定为敏感信息，规定除非行为符合法定情形，否则不得对其敏感信息进行搜集、处理或利用。此外，日本于 2003 年发布了《个人信息保护法》、韩国也通过了《个人信息保护法》。

我国对涉及个人信息内容的保护在《宪法》《刑法》《未成年人保护法》《反不正当竞争法》等法律中作了一定的规定。但在立法上明确对个人信息进行规定的，主要是《网络安全法》《民法典》《个人信息保护法》。《网络安全法》第 76 条第 5 项规定："个人信息，是指以电子或者其他方式记录的能够单独或者与其他信息结合识别自然人个人身份的各种信息，包括但不限于自然人的姓名、出生日期、身份证件号码、个人生物识别信息、住址、电话号码等。"而《民法典》第 111 条规定："自然人的个人信息受法律保护。任何组织或者个人需要获取他人个人信息的，应当依法取得并确保信息安全，不得非法收集、使用、加工、传输他人个人信息，不得非法买卖、提供或者公开他人个人信息。"《个人信息保护法》则对个人信息作了全方位保护的规定，如该法第 11 条规定，国家建立健全个人信息保护制度，预防和惩治侵害个人信息权益的行为，加强个人信息保护宣传教育，推动形成政府、企业、相关社会组织、公众共同参与个人信息保护的良好环境。并在法律责任一章中明确规定，违反该法规定处理个人信息，或者处理个人信息未履行该法规定的个人信息保护义务的，由履行个人信息保护职责的部门责令改正，给予警告，没收违法所得，对违法处理个人信息的应用程序，责令暂停或者终止提供服务；拒不改正的，并处 100 万元以下罚款；对直接负责的主管人员和其他直接责任人员处 1 万元以上 10 万元以下罚款。情节严重的，由省级以上履行个人信息保护职责的部门责令改正，没收违法所得，并处 5000 万元以下或者上一年度营业额 5% 以下罚款，并可以责令暂停相关业务或者停业整顿、通报有关主管部门吊销相关业务许可或者吊销营业执照；对直接负责的主管人员和其他直接责任人员处 10 万元以上 100 万元以下罚款，并可以决定禁止其在一定期限内担任相关企业的董事、监事、高级管理人员和个人信息保护负责人。处理个人信息侵害个人信息权益造成损害，个人信息处理者不能证明自己没有过错的，应当承担损害赔偿等侵权责任。个人信息处理者违反该法规定处理个人信息，侵害众多个人的权益的，人民检察院、法律规定的消费者组织和由国家网信部门确定的组织可以依法向人民法院提起诉讼。违反该法规定，构成违反治安管理行为的，依法给予治安管理处罚；构成犯罪的，依法追究刑事责任。

第七节 信用权

一、信用的含义及特征

信用一般意义上是指以诚信任用人，信任使用或者是指遵守诺言，实践成约，从而取得别人的信任。法律意义上的信用一词，在罗马法中，"fides" 表示"相信他人会给自己以保护或某种保障，它既可以涉及从属关系，也可以涉及平等关系"[1]在英美法系国家，信用被称为 credit，或 trust、reliance。《牛津法律大辞典》将其解释为："为得到或提供货物或服务后并不立即而是允诺在将来付给报酬的做法。""一方是否通过信贷与另一方做交易，取决于他对债务人的特点、偿还能力和提供的担保的估计。"[2]我国法学界对信用有不同的诠释，但普遍肯认，信用是关于经济信赖的社会评价，是民事主体所具有的诚实守信能力和经济履约能力在社会上获得的相应的信赖与评价，也是民事主体名誉权的重要组成内容。信用的法律特征表现为：①信用为一般民事主体所享有，即凡民事主体皆有信用，包括自然人、法人或非法人组织以及国家等；②信用源于民事主体自身的偿债能力；③信用表现为对民事主体经济信赖的社会评价，即信用的客观表现是一种评价，这种评价是社会公众的评价，而不是当事人的自我经济评价，且这种评价是对特定主体经济信赖的客观评价，它可能是但不一定是肯定性的社会评价。

二、信用权的内容

信用权是民事主体对其所具有的经济能力在社会上获得的相应信赖与评价享有的利用、保有和维护的权利。

（一）资信利益的利用权

权利主体对其资信利益享有使用与支配的权利。信用评价是一种对民事主体偿债能力的客观社会评价，当事人不能以自己的主观力量去干预以至操纵社会评价，但对基于这种社会评价形成的资信利益却能够进行利用或支配。

（二）资信利益的保有权

权利主体享有维持其资信评价完整性的权利。信用是权利主体主观的经济能力与客观的社会评价相结合的产物。权利主体依法保有其资信利益可使其信用不降低、不丧失；也可使其信用形象保持完整，不断增强社会公众的信赖感。

（三）资信利益的维护权

权利主体享有保护其资信评价公正性的权利。排除他人非法侵害以维系社会的公正评

[1] ［意］朱塞佩·格罗索：《罗马法史》，黄风译，中国政法大学出版社 1994 年版，第 234 页。
[2] ［英］戴维·M. 沃克：《牛津法律大辞典》，北京社会与科技发展研究所译，光明日报出版社 1988 年版，第 225 页。

价和应有信赖，即维护权是一种禁止权，这可以被视为信用权中最重要的内容。权利主体有权维护其资信利益，要求他人对其偿债能力进行客观而公正的评价，对其信用给予应有的尊重并负有不得侵害信用权的不作为义务。

三、信用权的法律保护

关于信用权的保护，目前立法例上尚无通行的做法。有的国家不承认信用为一种权利，仅将其作为其他法律如刑法所保护之法益，因此以违反刑法保护规定为由，来规制对信用的侵权行为。有的国家虽然将信用视为权利，但在法律保护上采取了两种不同的方式：①间接保护方式，即将侵害信用的行为确认为侵害商誉权，对权利主体的信用利益进行间接法律保护。如我国《反不正当竞争法》第11条规定："经营者不得编造、传播虚假信息或者误导性信息，损害竞争对手的商业信誉、商品声誉。"②直接保护方式，即对侵害信用的行为，直接确认其民事侵权责任。如《德国民法典》第824条第1款规定："违背真相主张或传播某一妨害他人的信用或对他人的营业或生计足以造成其他不利益之事实的人，即使其虽不明知但应知不真实，仍应向他人赔偿由此而发生的损害。"

我国《民法典》第7条规定："民事主体从事民事活动，应当遵循诚信原则，秉持诚实，恪守承诺。"这一规定要求，民事主体从事民事活动，一是对相对人要诚信不欺，二是对自己的承诺要信守不怠。我国《个人信息保护法》第67条规定："有本法规定的违法行为的，依照有关法律、行政法规的规定记入信用档案，并予以公示。"

第八节　婚姻家庭关系产生的身份权

婚姻家庭成员之间的身份权，是基于一定的婚姻和家庭关系而产生的人身权利。我国《民法典》第四编第1001条规定，对自然人因婚姻家庭关系等产生的身份权利的保护，适用《民法典》第一编、第五编和其他法律的相关规定；没有规定的，可以根据其性质参照适用《民法典》第四编人格权保护的有关规定。据此可知，婚姻家庭关系产生的身份权一般包括亲权、配偶权及亲属权。

一、亲权

亲权是指父母基于其身份对未成年子女人身和财产方面的管教和保护的权利。亲权源于罗马法和日耳曼法。罗马法中的亲权表现为家父对家子的占有支配权；日耳曼法中的亲权则表现为家父对子女的保护权。近现代许多国家的亲权制度多为继受日耳曼法，以保护未成年子女利益为中心。在立法体例上，大陆法系国家普遍设有亲权制，而英美法系国家亲权与监护不分，统称为监护；社会主义法系国家多未设亲权制度，但有亲权的实际内容。我国立法未对亲权与监护权作出区分。从我国《民法典》第27条第1款"父母是未成年子女的监护人"所规定的法定监护中可以看出，我国的法定监护权带有亲权的性质。通常情况下，父母同为未成年子女的亲权人。父母一方死亡或被剥夺亲权时，一般由另一方行使亲权；父母离婚、别居或婚姻无效时，则由法院判归监护子女方行使亲权。亲权的内容较为广泛，一般分为以下两种：

（一）对子女人身上的权利

1. 保护和教育权。《民法典》第26条第1款规定，父母对未成年子女负有抚养、教育和保护的义务。抚养，主要是父母、祖父母、外祖父母等长辈对子女、孙子女、外孙子女等未成年人的抚育、教养。教育则为父母对未成年子女身心发育和思想道德以及精神纯正等进行培育的权利，如不允许未成年子女接触宣扬色情、恐怖、残忍和迷信的影视读物，防止他们沾染赌博、吸毒等不良习气。保护是指父母对未成年子女的身心健康及安全负有保护权，如疾病防治、生活照料、人身安全防范以及人身遭受侵害时的保护等。

2. 住所决定权。即父母对未成年子女的住所享有指定权，子女不得随意离开父母指定的住所。该权利旨在保障未成年子女的安全。

3. 惩戒权。当未成年子女不听从父母管教，沾染不良习气时，法律赋予亲权人在必要的范围内对未成年子女进行适当的惩戒，但不得对未成年人进行虐待或不人道的体罚。

4. 身份行为上的法定代理权。即未成年子女为无行为能力人时，须由法定代理人代为作出意思表示；未成年子女为限制行为能力人时，须由法定代理人从旁辅助方可进行意思表示。如未成年子女被侵害，父母得以法定代理人身份行使赔偿请求权。

（二）对子女财产上的权利

1. 管理权。即父母对未成年子女的财产享有保存和管理的权利。

2. 使用收益权。即为了未成年子女的利益，在不毁损、变更财物或权利性质的前提下，父母有支配利用财物并获取收益的权利。

3. 处分权。即为了子女的利益和需要，经有关机关批准，父母可转让、处分未成年子女的财产。

二、配偶权

依照法定的程序确立夫妻关系的双方互为配偶。配偶权则为合法有效的婚姻关系存续期间，夫妻互为配偶的一种身份权。根据《民法典》规定的夫妻双方地位平等的原则，配偶双方在家庭中享有平等的权利，承担共同的义务。

配偶权的内容包括以下几方面：

1. 姓名权。即夫妻双方都有各自使用自己的姓名的权利。这是夫妻人身关系的重要组成部分，是配偶各方享有的一项重要权利。

2. 人身自由权。即夫妻双方都有参加生产、工作、学习和社会活动的自由，一方不得对他方加以限制或干涉。

3. 同居权。即夫妻双方以配偶身份共同生活的权利。夫妻间的性生活是同居权中重要但非唯一的内容。

4. 忠实请求权。即夫妻互有要求对方保持贞操的权利。

5. 协助权。即在婚姻关系存续期间，夫妻基于身份关系而彼此协作、互相救助的权利与义务。

6. 离婚权。即解除婚姻关系的请求权。

7. 其他权能。即除上述权利外，配偶权还包括财产权、代理权、监护权、扶养权、住所商定权、继承权、收养子女权、行为能力欠缺宣告申请权等。

三、亲属权

亲属是指婚姻、血缘和收养所产生的社会关系。亲属权则为父母与成年子女、祖父母与孙子女、外祖父母与外孙子女以及兄弟姐妹之间的身份权。根据我国《民法典》的有关规定，亲属权主要包括以下内容：

（一）父母与成年子女之间的权利

父母对患有精神病的成年子女有监护权和抚养权；成年子女对父母有赡养义务；父母子女之间互有继承权；父母子女间互有行为能力宣告、失踪宣告和死亡宣告申请权、一方失踪后的财产代管权等。

（二）祖父母、外祖父母与孙子女、外孙子女间的权利

有负担能力的祖父母、外祖父母，对于父母已经死亡，或者父母一方死亡，另一方确无能力抚养或父母均丧失抚养能力的未成年的孙子女、外孙子女有抚养权和监护权；有负担能力的孙子女、外孙子女，对于子女已经死亡或子女确无赡养能力的祖父母、外祖父母有赡养权；互有继承权、行为能力宣告、失踪宣告、死亡宣告申请权、一方失踪后的财产代管权等。

（三）兄弟姐妹之间的权利

有负担能力的兄、姐，对于父母已经死亡或者父母无力抚养的未成年的弟、妹有抚养权和监护权；由兄、姐抚养长大的有负担能力的弟、妹，对丧失劳动能力、孤独无依的兄、姐有扶养权、互有继承权、行为能力宣告、失踪宣告和死亡宣告的申请权、一方失踪后的财产代管权等。

家庭成员之间的各项身份权依法受保护。凡是虐待、遗弃家庭成员，负有抚养、扶养、赡养义务而拒绝履行义务的，都是侵害家庭成员身份权的行为。受害一方的家庭成员有权请求加害人停止侵害、履行义务、赔礼道歉以及赔偿损失。对于情节严重、构成犯罪的，应依《刑法》有关规定，依法追究刑事责任。

■思考题

1. 人身权的基本种类有哪些？
2. 人格权的基本含义和内容是什么？
3. 身份权的基本含义和内容是什么？
4. 个人信息保护的范围包括哪些？

■参考书目

1. 杨立新：《人身权法论》，人民法院出版社 2006 年版。
2. ［德］克雷斯蒂安·冯·巴尔：《欧洲比较侵权行为法》，张新宝译，法律出版社 2001 年版。
3. 高富平主编：《个人数据保护和利用国际规则：源流与趋势》，法律出版社 2016 年版。
4. 最高人民法院民法典贯彻实施工作领导小组主编：《中华人民共和国民法典人格权编理解与适用》，人民法院出版社 2020 年版。

第十三章　人身权的法律保护

■ 学习目的和要求

　　理解保护人身权的理论意义和现实价值，了解人身权法律保护的基本要求，并关注理论和实践中有关人身权保护的法律问题。难点在于人身损害赔偿范围及其赔偿标准。

第一节　保护人身权的意义

　　人身权是自然人、法人或非法人组织等民事主体的基本权利之一。我国《民法典》以基本法形式对人身权作了比较集中、全面的规定。这对于人们进一步解放思想，尊重他人人格，健全社会公平正义法治保障制度，努力让人民群众在每一个司法案件中感受到公平正义，增强人们同侵害他人人身权的种种违法行为作斗争的意识，稳定社会秩序，全面推进依法治国具有现实和深远的意义。

　　一、有利于进一步保障自然人、法人或非法人组织的合法权益

　　民法所规定的人身权制度是保障自然人、法人或非法人组织合法权益的重要法律手段，也是坚持以人民为中心，保障人民权益实现和发展的必然要求。它表明了在我国社会主义制度下，人具有最高的社会价值，也说明了人身权是自然人、法人或非法人组织最基本、最本质的权利。如果一个人连其生命健康、人身自由、人格尊严都可随意被侵犯，那么他的任何其他权利都只能是句空话。尤其是在社会主义市场经济条件下，人格、名誉、荣誉等人身权利往往直接关系到自然人、法人或非法人组织的社会地位和经济利益。依法确认和保护自然人、法人或非法人组织的人身权利，有利于保障自然人、法人或非法人组织在法律上作为独立的民事主体资格的地位，激发他们在自愿、平等、互利的基础上积极参与民事活动，并依法享有民事权利和承担民事义务，以实现他们在国家生活中的主人翁地位，促进我国全面推进依法治国。

　　二、有利于人们同侵害人身权的种种违法行为作斗争

　　民法所规定的人身权制度为自然人、法人或非法人组织同侵害人身权的种种违法行为作斗争提供了法律武器。依法保护自然人、法人或非法人组织的人身权利，不仅为人们提供了自我保护的条件和依据，也为人们与各种侵犯人身权的违法行为作斗争提供了法律武器，并使各种侵害人身权行为得到应有的追究和处罚。这对于提高自然人、法人或非法人组织的法制观念和增强其法律意识，坚持法治国家、法治政府、法治社会一体建设，预防、减少各种侵害人身权纠纷，稳定正常的社会秩序和经济秩序具有重要的保障作用。

三、有利于社会主义精神文明建设

社会主义精神文明建设的一个重要内容，就是在社会公共生活中，要树立和发扬社会主义的道德风尚和人道主义精神；遵守公共秩序，讲文明礼貌；尊重他人，尊重他人人格和人身自由；互相关怀，依法参与各种社会活动；等等。要做到这一点，就必须依法促进人们道德水平的提高，将自然人、法人或非法人组织的人身权利规范化、法治化。我国在深化经济体制改革，大力发展社会主义市场经济过程中，由于受商品经济消极因素的影响，有些自然人、法人或非法人组织不诚实信用，不恪守承诺，在民事活动过程中违反法律或违背公序良俗，侵害他人的人身权利、财产权利或其他合法权益。《民法典》和其他相关配套法律依法确认和保护自然人、法人或非法人组织的人身权，为创造一个互相尊重、互相爱护、诚实信用、公平竞争、和谐安定的社会环境提供了有利的条件和保障，有助于将社会主义道德风尚上升为国家法律规定的民事权利和民事义务，这对中国特色社会主义进入新时代、社会主义精神文明建设以及创建和谐社会必将起到重要的促进作用。

四、有利于加强对外合作与交流

我国实行对外开放政策，不断加强和扩大同世界各国在平等互利基础上的经济、科技合作，加强在文化、教育、卫生、体育等各个领域的交流。在我国进一步大力发展市场经济的新形势下，我国的商品经济已不限于国内市场，与国际市场也建立了多种联系，国际贸易不断扩大，引进先进技术增多，利用外资及各种形式的国际经济技术合作都在发展。而在商品经济交往中，自然人、法人或非法人组织的人身权，尤其是其信誉能否得以保护，往往直接关系到自然人、法人或非法人组织的经济利益和国家利益。我国民法确认和保护自然人、法人或非法人组织的人身权，不仅可以使我国自然人、法人或非法人组织的人身权益在国际交往中得以保障，而且可以使在我国投资经营及依法从事其他活动的自然人、法人或非法人组织的人身权益依法得以保护。这无疑为构建新型国际关系、构建人类命运共同体创造了必要的条件，有利于我国积极参与全球治理体系建设和改革。

第二节 人身权的法律保护

一、人身权的法律保护

人身权的法律保护，是指以国家的法律保障自然人、法人或非法人组织在法律规定的范围内充分行使自己的人身权利，并依法追究侵害他人人身权利行为人的法律责任。切实保障自然人、法人或非法人组织的人身权利，是我国宪法、刑法、行政法、民法等法律的共同任务，仅就刑法、民法、行政法来看，人身权保护的地位就显得极为突出。我国《刑法》第二编第四章"侵犯公民人身权利、民主权利罪"中的大部分条文都与人身权的保护有关。而2020年12月26日通过的《中华人民共和国刑法修正案（十一）》[以下简称《刑法修正案（十一）》]对故意杀人、故意伤害罪下调了最低刑事责任年龄，加大了对未成年人的特殊保护，进一步弘扬了社会主义核心价值观。《治安管理处罚法》对侵犯公民人身权利尚不够刑事处罚的行为，规定应处行政处罚。《民法典》总则编第五章"民事权利"第109~112条、第四编第989~1039条和第七编"侵权责任"之规定，几乎都涉及与人身权保护有关的条款。《个人信息保护法》第七章针对侵害个人信息行为就民事责任、行政责任以及刑事责任作了具体规定。就自然人的隐私权而言，除《宪法》《刑法》《民法典》以及有关行政法规定外，其他部门法也作了相应的规定。如《未成年人保护法》第4条第3项规定"保护未成年人隐私权和个人信息"。《妇女权益保障法》第42条规定："妇女的名誉权、荣誉权、隐私权、肖像权等人格权受法律保护。禁止用侮辱、诽谤等方式损害妇女的人格尊严……"《中华人民共和国邮政法》（以下简称《邮政法》）第 3 条第 1 款规定："公民的通信自由和通信秘密受法律保护。除因国家安全或者追查刑事犯罪的需要，由公安机关、国家安全机关或者检察机关依照法律规定的程序对通信进行检查外，任何组织或者个人不得以任何理由侵犯公民的通信自由和通信秘密。"《中华人民共和国商业银行法》（以下简称《商业银行法》）第 29 条第 1 款规定："商业银行办理个人储蓄存款业务，应当遵循存款自愿、取款自由、存款有息、为存款人保密的原则。"《中华人民共和国律师法》（以下简称《律师法》）第 38 条第 1 款规定："律师应当保守在执业活动中知悉的国家秘密、商业秘密，不得泄露当事人的隐私。"这些有关人身权保护的规范，尽管各自所处的法律部门不同，采取的制裁方式不同，但它们所保护的对象同样都是人身权，表明了我国对人身权的法律保护已经形成了一个多层次的法律体系。

人身权的保护方式同其他民事权利的保护方式一样，可采取自我保护方式。即权利人在权利遭受侵害时自己可采取法律所许可的手段来加以保护；也可采取国家保护方式，即权利人请求国家有关机关依法保护其受侵害的权利。作为自我保护手段的主要形式为正当防卫和紧急避险。对此，《民法典》第 181、182 条作了具体规定。对于国家保护方式，许多法律部门都作了一定规定。这是因为人身权是自然人、法人或非法人组织最基本、最本质的权利，也是自然人、法人或非法人组织为维持其法律人格存续的、必不可少的权利，所以它可超越法律部门的界限，而由各部门法从不同的方式和不同的层次加以保护。如对侵犯自然人、法人或非法人组织人身权构成侮辱罪、诽谤罪和诬陷罪的，应当适用《刑法》的有关规定追究侵权人的刑事责任；对侵害自然人、法人或非法人组织人身权情节较重，但又未达到刑事处罚的行为，应按照《治安管理处罚法》和《中华人民共和国行政处罚法》（以下简称《行政处罚法》）的有关规定给予行政处罚；对侵害自然人、法人或非法人组织人身权，未达到刑事和行政处罚的行为，则应按照《民法典》及其他有关民事法规的规定对加害人予以民事制裁。

侵害人身权的行为多种多样，情况较为复杂，由此引起的法律责任也不同。但不同的法律部门在保护人身权、保障民事主体的人身利益这一点上却是一致的。在适用时应针对具体情况，几种法律责任可以单独适用，也可以合并适用。

二、民法对人身权的保护

对人身权的法律保护，虽为我国各个部门法的共同任务，但主要是通过民法制度予以实现的。民法对人身权的保护除了有确认民事主体的人身权利、界定各种具体人身权的内容和范围、调整民事主体因一定的人身利益而产生的权利和义务关系等形式外，主要是通过适用承担民事责任、对侵害人身权行为进行民事制裁的手段实现的。依《民法典》第一编第八章"民事责任"和第七编"侵权责任"的规定，承担民事责任的方式主要有 11 种，其中侵害人身权的民事责任主要有停止侵害、恢复名誉、消除影响、赔礼道歉、赔偿损失等方式。

1. 停止侵害，即在侵害人身权的行为持续进行尚未结束的情况下，受害人有权要求侵权人停止侵权行为。停止侵害作为一种民事责任，对防止不良影响的扩大，妥善处理纠纷具有重要作用。

2. 消除影响、恢复名誉，即当他人人格权受到不法侵害，造成不良社会影响时，受害人有权要求加害人以适当的方式，在其人身利益遭受损害的同等范围内，消除所造成的不良影响，以恢复受害人的名誉和人格尊严。

3. 赔礼道歉，即侵权人对其侵害他人人身权的不法行为主动向受害人承认错误，致以歉意，请求受害人予以宽恕。它是侵害人身权责任中最轻的一种，但可起到在道义上弥补受害人心理所受到的无形损害的特殊作用。

4. 赔偿损失，即当自然人、法人或非法人组织的人身权遭受不法侵害并造成损失时，受害人有权要求加害人给予财产补偿。对受害人人身所造成的损失既包括受害人因人身损害而引起的财产上的损失，也包括受害人精神上的损害。

第三节　人身权保护中的几个法律问题

一、关于死者人身权的保护问题

关于死者人身权的保护，学理界认识不一。有的认为死者人身权的保护实际上保护的是死者近亲属的利益；有的认为保护的是死者近亲属的人身权；有的则认为保护的是死者生前的人身权或者死者生前取得的利益；还有的主张保护的是死者死后的人身权等。尽管观点相异，但均主张死者的人身权应依法予以保护。

从理论上讲，人身一旦消灭，人身权因无依附之主体即随之消灭，因而原受法律保护的人身权各内容，包括生命健康权、姓名权、肖像权、名誉权、自由权等，即不再受到法律保护。但在实践中，行为人的行为如果侵害了死者的人身权内容，致与死者生前有特别关系的人员受到损害时，则可认定为侵害行为，受害人可以提起诉讼，依法请求法律保护。如行为人对死者鞭尸，或者冒用死者姓名行骗，或者利用死者肖像制作商业性广告，或者丑化死者生前名誉等。所谓"与死者生前具有特别关系的人员"，主要是指与死者有近亲属关系的父母、配偶、子女或者其他有关人员，如师徒或其他近亲属等。对死者人身权的保护，有的国家（地区）立法也有一定的规定。如《德国宪法》第1条第1项规定，自然人死亡时，人身固消灭，但人之尊严仍应予以保护；《苏俄民法典》第514条规定，造型艺术描绘了另一个人时，这种作品的发表、复制、散发必须征得他的子女和健在的配偶的同意。

最高人民法院于2001年3月8日发布、并于2020年12月29日修正的《最高人民法院关于确定民事侵权精神损害赔偿责任若干问题的解释》（以下简称《精神损害赔偿解释》）第3条规定："死者的姓名、肖像、名誉、荣誉、隐私、遗体、遗骨等受到侵害，其近亲属向人民法院提起诉讼请求精神损害赔偿的，人民法院应当依法予以支持。"我国《民法典》第994条规定："死者的姓名、肖像、名誉、荣誉、隐私、遗体等受到侵害的，其配偶、子女、父母有权依法请求行为人承担民事责任；死者没有配偶、子女且父母已经死亡的，其他近亲属有权依法请求行为人承担民事责任。"这一规定从法理上对死者的人格权益与生者的人格权利之充分保护提供了依据，为正确处理生者与死者之间身份权、人格权关系确立了规则。《民法典》第185条首次规定，侵害英雄烈士等的姓名、肖像、名誉、荣誉，损害社会公共利益的，应当承担民事责任。从这些规定中可以看出，我国关于自然人死亡后人身权的保护主要有以下特点：

1. 在侵害的对象上，行为人的行为必须侵害了死者的名誉、姓名、肖像、荣誉、隐私、遗体及遗骨等。

2. 在侵害的方式上，行为人实施了法律所禁止的行为。

3. 在损害的后果上，表现为侵权人对死者所实施的侵权行为导致死者近亲属遭受精神痛苦。

4. 在请求权上，体现为死者近亲属有权向人民法院起诉，依法请求行为人承担民事责任。

二、关于精神损害赔偿的适用范围问题

确认精神损害赔偿的范围往往涉及行为人是否承担赔偿责任和受害人有无赔偿请求权的法律适用问题。它是依法确定赔偿标准和赔偿数额的前提和条件，各地立法对此规定不尽相同，一般采取限制原则，即精神损害赔偿的范围以法律明文规定的情形为限，不宜随意扩大。例如，《德国民法典》第253条第1款规定，损害为非财产上的损害者，仅以有法律规定的情形为限，始得请求以金钱赔偿之。《瑞士民法典》第28条规定，任何人在其人格受到不法侵害时，可诉请排除侵害。诉请损害赔偿或给付一定数额的抚慰金，只有在本法明确规定的情况下，始得允许。至于"法律明确规定的情况"，立法上均予以明示，一般包括滥用姓名、违反婚约、致人死亡或身体伤害、侵害自由权、生命权、名誉权、肖像权以及人身关系等情形。法国和日本民事立法关于损害赔偿的范围则未采取法定原则，《法国民法典》第1382条规定，任何人故意使他人受损害时，在行为人有过错的情形下，对他人负赔偿的责任。这一规定揭示了得以请求精神损害赔偿之情形，并不以法律明文规定为限。只要受害人有精神上的损害，均可请求赔偿。《日本民法典》第709~711条规定："因故意或过失侵害他人权利者，负因此而产生损害的赔偿责任""不论是侵害他人身体、自由或者名誉情形，还是侵害他人财产权情形，依前条规定应负赔偿责任者，对财产以外的损害，亦应赔偿。""害他人生命者，对于受害人的父母、配偶及子女，虽未害及其财产权，亦应赔偿损害。"这些规定明确了得以请求精神上损害赔偿之情形，与财产上损害赔偿之情形并无不同，均不以法律明文规定为限。根据最高人民法院发布并于2001年3月10日起施行的《精神损害赔偿解释》，精神损害赔偿适用以下范围：

1. 侵害他人生命权、健康权、身体权；

2. 侵害他人姓名权、肖像权、名誉权、荣誉权；

3. 侵害他人人格尊严权、人身自由权；

4. 违反社会公共利益、社会公德，侵害他人隐私或者其他人格利益，受害人以侵权为由请求赔偿精神损害；

5. 非法使被监护人脱离监护，导致亲子关系或者近亲属间的关系遭受严重损害，监护人请求赔偿精神损害；

6. 自然人死亡后，侵权者因对死者实施侵权行为而致其近亲属遭受精神痛苦的，其近亲属请求赔偿精神损害；

7. 具有人格象征意义的特定纪念物品，因侵权行为而永久性灭失或者毁损，物品所有人以侵权为由请求赔偿精神损害；

8. 因当事人一方的违约行为，损害对方人格权并造成严重精神损害，受损害方选择请求其承担违约责任的，不影响受损害方请求精神损害赔偿（我国《民法典》第996条之规定）。

从立法发展趋势来看，我国对精神损害赔偿的范围还是从严掌握的。《民法典》第1183条规定，侵害自然人人身权益造成严重精神损害的，被侵权人有权请求精神损害赔偿。因故意或者重大过失侵害自然人具有人身意义的特定物造成严重精神损害的，被侵权人有权请求精神损害赔偿。实践中因婚姻关系纠纷涉及对身份权利的侵害而造成的精神损害赔偿问题，依据《民法典》第四编第1001条规定，可适用《民法典》第一编、第五编和其他法律的相关规定；没有规定的，可以根据其性质参照适用《民法典》第四编人格权保护的有关规定。

三、关于精神损害的赔偿标准问题

精神损害赔偿的标准和数额不仅是一个最为复杂、棘手的理论问题，也是当前审判实践中亟待解决的问题。我国学术界对此主要有两种观点：一种主张应对侵害人身权的损害赔偿规定一个起点和上限额，在规定范围内依法确定精神损害赔偿数额；另一种主张精神损害赔偿，不宜确定具体数额，而应从实际出发，依据公平、合理、合法的原则来确定具体数额。

金钱赔偿并不是给精神损害"明码标价"，精神损害与金钱赔偿之间不存在商品货币领域中等价交换的对应关系，因为自然人的精神利益不可能在质上等同于任何质与量的物或金钱。同时，由于案件千差万别，我国各地经济发展水平和生活水平也相差很大，而且社会还处在不断的发展变化之中，故在法律上难以规定详尽的统一赔偿标准。金钱赔偿实质上是审判人员依法行使审判权，对加害行为的可归责性及其道德上的可谴责性，结合精神损害后果的严重程度作出的司法评价。因此，精神损害赔偿的标准，应当根据当地社会的经济文化发展水平，考虑社会公众的认可程度，公平、合理地确定赔偿数额。如果人为地对精神损害赔偿规定一个统一的限额标准，不仅理论上不科学，而且在实践中也难以实行。

最高人民法院《精神损害赔偿解释》第5条规定，精神损害的赔偿数额根据以下因素确定：①侵权人的过错程度，但是法律另有规定的除外；②侵权行为的目的、方式、场合等具体情节；③侵权行为所造成的后果；④侵权人的获利情况；⑤侵权人承担责任的经济能力；⑥受诉法院所在地平均生活水平。参照这些规定，针对精神损害赔偿的补偿性和抚慰性等特点，我国学者普遍认为，在确定精神损害赔偿数额时，应考虑以下因素：

1. 侵权人的过错程度。即故意实施侵害他人人身权行为者，包括故意盗用或假冒他人姓名或名称、故意制造和散布谣言、恶意诽谤中伤他人、贬损他人人格尊严、侮辱他人名誉者等行为，在确定赔偿数额时应依法多赔。共同侵害他人人身权中过错大者或侵害人事后态度恶劣者应依法多赔。

2. 侵权行为的具体情节。即侵害人所采取的侵权方法、手段和所在场合。

3. 侵权行为的后果。即受害人的精神损害程度，对不同程度的精神损害应作出相应的损害赔偿数额，以示公平合理。因此，造成受害人精神损害程度重者应依法多赔。

4. 侵权行为的社会影响。即侵害行为所造成的社会后果。精神损害所产生的社会影响，往往同受害人的身份、地位、社会知名度的大小以及当地群众的思想意识和法律意识水平高低有关。考虑这一因素，有利于兼顾保护受害人、惩罚教育侵害人和消除社会影响等诸方面利益。

5. 双方当事人的经济状况。即侵害人经济状况良好可依法多赔；侵害人经济状况不佳的可依法少赔。具体赔偿数额应正当、合理、合法，确实起到抚慰受害人，教育、惩罚侵权行为人的作用。

6. 受诉法院所在地平均生活水平。即赔偿数额要切合实际，因我国各地经济、文化发展的情况不同，具体数额亦应有所差别。

四、关于侵害名誉权的认定问题

侵害名誉权纠纷，作为一种特殊的侵权案件，有其自身的特点。司法实践中，认定和处理侵害名誉权纠纷案件时应注意以下几个问题：

1. 侵害名誉权责任的认定。是否构成侵害名誉权的责任，应当根据受害人确有名誉被损害的事实、行为人行为违法、违法行为与损害的后果之间有因果关系、行为人主观上有过错等诸方面来认定。以书面或者口头形式侮辱或者诽谤他人，损害他人名誉的，应认定为侵害他人名誉权。对未经他人同意，擅自公布他人的隐私材料或以书面、口头形式宣扬他人隐私，致他人名誉受到损害的，按照侵害他人名誉权处理。对于因新闻报道严重失实，致他人名誉受到损害的，应按照侵害他人名誉权处理。

2. 因批评文章引起侵害名誉权的认定。因撰写、发表批评文章引起的名誉权纠纷，应根据不同情况处理：文章反映的问题基本真实，没有侮辱他人人格的内容的，不应认定为侵害他人名誉权；文章反映的问题基本属实，但有侮辱他人人格的内容，使他人名誉受到损害的，应认定为侵害他人名誉权；文章的基本内容失实，使他人名誉受到损害的，应认定为侵害他人名誉权。

3. 因文学作品引起侵害名誉权的认定。依据我国《民法典》第 1027 条规定，行为人发表的文学、艺术作品以真人真事或者特定人为描述对象，含有侮辱、诽谤内容，侵害他人名誉权的，受害人有权依法请求该行为人承担民事责任。行为人发表的文学、艺术作品不以特定人为描述对象，仅其中的情节与该特定人的情况相似的，不承担民事责任。编辑出版单位在作品已被认定为侵害他人名誉权或已被告知明显属于侵害他人名誉权后，应刊登声明消除影响或者采取其他补救措施；拒不刊登声明，不采取其他补救措施，或继续刊登、出版侵权作品的，应认定为侵权。

4. 为公共利益实施新闻报道、舆论监督等行为引起侵害名誉权的认定。依据我国《民法典》第 1025 条、第 1026 条规定，行为人为公共利益实施新闻报道、舆论监督等行为，影响他人名誉的，不承担民事责任，但是有下列情形之一的除外：①捏造、歪曲事实；②对他人提供的严重失实内容未尽到合理核实义务；③使用侮辱性言辞等贬损他人名誉。认定行为人是否尽到合理核实义务，一般应当考虑：内容来源的可信度；对明显可能引发争议的内容是否进行了必要的调查；内容的时限性；内容与公序良俗的关联性；受害人名誉受贬损的可能性以及核实能力和核实成本。

5. 因提供新闻材料引起侵害名誉权的认定。对于因提供新闻材料引起的名誉权纠纷，认定是否构成侵权，应区分以下两种情况：

（1）主动提供新闻材料，致使他人名誉受到损害的，应当认定为侵害他人名誉权。

（2）因被动采访而提供新闻材料，且未经提供者同意公开，新闻单位擅自发表，致使他人名誉受到损害的，对提供者一般不应当认定为侵害他人名誉权；虽系被动提供新闻材料，但发表时得到提供者同意或者默许，致使他人名誉受到损害的，应当认定为侵害他人名誉权。

6. 因医疗卫生单位公开患者有某种病情引起侵害名誉权的认定。依据我国《民法典》第 1226 条规定，医疗机构及其医务人员应当对患者的隐私和个人信息保密。泄露患者的隐私和个人信息，或者未经患者同意公开其病历资料的，应当承担侵权责任。

7. 因对产品质量、服务质量进行批评、评论而引起侵害名誉权的认定。消费者对生产者、经营者、销售者的产品质量或者服务质量进行批评、评论，不应当认定为侵害他人名誉权。但借机诽谤、诋毁、损害其名誉权的，应当认定为侵害他人名誉权。新闻单位对生产者、经营者、销售者的产品质量或者服务质量进行批评、评论，内容基本属实，没有侮辱内容的，不应当认定为侵害其名誉权；主要内容失实，损害其名誉的，应当认定为侵害他人名誉权。

五、关于利用网络侵害人身权益的问题

互联网技术的不断发展也对人身权的法律保护提出了新的要求，特别是传统行业与互联网的结合，引发了大量的利用网络侵害人身权的事件和诉讼。最高人民法院于 2012 年、2013 年先后发布和施行了《最高人民法院关于审理侵害信息网络传播权民事纠纷案件适用法律若干问题的规定》（2020 年 12 月 23 日修正）和《最高人民法院、最高人民检察院关于办理利用信息网络实施诽谤等刑事案件适用法律若干问题的解释》，2014 年又发布了《最高人民法院关于审理利用信息网络侵害人身权益民事纠纷案件适用法律若干问题的规定》（2020 年 12 月 23 日修正）。我国《民法典》第 1028 条规定，民事主体有证据证明报刊、网络等媒体报道的内容失实，侵害其名誉权的，有权请求该媒体及时采取更正或者删除等必要措施。

关于网络环境下侵权责任的具体承担问题，从我国《民法典》第 1194 ~ 1197 条的具体规定来看，原则上规定网络用户、网络服务提供者利用网络侵害他人民事权益的，应当承担侵权责任。网络用户利用网络服务实施侵权行为的，权利人有权通知网络服务提供者采取删除、屏蔽、断开链接等必要措施。通知应当包括构成侵权的初步证据及权利人的真实身份信息。网络服务提供者接到通知后，应当及时将该通知转送相关网络用户，并根据构成侵权的初步证据和服务类型采取必要措施；未及时采取必要措施的，对损害的扩大部分与该网络用户承担连带责任。权利人因错误通知造成网络用户或者网络服务提供者损害的，应当承担侵权责任。网络用户接到转送的通知后，可以向网络服务提供者提交不存在侵权行为的声明。声明应当包括不存在侵权行为的初步证据及网络用户的真实身份信息。网络服务提供者接到声明后，应当将该声明转送发出通知的权利人，并告知其可以向有关部门投诉或者向人民法院提起诉讼。网络服务提供者在转送声明到达权利人后的合理期限内，未收到权利人已经投诉或者提起诉讼通知的，应当及时终止所采取的措施。网络服务提供者知道或者应当知道网络用户利用其网络服务侵害他人民事权益，未采取必要措施的，与该网络用户承担连带责任。

这些规定涉及互联网行业发展和网民的切身利益；关系到人们的互联网行为规范和互联网秩序的构建；关系到网络环境下人身权益能否得到充分保障。因而具有十分重要的意义。

■思考题

1. 保护人身权具有哪些法律意义？
2. 从民法角度如何对人身权进行保护？
3. 自然人死亡后还享有人身权吗？
4. 精神损害赔偿的范围和标准如何界定？
5. 侵害名誉权的认定应当考虑哪些要素？
6. 如何正确处理个人信息保护与合理利用的关系？
7. 如何判定利用网络侵害人身权益的行为？

■参考书目

1. 杨立新：《人身权法论》，人民法院出版社 2006 年版。
2. 郭卫华、李晓波主编：《中国人身权法律保护判例研究》（上、下册），光明日报出版社 2000 年版。
3. 最高人民法院民法典贯彻实施工作领导小组主编：《中华人民共和国民法典侵权责任编理解与适用》，人民法院出版社 2020 年版。
4. 邹海林、朱广新主编：《民法典评注 侵权责任编》（第 1、2 册），中国法制出版社 2020 年版。

第三编　物　权

第十四章　物权总论

■ **学习目的和要求**

　　本章是对物权与物权法的一般问题的论述。教学目的在于解决学生对物权和物权法的宏观认识问题，包括贯穿整个物权法的若干基本精神的认识问题。通过本章的教学，要求学生掌握物权法的概念和调整对象、物权法的基本原则、物权法与所有制的关系、物权的概念和特征、物权的效力、物权的分类、物权的变动、物权的公示、物权的保护。其中，物权法的基本原则问题、物权变动问题和物权公示问题是贯穿整个物权法的重要问题，应作为本章教学的重点。

第一节　物权与物权法

一、物权

（一）物权的概念

　　物权是民事主体依法对特定的物进行管领、支配并享受物之利益的排他性财产权利。所有权、地上权、永佃权、地役权、抵押权、质权、留置权等，都是物权。

　　物权一词，是由中世纪注释法学派首先提出来的，但在法律上正式使用这一概念则始于 1811 年制定的《奥地利民法典》，该法典第 307 条规定，物权是属于个人的财产上的权利，可以对抗任何人。1896 年制定的《德国民法典》以"物权"作为其第三编的编名，系统地规定了所有权、地上权、用益权、地役权、抵押权、质权等物权。自此之后，大陆法系各国纷纷仿效《德国民法典》，在自己的民法典中规定符合本国国情的物权制度。世界上第一部社会主义类型的民法典——列宁主持制定的 1922 年《苏俄民法典》也曾以"物权"为编名，并规定了所有权、建筑权（相当于其他国家民法典中的地上权）、抵押权三类物权。

　　我国《民法典》第 114 条第 2 款规定："物权是权利人依法对特定的物享有直接支配和排他的权利，包括所有权、用益物权和担保物权。"

（二）物权的性质和地位

　　物权是法律调整物的占有关系的结果，表现为人支配物的权利。但这是否意味着物权所体现的是人与物的关系呢？对此问题，在西方国家曾长期存在不同意见的争论。一种观点认为，物权是人支配物的财产权，是人与物的关系，而非人与人的关系。另一种观点认为，物权与债权同为人与人的关系，区别仅仅在于：前者为对抗一般人的权利，后者为对抗特定人的权利。第三种观点认为，物权的积极方面是人对物的支配权，是人与物的关系；而消极方面为排除他人干涉的权利，则是人与人的关系。

按照马克思主义的观点，物权关系和其他法律关系一样，是一种人与人之间的具有权利义务内容的意志关系。只有有意志的人才能享受权利，承担义务，并在彼此之间发生法律关系。物没有意志，是不能与人发生法律关系的，因此，尽管法律在给所有权和各种他物权下定义时通常从人对物的支配角度出发，但我们却不能因此把物权关系看作人与物的关系。法律采用这种方式给所有权和其他物权下定义，只是为了直观地表达物权内容的方便。在这种关系中，权利主体享有以自己的意志支配某物从而取得某物利益的权利，而义务主体则负有不侵害该物、不妨碍权利主体对该物进行支配的义务，二者相辅相成，共同构成物权的内容。

在财产权体系中，物权是作为其他财产权的前提与归宿而存在的。

物权是财产占有关系在法律上的表现。占有一定财产是人们从事生产活动的物质基础，在一个社会中，人们以什么关系占有财产直接决定着社会的交换关系和分配关系，这就决定了反映财产占有关系的物权在财产权体系中的地位和作用。

物权在财产权体系中的地位和作用，是通过物权与其他财产权的关系表现出来的。在物权与债权的关系中，物权是债权发生的基础和前提，没有对某物的物权，也就不能以转让某物的物权为条件，取得请求对方为对价给付的债权。而人们设立债权的目的，又在于实现商品的交换，取得自己所需要的财产的物权。在物权与继承权的关系中，被继承人生前对遗产享有财产所有权或法律允许继承的他物权，也是继承人取得遗产继承权的基础和前提。在遗嘱继承和遗赠中，遗嘱继承人的继承权和受遗赠人的受遗赠权的发生，还直接体现遗嘱人的意志。而继承人和受遗赠人接受继承和遗赠的目的，则在于取得对遗产的所有权或他物权。物权是债权、继承权的出发点，也是债权、继承权的归宿点，相对于物权来说，债权和继承权是作为取得物权的手段而存在的。

（三）物权的特征

物权与其他财产权相比较，特别是与它联系最为密切的债权相比较，具有以下特征：

1. 物权是绝对权。绝对权，又称对世权，是指以不特定的任何人为义务主体的民事权利。物权是权利主体对特定物进行管领、支配，并享受其利益的排他性权利。物权的内容包括有机联系的两个方面：①支配权，物权人有权在法律规定的范围内按自己的意愿对物进行支配，包括对物进行占有、使用、收益或处分的权利；②排他权，物权人也有权排除他人对自己支配之物所施加的侵害和对自己行使物权的行为造成的干涉和妨碍。根据物权第二方面的内容，物权主体以外的其他任何人也就相应地负有不予侵害、干涉、妨碍的不作为义务。与物权不同，债权是相对权（或称对人权），其义务主体是特定的债务人。

2. 物权以物为客体。物权是权利主体对物进行直接支配的权利，自然应以物为客体。这里所说的物，是指人身之外、为人力所能支配，并且有一定使用价值的物质资料，包括生产资料、生活资料，自然物、劳动产品，流通物、限制流通物，有体物及光、热、电、气等无体物。除物质资料外，其他事物，包括行为和精神产品，均不能作为物权的客体。这是物权区别于债权、知识产权的一个特征。

作为物权客体的物须具备以下条件：

（1）须是特定物。债权的客体既可以是特定物，也可以是种类物，而物权的客体则只能是特定物。种类物是不能作为物权的客体的，因为物权是物之支配权，其客体如不特定就无从支配。

（2）须是独立物。所谓独立，主要是指特定物在经济上、法律上具有独立的意义，例如，已划定界限并单独登记的地块虽与其他土地连成一片，但具有独立的法律意义，可单独作为物权的客体；再如，集合物中的各个物固然可以作为物权的客体，由多数单一物集合而成的集合物只要具有独立的经济意义和法律意义，如包括动产、不动产在内的企业法人的综合财产，也可以作为物权的客体。

3. 物权以对物进行支配并享受物的利益为内容。所谓支配，是指对物进行占有、使用、收益或处分的行为。物权为支配权，物权人可以在法律规定的范围内以自己的意志和行为直接支配物。但是物权种类不同，其权利人支配物的范围则有所不同。除所有人可以对物进行全面的管领和支配外，其他物权人都只能在法定范围内对物进行有限之支配，如使用权人只能对物进行占有、使用、收益，抵押权人只能就物的价值优先受偿等。

4. 物权具有排他性。物权的排他性具体表现在两个方面：①物权具有排除他人侵害、干涉、妨碍的性质；②内容相同的物权之间具有相互排斥的性质，即同一物上不容许两个以上相同内容的物权并存。

物权的排他性并不意味着物权都互相排斥，不能在同一物上并存。有如下例外：①他物权是由所有权派生出来的，可与所有权在同一物上并存；②就不同方面对物进行支配的他物权，也可以在同一物上并存。例如，用益物权是就物的使用价值对物进行支配，担保物权是就物的交换价值对物进行支配，它们就可以同时并存于同一物上。

二、物权法

（一）物权法的概念和调整对象

1. 物权法的概念。物权法是通过规定各种物权来调整物质资料占有关系的法律规范的总和。马克思说："私有财产的真正基础即占有，是一种事实，一个不可解释的事实，而不是权利。只是由于社会赋予实际占有以法律的规定，实际占有才具有合法占有的性质，才具有私有财产的性质。"[1]

马克思在这里深刻地揭示了占有关系、物权法、物权三者之间的关系。在占有关系与物权法之间，是先有占有关系，后有物权法。在人类漫长的远古时代，曾经只有人对物的事实占有，而无保护这种占有的公共权力机构——国家，以及由国家认可或制定的物权法。随着生产力的发展，在人类社会的某一发展阶段出现了剩余产品。剩余产品的出现，一方面刺激了原始人对能够生产出剩余产品的土地等生产资料的私有欲；另一方面，也使聪明的原始人意识到把战俘杀死不如强迫他们从事生产劳动对自己更为有利。于是人类社会开始出现阶级分化，出现了同时占有土地等生产资料和奴隶，以及利用奴隶这种劳动力为他们生产剩余产品的奴隶主。当奴隶主为镇压奴隶和平民的反抗而结成同盟时，也就在一定地域范围内出现了凌驾于全社会之上的公共权力机构——国家。而当奴隶主阶级利用其掌握的国家机构，用法的形式来确认和保护奴隶主对土地等生产资料和奴隶的占有关系时，也就产生了人类社会最初的物权法。

当人对物的事实占有关系受到物权法的确认之后，这种事实上的占有关系才同时具有了法权关系的性质。在这种法权关系中，物的占有人不仅可以运用私力，还可以运用国家公共权力来排除他人对其占有的侵害或妨碍，这时人对物的占有也就不再是单纯的事实，而同时成了一种权利，即物权。

---

[1] 〔德〕马克思、恩格斯：《马克思恩格斯全集》（第1卷），中共中央马克思恩格斯列宁斯大林著作编译局译，人民出版社1995年版，第382页。

2. 物权法的调整对象。《民法典》第 205 条规定:"本编调整因物的归属和利用产生的民事关系。"

(1) 物的归属关系。物的归属关系,是指特定的物质资料归特定民事主体所有的财产关系。物的归属关系具有以下特征:①在物的归属关系中,占有人对物的占有为自主占有,即以所有的意思占有标的物,处于物之主人即所有人的地位。②在物的归属关系中,由物所产生的经济利益归属于物的所有人。③在物的归属关系中,当标的物由他人占有、使用时,成立所有人的间接占有,物的归属不变,所有人仍以所有的意思间接控制标的物。

物的归属关系是人类社会生活中的重要财产关系,人类社会自从有了国家和法律,物的归属关系便成为法律规定和调整的重要对象。法律规定和调整物的归属关系的规范的总和,构成物权法的重要制度——所有权制度。

(2) 物的利用关系。物的利用关系,是指物的所有人基于其意思,将其所有物交他人有限利用而发生的财产关系。在现代社会中,物的所有人对物的利用有两种不同的情况:①自主利用,即由所有人将其所有物用于自己的生产与生活;②他主利用,即由所有人将其所有物交他人进行有限的利用,以取得对价。在第一种情况下,物的利用为物的归属所包容,并不形成新的财产关系;唯有第二种情况才形成新的财产关系。

物的利用关系具有以下特征:①在物的利用关系中,标的物上存在两个占有人。在物的利用关系中,形成利用人对标的物的他主占有,同时所有人并不因标的物由他人利用而丧失其自主占有,他仍然保持其所有人的地位,并对标的物具有一定的支配力。②在物的利用关系中,存在两个层面的财产关系:一是自主占有人(所有人)与他主占有人之间的财产关系;二是自主占有人和他主占有人与社会一般人的财产关系。

物的利用关系,也是现今人类社会重要的财产关系,直接涉及物尽其用、充分发挥物质财富的社会经济效益问题。物权法调整物的利用关系的法律规范的总和,构成物权法的另一重要制度——他物权制度。在物权法中,他物权制度是比所有权制度更为复杂的法律制度。

(二) 物权法的基本原则

根据我国《民法典》的规定及物权法相关原理,我国物权法有以下几项基本原则。

1. 坚持社会主义基本经济制度的原则。我国《民法典》第 206 条第 1、2 款规定:"国家坚持和完善公有制为主体、多种所有制经济共同发展,按劳分配为主体、多种分配方式并存,社会主义市场经济体制等社会主义基本经济制度。国家巩固和发展公有制经济,鼓励、支持和引导非公有制经济的发展。"

我国《民法典》为什么要把坚持社会主义基本经济制度作为其基本原则,笔者认为主要有以下两点理由:

(1) 我国现阶段的以公有制为主体、多种所有制经济共同发展的基本经济制度,是我国多年来经济体制改革的结晶。我国经济体制改革所取得的举世瞩目的成就证明,这一基本经济制度是适应我国现阶段生产力发展水平要求的,是有利于促进我国经济发展的,必须继续坚持。

(2) 根据马列主义的所有制学说,一个国家的所有制形态构成该国的基本经济制度,而物权法是所有制在法律上的表现。我国以公有制为主体、多种所有制经济共同发展的基本经济制度,其实就是我国以公有经济为主体、多种经济成分并存的所有制形态。

2. 平等保护原则。我国《民法典》第 206 条第 3 款规定:"国家实行社会主义市场经济,保障一切市场主体的平等法律地位和发展权利。"第 207 条规定:"国家、集体、私人的物权和其他权利人的物权受法律平等保护,任何组织或者个人不得侵犯。"这两条结合起来，明确了物权法平等保护国家、集体和私人物权的原则。

物权法属于民法，民法平等原则在物权法上的体现就是平等保护国家、集体和私人的物权。

在物权法上，平等保护国家、集体和私人的物权与维护公有经济的主体地位和国有经济的主导地位是不相矛盾的。

3. 物权法定原则。《民法典》第 116 条确立了物权法定原则。物权法定原则，即物权的类型、各类物权的内容及创设方式，均由法律直接规定，禁止任何人创设法律没有规定的物权和不按法律有关物权内容及创设方式的规定创设法律已作规定的物权。换言之，按物权法定原则的要求，人们只有遵循法律有关物权类型、内容及创设方式之规定而实施法律行为时，才能创设物权；否则，其法律行为便不能产生创设物权的法律效果。

按物权法定原则的精神，如果当事人的法律行为不符合物权法定的要求，便不能产生创设物权的法律效果，那么该法律行为是不是就不能产生任何民事法律效果呢？

物权法实行物权法定原则的原因是：①物权反映的是社会的所有制关系，如允许人们自由创设物权，就会危及社会的经济基础。②物权是绝对权，具有对世性，"必须受到每一个人的尊重"，但是"除非存在某种方法，使人们能够知道各种物权的标准内容，便无法对这种尊重提出要求"。[1]此种方法便是实行物权法定主义。③物的交易在法律上直接表现为物权交易，实行物权法定原则，由法律统一规定物权的种类和内容，才能为物权交易提供便捷之条件。[2]

特别需要说明的有两点：①虽然物权法定原则要求人们在以法律行为创设物权时必须遵守法定要求，但是物权法并不强制人们创设这种物权而不创设那种物权。在法律规定的各种物权范围内，人们仍然有根据自己生产、生活的需要任意选择创设某种物权的自由。②按民法原理，物权法定原则仅是一项限制人们以法律行为创设物权的法律原则，其规范范围仅限于物权的创设，不能延伸至债权之创设。债权法不实行法定原则，人们可以任意创设法律不禁止的债权。因此，不符合物权法定要求的法律行为，虽然不能产生创设物权的效果，但它可能产生债法上的效果，在当事人之间创设债权债务关系。如传统的租赁、借用及其他创新的债权形式，都是以债权形式调整相互间的财产占有关系。两者之间最大的区别仅仅在于：以债权形式调整相互间的财产占有关系，其效力仅限于当事人双方，即只能约束双方当事人，不能对抗第三人；以物权形式调整相互间的财产占有关系，其效力则不限于双方当事人，它既可以约束当事人双方，又可以对抗第三人。

4. 公示公信原则。有学者将公示公信原则仅理解为公示原则，并且将公示原则的适用范围仅限于以法律行为变动物权。[3]我们认为，在物权法上，不仅存在一个公示问题，而且存在一个公信问题，二者紧密联系，密不可分，应当成为一项统一的物权法原则。此项原则不仅贯穿于物权变动制度之中，而且贯彻于物权之善意取得等制度之中。公示公信原则具有密切联系的两个方面的基本内容：

（1）公示原则。按公示原则的要求，物权的存在与变动都应当具有法定的公示形式。

---

〔1〕　［德］罗伯特·霍恩等：《德国民商法导论》，楚建译，中国大百科全书出版社 1996 年版，第 187 页。

〔2〕　梁慧星编著：《中国物权法草案建议稿 条文、说明、理由与参考立法例》，社会科学文献出版社 2000 年版，第 101 页。

〔3〕　梁慧星编著：《中国物权法草案建议稿 条文、说明、理由与参考立法例》，社会科学文献出版社 2000 年版，第 108 页。

物权是否存在的公示，为物权的静态公示。按各国物权法的规定，占有是动产物权存在的公示形式，国家不动产物权登记簿上所作的登记是不动产物权的公示形式。物权是否变动的公示，为物权的动态公示。按各国物权法的规定，动产物权变动以交付作为其公示形式，不动产物权变动则以登记作为其公示形式。按公示原则，如果物权之存在不具有法定的公示形式，便不能对抗善意第三人；如果物权的变动不采用法定的公示形式，视法律的不同规定，或者不发生物权变动的法律效果，或者其变动后的"物权"不能对抗善意第三人。

我国《民法典》第 208 条规定："不动产物权的设立、变更、转让和消灭，应当依照法律规定登记。动产物权的设立和转让，应当依照法律规定交付。"本条系对物权变动公示形式的规定。我国《民法典》第 209 条第 1 款规定："不动产物权的设立、变更、转让和消灭，经依法登记，发生效力；未经登记，不发生效力，但是法律另有规定的除外。"本条规定可被视为对不动产物权静态公示形式的规定。

（2）公信原则。《民法典》第 214 条规定："不动产物权的设立、变更、转让和消灭，依照法律规定应当登记的，自记载于不动产登记簿时发生效力。"依此推定，法定的物权一经公示即产生社会公信力。按公信原则，法律推定动产占有人对其占有的动产享有物权，不动产物权的登记名义人享有登记于其名下的不动产物权。如公示错误，即公示的物权名义人不是真正的物权人，因相信物权公示而与公示的物权名义登记人为交易的善意第三人受法律的保护。物权静态公示形式的推定效力和公信效力，既是物权法要求动产物权变动须采用交付形式、不动产物权变动须采用登记形式的依据，也是物权法规定物权善意取得制度的依据。按物权法的善意取得制度的规定，如善意第三人向登记的房屋所有人购买房屋，即使该登记名义人不是房屋的真正所有人，该购买人自办完房屋所有权移转登记之时即取得所购买房屋的所有权。真正所有人的所有权消灭，其只能请求登记名义人返还不当得利或赔偿损失，不能请求善意买受人返还原物。

物权法实行公示公信原则的目的，在于维护物的占有秩序，确保交易的安全。因为物权是绝对权，对物权人的物权，任何人都负有不得侵犯、不得干涉和不得妨碍的义务。要使社会一般人都负起这一义务，物权必须具有可识别性。而要使物权具有可识别性，法律就必须规定物权的公示方法，并要求物权人按法定公示方法进行公示。既然物权公示是依法进行的，法律也就应当赋予物权公示以社会的公信力，使与公示名义人为交易的善意第三人的利益受到法律保护。因此，通过公示使物权具有可识别性，通过赋予物权公示以公信力使与公示名义人进行交易的善意第三人受到法律的保护，公示公信原则也就可以实现其维护占有秩序和交易安全的价值目标。

5. 区分原则。对区分原则，在我国民法学界，以是否赞成德国物权行为独立性理论为分水岭，有两种不同的解释。不赞成德国物权行为独立性理论的学者将其解释为物权变动与其原因行为相区分的原则；[1]而赞成德国物权行为独立性理论的学者则将其解释为物权行为与债权行为相区分的原则。本书持第二种解释意见。我们认为，区分原则是在法律上将一个物质商品交易区分为债权行为与物权行为两个民事法律行为。当事人订立交易合同的行为（如买卖合同、土地使用权出让或转让合同、抵押合同、质押合同等）为债权行为；而当事人按交易合同的要求着手实施的、以标的物的交付或登记为形式、以物权变动合意为内容的行为则为物权行为。

---

[1] 梁慧星编著：《中国物权法草案建议稿 条文、说明、理由及参考立法例》，社会科学文献出版社 2000 年版，第 112 页。

区分原则的基本精神有三条：①债权行为（交易合同）的成立与有效，均不以标的物的交付或登记为条件（交付或登记是物权行为成立的条件，而不是债权行为成立或有效的条件），也不发生物权变动的法律效果。债权行为为负担行为，其依法成立仅在当事人之间产生设定债权债务关系的法律效果。②交付或登记是物权行为成立的形式要件，唯物权合意与交付或登记结合，才能成立物权行为。物权行为为财产处分行为，物权行为依法成立，即产生物权变动的法律效果。如果当事人仅有物权合意，而其合意不具有交付或登记之形式者，物权行为不成立，不能发生物权变动的法律效果，其合意只能拘束当事人双方，不能对抗第三人。③在交易关系中，以物权合意为内容，以交付或登记为形式的行为，既是物权行为，同时又是债的履行行为。如果当事人不按交易合同的要求实施物权行为，取得物权变动的法律效果，达成交易的目的，即构成合同之债的不履行，依法应当承担违约责任。

在民事立法上，由不实行区分原则到实行区分原则表现得最为明显的，当推俄罗斯民法。《苏俄民法典》不实行区分原则，仅用一个条文规定住宅交易的形式及效力；[1]而新《俄罗斯民法典》实行区分原则，用两个条文分别对不动产交易中的债权行为的形式与效力、物权行为的形式与效力作了不同的规定。[2]我国过去照搬《苏俄民法典》第239条的规定，将登记作为房屋买卖合同的生效条件，直到2007年3月16日通过《物权法》时，才有了改弦易辙的新规定："当事人之间订立有关设立、变更、转让和消灭不动产物权的合同，除法律另有规定或者合同另有约定外，自合同成立时生效；未办理物权登记的，不影响合同效力"（原《物权法》第15条）。将本条规定与原《物权法》第9条的规定联系起来思考，我们不难看出本条所称"不影响合同效力"，是指不影响合同的债权效力。

区分原则准确地说是物权法和合同债法共同的原则。在物权法范围内，它要求将物权行为独立出来，将物权合意与物权公示——交付或登记结合起来作为物权变动的条件，以此让国家对商品交易，特别是不动产交易保持适度的干预。在合同债法范围内，它又告诫立法者不能将交付或登记作为交易合同的形式或有效条件，以此维护交易的自由、诚信和安全。在理论上，它使我们划清了物权法和合同债法之间的界限，分清了物权法与合同债法在商品交换关系中各自的作用范围。在司法实务上，它对公平合理地处理因无权处分、一物二卖而引起的纠纷具有重要的实践价值。它还可以类推适用于知识产权交易、股权交易以及在建项目转让等情形，对公平合理地处理有关纠纷发挥重要作用。

第二节 物权的效力

物权的效力，是指物权基于物权人对物的支配权和物权的排他性而产生的特殊法律效力。物权的效力与物权的权能——占有权能、使用权能、收益权能、处分权能有关，但物权效力并非物权权能本身，而是物权权能进一步发挥作用的结果。物权基于其对物的支配

---

〔1〕《苏俄民法典》第239条（住宅买卖合同的形式）规定：城市或城镇住宅（部分住宅）买卖合同，应当公证证明，如果一方是公民，还应当在区、市劳动人民苏维埃执行委员会登记。不遵守本条规定，则合同无效。

〔2〕《俄罗斯民法典》第550条（不动产出卖合同的形式）规定：不动产出卖合同以双方在一份文件上签字的书面形式签订；不遵守不动产出卖合同的形式将导致合同无效。第551条（不动产所有权移转的国家登记）规定：①根据不动产出卖合同而将不动产所有权移转给买受人时，应当进行国家登记。②在对所有权移转的国家登记完成前，对不动产出卖合同的履行不构成对抗第三人的原因。③当一方拒绝对不动产所有权的移转办理国家登记时，法院有权作出所有权国家登记的裁定。无合法根据而拒绝对不动产所有权移转进行登记的一方应当赔偿另一方因登记迟延而发生的损失。

权和排他性，具有以下特殊效力：

一、物上请求权效力

物上请求权，是指物权人对物的支配因受到他人妨碍而出现缺陷时，为恢复其对物的圆满支配状态而产生的请求权。物上请求权基于物权的支配权受到妨碍而发生。法律赋予物权人以物上请求权的目的在于维护物权人对物的圆满支配状态。物上请求权包括返还原物请求权、排除妨碍请求权、恢复原状请求权。依物上请求权的目的，这些请求权都只能在恢复物之原有支配状态有可能时才能行使。

就物上请求权的性质如何，理论上有三种不同的见解：①认为物上请求权为独立的请求权；②认为物上请求权纯为债权，不承认物上请求权与债权请求权的差别；③认为物上请求权是依附物之支配权的附属权利。

本书认同第三种见解。物上请求权与债权请求权不能等同视之，二者存在许多差别：①两者发生的根据不同。债权请求权发生的根据是合同、无因管理、不当得利、侵权损害等；而物上请求权发生的根据是物之支配权受到侵害。②两者的目的不同。债权请求权的目的在于满足债权人获得物质资料、知识产品、劳动力、服务等利益的需要；而物上请求权的目的在于恢复物权人对物的原有支配状态，满足物权人享受物的各种利益的要求。换言之，债权请求权的目的在于维护物的动态安全，即流通的安全；而物上请求权的目的则在于维护物的静态安全，即占有、支配上的安全。③两者的后果不同。债权请求权的行使产生消灭债权关系的后果；而物上请求权的行使产生恢复物之支配权，使之能继续顺利行使的后果。

在物上请求权与物之支配权的关系上，物上请求权也不是独立于物之支配权的独立权利，而是附从于物之支配权的权利：①物上请求权的发生以物之支配权受侵害为前提条件。只有支配权存在，才有产生物上请求权的可能性；支配权消灭，产生物上请求权的可能性就随之消灭。②物上请求权服务于物之支配权。返还原物请求权服务于物之占有权能，排除妨碍请求权、恢复原状请求权则共同服务于物之使用、收益、处分三项权能。

鉴于物上请求权与物之支配权的上述关系，物上请求权只能在物之支配权遭受侵害与妨碍时发生，也只有在恢复物之支配原状有可能时才能行使。如果物权标的物毁损灭失，恢复物权人对原物的支配已无可能，则物权人不能行使物上请求权，只能依损害赔偿之债的规定请求加害人赔偿经济损失。

物上请求权与损害赔偿请求权也是有重大区别的，不容混淆。物上请求权与损害赔偿请求权的主要区别有：①物上请求权产生物权之效力，损害赔偿请求权产生债权之效力。②损害赔偿请求权以致害行为具有违法性并造成实际损失为要件，而物上请求权则不以此为要件，只要行为人的行为对物权人正当行使物之支配权的行为构成了妨碍，即使行为人的行为并不违法，也未给物权人造成实际损失，物权人也可提出物上请求。例如，物之所有人可以基于合理需要向物之合法使用人请求返还原物；土地所有人或使用人如有正当原因，可以请求原已允许通行其土地的人停止通行或改道通行。

二、物权的优先效力

物权的优先效力，主要是指物权优先于债权的效力。物权的优先效力仍源于物权的对物支配权和排他性。法律赋予物权以优先效力，有利于维护既存的财产占有关系，充分发挥物质财富的效用。物权的优先效力主要表现在以下几个方面：

1. 物权破除债权。就债权的特定标的物成立物权时，该物权可基于其优先效力破除债权，使已成立的债权不能实现。在这种情况下，债权人不能请求物权人交付原债的标的物，只能请求原债务人承担违约责任。例如，甲作为出卖人，以自己所有的某特定物为标的与乙订立了买卖合同，但未将该标的物交付给乙。几天后，甲又以该物为标的与丙订立买卖合同，并依合同将该标的物交付给了丙。如丙与甲订立买卖合同为善意，按《民法典》第311条的规定，丙便取得了该标的物的所有权。由于物权的效力优先于债权，乙便不能以先订立买卖合同为由，要求丙交出该标的物，而只能请求甲承担不履行债务的违约责任。

2. 优先受偿权。这里所称优先受偿权，是指享有担保物权的债权人可就担保物优先于其他债权人受到清偿。基于担保物权的优先受偿权，当企业破产时，担保物权人享有别除权，即将担保物从破产财产中别除，由担保物权人就担保物单独受偿。待担保物权人全部受清偿后，再将剩余财产列入破产财产，由其他债权人受偿。当担保物被其他债权人申请强制执行时，担保物权人可向法院提起执行异议。

3. 优先购买权。优先购买权，是指财产所有人出卖其财产时，就该项财产与财产所有人存在物权关系的人，在同等条件下可优先于其他人购买。我国《民法典》第305条、第306条规定按份共有人之一出卖其财产份额时，其他共有人在同等条件下享有优先购买权。租赁权具有物权性质，因此《民法典》第726条规定了房屋承租人的优先购买权。优先购买权虽然只是物权人优先于一般人的优先权，不能说明物权优先于债权，但它同样是基于物权而发生的，同样体现物权的优先效力。

三、物权的追及效力

物权的追及效力，是指物权的标的物无论辗转落入何人之手，除法律另有规定外，物权人均可追及至物之所在从而行使物权的法律效力。

物权的追及效力主要表现在以下两种情况中：①当标的物由无权处分人转让给第三人时，除法律另有规定外，物权人有权向第三人请求返还原物。物权在此种情况下所具有的追及效力属于物上请求权的一种形式。②当抵押人擅自转让抵押物给第三人时，抵押权人可追及至抵押物之所在行使抵押权。

物权的追及效力不是绝对的，而是相对的。物权法为维护交易安全，保护善意第三人的利益，对物权的追及效力设有若干限制：①善意第三人对标的物的占有受即时取得制度和时效取得制度的保护。当善意第三人按即时取得制度或时效取得制度取得标的物所有权时，原所有人无权请求善意第三人返还原物，只能请求无权处分人赔偿损失。②物权未按法定方式公示者，不具有对抗善意第三人的法律效力，即对善意第三人不具有追及效力。例如，未经登记的抵押权，如抵押人将抵押物擅自让与第三人，抵押权人不得追及至第三人行使抵押权。③物权登记错误时，与登记名义人进行交易的善意第三人受登记公信力的法律保护，实际权利人对善意第三人无追索权。

第三节　物权的分类

根据物权法定原则，各国（地区）民法都规定了与自己的经济条件和历史传统相适应的多种物权。《德国民法典》规定的物权多达12种，包括占有权、所有权、地上权、地役权、用益权、先买权、土地负担、抵押权、土地债务、定期金债务、动产质权、权利质权。《日本民法典》规定了占有权、所有权、地上权、永佃权、地役权、留置权、先取特权、质权、抵押权9种物权。我国《民法典》规定了所有权、土地承包经营权、建设用地使用权、宅基地使用权、地役权、抵押权、质权、留置权等物权类型。对民法规定的各种物权进行科学的分类，有利于帮助我们了解各种物权的性质和特征，加深对物权制度的认识。

在学理上，物权可以按不同标准进行以下分类：

一、所有权与他物权

根据物权的权利主体是否为财产的所有人，可以把物权分为所有权与他物权。所有权是财产所有人对自己所有的财产依法进行全面支配的物权。他物权是非财产所有人根据法律的规定或所有人的意思对他人所有的财产享有的进行有限支配的物权。他物权一词中的"他"字含义十分丰富：①它表明他物权是所有人以外的其他人享有的物权；②它也表明他物权是对他人之物享有的物权；③它还表明他物权是所有权以外的其他物权。区分所有权与他物权的意义在于正确处理财产所有人与他物权人之间的关系，公平保护财产所有人与他物权人的合法利益，充分发挥物质财富在生产中的效用，促进商品经济的发展，满足人们的物质需求。

所有权与他物权的区别表现在：所有权为自物权，即财产所有人对自己的财产享有的物权，他物权为他主物权，是非所有人对他人财产享有的物权；所有权为原始的物权，他物权为派生物权，是所有权部分权能与所有权相分离的结果；所有权是完全物权，他物权是限定物权；所有权是无期物权，他物权一般为有期物权。

二、用益物权与担保物权

根据设立目的的不同，他物权还可以进一步分为用益物权与担保物权。用益物权是以物的使用、收益为目的而设立的物权。外国民法规定的地上权、地役权、永佃权等，都是用益物权；我国《民法典》规定的土地承包经营权、建设用地使用权、宅基地使用权以及海域使用权、探矿权、采矿权、取水权和使用水域、滩涂从事养殖、捕捞的权利等也是用益物权。担保物权是以保证债务的履行、债权的实现为目的而设立的物权。抵押权、质权、留置权都是担保物权。一般他物权的设立，或就物的使用价值进行利用，或就物的交换价值保证债的履行，通常只追求一种目的，其属于用益物权或属于担保物权，答案往往是十分清楚的。唯我国历史上形成的典权是一个特殊的例外，它同时追求获得物的使用收益和保证借款偿还两个目的，具有用益物权和担保物权的双重性质。

基于不同的设立目的，用益物权与担保物权呈现出以下几点区别：

1. 用益物权与担保物权虽同为物之支配权，但两者对物进行支配的主要方面有所不同。用益物权主要就物的使用价值方面对物进行支配；而担保物权主要就物的交换价值方面对物进行支配。但是，用益物权与担保物权的这一区别只是相对的而非绝对的。一般来说，担保物权的权利主体只能就标的物的价值优先受偿，不能对标的物进行使用、收益。而用益物权则不限于对物的使用、收益，有的用益物权的权利主体除对物进行使用、收益外，也可以将标的物出让或用于信用担保。例如，我国《民法典》第353条明确规定了建设用地使用权人转让土地使用权和以土地使用权进行抵押的权利。这源于用益物权本身的一定价值。

2. 用益物权具有独立性，担保物权则具有从属性。用益物权根据法律的规定或与当事人的约定独立存在，不以用益物权人对财产所有人享有其他财产权利为前提。而担保物权的存在以担保物权人对担保物的所有人或其关系人享有债权为前提，债权消灭，担保物权亦随之而消灭。

3. 用益物权的行使须以占有标的物为前提，因为用益物权人如不占有标的物就无法对标的物进行使用、收益。而担保物权人可以直接占有标的物，也可以不直接占有标的物，只要从法律上明确主体对标的物享有担保物权即可。随着商品经济和信用制度的发展，同时为了发挥物之使用价值和交换价值，不转移物之占有的担保（包括动产）日益成为物的担保的普遍形式。

4. 担保物权具有物上代位性，而用益物权不具有这一性质。担保物权的标的物灭失，担保人（即担保物的所有人）能够因此而获得赔偿请求权，担保物权就该赔偿请求权而继续存在。而用益物权的标的物灭失，无论其灭失的原因如何，均导致用益物权的消灭。

三、动产物权与不动产物权

按物权的客体是动产还是不动产，可以将物权分为动产物权与不动产物权。动产物权是以能够移动的财产为客体的物权，不动产物权是以土地、房屋等不能移动的财产为客体的物权。现代各国为稳定社会经济秩序，不仅在民法典物权编设有专章、专节或专门条文对不动产物权进行专门规定，还于民法典之外专门制定单行法律对基于土地、房屋等不动产而发生的各种社会关系进行综合调整，并设立地政、房产机关以强化对房地产领域的行政管理。由此也就形成了不动产物权与动产物权的一系列差别：

1. 不动产与动产可设立的物权类型不同。不动产和动产均可设立所有权，但在他物权的设定上，不动产与动产有很大差别。为解决不动产（特别是土地）所有权与不动产实际利用间存在的矛盾，以及满足那些不享有不动产所有权的社会成员对不动产的需要，各国民法对不动产都规定了多种用益物权，如地上权、永佃权、使用权、用益权、相邻权、地役权等，以至于我们可以说，如不是为了解决不动产利用的社会问题，就根本不可能有用益物权乃至整个他物权制度的出现。而动产，除依《法国民法典》《德国民法典》和我国《民法典》之规定，得与不动产一起成为用益权或经营权的客体外，一般不能成为其他用益物权的客体。同样为了不动产的有效利用，各国民法典均规定就不动产设立担保物权时不转移其占有，而就动产设立担保物权时一般应当转移其占有。

2. 不动产物权与动产物权的公示方法不同。为强化不动产的行政管理，各国都对不动产物权的设立、转让、消灭建立了相应的登记制度。而对动产物权（轮船、航空器、机动车等重要动产除外）没有这样的登记制度，由此也就形成了不动产物权与动产物权公示方法的差别。不动产物权的设立及转让以国家主管机关的登记作为向社会公示的方法，如果不进行登记，即使实际占有了不动产，亦不能产生对抗善意第三人的法律效力。而动产物权的享有和转让则以占有和交付作为向社会进行公示的方法，对动产的占有和交付也就具有了对抗第三人的法律效力。

3. 动产物权和不动产物权所受限制不同。由于动产物权的取得与行使对社会公共利益的影响不大，因此无论社会主义国家还是资本主义国家，法律对动产物权的取得与行使一般都没有特别的限制。而不动产物权的取得与行使直接关系社会公共利益，法律因此设定了种种特别的限制。特别是对以土地为客体的物权，法律限制极严，以至土地权限制成为各国土地法的基本准则。①在土地所有权问题上，社会主义国家禁止私人取得土地所有权。资本主义国家虽不禁止私人拥有土地，但为打破封建大地主对土地的垄断，对私人土地所有权一般也都规定了一定的限制。②现代各资本主义国家的法律均宣布，凡不归私人所有的土地均归国家所有，对土地不适用无主物的先占原则。不动产物权的行使也受法律的许多限制。例如，土地所有权与使用权的行使除受民法规定的相邻权制度的限制外，还受土地行政管理法规所规定的种种限制。对于土地、房屋，国家还可以根据社会公共利益的需要进行强制征收。

四、本权与占有

占有，是指对物直接进行掌握控制之事实。相对于占有而言，民法规定的所有权、各种用益物权与担保物权，以及承租人、借用人基于债的关系而对物进行占有、使用的权利，皆称本权。对于占有，有人认为是一种单纯的事实，也有人认为是一种权利，但占有无论为权利还是事实，将它与本权加以区别，并以此为基础在物权法中对占有作出专门的规定，建立相应的保护占有的法律制度，对稳定物之现实占有关系，维护物之动态安全（交易上的安全），均有着重要的意义。

第四节　物权的变动

一、物权变动概述

（一）物权变动的概念

物权变动是指物权的取得、变更、丧失。物权就特定主体而发生，谓之物权取得。物权取得包括原始取得和继受取得。物权的变更有广、狭两义。广义的变更包括物权主体的变更、物权内容的变更和物权客体的变更。狭义的变更则不包括物权主体的变更，仅包括物权内容和客体的变更。因为物权主体的变更，同时引起原物权人物权的丧失和新物权人物权的取得，可分别归入物权的丧失和取得之中。物权丧失指物权与特定主体相分离，包括绝对丧失与相对丧失两种情况。

物权变动是物权法上的一种民事法律效果。和其他民事法律效果一样，物权的变动也是由一定民事法律事实引起的。能引起物权变动的民事法律事实有两类：

1. 物权法律行为。物权法律行为简称物权行为，包括双方行为与单方行为。双方物权行为又称为物权契约或物权合同。

2. 物权行为以外的法律事实。这包括生产、收益（仅限天然孳息之收取，法定孳息之收取为法律行为）、继承、时效、先占、添附、遗失物之拾得、埋藏物之发现、国有化、征收、没收、法院强制执行、标的物消费、标的物灭失、混同、存续期限届满（限有期物权）、债务清偿（限担保物权）等。

（二）物权的取得

物权取得是指物权就特定主体而发生。物权之取得，以是否基于他人的权利与意志为标准，分为原始取得和继受取得（详见所有权一章内容）。

（三）物权的消灭

物权消灭是指特定主体的物权不复存在，物权消灭有广、狭两义。广义的物权消灭包括以下两种情况：

1. 物权的绝对消灭。这是指物权与特定主体分离，而他人又未取得其权利。物权标的物灭失、物权人抛弃其物权、他物权与所有权混同等，都能引起物权的绝对消灭。

2. 物权的相对消灭。这是指物权与原主体分离而归于新主体。例如，转让人因转让而丧失物权。狭义的物权消灭，仅指物权的绝对消灭，不包括物权的相对消灭。因为从另一角度观察，物权的相对消灭可归于物权之继受取得与物权主体的变更。

二、物权行为

物权行为是指以发生、变更、消灭物权为目的的法律行为。在物权行为与物权发生、变更、消灭的相互关系上，物权行为是物权发生、变更、消灭的原因，而物权的发生、变更、消灭则是物权行为引起的法律效果。物权行为包括双方行为与单方行为。双方物权行为又称为物权契约，是最主要的物权行为。

（一）物权行为的基本原理

"物权行为"之概念和理论，均属德国法学的创造。德国学者萨维尼指出，履行买卖契约之交付并不是一种单纯的事实行为，而是包含着一项以转移所有权为目的的物权契约。交付一方面包括占有的现实转移，另一方面亦包括移转所有权的意思表示。按德国学者对物权行为的肯定主义看法，于债权行为之外，不仅有物权行为之存在，而且物权行为还具有独立性、无因性之特点。所谓物权行为独立性，是说物权行为与债权行为完全分离，独立存在。例如，交付与交付中包含的转移所有权的合意与作为债权契约的买卖契约相分离。物权行为的独立性建立在这样的理论基础之上：物权与债权是性质不同的两种财产权，其发生、变更、消灭要求不同的法律行为。债权行为的效力在于使双方当事人享有债权和负担债务，并不能发生物权变动的法律效果。要发生物权变动的法律效果，则有赖于独立于债权行为之外、以直接发生物权变动为目的的物权行为。物权行为的无因性是指，物权行为的效力不受相应的债权行为，如买卖、赠与、互易等债权契约的影响。当相应的债权行为无效或被撤销时，以物权合意与交付或登记构成的物权行为并不当然无效，仍能产生物权变动的法律效果，只是此时由于交付或登记失去了法律上的原因，收受财产的一方应按不当得利返还财产。

（二）各国（地区）立法对物权行为所持的不同立场

于立法上，各国（地区）对物权行为存在肯定主义、否定主义与折中主义三种不同的立场。

1. 肯定主义立场。德国立法对物权行为持肯定主义立场。《德国民法典》第 873 条规定："为了让与土地所有权、为了对土地设定权利以及为了让与此种权利或对此种权利再设定其他权利，除法律另有规定外，应有权利人与相对人对于权利变更的协议，并将权利变更登入土地登记簿册。"该法典第 929 条规定："为让与动产所有权必须由所有人将物交付于受让人，并就所有权的移转由双方成立合意。"这些规定均未把转让所有权或设定他物权的合意以及登记、交付等与其原因行为——买卖、赠与、租赁等债权行为相联系，而是直接把当事人间有关物权的合意与交付或登记作为引起物权变动的法律事实，充分反映了德国学者所持的物权行为独立性和无因性的理论观点。

2. 否定主义立场。法国立法对物权行为持否定主义的立场。《法国民法典》在第三编"取得财产的各种方法"的总则中规定："财产所有权得因继承、生前赠与、遗赠以及债的效果而取得或移转"（第 711 条）。在该编"买卖"章中该法典还规定："当事人就标的物及其价金相互同意时，即使标的物尚未交付，价金尚未支付，买卖即告成立，而标的物的所有权即依法由卖方转移至买方"（第 1583 条）。这些规定把物权变动直接与债相联系，将变动效果归结为债的效力，既不认为于债权契约之外有物权契约之存在，也不以交付或登记作为物权变动的要件。在《法国民法典》的起草者看来，买卖、赠与等契约，不但直接发生债的效果，亦同时直接发生物权变动的效果。把物权变动完全系于契约合意的这种意思主义立法，充分体现了《法国民法典》中的自由主义思想和意思自治的原则。

3. 折中主义立场。瑞士立法对物权行为持折中主义的立场，不否认物权行为的存在，但是认为债权行为与物权行为密切联系，不赞成物权行为具有无因性，而是把原因行为（债权行为）、登记承诺（物权行为）与登记结合起来，作为发生物权变动效力的根据。《瑞士民法典》第 963 条第 1 款规定："不动产登记，须依不动产所有人的书面声明作成。"在这里，立法不以所有权转移契约为登记的依据，而以所有人的书面声明——登记承诺为登记的依据，显然把登记承诺看成了区别于债权契约的独立行为。该法典第 974 条第 2 款规定："凡无法律原因或依无约束力的法律行为而完成的登记，为不正当。"在这里，立法又把物权变动与法律原因或原因行为相联系，明确否定了物权行为无因性理论。

《瑞士民法典》物权编的上述规定表明，在瑞士民法中，不动产物权变动效力的发生须具备三个要件：①要有法律上的原因或原因行为。原因行为包括转移不动产所有权的契约和设立不动产他物权的契约。②要有不动产所有人的登记承诺。③要有国家主管机关根据不动产所有人的登记承诺所作的登记。由此可见，瑞士民法既没有把不动产物权的变动单纯系于主体的债权行为，也没有将其单纯系于主体的物权行为，而是把不动产物权变动的根据看作是由原因行为（债权行为）、登记承诺（物权行为）、登记相结合的法律事实构成。这就表明，在物权行为问题上，瑞士民法所持的立场是介于德国肯定主义与法国否定主义之间的折中主义的立场。

我国 2007 年的《物权法》（已失效）采用了瑞士的折中主义立场，《民法典》第 208条、第 209 条、第 224 条延续了该种传统。

第五节　物权的公示

一、物权公示概述

（一）物权公示的概念

物权的公示，是指物权的享有及变动可取信于社会公众的外部表现形式。物权的公示问题，是物权法中的重要问题。物权是绝对权，具有排他性。要发挥物权的排他作用，防止人对物的争夺、对他人财产的侵犯，法律就必须明定物权的公示方法，使人通过一定的外部形态（外观）而知某人对某物享有物权，或某物的物权在某人之间发生了移转。因此建立科学的物权公示制度，对维护物的占有秩序和交易安全均具有重要的意义。正是基于公示制度的意义，现代各国物权立法都实行公示公信原则，在民法典物权编中以专章、专节或专门条文规定物权的公示方法，并辅之以有关单行法律、法规，以建立完善的物权公示制度。

（二）物权公示制度的基本内容

物权公示制度的基本内容是规定物权公示的方法和物权公示的效力。

1. 物权公示的方法。根据各国物权法的规定，物权公示的方法因不动产物权与动产物权的不同而有所区别：不动产物权以登记与登记变更作为其享有与变更的公示方法；动产物权以占有作为其享有的公示方法，以交付作为其变更的公示方法。法律赋予登记、登记变更、占有、交付以公信力，社会公众也就可以通过登记、登记变更、占有、交付等形式了解物权的享有及变动情况。

2. 物权公示的效力。登记、登记变更、占有、交付等法定物权公示的效力如何，世界各国有三种不同的立法主义：

（1）成立要件主义。此种立法主义不仅赋予法定公示方法以社会的公信力，还把登记与交付作为物权变动的要件之一。按照此种立法主义，仅有当事人的物权变动的意思表示，而无法定的公示方法，其物权变动的意思表示不仅不发生社会的公信力，也不具有物权变动的法律效果。

（2）对抗要件主义。此种立法主义只赋予法定公示方法以社会的公信力，不把它作为物权变动的要件。按照此种立法主义，当事人一形成变动的意思表示，即发生物权变动的法律效果，只是在未依法进行公示前，不具有社会的公信力，不能对抗善意第三人，即不知情的第三人可以以当事人未公示为理由，否认其物权变动的效果。

（3）折中主义。折中主义，是兼采成立要件主义与对抗要件主义的一种立法主义。但是在兼采两种立法主义的同时，往往有所偏重，或以成立要件主义为原则、对抗要件主义为例外，或以对抗要件主义为原则、成立要件主义为例外。

自《民法通则》（已失效）以来，我国在物权公示立法上一直采取的是以成立要件主义为原则、以对抗要件主义为例外的折中主义。关于不动产的公示，《民法典》第209条第1款规定："不动产物权的设立、变更、转让和消灭，经依法登记，发生效力；未经登记，不发生效力，但是法律另有规定的除外。"关于动产的公示，《民法典》第224条规定："动产物权的设立和转让，自交付时发生效力，但是法律另有规定的除外。"

通过前述三种立法主义的分析，我们可以看出成立要件主义、对抗要件主义虽有是否以物权公示作为物权变动要件的区别，但它们都同样规定了物权的公示方法并赋予了法定物权公示以公信力。因此，规定物权公示方法并赋予其公信力，是物权公示制度的两个基本点。

二、不动产物权的公示：登记

不动产物权的公示方法为国家不动产登记机关的登记。不动产物权的种类繁多，占有关系十分复杂。为明确设立于不动产上的各种物权，世界各国都不以占有和交付作为不动产物权的公示方法，而以国家登记机关的登记作为不动产物权的公示方法。以登记作为公示形式的物权，不限于不动产物权，还包括国家纳入登记管理范围的交通运输工具这类动产物权。但是，这类动产物权登记的公示意义与不动产物权登记的公示意义并不完全相同。我国《民法典》亦在"动产交付"一节对其予以规定，因此本处只分析不动产物权的登记问题，而交通运输工具的登记问题将在下一个问题"动产物权的公示：占有与交付"中进行分析。

根据《民法典》物权编相关规定，对不动产物权的登记须分析研究以下几个问题：

（一）不动产物权登记概述

1. 不动产物权登记的概念。不动产物权登记，是指不动产登记机关根据申请人的申请或者依职权将不动产物权设立、变更、消灭等情况记载于其专门设置的登记簿上。

2. 不动产物权登记机关及其职责。我国《民法典》没有明确规定不动产物权登记的主管机关，其第210条仅对不动产登记机关作了如下原则性规定："不动产登记，由不动产所在地的登记机构办理。国家对不动产实行统一登记制度。统一登记的范围、登记机构和登记办法，由法律、行政法规规定。"

按《民法典》第212条的规定，不动产物权登记机关负有以下职责：①查验申请人提供的权属证明和其他必要材料；②就有关登记事项询问申请人；③如实、及时登记有关事项；④法律、行政法规规定的其他职责。申请登记的不动产的有关情况需要进一步证明的，登记机构可以要求申请人补充材料，必要时可以实地查看。

为督促登记机构认真履行职责，防止错误登记的出现，维护当事人的合法权益，《民法典》第222条第2款还规定了登记机构的赔偿责任："因登记错误，造成他人损害的，登记机构应当承担赔偿责任。登记机构赔偿后，可以向造成登记错误的人追偿。"

3. 不动产物权登记的性质。不动产物权登记是不动产物权登记机关的一种行政行为。但是，在根据当事人（民事主体）的申请而进行登记时，其登记的是当事人变动不动产物权的意思表示，而不是登记机关变动不动产物权的意思表示。因此，不动产物权登记可以作为当事人变动不动产物权的意思表示的外在形式，即不动产物权行为的形式。

4. 不动产登记与不动产权属证书的关系。对不动产登记与不动产权属证书之间的关系，《民法典》第217条作了如下规定："不动产权属证书是权利人享有该不动产物权的证明。

不动产权属证书记载的事项，应当与不动产登记簿一致；记载不一致的，除有证据证明不动产登记簿确有错误外，以不动产登记簿为准。"不动产权属证书是不动产登记机构根据当事人的申请，对某特定不动产的物权进行登记后，以所在地人民政府的名义发给权利人的不动产物权证明文件（如房屋所有权证、土地使用权证），其记载事项在通常情况下与登记簿上的记载是一致的，出现不一致的情况很少。

（二）不动产物权登记的分类

对不动产物权登记可按不同标准进行分类。这里简要介绍以下几种分类：

1. 根据登记管理的角度，可以把不动产物权登记分为总登记与变动登记。总登记又称静态登记，是不动产行政管理机关为立、换不动产物权证书，建立或健全不动产物权管理秩序，在对某种不动产的物权进行普遍清理、清查的基础上进行的全面登记。变动登记又称动态登记，是不动产登记机关日常进行的就不动产物权的设立、变更、消灭等事项进行的登记。在普遍清理、清查的基础上对不动产物权实施总登记的情况很少，因此不动产物权登记通常是指不动产物权变动登记。

2. 根据不动产物权登记是否以申请人的申请为基础，不动产物权登记可以分为登记机关应申请人的申请进行的登记与登记机关依职权进行的登记。就前一种登记，《民法典》第211条对登记申请人提出了如下要求："当事人申请登记，应当根据不同登记事项提供权属证明和不动产界址、面积等必要材料。"第222条第1款还规定："当事人提供虚假材料申请登记，造成他人损害的，应当承担赔偿责任。"

3. 根据不动产物权的类型，可以把不动产物权登记分为不动产所有权登记与不动产他物权（包括用益物权与担保物权）登记。根据《民法典》第209条第2款的规定，除"依法属于国家所有的自然资源，所有权可以不登记"外，其他不动产物权都应依法进行登记。

4. 根据不动产类型的不同，可以把不动产物权登记分为土地物权登记、房屋物权登记、矿权登记、水权登记、渔权登记、林权登记等。

5. 根据登记的目的和内容，可以将不动产物权登记分为初始登记（如新建房屋所有权登记）、新设登记（如在房屋上设定抵押权的登记）、移转登记（如房屋所有权、土地使用权移转登记）、注销登记、更正登记与异议登记、预告登记。对后两种登记，《民法典》第220、221条分别作了规定。《民法典》第220条对更正登记与异议登记所作的规定是："权利人、利害关系人认为不动产登记簿记载的事项错误的，可以申请更正登记。不动产登记簿记载的权利人书面同意更正或者有证据证明登记确有错误的，登记机构应当予以更正。不动产登记簿记载的权利人不同意更正的，利害关系人可以申请异议登记。登记机构予以异议登记，申请人自异议登记之日起十五日内不提起诉讼的，异议登记失效。异议登记不当，造成权利人损害的，权利人可以向申请人请求损害赔偿。"第221条对预告登记的规定是："当事人签订买卖房屋的协议或者签订其他不动产物权的协议，为保障将来实现物权，按照约定可以向登记机构申请预告登记。预告登记后，未经预告登记的权利人同意，处分该不动产的，不发生物权效力。预告登记后，债权消灭或者自能够进行不动产登记之日起九十日内未申请登记的，预告登记失效。"

（三）物权登记的效力

对物权登记的效力，各国（地区）立法规定不尽一致。相比之下，根据登记原因的不同而赋予登记不同效力的做法最为合理。

1. 基于当事人的民事法律行为而变动不动产物权者，非经登记不生效力。这里所说的法律行为，包括买卖、赠与、互易及在不动产上设定他物权的行为。这里所称变动包括不动产物权的继受取得、不动产他物权的设定以及不动产物权的变更、丧失等。非经登记不生效力，是指必须将当事人的法律行为与国家主管机关的登记结合起来，才能产生物权变动的法律效果。

2. 基于其他法律事实变动不动产物权者，非经登记不得处分。这里所称其他法律事实，是指继承、没收、征收、法院判决、强制执行、土地恢复、附和、房屋新建等法律事实。按德国民法的规定，基于这些法律事实而变动不动产物权者，非经登记不得处分。依此规定，登记的法律效力是产生不动产物权取得人的处分权。

三、动产物权的公示：占有与交付

动产物权，除法律另有规定外，一般以占有与交付为其公示方法。

（一）占有的公示意义

占有是享有动产物权的公示形式。所谓占有，是指人对物的掌握与控制。占有可分为直接占有与间接占有。直接占有是对标的物的直接掌握与控制；而间接占有则是对标的物未直接掌握、控制，而仅仅依据其与直接占有人的法律关系而对标的物有间接控制力的占有。在直接占有与间接占有中，唯直接占有具有昭示于外的形态，故可以作为动产物权享有的公示形式。而间接占有，由于其依存于间接占有人与直接占有人的内部法律关系，无昭示于外的形态，故不能作为动产物权享有的公示形式。

占有所公示的物权为何种物权，视占有人的占有意思而定：以所有的意思占有者，其公示的物权为所有权；以经营管理的意思而占有者，其公示的物权为经营权；以行使质权的意思而占有者，其公示的物权为质权；以扣留债务人的财产为保证债权实现的意思而占有者，其公示的物权为留置权。占有还可以作为享有具有物权性质的债权的公示手段。例如，承租人的占有可以作为其享有租赁权的公示手段，借用人的占有可以作为其享有借用权的公示手段。占有所公示的物权为何种物权，由占有人的占有意思来确定，那么占有人的占有意思又如何确定呢？在他主占有（非所有人占有）时，占有人的占有意思根据他主占有人与所有人就他主占有所形成的合意来确定。占有人的占有为他主占有或自主占有的意思不明时，推定为自主占有。

（二）交付的公示意义

1. 交付是让与动产物权的公示方法。我国《民法典》第224条规定："动产物权的设立和转让，自交付时发生效力，但是法律另有规定的除外。"依此规定，交付是设立和让与动产物权的公示手段。交付与登记不同，登记可以作为不动产物权一切变动形式的公示手段，而交付则不能作为动产物权一切变动形式的公示手段，只能作为以民事法律行为让与动产物权的公示手段。这里所说的民事法律行为，包括以让与动产物权为目的的双方法律行为与单方法律行为（如遗赠）、诺成法律行为与实践法律行为、有偿法律行为与无偿法律行为。这里所说的设立，系指动产质权的设立。这里所说的让与，系指所有权的转让。动产物权的其他变动形式都不以交付为其公示手段。例如，以原始取得方式和继承方式取得动产所有权的，就不以交付为其公示手段。因为以这些取得方式取得动产所有权，或者不发生交付的行为（如以收益、添附、先占、时效取得等方式取得动产所有权），或者交付在其中不具有法律意义（如以继承方式取得动产所有权）。留置权是债权人先占有债务人的财产，在债务人到期不履行债务时才发生效力的，因此交付也不是取得留置权之公示手段。实际上，只有在以民事法律行为让与动产所有权与设定质权时，交付才是动产物权变动的公示手段。

2. 交付及交付方式。交付，是指当事人一方将物之占有移转给另一方，包括移转物的直接占有与间接占有。但是单纯的交付只能表示物之占有的转移，不能表示物权之让与，因此交付作为动产物权让与的公示方法，须以转让人具有让与动产物权的意思为前提。转让人让与动产物权的意思，通常通过转让人单方的民事法律行为或转让人与受让人之间双方的民事法律行为表现出来。

交付的方式有以下几种：

（1）现实交付。现实交付包括：①在约定的时间和地点由转让人与受让人直接交接物品。此种交付在受让人点收后完成。②根据受让人的指示将物品托运或邮寄。此种交付自转让人办完托运或邮寄手续时完成。

（2）简易交付。简易交付即根据当事人的协议，将受让人原先之他主占有变为自主占有。此种交付自转让所有权的协议达成之时，或者协议约定的期限到来时，或者协议约定的条件成就时完成。

（3）占有改定。占有改定即依双方的协议将转让人的自主占有改为他主占有。此种交付自占有改定的协议达成时或协议约定的期限到来时完成。

（4）返还财产请求权的让与。所有人在转让由第三人占有的财产时，可以用让与返还原物请求权的方式来交付。例如出租人转让出租物的所有权，就可以用这种方式进行交付。

以上几种交付方式，在我国《民法典》第224条、第226~228条都有具体规定。

3. 交付的效力。针对交付的效力如何，有生效要件主义与对抗要件主义两种不同的立法例。采取生效要件主义的立法，以《德国民法典》为代表，把交付作为让与动产物权的要件，非经交付不发生动产物权让与的法律效果。采取对抗要件主义的立法，以《法国民法典》为代表，规定动产物权依当事人的意思而让与，当事人让与动产物权的意思表示直接具有移转动产物权的法律效力，交付只是对抗第三人的要件。我国《民法典》系以生效要件主义为原则、以对抗要件主义为例外的立法。

四、物权公示的公信力

（一）物权登记的公信力

1. 公信力的概念。物权登记的公信力，指物权登记机关在其物权登记簿上所作的各种登记，具有使社会公众相信其正确、全面的效力。基于物权登记的公信力，即使登记错误或有遗漏，因相信登记正确、全面而与登记名义人（指登记簿上记载的物权人）进行交易的善意第三人，其所得利益受法律保护。

2. 受登记公信力保护的善意第三人。受登记公信力保护的善意第三人包括自登记名义人处取得物权的人和向登记名义人履行给付义务的人。

（1）自登记名义人处取得物权的人。自登记名义人处取得物权的人受以下法律保护：①自登记名义人处取得所有权者，如登记名义人并非真正的所有人，取得人仍确定地取得其名义下登记的所有权，真权利人并因此而丧失其所有权。例如，某房屋的真所有人为甲，然而房管机关的房产登记簿上错误地将乙登记为该房屋的所有人，丙自乙处买受该房屋，如在办理所有权过户登记时，丙仍不知乙为假所有人，丙确定地取得该房屋的所有权，真所有人甲并因此而丧失该房屋的所有权。对此项保护，我国《民法典》第311条作了明确的规定。②自登记名义人处取得财产所有权者，如果该财产上存在没有登记的抵押权，则视该财产上不存在抵押权，取得人取得无抵押权负担的所有权。③自处分权受到限制的登记名义人（如登记名义人受有破产宣告的限制）受让物权者，如此种限制未记载于物权登记簿，受让人受让的物权不受登记名义人所受限制的影响，仍能确定地取得受让的物权。

（2）向登记名义人履行给付义务的人。例如，登记名义人并非真权利人，然而第三人基于登记相信其享有权利而向其履行给付义务，第三人所作的履行有效，真权利人不得再请求第三人履行，只能请求登记名义人返还不当得利。

法律赋予登记公信力，旨在保护善意第三人的利益，如错误登记使第三人不利，则此错误登记对第三人的利益不生影响。例如，在善意第三人受让的财产上错误地登记了实际上并不存在的抵押权，则视为没有此项错误登记，善意第三人取得无抵押权负担的财产所有权。

3. 第三人受登记公信力保护的条件。第三人受登记公信力的保护须具备以下条件：

（1）须登记之错误不能从登记簿上发现。登记错误，是指登记内容与权利的实际情况不一致。此种不一致须不能从登记簿上发现，第三人方能受登记公信力的保护。如登记没有错误，或登记之错误能从登记簿上发现，都不发生第三人受登记公信力保护的效果。

（2）第三人须为善意。所谓善意，指第三人不知且不应知登记错误，如第三人明知或依当时之情形应知登记错误，则为恶意，其不受登记公信力的保护。第三人须为善意的时间界限是权利自登记名义人移转于第三人之时，即第三人取得权利之时；第三人取得权利之后是否知道原登记错误，则在所不问。

（3）第三人取得权利须基于法律行为，而且此法律行为除登记名义人实际上无处分权外，在其他方面须具备法律规定的有效条件。非基于法律行为，或法律行为在其他方面存在无效原因者，均不受登记公信力的保护。例如，基于继承而自错误的登记名义人处取得财产者，其取得不受登记公信力的保护。因为登记的公信力旨在保护交易的安全，而继承不是交易。

（4）须无异议登记。错误登记虽未获更正，然而已有人提出异议并记载于登记簿上，此异议具有阻止登记公信力的效力。

4. 对真权利人的保护。法律赋予错误登记以公信力，旨在维护善意第三人的利益，确保交易的安全，并非将错就错，置真权利人的利益于不顾。法律对真权利人的利益，采取了如下保护措施：

（1）善意第三人自登记名义人取得权利前，真权利人有权向登记名义人提起诉讼，请求法院否定登记名义人的权利，确认自己的权利。诉讼获胜后，真权利人有权以法院判决为依据，请求登记机关更正错误登记。在此之前，真权利人还可以向登记机关提出异议登记，阻止错误登记的公信力。

（2）善意第三人自登记名义人处取得权利后，真权利人的权利虽然因此而丧失，但真权利人有权请求登记名义人赔偿损失。如登记机关对错误登记有过失，真权利人还有权请求登记机关赔偿损失。我国《民法典》第222条规定："当事人提供虚假材料申请登记，造成他人损害的，应当承担赔偿责任。因登记错误，造成他人损害的，登记机构应当承担赔偿责任。登记机构赔偿后，可以向造成登记错误的人追偿。"

（二）动产占有的公信力

法律规定动产物权的享有以占有为公示手段。依此规定，动产之实际占有也就具有了使社会公众相信占有人对其占有的动产享有物权的公信力。基于占有的这种公信力，即使占有人对其占有的动产无处分权，自占有人处受让动产的善意第三人的利益亦受法律的保护。为保护善意第三人的利益，维护交易的安全，现代各国都从占有的公信力出发，在其物权法中规定了善意取得制度。按善意取得制度的规定，自无权转让人处受让动产的第三人，在具备法律规定的条件时，可取得所受让动产的权利（所有权或质权），原权利人的权利消灭。详细论述请参阅本编"占有"一章对即时取得的论述。对动产的善意取得，我国《民法典》第311条也作了规定。

对占有的公信力，须特别注意的问题是，对船舶、航空器、机动车的占有并不具有公信力。按我国《民法典》的立法精神，以船舶、航空器、机动车为客体的物权，其变动可适用动产交付的规定，但非经登记，不得对抗善意第三人。换言之，上述特殊动产物权的存在并不以占有为公示形式，而以登记为公示形式，因此我国《民法典》第225条规定："船舶、航空器和机动车等的物权的设立、变更、转让和消灭，未经登记，不得对抗善意第三人。"

第六节 物权的民法保护

物权的法律保护，是指国家运用各种法定方法保护物权人对其财产进行管领和支配的各种权利。

对物权的民法保护，我国《民法典》物权编第三章作了全面的规定，既规定了保护的途径，又规定了保护的措施。关于保护的途径，《民法典》第233条作了这样的规定："物权受到侵害的，权利人可以通过和解、调解、仲裁、诉讼等途径解决。"关于保护的措施，《民法典》物权编第三章为受侵害的物权人规定了确认物权、返还原物、排除妨害、恢复原状、赔偿损害五项救济性请求权。这五项救济性请求权如以诉讼的方式提出，分别为确认之诉、物权之诉、债权之诉。其中，请求确认物权，以在法律上重新明确物权人享有的权利为目的，属于确权之诉（或称确认之诉）；请求返还原物、请求排除妨害、请求恢复原状则构成给付之诉中的物权之诉；请求赔偿损害，以请求损害赔偿之债的债务人履行债务为目的，属于给付之诉中的债权之诉。

一、请求确认物权

《民法典》第234条规定："因物权的归属、内容发生争议的，利害关系人可以请求确认权利。"请求确认物权，由于直接涉及本权（实体权）是否存在及其归属问题，与其他不涉及本权是否存在及归属问题的请求不同，通常不能在当事人之间解决，只能由有权确认物权的国家机关解决。特别是不动产物权，由于适用严格的登记管理制度，只能由法院或主管国家机关确认。

请求确认物权，包括请求确认所有权和请求确认他物权。请求确认所有权之争执通常在物之真正所有人与非所有人之间发生。而请求确认他物权之争执，则通常在他物权人与所有人或他物权人与其他人之间发生。在我国，随着经济体制改革的深入，使用权、经营权等他物权制度建立，使得有关他物权的争执日益增多，有时所有权的争执还与他物权的争执交织在一起。例如，农户之间对竹林、树林的争执，就包含着对竹林、树林所有权的争执和对林地使用权的争执。

确认物权是保护物权的一种独立方法。这是因为，当几个人就一项财产的所有权或他物权发生争执时，就会使真正的物权人的物权处于不稳定状态，影响其正常行使物权。只有通过法院或其他有权确认物权的国家机关在法律上重新明确物权人的物权，排除其他人的争执后，真正的物权人才能正常地行使物权。在某些情况下，确认物权还是为物权提供其他法律保护的前提。

二、请求返还原物

《民法典》第235条规定："无权占有不动产或者动产的，权利人可以请求返还原物。"

为维护商品交易的安全，稳定某些既成的占有关系，现代各国物权法均对请求返还原物设有若干限制。根据《民法典》规定及有关原理，请求返还原物应当遵循如下基本准则：

1. 请求返还原物是保护物之占有权能的方法，因此所有人或其他合法占有人，均可依物权法有关请求返还原物的规定请求不法占有人返还原物。

2. 请求返还原物之必要前提，是原物须为特定物而且必须存在。如原物为种类物，没有请求返还原物之必要。原物虽为特定物，如已经灭失，失去了返还的可能，也不能请求返还原物，只能请求赔偿损失。

3. 如不法占有人系直接从所有人或合法占有人处非法取得占有之人（相对于所有人或合法占有人而言，我们称之为第二人），如小偷、遗失物拾得者、不当得利者等，所有人或合法占有人请求其返还原物和请求其返还原物之收益，不受任何限制。

4. 如不法占有人系从无权转让人处（包括属于第二人的不法占有人与享有占有权而无处分权的合法占有人）取得占有的第三人，所有人或合法占有人向其请求返还原物及收益，须受善意取得制度的限制。其基本精神是：

（1）如第三人系知道或应当知道转让人为无权转让人的恶意受让人，所有人或合法占有人在任何情况下均能请求其返还原物及收益。

（2）如第三人系不知道亦不可能知道转让人为无权转让人的善意受让人，须进一步区分两种不同情况：①如非法转让人系依所有人的意思取得物之占有的占有人，所有人不能请求善意第三人返还原物及收益，只能请求非法转让人赔偿损失；对此种情况，外国有两种立法例：按苏联民法的规定，对此种情况还须进一步区分有偿取得与无偿取得，对有偿取得占有的善意第三人，所有人无权请求返还，而对无偿取得占有的善意第三人，所有人则有权请求返还；而按德、日等国民法的规定，在此种情况下，无论善意占有人的取得占有是有偿的还是无偿的，所有人均不能请求其返还。我们认为，为维护交易安全，发展市场经济，我国民法应采纳后一种立法例。②如非法转让人系非依所有人或合法占有人之意思而取得物之占有的不法占有人（如小偷、遗失物拾得者），所有人或合法占有人在法律规定的除斥期间内，可请求善意第三人返还原物（但不能请求返还收益）；如善意第三人是在公开市场上取得财产的，所有人或合法占有人在请求返还原物时，须补偿其受让时所付的价金；如善意第三人受让的财产为金钱或有价证券，所有人或合法占有人则不能请求其返还。

三、请求排除妨害

当他人的行为非法妨害物权人行使物权或者对物权人行使物权造成妨害危险时，物权人可以请求行为人排除妨害。由于请求排除妨害的事实依据是他人行为构成了对物权人行使物权的妨害或妨害的危险（即对物进行使用、收益的妨害或妨害的危险），因此不仅直接占有物的所有人可以提出排除妨害之请求，直接占有物的用益物权人也可以提出。

《民法典》第236条规定："妨害物权或者可能妨害物权的，权利人可以请求排除妨害或者消除危险。"本条中所称"请求排除妨害"与传统民法中的"请求排除妨害"是有所区别的。在传统民法中，"妨害"之事实不仅包括对物权人行使物权的"妨碍"，还包括对物权客体的"侵害"，即对物权标的物所致之损坏。而在本条中，由于《民法典》第237条单独规定了物权人请求恢复物之原状的请求权，因此，本条中所称"妨害"仅指对物权人行使物权的"妨碍"，不包括对物权客体的"侵害"。

请求排除妨害，既包括请求除去已构成之妨害，也包括请求防止可能出现的妨害。前一种请求于存在实际妨害之时提出，其目的在于除去已存在之妨害，可称为"请求除去妨害"。后一种请求于出现妨害之虞时提出，即存在妨碍危险时提出，其目的在于预防可能出现的妨害，可称为"请求防止妨害"，《民法典》第 236 条从除去妨害危险之角度称之为"消除危险"，也是可以的。例如，某工厂的有毒废水注入了某承包户承包的鱼塘，现实地造成了承包户使用鱼塘之妨碍，承包户得向厂方提出除去妨害之请求。假如工厂的废水尚未注入鱼塘，而只是开始向鱼塘方向挖沟，此时工厂的行为虽不构成对鱼塘使用之现实妨害，但根据事物发展的逻辑，得认为工厂的行为已造成妨害鱼塘使用的危险，因此鱼塘承包户得请求工厂停止向鱼塘方向挖沟，以防止妨害的发生。

除去妨害的费用（如前例中治理废水的费用）和防止妨害的费用（如前例中工厂向其他方向开沟增加的费用），自不必说，应由妨害人负担。

四、请求恢复原状

当物权的标的物因他人的侵权行为而损坏时，如果能够修复，物权人可以请求侵权行为人加以修理以恢复物之原状。恢复原状的请求，可以由物之所有人基于物之所有权提出（不管所有人是否直接占有其所有物），也可以由物之合法占有人（如质权人、保管人）与使用人（如承租人、承包经营人）提出。因为这些人对所有人负有维持其物的完整性的义务。请求恢复原状的目的，在于恢复物之完好状态。

恢复原状之请求的提出，须具备以下条件：

1. 须有财产损坏之事实存在。

2. 须财产之损坏出于他人之违法行为，包括故意损坏财产的行为和因使用不当而致财产损坏的行为。财产在使用过程中因自然磨损而造成的损坏，除非使用人为非法使用人，或者法律另有规定，所有人不得请求使用人修理。

3. 须损坏的财产有修复的可能。如已无修复的可能，物权人只能请求侵权行为人赔偿损失。

请求恢复原状是保护财产不受他人非法损坏的方法，其无论构成条件还是请求的目的，均与请求排除妨碍有所区别，因此我国民法把它作为保护物权的一种独立方法，是不无道理的。

民法关于请求恢复原状的理论如上所述，但是《民法典》第 237 条却作了这样的规定："造成不动产或者动产毁损的，权利人可以依法请求修理、重作、更换或者恢复原状。"对这一规定，我们有两点疑问：①我国民法学界一般认为，《民法通则》（已失效）第 134 条第 1 款第 6 项规定的"修理、重作、更换"是出卖人或承揽人承担物的瑕疵担保责任的方式，将其移用于物权的保护方法，不无疑问。因为造成物权标的物（物权客体）毁损的加害人，一般都不是同类物的生产者或销售者，要求他重作一个同类物或者以另一个同类物来更换，都显得苛刻，而且也无此必要。②将恢复原状与修理、重作、更换并列，于逻辑上不无问题。重作和更换是以另一物来替换物权原标的物，恢复原状在本条规定中是指恢复被毁损的物权原标的物的原状。即使认为可以将标的物的替换作为物权的保护方法，从而形成恢复原状与重作、更换的逻辑并列关系，但是恢复原状与修理绝不构成逻辑并列关系，因为修理与恢复原状是手段与目的的关系。

五、请求赔偿损失

《民法典》第 238 条规定："侵害物权，造成权利人损害的，权利人可以依法请求损害赔偿，也可以依法请求承担其他民事责任。"本条前段规定是指，当他人侵害物权的行为造成物权人经济损失时，物权人可以请求侵害人赔偿损失。本条后段规定主要是指，当侵害物权的人从其侵权行为中获有利益时，物权人可以请求侵权行为人返还不当得利。例如，他人无权处分所有人的所有物，物的受让人根据善意取得制度的规定取得了标的物的所有权，原所有人即可以请求无权处分人返还其所获得的不当利益。

《民法典》第239条规定："本章规定的物权保护方式，可以单独适用，也可以根据权利被侵害的情形合并适用。"该条所称"合并适用"主要有以下两种情形：①请求确认物权与请求返还原物或者请求赔偿损失的合并适用；②请求返还原物、请求排除妨害、请求恢复原状与请求赔偿损失的合并适用。

物权保护的上述五种方式是单独适用或者合并适用，须依物权被侵害的具体情形而定。例如，当物权人请求无权占有人返还原物时，如果占有人对物权的归属不提出争议，运用返还原物一种方式即可保护物权；如果占有人对物权的归属提出争议，则需运用确认物权和返还原物两种方式才能保护物权。再如，当侵害人的行为致物权标的物灭失，物权人不能通过行使返还原物请求权而恢复其物权时，物权人得单独提出损害赔偿之请求。当采用排除妨害、恢复原状、返还原物等保护方法仍不能完全挽回物权人所受之损害时，物权人得在行使排除妨害、恢复原状、返还原物等物上请求权的同时，请求侵害人赔偿其余之损害。

■思考题

1. 什么是物权法？物权法、物权、物的占有关系三者之间有何联系？

2. 什么是物权法的基本原则？物权法有哪些基本原则？各基本原则的基本精神是什么？

3. 什么是物权？与债权比较，物权具有哪些特征？

4. 什么是物上请求权？物上请求权与物的支配权有何联系？物上请求权与债权请求权有何区别？

5. 在学理上可以按哪些标准对物权进行哪些分类？其中，所有权与他物权、用益物权与担保物权、动产物权与不动产物权的分类标准是什么？这些分类有何意义？

6. 什么是物权公示？动产物权与不动产物权各以什么方式进行公示？动产占有与不动产登记有何公示效力？物权法为什么要实行物权公示公信原则？

7. 什么是物权行为？物权行为与物权公示有何联系？我国物权立法对德国物权行为独立性理论与无因性理论应持何种态度？

8. 物权受侵害时，民法赋予了物权人哪些救济性请求权？各请求权的适用条件是什么？

■参考书目

1. ［德］罗伯特·霍恩等：《德国民商法导论》，楚建译，中国大百科全书出版社1996年版。

2. 梁慧星编著：《中国物权法草案建议稿 条文、说明、理由与参考立法例》，社会科学文献出版社2000年版。

3. 田士永：《物权行为理论研究——以中国法和德国法中所有权变动的比较为中心》，中国政法大学出版社2002年版。

第十五章　所有权

■ 学习目的和要求

　　本章是对所有权的一般原理和我国以社会主义公有制经济为主体、多种经济成分并存的所有权制度的论述。要求学生掌握所有权的概念、本质和基本内容（包括所有权的各项权能），所有权的各种取得方法，基于我国现实的生产资料所有制结构而形成的国家所有权、集体所有权、私人所有权以及建筑物区分所有和财产共有等问题。

第一节　所有权概述

一、所有权的概念

在民法学中，所有权这一概念通常在三种不同意义上使用：

1. 指所有权法律制度，即有关所有权法律规范的总和。如《民法典》物权编第二分编的标题"所有权"，就是在这一意义上使用所有权概念的。所有权法律制度，不仅是物权法的基本制度，也是整个民法的基本制度之一。任何一个国家的民法体系的构成，都是与这一体系如何解决生产资料与劳动产品的归属问题相适应的。所有权不仅是其他财产权产生的前提，而且也是行使其他财产权的结果。在我国现阶段，完善以公有制经济为主体、多种经济成分并存的所有权法律制度，对于促进社会主义市场经济的发展和构建社会主义和谐社会，都具有十分重要的意义。

2. 指所有权法律关系，即法律确认的特定人与不特定人之间的基于物质资料的归属与支配而发生的权利义务关系。所有权法律关系作为一种民事法律关系，与其他民事法律关系一样，由主体、内容、客体三个要素组成。所有权法律关系的权利主体是特定的财产所有人，义务主体则是所有人以外的不特定的任何人（非所有人）。所有权法律关系的内容包括财产所有人依法享有的对其所有物进行占有、使用、收益和处分的权利，以及非所有人依法承担的对所有人行使所有权不予干涉、妨碍的不作为义务。所有权法律关系的客体为有体物、特定物。

3. 指所有人对其所有物依法享有的权利，即所有权法律关系之内容的权利方面。由于民法以权利为本位，多从权利主体的权利出发来调整平等主体间的财产关系和人身关系，因此各国民法典在给所有权下定义时都是在这一意义上使用所有权概念的。例如《法国民法典》第544条规定，所有权为对物完全按个人意愿使用及处分的权利。我国《民法典》第240条规定："所有权人对自己的不动产或者动产，依法享有占有、使用、收益和处分的权利。"在民法著述中，除特殊场合外，一般也是在这一意义上使用所有权概念的。

二、所有权的本质与内容

尽管各国（地区）在给所有权下定义时，大都以列举的方式把所有权归结为对物进行支配的几项权能，如《法国民法典》把所有权归结为使用权能与处分权能；《苏俄民法典》把所有权归结为占有权能、使用权能与处分权能；我国从《民法通则》到《物权法》，再到《民法典》，都把所有权归结为占有权能、使用权能、收益权能与处分权能。但是即使从财产之支配角度把所有权概括为几项权能，所有权也不等于其几项权能的简单相加。民法学者曹杰先生曾经指出："列举主义，不但以所有权之本体与所有权之作用（所有者之权能）混为一谈，且亦涉于繁难，盖举所有权之作用（即所有者之权能）网罗之而无遗漏乃一至难之事。"〔1〕我国学者史尚宽先生亦认为所有权"非物之使用、收益、处分等权能之总和"。〔2〕我国著名民法学家佟柔先生及其弟子史际春博士也指出："所有权并不是其各项权能简单相加。所有权的权能或内容只是实现所有权的手段，或称所有权的作用。"〔3〕

根据权利的基本理论，权利之内容应包括权益与权能两个方面。权益为权利主体享有的受法律保护的利益。权益是权利的核心或基质，无受法律保护之利益也就无权利可言。权能则为权利主体享有的为实现其法定利益在法律许可之范围内可采取之手段。依此理论，所有权的内容亦包括权益与权能两个方面。其权益为所有人独享所有物之一般价值与使用价值的利益，包括：①所有人自己使用其所有物，以满足其生产、生活需要的利益；②将所有物交他人使用，以收取对价的利益；③以所有物作为举债的担保而融通资金的利益。《民法典》第241条规定："所有权人有权在自己的不动产或者动产上设立用益物权和担保物权。用益物权人、担保物权人行使权利，不得损害所有权人的权益。"这一规定充分肯定了所有权人利用其所有物，通过设定用益物权或担保物权的方式谋取经济利益的权利。所有权的权能为所有人为实现其对所有物的独占利益，在法律规定的范围内可以采取的手段。所有权的权能，包括积极与消极两个方面。其积极方面的权能为物之占有权能、使用权能、收益权能与处分权能。这些权能的享有意味着所有人可以运用占有、使用、收益、处分等方式对所有物的价值与使用价值加以利用，以满足生产经营及生活之需要。其消极方面的权能则为排除他人干涉、妨碍的权能。行使此种权能的目的，则在于维护所有人对所有物的独占地位和垄断利益。

根据所有权的本质和内容，我们可以在学术上对所有权作出如下定义：所有权是所有人依法排除他人，独占其所有物，并依自己之意愿通过占有、使用、收益及处分等方式利用其所有物，以实现其作为物之所有人之应享利益的权利。

三、所有权的特征

由所有权的本质及内容决定，所有权除具有物权之共性（绝对性、排他性、以物为客体、是对物的支配权）外，还具有区别于其他物权的特殊性。

1. 所有权为自物权。所有权为自物权，是说所有权是所有人对自己的财产享有的物权。所有权的自物权性质不仅决定着所有人作为物之主人的法律地位，而且使得所有权得以发挥其确定财产归属、定分而止争的社会功能。与所有权不同，其他物权都是对别人的财产享有的物权。

2. 所有权为独占权。所有人独占其所有物，独享其所有物的价值。所有人使用其所有

---

〔1〕　曹杰：《中国民法物权论》，中国方正出版社2004年版，第36页。
〔2〕　史尚宽：《物权法论》，中国政法大学出版社2000年版，第56页。
〔3〕　《中国法学会民法经济法研究会1989年年会论文选辑》，西南政法大学内部印刷本1989年版，第9页。

物，除在公法范围内可能向国家负担一定税费外，在私法范围内无须向任何人支付对价。他人处分所有人的财产，其所得价金，作为所有物的一般价值的表现形态，亦归所有人所有，而不归处分人所有。与这种情况相反，使用他人的财产，除法律另有规定或与所有人另有约定外，一般均需向所有人支付相应的对价。因此，对财产进行使用、收益时是否需要向他人支付相应的对价，对财产进行处分时是否需要将所得价金给予他人或为他人保存，可作为区别所有权与他物权的一个标准。

3. 所有权为原始物权。所有权的原始性是说，所有权不是从其他财产权中派生出来的，而是法律直接确认财产归属关系的结果。与所有权不同，其他物权则是由所有权派生出来的，是所有权的权能与所有权分离的结果。

4. 所有权为完全物权。就对物的支配方面来看，所有权是一种总括的、全面的、一般的支配权，囊括了占有、使用、收益、处分四项权能。而且所有人行使这些权能，除受法律的限制外，不受他人单方面的限制，有充分的自由。他可以根据自己利益的需要，亲自行使这四项权能，也可以根据自己利益的需要，将其中部分权能转给他人行使，甚至还可以在自定的一些制约下将全部四项权能转给他人行使。与所有权相比，他物权是受限制的、不完全或不充分的物权。他物权人一般只能就物的使用价值或交换价值为特定方面的支配，一般只能享有占有、使用、收益、处分四项权能中的一项、两项或三项；即使享有全部四项权能，与所有权相比，也是不充分的，须受所有人一定的制约。

5. 所有权为具有弹性力、回归力的权利。所有人得根据自己利益的需要，在自己的所有物上为他人设定他物权。他物权设定后，即构成对所有权的限制，使所有权处于不圆满状态。但日后他物权消灭，所有权所受限制除去，便又可以恢复其圆满状态。他物权由于是在他人之物上设定的，其权能是有限的，一旦丧失即引起他物权消灭，因此也就不具有弹性力与回归力。

第二节　所有权的权能

所有权的权能，是所有人为利用所有物实现其对所有物的独占利益，在法律规定的范围内可以采取的各种措施与手段。所有权的不同权能表现为所有权的不同作用，是构成所有权内容的有机组成部分。根据《民法典》第 240 条的规定以及所有权的排他性，所有权具有以下权能：

一、占有权能

占有权能是实际掌握、控制物的权能。行使物的占有权能是行使物的使用权能的前提条件。占有权能作为所有权的一项权能，通常属于所有人。所有人可依据其占有权能合法地占有所有物。当所有人对所有物的占有被他人侵夺时，所有人可基于其占有权能向占有的侵夺人提起请求返还原物的侵权之诉。

占有权能虽然是所有权的一项权能，但它可以与所有权分离而属于非所有人，而且这种分离并不消灭所有权。当占有权能与所有权分离而属于非所有人时，非所有人的占有权能同样受法律的保护，所有人不能随意请求返还原物。当非所有人的合法占有被他人侵夺时，非所有人同样可以基于其享有的占有权能请求侵夺人返还原物。

占有，根据占有人是否是所有人，分为所有人的占有与非所有人的占有。所有人的占有是所有人对其所有物的占有。所有人的占有是所有人行使所有权的表现之一。非所有人的占有，是指非所有人对他人所有物的占有。非所有人的占有，根据其有无法律依据，即有无占有权能，分为合法占有与非法占有。合法占有，是有法律依据的占有，即基于占有权能的占有。非所有人的占有权能，通常是基于所有人的意思而取得的。非法占有是没有法律依据的占有，即没有占有权能的占有。非法占有根据占有人的主观心理状态又分为善意占有与恶意占有。善意占有是占有人不知道，也不可能知道其占有是非法的占有。恶意占有是占有人知道或应当知道其占有是非法的占有。善意占有是诚实的占有，受占有制度的特别保护，在一定条件下甚至可以对抗所有人的物上请求权。

二、使用权能

使用权能是指按照物的性能和用途对物加以利用，以满足生产、生活需要的权能。行使使用权能，对物进行使用，是实现物的使用价值的手段。由于对物的使用以对物的占有为前提，因此享有物之使用权能，必定同时享有物之占有权能。但是使用权能仍然是一项独立的权能。在一定的条件下，享有物之占有权能者并不一定享有物的使用权能，例如质权人就只能对标的物进行占有而不能对标的物加以使用。

使用权能是所有权的一项权能，通常由所有人享有。但它与占有权能一样，也可以与所有权分离而由非所有人享有。非所有人可根据法律的规定或与所有人的约定而取得物的使用权能。非所有人取得物的使用权能，可以是有偿的，也可以是无偿的，但无论是有偿的还是无偿的，都必须按法律规定的或与所有人约定的方式使用财产。非所有人如因使用不当而致使用物毁损灭失的，须对所有人负损害赔偿的责任。

三、收益权能

收益权能是指收取由原物产生出来的新增经济价值的权能。所谓新增经济价值，包括由原物派生出来的果实（天然孳息），由原物产生的租金、利息（法定孳息），以及运用原物进行生产经营活动而产生的利润等。

在现代市场经济条件下，收益权能不仅是所有权中的一项独立的权能，而且是所有权中最重要、最基本的一项权能。在现实经济生活中，虽然物的收益与物的使用密切联系，常常表现为运用物质资料进行生产经营活动的结果，但是生产经营的结果与生产经营的过程毕竟是两个不同的范畴，因此表现在法律上，收益权能与使用权能也就可能彼此分离而属于不同的主体。例如，股东出资后，其出资财产虽由公司占有与使用，然而股东却能凭借其股权单独取得其出资财产的收益。现代商品经济是一种货币经济、价值经济，财产所有人所看重的是如何使自己的财产增值，至于财产是由自己占有、使用或是交给他人占有、使用，则并不重要。只要能使自己的财产增值，他们宁可让渡财产的占有权、使用权乃至处分权。在这种经济条件下，收益权能也就突显出来，成为体现所有权的最基本的权能。把处分权能看作所有权的基本权能，是产品经济、计划经济的观念；而把收益权能看作所有权的基本权能，则是商品经济、货币价值经济的观念。

收益权能是所有权的基本权能，但这并不意味着收益权能不能与所有权分离。收益权能也是可以与所有权分离的。在他主经营日益成为社会普遍现象的现代经济条件下，收益权能与所有权分离的通常形式是所有人与经营人订立契约，在让与资产占有权、使用权、处分权的同时，让与部分收益权，保留部分收益权，从而与资产经营人按一定比例分享资产的收益。另一种形式是，所有人让与占有权、使用权和部分收益权，保留处分权与部分收益权，如我国的土地使用权制度。还有一种形式，是在一定期限内让与占有权、使用权和全部收益权而仅仅保留处分权。例如一些国家的继承制度规定，遗嘱人可以将遗产的所有权给予一人，而将用益权在一定期限内给予另一人。在我国，国家为鼓励开发自然资源，将国有的荒山、滩涂划给集体或个人，在一定期限内国家不分利润，也属这种情况。但是永久性地全部让与收益权而保留所有权则是不可能的。因为在这种情况下，所有权已无法从经济上表现自己。

四、处分权能

处分权能，是指依法对物进行处置，从而决定物的命运的权能。处分包括事实上的处分（实物形态上的处分）和法律上的处分（价值形态上的处分）两种形式。

事实上的处分，是指对物进行消费，包括生产消费和生活消费，如在生产中消费原材料、在生活中消费日用消费品。事实上的处分是对物的实物形态进行的处分，它将导致物的形体的变更或消灭。生产中的消费一般只变更或消灭物的形体，其价值不仅不消灭，而且由于在生产过程中凝聚了劳动，反而以扩大的形态转移到产品上。生活中的消费则常常引起物的形体与价值的同时消灭。事实上的处分与使用有相同之处，也有不同之处。相同之处在于他们都是利用物的使用价值的手段；不同之处在于，使用只引起物的磨损，并不引起物的形体的变更或消灭。当物使用到不能再使用的程度时，人们才会进而采用处分行为（如抛弃、投入生产中消费）消灭废旧物的所有权。

法律上的处分，是指通过不同法律行为对物进行的种种处置，包括转让物的所有权、设定他物权和需要转移物之占有的债权（如租赁、借用）等。法律上的处分与事实上的处分相比，存在三点区别：①法律上的处分行为系法律行为，事实上的处分行为系事实行为；②法律上的处分行为引起对物的权利的各种变动，而事实上的处分行为则引起物的形体变更或消灭；③法律上的处分行为是对物的价值进行利用的行为，处分的目的在于获得一定货币价值，而事实上的处分行为是对物的使用价值进行利用的行为，处分的目的在于满足生产、生活对物质资料进行消费的实际需要。过去常常把法律上的处分行为单纯理解为转让所有权的行为，这是不正确的。因为商品交易是多种多样的，并不限于买卖一种形式，所有人以合同形式出让其部分权能的行为，如签订租赁合同、承包经营合同、出让或转让土地使用权的合同等，亦得视为商品交易行为。另外，把这些行为排除于处分行为之外，于理论上也是说不过去的。因为这类行为显然不属于就物之使用价值进行利用的使用行为，而应属于在法律上对物为一定处置的处分行为。

在市场经济条件下，对商品生产经营者来说，处分权能是一项极为重要的权能。因为此项权能是商品生产经营者在生产中消费物质资料，在经营中处分货币与商品，从而实现商品交换的必要前提，商品生产经营者如无此项权能，也就不可能进行任何生产经营活动。因此，在他主经营的情况下，如何解决处分权能与所有权分离的问题，也就成为物权立法的重要任务。

五、排除他人干涉、妨害的权能

除上述四项积极权能外，所有权尚有排除他人干涉、妨害的消极权能。依此项权能，当所有人对其所有物进行占有、使用、收益及处分时，如遇他人之非法干涉与妨害，可以根据其受干涉、妨害的具体情况，请求排除妨碍、返还原物、恢复原状、赔偿损失。但所有人行使此项权能时，与行使其他权能一样，须受法律、习惯及社会公德的限制，对法律、习惯或社会公德认为正当的干涉，不得排除。

排除他人干涉、妨害与占有、使用、收益、处分虽同为所有权的权能，但它与占有、使用、收益、处分等权能相较，在性质上却存在一定的差异。占有、使用、收益、处分等权能，为所有权之积极权能。这些权能的行使，无须具备其他法律条件，表现为所有人积极利用所有物的主动行为。而排除他人干涉、妨害，则是所有权之消极权能。这项权能的行使，须有他人非法干涉、妨害行为的存在，表现为在他人的干涉、妨害下为维护所有权而被迫采取救济措施的被动行为。如无他人干涉、妨害，此项权能则处于不发动之停止状态。

第三节　所有权的取得

所有权是一种民事权利，它的发生和消灭是以一定法律事实为根据的。这些引起所有权发生和消灭的法律事实，从所有人如何取得所有权和所有人为何丧失所有权的角度讲，称为所有权取得的方法和所有权消灭的原因。

所有权的取得，是指主体根据一定法律事实获得某物的所有权，从而在该特定主体与其他人之间发生以该物为客体的所有权法律关系。关于所有权的取得，我国《民法通则》（已失效）仅有"财产所有权的取得，不得违反法律规定"的原则性规定（第72条第1款），原《物权法》和现在的《民法典》对所有权的取得虽设有专章，但仍不全面，对于传统民法规定的一些取得方法及解决有关财产归属关系的规范，仍无规定。

民法学根据所有权的取得是否以原所有人的权利与意志为根据，把所有权的取得分为原始取得与继受取得。两种取得又各有其不同的方法。

一、原始取得

原始取得，是指根据法律的规定，取得新物、无主物的所有权，或者不以原所有人的权利和意志为根据而取得原物的所有权。原始取得主要有以下几种方法。

（一）生产

生产是通过人的劳动利用自然物，创造社会财富的过程。生产的产品，无论是从自然界直接获取的，还是利用已经凝聚一定人类劳动的原材料加工制造出来的，其形体、使用价值和价值皆非生产前可比，是一种新物。因此通过生产而取得产品的所有权，是一种原始取得。由于产品的价值既包括生产过程中被消耗的生产资料的价值，又包括生产劳动和经营管理劳动所创造的价值，因此生产出来的产品应在生产资料所有者、经营者和生产者之间公平地进行分配。当然，在商品经济条件下，不是分配产品之实物，而是分配销售产品所得之价值。

生产为所有权原始取得的一种方法，一直以来是我国民法学界之通说。但生产究竟为所有权的独立取得方法还是综合取得方法，是不无疑问的。我们认为通过生产取得产品的所有权虽然是所有权的原始取得，但生产不是一种取得所有权的独立方法，而是在不同的生产条件下体现不同的所有权取得方法。例如，从事牧业生产以取得仔畜，为天然孳息的收取；而从事远洋捕捞生产作业以取得海生动植物，则为无主物的先占取得。

（二）取得原物之孳息

自然物产生的孳息，包括天然孳息、人工孳息和法定孳息。天然孳息是指自然物依自然之规律产生的新物，如母畜产出的仔畜、树上结的果实等。用原材料加工制造的产品为人工孳息，不得视为天然孳息。法定孳息是指根据法律的规定，通过就原物实施一定法律行为而取得的由原物派生出来的孳息，如租金、利息、股息、红利等。除法律另有规定外，原物之孳息由原物的所有人取得。对孳息的收取，我国《民法典》第321条作了如下规定："天然孳息，由所有权人取得；既有所有权人又有用益物权人的，由用益物权人取得。当事人另有约定的，按照其约定。法定孳息，当事人有约定的，按照约定取得；没有约定或者约定不明确的，按照交易习惯取得。"

（三）国家强制取得所有权

国家可以从社会的公共利益出发，凭借其依法享有的公共权力，采用征税、国有化、没收、征收等强制手段取得财产所有权。国家取得所有权的这些方法，虽然具有不同的性质，需要按法律的规定用于特定的场合，但它们有一个共同特征：都具有不顾原所有人意志的强制性，都不是按平等、自愿的民事流转方法取得所有权。因而这些都属于所有权之原始取得方法。

（四）国家取得无人认领的遗失物和所有人不明的漂流物、埋藏物、隐藏物

1. 遗失物。遗失物是所有人或合法占有人偶然丧失占有之物。对遗失物，《民法典》用5个条文作了具体规定，其基本精神是：拾得遗失物，拾得人负有返还遗失物给失主的义务。拾得人知道失主的，应当通知失主领取；不知道失主的，应当送交公安等有关部门处理（第314条）。公安等有关部门收到遗失物后，知道失主的，应当及时通知失主领取；不知道失主的，应当及时发布招领公告（第315条）。拾得人在将遗失物送交公安等有关部门前，公安等有关部门在遗失物被认领前，负有妥善保管遗失物的义务。保管遗失物的拾得人或公安等有关部门，因故意或重大过失致遗失物毁损、灭失的，应依法承担民事责任（第316条）。失主领取遗失物时，应当向拾得人或保管、招领遗失物的部门支付保管遗失物等支出的必要费用。失主悬赏寻找遗失物的，领取遗失物时应当按照承诺履行义务。拾得人侵占遗失物的，无权请求失主支付保管遗失物等支出的费用，也无权请求失主按照悬赏广告的承诺履行义务（第317条）。遗失物自发布招领公告之日起1年内无人认领的，归国家所有（第318条）。

2. 漂流物、埋藏物与隐藏物。漂流物是指随水漂流的物，埋藏物是指埋藏于土地之中的物，隐藏物是指隐藏于土地以外的其他包藏物中的物。我国《民法典》第319条规定："拾得漂流物、发现埋藏物或者隐藏物的，参照适用拾得遗失物的有关规定。法律另有规定的，依照其规定。"按照本条的规定，对拾得的漂流物，发现的埋藏物、隐藏物，首先应区别文物与非文物（将漂流物与埋藏物、隐藏物一起规定，而不与遗失物一起规定，也是因为考虑到了漂流物中可能有文物）。对非文物适用遗失物的规定，经公告招领无人认领后归国家所有；而对文物，则适用文物保护法的有关规定。

（五）国家或集体取得无人继承的财产

无人继承的财产，是指公民死亡后遗留下来的没有人继承又没有人受遗赠的财产。根据我国《民法典》第1160条规定："无人继承又无人受遗赠的遗产，归国家所有，用于公益事业；死者生前是集体所有制组织成员的，归所在集体所有制组织所有。"无人继承的财产，属于无主财产，因此国家或集体取得无人继承的财产，是一种原始取得。

（六）无主动产之先占取得

无主动产由最先占有者取得所有权，这是罗马法到西方近代民法典的主要立场。我国《民法典》虽然没有明确规定先占作为所有权取得方式之一，但也有限承认了国民基于生存、生活需要通过先占手段获取相关自然资源的权利。如除法律明令保护的野生动植物外，我国历来允许人民群众进入国家或集体所有的水面、森林、荒原、滩涂进行捕鱼、打猎、砍柴伐薪或采集野生植物、果实乃至名贵的中药材，并承认他们取得其猎获物、采集物的所有权。拾垃圾者更是可以取得其拾取的被人抛弃的废旧物的所有权。因此，我们有理由认为，在我国，除法律明确规定归国家所有的无主动产外（如所有人不明的埋藏物、隐藏物，无人认领的遗失物，无人继承的财产），对其他无主动产或视为无主动产的物件，仍可按先占原则取得所有权。

（七）取得添附物

添附是指不同所有人的物被结合、混合在一起成为一个新物，或者将别人之物加工成

为新物之事实状态。添附的发生一般出于人的行为，但也有基于自然的偶然因素者。法律把添附作为取得所有权的一种根据，其原因在于添附发生后，要恢复各物的原状事实上已不可能，或者虽有可能但经济上很不合理，因此有必要使添附物归一方所有或各方共有，以解决双方的争执。

我国《民法典》第 322 条规定："因加工、附合、混合而产生的物的归属，有约定的，按照约定；没有约定或者约定不明确的，依照法律规定；法律没有规定的，按照充分发挥物的效用以及保护无过错当事人的原则确定。因一方当事人的过错或者确定物的归属造成另一方当事人损害的，应当给予赔偿或者补偿。"根据这一规定，添附有以下三种情况：

1. 附合。附合是指不同所有人之物密切结合在一起而成为一种新物。在附合的情况下，各原所有人的物虽可识别，但要使其分开于经济上很不合理。附合物的所有权归属应区分两种情况：①当动产附合于不动产之上时，由不动产所有人取得附合物的所有权；②动产与动产附合时，附合的动产有主从之别者，由主物的所有人取得附合物的所有权，如无主从之别，则由各动产所有人按其动产附合时的价值共有合成物。

2. 混合。混合是指不同所有人之物掺和、融合在一起而成为新物。混合与附合不同之处在于：混合后各所有人的原物已到了不能凭视觉识别的程度。例如米与米混合、酒与酒混合、氧气与氢气混合。混合物一般应由原物价值量较大的一方取得所有权，如原物价值量相差不多，也可由各方共有。

3. 加工。这里所说的加工，是指将他人之物加工制造成具有更高价值的新物。在同时使用自己之物与他人之物为同一产品加工时亦同。加工物一般应由原材料所有人取得所有权；如加工创造的价值明显超过原材料价值的，也可由加工人取得加工物的所有权。

在确定添附物的所有权归属时，应充分尊重当事人的意志。当事人解决争端的协议只要公平合理并出于各方的真意，即使与法律的有关规定相左，亦应确认其有效。如当事人不能达成协议，在适用有关法律规定时，应侧重于添附物的合理性及有效利用方面，不应苛求添附行为为善意。例如，小偷盗窃他人木材用于自己房屋之修缮，亦应确认小偷对添附物的所有权。

当添附物归一方所有时，就会产生受益一方（取得添附物所有权一方）对受损一方（丧失原物所有权一方）的经济补偿或赔偿问题。处理这一问题，与处理添附物之归属不同，需要分清添附行为是善意行为还是恶意行为。实施添附行为时，如添附人不知道也不可能知道原物为他人所有物时，其添附行为为善意行为，反之则为恶意行为。当添附为善意行为时，无论哪一方取得添附物的所有权，受损失一方都只能依不当得利的规定，在受益人所受利益之范围内请求补偿；当添附行为为恶意行为时，如添附人取得添附物的所有权，受损失一方可按侵权责任的规定请求赔偿全部损失；如对方取得添附物的所有权，添附人则只能按不当得利的规定请求经济补偿。

（八）善意取得

在传统民法中，善意取得制度只适用于动产善意受让人，而对不动产的善意受让人则以登记公信力制度进行保护。由于两制度的机理一致，都以物权静态公示之公信力为制度的依据及制度设计的出发点，因此我国《民法典》第 311 条作了统一的处理，并都称"善意取得"。对善意取得，我们根据《民法典》第 311～313 条的规定，并结合传统理论，分析以下几个问题：

1. 善意取得的概念。善意取得又称即时取得，是指通过以转移所有权或设定、移转他物权为目的的法律行为受让他人动产或不动产时，纵然转让人无转让权，善意的受让人亦能自取得物之占有或物权变动登记之时起，立即取得受让物的所有权或他物权。在我国《民法典》中，善意取得制度虽然作为所有权的一种取得方法被规定在"所有权"一编，但是可以善意取得的绝不限于所有权。例如，甲、乙两人共同继承的遗产房被登记在甲一人的名义下，该登记名义人甲将该房出卖给第三人某丙，并办理了房屋所有权和土地使用权的移转登记，如丙不知该房为甲、乙两人共同所有，丙就既可以善意取得该房屋的所有权，也可以善意取得其基地的使用权。再如，甲将某动产交乙保管，乙向丙借钱时又将该动产质押给了丙，如丙接收该动产时不知该动产为甲所有，即可善意取得该动产的质权。正因为可以善意取得的不限于所有权，《民法典》第311条在第1、2款规定所有权之善意取得后，于第3款接着规定："当事人善意取得其他物权的，参照适用前两款规定。"依善意取得制度取得的物权虽不以所有权为限，但为求便利，下面我们仍以所有权之善意取得为限来分析说明相关问题。

善意取得制度源于日耳曼法的"以手护手"原则。依此原则，将自己财产让与他人占有者，如相对人再将财产转让第三人，物之所有人只能要求相对人赔偿损失，不能要求第三人返还原物。这一原则由于适应了商品经济发展的要求，故为现代各国民法所继受。善意取得制度的立法目的在于协调由无权处分行为产生的善意受让人与物之所有权人的利益冲突，维护交易安全，稳定财产的流转关系和占有关系。

2. 善意取得的条件。我国《民法典》第311条第1款规定，无权处分人将不动产或者动产转让给受让人的，所有权人有权追回；除法律另有规定外，符合下列情形的，受让人取得该不动产或者动产的所有权：①受让人受让该不动产或者动产时是善意；②以合理的价格转让；③转让的不动产或者动产依照法律规定应当登记的已经登记，不需要登记的已经交付给受让人。依此规定，善意取得的一般条件有：

（1）转让的不动产或者动产须是转让人无权处分的财产。如前所述，善意取得制度是一项以协调由无权处分行为引起的善意受让人与物之所有权人的利益冲突，维护交易的安全的法律制度，因此善意取得要求的第一个条件便是转让人对其转让的财产无处分权；如果转让人对转让的财产具有处分权，那么受让方取得受让财产的所有权所依据的就不是善意取得制度的规定，而是转让人合法有效的转让行为。无权处分行为通常发生于物权公示之外观（虚像）与物权之实际享有情况（实像）不一致时，如登记的不动产所有人并非真正的所有人或者只是该不动产的共有人之一，动产的直接占有人不是该动产的所有人，而只是该动产的承租人、借用人或者保管人。若非如此，转让人便无法实现不动产所有权的移转登记或者动产的交付。

（2）受让人受让该不动产或者动产时须为善意。这里所称善意，是指受让人在受让财产时不知道也不应当知道转让人对其转让的财产无处分权。如果知道或者应当知道转让人对其转让的财产无处分权，则为恶意，不能适用善意取得制度。这里所说受让财产时，其时间点不是指转让人、受让人双方签订转让合同的时间，而是指双方办理不动产物权变动登记的时间或者交付动产的时间。如果受让人在签订转让合同时不知道也不应当知道转让人无处分权，但是在办理不动产物权变动登记前或者在动产交付前，知道或者应当知道转让人无处分权的，仍不构成善意。因为财产转让合同为债权合同，它只能引起当事人间的债权债务关系，并不发生财产的转让和受让。

（3）转让人以合理的价格转让财产。这一条件，就受让人而言意味着须以合理价格受让财产，它包含着以下两层意思：①受让人需基于法律行为而受让财产。法律行为是以意思表示为要素的行为，因此非以意思表示为要素的事实行为，如继承、遗失物之拾得、埋藏物之发现等，均不适用善意取得制度。捕获鸟兽鱼蛇、拾得抛弃之废旧物，虽然能即时取得物之所有权，但其法律依据不是善意取得制度，而是所有权取得的先占原则。②作为受让财产依据的法律行为须为有偿法律行为，且转让的价格合理。受让财产所依据的法律行为是否须为有偿法律行为，各国（地区）民法规定不一，如我国《民法典》不仅要求受让财产所依据的法律行为须为有偿法律行为，而且要求转让的价格合理；而《日本民法典》则不以有偿为限。

（4）转让的不动产或者动产依照法律规定应当登记的已经登记，不需要登记的已经交付受让人。依此条件，如果转让人与受让人仅仅签订了财产转让合同，依法应当登记的财产尚未按合同约定办理完所有权移转登记，依法不需要登记的财产尚未交付，在这种情况下财产转让尚未完成，自无适用善意取得制度的余地。

（5）当受让人受让的财产为无须登记的动产时，转让人对该动产占有的取得须出于所有人或其他合法占有人的意思。依此条件，善意取得制度只能适用于这样一种财产流转关系：所有人或其他合法占有人依自己的意思（如无效买卖合同及出租、出借、寄存、保管等合同）将财产交与第二人占有，第二人再非法将财产转让给善意的第三人。如果在财产流转的第一个环节上，财产脱离所有人或其他合法占有人的占有不是基于所有人或合法占有人的意思，而是出于被盗或遗失，除盗窃物、遗失物为金钱或无记名有价证券外，不能适用善意取得制度。

对盗窃物、遗失物的善意受让人与受害人、遗失人的关系，各国（地区）民法在规定善意取得制度时都设有特殊规则加以协调，其基本精神有三：①为受害人、遗失人的返还原物请求权规定一定的除斥期间（如《法国民法典》规定该期间为3年），在除斥期间内，受害人、遗失人可以请求善意受让人返还原物；超过除斥期间，善意受让人取得物之所有权，受害人、遗失人丧失返还原物请求权。②盗窃物、遗失物如系自拍卖市场、其他公开交易市场或出卖同种类物商人处买受的，受害人、遗失人应当向善意受让人清偿其支付的价金，否则不得请求返还。③盗窃物、遗失物如系金钱或无记名证券，受害人、遗失人无权请求善意受让人返还。我国《民法典》第312条也作了类似的规定："所有权人或者其他权利人有权追回遗失物。该遗失物通过转让被他人占有的，权利人有权向无处分权人请求损害赔偿，或者自知道或者应当知道受让人之日起二年内向受让人请求返还原物；但是，受让人通过拍卖或者向具有经营资格的经营者购得该遗失物的，权利人请求返还原物时应当支付受让人所付的费用。权利人向受让人支付所付费用后，有权向无处分权人追偿。"

至于盗赃物是否适用善意取得，因涉及与公法的冲突和衔接，我国《民法典》并未明确规定。

3. 善意取得的效力。关于善意取得的效力，应明确以下几个问题：

（1）善意取得的基本效力是善意受让人依受让之目的即时取得物之所有权或他物权。此种取得既非出于无权处分人之转让，亦非出于所有人的意思，而是基于法律有关善意取得的规定，属原始取得。

（2）善意取得既引起原所有人所有权的消灭，同时亦引起原所有人请求无权处分人赔偿损失的权利的发生。因为在善意受让人基于其善意受让而取得原物所有权的同时，无权处分人则基于其恶意的无权处分行为导致了原所有人的所有物在法律上的灭失，从而侵害了原所有人的所有权，依法应当承担赔偿损失的侵权责任。对原所有人请求无权处分人赔偿损失的权利，我国《民法典》第311条第2款作了明确的规定："受让人依据前款规定取得不动产或者动产的所有权的，原所有权人有权向无处分权人请求损害赔偿。"此外，从理论上讲，无权处分人处分他人财产所获得的利益没有法律根据，属于不当得利，原所有人也可以根据民法关于不当得利的规定请求无权处分人返还不当得利。在这里，原所有人的损害赔偿请求权与返还不当得利请求权形成竞合关系，原所有人可以择一行使。

二、继受取得

继受取得，又称传来取得，是指根据原所有人的意思接受原所有人移转之所有权。继受取得与原始取得不同，它是以原所有人的所有权和原所有人转让所有权的意志为根据的。没有原所有人的所有权，或者没有原所有人转让所有权的意思，都不会发生所有权之继受取得。

（一）继受取得所有权的方法

1. 买卖。买卖是一方出让标的物所有权以换取价金，他方以支付价金为对价换取标的物所有权的双方民事法律行为。买卖是商品交换的典型法律形式，财产所有权的转让主要依赖于买卖，因此买卖既是财产所有人出让财产所有权的主要方法，又是非所有人继受取得财产所有权的主要方法。

2. 互易。互易是以物易物的双方民事法律行为，是互相继受对方财产所有权的方法。互易是最古老的商品交换形式。在货币出现前，商品交换只能以互易的方式进行。货币产生后，互易在商品交换中的地位虽日益为买卖所取代，但至今仍不失为商品交换的一种形式，不仅在国内商品交换中经常采用，在国际商品交换中亦经常采用，特别是对缺乏硬通货的国家，换货贸易具有重要的意义。因此，互易也是继受取得财产所有权的重要方法。

3. 赠与。赠与是一方无偿转让财产所有权给另一方的双方民事法律行为。赠与虽不是商品交换的形式，但是随着商品经济的发展和人的社会意识及社会责任感的加强，赠与的社会作用日益得到充分的发挥，成为解决救灾、救济等社会问题及发展社会公益事业的重要手段。在这种发展趋势下，赠与不仅是公民个人继受取得财产所有权的方法，而且日益成为国家、社会公益团体继受取得财产所有权的重要方法。

4. 继承与遗赠。公民死亡后，其遗产依法转归法定继承人、遗嘱继承人和遗赠受领人所有。这些人取得遗产所有权，是以死者生前的财产所有权为根据的。遗嘱继承人和遗赠受领人取得遗产所有权还直接体现了死者生前处分死后遗产的意志。法定继承是在死者没有遗嘱的情况下，对死者处分其遗产的意愿所作的推定，也是体现死者的意志的。因此，继承与遗赠是继受取得财产所有权的方法。

5. 取得法人终止后遗留的财产。法人终止后，应成立清算组进行清算。其遗留的财产，应首先用于清偿法人的债务。清偿债务后如有剩余财产，应由法人的出资人按其出资比例进行分配。法人的债权人和法人的出资人取得法人终止后遗留的财产，都是以他们与法人之间的民事法律关系为根据的，因此都属于继受取得。

6. 其他继受取得方法。如通过完成一定工作、提供一定劳务、转让智力成果等方式取得财产所有权，也都属于继受取得。

（二）继受人取得所有权的时间

原所有人的所有权何时转移给继受人，是所有权继受取得中的重要问题。因为它不仅关系到所有权转移自何时完成的问题，而且还关系到标的物意外毁损灭失的风险由谁负担的问题。结合我国《民法典》物权编与合同编等相关规定，除法律有明确规定或当事人另有约定外，继受人获得所有权的时间为：

1. 以民事法律行为继受不动产所有权的，继受人自完成所有权移转登记时取得所有权。

2. 以民事法律行为继受动产所有权的，继受人自转让人交付转让的动产时取得所有权。

3. 以继承方式继受不动产、动产所有权的,继受人自继承开始时(即被继承人死亡时)取得所有权,但是如要处分其继承的不动产所有权,则必须先办理继承登记。

第四节 国家所有权

一、国家所有权的概念和性质

国家所有权是国家对全民所有的财产进行占有、使用、收益和处分的权利。

社会主义国家的国家所有权是社会主义全民所有制在法律上的表现。《民法典》第246条第1款规定:"法律规定属于国家所有的财产,属于国家所有即全民所有。"本条规定即表明了我国国家所有权的性质。我国是社会主义国家,而全民所有制则是社会主义公有制的高级形态。社会主义全民所有制是社会全体成员共同占有社会生产资料的一种所有制形式。这种所有制形式在法律上必然表现为社会主义国家所有权,这是由社会主义国家的性质和国家作为社会中心、代表全体人民的地位决定的。

二、国家所有权的主体与客体

(一)《民法典》对国家所有权主体、客体的规定

《民法典》第246~254条对国家所有权的主体和客体作了规定,其中第246条是关于国家所有权主体及其代表的规定,第247~254条是关于国家所有权客体的规定。

关于国家所有权主体及其代表的问题,《民法典》第246条作了这样的规定:"法律规定属于国家所有的财产,属于国家所有即全民所有。国有财产由国务院代表国家行使所有权。法律另有规定的,依照其规定。"依此规定,社会主义国家是社会主义全民所有制财产的所有权人,是国家所有权的权利主体。在确定国家是国家所有权的权利主体的同时,必须为它确定代表者。所以,《民法典》第255条规定国家机关对其直接支配的不动产和动产,享有占有、使用以及依照法律和国务院的有关规定处分的权利;第256条规定国家举办的事业单位对其直接支配的不动产和动产,享有占有、使用以及依照法律和国务院的有关规定收益、处分的权利;第257条规定,国家出资的企业,由国务院、地方人民政府依照法律、行政法规规定分别代表国家履行出资人职责,享有出资人权益。

关于国家所有权的客体,《民法典》第247~254条列举规定了以下几类依法属于国家所有的财产:①矿藏、水流、海域属于国家所有;②无居民海岛属于国家所有;③城市的土地属于国家所有,法律规定属于国家所有的农村和城市郊区的土地属于国家所有;④森林、山岭、草原、荒地、滩涂等自然资源,除依法确定属于集体所有的外,属于国家所有;⑤法律规定属于国家所有的野生动植物资源,属于国家所有;⑥无线电频谱资源属于国家所有;⑦法律规定属于国家所有的文物,属于国家所有;⑧国防资产属于国家所有;⑨铁路、公路、电力设施、电信设施和油气管道等基础设施,依照法律规定为国家所有的,属于国家所有。

上述规定并未穷尽可以归国家所有的一切财产,也不可能以列举的方式穷尽可以归国家所有的一切财产,其立法目的在于明确自然资源、公用资源、文物、国防资产等特殊财产的所有权归属。上述条文在规定属于国家所有的财产时,对有的财产直接表述为"属于国家所有",对有的财产则表述为"法律规定属于国家所有的……属于国家所有"。采前一种表述方式表述的财产,属国家专有的财产;采后一种表述方式表述的财产,则可被视为主要归国家所有,但也可以是依法归其他特殊主体所有的财产。

(二)国家所有权在主体与客体方面的特点

考察《民法典》关于国家所有权主体与客体的规定,可以看出国家所有权在主体与客

体方面具有以下特点：

1. 国家所有权的权利主体具有唯一性。国家是全民财产的唯一所有人。只有国家才是国家所有权的权利主体，代表国家行使国家所有权的国务院、地方各级人民政府，占有和使用国家财产的各级、各类国家机关、企事业单位、其他组织或个人都不是国家所有权的权利主体。

2. 国家所有权的客体具有统一性和无限广泛性。国家所有权客体的统一性，是说国家所有的财产是一个统一的整体，无论由何人管理、调拨、占有、使用、收益与处分，都是国家财产的有机组成部分。当国家机关、国有企事业单位等全民所有制组织相互间进行商品交换时，所转移的只是财产的经营管理权而不是财产的所有权。

但是，由于国家财产占有主体的多元性，在国有财产的统一体内，由不同占有主体占有的个别财产又具有相对的独立性。也就是说，国有财产基于不同主体的占有而互相区别，构成不同主体使用权、收益权或经营管理权的客体。占有主体对国有财产的占有同样具有排他性，当其占有受到他人侵害时，同样可以行使物上请求权和损害赔偿请求权，国家亦不得非法剥夺其占有。除国家禁止出让所有权的财产外，占有主体对其占有的国有财产，不仅有使用权、收益权，还有一定的处分权。国家所有权客体中的个别财产的相对独立性，是国家机关、国有企事业单位参与商品交换活动，独立承担民事责任的物质基础。

国家所有权客体的无限广泛性，是说国家所有权的客体没有范围限制，任何财产都可以作为国家所有权的客体。不仅其他主体可以取得所有权的财产，国家可以取得其所有权；有的财产，如矿藏、水流、国防资源等，依法只能归国家所有即国家专有，不能归其他主体所有。

三、国家所有权的行使

国家所有权作为所有权的一种类型，同样具有占有、使用、收益、处分四项权能。国家行使财产所有权，不仅表现为对财产进行微观方面的控制与支配，即以一定的方式（通常是间接的方式）对财产进行占有、使用、收益或处分，更主要的表现为建立有关国有财产的各种制度，从宏观上对国有财产之使用进行调配。

（一）国家从宏观方面行使财产所有权

国家作为社会的中心、全民的代表和全民财产的唯一所有人，有权利也有义务从宏观方面，即从全民财产之整体方面行使财产所有权。国家从宏观方面行使财产所有权主要表现在：

1. 就国有财产的占有、使用、收益、处分制定法律，建立国有财产的使用收益制度、经营管理制度及财务制度，明确占有人的权利义务，保证占有人依法行使其法定权利，监督占有人严格履行其法定的义务。

2. 根据国民经济发展计划、社会发展计划及财产的用途，在全社会范围内对全民财产进行合理的分配，将国家所有权客体中的个别财产固定给适当的主体占有、使用、收益或处分，以满足社会生产、人民生活及国家机关、事业单位从事其职能活动的需要。

（二）国家从微观方面行使财产所有权

1. 国家占有权能的行使。①在财产交给国家机关、企事业单位、其他组织或个人直接占有的情况下，对财产进行间接占有便成为国家行使占有权能的重要方法。间接占有是以直接占有人为媒介人的占有。间接占有在民法上主要表现为保留返还原物或原物价值的请求权。②国家要求国家机关、国家企事业单位对其占有的国家固定资产与流动资金进行登记，制定资产负债表，定期向国家主管机关报送财务报表，反映其财产变动情况，以及接受国家定期与不定期的财务检查等，都是国家对财产进行间接占有的表现。③国家主管机关对国有土地、房产进行各种登记，掌握国有土地、房产的变动情况，则是国家对其所有的不动产进行间接占有的重要方法。

2. 国家使用权能的行使。在财产由直接占有人使用的情况下，国家行使财产使用权能主要表现为对财产使用人进行制约和实施监督等方面。例如，在给国家机关、事业单位拨款时预定拨款的用途，禁止挪作他用；对长期闲置国有土地的使用人终止其土地使用权；对掠夺性使用国有土地、森林及其他自然资源的使用人给予经济制裁等。

3. 国家收益权能的行使。随着经济体制改革的深入以及用益物权等他物权制度的建立，除国家机关、国有事业单位可以继续无偿使用国家财产外，对其他主体均逐步实行了有偿使用国家财产的制度，该制度使收益权日益成为国家所有权中最为重要的权能和最突出的表现形式。国家行使收益权的方法亦是多种多样的，包括收取土地使用费、收取国家参股企业依法给付的股息、红利等。具体采用哪种方法行使收益权，则取决于财产的种类、国家移交财产的方式、财产使用人享有的物权类型、企业的经营方式及利润分配方式等多种因素。

4. 国家处分权能的行使。国家对国家财产行使处分权主要有三种方式：①在全社会范围内对国家财产的使用进行合理分配，如向国家机关和国有事业单位拨款，向企业投资，出让土地使用权，许可矿山企业开采国家所有的矿藏资源等；②对国家财产使用人、经营人处分国家财产的行为进行限制或制约，如禁止国有土地使用人非法转让国有土地，对全民所有制企业出让重要固定资产给予限制等；③对由他人占有、使用的国家财产行使最终处分权，如对土地使用人行使收回土地、另行调配使用的权利，对全民所有制企业行使关、停、并、转、卖的权利等。随着企业股份制改造的施行，出卖全民所有制企业的股份，日益成为国家处分全民所有制企业财产的重要手段。

四、国家财产管理机构及其工作人员的责任

《民法典》第 259 条规定："履行国有财产管理、监督职责的机构及其工作人员，应当依法加强对国有财产的管理、监督，促进国有财产保值增值，防止国有财产损失；滥用职权，玩忽职守，造成国有财产损失的，应当依法承担法律责任。违反国有财产管理规定，在企业改制、合并分立、关联交易等过程中，低价转让、合谋私分、擅自担保或者以其他方式造成国有财产损失的，应当依法承担法律责任。"该条中的法律责任自当包括民事责任，如果不包括民事责任，那就毫无必要由《民法典》来规定。但是，依民事责任的性质，对造成国有财产损害的管理人员的民事责任之追究，须以管理机构作为原告向人民法院提起民事诉讼为前提，如果造成国有财产损害的就是管理机构的负责人，或者管理机构的负责人缺乏秉公执法、铁面无私的精神，这种诉讼都不可能被提起。由此而论，该条规定是否能发挥实效，如何发挥实效，尚需拭目以待。

第五节　集体所有权

一、集体所有权的概念

集体所有权是劳动群众集体对其所有的财产依法进行占有、使用、收益和处分的权利。集体所有权也是我国所有权中的一个独立类型。我国《民法典》物权编第五章中用 6 个条文（第 260～265 条）对集体所有权作了规定。

与国家所有权相比，集体所有权具有以下特征：

1. 国家所有权的主体具有唯一性，只有国家才是国有财产的所有人；而集体所有权的权利主体则具有多元性，数以万计的集体组织都是其财产的所有人。

2. 国家所有权的客体具有统一性，整个全民所有制经济的财产作为一个整体统一归国家所有；而集体所有权的客体，就个别集体组织而言，它不属于集体组织的各个成员，统一属于集体组织，但就整个集体所有制经济而言，其财产则分属于不同的集体组织。

3. 集体所有权客体的财产范围虽然也是广泛的，但受一定限制，不如国家所有权广泛，集体组织不能享有依法归国家专有的各项财产。

4. 国有财产之所有与占有一般是分离的；而集体财产之所有与占有则既有分离的，也有统一的。

二、集体所有权的主体与客体

（一）集体所有权的主体

集体所有权的主体是集体组织。现在在我国作为集体所有权主体的集体组织大致有以下类型：

1. 农村集体经济组织。这是一类以农村基层社区为单位的集体组织，其成员包括所在地区内的全体居民，如乡集体组织、村集体组织。乡、村集体组织不仅是其兴办的集体企业的所有人，而且依照《民法典》及其他法律的有关规定，还可以对土地、森林、山岭、草原、荒地、滩涂、水面等自然资源享有所有权。

2. 城镇集体企业联合经济组织。根据《中华人民共和国城镇集体所有制企业条例》（以下简称《城镇集体所有制企业条例》）的规定，城镇集体企业的联合经济组织也是集体所有权的权利主体，对其开办的集体企业的财产享有所有权。

3. 合作社组织。这是一类由劳动群众集资入股建立起来的集体经济组织，包括20世纪50年代建立的农村供销合作社组织、农村信用合作社组织及在以后各个时期由城镇待业人员和农村村民集资建立的各种合作性质的集体企业。合作社组织积累的财产归合作社组织集体所有，其成员对入股的股份享有所有权，财产分配实行按劳分配与股份分红两种分配形式。

4. 社会团体。社会团体是人民群众根据宪法赋予的集会、结社自由的权利，自愿组织起来的从事非经济活动的群众性组织。社会团体对其合法取得的财产，如会员缴纳的会费，接受政府、企事业单位及个人捐赠的财产，从事有偿服务活动取得的收入，以及历史遗留下来的财产（如宗教团体的庙产）等享有所有权。

（二）集体所有权的客体

集体所有权的客体，是指依法归劳动群众集体组织所有的财产。在我国，可以作为集体所有权客体的财产范围是十分广泛的，除依法只能由国家专有的财产外，其他财产，无论生产资料还是生活资料，均可归集体所有。对集体所有权的客体，《民法典》第260条列举规定了以下财产：①法律规定属于集体所有的土地和森林、山岭、草原、荒地、滩涂；②集体所有的建筑物、生产设施、农田水利设施；③集体所有的教育、科学、文化、卫生、体育等设施；④集体所有的其他不动产和动产。

三、集体所有权的权能及其行使

集体所有权作为所有权的一种类型，自然具有占有、使用、收益、处分四项权能。

1. 关于农民集体土地所有权主体及其代表的规定。《民法典》第262条规定："对于集体所有的土地和森林、山岭、草原、荒地、滩涂等，依照下列规定行使所有权：（一）属于村农民集体所有的，由村集体经济组织或者村民委员会依法代表集体行使所有权；（二）分别属于村内两个以上农民集体所有的，由村内各该集体经济组织或者村民小组依法代表集体行使所有权；（三）属于乡镇农民集体所有的，由乡镇集体经济组织代表集体行使所有权。"这一规定明确了以下两个重要问题：①农村集体土地，包括耕地、林地、草原以及未利用的山岭、荒地、滩涂的所有权主体，既可以是村农民集体、村民小组农民集体，也可以是乡镇农民集体。②将农民集体定位为集体土地所有权的权利主体，而相应的集体组织，如乡农民集体经济组织、村民委员会、村民小组则只是农民集体行使集体土地所有权的代表。

2. 关于集体财产民主管理的规定。《民法典》第261条规定："农民集体所有的不动产和动产，属于本集体成员集体所有。下列事项应当依照法定程序经本集体成员决定：（一）土地承包方案以及将土地发包给本集体以外的组织或者个人承包；（二）个别土地承包经营权人之间承包地的调整；（三）土地补偿费等费用的使用、分配办法；（四）集体出资的企业的所有权变动等事项；（五）法律规定的其他事项。"这些关于集体财产及集体其他事务民主管理的规定，对于防止集体组织负责人滥用集体财产管理权和处分集体财产的代表权，损害集体利益和集体成员个人利益的行为的发生，具有重要的意义。

3. 关于集体组织负责人报告集体财务的义务和集体组织负责人滥用职权侵害集体成员利益的救济的规定。《民法典》第264条规定："农村集体经济组织或者村民委员会、村民小组应当依照法律、行政法规以及章程、村规民约向本集体成员公布集体财产的状况。集体成员有权查阅、复制相关资料。"第265条第2款规定："农村集体经济组织、村民委员会或者其负责人作出的决定侵害集体成员合法权益的，受侵害的集体成员可以请求人民法院予以撤销。"

这两条规定对于维护集体成员对集体财产状况的知情权，实现集体成员对集体组织及其负责人管理集体财产的监督，以及保障集体成员不受集体组织负责人以集体名义作出的非法决定的侵害，具有重要的意义。

第六节　个人所有权

一、个人所有权的概念

个人所有权是指民法上的自然人主体对其所有的财产依法进行占有、使用、收益和处分的权利。《民法典》第266条规定："私人对其合法的收入、房屋、生活用品、生产工具、原材料等不动产和动产享有所有权。"《民法典》用"私人"来取代原《民法通则》的"公民"，用"私人所有权取代"原来的"公民所有权"，有利于澄清由"公民所有权概念"所引起的中国民法只保护其国民的财产，不保护外国人、无国籍人财产的误读、误解、误会。但是"私人所有权"这一概念也未必精当。因为民法为私法，民法规定的民事权利是与公法规定的公权力相对应的私权利，私权利主体即私人，因此在民法上私人可以泛指一切民事主体。笔者认为，对相对于国家所有权、集体所有权的一类所有权，还是称为"个人所有权"最好。因为个人既包括了中国国民，也包括了在中国境内的外国人和无国籍人，"个人所有权"不会引起"公民所有权"所可能引起的那种误会。同时，将对应于国家所有权、集体所有权的一类所有权称为"个人所有权"，也符合我们长期在社会主义思想观念熏陶下形成的将经济主体分为国家、集体、个人的习惯。

二、个人所有权的主体与客体

个人所有权的权利主体是作为自然人的独立的个人。自然人自出生之时起享有民事权利能力，即具有取得个人所有权的主体资格，可以依法取得具体财产的所有权。个人的合法财产不仅在个人生存时受国家法律保护，在个人死后亦受国家法律的保护，国家保证按个人遗嘱所表达出来的真实意愿处理其遗产。我国法律不仅保护我国公民的合法财产，也同样保护外国公民和无国籍人的合法财产。外国公民和无国籍人的合法财产，无论是在我国取得的，还是从国外携带入境的，只要存在于我国境内，均受我国法律的保护。依法保护外国人和无国籍人在我国境内的财产，有利于对外开放，吸引外资，促进我国经济建设和发展。

个人所有权的客体是指个人依法取得的归个人所有的财产。根据《民法典》第266条的规定，我国个人所有权的客体包括以下几类财产，其中既有作为生活资料使用的财产，也有作为生产资料使用的财产。

1. 合法收入。公民的合法收入是指公民通过各种合法途径取得的货币收入与实物收入。例如劳动收入，接受继承、赠与、遗赠的收入以及由个人财产产生的天然孳息和法定孳息等。公民的合法收入既可以是通过劳动（包括体力劳动与脑力劳动、生产劳动与生产经营管理劳动以及从事国家公务活动付出的劳动等），按社会主义的按劳分配原则取得的收入；也可以是通过储蓄、投资等营利行为，按符合社会主义市场经济规律要求的按资分配原则取得的合法收入。

2. 房屋。房屋是个人所有权的重要客体，个人可以通过自建、购买、继承、赠与等方式取得房屋所有权。房屋为不动产，个人无论通过哪种方式取得房屋所有权，都必须依法登记才能产生对抗第三人的法律效力。法律保护个人依法行使房屋所有权。个人所有的房屋，可以自己使用，也可以出租给他人使用，还可以依法转让。个人所有的房屋，可以用于生活目的，以满足自己和家庭居住的需要；也可以用于生产目的，开厂设店，从事商品生产经营活动。随着住房体制的改革，个人所有的房屋将越来越多。

3. 生活用品、文物、图书资料。生活用品是指满足公民个人或家庭日常生活需要的消费品，包括衣物、家具、食物、文化娱乐用品及装饰品等。文物是指具有一定历史意义和收藏价值的文化艺术品。个人收藏文物主要是为了欣赏和满足收藏文化艺术珍品的心理。文物作为限制流通物，虽不限制个人所有，但禁止个人非法转让和携带出境。图书资料是记载科学文化知识的物质资料，个人收藏图书资料主要是为了学习研究。这三类财产在作为个人所有权的客体时，都属于生活资料的范畴。

4. 林木、牲畜等生产工具、原材料。培植林木和饲养牲畜，是一种生产活动，个人既可以把它们作为副业来经营，也可以把它们作为主业来经营，如农村的林业专业户和养殖专业户。个人在房屋前后或国家、集体划给的宜林荒地上栽植的林木，其林地虽然属于国家所有或集体所有，但林木作为个人的劳动产品则可以归个人所有。个人培植的林木和饲养的牲畜既可以自用，也可以作为商品销售以取得收入。

5. 法律允许个人拥有的生产资料。个人所有的生产资料包括：农村承包经营户投入承包经营的自有资产，如种子、肥料、农药、农机具等；个体工商户从事商品生产经营的生产资料，如自有的店铺、生产工具、原材料、运输工具等；私营企业的生产资料，如自有的厂房、机器设备、原材料、半成品、成品及交通运输工具等。个人究竟可以拥有哪些生产资料？除法律明定只能归国家所有或集体所有，不能归个人所有的财产（如土地、矿藏、森林、草原、水流等自然资源）外，对其他生产资料，法律既没有以列举方式规定个人可以拥有哪些生产资料，也没有以列举方式规定限制个人取得哪些生产资料，故应当认为除土地、矿藏、森林、草原、水流等自然资源外，个人即可以根据其承包经营、个体经营和联合经营的范围、规模，取得其生产经营需要的一切生产资料。

三、个人所有权的权能及其行使

个人所有权仍然包括占有、使用、收益、处分四项积极的权能。个人行使这四项权能与国家、集体有所不同，通常以直接的方式进行，即以个人自己积极主动的行为直接作用于所有物的方式进行。

1. 个人行使生活资料所有权是与个人对生活资料的消费联系在一起的，个人只有通过对生活资料的直接占有、使用和处分才能实现其消费目的。例如将生活资料交别人占有、使用、处分，所满足的就不是自己的消费需求，而是别人的消费需求。

2. 承包经营户和个体工商户行使生产资料所有权是与他们的生产经营劳动联系在一起的，只有通过直接占有、使用、收益与处分，才能满足其生产经营的需要，实现生产资料的所有权。

3. 私营企业主对生产资料的占有、使用和处分虽然需要通过其经理人员和职工的行为（生产经营劳动）来实现，但是经理人员和职工与企业主的关系是雇佣劳动关系，他们对生产资料的占有、使用和处分是以企业主的名义并为企业主的利益而进行的，并不构成独立的物权关系，因此他们的占有、使用、处分仍然表现为企业主的直接占有、使用和处分。

第七节 共 有

一、共有概述

（一）共有的概念

《民法典》第297条规定："不动产或者动产可以由两个以上组织、个人共有。共有包括按份共有和共同共有。"所谓共有，是指某项财产（动产或者不动产）由两个以上的权利主体共同享有所有权。按照传统民法理论，对所有权可以进行质的分割与量的分割。当所有权的部分权能与所有权分离而由非所有人享有和行使时，为所有权质的分割。所有权质的分割产生非所有人的他物权。当同一客体的所有权由数人分享时，为所有权量的分割。所有权量的分割便产生共有。

基于财产共有权而发生的所有权法律关系称为共有关系。在共有关系中，各财产所有人称为共有人。其共同享有的所有权称为共有，而共有权的客体则称为共有物或共有财产。

共有关系是一种具有内外两重关系的所有权法律关系。其外部关系为共有人与非所有人之间的关系，以不特定的任何人为义务主体，具有绝对性；其内部关系为各共有人之间的权利义务关系，各共有人互为权利主体与义务主体，都是特定的人，因此具有相对性。

（二）共有的特征

共有是复合的所有权关系，它具有以下特征：

1. 共有的权利主体是多元的。同一财产的所有权主体可以是一个人，也可以是几个人。只有当两人以上共同享有同一财产的所有权时，才能形成共有关系。单一的所有权主体是不能形成共有关系的。因此，权利主体的多元性便成为共有关系在主体方面的特征。

2. 共有的客体是一项统一的财产。共有关系的客体无论是一个物还是几个物，是可分物还是不可分物，在法律关系上均表现为一项尚未分割的统一财产。如果这项统一财产被几个主体分割，每个主体都成了他所分得的一份财产的单独所有人，其共有关系也就消灭了。

3. 共有的内容是各共有人对共有物共享权利、共负义务，各主体的权利、义务是平行的，而不是对应的。各共有人对共有物或者按一定份额享受权利、负担义务，或者不按份额享受权利、负担义务。但是，无论按份额还是不按份额，各共有人的权利义务都是互相平行的，即享受同样的权利，负担同样的义务。而在其他民事法律关系中，主体的权利与义务是互相对应的，一方的权利正是另一方的义务。

4. 共有是所有权的联合，不是一种独立的所有权类型。我国有国家所有权、集体所有权与公民个人所有权三种不同性质的所有权。共有不是与这三种所有权并列的所有权类型。共有是基于共同生活、共同生产、共同经营而发生的相同性质的所有权之间或不同性质的所有权之间的联合。相同性质的所有权之间的联合，如公民与公民的共有、集体与集体的共有；不同性质的所有权之间的联合，如集体与个人的共有。

（三）共有的分类

关于共有的分类问题，各国及地区的规定并不一致。《德国民法典》与《日本民法典》均视共有为按份所有，并无共同共有的规定。我国《民法典》第297条明确规定"共有包括按份共有和共同共有"。

（四）准共有

我国《民法典》第310条规定："两个以上组织、个人共同享有用益物权、担保物权的，参照适用本章的有关规定。"本条规定明定了用益物权共有与担保物权共有两种准共有。

准共有是指所有权以外的财产权的共有。《民法典》物权编的共有制度是专为所有权的共有而规定的。但在实际经济生活中，并非只有所有权才能共有，其他财产权，包括他物权、知识产权、债权在内，均可共有。因此，各国物权法在对所有权的共有作出规定后，一般均要补充规定其他财产权的共有准用所有权共有制度的有关规定。于是，理论上便把所有权以外的其他财产权的共有称为准共有。对准共有，除适用各财产权制度的特别规定外，相应适用所有权共有制度中的有关规定。

二、按份共有

（一）按份共有的概念

《民法典》第298条规定："按份共有人对共有的不动产或者动产按照其份额享有所有权。"按份共有因一定法律事实而形成。共同购买物品，共同投资建造房屋、兴修水利、举办企事业，共同开发自然资源、高新技术以及物的添附等，都会在一定条件下形成按份共有。按份共有的形成，除法律有特别规定者外，各共有人须预先订立合同，以合同来确定彼此的按份共有关系。

按份共有具有以下特征：

1. 按份共有人对共有财产的权利和义务存在一定份额。份额多的共有人，其享受的权利和承担的义务就多；份额少的共有人，其享受的权利和承担的义务就少。各按份共有人的份额可以是相等的，也可以是不等的。对按份共有份额的确定，《民法典》第309条作了这样的规定："按份共有人对共有的不动产或者动产享有的份额，没有约定或者约定不明确的，按照出资额确定；不能确定出资额的，视为等额享有。"

2. 按份共有人的权利、义务及于全部共有财产。按份共有人按各自的份额对共有财产分享权利、分担义务，不是说各按份共有人分别对共有财产的各物质部分享受权利、承担义务，而是说各按份共有人按各自的份额比例对整个共有财产享有权利、承担义务。例如，4人按平均的份额共有1头耕牛，就不可能使4人的权利义务各自及于1条牛腿而不及于其他3条牛腿。

3. 按份共有人对其应有份额享有相当于单独所有的权利。在法律或共有协议没有限制的情况下，按份共有人可以要求分出或转让其份额。按份共有人死亡的，其继承人有权继承。

（二）共有财产的管理与处分

对共有财产的管理与处分，《民法典》有两条规定：①第 300 条规定："共有人按照约定管理共有的不动产或者动产；没有约定或者约定不明确的，各共有人都有管理的权利和义务。"②第 301 条规定："处分共有的不动产或者动产以及对共有的不动产或者动产作重大修缮、变更性质或者用途的，应当经占份额三分之二以上的按份共有人或者全体共同共有人同意，但是共有人之间另有约定的除外。"这两条规定体现出，在共有财产的管理和处分问题上，应当坚持各共有人协商一致的原则。

共有权是所有权的联合形式，各共有人均能对共有财产进行占有、使用、收益及处分。但共有权的行使与单独的所有权不同，各共有人不能自行其是，必须实行协商一致的原则。按份共有人对共有财产虽然存在一定份额，但其权利不是及于共有财产的部分，而是及于共有财产的全部。因此每个共有人无论是对共有财产的全部或部分进行占有、使用、收益、处分，都直接涉及其他共有人的利益。这就在共有财产的占有、使用、收益、处分等问题，也就是管理问题上，形成了各共有人的相互制约，使得每个共有人都不能排除其他共有人的意志单独决定共有财产的占有、使用、收益及处分问题，必须实行协商一致的原则。

按照协商一致的原则，共有人在对共有财产进行占有、使用、收益及处分时，除共有财产的保存行为（如简易修缮）外，其他有关共有财产管理、改良、变更、使用、收益、转让、设定负担等行为，事先有协议的，必须按协议办理；事先没有协议的，应通过临时协商取得一致意见；意见不一致时，应按拥有财产份额 2/3 以上的共有人的意见处理。但在这种情况下，份额多的共有人不得损害份额少的共有人的利益。如份额少的共有人认为份额多的共有人的意见有损自己的利益，可诉请法院解决。如给份额少的共有人造成了实际损害，份额少的共有人还可以请求赔偿损失。

共有人违反协商一致的原则，擅自处分共有财产，其处分行为对其他共有人不发生法律效力。但是，对受让财产的善意第三人的合法权益，应按善意取得制度的有关规定给予法律保护。由此给其他共有人造成的损失，应由擅自处分人负责赔偿。

协商一致的原则对共同共有人行使共有权也同样适用。

（三）按份共有人的权利义务

1. 按份共有人的权利。按份共有人除按其份额享有对财产的占有权、使用权、收益权、处分权外，还享有一些可以按个人意愿单独行使的权利。《民法典》第 305 条规定："按份共有人可以转让其享有的共有的不动产或者动产份额。其他共有人在同等条件下享有优先购买的权利。"依此规定，按份共有人享有以下两项权利：

（1）处分自己份额的权利。按份共有人对其享有的份额有相当于单独所有的权利，可以按自己的意愿进行各种处分，如出卖、赠与、抛弃等。在我国，按份共有人抛弃的份额，应收归国家所有。当法律与合同对按份共有人处分其份额的权利定有限制时，按份共有人仍应遵守其限制。

（2）对其他共有人出售之份额享有优先购买权。所谓优先购买权，是指按份共有人之一在出卖自己的份额时，其他共有人在同等条件下有优先于其他人购买的权利。按照优先购买权，按份共有人之一在出卖自己的份额时，应将出卖的意思及出卖的条件通知其他共有人。在法律规定的期限内，如其他共有人不为购买的意思表示，或所给条件不能使出卖方满意，出卖方可依较优越的条件将份额出卖给其他人。如出卖方不作出卖的通知，暗中将其份额出卖给其他人，便构成对其他按份共有人的优先购买权的侵害，其他按份共有人有权在法律规定的诉讼时效期限内向法院起诉，请求将买受人的权利与义务转移给自己。

除以上两项权利外，比较法上还承认按份共有人要求分出自己份额的权利。要求分出，是指按份共有人要求退出共有，将自己的份额从共有财产中分割出来。按份共有人的债权人在不能从按份共有人的其他财产获得清偿时，也享有此项权利。分出时，在不影响其他共有人共同经营的前提下，可以分出实物。反之，则只能由其他共有人作价补偿。当法律或共有人的协议对分出定有限制时，按份共有人应遵守其限制。例如，按公司法的规定，股份公司的股东不能要求公司分出其股份。股东如欲退出公司，收回其资金，只能通过转让股票的方式解决。各共有人为达共同经营的目的，也可以约定在一定期限内限制分出。此种约定，可视为各共有人对分出权的放弃。

2. 按份共有人的义务。根据权利与义务一致的原则，按份共有人按其份额对共有财产分享权利，同时也要按其份额对共有财产分担义务。需要按份共有人承担的义务，包括基于按份共有关系而发生的一切义务，如缴纳共有财产的捐税，支付共有财产的保管费、修缮费、改良费、更新费以及清偿基于共有财产的经营管理而发生的其他债务等。

在按份共有人的内部关系上，各按份共有人的义务是有份额的，即各按份共有人可以仅就自己的份额比例对共有的债务负责。《民法典》第 302 条规定："共有人对共有物的管理费用以及其他负担，有约定的，按照其约定；没有约定或者约定不明确的，按份共有人按照其份额负担，共同共有人共同负担。"但在对外关系上，即在对共同的债权人的关系问题上，原则上应承担连带清偿责任。根据《民法典》第 307 条："因共有的不动产或者动产产生的债权债务，在对外关系上，共有人享有连带债权、承担连带债务，但是法律另有规定或者第三人知道共有人不具有连带债权债务关系的除外；在共有人内部关系上，除共有人另有约定外，按份共有人按照份额享有债权、承担债务，共同共有人共同享有债权、承担债务。偿还债务超过自己应当承担份额的按份共有人，有权向其他共有人追偿。"本规定中所称共有，既包括共同共有，也包括按份共有。

按份共有可因共有人之间的协议、共有财产归于一人所有、共有财产灭失和转让等原因而消灭。

三、共同共有

（一）共同共有的概念

共同共有是指共有人对全部共有财产不分份额地享受权利和承担义务的共有。《民法典》第 299 条规定："共同共有人对共有的不动产或者动产共同享有所有权。"与按份共有相较，共同共有具有以下特征：

1. 共同共有是不分份额的共有。在共同共有关系存续期间，各共有人对共有财产都没有确定的份额，他们共同享有共有财产的各种利益，亦共同负担由共有财产而发生的各种义务。各共有人无论在权利的享有或义务的负担上都无份额比例之分。

2. 共同共有是较按份共有联系更为紧密的共有。在共同共有关系中，由于各共有人对共有财产的权利、义务不存在份额比例关系，因此基于共同共有财产而产生的债权债务必定为连带债权债务。共有人之一清偿共同债务后，也不存在向其他共有人追偿的问题。而基于按份共有财产而产生的债权债务，在对外关系上则既可以是连带债权债务，也可以是按份债权债务；即使在对外关系上为连带债权债务者，在对内关系上亦为按份债权债务。

3. 共同共有的共有人只有在共有关系消灭时才能协商确定各自的财产份额。因此共同共有在其存续期间不发生共有人之一要求分出、转让自己份额的问题，也不存在其他共有人的优先购买权问题。

4. 共同共有的形成及持续以夫妻关系、家庭关系、共同继承遗产关系的形成及持续为前提，因此共同共有关系仅存在于婚姻家庭领域之内及具有一定亲属身份关系的公民之间。越出这一领域的共有便不是共同共有，而是按份共有。《德国民法典》和《日本民法典》在物权编视全部共有为按份共有，在亲属编又专门规定不同于一般共有的夫妻共同财产制。《苏俄民法典》明确界定夫妻共有和农户共有为共同共有。这都是很有道理的。

（二）共同共有的类型

1. 夫妻共有。根据《民法典》的规定，除双方另有约定外，夫妻在婚姻关系存续期间所得的财产，归夫妻共同所有。夫妻对共同所有的财产，有平等的处理权。可见，夫妻共有是一种共同共有。夫妻财产制是婚姻制度的组成部分，夫妻共有财产的范围、夫妻共有财产权的行使、夫妻共有财产的分割等问题，均应遵守婚姻法的有关规定。

2. 家庭共有。家庭共有与夫妻共有是两个不同的概念。家庭共有是指家庭成员间基于共同生活与共同经营而发生的共有。家庭的财产结构如何，取决于家庭自身的结构。在一个由夫妻二人组成的简单家庭中，只有夫妻共有财产与夫妻各自所有的财产，而无家庭共有财产；而在一个三世、四世同堂的大家庭中，如从事共同经营，就既有夫妻共有财产，也有家庭共有财产，还有家庭成员各自所有的财产。

3. 遗产分割前的共有。《民法典》第1121条第1款规定："继承从被继承人死亡时开始。"这说明，公民一旦死亡，其财产无论在谁的占有之下，于法律上皆作为遗产一并转归其继承人所有。但是，当死者有数个继承人时，其中任何一位继承人都不可能单独取得遗产的所有权，遗产只能为全体继承人共有，而且在遗产协商分割前，不能确定各继承人对遗产的份额。因此，在遗产分割前，全体继承人对遗产的共有，只能是共同共有。

四、共有财产的分割

（一）分割的提出

对共有财产分割的提出，《民法典》第303条作了这样的规定："共有人约定不得分割共有的不动产或者动产，以维持共有关系的，应当按照约定，但是共有人有重大理由需要分割的，可以请求分割；没有约定或者约定不明确的，按份共有人可以随时请求分割，共同共有人在共有的基础丧失或者有重大理由需要分割时可以请求分割。因分割造成其他共有人损害的，应当给予赔偿。"依此规定，共有人原则上享有对共有财产的分割请求权，只不过在有不分割的约定的情况下，或者在共同共有的基础关系未消灭的情况下，请求分割共有财产有一定限制，且在因共有财产分割而给其他共有人造成损害时，请求者须对其他共有人承担损害赔偿责任。按消灭时效制度的规定，共有人请求分割共有财产的权利，不受消灭时效的限制。

（二）分割的原则

共同共有财产在分割时需要确定各共有人的份额。按份共有财产在分割时虽不涉及确定各共有人份额的问题，但要涉及财产清理、估价、分配等一系列问题。因此，为避免纠纷、减少矛盾，使分割顺利进行，在分割共有财产时，需要坚持以下原则：

1. 遵守法律的原则。在分割共有财产时，需要特别注意遵守其他法律的有关规定。以夫妻财产为例，《民法典》承认了夫妻财产分别所有制，但更强调夫妻财产的一体性、共同性、整体性。根据第1062条和第1066条，除非出现法定例外情形，夫妻关系存续期间，夫妻共同财产原则上不得分割。

2. 遵守约定的原则。共有人对相互间的共有关系有约定的，分割共有财产时应遵守其约定。例如，夫妻相互之间对共有关系的约定，应作为分割夫妻共有财产的依据。按份共有的共有人对其共有关系通常都有约定，否则就难以形成按份共有关系。因此，遵守共有人间的约定对分割按份共有财产尤为重要。

3. 平等协商、和睦团结的原则。共有财产的分割直接涉及各共有人的物质利益，容易引起纠纷、影响团结，因此在分割共有财产时，对有争议的问题就要本着平等协商、和睦团结的原则来处理。凡能够在平等协商的基础上取得一致意见的，应充分协商，尽量争取达成协议。

（三）分割的方式

《民法典》第304条第1款规定："共有人可以协商确定分割方式。达不成协议，共有的不动产或者动产可以分割且不会因分割减损价值的，应当对实物予以分割；难以分割或者因分割会减损价值的，应当对折价或者拍卖、变卖取得的价款予以分割。"依此规定，共有财产的分割有以下方式：

1. 实物分割。当共有财产为分割后无损其用途和价值的可分物，如布匹、粮食等时，即可在各共有人之间进行实物分割，使各共有人取得其应得部分。当共有财产为一项由多个物组成的集合财产时，即使其中的物为不可分物，也可以在估定各物的价值后，采取适当搭配的方法进行实物分割。实物分割是分割共有财产的基本方法。除非共有财产为不可分物（如一台彩电），在其他情况下均有办法进行实物分割。分割共有财产的通常做法是先进行实物分割，对最后剩下的无法再进行实物分割的财产，再用其他方法处理。

2. 变价分割。变价分割是将共有财产出卖换成货币，然后由共有人分割货币。如果共有财产为一个不可分物，且又无共有人愿意取得该物，就只能采取变价分割的方法进行分割。另外，如果共有财产是一套从事某种生产经营活动的集合财产（如合资兴办的一间工厂），将共有财产整体拍卖分割价金，往往比分割实物更有利。

3. 作价补偿。作价是指估定物的价格。当共有财产为不可分物时，如果共有人之一希望取得该物，就可以作价给他，由他将该物超过其应得份额的价值补偿给其他共有人。在有的共有人希望取得实物，有的共有人又不希望取得实物的情况下，不管共有财产是否可分，经大家协商一致，都可以采取折价补偿的办法分割。

（四）分割的效力

共有财产分割后，共有关系归于消灭，各共有人对其分得的财产取得单独的所有权。由共有人对全部共有财产的共同所有变成各共有人对原共有财产的各个部分的单独所有，这便是分割共有财产的效力。但是共有财产分割后，各共有人都应以其分得的财产，对其他共有人分得的财产承担与出卖人一样的瑕疵担保责任。如共有人之一分得的财产因其分割前的权利瑕疵问题被第三人强制追索，其所受之损失应由其他共有人按其所得财产的份额比例进行补偿。对共有人在共有财产分割中的瑕疵担保责任，《民法典》第304条第2款作了明确规定："共有人分割所得的不动产或者动产有瑕疵的，其他共有人应当分担损失"。

第八节　建筑物区分所有权

一、建筑物区分所有权的概念

建筑物区分所有权是由建筑物区分所有权人（业主）对建筑物内的住宅、经营性用房等专有部分享有的所有权和对专有部分以外的共有部分享有的共有权构成的复合性权利。建筑物根据使用功能，在结构上可以区分为各个所有人独立使用的专有部分和多个所有人共同使用的共有部分，每一所有人对其专有部分享有的所有权（专有权）和对共有部分享有的共有权的结合即构成建筑物区分所有权这种特殊的所有权形式。《民法典》第271条规定："业主对建筑物内的住宅、经营性用房等专有部分享有所有权，对专有部分以外的共有部分享有共有和共同管理的权利。"建筑物区分所有权包括对建筑物专有部分和共有部分进行管理的内容，不过对于区分建筑物的管理权，依情况应分别附属于业主的专有权和共有权，是专有权和共有权的权能或权利行使的内容，因此管理权不是与专有权和共有权并列的独立权利。

建筑物区分所有权的特征主要有：

1. 建筑物区分所有权的主体的身份具有重合性。建筑物区分所有权的所有人即业主，一人兼具两种身份：既是建筑物专有部分的所有人，又是建筑物共有部分的所有人。这不同于传统所有权主体的单一性，后者或者是单一的所有权人，或者是共有权人。

2. 建筑物区分所有权的内容具有复合性。与一般的所有权和共有权不同，建筑物区分所有权由对专有部分的所有权与对共有部分的共有权结合构成，缺一不可，不可分割。权利人不能单独享有和行使其中某项权利，也不得将它们分割转让、抵押、继承、抛弃等。

3. 建筑物区分所有权中的专有权具有主导性。在建筑物区分所有权的权利组成部分中，区分所有权人对专有部分的专有权占据主导地位，是享有和行使共有权、对共有部分进行管理的前提和基础，没有该项权利，就无法产生区分所有权人对共有部分的共有权和对建筑物共有部分进行管理的权利。取得、转让、丧失专有权的，共有权即一并取得、转让和丧失，专有权的权利范围决定共有权和管理共有部分建筑物的权利范围。在进行房产登记时，只需登记专有部分的所有权即可，不需登记对共有部分的共有权和对共有部分的管理权利。

4. 建筑物区分所有权的客体具有构造上和使用上的独立性。前者指建筑物的各个部分在构造上可以被分开，从而为不同的所有人所有。后者则指建筑物各个部分在构造上被分开后具有独立的使用效能，不需借助其他部分而利用。但是，建筑物各部分在构造上和使用上的独立性并不必然导致建筑物区分所有，而可以存在整个建筑物的单一所有或共有。建筑物各单独部分要成为区分所有权客体，应按照法律规定的登记方式予以公示，以表现其在法律上的独立性。在建筑物区分所有的情况下，只能以建筑物专有部分和共有部分而非整个建筑物为客体，因此，只要各所有人已对专有部分进行了登记，建筑物即不得登记为各所有人共有。

二、建筑物区分所有权人的专有权

《民法典》第 272 条规定："业主对其建筑物专有部分享有占有、使用、收益和处分的权利……"建筑物区分所有权人的专有权，所指的就是本条规定的业主（建筑物区分所有权人）对建筑物专有部分享有的占有、使用、收益和处分的权利。所谓建筑物专有部分，一般指具有构造上和使用上的独立性、能够成为单独所有权客体的建筑物部分。构造上和使用上的独立性的判断，一般可以通过区分的明确性、间隔性、通行直接性、专有设备的存在和公用设备的不存在等来认定。[1]针对专有部分的范围，学说上存有空间说、壁心说、墙面说、壁心与墙面混合说等观点。[2]其中，壁心与墙面混合说认为在区分所有权人之间的管理、维护等内部关系上，专有部分只包括至墙面部分，而在买卖等外部关系上，专有部分应达至壁心。这种观点兼顾了专有人、其他区分所有人和第三人的利益，比较符合实际情况，应值赞同。专有部分除包括建筑物结构部分外，还可能包括建筑物附属设施和附

---

〔1〕 ［日］丸山英气：《区分所有权》，大成出版社 1984 年版，第 21 页。

〔2〕 王泽鉴：《民法物权 1（通则·所有权）》，中国政法大学出版社 2003 年版，第 251 页。

属建筑物，如水电管线、电话线、储藏室、车库等。绿地等地基使用权也可确定为专有权人享有。

专有权在建筑物区分所有权中占据主导地位，是业主享有和行使共有权、对共有部分进行管理的前提和基础。专有权的变动作为不动产物权的变动，需要办理登记手续，而共有部分所有权具有附属性，不必单独登记即可一并变动。专有权是在建筑物区分为各个不同部分的基础上形成的，是区分所有权人独自享有的所有权。它与一般的单独所有权并无本质差异，专有权人对专有部分享有完全的占有、使用、收益、处分权能，并可排除他人干涉。专有权人在出售专有部分时，其共有权虽一并转让，但其他区分所有权人不享有优先购买权。专有权人还可享有因维护、改良专有部分而对其他专有权人专有部分和各区分所有人共有部分的必要使用权。

《民法典》第 272 条同时规定："……业主行使权利不得危及建筑物的安全，不得损害其他业主的合法权益。"由于建筑物的各个专有部分在构造上密切结合，在使用上具有相邻关系，各专有权人之间存在一定的共同利益，建筑物区分所有权人在享有和行使专有权时，也须承担相应的义务。专有权人须遵循权利不得滥用原则和相邻关系的法律规定，遵守管理规约的约定，合理使用专有部分，不得危及建筑物的安全，不得损害其他部分专有权人的利益和全体区分所有权人的共同利益。例如对专有部分的改造、装修影响他人专有部分安全或共有部分财产安全，行使专有权时产生不可容忍的噪声、震动、气味等，都属滥用专有权的行为，受害人可以要求停止侵害、消除危险、恢复原状、赔偿损失等。专有权人不得违反法律、法规以及管理规约将住宅改变为经营性用房，将住宅改变为经营性用房的，应当经有利害关系的其他业主同意。

三、建筑物区分所有权人的共有权

建筑物区分所有权人的共有权是指建筑物区分所有权人对建筑物共有部分享有的占有、使用、收益和处分的权利。《民法典》第 273 条第 1 款规定："业主对建筑物专有部分以外的共有部分，享有权利，承担义务；不得以放弃权利为由不履行义务。"

所谓建筑物共有部分，是指建筑物专有部分以外的其他建筑物及其附属设施、基地等。排除了建筑物的专有部分，建筑物剩余的部分即为区分所有权人共有权的客体。在范围上主要包括支柱、屋顶、外墙、地下室等建筑物基本构造部分，墙壁、楼梯、走廊、围墙、小区大门建筑、消防设备、照明设备、保安设备、水电气管线、水塔、艺术装饰物等建筑物共用部分及附属物，对区分建筑物具有从属关系的共同储藏室、车库、集会场所、物业服务用房等附属建筑物。除国家所有外的小区道路、除国家或个人所有外的小区绿地，小区其他公共场所、占用业主共有的道路或者其他场地用于停放汽车的车位、建筑物的地基使用权等，也为住宅小区的业主所共有。从现实生活中业主与开发商的常见纠纷出发，《民法典》第 274～276 条对建筑小区内的道路、绿地、公共场所、车位的共有问题，作了如下特别规定："建筑区划内的道路，属于业主共有，但是属于城镇公共道路的除外。建筑区划内的绿地，属于业主共有，但是属于城镇公共绿地或者明示属于个人的除外。建筑区划内的其他公共场所、公用设施和物业服务用房，属于业主共有。""建筑区划内，规划用于停放汽车的车位、车库的归属，由当事人通过出售、附赠或者出租等方式约定。占用业主共有的道路或者其他场地用于停放汽车的车位，属于业主共有。""建筑区划内，规划用于停放汽车的车位、车库应当首先满足业主的需要"。

建筑物区分所有权人的共有权依附于建筑物区分所有权人的专有权。取得建筑物专有部分的所有权，即相应取得共有部分的所有权；转让专有部分的所有权，也导致共有部分的共有权一并转让；专有权的权利范围也决定着对共有部分享有的权利和承担的义务之大小。

建筑物区分所有权人的共有权可以依据不同标准作如下划分：①根据权利来源不同，建筑物区分所有权人的共有权可以分为法定共有权和约定共有权。前者根据法律的规定产生，一般指法律基于建筑物性质、构造等直接确定为共同所有，如对维持建筑物安全与完整的建筑物基础结构部分和楼梯、走廊等共用部分的所有。后者依据业主之间的协议或管理规约产生，一般指约定把某些原属专有的部分设定为共同所有，如约定将某些专有部分作为传达室、会客室、交谊厅等。②根据权利人的多少，建筑物区分所有权人的共有权可以分为全体业主享有的全体共有权和部分业主享有的部分共有权。③依据建筑物区分所有权的客体范围，还可以将建筑物区分所有权人的共有权区分为对建筑物的共有权、对建筑物附属设施的共有权、对基地的共有权等。④依共有部分是否确定为某部分专有权人使用，还可以将建筑物区分所有权人的共有权区分为一般共有权和负担专有使用权的共有权。共有财产包括一般的共有财产和设定了专有使用权的共有财产。前者属全体区分所有权人在生活中必须使用的部分，如公共楼梯、走廊、大门等，由全体区分所有权人共同使用，不得确定为由某一部分区分所有权人专门使用。除此之外的一些其他共有财产，如地下车库、专供某些区分所有权人使用的阳台、庭院等，可以依照法律规定和区分所有权人之间的约定由某个或某些区分所有权人享有独占、排他的专有使用权。

建筑物区分所有权人的共有权性质如何，理论界存在争议，主要有总有、共同共有、按份共有三种观点。[1] 本书认为，除当事人另有约定以外，建筑物的区分共有宜确定为按份共有。事实上，无论何种建筑物区分所有的情形，共有部分产权都是分摊到各个区分所有人的（即所谓公摊面积），且在共有部分产生的费用分摊、利益分配和对共有部分事项的决定上，都是按照专有部分占整个建筑物的份额比例来确定权利义务的，因此该种共有属于按份共有。但是这种按份共有也有其特殊性，不同于一般的按份共有：①这种共有权从属于专有权，后者起主导作用，共有权随专有权的设定、转移、消灭而产生、转移和消灭，共有权不能单独存在，也不能单独登记。②为维持建筑物性质决定的建筑物合理使用，该种共有权不得像一般按份共有一样被请求分割份额和转让份额。③区分所有权人转移其专有权时，共有权随之转让，其他共有权人不得主张优先购买权。④某些共有部分需不按份额地共同使用，不得按份额确定使用共有的某一部分，也不能按份额确定各自的使用范围，比如小区的共有道路、楼梯、过道等，这类似于共同共有。但是该共有部分产生的费用、收益等，如无特殊约定，最终是按照专有部分所占建筑物的份额比例来分摊、分配的，对其管理处分也是如此。因此还是应该确定为特殊的按份共有而不属共同共有。

建筑物区分所有权人对共有部分的权利，主要有：①按照共有部分的用途依需要进行使用，或同时使用或轮流使用，不受区分所有人对共有部分应有份额的限制。②按照应有份额享受共有部分带来的收益。该应有份额对共有部分享有权利和承担义务的程度，除另有约定外，由专有权人拥有的专有部分的大小决定。对共有部分应有份额的确定，即所有权人持份权的确定，一般影响到表决权等管理权的行使、对共有财产收益的分配份额、物业管理费用或共有财产修缮费用的分摊。对于持份权的比例之确定，有推定相等、按专有部分财产价值占整个建筑物或占整个小区财产价值的比例来确定等主张。我们认为，为公

---

[1] 陈华彬：《现代建筑物区分所有权制度研究》，法律出版社1995年版，第132~139页。

平起见，持份权应按照业主专有部分占建筑物总面积的比例确定。③经多数业主同意，对共有部分进行不影响其性质的改良修缮。④作为共有权的重要内容，权利人对共有部分可以参与共同管理，这主要通过业主大会和业主委员会来进行。建筑物区分所有权人对建筑物专有部分以外的共有部分，享有权利的同时应承担义务，不得以放弃权利为由不履行义务。

建筑物区分所有权人对共有部分的义务主要有：①不得单独处分共有权利和请求分割共有部分。②按共有部分的用途进行使用，不得随意改动共有部分的结构和设置，也不得侵占共有部分。③按照应有份额分摊使用、管理、修缮共有部分产生的费用。④服从全体业主对共同部分管理等事项作出的共同决定。

四、区分所有建筑物的管理

对区分所有的建筑物的专有部分和共有部分无疑会出现管理、维护、修缮等行为，对于专有部分来说，其属于区分所有权人行使专有权的内容，而对于共有部分来说，其本质上也属于行使共有权的内容。有观点认为需要承认基于对建筑物的管理、维护、修缮等共同关系而出现的建筑物区分所有权人的成员权或社员权。实际上，成员资格对于专有权来说具有附属性，其会因专有权的取得或丧失而当然取得或丧失，而且成员对共有部分建筑物的管理、使用、修缮等权利直接因其对该部分享有共有权而产生。共同管理属于共有权的权能和内容，况且对共有部分的共同管理也不一定要通过设立管理团体组织来进行，没有必要在建筑物区分所有权中单独列出成员权。但由于建筑物区分所有权的很多重要事项都涉及对共有部分的管理，因此有必要重视这一内容。

各区分所有人对共有部分的建筑物及其附属设施等都享有共有权，并可参与进行管理。共同管理的内容，包括对物的管理和在此基础上产生的对人的行为的管理。前者如对共有部分的建筑物及其附属设施的保存、改良、利用、处分等管理，后者主要是为了共同生活秩序及共同利益的维护，对不当毁损、不当使用建筑物行为和生活妨害行为等的管理。为方便、有效地实施共同管理，解决因专有、共有部分财产的使用产生的纠纷，各区分所有权人可以根据需要建立自治性的管理团体组织，设立业主大会，对涉及共有和共同管理的重大事项作出决定。由于不是每个业主都能亲自进行管理，业主大会也不可能经常召开，因此业主还可选举常设性的业主委员会，由其作为业主大会的执行机构，对日常事务进行管理。业主大会和业主委员会作出的决定，对业主具有约束力。除依照议事规则或管理规约作出决定外，业主大会和业主委员会对涉及共有利益的一些事项，还可依法享有一定的主体资格。例如对任意弃置垃圾、排放污染物或者产生噪声、违反规定饲养动物、违章搭建、侵占通道、拒付物业费等损害他人合法权益的行为，业主大会和业主委员会有权依照法律、法规以及管理规约，要求行为人停止侵害、消除危险、排除妨害、赔偿损失。

各区分所有权人作为业主，享有参与制定业主大会议事规则的权利、参与订立管理规约的权利、选举和更换业主委员会成员的权利、选聘或解聘管理者的权利、请求就重要事项召开业主大会进行讨论的权利、请求停止损害共同利益行为的权利、请求撤销侵害自己利益的决议的权利、参与决定其他重要管理事项的权利等。业主参与共同管理的权利，主要通过行使表决权的方式进行。按《民法典》第278条第1款的规定，在管理过程中，以下事项须由业主共同决定：①制定和修改业主大会议事规则；②制定和修改管理规约；③选举业主委员会或者更换业主委员会成员；④选聘和解聘物业服务企业或者其他管理人；⑤使用建筑物及其附属设施的维修资金；⑥筹集建筑物及其附属设施的维修资金；⑦改建、重建建筑物及其附属设施；⑧改变共有部分的用途或者利用共有部分从事经营活动；⑨有关共有和共同管理权利的其他重大事项。该条第 2 款规定，业主共同决定事项，应当由专有部分面积占比 2/3 以上的业主且人数占比 2/3 以上的业主参与表决。决定前款第 6 项至第 8 项规定的事项，应当经参与表决专有部分面积 3/4 以上的业主且参与表决人数 3/4 以上的业主同意。决定前款其他事项，应当经参与表决专有部分面积过半数的业主且参与表决人数过半数的业主同意。

■思考题

1. 什么是所有权？所有权的本质特征是什么？所有权包含哪些权能？

2. 什么是所有权的取得？所有权的原始取得与继受取得有何区别？在所有权的继受取得中，所有权自何时由原所有人移转给新所有人？

3. 什么是添附？添附有哪几种情况？确认添附物的归属应遵循什么准则？对丧失添附物所有权的一方当事人应如何进行补偿？

4. 所有物的遗失与所有物的抛弃有何区别？拾得遗失物与拾得无主物的法律效果有何不同？

5. 什么是国家所有权？与集体所有权和公民个人所有权相较，国家所有权在主体上、客体上以及所有权的行使上有何特点？

6. 什么是共有？按份共有与共同共有有何区别？

7. 什么是建筑物区分所有权？它有什么特点？建筑物区分所有权的内容是什么？

■参考书目

1. 曹杰：《中国民法物权论》，中国方正出版社 2004 年版。
2. 史尚宽：《物权法论》，中国政法大学出版社 2000 年版。
3. 王利明：《物权法研究》，中国人民大学出版社 2002 年版。
4. 杨立新：《共有权研究》，高等教育出版社 2003 年版。

第十六章 用益物权

■ **学习目的和要求**

　　本章是对用益物权基本理论和我国用益物权制度的论述，应作为民法学物权编教学的重点。本章除要求学生掌握用益物权的一般理论外，更为重要的是要求学生通过本章的学习，掌握我国以社会主义市场经济为基础、以公有自然资源为客体、以有偿使用为主导形式的用益物权的本质特征、分类体系及我国《民法典》物权编规定的几种用益物权。

第一节　用益物权概述

一、用益物权的一般原理

（一）用益物权的概念和特征

　　理论上对用益物权概念的表述虽有不同，但在用益物权是对他人所有之物为使用、收益的物权这一点上却多予认同。依《民法典》第 323 条的规定，用益物权是指权利人对他人所有的不动产和动产，依法享有占有、使用和收益的权利。

　　用益物权具有以下特征：

　　1. 用益物权是他物权。用益物权是由所有权派生出来的一种物权。所以说所有权是自物权，而用益物权是他物权。用益物权的他物权性质说明，用益物权原则上应就他人的物而设定。对自己所有之物为使用、收益是所有权的当然效果，无设定用益物权的必要。当然在一些特殊的情形之下，在自己所有之物上，也可以成立用益物权。但这并非常态，而是例外，所以原则上用益物权仍是存在于他人所有之物上的权利。[1]

　　2. 用益物权是限制物权。同所有权相比，用益物权只是对标的物具有占有、使用和收益的权能，而不享有所有权那样完整和全面的权能。此种"限制"主要体现为以下三方面：①在权利内容上，用益物权仅具有占有、使用和收益的权能，原则上不具有处分的权能；②在权利期限上，用益物权是具有期限性的，不同于所有权的恒久性；③在权利的行使上，用益物权人在行使权利时，不仅要遵守法律的规定，而且还应受当事人间设定用益物权的合同的限制。当然，用益物权是限制物权的含义不单指用益物权本身是一个受所有权限制的物权，其在一定程度上也会对所有权构成一种限制。《民法典》第 326 条规定，"所有权人不得干涉用益物权人行使权利"。所以用益物权虽为限制物权，但一经设立，又反过来对所有权构成了限制。理解这一点，对于稳定用益物权的法律关系，保护用益物权人的合法

---

〔1〕　梁慧星、陈华彬编著：《物权法》，法律出版社 2003 年版，第 260 页。

利益十分重要。

3. 用益物权是以利用为目的的他物权。一般而言，物的价值具有双重性——既具有使用价值，同时又具有交换价值。而用益物权制度所针对的正是物的使用价值。这一点区别于担保物权。因为担保物权是以利用物的交换价值为目的的一种他物权。但学界对此也有不同见解。[1]

4. 用益物权一般要以对标的物的占有为条件。用益物权作为以使用、收益为目的的物权，自然要以权利人对标的物的现实占有为条件。但也有例外，比如地役权的设立有可能不以对标的物的现实占有为条件。因为占有是实现对物的利用的一个物理前提。这一点区别于担保物权。以享有担保之王美誉的抵押权为例，其成立就不以对抵押物的占有为必要。

（二）用益物权的基本类型

用益物权是一项古老的法律制度。早在《汉穆拉比法典》中就已出现了永佃权的萌芽；至罗马法时代，产生了役权（其中包括人役权和地役权）、永佃权和地上权三种用益物权。近代大陆法国家或地区继受了罗马法的传统，在民法典中都对用益物权制度作了规定。《法国民法典》规定了用益权，此处需注意区别用益权和用益物权。依《法国民法典》第578条的规定，用益权是指"对他人所有之物，如同自己所有，享受其使用和收益之权"。所以用益权是用益物权的一种。《德国民法典》规定了地上权、先买权、土地负担和役权（其中包括地役权、用益权和人的限制役权）等用益物权类型；《瑞士民法典》规定了役权（其中包括地役权、用益权、居住权、建筑权和对泉水的权利）和土地负担两类用益物权；《意大利民法典》规定了地上权、永佃权、用益权、使用权、居住权和地役权六种用益物权类型；《日本民法典》规定了地上权、永小作权（永佃权）、地役权和入会权四种用益物权；我国台湾地区的"民法"则规定了地上权、地役权、永佃权和典权四种用益物权。

在丰富而悠久的中国古代法律史上，虽无现代"用益物权"的概念，但却存在着与物的利用相关的法律制度。有学者认为，在我国的古代法中，用益物权包括了地上权、地役权、地基权、永佃权和典权五种类型。[2]当然在立法上，对于用益物权作体系化的规定最早应追溯至清末变法。《大清民律草案》规定了地上权、永佃权和地役权三种用益物权，第一次以制定法的形式独立而明确地规定了用益物权的类型。1930 年施行的《中华民国民法典》物权编则在《大清民律草案》的基础上又增加了典权的规定。

比较上述立法可以发现，虽然各国（地区）在用益物权的类型设计上有所区别，但地上权、永佃权和地役权都受到了各国（地区）立法的普遍重视。

二、我国用益物权概述

（一）我国用益物权的概念和特征

我国的用益物权制度是社会主义经济体制改革的产物，是以土地等自然资源的社会主义公有制为基础的，以资源的市场配置为主导形式的用益物权制度，不仅决定了我国用益物权制度与资本主义国家的以土地私有制为基础的用益物权制度的本质区别，也决定了这一制度在我国社会经济生活中所具有的特别重要的价值和意义。其重要价值和意义集中表现在：这一制度所规定的用益物权既是我国作为民事主体的私人使用公有土地等自然资源的唯一法权形式，也是公有土地等自然资源进入市场流转的唯一法权形式。如果说在实行土地私有制的资本主义国家，私人既可以通过取得土地所有权又可以通过取得土地用益物

---

〔1〕　参见孟勤国：《物权二元结构论——中国物权制度的理论重构》，人民法院出版社 2004 年版，第 343～345 页。

〔2〕　李志敏：《中国古代民法》，法律出版社 1988 年版，第 84 页。

权而取得土地，土地既可以在所有权层面又可以在用益物权层面流转的话，那么在我国，用益物权是私人取得土地以及土地在市场中进行流转的唯一法权形式。

我国的用益物权，是指单位、个人依法对国家所有或农民集体所有的土地以及国家专有的矿藏、水流等自然资源享有的占有、使用和收益的权利。《民法典》第323条规定："用益物权人对他人所有的不动产或者动产，依法享有占有、使用和收益的权利。"第324条规定："国家所有或者国家所有由集体使用以及法律规定属于集体所有的自然资源，组织、个人依法可以占有、使用和收益。"这两条规定既表明了我国法律规定的用益物权与私有制国家法律规定的用益物权的共性：都是非所有人对他人所有的财产进行占有、使用、收益的权利；同时又表明了基于我国对土地、矿藏、水流等自然资源实行社会主义公有制，我国法律规定的用益物权不同于以私有制为基础的资本主义国家的用益物权，它不是（或者说主要不是）私人使用私人财产的用益物权，而是（或者说主要是）私人（单位和个人）使用社会主义公有（国家所有或集体所有）财产的用益物权。就我国《民法典》物权编规定的几种用益物权来看，全部都是私人使用社会主义公有财产的物权，并且以公有的自然资源为限。

在我国，国家基于其行政管理权和对土地等自然资源的所有权，对土地等自然资源实行统一规划、合理利用的方针。从这一方针出发，我国用益物权制度既要维护用益物权人的合法权益，满足用益物权人生产或生活上对土地等自然资源的需求，又要维护土地等自然资源的社会主义公有制，保证国家综合利用土地等自然资源的方案得到贯彻执行。同时，基于土地等自然资源自身的不可再生性，使用权制度还要反映保护自然环境、维护生态平衡的客观要求。凡此种种，决定了我国用益物权在主体、客体、内容方面具有不同于私有制国家的用益物权的特征。

1. 我国用益物权的权利主体具有广泛性。凡民事主体均可依法成为用益物权的权利主体，特别是土地用益物权的权利主体。我国的用益物权，特别是土地用益物权在权利主体方面的这一特征，是由社会全体成员的生产和生活均离不开土地资源的客观现实所决定的。此外，对水资源，除对使用大型取水设施大量取水可以以一定方式加以限制外，一般应提供给全民自由使用。

2. 我国用益物权的客体是依法归国家或农民集体所有的特定的土地或国家专有的其他自然资源。我国的用益物权制度是在土地归国家所有或农民集体所有、其他自然资源归国家所有的基础上，为解决其使用问题而建立的。我国的用益物权派生于国家对土地等自然资源的所有权或者农民集体对部分农村土地的所有权，是所有权部分权能与所有权相分离的结果。当国家所有的土地等自然资源或者农民集体所有的土地的特定部分通过出让、划拨、承包或行政特许等方式确定给其他主体（非所有人）使用后，这些被出让、划拨、承包、特许的特定部分也就同时成为用益物权人之用益物权的客体。我国用益物权在客体方面的这一特征，体现了我国用益物权制度的社会主义性质，决定了它与资本主义私有制下的用益物权制度的本质区别。

3. 使用权的内容受到所有权和保护自然环境、维护生态平衡的客观要求的制约，体现在权利和义务两个方面，并具有某些特殊性。根据《民法典》的规定，用益物权人对其依法使用的土地等自然资源享有占有权、使用权和收益权。占有权表现为对其依法使用的土地或其他自然资源的实际控制权。使用权表现为按所有人规定的用途对其使用的土地或其他自然资源进行开发和利用的权利，如利用土地建筑房屋，从事农业、林业、畜牧业生产，利用滩涂、水面进行养殖，开采国有的矿藏，提取国有江河、湖泊之水供人、畜饮用或进行灌溉等。收益权表现为使用人对其利用土地等自然资源进行生产的生产成果直接取得所有权，如对其建筑的房屋、种植的农作物、栽培的竹木、放牧的牲畜、养殖的水生动植物、开采的矿石、提取的水取得所有权等。使用人的这些权利具有排他性，不仅可以对抗一般人，而且在一定程度上构成对国家所有权和集体所有权的限制。

《民法典》第 326 条规定："用益物权人行使权利，应当遵守法律有关保护和合理开发利用资源、保护生态环境的规定。所有权人不得干涉用益物权人行使权利。"由此可知，用益物权人的基本义务是对其使用的土地或其他自然资源进行管理、保护和合理利用。这一法定义务不仅对维护国家、集体的所有权是必要的，而且对保护自然环境、维护生态平衡也是十分必要的。这一义务的文字表述虽然十分简单，但具有十分丰富的内涵。对不同的自然资源，根据其不同的自然属性，在管理、保护和利用上都有不同的要求。

4. 我国的用益物权既可以以有偿方式设定，也可以以无偿方式设定，其各自的适用范围由法律规定。《民法典》第 325 条规定："国家实行自然资源有偿使用制度，但是法律另有规定的除外。"经济体制改革前，对公有自然资源一律实行无偿使用制。公有自然资源使用制度的改革虽然侧重于变无偿使用制为有偿使用制，但是并没有一律实行有偿使用制（也不可能和不应该一律实行有偿使用制），仍然在一定范围内保留了无偿使用制，并以法律的形式将有偿使用与无偿使用各自的适用范围固定了下来。这是由公有自然资源同时担负着生产经营职能与社会公共职能、社会保障职能的客观情况决定的。在社会主义市场经济条件下，作为生产经营资源的公有自然资源可以采用市场方式实行有偿配置，但是为履行社会公共职能和社会保障职能而使用的公有自然资源则仍然需要采用非市场的无偿配置方式。例如，由于农用地的经济效益不高，我国农村经济还相对落后、农民还处于相对贫穷的状况，我国法律就从保障农村经济发展和农民生存、发展权利出发，在农民集体土地所有制的基础上为农户设置了承包地、宅基地的无偿使用权。

（二）我国用益物权的取得与终止

根据我国有关法律、法规的规定，我国的用益物权的取得主要有以下四种不同的方式：

1. 确认用益物权。一般通过造册、颁证方式确认权利。比如《民法典》第 333 条规定："土地承包经营权自土地承包经营权合同生效时设立。登记机构应当向土地承包经营权人发放土地承包经营权证、林权证等证书，并登记造册，确认土地承包经营权。"

2. 批准使用。批准使用是指政府根据使用人的申请，将使用人要求使用的土地或其他自然资源批给使用人使用。批准使用包括对国有土地的行政划拨使用和对矿藏资源、水资源的行政特许使用。

3. 出让。出让是指国家以收取出让金为对价，将特定土地或其他自然资源的使用权出让给使用人。这一方式主要适用于国有建设用地、四荒地使用权的设定。如《民法典》第 347 条第 1 款规定："设立建设用地使用权，可以采取出让或者划拨等方式。"

4. 承包。承包是指农村集体经济组织通过签订承包合同，将其所有但或者国家所有但由其使用的耕地、林地、草原、荒地、水面等自然资源交给其组织成员使用。

前三种方式为取得国有土地及其他自然资源使用权的方式。按这三种方式取得使用权，均须政府主管机关登记并核发使用权证。

用益物权的终止是指用益物权人基于法定原因丧失其用益物权。引起使用权终止的原因有：①作为使用权客体的土地或其他自然资源灭失，如河岸土地被洪水冲走，矿藏开采完毕。②定有使用期间的，其使用期间届满。③使用人闲置其使用的土地或其他自然资源超过法律规定的期限。④使用人不按规定用途使用或违反其他义务，国家或集体依法收回其使用的土地或其他自然资源。⑤作为使用人的单位解散、迁移，将其使用的土地或其他自然资源交还所有人。⑥使用权的转让或抛弃。⑦其他原因。

（三）我国用益物权分类

依《民法典》的规定，我国的用益物权主要包括土地承包经营权、建设用地使用权、宅基地使用权、居住权、地役权、海域使用权、探矿权、采矿权、取水权和从事养殖、捕捞的权利等。其中，居住权属《民法典》新增制度。

我国《民法典》规定的上述用益物权可以按不同标准，从不同角度进行分类。以公有自然资源为客体的用益物权的最基本的分类是按自然资源的类别、使用目的进行的分类。按这一分类标准，可以对使用权进行以下两个层次的分类：

1. 按自然资源的类别，可以将使用权分为土地资源使用权、矿产资源使用权（探矿权与采矿权）、水资源使用权。我国法律通常把自然资源分为土地、森林、山岭、草原、荒地、滩涂、矿藏、水面、水流等类型。但是，在自然资源作为用益物权客体时，并不需要对其作如此繁杂的分类。山岭、荒地、滩涂乃至河床皆属土地之范畴。森林包括林木与林地，草原包括牧草与草地。作为自然资源，森林、草原是独立的类型，但是作为用益物权的客体，它们并不具有独立类型的性质，因为作为用益物权客体的不是包括林木与林地、牧草与草地在内的森林、草原，而只是其中的林地与草地。因此，也可以把它们列入土地这一范畴之中。水面与水流则同属于水资源之范畴。

2. 可以按使用目的对土地使用权、矿藏资源使用权、水资源使用权作进一步分类。土地使用权，根据土地的使用目的，可以分为建设用地使用权与农用地使用权两类。其中，建设用地使用权，基于我国现实存在的两种土地所有制，还可以再分为国有建设用地使用权与农民集体所有建设用地使用权。农用地使用权，根据其用于耕作、植树造林、畜牧的不同，还可以再分为耕地使用权、林地使用权、草原使用权。水资源使用权可分为航运使用权、养殖使用权、取水权等。

为与《民法典》立法文本保持一致，本章后续内容将围绕《民法典》所规定的五种用益物权展开。

第二节　土地承包经营权

一、土地承包经营权概念

土地承包经营权是指使用人根据与土地发包人依法订立的承包经营合同取得的对农民集体所有的或者国家所有但确定给农民集体长期使用的农用地进行种植业、林业、畜牧业等农业生产的用益物权。

对农用地的土地承包经营权，《民法典》物权编第十一章虽然进行了专章规范，但较之于《中华人民共和国农村土地承包法》（以下简称《农村土地承包法》），仍然显得较为抽象，且其多数条文系移植于《农村土地承包法》或者宣告有关土地承包经营的某个问题适用《农村土地承包法》等法律的规定。因此，尽管《民法典》有专章规范，但本节仍以《农村土地承包法》的规定为主要立法依据。

《农村土地承包法》2002 年 8 月 29 日经第九届全国人民代表大会常务委员会第二十九次会议通过；2009 年 8 月 27 日根据第十一届全国人民代表大会常务委员会第十次会议《关于修改部分法律的决定》进行了第一次修正；2018 年 12 月 29 日，又根据第十三届全国人民代表大会常务委员会第七次会议《关于修改〈中华人民共和国农村土地承包法〉的决定》进行了第二次修正。

二、土地承包经营权的取得

《农村土地承包法》第 3 条规定："国家实行农村土地承包经营制度。农村土地承包采取农村集体经济组织内部的家庭承包方式，不宜采取家庭承包方式的荒山、荒沟、荒丘、荒滩等农村土地，可以采取招标、拍卖、公开协商等方式承包。"依此规定，农用地的土地承包经营权一般按农村集体经济组织内部的家庭承包方式取得，只有不宜采取家庭承包方式的荒山、荒沟、荒丘、荒滩（以下简称四荒地）才能按招标、拍卖、公开协商等承包方式取得。

（一）家庭承包方式

1. 家庭承包关系的当事人。家庭承包关系有发包人与承包人两方当事人。

按《农村土地承包法》第 13 条的规定，发包人有三种类型：①农民集体所有的土地依法属于村农民集体所有的，由村集体经济组织或者村民委员会发包。②已经分别属于村内两个以上农村集体经济组织的农民集体所有的，由村内各该农村集体经济组织或者村民小组发包。村集体经济组织或者村民委员会发包的，不得改变村内各集体经济组织农民集体所有的土地的所有权。③国家所有依法由农民集体使用的农村土地，由使用该土地的农村集体经济组织、村民委员会或者村民小组发包。

至于承包人，按《农村土地承包法》第 5 条的规定，农村集体经济组织成员有权依法承包由本集体经济组织发包的农村土地。任何组织和个人不得剥夺和非法限制农村集体经济组织成员承包土地的权利。同时，按该法第 16 条第 1 款的规定，家庭承包的承包方是本集体经济组织的农户。

2. 家庭承包应当坚持的原则。包括以下几项：

（1）平等、自愿原则。具体体现在《农村土地承包法》第 5、6 条和第 19 条第 1 项中。《农村土地承包法》第 5 条规定："农村集体经济组织成员有权依法承包由本集体经济组织发包的农村土地。任何组织和个人不得剥夺和非法限制农村集体经济组织成员承包土地的权利。"第 6 条规定："农村土地承包，妇女与男子享有平等的权利。承包中应当保护妇女的合法权益，任何组织和个人不得剥夺、侵害妇女应当享有的土地承包经营权。"第 19 条第 1 项规定，"按照规定统一组织承包时，本集体经济组织成员依法平等地行使承包土地的权利，也可以自愿放弃承包土地的权利"。

（2）民主协商、公平合理原则。按《农村土地承包法》第 7 条、第 19 条第 2～3 项的规定，家庭承包应采用公开的方式进行，在民主协商的基础上公平合理地处理好农村集体经济组织与农户之间的利益关系以及各农户之间的利益关系。承包方案依法经本集体经济组织成员的村民会议 2/3 以上成员或者 2/3 以上村民代表的同意。

（3）程序合法原则。家庭承包应当遵循法律规定的程序，根据《农村土地承包法》第 20 条的规定，家庭承包应当按照以下程序进行：① 本集体经济组织成员的村民会议选举产生承包工作小组；②承包工作小组依照法律、法规的规定拟订并公布承包方案；③依法召开本集体经济组织成员的村民会议，讨论通过承包方案；④公开组织实施承包方案；⑤依法签订承包合同。

3. 承包合同应具备的条款和效力。按照《农村土地承包法》第 22 条的规定，承包合同由发包方与承包方以书面形式签订，一般应当具备以下条款：①发包方、承包方的名称，发包方负责人和承包方代表的姓名、住所；②承包土地的名称、坐落、面积、质量等级；③承包期限和起止日期；④承包土地的用途；⑤发包方和承包方的权利和义务；⑥违约责任。

承包合同不得订立收回或调整承包地的约款。《农村土地承包法》第58条规定："承包合同中违背承包方意愿或者违反法律、行政法规有关不得收回、调整承包地等强制性规定的约定无效。"

按照《农村土地承包法》第23条和《民法典》第333条第1款的规定，承包合同自成立之日生效，承包方自承包合同生效时取得土地承包经营权。虽然《农村土地承包法》第24条和《民法典》第333条第2款也作出了登记机构应当登记造册并向承包方颁发承包经营权证、林权证、草原使用权证的规定，但是没有把登记作为取得土地承包经营权的要件，登记的意义仅在于"确认土地承包经营权"，使基于承包合同而取得的土地承包经营权经由登记这一公示形式而具有对抗第三人的公示效力。为稳定土地承包关系，《农村土地承包法》第25条还规定："承包合同生效后，发包方不得因承办人或者负责人的变动而变更或者解除，也不得因集体经济组织的分立或者合并而变更或者解除。"

（二）招标、拍卖、公开协商等承包方式

对招标、拍卖、公开协商这类承包方式，《农村土地承包法》对以下三个问题作了特别规定：

1. 关于适用范围的规定。按照《农村土地承包法》第3、48条的规定，招标、拍卖、公开协商这类承包方式之适用受到了以下两个方面的限制：①这类承包方式只能适用于四荒地等未利用地。已利用的土地，包括已利用的耕地、林地、草地，都只能采用家庭承包方式，不能采用招标、拍卖或公开协商这类承包方式。②即使属于四荒地等未利用地，适宜采用家庭承包的，也应当采用家庭承包方式；只有不适宜采用家庭承包的四荒地，才能采用招标、拍卖、公开协商这类承包方式。

2. 关于操作方法及取得程序的规定。按照《农村土地承包法》第50条的规定，农村集体经济组织采用招标、拍卖、协商等方式发包四荒地时，在操作上，是可以视具体情况而灵活处理的。农村集体经济组织既可以直接采用招标、拍卖或公开协商的方式将其拟发包的四荒地发包出去，也可以将拟发包的四荒地的使用权折合成股份分给其成员后再发包出去，或者由其成员进行股份合作经营。

按《农村土地承包法》第49条的规定，农村集体经济组织采用招标、拍卖、公开协商方式发包四荒地的，发包方与承包方应当依法签订书面承包合同，承包方自承包合同签订时取得土地承包经营权，但是非经登记不得处分。

3. 关于承包人的特别规定。按《农村土地承包法》第51～52条的规定，与承包人仅限于农村集体经济组织内部成员的家庭承包方式不同，以招标、拍卖、公开协商方式发包四荒地，承包人不限于本集体经济组织的内部成员，可以是本集体经济组织以外的单位或者个人。但是，本集体经济组织以外的单位或者个人承包受以下限制：①在同等条件下，本集体经济组织成员享有优先承包权；②须事先经本集体经济组织成员的村民会议2/3以上成员或者2/3以上村民代表的同意，并报乡（镇）人民政府批准；③承包人须具有相应的资信条件和经营能力，发包方应当对承包方的资信情况和经营能力进行审查后再签订承包合同。

三、土地承包经营权的期限及承、发包双方的权利、义务

（一）土地承包经营权的期限

《农村土地承包法》第21条对家庭承包的承包期限作了如下规定："耕地的承包期为三十年。草地的承包期为三十年至五十年。林地的承包期为三十年至七十年。前款规定的耕地承包期届满后再延长三十年，草地、林地承包期届满后依照前款规定相应延长。"

以招标、拍卖、公开协商方式发包的四荒地的承包期，《农村土地承包法》第49条仅规定"由双方协商确定"，没有作出具体规定，实务中可以比照该法第21条之期限，由双方协商确定。

（二）承、发包方的权利、义务

按《农村土地承包法》第14条的规定，家庭承包的发包方享有以下权利：①发包本集体所有的或者国家所有依法由本集体使用的农村土地；②监督承包方依照承包合同约定的用途合理利用和保护土地；③制止承包方损害承包地和农业资源的行为；④法律、行政法规规定的其他权利。依该法第15条的规定，家庭承包的发包方负有以下义务：①维护承包方的土地承包经营权，不得非法变更、解除承包合同；②尊重承包方的生产经营自主权，不得干涉承包方依法进行正常的生产经营活动；③依照承包合同约定为承包方提供生产、技术、信息等服务；④执行县、乡（镇）土地利用总体规划，组织本集体经济组织内的农业基础设施建设；⑤法律、行政法规规定的其他义务。

按《农村土地承包法》第17条的规定，家庭承包的承包方享有以下权利：①依法享有承包地使用、收益的权利，有权自主组织生产经营和处置产品；②依法互换、转让土地承包经营权；③依法流转土地经营权；④承包地被依法征收、征用、占用的，有权依法获得相应的补偿；⑤法律、行政法规规定的其他权利。依该法第17条的规定，家庭承包的承包方负有以下义务：①维持土地的农业用途，未经依法批准不得用于非农建设；②依法保护和合理利用土地，不得给土地造成永久性损害；③法律、行政法规规定的其他义务。《农村土地承包法》第63条规定："承包方、土地经营权人违法将承包地用于非农建设的，由县级以上地方人民政府有关主管部门依法予以处罚。承包方给承包地造成永久性损害的，发包方有权制止，并有权要求赔偿由此造成的损失。"

对以招标、拍卖、公开协商的方式形成的农用地承包关系，当事人双方有何权利、义务，《农村土地承包法》第49条仅有两项规定：①承、发包双方的权利、义务由双方协商确定。②以招标、拍卖方式承包的，承包费通过公开竞标、竞价确定；以公开协商等方式承包的，承包费由双方议定。依此规定，按招标、拍卖、公开协商方式取得的农用地使用权为有偿使用权，发包方享有按合同约定请求承包方支付土地使用费的权利；承包方有按合同约定向发包方支付土地使用费的义务。至于土地使用费是按出让方式一次性支付约定使用年限内的全部使用费，还是按租赁方式分年支付使用费，《农村土地承包法》并无强行性规定，应解释为可以由当事人自由约定。

（三）土地承包经营权存续期间内若干问题的处理

《农村土地承包法》第27～32、54条对承包期间可能发生的以下问题作出了规定：

1. 承包地的收回问题。承包期内，发包方原则上不得收回承包地，但以下两种情况除外：

（1）承包方自愿交回承包地。《农村土地承包法》第30条规定："承包期内，承包方可以自愿将承包地交回发包方。承包方自愿交回承包地的，可以获得合理补偿，但是应当提前半年以书面形式通知发包方。承包方在承包期内交回承包地的，在承包期内不得再要求承包土地。"

（2）承包方全家进城落户。按照《农村土地承包法》第27条第3款的规定，承包期内，承包农户进城落户的，引导支持其按照自愿有偿原则依法在本集体经济组织内转让土地承包经营权或者将承包地交回发包方，也可以鼓励其流转土地经营权。

在承包期内，无论是承包方自愿交回土地或者发包方依法收回土地，承包地因承包方的投入而提高土地生产能力的，承包方均有权获得相应的补偿。

2. 承包地的调整问题。按照《农村土地承包法》第 28 条的规定，承包期内，发包方原则上不得调整承包地，仅在一种情况下，允许对个别农户适当调整承包地：因自然灾害严重毁损承包地等特殊情形对个别农户之间承包的耕地和草地需要适当调整的，经本集体经济组织成员的村民会议 2/3 以上成员或者 2/3 以上村民代表的同意，并报乡（镇）人民政府和县级人民政府农业农村、林业和草原等主管部门批准后，可以调整。但如果承包合同中约定不得调整的，按照其约定。《民法典》第 336 条也作了具有相同立法精神的规定。

按照《农村土地承包法》第 29 条的规定，可用于调整承包地的仅限于以下土地：①集体经济组织依法预留的机动地；②通过依法开垦等方式增加的土地；③承包方依法、自愿交回的土地和发包方依法收回的土地。这些土地也可以依法发包给本集体经济组织的新增人口。

3. 妇女结婚、离婚、丧偶，其承包地应如何处理的问题。《农村土地承包法》第 31 条规定："承包期内，妇女结婚，在新居住地未取得承包地的，发包方不得收回其原承包地；妇女离婚或者丧偶，仍在原居住地生活或者不在原居住地生活但在新居住地未取得承包地的，发包方不得收回其原承包地。"根据本条规定，妇女因结婚、离婚或者丧偶而迁出原居住地，且在新居住地取得新承包地的，其原居住地的发包方可以收回其原承包地。

4. 承包收益与土地承包经营权的继承问题。按《农村土地承包法》第 32、54 条的规定，承包人在承包期内死亡的，无论是家庭承包还是以招标、拍卖、公开协商方式形成的承包，承包收益均可作为死者的遗产由死者的继承人按继承法的规定继承。但是，土地承包经营权的继承，则因承包方式的不同而有所不同。按《农村土地承包法》第 32 条的规定，以家庭承包方式形成的土地承包经营权，可以继承的仅限于林地的土地承包经营权；而按《农村土地承包法》第 54 条的规定，由招标、拍卖、公开协商方式形成的承包，则不分耕地、草地、林地，其土地承包经营权均可作为死者的遗产按继承法的规定继承。

四、土地经营权的创设与权利体系构造

土地经营权是《农村土地承包法》第二章第五节和《民法典》物权编第十一章新设的权利。按照《农村土地承包法》第 36 条，所谓土地经营权，是指土地承包经营权人可自主决定依法采取出租（转包）、入股或者其他方式向他人流转经营权的权利。

上述最新立法创设的土地经营权显系分离于承包经营权，但最重要的是如何界定并保护土地经营权人的权利，否则不仅难以实现立法目的，还容易引发利益争端。有鉴于此，此处重点探讨土地经营权人的权利体系构造问题，其他法权关系等问题与承包经营权统一论述。

综合考察《农村土地承包法》和《民法典》，土地经营权人的权利如下：

1. 支配权。所谓支配权，根据《农村土地承包法》第 37 条、第 46 条、第 47 条，系指土地经营权人可对基于合同取得的农村土地进行实体占有、自主经营并为收益、处分。实体占有、自主经营很好理解且易于行使，需要特别关注的是经营权人之处分权。

根据《农村土地承包法》的规定，土地经营权人之处分权至少应包含如下四种：

（1）转让。根据《农村土地承包法》第 46 条及农业农村部、国家发展改革委、财政部、中国人民银行、国家税务总局、国家市场监督管理总局于 2018 年 12 月 19 日颁行的《农业农村部、国家发展改革委、财政部等关于开展土地经营权入股发展农业产业化经营试点的指导意见》（以下简称《六部委意见》），经承包方书面同意并报集体经济组织书面备案后，土地经营权人可以对经营权进行"再流转"。

（2）入股。《农村土地承包法》与《六部委意见》均规定了承包方入股的权利，但没有明确规定继受土地经营权人是否有权以土地经营权入股。但揆诸立法文本与民法基本理论，除非双方合同或法律明确禁止土地经营权人入股，则土地经营权人在征得承包方书面同意并向发包人书面备案后，有权以依合同取得之土地经营权入股。此外，只要无悖于《农村土地承包法》第42条各项规定，承包方已然出让土地经营权，土地经营权人以经营权入股，股权无非系土地经营权之转化形式和实现方式，无损于承包方任何权利。

（3）设定担保。《农村土地承包法》第47条规定，受让方通过流转取得的土地经营权，经承包方书面同意并向发包方备案，可以向金融机构融资担保；担保物权自融资担保合同生效时设立，当事人可以向登记机构申请登记。此点构成《农村土地承包法》的一大亮点，不仅可以缓解土地经营权融资难问题，还可以在金融机构与土地经营权人之间实现风险分配均衡，激活土地融资新动力。

（4）申请登记。《农村土地承包法》第41条规定："土地经营权流转期限为五年以上的，当事人可以向登记机构申请土地经营权登记。未经登记，不得对抗善意第三人。"此条确认了土地经营权人可以进行不动产权利登记，并承认其对抗效力，无疑使土地经营权获得了物权性保护效力。

2. 排他权。排他权系土地经营权人就农村土地经营各项权利得以对抗他人的效力。

在土地经营权对抗承包权之各项权利中，位居首位的问题是如何对抗承包方之解约权。根据《农村土地承包法》第42条规定，承包方不得单方解除土地经营权流转合同，但如受让方擅自改变土地的农业用途、弃耕抛荒连续2年以上、给土地造成严重损害或者严重破坏土地生态环境，或存在其他严重违约行为的，则承包方可单方解约。该条规定实则于逻辑上隐含了另一个前提：只要土地经营权人没有实施本条所列各项行为，则承包方不得擅自主张解约权，此点适足构成土地经营权人抗辩承包方解约之法定依据。

3. 优先权。2018年修订后的《农村土地承包法》强化了集体经济组织成员土地经营权优先权，却未规定非集体成员土地经营权人之优先权。就立法文本表述考察，该法第38条确立了土地经营权流转五大原则，其中之一为：土地经营权流转时，同等条件下本集体经济组织成员享有优先权。如此规定，当新一轮承包开始，实践中就必然出现两种优先权：一个是本集体经济组织成员之身份性优先权，另一个是集体成员之外土地实际经营人之物权性优先权。细绎法条原意，上一轮承包期内取得土地经营权之非集体成员如有意愿于新一轮承包中继续经营，势必遭遇本集体经济组织成员之身份性优先权之阻却。

这虽然有利于强化集体成员之生存保障，但无形间却强化了农村土地经营的内部性、封闭性、身份性，不仅不利于土地经营权之市场化流转，亦无益于土地效益之持续增长。有鉴于此，本书主张，当土地经营权权利期间届满，集体经济组织成员与外部土地经营权人在同等条件下对同一承包权项下之经营权主张权利时，应当以非集体成员之实际经营权人权利优先。理由如下：①如系本集体经济组织成员，其已然享有承包经营权；即便不享有承包经营权，亦得依成员权享有集体收益。②有利于稳定土地现实经营状况。土地经营权人为现实占有人、使用人，其经过登记之物权性权利应当优于单纯的集体经济组织成员之身份权。③有利于土地经营权人持续投资，提高土地经营效率。赋予实际土地经营权人以优先权并善加保护，必然增强现实土地经营权人之行为预期，从而持续追加投资、改善地力，不断提高土地效率，避免对土地进行竭泽而渔式经营。④有利于节缩经营成本。现实土地经营权人在资本投入、经营模式创新、市场信息搜集甄别、人际网络构建、劳动关系稳定等方面有着明显优势，保障其优先权亦可节缩土地经营成本。

4. 地力改良费用补偿请求权。根据《农村土地承包法》第43条的规定，土地经营权人改良土壤、提升地力，建设农业生产附属、配套设施，都必须经过承包方同意。由此，基于政策与法律，土地经营权人如果要主张并实现地力改良费用请求权，须满足三个前提：征得承包方同意；依照法律与合同进行改良、建设；补偿标准及费用须依合同约定。言外所指，若非经承包方同意，土地经营权人则可能承担三项消极后果：其一，构成严重违约，引致承包方单方解约；其二，即便继续履行合同，土地经营权人丧失地力改良费用补偿请求权；其三，一旦期间届满，则土地经营权人不得以持续占有对抗承包方以实现补偿费用请求权，否则即可能构成无权占有、恶意占有。

此类规定对土地经营权人不利，导致利益保护不稳妥。相较之下，笔者建议可借鉴我国台湾地区立法例，此种情形下，宜采"通知"而非"同意"，如此才能有效平衡双方权益，不失允当。

5. 特别费用请求权。土地经营权人相关特别费用请求权极易被忽略，如国家各类农业补贴究应归属于承包方还是土地经营权人？根据最近的政策法规，国家农业补贴费用多达数种，典型的就有农业支持保护补贴、粮豆轮作补贴、农机购置补贴、重金属污染治理补贴、畜禽粪污资源化利用补贴、秸秆综合利用补贴、残膜回收利用补贴、草原生态保护补贴等；其补贴方式亦有直接补助、政府购买服务、贴息、先建后补、以奖代补、资产折股量化、担保补助、设立基金等。

上述补贴系国家农业产业促进措施，或用于粮食适度规模经营，或用于污染治理，或用于优化土壤，不具备任何身份性，显然应当秉持"谁种地，补贴谁"的原则，归于实际经营人。

6. 土地经营权延期请求权。当土地经营权期间届满，土地经营权人所经营之农作物、经济作物或其他产品尚未收获，必须继续占有农地，此时其是否能请求承包方延长土地经营权期限？对此，《农村土地承包法》未予明确规定，极易引发纠纷。笔者认为，如出现上述情形，土地经营权人可与承包方协商，由其以时价收购上列产品；如果拒绝，土地经营权人得请求延长经营权期间，承包方不得拒绝，但延长期限不得超过6个月，如此安排，即可排除土地经营权人无权占有风险，又能有效实现收益权。

五、土地承包经营权的流转

（一）流转的概念和方式

土地承包经营权的流转，是指已取得农用地使用权的承包人将其依法享有的土地承包经营权完整地移转给第三人，或者在其土地承包经营权之上为第三人创设一种新权利（如上列土地经营权），将其承包地交第三人使用的行为。《农村土地承包法》为以家庭承包方式取得的土地承包经营权流转规定了转让、互换、转包、租赁四种方式。

1. 转让。所谓转让，有广义、狭义两种。广义的转让是指取得土地承包经营权的承包人（转让方），以收取一定转让费为对价，将其全部或部分承包地的土地承包经营权完整地移转给第三人（受让人）的行为。土地承包经营权转让的结果并不使发包人的原土地承包关系的内容发生变化，发生变化的只是作为承包关系一方主体的承包人：转让方（原承包人）退出土地承包关系，不再是土地承包关系的承包人；受让人则取代转让人的地位加入土地承包关系，成为土地承包关系的承包人。《农村土地承包法》第34条对农户的土地承包经营权的转让作了如下规定："经发包方同意，承包方可以将全部或者部分的土地承包经营权转让给本集体经济组织的其他农户，由该农户同发包方确立新的承包关系，原承包方与发包方在该土地上的承包关系即行终止。"

所谓狭义的转让，是指承包经营权人通过向发包方备案，在承包经营权之上重新创设土地经营权，其与发包方的基础法律关系并不发生改变。《农村土地承包法》第44条就此专门规定："承包方流转土地经营权的，其与发包方的承包关系不变。"

2. 互换。互换是指不同土地的土地承包经营权人通过土地承包经营权的对应移转（即两个当事人各自将其依法享有的、对不同地块的土地承包经营权完整地移转给对方），以实现土地交换的行为。在土地承包经营权互换中，土地承包经营权的对应移转是其法律形式，地块的交换是其目的。互换的结果是双方对其交换的地块都享有完整的土地承包经营权。因此，《农村土地承包法》第33条根据土地使用权互换之目的，对土地承包经营权的互换作了如下规定："承包方之间为方便耕种或者各自需要，可以对属于同一集体经济组织的土地的土地承包经营权进行互换，并向发包方备案。"

3. 转包与租赁。转包是指取得土地承包经营权的承包人，以收取一定转包费为对价，在一定期限内将其承包地的全部或者部分再发包给第三人使用的行为。在转包中，原承包人作为发包人与第三人形成二级土地承包关系，原承包人与土地所有权人（原发包人）之间的一级承包关系不变。租赁是指取得土地承包经营权的承包人，以收取租金为对价，在一定期限内将其承包地的全部或部分出租给第三人使用的行为。承包人出租土地后，承包人与发包人的土地承包关系不变；承包人与土地承租人之间的关系是另一个法律关系。

转包与租赁的性质基本相同，不同之处仅在于土地使用费的收取方式不同：转包时，土地承包经营权人将一次性收取转包期限内的全部土地使用费；租赁时，土地承包经营权人只能按一定期限收取土地使用费（土地租金）。

（二）流转应遵循的原则

按照《农村土地承包法》第38条的规定，土地承包经营权流转应当遵循以下原则：①依法、自愿、有偿，任何组织和个人不得强迫或者阻碍土地经营权流转。《农村土地承包法》第60条规定："任何组织和个人强迫进行土地承包经营权互换、转让或者土地经营权流转的，该互换、转让或者流转无效。"②不得改变土地所有权的性质和土地的农业用途，不得破坏农业综合生产能力和农业生态环境。③流转的期限不得超过承包期的剩余年限。④受让方须有农业经营能力或者资质。⑤在同等条件下，本集体经济组织成员享有优先权。

（三）流转的主体和流转的程序

1. 流转的主体。土地土地承包经营权流转的主体是土地承包人与第三人，土地发包人不是土地土地承包经营权流转的主体。因此，《农村土地承包法》第39条规定："土地经营权流转的价款，应当由当事人双方协商确定。流转的收益归承包方所有，任何组织和个人不得擅自截留、扣缴。"该条所称"当事人"是指承包人与拟接受土地承包经营权流转的相对人。该条所称不得截留、扣缴土地流转收益的"任何组织和个人"，包括作为土地发包人的集体经济组织及其负责人。

在土地承包经营权的流转中，发包人虽然不是土地承包经营权流转的主体，但是土地承包经营权的流转带动了承包地的流转，而发包人是流转的承包地的所有权人，因此土地承包经营权的流转也必然涉及发包人，发包人至少应当了解其所有的土地在承包人支配下流转的情况。基于这一原因，《农村土地承包法》规定，采取转让方式流转的，应当经发包方同意；采取转包、出租、互换或者其他方式流转的，应当报发包方备案。

2. 流转的程序。按照《农村土地承包法》第40条的规定，土地承包经营权流转，无论采用转让、互换、转包、出租哪种方式，当事人双方都应当签订书面合同。但承包方将土地交由他人代耕不超过 1 年的，可以不签订书面合同。土地土地承包经营权的流转合同一般应当包括以下条款：①双方当事人的姓名、住所；②流转土地的名称、坐落、面积、质量等级；③流转的期限和起止日期；④流转土地的用途；⑤双方当事人的权利和义务；⑥流转价款及支付方式；⑦土地被依法征收、征用、占用时有关补偿费的归属；⑧违约责任。

除书面形式外，《农村土地承包法》对土地承包经营权的流转、设定担保采登记对抗主义原则。如第 35 条规定："土地承包经营权互换、转让的，当事人可以向登记机构申请登记。未经登记，不得对抗善意第三人。"又如第 41 条："土地经营权流转期限为五年以上的，当事人可以向登记机构申请土地经营权登记。未经登记，不得对抗善意第三人。"再如第 47 条第 1、2 款："承包方可以用承包地的土地经营权向金融机构融资担保，并向发包方备案。受让方通过流转取得的土地经营权，经承包方书面同意并向发包方备案，可以向金融机构融资担保。担保物权自融资担保合同生效时设立。当事人可以向登记机构申请登记；未经登记，不得对抗善意第三人。"

六、土地承包经营权纠纷与解决途径

（一）土地承包经营权的民法保护

《农村土地承包法》第四章专门规定了对土地承包经营权的民法保护，并且体现出以侵权责任保护为主、违约责任保护为辅的立法精神。之所以主采侵权责任保护，是因为土地承包经营权是物权而非债权，具有不受任何人（包括发包人）侵害的绝对性。当然，发包人侵害承包人的土地承包经营权时，由于发包人与承包人存在土地承包合同关系，也可能发生侵权责任与违约责任的竞合。此时，对于追究发包人的侵权责任还是违约责任，承包人有选择权。

在侵权责任保护方面，《农村土地承包法》第四章分别规定了三种主体侵害土地承包经营权的侵权行为及其侵权责任。①发包人的侵权行为及侵权责任。按《农村土地承包法》第 57 条的规定，发包人的下列行为属于侵害土地承包经营权的行为，应当依法承担停止侵害、返还财产、恢复原状、排除妨碍、消除危险、赔偿损失等侵权责任：一是干涉承包方依法享有的生产经营自主权；二是违法收回、调整承包地；三是强迫或者阻碍承包方进行土地承包经营权流转；四是假借少数服从多数强迫承包方放弃或者变更土地承包经营权；五是以划分"口粮田"和"责任田"等为由收回承包地搞招标承包；六是将承包地收回抵顶欠款；七是剥夺、侵害妇女依法享有的土地承包经营权；八是其他侵害土地承包经营权的行为。②政府机关及其工作人员的侵权行为及侵权责任。《农村土地承包法》第 65 条规定："国家机关及其工作人员有利用职权干涉农村土地承包经营，变更、解除承包经营合同，干涉承包经营当事人依法享有的生产经营自主权，强迫、阻碍承包经营当事人进行土地承包经营权互换、转让或者土地经营权流转等侵害土地承包经营权、土地经营权的行为，给承包经营当事人造成损失的，应当承担损害赔偿等责任；情节严重的，由上级机关或者所在单位给予直接责任人员处分；构成犯罪的，依法追究刑事责任。"③"任何组织和个人"的侵权行为及侵权责任。《农村土地承包法》第 60～62 条就"任何组织和个人"规定了三种侵权行为：一是强迫土地承包经营权人进行土地承包经营权流转；二是擅自截留、扣缴土地承包经营权流转收益；三是违反土地管理法规，非法征收、征用、占用土地或者贪污、挪用土地征收、征用补偿费用。上述三种侵权行为将分别导致"流转无效""退还收益""损害赔偿"的法律后果。

关于违约责任，《农村土地承包法》第 59 条仅作了如下原则性规定："当事人一方不履

行合同义务或者履行义务不符合约定的，应当依法承担违约责任。"

（二）纠纷的解决途径

关于纠纷的解决途径，《农村土地承包法》第55条作了如下规定，因土地承包经营发生纠纷的，双方当事人可以协商解决，也可以请求村民委员会、乡（镇）人民政府等调解解决。当事人不愿协商、调解或者协商、调解不成的，可以向农村土地承包仲裁机构申请仲裁，也可以直接向人民法院起诉。

第三节　建设用地使用权

我国国有建设用地使用权是建设用地使用权的一种，《中华人民共和国土地管理法》（以下简称《土地管理法》）和《民法典》等法律规定的建设用地使用权，除国有建设用地使用权外，还有农民集体所有建设用地使用权。根据《民法典》和新修正的《土地管理法》《中华人民共和国城市房地产管理法》（以下简称《城市房地产管理法》），本节除特别说明，重点介绍国有建设用地使用权，对农村建设用地也比类而及。至于农村宅基地使用权，本书遵循《民法典》编纂逻辑，于下节单列。

一、建设用地使用权的概念、性质和特征

我国的土地用益物权，通常称土地使用权，根据使用权设定目的的不同可再分为建设用地使用权与农用地使用权。我国的建设用地使用权，是指以营造和保有建筑物、其他构筑物、附属设施及附属的花草、竹木为目的，在国家所有的或农民集体所有的土地上设定的土地用益物权。

建设用地使用权的性质和特征首先与土地的建设用途紧密相关。我国《土地管理法》（2019年8月26日经第十三届全国人民代表大会常务委员会第十二次会议《关于修改〈中华人民共和国土地管理法〉、〈中华人民共和国城市房地产管理法〉的决定》进行第三次修正）第4条规定："国家实行土地用途管制制度。国家编制土地利用总体规划，规定土地用途，将土地分为农用地、建设用地和未利用地。严格限制农用地转为建设用地，控制建设用地总量，对耕地实行特殊保护。前款所称农用地是指直接用于农业生产的土地，包括耕地、林地、草地、农田水利用地、养殖水面等；建设用地是指建造建筑物、构筑物的土地，包括城乡住宅和公共设施用地、工矿用地、交通水利设施用地、旅游用地、军事设施用地等；未利用地是指农用地和建设用地以外的土地。使用土地的单位和个人必须严格按照，土地利用总体规划确定的用途使用土地。"

当土地不是由土地所有者自己使用，而是由土地所有者交他人使用时，基于不同的使用目的（约定的不同用途）便形成了不同的土地用益物权。这种不同的土地用益物权，在我国内地是建设用地使用权与农用地使用权，在德国、法国、日本等则是地上权与永佃权。土地用益物权区分为建设用地使用权与农用地使用权并由不同的用益物权制度加以规范、调整，固然与国家对土地实行用途管制有关，但更多地决定于土地两种不同用途本身存在的差异。与土地的农业用途相较，土地的建设用途具有以下特征：

1. 土地之建设利用所利用的是土地空间。将土地用于农业生产时，其利用的是土地的肥力，土地本身有无肥力及肥力的高低，将决定土地能否用于农业及土地之农业利用的经济效益；将土地用于建筑时，其利用的是土地的空间，包括地表及地表上下的空间，因此土地之建设利用的经济效益不取决于土地的肥力，而取决于土地的空间位置。

2. 土地之建设利用具有长期性。将土地用于农业生产时，其生产周期一般为一年，一

个生产周期结束，产品即与土地分离，成了与土地无关的动产；而将土地用于建筑目的时，其生产周期并不限于一年，且其产品将凝固在土地上，与土地结合而成为不动产，如与土地分离便会丧失其应有的价值。

3. 土地的建设利用能创造出高于土地农业利用的价值。土地之建设利用与土地之农业利用所创造的价值也不相同。同等面积的土地，用于建设目的创造的价值常常高于用于农业目的，特别是城市中心区域的建设用地，其创造的经济价值是农用地所无法比拟的。

土地建设用途的性质特征决定了建设用地使用权的性质、特征及规范要点：

1. 建设用地使用权是一种土地空间利用权。就理论言之，土地空间是十分广阔的，可上达天空、下及地心。至于人类能实际利用多高和多深的土地空间，将取决于人类科学技术的发展水平。正因为土地空间上达天空、下及地心，对不同空间可以为不同的利用，如在地表可建筑房屋，在地下可修筑隧道，在天空可架设电缆。因此《民法典》第 345 条规定："建设用地使用权可以在土地的地表、地上或者地下分别设立。"

2. 建设用地使用权是一种长期物权。在利用他人土地进行建设时，由于房屋及其他建筑物是由土地使用人投资建设的，因此近代以来除当事人有特别约定外，各国法律都认可土地使用人取得建筑物的所有权。这就引发了这样一个问题，即建设用地使用权期限如何与建筑物使用寿命相协调的问题。就各国立法看，其发展趋势是不断加长土地的使用期限，并在续期上作出有利于使用权人的规定。例如，英国对建设用地的租赁期限，最初规定为99 年，现在已延长到了 150 年。我国《民法典》对建设用地使用权的期限虽然没有作出新的规定，但在续期问题上作出了有利于使用权人的规定。

3. 建设用地使用权原则上为有偿取得的物权，其租金之收取方式是建设用地使用权制度必须精心设计的内容。我国《民法典》第 325 条规定："国家实行自然资源有偿使用制度，但是法律另有规定的除外。"这条规定表明，即使在实行土地公有制的条件下，建设用地之有偿使用仍然是市场经济应当奉行的一项原则。

二、建设用地使用权制度的调整对象和适用范围

规定建设用地使用权的物权法规范的总和构成建设用地使用权制度。土地的两种不同用途在决定两种不同的土地使用权的同时，亦决定着这两种土地使用权制度各自的调整对象和适用范围。建设用地使用权制度的调整对象是以非农业建设为目的的土地用益关系。其适用范围首先取决于土地的建筑利用方式。土地的建筑利用方式，是一种区别于土地之农业利用方式的土地利用方式。土地的农业利用方式是指利用土地生产人类需要的动植物产品的土地利用方式。土地的农业利用方式，是人类最古老、最传统的土地利用方式。土地的建筑利用方式，是指通过在土地上建造房屋、其他构筑物乃至种植竹木、花草，以此为人的居住、办公、工业生产、商业贸易、交通运输作业乃至休闲娱乐等提供空间场所的利用方式。在这里，建筑是手段，目的是通过建筑为人的各种活动提供空间场所。其次，取决于土地建筑的利用目的。如果仅就利用手段（建筑）之角度，仍然不能完全划定建设用地使用权制度与农用地使用权制度各自的适用范围。因为土地之农业利用，除耕作外，也需要建造一些构筑物，如农业上的水利灌溉设施的建造、动物饲养场所的建造等。这些建筑用地仍然适用农用地的有关法律规范，如在行政法上无须办理土地用途变更手续、在物权法上也不受农民集体所有建设使用权制度的限制。因此，确定建设用地使用权制度适用范围的根本界限在于其目的性：为人的除农业生产活动以外的其他活动提供空间场所。在把握这一根本界限的前提下，基于以下三种用地而生的土地用益关系都由建设用地使用权制度调整：

1. 房屋建设用地。房屋是由地基、墙壁、门窗、屋顶及中间隔层构成的供人活动的空间场所。房屋建设只要不是出于为农业生产提供活动场所之目的，基于其建设用地而生的土地用益关系都由建设用地使用权制度调整，都可设定建设用地使用权。至于其建房目的是为人提供居住场所，还是为人提供办公场所、工业生产场所、商贸活动场所或娱乐活动场所，则皆非所问。

2. 其他构筑物用地。其他构筑物，是指除房屋以外的同样需要施工建设才能形成的供人活动的空间场所。这类构筑物，包括供人进行交通运输活动之用的公路、铁路、桥梁、码头、机场，城镇、乡村供人通行的街道，供人休闲的广场，以及露天的体育运动场所、集市贸易场所等。基于这类构筑物之建设用地而形成的土地用益关系亦属建设用地使用权制度的调整范围。

3. 环境建设用地。工业革命后，环境污染成为一种社会公害，环境保护问题和环境建设问题成为现代社会生活中的一个重要问题。因此，无论城镇或乡村，用于房屋或其他构筑物的土地，总有一部分会用于种植竹木、花草，以绿化、美化房屋或其他构筑物之环境。例如，一个居民住宅小区的建设用地，除一部分用于建筑住宅外，总会留一部分用于营建小区花园，包括植树、栽花、种草，构筑假山及人工流水等。这部分环境建设用地属于房屋建设用地或其他构筑物建设用地整体的一个组成部分，自然不能视为农业用地，而应当视为建设用地，其用益关系自当与其所依附的直接用于房屋和其他构筑物建设的土地一起，受建设用地使用权制度之调整。另外，一个城镇也不能为钢筋、水泥所完全覆盖，在城镇的建设规划上，总会或多或少保留一些独立的绿地，用以植树造林、营建草坪，以供居民休闲之用。这些绿地虽然以种植竹木、花草为主，但其上的竹木、花草不是当作林产品或饲料来生产的，而是当作绿化和美化环境的要素来设置的，因此也不能将此类用地视为林业生产用地或牧业生产用地，只能将其视为环境建设用地，其用益关系应由建设用地使用权制度调整，而不应由农用地使用权制度调整。当然，这部分绿地具有社会公益的性质，与居民小区的绿地只服务于小区居民又有所不同，应当纳入公益性建设用地之范围进行调整。

第四节　国有建设用地使用权

国有建设用地使用权，是以国有土地为客体的，以非农业建设为目的而设立的土地使用权。某幅国有土地设立建设用地使用权后，使用人便对该幅国有土地"享有占有、使用和收益的权利，有权利用该土地建造建筑物、构筑物及其附属设施"（《民法典》第344条）。如前所述，国有建设用地使用权，以其取得的方式不同，可以区分为出让使用权与划拨使用权。法律对这两种使用权的不同规定构成了两种不同的使用权制度。因此对国有建设用地使用权的分析研究，须就出让使用权与划拨使用权分别进行。

一、国有建设用地出让使用权

（一）国有建设用地出让使用权的概念和性质

国有建设用地出让使用权，是指使用人根据法律规定的国有建设用地使用权出让方式有偿取得的土地使用权。在这里，"出让"一词是作定语用的，而不是作谓语用的。"国有建设用地出让使用权"的完整表述是"使用人根据国家的出让行为取得的建设用地使用权"。

根据《土地管理法》和《民法典》的规定，此类土地使用权完全具有传统民法规定的地上权的性质：①此类土地使用权的使用目的在于使用土地建筑房屋、其他建筑物、地上地下设施、城市绿化等；②除全民所有制单位外，此类土地使用权的使用人对其在土地上建筑的房屋、其他建筑物、地上地下设施及栽植的竹木、花草等享有所有权；③此类土地使用权可以依法转让、出租、抵押，此与地上权相同。

（二）国有建设用地出让使用权的取得

国有建设用地出让使用权按法律规定的土地使用权出让程序取得。其第一步是出让方与受让方订立土地使用权出让合同，第二步是进行土地使用权设立登记。

土地使用权出让合同，是国家以土地所有者的身份将土地使用权在一定年限内让与土地使用者，由土地使用者向国家支付土地使用权出让金的双方民事法律行为。对国有建设用地使用权出让合同，需要明确以下几个问题：

1. 土地使用权出让合同的主体。土地使用权出让合同的主体包括土地使用权出让方与受让方。出让方是土地所有者——国家，具体负责土地使用权出让事务的是市、县人民政府的土地管理部门，由它们代表国家签订土地使用权的出让合同。受让方，根据《土地管理法》第10条的规定，国有土地和农民集体所有的土地，可以依法确定给单位或者个人使用。

2. 土地使用权出让合同的一般条款。依照《民法典》第348条第2款的规定，国有建设用地使用权出让合同一般应当包括以下条款：①当事人的名称和住所；②土地界址、面积等；③建筑物、构筑物及其附属设施占用的空间；④土地用途、规划条件；⑤建设用地使用权期限；⑥出让金等费用及其支付方式；⑦解决争议的方法。

3. 土地使用权出让合同的特点。土地使用权出让合同具有以下特点：

（1）土地使用权出让合同是民事合同。不能因订立土地使用权出让合同的一方当事人是市、县人民政府的土地管理部门，而认为土地使用权出让合同是行政合同。因为土地使用权出让与受让之本质，是商品交易而非行政管理。在土地使用权出让合同中，市、县人民政府土地管理部门是以土地所有权代表的身份即民事主体的资格出现的，而不是以行政管理主体的资格出现的。订立土地使用权出让合同所遵循的原则，也是平等、自愿、等价有偿等民法原则，而非行政法原则。

（2）土地使用权出让合同是债权合同。按我国《城市房地产管理法》（2019年8月26日经第十三届全国人民代表大会常务委员会第十二次会议《关于修改〈中华人民共和国土地管理法〉、〈中华人民共和国城市房地产管理法〉的决定》进行第三次修正）第16、17条的规定，土地使用权出让合同一经依法签订，即发生债的效力，受让方即负有按合同约定支付土地出让金的义务，出让方即负有按合同约定提供出让的土地的义务。任何一方未按合同约定履行义务的，对方都有权解除合同并请求违约赔偿。

（3）土地使用权出让合同为要式合同，并具有标准合同的性质。按《城市房地产管理法》第15条的规定，土地使用权出让合同须以书面形式签订，因此土地使用权出让合同为要式合同。《城市房地产管理法》第12条第1款规定："土地使用权出让，由市、县人民政府有计划、有步骤地进行。出让的每幅地块、用途、年限和其他条件，由市、县人民政府土地管理部门会同城市规划、建设、房产管理部门共同拟定方案，按照国务院规定，报经有批准权的人民政府批准后，由市、县人民政府土地管理部门实施。"为贯彻实施经批准的统一规划建设方案，市、县人民政府土地管理部门在代表国家出让土地使用权时，必然按统一方案的要求提出某些合同条款，并不容受让方提出异议。这就决定了土地使用权出让合同的标准合同性质。

4. 土地使用权出让合同的订立方式。按《城市房地产管理法》第13条的规定，土地使用权出让合同可以采取拍卖、招标、协议三种不同的方式签订。商业、旅游、娱乐和豪华住宅用地，有条件的，必须采取拍卖、招标的方式签订；没有条件，不能采取拍卖、招标方式签订的，也可以采取协议的方式签订。以协议方式签订土地使用权出让合同的，其约定的出让金不得低于按国家规定所确定的最低价。在前述三种方式中，拍卖和招标是最佳的方式。因为按这两种方式出让国有土地使用权，具有透明度，有利于防止暗箱操作、营私舞弊；有利于实现国有土地的价值；对土地使用权受让方也最为公平。因此，《民法典》第347条第2款对招标、拍卖方式进一步作了硬性规定，并扩大了其适用范围。该款规定："工业、商业、旅游、娱乐和商品住宅等经营性用地以及同一土地有两个以上意向用地者的，应当采取招标、拍卖等公开竞价的方式出让。"在土地使用权出让过程中，招标、拍卖只是确定土地使用权受让方的一种形式，因此按《民法典》第348条的规定，通过招标、拍卖方式确定中标者或拍得者后，当事人双方仍然应当签订书面的建设用地使用权出让合同。

建设用地使用权出让的第二步是进行建设用地使用权设立登记。土地使用权出让合同为债权合同，并不能直接产生物权变动的效果，使受让方取得土地使用权。《城市房地产管理法》第61条第1款规定："以出让或者划拨方式取得土地使用权，应当向县级以上地方人民政府土地管理部门申请登记，经县级以上地方人民政府土地管理部门核实，由同级人民政府颁发土地使用权证书。"《民法典》第349条进一步明确了登记的法律效果和土地使用权证书的意义。该条规定："设立建设用地使用权的，应当向登记机构申请建设用地使用权登记。建设用地使用权自登记时设立。登记机构应当向建设用地使用权人发放权属证书。"依此规定，土地使用权出让合同签订后，尚须依法登记，才能取得建设用地使用权；登记是引起受让方取得建设用地使用权的法律事实。而登记机构依登记签发给受让方的建设用地使用权证书则是受让方对其受让的土地享有建设用地使用权的证明文件。

（三）国有建设用地出让使用权的期限及使用人的权利、义务

对国有建设用地使用权的期限，国务院1990年5月19日颁发、并于2020年修订的《中华人民共和国城镇国有土地使用权出让和转让暂行条例》（以下简称"暂行条例"）第12条规定，土地使用权出让最高年限按下列用途确定：①居住用地70年；②工业用地50年；③教育、科技、文化、卫生、体育用地50年；④商业、旅游、娱乐用地40年；⑤综合或者其他用地50年。《民法典》《土地管理法》《城市房地产管理法》对国有建设用地使用权的期限问题都没有作出新的规定，因此当事人在签订国有建设用地使用权出让合同时，有关土地使用期限的约定，仍须受本条规定的限制。

根据《民法典》第344条、第353条，国有建设用地出让使用权的使用人依法享有以下权利：①对使用权的标的——四至明确的地块享有占有权、使用权和收益权；②对在享有使用权的土地上建筑的房屋、其他建筑物、构筑物及附属设施依法取得所有权或经营管理权（指全民所有制单位）；③对土地使用权进行转让、互换、出资、赠与、出租或者抵押的权利，即对土地使用权进行各种处分的权利，但是法律另有规定的除外。

土地使用人依法承担的义务主要有：

1. 按照土地使用权出让合同的规定和城市规划的要求开发、利用、经营土地，不得使土地闲置。对于农村土地，根据《土地管理法》第38条第1款之规定，禁止任何单位和个人闲置、荒芜耕地。已经办理审批手续的非农业建设占用耕地，1年内不用而又可以耕种并收获的，应当由原耕种该幅耕地的集体或者个人恢复耕种，也可以由用地单位组织耕种；1年以上未动工建设的，应当按照省、自治区、直辖市的规定缴纳闲置费；连续2年未使用

的，经原批准机关批准，由县级以上人民政府无偿收回用地单位的土地使用权；该幅土地原为农民集体所有的，应当交由原农村集体经济组织恢复耕种。对于城市土地，根据《城市房地产管理法》第 26 条，以出让方式取得土地使用权进行房地产开发的，必须按照土地使用权出让合同约定的土地用途、动工开发期限开发土地。超过出让合同约定的动工开发日期满 1 年未动工开发的，可以征收相当于土地使用权出让金 20% 以下的土地闲置费；满 2 年未动工开发的，可以无偿收回土地使用权；但是，因不可抗力或者政府、政府有关部门的行为或者动工开发必需的前期工作造成动工开发迟延的除外。

2. 按土地出让合同规定的用途使用土地，不得擅自变更土地的用途。按照《民法典》第 350 条，"建设用地使用权人应当合理利用土地，不得改变土地用途；需要改变土地用途的，应当依法经有关行政主管部门批准"。按照《城市房地产管理法》第 44 条，以出让方式取得土地使用权的，转让房地产后，受让人改变原土地使用权出让合同约定的土地用途的，必须取得原出让方和市、县人民政府城市规划行政主管部门的同意，签订土地使用权出让合同变更协议或者重新签订土地使用权出让合同，相应调整土地使用权出让金。

3. 保护生态，节约资源。根据《民法典》第 9、346 条，设立建设用地使用权，应当符合节约资源、保护生态环境的要求。根据第 326 条，用益物权人行使权利，应当遵守法律有关保护和合理开发利用资源、保护生态环境的规定。按照第 1232 条，侵权人违反法律规定故意污染环境、破坏生态造成严重后果的，被侵权人有权请求相应的惩罚性赔偿。按照第 1233 条，因第三人的过错污染环境、破坏生态的，被侵权人可以向侵权人请求赔偿，也可以向第三人请求赔偿。侵权人赔偿后，有权向第三人追偿。除上述规定外，《民法典》第 1234、1235 条还规定了侵权人的如下责任：一是修复责任。违反国家规定造成生态环境损害，生态环境能够修复的，国家规定的机关或者法律规定的组织有权请求侵权人在合理期限内承担修复责任。侵权人在期限内未修复的，国家规定的机关或者法律规定的组织可以自行或者委托他人进行修复，所需费用由侵权人负担。二是赔偿责任，主要涉及如下损失和费用：①生态环境受到损害至修复完成期间服务功能丧失导致的损失；②生态环境功能永久性损害造成的损失；③生态环境损害调查、鉴定评估等费用；④清除污染、修复生态环境费用；⑤防止损害的发生和扩大所支出的合理费用。

（四）国有建设用地出让使用权的转让、出租和抵押

土地使用权转让是指土地使用人将土地使用权再转移的行为，包括出卖、交换和赠与。土地使用权转让后，原使用人不再享有使用权，土地使用权出让合同为原使用人规定的权利、义务一齐转移给新的使用人。新使用人的使用年限为土地使用权出让合同规定的年限减去原使用人已使用年限后的剩余年限。土地使用权出卖时，其转让价格明显低于市场价格的，市、县人民政府有优先购买权。土地使用权转让的市场价格不合理上涨时，市、县人民政府可以采取必要的措施。

土地使用权出租是指土地使用权人作为出租人将其享有使用权的土地随同地上建筑物、其他附着物租赁给承租人使用，由承租人向出租人支付租金的行为。土地使用权出租后，出租人必须继续履行土地使用权出让合同规定的义务。

土地使用权抵押是指土地使用权人将土地使用权随同地上建筑物、其他附着物作为履行债务的担保，当被担保的债务到期不履行时，债权人（抵押权人）有权处分被抵押的土地使用权、地上建筑物及其他附着物，并从所得价金中优先受偿。

为防止"炒地皮"，即不从事土地开发，单纯利用土地进行投机牟利的行为发生，《民法典》《土地管理法》《城市房地产管理法》对土地使用权转让、出租、抵押设定了一系列

限制：①未按土地使用权出让合同规定的期限和条件开发、利用土地的，市、县人民政府土地管理部门将依法进行处理，直至"无偿收回土地使用权"，其土地使用权当然不得转让、出租、抵押；②按照《城市房地产管理法》第39、40条，以出让方式取得土地使用权的，转让房地产时须按照出让合同约定进行了投资开发，属于房屋建设工程的，完成开发投资总额的25%以上，属于成片开发土地的，形成工业用地或者其他建设用地条件；以划拨方式取得土地使用权的，转让房地产时，应当按照国务院规定，报有批准权的人民政府审批。有批准权的人民政府准予转让的，应当由受让方办理土地使用权出让手续，并依照国家有关规定缴纳土地使用权出让金。③按照《民法典》第354～357条的规定，建设用地使用权转让、互换、出资、赠与或者抵押的，当事人应当采用书面形式订立相应的合同。使用期限由当事人约定，但是不得超过建设用地使用权的剩余期限。同时应当向登记机构申请变更登记。此外，建设用地使用权的转让、互换、出资或者赠与的，附着于该土地上的建筑物、构筑物及其附属设施一并处分，反之亦然。

（五）国有建设用地出让使用权的终止

国有建设用地出让使用权可因土地使用权出让合同规定的使用年限届满、提前收回及土地灭失等原因而终止。

1. 期限届满。土地使用权出让合同规定的使用年限届满，是出让土地使用权终止的一般原因。按《土地管理法》第58条的规定，土地出让等有偿使用合同约定的使用期限届满，土地使用者未申请续期或者申请续期未获批准的，政府有权收回国有土地使用权；土地使用人应当交回土地使用证，注销使用权登记。值得留意的是，按照《民法典》第359条第1款的规定，住宅建设用地使用权期限届满的，自动续期。续期费用的缴纳或者减免，依照法律、行政法规的规定办理。对土地使用权因期间届满而终止后地上建筑物的归属问题，《民法典》第359条第2款规定，"有约定的，按照约定；没有约定或者约定不明确的，依照法律、行政法规的规定办理"。

2. 提前收回。土地使用权受法律保护，国家只有根据法定事由才能提前收回土地使用权。根据《土地管理法》第58条第1款，有关人民政府自然资源主管部门报经原批准用地的人民政府或者有批准权的人民政府批准，可以在如下几种情形下提前收回国有土地使用权：①为实施城市规划进行旧城区改建以及其他公共利益需要，确需使用土地的；②土地出让等有偿使用合同约定的使用期限届满，土地使用者未申请续期或者申请续期未获批准的；③因单位撤销、迁移等原因，停止使用原划拨的国有土地的；④公路、铁路、机场、矿场等经核准报废的。另外，根据《土地管理法》第66条第1款，农村集体经济组织报经原批准用地的人民政府批准，在如下情形下可以提前收回土地使用权：①为乡（镇）村公共设施和公益事业建设，需要使用土地的；②不按照批准的用途使用土地的；③因撤销、迁移等原因而停止使用土地的。

3. 土地灭失。

二、国有建设用地划拨使用权

国有建设用地划拨使用权是指土地使用人通过行政划拨方式无偿取得的国有建设用地使用权。对国有建设用地划拨使用权，《民法典》仅在其第347条第1款中点明了划拨也是取得国有建设用地使用权的一种方式，但第3款又规定"严格限制以划拨方式设立建设用地使用权"。

国有建设用地划拨使用权与国有建设用地出让使用权比较，具有以下特征：

1. 国有建设用地划拨使用权是非以出让、受让之民事方式取得的土地使用权，使用人在取得使用权时没有支付使用权的对价，是无偿的。

2. 法律对国有建设用地划拨使用权的适用范围设有严格限制。根据《土地管理法》第54条和《城市房地产管理法》第24条，下列确属必需的建设用地，经县级以上人民政府依法批准，可以以划拨方式取得：国家机关用地和军事用地；城市基础设施用地和公益事业用地；国家重点扶持的能源、交通、水利等基础设施用地；法律、行政法规规定的其他用地。

3. 国有建设用地划拨使用没有法定的存续期限，市、县人民政府随时都可以根据城市发展的需要和城市规划的要求，无偿收回。但在无偿收回使用权时，对地上建筑物和其他附着物，市、县人民政府应根据实际情况给予适当补偿。

4. 国有建设用地划拨使用权不能转让、出租、抵押。使用人对其使用的土地只有占有权、使用权、收益权，没有任何处分权。对未经批准，擅自转让、出租、抵押土地划拨使用权的单位和个人，市、县人民政府土地管理部门有权没收其非法所得，并根据情节轻重处以罚款。

5. 国有建设用地划拨使用权的使用者因迁移、解散、撤销、破产或者其他原因而停止使用土地时，市、县人民政府有权无偿收回其土地使用权。

第五节　宅基地使用权[1]

一、宅基地使用权概念及特征

（一）概念

根据《民法典》第362条，所谓宅基地使用权，是指宅基地使用权人对集体所有的土地依法占有并建造住宅及其附属设施而为使用、收益的权利。

关于宅基地使用权概念，经历了一个较长的历史演化。早期有学者将宅基地使用权定义为：宅基地使用权系指城乡居民依法对批划给自己建造住宅的土地享有的使用、收益的权利。[2]有的学者更从主体角度将其定义为：宅基地使用权系指农村居民及少数城镇居民为建造自有房屋对集体土地所享有的占有、使用的权利。[3]

上述定义都将宅基地使用权区分为农村宅基地使用权和城镇宅基地使用权两种。随着土地制度改革，特别是建设用地使用权的完善，1998年的《土地管理法》只规定了农村村民住宅用地而未规定城镇非农业户口居民使用农村土地修建住房的规定，表明立法者对城镇非农居民到农村建房持否定立场。《物权法》（已失效）第152条至第155条也将宅基地使用权限定于农村居民。最终，《民法典》确立了农村居民为主体的宅基地使用权制度。

（二）宅基地使用权法律特征

根据《民法典》《土地管理法》的规定及相应政策精神，我国宅基地使用权具有如下特征：

1. 明显的社会福利与社会保障色彩。基于城乡二元结构，农村居民获得土地修建住宅具有无偿性与身份性，社会福利与社会保障色彩极为浓厚。所谓无偿性、身份性，系指农

---

[1] 本节主要参考刘云生主编：《物权法》第十五章，元照出版公司2015年版，对于新出法律条文此处一一审校、补充、改定。

[2] 张俊浩主编：《民法学原理》，中国政法大学出版社1991年版，第422~423页。

[3] 王利明：《物权法研究》，中国人民大学出版社2002年版，第473页。

民基于其集体经济组织成员身份即可取得宅基地而无需支付相应对价。该种特性主要是为了保障农村人口的基本生活条件，也是农村进行自然资源福利性分配的必然结果。农民如因自然原因导致宅基地使用权消灭，则应重新获得宅基地并得行使相应权利，《民法典》第364条对此进行专项规定："宅基地因自然灾害等原因灭失的，宅基地使用权消灭。对失去宅基地的村民，应当依法重新分配宅基地。"

2. 主体限定性。基于农村宅基地的身份性与无偿性，传统宅基地使用权主体仅限于具有农村户口且属于某一集体经济组织成员的农村人口，由此排除了非农人口于农村取得宅基地使用权的可能性。宅基地使用权的主体主要是农村村民，失去集体经济组织成员身份，基于宅基地取得权而取得的宅基地使用权也就失去了其存在的基础。因此，依照现行立法与政策，非集体经济组织成员不能取得宅基地使用权，也不能通过受让房屋使用权来取得宅基地使用权。

3. 客体限定性。因宅基地使用权的单一乡村立法，中国现行宅基地使用权仅表现为农村宅基地使用权，故而使用权客体仅限于农村集体所有土地，形成了农村集体土地使用权的内部循环机制。

4. 交易限定性。基于上述三大特征，农村宅基地使用权近似于一种内部产权，其交易范围亦仅限于内部买卖或互换等形式，而不可能形成充分而成熟的市场化机制。根据国务院2007年12月11日常务会议精神，城镇居民不仅不得到农村购买宅基地，也不能购买农民住宅或"小产权房"。此举虽然旨在保护农村土地资源，防止耕地流失，但势必进一步限制农村宅基地使用权的市场化路径。

5. 无期性。农村宅基地使用权没有期限的限制。根据我国《土地管理法》等法律法规的规定，农村村民建筑自用住宅所需宅基地由其所属农村集体经济组织分配，但并没有明确农村宅基地使用权的期限。当该农村村民死亡或户籍迁出后，法律只规定其房屋可以继承或转让，但对宅基地使用权该如何处理则没有明确规定。因此，农村宅基地使用权一般没有期限。

6. 法律调整多元性。基于中国现有国情，对于宅基地使用权的法律调整呈现多元性特征，其法律关系不仅受《土地管理法》《民法典》等基本法律调整，还受到相应法规、规章、国家政策的调整。

二、　宅基地使用权人的权利与义务

1. 对宅基地享有长期使用权。宅基地使用权以户为单位，可以长期地延续使用。农户有权于其依法占有、使用的宅基地上建造房屋，种植竹木，建造各种生活生产设施，亦可用于合法经营并获取收益。现实生活中众多休闲农业现象，如"农家乐"，集中体现了农民对宅基地权内蕴收益权的广泛追求。但传统农村宅基地使用权制度体系却未能明确认同宅基地的收益权，有违现代物权法"物尽其用"的理念。

2. 可将地上建筑物以出售、赠与、继承、遗赠的方式移转于他人，宅基地使用权也随之转移，但宅基地使用权不得单独转移且不得设定抵押。宅基地使用权人虽然可将地上建筑物以出售、赠与、继承、遗赠等方式移转与他人，但立法上出现两大障碍：

（1）如果实现上述权利，势必导致宅基地使用权消灭。《土地管理法》第62条第5款规定，农村村民出卖、出租、赠与住宅后，再申请宅基地的，不予批准。换言之，法律并不禁止出让宅基地上建筑物及其附属设施等权利，但该项权利的行使会消灭土地使用权本身。探究其立法本意，旨在防止农民凭借宅基地的无偿性、福利性牟利并藉此保护土地资源、强化土地管理。

（2）关于禁止宅基地使用权抵押问题。《担保法》（已失效）第 37 条以列举式立法规定宅基地使用权不得抵押，《民法典》第 399 条沿袭该种立法思路，明确禁止宅基地使用权抵押。

3. 国家依法征用宅基地使用权人所占有的宅基地，宅基地使用权人有权获得补偿并取得新的居住条件

根据《民法典》第 243 条第 1～3 款之规定，为了公共利益的需要，依照法律规定的权限和程序可以征收集体所有的土地和组织、个人的房屋以及其他不动产。征收集体所有的土地，应当依法及时足额支付土地补偿费、安置补助费以及农村村民住宅、其他地上附着物和青苗等的补偿费用，并安排被征地农民的社会保障费用，保障被征地农民的生活，维护被征地农民的合法权益。征收组织、个人的房屋以及其他不动产，应当依法给予征收补偿，维护被征收人的合法权益；征收个人住宅的，还应当保障被征收人的居住条件。

宅基地使用权人行使宅基地使用权时，负有某些义务，如农户迁出、死亡或放弃宅基地使用权时，应当交回宅基地使用权；行使宅基地使用权过程中不得变更土地使用目的，宅基地面积不得超过规定标准，不得妨碍公共利益及相邻权人同等利益等。

4. 对宅基地使用权的保护。根据《土地管理法》和 2021 年 9 月 1 日生效的《中华人民共和国土地管理法实施条例》（以下简称《实施条例》）第 36 条第 1 款，依法取得的宅基地和宅基地上的农村村民住宅及其附属设施受法律保护。

（1）保障户有所居。根据《土地管理法》第 62 条第 2 款的规定，人均土地少、不能保障一户拥有一处宅基地的地区，县级人民政府在充分尊重农村村民意愿的基础上，可以采取措施，按照省、自治区、直辖市规定的标准保障农村村民实现户有所居。《实施条例》第 33 条第 1 款进一步强调，农村居民点布局和建设用地规模应当遵循节约集约、因地制宜的原则合理规划。县级以上地方人民政府应当按照国家规定安排建设用地指标，合理保障本行政区域农村村民宅基地需求。

（2）改善居住条件。《土地管理法》第 62 条第 3 款规定，编制乡（镇）土地利用总体规划、村庄规划应当统筹并合理安排宅基地用地，改善农村村民居住环境和条件。

（3）允许自愿有偿退出。《土地管理法》第 62 条第 6 款、《实施条例》第 35 条同时规定，国家允许进城落户的农村村民依法自愿有偿退出宅基地，鼓励农村集体经济组织及其成员盘活利用闲置宅基地和闲置住宅。

为充分保障村民宅基地使用权，《实施条例》第 36 条第 2 款明确列出 4 个"禁止"："禁止违背农村村民意愿强制流转宅基地，禁止违法收回农村村民依法取得的宅基地，禁止以退出宅基地作为农村村民进城落户的条件，禁止强迫农村村民搬迁退出宅基地。"此外，《实施条例》第 63 条明确了侵犯宅基地使用权的法律责任："违反本条例规定，侵犯农村村民依法取得的宅基地权益的，责令限期改正，对有关责任单位通报批评、给予警告；造成损失的，依法承担赔偿责任；对直接负责的主管人员和其他直接责任人员，依法给予处分。"

三、宅基地使用权的取得与消灭

（一）宅基地使用权的取得

《民法典》第 363 条规定："宅基地使用权的取得、行使和转让，适用土地管理的法律和国家有关规定。"

国家现行宅基地使用权取得的规定主要有《土地管理法》及其《实施条例》。根据《实施条例》第 34 条第 1 款规定，农村村民申请宅基地的，应当以户为单位向农村集体经

济组织提出申请；没有设立农村集体经济组织的，应当向所在的村民小组或者村民委员会提出申请。宅基地申请依法经农村村民集体讨论通过并在本集体范围内公示后，报乡（镇）人民政府审核批准。

同时，根据该条第 2 款，如果农户所申请宅基地涉及占用农用地的，还应当依法办理农用地转用审批手续。该款主要是为了保护耕地，直接对接的是《土地管理法》第 62 条第 3 款："农村村民建住宅，应当符合乡（镇）土地利用总体规划、村庄规划，不得占用永久基本农田，并尽量使用原有的宅基地和村内空闲地……"

（二）宅基地使用权的消灭

宅基地使用权因如下原因消灭：

1. 国家征收。国家因公共利益需要，可征收集体所有土地，包括征收农村居民的宅基地。征收宅基地时，国家应对宅基地使用权人进行必要的补偿。宅基地使用权人可以再申请宅基地，集体土地所有人应当给予安排。

2. 集体收回。宅基地使用权人取得宅基地使用权后如长期闲置或者抛弃权利的，为了有效利用有限的集体土地资源，集体经济组织有权无偿收回宅基地使用权，从而导致宅基地使用权的消灭。根据我国相关政策规定，空闲或房屋倒塌、拆除 2 年以上未恢复使用的宅基地，不确定土地使用权，土地由集体收回。

3. 宅基地之上不动产建筑物转让。宅基地之上的不动产建筑物所有权的转让意味着宅基地使用权的转让，此种情形下，宅基地使用权消灭。

4. 宅基地灭失。按照《民法典》第 364 条的规定，宅基地因自然灾害等原因灭失的，宅基地使用权消灭。

根据《民法典》第 365 条的规定，已经登记的宅基地使用权转让或者消灭的，应当及时办理变更登记或者注销登记。

第六节 居住权[1]

居住权是一项古老的权利类型，罗马法时代即已经存在，属于人役权的范围。近现代大陆法系诸多国家和地区的民法都继受了居住权，并与用益权、使用权共同构成了人役权制度。

按照《民法典》第 366 条的规定，居住权是指居住权人为满足生活居住的需要，按照合同约定对他人的住宅享有的占有、使用的用益物权。

一、居住权的设立方式

从《民法典》的规定来看，居住权的设立方式有合同、遗嘱两种。

（一）通过合同设立

《民法典》第 367 条规定，设立居住权，当事人应当采用书面形式订立居住权合同。居住权合同一般包括下列条款：当事人的姓名或者名称和住所、住宅的位置、居住的条件和要求、居住权期限、解决争议的方法。关于通过合同方式设立居住权，有如下问题值得讨论：

1. 居住权的设立可否附条件或附期限？根据《民法典》第 158 条和第 160 条的规定，

---

〔1〕 本节主要参考房绍坤："论民法典中的居住权"，载《现代法学》2020 年第 4 期。

民事法律行为可以附条件或附期限，但根据其性质不允许的除外。可见，居住权的设立能否附条件或附期限，关键在于其是否为居住权合同的性质所容许。学理上认为，基于民事法律行为的性质不允许附条件或附期限的理由主要在于，这些民事法律行为本为确定法律关系，如容许附条件或附期限，将使法律关系不确定，容易使相对人陷于不利地位，故为保护相对人的利益，法律不许附条件或附期限。例如，婚姻、收养、离婚、认领等身份行为，以及抵销、解除、追认、撤销等即时发生效力的行为，都不得附条件或附期限。就居住权而言，虽然其是为特定人的生活居住需要而设立的，但并不涉及身份行为，也非确定法律关系。因此，居住权的设立没有不许附条件或附期限的理由。如果居住权的设立附条件或附期限，居住权的效力应分别认定：居住权的设立附生效条件或生效期限的，则合同自条件成就时或期限届至时生效，当事人据此可以办理居住权登记；居住权的设立附解除条件或终止期限的，则合同自条件成就时或期限届满时失效，居住权消灭。

2. 居住权合同有哪些表现形态？

（1）所有权人与买受人签订居住权合同。在这种合同形态中，所有权人系为他人的生活居住需要而设立居住权，合同关系较为简单，双方当事人之间仅有一个居住权合同关系。

（2）所有权人与买受人同时签订买卖合同与居住权合同。在这种合同形态中，所有权人将住宅出卖于买受人，同时保留居住权。可以说，这是一种带有附加条件的买卖，即买受人在购买住宅时应为出卖人设立居住权，其特点为存在买卖合同和居住权合同两个合同关系和两方当事人，而且两方当事人均具有双重身份，即所有权人为买卖合同中的出卖人、居住权合同中的居住权人，而相对人为买卖合同中的买受人、居住权合同中的权利设立人。

（3）所有权人将住宅的所有权转让给买受人，并为第三人设立居住权。在这种合同形态中，存在着两个合同关系即买卖合同和居住权合同，同时存在三方当事人即所有权人、买受人和居住权人。所有权人在出卖住宅时，为第三人设立居住权，实际上是分别进行了两个处分行为。但这种情形与所有权人在设立居住权后再转让住宅有所不同，其是在出卖住宅的同时设立居住权，而后者是先设立居住权再转让住宅。当然，这两种情形的效果是相同的，即所有权人出卖的住宅都承载有居住权负担。

（4）所有权人将住宅出卖给买受人，同时要求买受人为第三人设立居住权。在这种合同形态中，所有权人在出卖住宅时实际上是为买受人附加了一个义务，即须为第三人设立居住权。因此，这种合同形态亦存在买卖合同和居住权合同两个合同关系和三方当事人。但与第三种情形不同的是，这里居住权的设立人是买受人，而非所有权人。

3. 居住权的登记。根据《民法典》第368条规定，设立居住权的，当事人应当向登记机构申请居住权登记。居住权自登记时设立。

（二）通过遗嘱设立

通过遗嘱设立居住权，是各国和地区的普遍做法，《民法典》亦将遗嘱作为居住权的设立方式。

1. 居住权设立时间。《民法典》第371条规定："以遗嘱方式设立居住权的，参照适用本章的有关规定。"从《民法典》关于居住权的规定来看，通过遗嘱设立的居住权可以参照适用有关居住权不得转让与继承、无偿设立、消灭原因的规定。有疑问的是，关于居住权登记的规定，可否参照适用？也就是说，以遗嘱方式设立居住权的，是否适用当事人"应当向登记机构申请居住权登记。居住权自登记时设立"的规定？对此，笔者认为，无论是登记生效主义还是登记对抗主义，其适用的基础都是基于双方民事法律行为而产生的物权变动。遗嘱虽然是民事法律行为，但导致遗嘱生效的原因是遗嘱人的死亡，即遗嘱人死亡的事实是导致物权变动的原因。因此，通过遗嘱方式设立居住权的，可以参照《民法典》第230条规定，自遗嘱生效即继承开始时，居住权设立，而不以办理登记为设立条件。否则，若实行登记生效主义，继承人拒绝办理登记的，则遗嘱设立的居住权必然落空，也违背了遗嘱的意愿。

2. 设立居住权遗嘱的性质。按照我国继承法原理，遗嘱继承是遗嘱人将其遗产指定由法定继承人之内的人继承，而遗赠是遗嘱人将财产赠与给国家、集体或法定继承人以外的组织或个人。可见，无论是遗嘱继承还是遗赠，其针对的都是遗嘱人的遗产，而遗嘱人为他人设立的居住权并不属于遗产的范围，仅仅是在遗嘱中附上了设立居住权的义务而已。

3. 设立居住权遗嘱的内容认定。通过遗嘱设立居住权，从性质上说是附义务的遗嘱。因此，如何认定遗嘱中是否设立了居住权就是十分关键的问题。一般来说，如下情形可以认定为设立了居住权：其一，指明于特定住宅上为继承人之外的人设立居住权，但不影响继承人的继承权；其二，指明于特定住宅上为特定继承人设立居住权，继承人的继承权不受影响；其三，将特定住宅遗赠给他人，并于该住宅上为受遗赠人以外的人设立居住权。应当指出，无论是为继承人还是受遗赠人设立居住权，遗产分割以及遗产债务清偿均不受影响，但无论作为居住权客体的住宅归属于谁，居住权均设立，这也是居住权作为物权具有追及效力之体现。

4. 遗嘱的形式与效力认定。遗嘱是一种单方民事法律行为，《民法典》对设立居住权的遗嘱的形式和效力理应应当参照《民法典》继承编中遗嘱的形式和效力的规定加以认定。

二、居住权的主体范围

居住权的主体也即居住权人，其范围应包括哪些人，《民法典》并没有界定。笔者认为，关于居住权的主体范围，以下问题需要进一步加以明确：

（一）居住权人仅限于自然人

根据《民法典》第366条的规定来看，一方面居住权的客体被限定为"住宅"，另一方面居住权的目的限于"满足生活居住的需要"，这两个限定实际上已经明确了居住权人限于自然人，不包括法人、非法人组织。因为只有自然人才有"生活居住的需要"，也只有自然人才有所谓的"住宅"，即用于居住的房屋。当然，法人、非法人组织不能成为居住权的权利主体，但并不否定其可以作为居住权的设立主体。因此，对于《民法典》第367条中的"当事人的名称"应作限缩解释，即法人、非法人组织只能作为居住权的设立主体，而不能作为居住权人。

（二）自然人作为居住权人的范围有无限制

自然人作为居住权的主体，有无范围的限制，这同样是一个需要明确的问题：

1. 居住权人是否限于与所有权人有家庭或亲属关系的人？在罗马法上，居住权的范围有较严格的限制，一般限于家长（家主）为家庭成员而设。笔者认为，我国法不应作此限制，所有权人为谁设立居住权应属于其意思自治的范围，法律没有干涉的必要。

2. 居住权人是否限于无房者？法律设置居住权的目的在于"满足生活居住的需要"，那么，对于有房者可否设立居住权呢？对此，尽管法律上明确了居住权的设立目的，但不能就此否定有房者也有这方面的需求。因此，没有否定为有房者设立居住权的合理理由。

3. 以农村房屋设立居住权的，居住权人是否应限于本村的村民？从目前相关的法律、政策规定来看，农村房屋的转让还受到一定的限制，通常只能在本村村民之间转让。但是，设立居住权并不涉及房屋转让问题，故为非本村村民设立居住权并无不许之理。但应当指出，农村住宅所有权人为他人设立居住权后，不得再申请宅基地。这是因为按照《土地管理法》第 62 条第 5 款之规定，农村村民出租住宅后，"再申请宅基地的，不予批准"。而住宅所有权人以住宅设立居住权与出租住宅具有类似的性质，都是转移住宅的使用权，故也应当受到"再申请宅基地，不予批准"的限制。

4. 所有权人可否为两个以上的自然人共同设立居住权？对此，应作肯定回答。居住权可以为两个以上的人共同设立，由权利人共有居住权。这里的共有为一种准共有，而且是准共同共有。

（三）居住权人与共同居住人

在居住权中，与所有权人订立居住权合同的当事人为居住权人。除此之外，居住权人是否包括与居住权人共同居住的人？根据民法典的立法解读和其他国家立法文本，居住权人仅限于本人，与其共同居住的人属于居住权受益人而非居住权人。罗马法上，一个获得了居住权的人，哪怕是女性，也应允许她与丈夫同住。如此，该女性为居住权人，其丈夫即为居住权受益人。《法国民法典》第 632 条规定，居住权人得偕同其家庭成员在该房屋内居住，即使在居住权设定时其本人尚未结婚；《德国民法典》第 1093 条第 2 款规定，居住权人有权将其家庭成员以及符合身份的服侍和护理作为必要的人员接纳入住宅中；《瑞士民法典》第 777 条第 2 款规定，居住权未明定仅限于居住权人本人者，应允许其家属或家人同住；美国《路易斯安那民法典》第 633 条规定，居住权人可以与其家人一起居住，即使此人在取得权利时尚未结婚。其他立法，如意大利、葡萄牙、西班牙、智利、秘鲁、阿根廷等国的民法中都有类似的规定。

区分居住权人和居住权受益人的意义：同住之人应为权利受益人，其虽然享有居住的利益，但不享有居住权。如果认定同住之人为居住权人，因居住权人死亡是居住权的消灭事由，则只有在同住之人全部死亡时，居住权才能消灭，这显然不符合所有权人为特定人设立居住权的目的。因此，只要居住权人先于同住之人死亡，居住权即归于消灭，同住之人不再享有继续居住的权利。

三、居住权的客体界定

关于居住权的客体，《民法典》使用的是"住宅"的概念。但基于居住权的设立目的是"居住"，即使是建筑物、房屋，其也只能是供居住使用，故在居住权中，建筑物、房屋、住宅所代表的意义并无不同，可以通用。

（一）"他人的住宅"之界定

《民法典》第 323 条将用益物权的客体界定为"他人所有的不动产或者动产"，有关土地承包经营权、建设用地使用权、宅基地使用权的客体界定都贯彻了这一精神。按照上述规定，用益物权的客体是"他人所有之物"。但是，居住权、地役权的客体并不仅限于他人"所有"之不动产，还理应包括设立于他人享有用益物权的不动产。

1. 在他人享有使用权的住宅上可否设立居住权？比如，承租人是否有权在他人享有使用权的住宅上设立居住权？一般而言，从租赁合同的法律规定来看，承租人未经出租人同意，不得将租赁物转租，亦不得设立居住权。但如经出租人同意，则可以在剩余的租赁期限内设立居住权。理由有三：①出租人同意承租人于租赁房屋上设立居住权，体现了出租人的意思自治，也意味着出租人愿意承受居住权的约束；②出租人出租房屋的目的在于获取租金，而承租人以租赁房屋设立居住权并不会影响这一目的的实现，因为无论居住权是否有偿，承租人支付租金的义务并不减免；③我国现实生活中确实还存在着一定数量的公租房，而公租房的期限通常较长，因此以公租房设立居住权也有一定的适用价值，特别是在夫妻离婚需要设立居住权的情况下。

2. 所有权人可否就自己的住宅设立居住权？如果从"他人的住宅"的字面意义上理解，逻辑上所有权人自不能就"自己的住宅"设立居住权。但在特殊情形下，也可能出现在"自有住宅"上创设居住权。比如以房养老。逻辑上就可以通过两种方式设立居住权：一是所有权人在出卖住宅之前，通过登记为自己设立居住权。但这种方式仅仅是逻辑上的，在中国目前的法权设计中很难进行登记。理由有二：首先，缺乏相对人，属于所有权人"自说自话"；其次，所有权并未发生转移，权利人对房屋尚享有绝对性支配权、排他权，登记机关无从亦不可能更无必要在其自有住宅上确认其居住权。二是在出卖住宅时，通过与买受人同时订立两个合同，即买卖合同和居住权合同以设立居住权。这实际上是一种带有附加条件的买卖，即买受人在购买住宅时应为出卖人设立居住权。在办理所有权过户登记时，同时办理居住权设立登记。

（二）住宅的一部分可否设立居住权

《民法典》将居住权的客体规定为"住宅"，且要求在居住权合同中要包括"住宅的位置"条款。若从狭义上说，该住宅应为住宅的整体；若从广义上说，该住宅也可以指住宅中的特定部分。据此，可以解释出就住宅的特定部分，也可以设立居住权。

但按照登记的相关要求，不动产登记以具有唯一编码的不动产单元为基本单位，而所谓不动产单元是指权属界线封闭且具有独立使用价值的空间。显然，住宅中的某个房间无法作为不动产单元单独进行登记。那么，是否就阻断了就住宅特定部分设立居住权的通道？本书认为，在大陆法系国家和地区的民法都允许就住宅的一部分设立居住权。其根本原因就在于欧陆民法推行的是房地一体主义，即建筑物并不是一个独立的不动产，而是土地的重要成分。因此，在设立居住权的情况下，其客体并非房屋而是土地。也就是说，居住权是设立于整块土地之上的负担，但行使范围须受限于全部建筑物或建筑物的一部分。

我国奉行房地分离主义，又该如何解决这一难题？笔者认为，欧陆立法的思路值得借鉴。表面上看，居住权是设立于住宅的一部分之上，但其实它是对整个住宅所施加的一种负担，只是居住权人的行使范围须受限于特定部分而已。如此，以住宅的一部分设立居住权实际上是对整个住宅所施加的负担，不影响居住权的整体登记；但当事人必须就居住权行使范围及其限制于登记簿上精确地加以描述，对于卫生间、厨房等生活设施的使用也必须有相对明确的约定。

（三）住宅的附属设施是否属于居住权的客体

《民法典》第366条仅提及了"住宅"，并没有包括附属设施。那么，住宅的附属设施是否为居住权的客体呢？笔者认为，住宅的附属设施是否属于居住权的客体，应取决于该附属设施是否是行使居住权所必需的。一方面，如果附属设施是行使居住权所必需的，则可以将其作为居住权的客体。例如，室外的厕所、水井等，这些附属设施是为生活居住所必需，若居住权人不能使用，则其生活居住就会受到严重影响。另一方面，如果附属设施并非行使居住权所必需，则其能否成为居住权的客体应取决于当事人的约定。例如，车位、车库、地下小棚等附属设施并不是行使居住权所必需的生活设施，并不当然成为居住权的客体。也就是说，居住权人能否使用上述附属设施应取决于当事人的约定；若当事人没有禁止性约定，则居住权人有权使用之。

四、居住权的法律效力

居住权设立后，即在当事人之间产生特定的权利义务。

（一）居住权人的权利

居住权人在取得居住权后，即可以对住宅行使相关的权利，具体体现在如下几个方面：

1. 合理使用住宅的权利。居住权是为满足居住权人的生活居住需要而设立的用益物权，因此，居住权人对住宅享有占有、使用的权利。关于居住权人使用住宅的权利，应明确如下问题：

（1）居住权人使用住宅只限于个人生活必需。因此，非基于生活需要的目的，居住权人不得使用住宅，如利用住宅开设商店、旅馆或储存货品等。

（2）居住权人有权使用住宅的附属设施。如前所述，在符合条件的情况下，居住权人有权使用住宅的附属设施。

（3）居住权人有权使用住宅内的生活设施。居住权虽然以住宅的居住为目的，但居住权的目的并不仅仅限于"住"，还包括其他生活需求。因此，居住权人在满足"住"的需求时，还有权使用住宅内的各种生活设施。即使是以住宅的一部分设立居住权的，居住权人亦有权共用生活设施，如卫生间、厨房等。

（4）居住权人对住宅的使用权不因住宅所有权人的变更而受影响。居住权虽然是对住宅所有权所施加的权利负担，但并不影响所有权人转让该住宅，如出卖、赠与等。同时，所有权人转让住宅的，对居住权也不产生影响，居住权人有权继续使用该住宅。

（5）对于合理使用住宅所造成的损耗，居住权人不承担责任。对此，《德国民法典》第1093条第1款、第1050条规定，居住权人以通常之方法行使居住权而致建筑物变更或毁损的，不负责任。

2. 允许他人同住的权利。如前所述，在当事人没有禁止性约定的情况下，居住权人有权允许其他人在住宅中居住。当然，这里的其他人并非没有限制，只限于特定范围内的人。笔者认为，同住之人可以包括三类：一是家庭成员，包括配偶、子女和其他共同生活的近亲属（《民法典》第1045条第3款）；二是为居住权人提供生活服务的人员，如保姆、护工等；三是居住权人供养的近亲属以外的人员。

3. 出租、出借住宅的权利。关于居住权人能否将标的物出租，罗马法学家之间曾有过争议，但在优帝一世时承认居住权人有权出租房屋。但近现代民法上，多数立法例禁止居住权人出租住宅。根据我国《民法典》第369条规定，居住权人原则上不得出租住宅，除非当事人另有约定。也就是说，如果居住权合同中明确允许居住权人出租住宅的，则居住权人有权出租住宅。居住权人不仅可以出租全部住宅，也可以出租住宅的一部分，如一个房间。在后一种情况下，居住权人有权将各自独立的房间出租给不同的人。当然，居住权人出租住宅的，应不超过居住权的期限。同时，居住权人应当对承租人的行为负责。如承租人造成住宅损害的，居住权人应当承担赔偿责任。

除出租外，居住权人能否将住宅出借给他人呢？虽然《民法典》对此问题没有规定，但是根据"举重以明轻"规则，既然所有权人可以允许居住权人出租住宅，当然也可以允许居住权人出借住宅。因此，只要居住权合同中明确允许居住权人出借住宅的，居住权人就有权为之。

（二）居住权人的义务

居住权人享有居住权的同时，也应当承担相应的义务，以维护所有权人的合法权益。一般来说，居住权人的义务主要有如下几项：

1. 妥善管理住宅的义务。居住权人有权对住宅进行占有、使用，相应地，居住权人就有妥善管理的义务。居住权人应当按照合同的约定合理使用住宅，维持住宅的原有用途，不得改变房屋的结构。即使是在改变了房屋的结构和用途使得房屋的价值有所增加的情况下，也是如此。居住权人违反这一义务造成住宅损害的，应当承担赔偿责任。

如何判断居住权人是否尽到了妥善管理住宅的义务，国外立法例通常要求居住权人应以善意管理人的注意管理房屋。应当说，国外立法例之所以规定以善意管理人的注意程度作为认定标准，是以居住权无偿为前提的。但在我国民法上，居住权可以有偿设立，在此情况下，善意管理人的注意程度是否还可以适用呢？对此，笔者认为，在我国民法上，对于同一行为，法律通常区分有偿与无偿而分别确定行为人的注意义务程度。对于居住权人妥善管理的注意义务也应作如此认定。在有偿的居住权中，居住权人因管理不善造成住宅损害的，应当承担赔偿责任；在无偿的居住权中，只有居住权人因故意或重大过失造成住宅损害的，才承担赔偿责任。

2. 住宅的通常维修义务。在房屋租赁合同中，房屋的维修义务由出租人承担，这是出租人应于租赁期间保持租赁物符合约定用途的义务所要求的，也是租赁合同有偿性的一种体现。那么，在居住权行使期间，住宅需要维修的，应由哪一方当事人负责呢？从立法例上看，各国和地区的民法基本上区分通常维护与重大修缮两种情形分别确定义务人：通常维修即必要维修（如修复被毁坏的门窗、脱落的墙皮等）由居住权人承担，重大修缮即特殊维修（如屋顶、房梁的翻修、更换等）由所有权人承担。其主要原因在于，通常维修涉及使用权的维持问题，属于保管性维修；而重大修缮涉及所有权的保有问题，属于保存所有物维修。笔者认为，关于住宅的维修问题，首先应由当事人约定，在当事人没有约定或约定不明确的情况下，应按如下原则处理：

（1）应当区分居住权的设立有偿与否。在居住权系无偿设立的情况下，国外立法例的规则是合理的。但是，在居住权系有偿设立的情况下，是否还应当适用上述规则呢？对此，笔者认为应予否定回答。按照民法上权利与义务相一致的原则，住宅所有权人有权收取使用费，就应当承担与该项权利相适应的义务，这种义务就是维修义务，这也是保护合同约定的"居住的条件和要求"所必须的。因此，在居住权有偿设立的情况下，无论是通常维修还是重大修缮均应由所有权人承担。在所有权人承担修缮义务的情况下，居住权人有通知义务。

（2）在居住权人承担通常维修义务的情况下，若居住权人占有全部住宅，则居住权人应负担全部维修费用；若居住权人仅占有住宅的一部分，则居住权人应按比例承担通常维修费用。如果居住权人不进行维修，所有权人有权维修。同时，当所有权人负有修缮义务而不进行维修时，居住权人亦有权进行维修。不负有维修义务的一方进行维修的，有权向维修义务方请求返还维修费用，具体可以依照无因管理的相关规定处理。

3. 不得擅自出租住宅和转让居住权的义务。居住权属于人役权，自罗马法创设人役权伊始，其目的就是为了保障特定人享受优惠，使其把充分享用某物作为生活依靠。因此，基于居住权的人身属性，居住权人不得转让居住权，也不得出租住宅。如前所述，《民法典》规定居住权人只有在所有人许可的情况下，才能出租住宅。因此，不得擅自出租住宅是居住权人的一项义务。居住权人违反这一义务，构成权利滥用。同时，《民法典》第369条也禁止居住权人转让居住权，而且这种规定是一种强制性规范；居住权人如有违反，不但行为无效，而且构成权利滥用。关于居住权的转让，笔者认为，在民法理论上，权利的行使有两种形态，即自己行使和他人行使，他人行使并不是权利行使的转让。同时，基于居住权的设立目的，只有居住权人自己居住才能满足其生活居住的需要。因此，居住权只能由权利人自己行使，不存在权利行使的转让问题。

居住权人不得转让居住权，其能否以居住权设立抵押权呢？笔者认为，尽管《民法典》

没有禁止居住权的抵押，但因在抵押权实现时会发生居住权的主体变更，这就相当于居住权的转让，而这已经违背了居住权的设立目的，因此，居住权不得抵押。

4. 支付使用费的义务。从《民法典》的规定来看，就居住权人是否支付费用的问题，立法采取了以无偿为原则、以有偿为例外的立法模式（第368条）。也就是说，在当事人对居住权的设立是否有偿没有约定或约定不明确时，居住权的设立应视为无偿。如果当事人系有偿设立居住权，那么居住权人负有支付使用费的义务。

5. 容忍义务。居住权人的容忍义务主要包括两个方面：

（1）在设立居住权时住宅上已存在抵押权、地役权等权利负担的，则居住权人应承受该权利负担。按照物权优先效力规则，因抵押权、地役权设立在先，故该类权利具有优先于居住权的效力。例如，在抵押权实现时，居住权人不得对抗受让人，也即此时居住权归于消灭。同时，居住权人不得排除地役权人行使地役权。当然，该地役权须已经登记，否则不能产生对抗善意第三人的效力。

（2）居住权设立后，所有权人仍对住宅享有所有权，因此，为保持所有权的完整状态，所有权人有权对住宅进行必要的检查。对此，居住权人负有容忍的义务。

与前述住宅上先设立抵押权、后设立居住权的情形相反，在居住权设立后，所有权人能否再以该住宅设立权利负担呢？对此，应区别不同情形加以认定。就地役权而言，《民法典》第379条规定："土地上已经设立土地承包经营权、建设用地使用权、宅基地使用权等用益物权的，未经用益物权人同意，土地所有权人不得设立地役权。"类推适用该规定，在居住权设立后，未经居住权人同意，所有权人不得就住宅设立地役权。但就抵押权而言，则应另当别论。在居住权设立之后，所有权人有权转让住宅，当然也就有权以该住宅设立抵押权。不过，在这种情况下，于抵押权实现时，居住权在其存续期内对受让人继续有效。

五、居住权的消灭事由

关于居住权的消灭事由，各国和地区的民法基本没有具体规定，而是适用用益权消灭的规定。从《民法典》的规定来看，居住权的消灭事由仅涉及期限届满和居住权人死亡。但是，笔者认为，居住权的消灭绝不仅限于这两个事由，应还有其他情形。

（一）居住权期限届满

居住权作为用益物权，是一种有期物权。根据《民法典》第367条规定，居住权期间应当由居住权合同加以约定。当居住权合同约定有存续期间时，期限届满的，居住权消灭。那么，如果居住权合同中对居住权期限没有约定或约定不明确的，应当如何认定居住权的期限呢？对此，可以有两种解释：一是居住权不受期限的限制，所有权人可以随时解除居住权；二是以居住权人的终生为期限，即居住权人终生享有居住权。本书赞同第二种解释，因为这更符合居住权的设立目的。

（二）居住权人死亡

居住权属于人役权，具有人身属性，与居住权人的人身不可分离，因此，居住权人死亡，居住权应归于消灭。关于居住权人死亡的消灭原因，需要指出两点：一是若居住权为两个以上的自然人共同设立时，应当以最后一个自然人死亡的时间为居住权消灭的时间；二是无论居住权合同中是否约定居住权期限，居住权人死亡都是居住权消灭的事由。也就是说，居住权合同约定有期限的，若在该期限内居住权人死亡的，即使期限尚未届满，居住权亦归于消灭。

（三）住宅灭失

居住权是以住宅的利用为目的而设立的用益物权，住宅的存在与否对居住权的目的实现具有决定性作用。因此，一旦住宅灭失，居住权的目的将无法实现，此时居住权也就没有存在的必要和价值了。关于住宅灭失，以下三个问题需要阐明：

1. 住宅灭失后，所有权人对居住权人没有重建的义务，亦不负有在重建房屋上重新设立居住权的义务。即使居住权人进行重建，也不导致居住权的当然继续存在。

2. 住宅部分灭失的，居住权是否消灭？从客观上看，住宅灭失可以是全部灭失，也可以是部分灭失。住宅全部灭失的，居住权消灭当无疑问。但住宅部分灭失的，若剩余部分仍可满足生活居住需要，则居住权于剩余部分继续存在。这是因为，住宅的部分灭失仅是居住权的客体范围发生变化，并不影响居住权的目的实现。同时，住宅附属设施灭失的，也不影响居住权的继续存在。

3. 住宅灭失后有代替物的，居住权是否消灭？居住权属于用益物权，其以住宅的使用权价值为内容，属于使用价值权。因此，一旦住宅因灭失而丧失使用价值，居住权也无由继续存在。那么，如果住宅灭失而有代替物的，居住权是否消灭呢？如住宅被征收后，所有权人重新获得了安置住宅，居住权人能否就新安置的住宅继续享有居住权？笔者认为，只要住宅灭失，即使有代替物的，居住权也应归于消灭。如果所有权人愿意，可以就新的住宅重新设立居住权。

（四）居住权被撤销

当出现法定事由时，物权设立人有权撤销物权，从而使物权归于消灭。这是各国和地区的立法通例，我国立法也有相应规定。例如，《民法典》第384条规定了供役地权利人有权解除地役权合同的两种情形，这实际上就是地役权被撤销。那么，住宅所有权人能否撤销居住权呢？从学理上讲，居住权也应当存在两个撤销事由：一是故意侵害住房所有权人及其亲属的人身权或者对其财产造成重大损害；二是有危及住房安全等严重影响住房所有权人或者他人合法权益的行为。笔者认为，为保护住宅所有权人的利益，在特定情形下，应当允许所有权人撤销居住权。这些特定情形主要有：①居住权人滥用居住权，如对住宅造成严重损害、转让居住权、擅自出租住宅、改变住宅的用途、不进行正常修缮而任其毁损、允许非基于居住权人生活之需的人员居住情节严重等；②居住权为有偿的，在约定的付款期限届满后在合理期限内经2次催告仍未支付费用。该情形主要是参考《民法典》第384条的规定，因地役权与居住权同为役权，在利用供役地和住宅方面具有类似性。

（五）其他事由

其他事由主要包括：①附停止条件成就或附终止期限届至。如前所述，居住权可以附条件或附期限。若居住权附停止条件或附终止期限的，则当条件成就或期限届至时，居住权消灭；②抛弃。居住权人抛弃居住权当属其自由，居住权归于消灭；③混同。当所有权人将住宅出卖或赠与给居住权人时，住宅的所有权与居住权发生混同，此时居住权消灭。

在居住权因上述事由消灭后，发生如下法律后果：①返还住宅。居住权消灭，而住宅仍存在的，居住权人负有返还住宅的义务。居住权人所返还的住宅，应当符合合同约定的使用后状态或者自然损耗后的状态。因居住权人死亡而导致居住权消灭的，其继承人承担返还住宅的义务。②赔偿责任。如果因居住权人的原因导致住宅灭失的，不仅居住权归于消灭，而且居住权人还应承担相应的赔偿责任。在居住权人抛弃居住权时，应妥善处理好抛弃后的事宜。若因居住权人抛弃居住权而造成住宅损害的，亦应承担赔偿责任。③办理注销登记。居住权实行登记生效主义，因此，在居住权消灭的情况下，应当办理注销登记。对此，《民法典》第370条规定："……居住权消灭的，应当及时办理注销登记。"应当指出的是，在住宅部分灭失的情况下，虽然居住权并没有消灭，但当事人亦应当办理相应的登记，这种登记应为变更登记。

第七节　相邻权与地役权

《民法典》把相邻关系规定在所有权编，把地役权规定在用益物权编。但不动产相邻关系制度与地役权制度有着共同的调整对象与价值追求，故本书合编为一节。

一、相邻关系概述

（一）相邻关系的概念

相邻关系是指相邻各方在对各自所有的或使用的不动产行使所有权或使用权时，因相互间依法应当给予对方方便或接受限制而发生的权利义务关系。

相邻关系依存于相邻不动产的所有权关系或使用权关系之中，其实质是相邻不动产所有权或使用权的适当扩展或限制。在相邻关系中，相邻各方依法享有法律规定的相邻权，同时亦依法承担法律规定的义务。相邻权的权源为相邻不动产的所有权或使用权，其实质是法律对相邻不动产的所有权或使用权的适当扩展。而相邻各方承担的义务，则是法律对相邻不动产所有权或使用权加予的必要限制。例如，被邻地包围的土地的所有人或使用人，为使用其土地方便，有权通行邻地。这种通行权，对被包围的土地来说，是其所有权或使用权的扩展；对邻地来说，则是对其所有权或使用权的限制。

民法通过适当扩展或限制不动产所有权与使用权的方法来调整相邻关系，目的在于使相邻各方彼此为对方行使不动产所有权或使用权给予必要的方便，充分发挥不动产的社会经济效益。相邻各方在对各自的不动产行使所有权或使用权时，基于物权的排他性，难免发生抵触，使彼此对自己不动产的使用均感不便。于是产生了通过法律对相邻不动产所有权或使用权进行适当限制或扩展，以谋相邻各方利益的必要。民法相邻权制度的意义亦集中表现在这里。当然，依照法律规定，正确处理相邻纠纷还具有增强团结、发扬互助精神、维护社会经济秩序等意义。

（二）相邻关系的特征

1. 相邻关系的主体是两个以上的不动产的所有人或使用人。即是说，只有相邻不动产分属于不同主体所有或者由不同主体使用时，才可能基于彼此提供方便的需要而产生相邻关系。如果相邻不动产由同一主体所有或使用，则不发生相邻关系。

2. 相邻关系基于不同主体所有的或使用的不动产地理位置的毗邻而发生。相邻关系是法律直接规定的，而不是当事人约定的。不同主体的不动产地理位置上的毗邻是引起相邻关系发生的法定条件，不具备这个条件便不能产生相邻关系。不过这里所要求的"毗邻"，既包括不同主体的不动产的相互"毗连"，又包括不同主体的不动产的相互"邻近"。无论毗连或邻近，只要一方行使不动产所有权或使用权影响到另一方的利益（如排放"三废"污染到对方的生活环境），或必须对方提供某种方便（如需要使用水源地的水源），均构成毗邻，产生法律规定的相邻关系。

3. 相邻关系的基本内容是相邻一方要求他方为自己行使不动产所有权或使用权给予必要方便的权利和他方应当给予必要方便的义务。这里所说的必要方便，是指没有从相邻方得到这种方便，就不能正常行使不动产所有权或使用权。例如，在相邻排水关系中，其基本内容便表现为高地所有人或使用人要求低地所有人或使用人给予排水方便的权利，和低地所有人或使用人应当给予这种方便的义务。如低地所有人或使用人不给予这种方便，高地所有人或使用人便不能排除其土地上的积水。当然，相邻关系的种类不同，上述基本内容的具体表现也是有所不同的。

4. 相邻关系的客体是相邻各方在行使不动产所有权或使用权时互相给予方便所追求的利益。这种利益可能是经济利益，也可能是非经济利益。这种利益与行使不动产所有权或使用权相关，但需要在相邻方给予必要方便的条件下才能实现。例如，相邻环保关系的客体是享受舒适环境的利益，但这种利益需要在相邻各方不向邻地排放有毒废水、废气、废渣的条件下才能实现。相邻排水关系的客体是排除积水，更好利用土地的利益，这种利益的实现则需要邻人给予排水的方便。相邻通风、采光关系的客体是享受阳光和新鲜空气，这种利益与行使房屋的所有权有关，但需要邻人给予方便，不采取遮光、阻风措施才能实现。

（三）处理相邻关系的基本原则

《民法典》第 288 条规定："不动产的相邻权利人应当按照有利生产、方便生活、团结互助、公平合理的原则，正确处理相邻关系。"根据法律的这些规定和相邻关系的性质、特征，处理相邻关系应当遵循以下基本原则：

1. 有利生产、方便生活的原则。相邻关系无不涉及相邻各方的生产或生活。有利生产、方便生活，充分发挥不动产的使用效益，是法律调整相邻关系的目的所在。因此，在处理相邻关系时，应当从有利生产、方便生活出发，妥善解决有关问题，努力实现法律调整相邻关系所追求的社会目的。例如，在处理有关共用墙壁、伙巷、过道、通风、采光、用水等相邻关系时，就应当从方便相邻各方的生活出发，公平解决有关问题，坚决反对只顾自己方便，不顾邻人需要的行为。

2. 团结互助、公平合理的原则。团结互助与公平合理，是处理相邻关系的两个相辅相成的原则。相邻关系要求相邻一方为另一方行使不动产所有权或使用权给予必要的方便。没有团结互助的精神，只要求别人给自己方便，自己却不肯给别人方便，就不可能处理好相邻关系。与此同时，相邻关系也要求享受权利、获得利益的一方给承担义务、受到损失的另一方以合理的经济补偿。因此，在处理相邻关系时，要尊重邻人的权利，兼顾邻人的利益，不能以邻为壑、损人利己。

3. 尊重历史和习惯的原则。《民法典》第 289 条规定："法律、法规对处理相邻关系有规定的，依照其规定；法律、法规没有规定的，可以按照当地习惯。"从稳定相邻关系、维护社会经济秩序出发，在处理相邻关系时应当尊重历史。对于历史形成的用水、排水、通行等相邻关系以及历史形成的分界墙、分界篱、分界沟、建筑物公用墙、通道、间隔等，相邻一方未经他方同意，均不得擅自变更。法院在处理有关纠纷时，无合法依据，一般也不应判决变更。处理相邻关系还应尊重习惯。这一方面是因为法律不可能预测到相邻关系中可能发生的种种问题而一一作出规定，当现实生活中发生的相邻纠纷法律无规定时，需要按当地的习惯来处理。

二、各种相邻关系

人们在生产、生活中基于不动产的毗邻而发生的相邻关系，按其性质和内容，可分为以下几类：

（一）因用水、排水而发生的相邻关系

《民法典》第 290 条规定："不动产权利人应当为相邻权利人用水、排水提供必要的便利。对自然流水的利用，应当在不动产的相邻权利人之间合理分配。对自然流水的排放，应当尊重自然流向。"本条对用水、排水关系都作了原则性的规定。

1. 相邻用水关系。在我国，水资源属于国家所有，相邻各方均有使用的权利，同时也都负有合理使用和保护义务。对于水源，水源地的所有人或使用人不得垄断，应允许相邻各方使用。水源的开发利用，应由相邻各方协商，有计划地进行。需要报行政机关批准的，应依法报行政机关批准。相邻各方均不得为一己之利乱凿井眼，破坏原有的水源。因开凿井眼致原有水源减少、干涸的，其他使用人有权要求恢复原状；不能恢复原状的，有权要求赔偿损失。对自然水流，相邻各方应共同使用，合理分配。任何一方都不得为一己之私利擅自改变水流的自然流向，或者堵截水流、独占水流。自然水流一般应按"由近及远、由高至低"的原则依次灌溉、使用。一方擅自改变、堵截或独占自然水流，影响他方正常生产、生活的，他方有权请求排除妨碍，造成他方损害的，应负赔偿损失的责任。

2. 相邻排水关系。高地所有人或使用人有向低地排水的权利。但低地所有人或使用人对高地的排水所承担的义务，则因排放之水是自然流水或人工流水的不同而有所不同。自然流水，是指未施以人工的流水，如雨水、泉水。人工流水是施了人工的流水，如排放蓄水工程中的水、工业废水等。对自然流水，低地所有人或使用人有承水的义务，高地所有人或使用人没有将水一直引到江、河或公用排水系统的义务。对自然流水造成的损害（如山洪暴发造成的损害），任何人都没有赔偿的责任。对人工流水，低地所有人或使用人没有承水义务，只有过水的义务（即允许流水通过的义务）。高地所有人或使用人必须采取适当排水措施，使水安全通过低地直达江、河或公共排水系统。他人所有的或使用的农田、鱼塘、蓄水池等不能作为排放人工流水的终端。排放人工流水造成他方损害或存在损害危险的，他方有权请求停止侵害、消除危险、恢复原状、赔偿损失。修建房屋应注意防止屋檐滴水对邻人的损害，因屋檐滴水造成他方妨碍与损害的，他方有权请求排除妨碍、赔偿损失。

（二）因使用邻地而发生的相邻关系

不动产所有人或使用人为行使权利方便，在法律规定的范围和限度内有权使用邻人的土地。因使用邻人土地而发生的相邻关系主要有以下三种关系：

1. 相邻通行关系。被相邻土地环绕，与公用道路隔离的土地所有人或使用人，有权通行邻地，直达公用道路；邻地所有人或使用人负有允许通行的义务。对邻地享有通行权的人，应当选择对邻人损害最小的路线通行。因通行邻地而造成邻人损害的，应当依法赔偿邻人损失。

2. 相邻管线设置关系。不动产所有人或使用人非通过邻地不能安设其生产、生活需要之电线、电缆、水管、煤气管、下水道等管线时，有权通过邻地的上空或地下安设管线；邻地所有人或使用人应当允许安设。但是，安设管线应选择对邻人损害最小的路线和方法为之。因安设管线造成邻人损失的，应当依法赔偿邻人的损失。管线的安设方对其安设的管线负有防止损害的义务。因安设的管线致人损害的，安设方应依法承担赔偿损失的民事责任。

3. 因建筑施工临时占用邻人土地而发生的相邻关系。相邻一方因建筑施工需要临时占用他方土地时，他方应当允许。但是，占用方应按双方约定的范围、用途和期限使用土地。使用完毕后，应当及时清理现场，恢复土地的原貌。因临时占用土地给他方造成损失的，应适当给予经济补偿。占用方未按约定使用土地的，权利人应当责令其及时清理现场，排除妨碍，恢复原状，赔偿损失。

《民法典》对上述三种关系都作了规定。第291、292条分别规定："不动产权利人对相邻权利人因通行等必须利用其土地的，应当提供必要的便利。""不动产权利人因建造、修缮建筑物以及铺设电线、电缆、水管、暖气和燃气管线等必须利用相邻土地、建筑物的，该土地、建筑物的权利人应当提供必要的便利。"

（三）建筑物相邻关系

1. 因建筑物通风、采光、日照而发生的相邻关系。相邻各方修建房屋和其他建筑物，应与邻居的房屋保持适当的距离，不得妨碍邻居的通风、采光和日照。当修建的房屋和其他建筑物存在妨碍邻居通风、采光和日照之虞时，邻居有权提出异议，请求采取避免阻风、遮光、妨碍日照的措施。如邻居在修建时不提出异议，建筑完工后对新建建筑造成的通风、采光和日照的妨碍，只能请求赔偿损失，不能请求排除妨碍。因为法律不能以牺牲较大利益来保护较小利益。对通风、采光、日照相邻关系，《民法典》第 293 条作了这样的规定："建造建筑物，不得违反国家有关工程建设标准，不得妨碍相邻建筑物的通风、采光和日照。"

2. 相邻建筑物之通行关系。对于一方所有的或者使用的建筑物范围内历史形成的通道，所有权人或者使用权人不能堵塞。因堵塞通道影响他人生产、生活的，他人有权请求排除妨碍，恢复原状。但有条件另开通道的，也可以另开通道。

3. 因相邻建筑共用墙、伙巷、空地而发生的相邻关系。相邻建筑物的共用墙，如不能证明归一方所有，应推定归双方共有。对共用墙，双方都有使用的权利，同时也都负有分担维修费用的义务。一方使用共用墙，如在共用墙上打洞安设楼枕及其他附着物，不得影响另一方的使用。因使用共用墙造成他方妨碍与损失的，应负责排除妨碍，赔偿损失。一方因改建房屋需要加高共用墙和增加共用墙负荷的，应负担加高、加固的费用。其加高部分应依法属加高一方所有；另一方欲取得加高部分的共有权，应相应负担加高、加固的费用。共用墙能证明归一方所有的，其所有人应承受历史形成的现状，允许相邻方在原有的使用范围内继续使用。但相邻方为新的使用时，须取得所有人之同意。

相邻建筑之间的伙巷、空地，其所有权或使用权归属不明的，应由双方共同使用。一方改建其建筑物时，未经他方同意并取得土地管理机关批准的，不得占用；一方擅自占用的，他方有权阻止施工，并报请土地管理机关处理。

（四）因防止损害而发生的相邻关系

不动产所有人或使用人在行使不动产所有权或使用权时，应注意防止对邻人的损害。其行使权利的行为如果对邻人的安全构成危险，邻人有请求消除危险的权利；如对邻人造成损害，邻人有请求赔偿损失的权利。因防止损害而发生的相邻关系，主要有以下两种关系：

1. 相邻环保关系。不动产所有人或使用人从事工农业生产，应遵守环境保护法的有关规定，注意保护环境，防止污染。超过国家规定标准排放废水、废气、废渣、粉尘、油污和放射性物质污染环境，造成邻人损害的，邻人有权要求治理并请求赔偿损失。不动产所有人或使用人修建厕所、粪池、污水池，堆放腐朽物、有毒物、恶臭物及垃圾等，应当与邻人生活居住的建筑物保持一定的距离，并采取防止污染的措施。厕所、粪池及腐朽物等的恶臭侵入邻人不动产，影响邻人生产和生活的，邻人有权提出异议，请求采取防止侵入的措施。不动产所有人或使用人不得以噪音、震动妨碍邻人的工作和休息。对生产、生活中难以避免的轻微噪声和震动，邻人应当谅解。对超过一定程度、依社会一般观念认为不应忍受的噪音与震动，邻人有权提出异议，请求采取防止侵入的措施。对此种相邻关系，《民法典》第 294 条作了如下规定："不动产权利人不得违反国家规定弃置固体废物，排放大气污染物、水污染物、土壤污染物、噪声、光辐射、电磁辐射等有害物质。"

2. 相邻防险关系。不动产所有人或使用人从事高空、高压、易燃、易爆、剧毒、放射性等高度危险作业，应当采取必要的安全防范措施，防止对邻人的损害。在自己所有的或使用的土地上挖水沟、水池、地窖、地基及开凿水井等，不得动摇邻人的地基，损害邻人的建筑物。建筑物及建筑物上的搁置物、悬挂物有倒塌、脱落危险的，其所有人或使用人应及时采取加固措施，防止损害的发生。保管易燃、易爆、剧毒等危险物品，应按有关规定采取安全防范措施，并与邻人的建筑物保持适当的距离。对上述危险作业、危险建筑物和危险物品不采取安全防范措施或采取的安全防范措施不当的，邻人有权提出异议，请求采取适当的安全防范措施，消除危险隐患。危险作业、危险建筑和危险物品致人损害的，所有人或使用人应依法承担赔偿损失的民事责任。《民法典》第 295 条对此种相邻关系作了如下规定："不动产权利人挖掘土地、建造建筑物、铺设管线以及安装设备等，不得危及相邻不动产的安全。"

（五）相邻地界关系

1. 因界标设置而发生的相邻关系。为预防地界纠纷的发生，相邻双方可以协商在地界上共同修建分界墙、分界篱、分界沟或安设分界石。共同修建的分界墙、分界篱、分界沟归双方共有，并由双方共同维修。单方面修建分界墙、分界篱、分界沟，应在地界线己方一侧的土地上进行，不得越界占用对方的土地。单方面建立的分界墙、分界篱、分界沟，归修建方所有。

2. 因越界建筑而发生的相邻关系。相邻一方在地界一侧修建建筑物，应与地界线保持适当距离，不得越界侵占对方的土地。越界建筑侵占相邻方土地的，相邻方有权请求停止侵害。对不停止侵害，继续越界建筑的，相邻方有权请求行政主管机关或人民法院依法处理。相邻方明知对方越界建筑而不提出异议的，建筑完工后则只能请求赔偿损失，不能请求拆除越界建筑物，恢复土地原状。因为在这种情况下，法律不能以牺牲较大利益来保护较小利益。

3. 因越界竹木而发生的相邻关系。相邻一方在地界一侧栽培竹木时，应与地界线保持适当距离，预防竹木根枝越界侵入对方土地。竹木根枝越界影响他方土地使用的，他方有权请求竹木所有人或管理人剔除越界根枝。竹木所有人或管理人不剔除越界根枝的，他方有权剔除。超越地界在他方土地上种植的竹木，应依法归他方所有。

4. 相邻地界纠纷。相邻双方对地界的争议，应按土地管理法、森林法、草原法、渔业法的规定，报请有关行政主管机关处理。对行政主管机关处理不服的，可依法向人民法院提起诉讼，按诉讼程序解决。在行政管理机关或人民法院依法处理前，争议双方应维持地界的现状，任何一方都不得实施破坏地界现状的行为，如砍伐争议地段上的竹木、在争议地段上修建建筑物等。因破坏地界现状致矛盾扩大，造成损害的，应依法承担

三、地役权概述

（一）地役权的概念和特征

1. 地役权的概念。《民法典》第 372 条规定："地役权人有权按照合同约定，利用他人的不动产，以提高自己的不动产的效益。前款所称他人的不动产为供役地，自己的不动产为需役地。"本条规定可作为我们定义地役权概念时的参考。

地役权，指地役权人依设定行为所定之目的，以他人土地供自己土地便宜之用的权利。在地役权法律关系中存在分属于不同所有人或使用人的两方土地：①地役权人自己所有或使用的土地，称为需役地；②供地役权人便宜之用的他方土地，称为供役地或承役地。地役权的基本内容是依设定行为所定之目的，使供役地供需役地便宜之用。所谓"设定行为"，主要是指双方设定地役权的契约行为。所谓"便宜之用"，是指需役地所有人或使用

人为方便自己土地的使用而按地役权契约之约定利用供役地。例如按地役权契约之约定在供役地上筑路通行，在供役地上采石取沙以供建筑之用等。

2. 地役权的特征。地役权与作为法定相邻关系中权利方面的相邻权比较，二者既有相同之处，也有不同之处。地役权与相邻权的相同之处表现在，二者的发生都以分属于不同所有人或使用人的土地地理位置的相邻为必要前提。地役权虽然不是直接基于法律的规定而是基于当事人间的设定行为而发生的，但是当事人的土地如果地理位置不相邻，就不会产生一方为自己土地使用之方便而利用他方土地之需求，也就不会订立地役权契约，设定地役权。

地役权与相邻权的区别表现在：①相邻权是法律直接规定的，地役权是当事人约定的；②相邻权既可以基于土地相邻关系而发生，又可以基于建筑物相邻关系而发生，而地役权则只能基于土地相邻关系而发生；③相邻权作为法定权利，是法律对不动产相邻关系进行最低限度调节的结果，其对不动产所有权或使用权的限制与扩张程度较小，而地役权作为当事人双方超越相邻权限度而约定的权利，其对土地所有权或使用权的限制与扩张程度则较大；④地役权的取得一般是有偿的，也可以是无偿的，而相邻权的行使只要不给邻人造成损失，则通常是无偿的。

（二）地役权制度

地役权制度，指物权法关于地役权法律规范的总和。

对地役权制度，大陆法系各国有两种不同的立法例：①法国民法典把地役权制度与相邻权制度看作一项统一的制度一起规定，并置于用益物权之后。②德国、日本、瑞士等国民法典，把地役权制度与相邻权制度看作各不相同的制度。在这些国家的民法典中，相邻权制度是所有权制度的组成部分，而地役权制度则是用益物权制度的组成部分。在《民法通则》中未作规定的地役权，《民法典》以专章作了规定。该法第 372 条明确规定："地役权人有权按照合同约定，利用他人的不动产，以提高自己的不动产的效益。前款所称他人的不动产为供役地，自己的不动产为需役地。"显然，地役权制度与相邻权制度既有联系又有区别。有鉴于此，我们把相邻权与地役权纳入一章之中分为两节叙述。

地役权制度与相邻权制度都是调节不动产相邻关系的法律制度，其社会功能是相同的。但是二者对不动产相邻关系调节的深度、广度及方法各不相同。相邻不动产所有权或使用权的行使，基于物权的排他性，难免发生冲突，使各方对自己不动产的利用均感不便，于是产生了运用法律对不动产相邻关系进行调节，以谋各方共同利益的必要。相邻权制度是对不动产相邻关系的初步的、浅层次的法律调节，其调节的方法是通过立法直接限制或扩大相邻不动产所有权或使用权。相邻权制度对相邻各方规定的权利、义务，是法定的权利、义务，相邻各方根据相邻权利用对方土地，无须取得对方同意。如果对方妨碍相邻权的行使，相邻权人可诉请法院排除。地役权制度是在相邻权制度的基础上对不动产相邻关系的进一步调节。相邻权制度通过限制或扩张不动产所有权或使用权的方法对相邻关系的调节，是最低限度的调节，只能满足土地所有人或使用人为方便自己土地的使用而利用邻人土地的最低限度的需要。当土地所有人或使用人利用邻人土地的需要超过相邻权的范围与限度时，相邻权制度也就无能为力了。于是产生了于相邻权制度之外再设立地役权制度，为相邻人通过约定方式满足这类需要提供法律准则的必要。因此，地役权制度对相邻关系的调节，无论在性质上、方法上或者深度、广度上，都不同于相邻权制度。在性质上，地役权制度对相邻关系的法律调节，不是在不动产所有权或使用权范围内的调节，而是在不动产所有权或使用权范围外的调节。在调节方法上，不是直接规定相邻各方的权利、义务，而是赋予相邻各方以协商方式来解决有关问题的自由权。由于当事人协商的内容除受诚实信用、公序良俗等基本原则的限制外，没有具体的限制，因此地役权制度对相邻关系的法律调节具有灵活性和伸缩性，其调节的深度与广度也就远胜于相邻权制度。

四、地役权的取得

地役权的取得，指地役权就特定主体而发生。地役权作为一种民事权利，其发生须以一定法律事实为根据。按传统民法的规定，能引起地役权发生的法律事实主要有法律行为、继承及取得时效等。

（一）法律行为

法律行为是指以设立、变更、终止民事权利义务关系为目的，以意思表示为基本要素的合法行为。能引起主体取得地役权的法律行为主要有以下两种：

1. 设定地役权的行为。设定地役权的行为，通常是需役地所有人或使用人与供役地所有人或使用人的双方法律行为，即地役权合同。设定地役权的双方法律行为可以是有偿行为，也可以是捐助性质的无偿法律行为。除地役权合同外，供役地所有人或使用人的单方法律行为（如遗嘱）也可以设定地役权。以供役地所有人或使用人的单方法律行为设定地役权，则只能是无偿的。土地所有权人、使用权人都有权在其所有的或使用的土地上为他人设定地役权，但是按照《民法典》第 379 条的规定，土地上已经设立土地承包经营权、建设用地使用权、宅基地使用权等用益物权的，未经用益物权人同意，土地所有权人不得设立地役权。按《民法典》第 373 条的规定，地役权合同应采书面形式订立，一般应当包括以下条款：①当事人的姓名或者名称和住所；②供役地与需役地的位置；③利用目的和方法；④地役权期限；⑤费用及其支付方式；⑥解决争议的方法。对地役权的期限问题，《民法典》第 377 条还作了这样的规定："地役权期限由当事人约定；但是，不得超过土地承包经营权、建设用地使用权等用益物权的剩余期限。"但是，本条的适用范围应限于土地承包经营权人、建设用地使用权人以其享有用益物权的土地为他人设定地役权负担的情况。

地役权是一种不动产物权，可以依法进行登记。我国《民法典》对地役权登记采对抗要件主义，而非生效要件主义。该法第 374 条规定："地役权自地役权合同生效时设立。当事人要求登记的，可以向登记机构申请地役权登记；未经登记，不得对抗善意第三人。"

2. 转让地役权的行为。地役权作为一种财产权，可以通过当事人的双方法律行为或单方法律行为而让与。但是地役权是土地所有权或使用权的从权利，不能与土地所有权或使用权分离而单独让与，只能与土地所有权或使用权一起让与。关于地役权的转让，《民法典》第 380 ～ 383 条作了如下规定：①地役权不得单独转让。土地承包经营权、建设用地使用权等转让的，地役权一并转让，但是合同另有约定的除外。②地役权不得单独抵押。土地经营权、建设用地使用权等抵押的，在实现抵押权时，地役权一并转让。③需役地以及需役地上的土地承包经营权、建设用地使用权等部分转让时，转让部分涉及地役权的，受让人同时享有地役权。④供役地以及供役地上的土地承包经营权、建设用地使用权等部分转让时，转让部分涉及地役权的，地役权对受让人具有法律约束力。

（二）继承

地役权也可以通过继承方式取得。继承人在继承需役地所有权或使用权的同时，也就继承了从属于需役地所有权或使用权的地役权。

（三）取得时效

按传统民法的规定，地役权以继续并表现者为限，可按取得时效制度的规定而取得。

五、地役权的主体和客体

（一）地役权的主体

地役权的主体，指依法享有地役权的人。地役权的主体为需役地的所有人或使用人。依地役权制度的立法目的，土地所有人为使用自己土地的方便，得在他方土地上设定地役权。但土地所有人设定的地役权并不限于所有人本人行使，当土地所有人在其土地上为他人设定地上权、永佃权、典权、使用权等用益物权时，或者将土地租给、借给他人使用时，土地的使用人亦得行使土地所有人设定的地役权；土地所有权人负担地役权义务时亦同。我国《民法典》第378条亦有相同的意旨，该条规定："土地所有权人享有地役权或者负担地役权的，设立土地承包经营权、宅基地使用权等用益物权时，该用益物权人继续享有或者负担已设立的地役权。"由地役权制度的宗旨所决定，可以在他方土地上设定地役权的人，亦不限于土地所有人，地上权人、永佃权人、典权人、使用权人等土地用益物权人为使用土地的方便，亦得在他人土地上设定地役权。同时，地上权、永佃权、典权、使用权等用益物权设定后，用益物权人亦可以在其使用的土地上为他人设定地役权负担，只是其设定的地役权负担的期限不得超过其用益物权的期限。用益物权还可以构成对土地所有权人在设定了用益物权的土地上再设定地役权的限制。我国《民法典》第379条规定："土地上已经设立土地承包经营权、建设用地使用权、宅基地使用权等用益物权的，未经用益物权人同意，土地所有权人不得设立地役权。"

（二）地役权的客体

地役权的客体，指供自己土地便宜之用的他方土地。这里所说的"他方土地"，包括归他人所有的土地，或者由他人使用的土地。由于地役权的宗旨在于方便土地的使用，因此作为地役权客体的土地，不限于他人所有的土地，归同一所有人所有而由他人使用的土地亦可作为地役权的客体。例如，同一所有人的土地分割成数宗，分别由不同的用益物权人使用，各用益物权人为使用土地的方便，就可能彼此在对方使用的土地上设定地役权。所有人自己也可以在自己的土地上设定地役权。例如，在土地私有制下，土地所有人将自己所有的部分土地为他人设定用益物权，留下部分土地自己使用，所有人为使用留下部分土地之方便，就可以在用益物权人使用的土地上设定地役权。所有人将自己部分土地分成数宗分别出让时，为自己将来使用土地的方便和各受让人使用土地的方便，也可以先在各宗土地上设定地役权，然后让与。

六、地役权的基本内容和分类

（一）地役权的基本内容

地役权的基本内容为需役地所有人或使用人为方便自己土地的使用，在地役权设定行为所定目的范围内对供役地为有限的利用。

对地役权的内容，即地役权人利用供役地的范围，法律虽无限制，但是由地役权自身性质所决定，地役权人不能像地上权人、永佃权人、典权人、使用权人乃至承租人那样对土地进行全面的使用、收益，只能在方便自己土地使用目的的范围内对供役地进行局部的利用。地役权人绝不可能排除供役地所有人或使用人对供役地的支配和利用，而由自己对供役地进行全面的支配和利用。

地役权人对供役地的利用大致有四种形式：

1. 在地役权设定行为所定目的范围内对供役地进行某一方面的使用，如通行、引水等。

2. 在地役权设定行为所定目的范围内取得供役地的某些天然孳息或土地的构成部分。例如为自己取得建筑材料或燃料之目的在供役地上采石、取土或者在供役地的森林中伐木、砍柴。

3. 在地役权设定行为所定目的范围内限制供役地所有人或使用人对土地为某种方式之利用。例如，在给供役地所有人或使用人以相当补偿的条件下，使之不为与己方营业或生活不相协调的利用方式。

4. 在地役权设定行为所定目的范围内，排除供役地所有人或使用人相邻权的某些权能的行使，如使供役地建筑物承受己方屋檐之滴水，容忍噪声或某种气味的侵入等。

地役权人无论对供役地为上述四方面中哪一方面的利用，均不得违反法律的强制规定、自然规律及当地的善良风俗习惯。例如不得设立以禁止高地向自己土地排水，禁止邻人对己方土地为任何使用或通行内容的地役权。

与地役权的基本内容相对应，供役地所有人或使用人的主要义务为容忍义务和不作为义务。所谓容忍义务，是指容忍地役权人对己方土地的使用、收取孳息或对己方相邻权所加予的限制。所谓不作为义务，是指根据地役权人的要求对己方土地不为某种利用。供役地所有人或使用人的容忍义务和不作为义务都是有限度的，其限度就是地役权设定行为所定的目的。当地役权人在地役权设定行为所定目的范围内对供役地利用时，供役地所有人或使用人应当容忍或不作为，但是超过地役权设定行为所定目的对供役地进行利用时，供役地所有人或使用人则有权排除之。例如，地役权契约允许需役地所有人或使用人以自用为目的在供役地上砍伐竹木，如需役地所有人或使用人在供役地上以出售目的伐木，则供役地所有人或使用人有权禁止。

（二）地役权的分类

地役权就其不同的内容，大体有以下种类：

1. 通行地役权。这是指基于一定目的在供役地上开设通路或利用旧路而通行的权利。

2. 引水或排水地役权。这是指在地上、地下设立水道引用供役地之水，或经由供役地引用他人土地之水，或经由供役地排放自己土地之水。

3. 汲水地役权，即汲取供役地泉水或井水的权利。

4. 建筑物地役权，即使自己的建筑物突出于供役地或使供役地的建筑接受某种限制的权利。如设置突出于邻地的屋檐，架设屋梁于邻地建筑物上，使供役地的建筑不超过一定高度或为一定式样以方便自己建筑物的观望、采光等。

5. 放牧地役权，即于供役地的牧场上放牧牲畜的权利。

6. 山林地役权，即于供役地伐木采薪，作为需役地燃料的权利。

7. 采石取土地役权，即于供役地开采沙、石、粘土以供需役地建筑之用的权利。

七、地役权的效力

（一）地役权人的权利义务

1. 地役权人的权利。基于地役权的法律效力，地役权人在地役权法律关系中享有以下的权利：

（1）物上请求权。地役权作为物权，对供役地具有一定的支配力。当地役权人对供役地的支配受到侵害或妨碍时，受物权法的保护，自然得行使物权法规定的返还原物请求权、排除妨碍请求权、恢复原状请求权等物上请求权。例如，地役权人在供役地上修筑的道路被侵占、阻塞、破坏时，自得请求返还原物、排除妨碍、恢复原状。

（2）必要行为权。这里所称必要行为，系指行使和保持地役权的行为，包括使用供役地和为使用而建立和维护必要使用设施的行为。例如引水地役权人可以在供役地上建立和维修引水设施。若地役权契约没有相反的约定，地役权人为行使和保持地役权而实施的必要行为致供役地损害的，地役权人不负责任。

（3）附随行为权。这里所称附随行为系指虽非行使地役权的行为，然为行使地役权所必要的行为。行使地役权的附随行为，地役权人亦有权实施。例如，为行使山林地役权而去供役地森林伐木，有权通行供役地。

（4）利用供役地的优先权。地役权构成供役地的负担，为确保地役权的实现，地役权人在地役权契约所定目的范围内有优先于供役地所有人或使用人而利用供役地的权利。

2. 地役权人的义务。地役权人在地役权法律关系中负有以下义务：

（1）适当行使地役权、合理利用供役地的义务。《民法典》第376条规定："地役权人应当按照合同约定的利用目的和方法利用供役地，尽量减少对供役地权利人物权的限制。"地役权人不得滥用地役权。

（2）容忍他人对供役地为同样利用的义务。地役权人对供役地的利用是十分有限的利用，不能像土地使用权人那样得排除他人为同样的利用。土地所有人或使用人可以在其土地上为数人设立相同的地役权，地役权设定后土地所有人或使用人也可以对土地为相同的利用，为此地役权人负有容忍的义务。例如，山林地役权人既不能禁止山林所有人或使用人采伐林木，也不得禁止其他山林地役权人采伐林木。

（3）设置维修的义务。地役权人为使用供役地而建有设施的，如排水设施，应对其设施负维修的义务，如怠于维修而致供役地损害的（如排水设施崩溃致有毒废水流入鱼塘），应负赔偿责任。

（4）支付赔偿金的义务。地役权的取得可以是无偿的，但通常是有偿的，如为有偿，地役权人应按约定的数额及支付方式向供役地所有人或使用人支付赔偿金。

（二）供役地所有人或使用人的权利义务

供役地所有人或使用人的权利义务，指供役地所有人或使用人在地役权法律关系中可以为一定行为的权利和应当为一定行为的义务。

1. 供役地所有人或使用人的权利。供役地所有人或使用人基于其土地所有权或使用权，在地役权法律关系中对地役权人享有以下权利：

（1）偿金请求权。若地役权人对供役地的利用超越法定相邻权的范围，供役地所有人或使用人有要求地役权人对价给付偿金的权利。当然，供役地所有人或使用人也可以放弃此项权利，为需役地所有人或使用人无偿设定地役权。

（2）同一利用权。地役权设定后，供役地所有人或使用人并不丧失土地的使用权，不仅可以对土地为与地役权人不同的利用，也可以为与地役权人相同的利用。例如，设定山林地役权或沙、石地役权后，供役地所有人或使用人仍然可以在同一场所伐木或开采沙、石。

（3）使用地役权人工作物的权利。地役权人为利用供役地而在供役地上设有工作物者（如道路、引水设施），供役地所有人或使用人亦有权使用。但为公平起见，应按其受益程度分担工作物之维修费用。

（4）变更地役权人使用场所及使用方法的权利。地役权存续期间，在对地役权人无损、对己有利的情况下，供役地所有人或使用人可变更地役权人行使地役权的地点及方法，如变更山林地役权人砍伐竹木之地点，修筑新路让地役权人通行等。

2. 供役地所有人或使用人的义务。在地役权法律关系中，供役地所有人或使用人负有以下义务：

（1）容忍义务。在地役权设定行为所定目的范围内，供役地所有人或使用人有容忍地役权人使用自己土地的义务。《民法典》第 375 条规定："供役地权利人应当按照合同约定，允许地役权人利用其不动产，不得妨害地役权人行使权利。"

（2）不作为义务。当地役权设定行为所定目的在于限制供役地为某种利用时，供役地所有人或使用人则负有不为该种利用的义务。但是，以限制供役地利用为目的的地役权须不违反法律、社会公共利用、自然规律和善良的风俗习惯。如有违背，则地役权设定行为无效。例如以高额偿金为代价限制供役地不为耕作，使土地丢荒，即使供役地所有人或使用人同意，亦为社会所不许。

（3）工作物设置及维修的义务。地役权人行使地役权的工作物通常由地役权人设置和维修。但若当事人在地役权契约中以增加偿金为对价使供役地所有人或使用人承担此项义务，亦无不可。

八、地役权的消灭

地役权的消灭，指需役地所有人或使用人在供役地上的地役权不复存在。地役权可因下列原因而消灭：

1. 存续期间届满或解除条件成就。地役权可以是有期的，也可以是无期的。需役地使用权人为自己使用土地的方便而设定的地役权通常是有期的（以其土地的使用期为限）。如地役权之存续定有期限，则其期限届满，地役权消灭。地役权也可以因地役权合同的解除而消灭。《民法典》第 384 条规定了供役地权利人的法定解除条件，该条规定："地役权人有下列情形之一的，供役地权利人有权解除地役权合同，地役权消灭：（一）违反法律规定或者合同约定，滥用地役权；（二）有偿利用供役地，约定的付款期限届满后在合理期限内经两次催告未支付费用。"此外，当事人还可以在地役权合同中约定合同的解除条件。如果当事人在地役权合同中约定了合同的解除条件，其解除条件成就，地役权消灭。

2. 地役权行使之不能。因情事变迁（如土地灭失、泉水干涸等）而使地役权的行使事实上不能够实现地役权设定行为所定目的而消灭。

3. 地役权行使无意义。因情事变迁使地役权的行使无意义时，供役地的所有人或使用人得请求消灭地役权，对土地进行其他方面的利用。例如，需役地的所有人或使用人为伐木而在供役地上设的专用道路，如因森林伐尽而无必要再保留此道路时，供役地所有人或使用人得请求废弃此道路，而将土地改作他用。

4. 地役权与土地所有权或使用权混同。当需役地所有人或使用人取得供役地所有权或使用权时，或者供役地所有人或使用人取得需役地所有权或使用权时，地役权便因与所有权或使用权混同而消灭。

5. 地役权抛弃。地役权为财产权，可以被抛弃。当地役权人因行使地役权已无意义而抛弃其地役权时，地役权消灭。

6. 土地征收及重划。当国家征收或重新规划土地而使需役地、供役地的用途及使用关系发生变化时，昔日的地役权则可能因土地用途的改变和使用关系的变化而消灭。

■思考题

1. 什么是用益物权？用益物权具有哪些特征？对我国用益物权进行分类应考虑哪些因素？

2. 什么是国有建设用地出让使用权？它与大陆法系国家物权法上的地上权有何异同？国有建设用地出让使用权怎样取得？使用权人有何权利、义务？

3. 什么是土地承包经营权？它与大陆法系国家的永佃权有何异同？？

4. 什么是宅基地使用权？

5. 什么是居住权？居住权的功能有哪些？

6. 什么是地役权？地役权和相邻权是什么关系？

■参考书目

1. 梁慧星主编：《中国物权法研究》，法律出版社 1998 年版。

2. 高富平：《土地使用权和用益物权——我国不动产物权体系研究》，法律出版社 2001 年版。

3. 胡志刚：《不动产物权新论》，学林出版社 2006 年版。

4. 孟勤国：《物权二元结构论——中国物权制度的理论重构》，人民法院出版社 2004 年版。

5. 孟勤国、黄莹主编：《中国物权法的理论探索》，武汉大学出版社 2004 年版。

6. 房绍坤："论民法典中的居住权"，载《现代法学》2020 年第 4 期。

7. 刘云生：《物权法》，元照出版有限公司 2015 年版。

第十七章　担保物权

■ **学习目的和要求**

　　本章是对担保物权的一般原理、一般规定及三种担保物权——抵押权、质权、留置权的论述。通过本章教学要求学生掌握担保物权的概念、特征，担保物权的价值，担保物权的分类，担保合同无效的原因及担保合同无效的法律后果；抵押权的概念和特征，抵押权的主体和客体，抵押权的设立及抵押权的各种效力；质权的概念、特征以及我国《民法典》对两种质权——动产质权和权利质权的相关规定；留置权的概念、特征，留置权的成立、消灭以及留置权的效力。

第一节　担保物权概述

一、担保物权的概念和特征

　　所谓担保物权，是指以确保债务清偿为目的、而于债务人或第三人之特定物或权利上所设定的他物权。依此定义，担保物权具有以下特征：

　　1. 担保物权以担保债权之实现为目的。设定担保物权旨在确保债务之清偿。所以，《民法典》第387条第1款规定："债权人在借贷、买卖等民事活动中，为保障实现其债权，需要担保的，可以依照本法和其他法律的规定设立担保物权。"此点有别于以支配物之使用价值为目的的用益物权。因此，理论上又将担保物权称为价值权，而将用益物权称为实体权。

　　由于担保物权是以担保债权的实现为目的的，所以担保物权的发生、存续都需以一定的债权关系的存在为前提，这就是所谓的担保物权的从属性。当然，在现代物权法上，担保物权的从属性也有相对化的趋势。比如最高额抵押中的抵押就可能先于债权而成立，并且在连续的交易关系中，其中一笔债权的无效，也不影响整个最高额抵押合同的效力。

　　关于担保物权所担保的主债权的范围，如果当事人有约定则按约定，如没有约定，则依《民法典》第389条的规定，应包括主债权及其利息、违约金、损害赔偿金、保管担保财产和实现担保物权的费用。

　　2. 担保物权是支配特定财产的交换价值的他物权。由于担保物权旨在确保债权之实现，故担保物权人须对担保物的交换价值具有支配力。此种支配力的最终后果体现为担保物权人的优先受偿效力。依《民法典》第386条，所谓优先受偿权，是指在债务人不履行到期债务或者发生当事人约定的实现担保物权的情形时，担保物权人依法享有就担保财产优先受偿的权利。担保物权的优先受偿性既表现为有担保物权的债权优先于无担保物权的普通债权，也表现为先设定的担保物权优先于后顺位的担保物权。

由于担保物权的设定不以利用担保财产为目的，而仅以支配特定财产的交换价值为要旨，所以，即使担保财产毁损、灭失，担保物权的效力仍可及于担保物的代位物。《民法典》第 390 条规定："担保期间，担保财产毁损、灭失或者被征收等，担保物权人可以就获得的保险金、赔偿金或者补偿金等优先受偿。被担保债权的履行期限未届满的，也可以提存该保险金、赔偿金或者补偿金等。"这是对担保物权物上代位性的确认。

担保物权的支配效力还体现在担保物权所具有的不可分性上。所谓担保物权的不可分性，是指被担保的债权在未受全部清偿前，担保物权人可就担保物之全部行使权利。详言之，债权人在其债权得到全部实现前，可就担保物的整体主张权利，担保物的部分变化或债权的部分变化均不影响担保物权的效力。

3. 担保物权是设定在债务人或第三人的特定财产上的权利。担保物权的目的在于确保债权的实现，自然就只能在债务人或第三人的特定财产上设定，而就债权人的财产成立担保物权则无任何意义。在比较法上只有少数国家规定担保物权可以存在于自己之物或权利之上。[1]

二、担保物权的价值

债权是期待权，其实现有赖于债务人的履行。为确保债权的实现，民法提供了包括违约责任、保全、保证和担保物权在内的诸多保障制度。在这些制度中，又以担保物权制度最为有力和积极。

违约责任虽有压迫债务人全面履行债务的效力，但却是一种事后的救济措施，不具事前的预防性。因为在"民事责任去人身性"以后，违约责任的承担完全系于债务人的一般财产。而债务人的一般财产，债权人是难以掌握和控制的。所以一旦债务人的责任财产不足以清偿其债务时，债权人的债权必将陷入无法实现之境地。而担保物权制度较违约责任制度要积极，尤其是约定的担保物权，其本身就是债权人为实现其债权而做的一种事前工事。

保全制度虽然在一定程度上可以确保责任财产的稳定，在这一点上要较违约责任更积极。但保全制度对于因正常的民事活动而导致的财产的减少或债务的增加无能为力。所以一旦债务人身负多项债务，而责任财产又有限时，基于债权的平等原则，债权人债权的实现就无法获得保障。而担保物权制度，则通过以特定物来担保债务的履行的方式，从而破除债权平等主义的束缚，可以使债务人积极地、主动地为债权的实现作出保障。

保证制度固然可以通过保证人的加入而增加责任财产的范围，但其本质仍锁定在保证人的一般财产之上，而未对债权实现中的平等原则有任何撼动。所以保证制度仍然没有超越普通债权的一般性，债权人之债权不能完全实现之危险依旧存在。而担保物权的有效设定，将使债权人同时具有物权人的地位。债权和物权的结合，使债权的实现具有了物权的保障。

由上述比较可以看出，担保物权通过使债权人对特定担保物的价值享有支配力，从而打破了债权平等原则的束缚，弥补了债权人对债务人之财产不具追及力的缺陷，强化了债权的效力，为债权的实现提供了有力的保障。

当然，在现实交易中，为强化债权的保障，债权人会采取包括保全、保证和担保物权等一系列的组合方法。在此就涉及保证和担保物权的关系问题。《民法典》第 392 条规定："被担保的债权既有物的担保又有人的担保的，债务人不履行到期债务或者发生当事人约定的实现担保物权的情形，债权人应当按照约定实现债权；没有约定或者约定不明确，债务

---

〔1〕　陈华彬：《物权法原理》，国家行政学院出版社 1998 年版，第 560 页。

人自己提供物的担保的，债权人应当先就该物的担保实现债权；第三人提供物的担保的，债权人可以就物的担保实现债权，也可以请求保证人承担保证责任。提供担保的第三人承担担保责任后，有权向债务人追偿。"

前面所讲的担保债权的实现，还仅仅是担保物权直接方面和消极方面的作用；就积极方面而言，担保物权还具有促进资金融通和物资流通，进而间接起到繁荣经济的作用。现代市场经济主要是由物流和资金流组成的。以生产企业为例，在生产阶段，企业为扩大生产而需要资金时，可以利用企业的资产作为担保向银行借款。虽然理论上的融资方式很多，比如发行股票和债券，但不可否认，借贷仍是我国资金融通的主要选择。在销售阶段，为扩大销售，企业也可以在担保物权的保障下，选择分期付款的交易形式来开拓市场。由此，我们可以看出，担保物权促进了信用交易的展开，使整个社会的物流和资金流顺畅地实现运转，从而最终促进了经济的发展。

三、担保物权的历史沿革

学界一般认为，现代担保物权肇始于古罗马。在古罗马曾产生了信托质、质权和抵押权三种担保物权。其中信托质是最早出现的物的担保制度。在信托担保制度下，债权人通过"曼兮帕蓄"或拟诉弃权的方式取得债务人的担保物的所有权，以此担保债权的实现，并在债务清偿后返还担保物。这实际上是债务人以移转物的所有权来获取债权人的信任，而债权人又需在债务人清偿债务后返还担保物。这种担保方式，对于债务人和债权人双方都有不便，也不利于充分发挥物的效用，所以至查理大帝执政时期就被质权担保取代。质权是罗马万民法的产物，是指债权人仅取得债务人或第三人提供的担保物的占有权，而所有权仍归担保物提供人本人，当债务人不履行债务时，债权人可将已占有的担保物变卖，从中清偿债权。相比信托质，质权更有利于债务人利益的保护，但质权仍需以移转担保物的占有为必要，这仍然影响了出质人的使用和收益，不利于经济发展。抵押权并非罗马法的固有制度，而系由古希腊的抵押权制度移植而来。抵押权是为弥补质权的缺陷而逐渐发展起来的，它既不使债权人获得所有权，也不使其获得占有权，而只单纯给予其他物权。

在日耳曼法上，最早出现的担保物权是以标的物所有权附解除条件让与债权人为特征的"所有质"，后来出现了不移转所有权而仅移转收益权的"用益质"，再后来，不动产质也发展起来，与"用益质"统称为"古质"；与此相对应的是"新质"，即随后出现的不占有质物的"无占有质"。中世纪末，出质人仅需将质物的所有权证书交付给债权人，而无需移转质物，由此产生了契质，从而划分出了质权与抵押权两种担保物权制度。[1]

近现代的担保物权是在罗马法和日耳曼法的基础上发展、成熟起来的。《法国民法典》在第三编第十七章规定了动产质权（包括权利质权）和不动产质权，在第十八章规定了优先权和抵押权制度。《德国民法典》规定了抵押权、土地债务、定期土地债务和质权（包括动产质权和权利质权）；留置权和优先权则被认为属于债权关系而不作为担保物权处理。《日本民法典》规定了留置权、先取特权、质权和抵押权，开始将留置权纳入担保物权体系。《瑞士民法典》主要规定了不动产抵押权、债务证券、定期金证券、土地负担、动产质权、权利质权和留置权。

四、担保物权的类型

《民法典》规定了抵押、质权和留置权三种担保物权，这是立法上的分类。在理论上，

---

〔1〕 蔡永民、贾登勋主编：《物权法论》，兰州大学出版社1998年版，第214页。

还可依其他标准对担保物权进行分类。这种学理上的分类，对理解和适用具体的担保物权具有价值。

（一）法定担保物权与约定担保物权

按担保物权成立根据的不同，可将担保物权分为法定担保物权与约定担保物权。法定担保物权是指直接根据法律的规定而成立的担保物权。在我国法上以留置权为典型。约定担保物权是指基于当事人间设立担保物权的合同而成立的担保物权。《民法典》中规定的抵押权和质权都属于典型的约定担保物权。

区分法定担保物权与约定担保物权的意义在于：①两者的设定条件不同。法定担保物权是基于法律规定的某种事实而直接产生，而约定担保物权则需要当事人的创设。②两者的功能不同。法定担保物权是以维护公平正义为目的，常带有社会政策考量的色彩，主要以保障特定债权的实现为目的，故又称为费用性担保物权。而约定担保物权则多带有媒介融资的作用，故又称为融资性担保。③在担保物权的从属性上不同。法定担保物权以保障特定债权的实现为目的，所以，法定担保物权的存在必以特定债权的存在为前提。而约定担保物权具有媒介融资的作用，所以在实践中为防止融资上的不当障碍，其从属性通常有缓和的趋势，有的甚至被否定。比如在证券抵押中，债权与抵押权的主从属关系完全被颠倒过来，本来具有从属性的抵押权，为保证其流通，逐渐地看轻债权的存在，最后将债权完全贬低为附从的、拟制的存在，[1] 而且这种倾向，已被《日本抵押证券法》所肯定。

（二）债务人担保与第三人担保

按担保主体的不同，可将担保物权分为债务人担保与第三人担保。所谓债务人担保，是指担保人为债务人的担保；而第三人担保是指担保人为债务人以外的第三人的担保。

区分债务人担保与第三人担保的意义主要体现于反担保之时。所谓反担保，即与正担保相对，是指债务人或其他人为担保人将来追偿权的实现而提供的担保。反担保是在正担保的基础上成立的。也就是说当正担保属于第三人担保时，担保人在承担了担保责任后有权对债务人依法享有追偿。这种追偿权也是一种债权，其能否实现同样取决于债务人的信用。因此，当第三人为债务人提供担保时，往往要求债务人提供反担保。《民法典》第 387 条第 2 款规定："第三人为债务人向债权人提供担保的，可以要求债务人提供反担保……"

此外，在第三人的担保中，第三人之所以会为债务人提供担保，多是基于对债务人的特殊信任，因此，在第三人担保中，债务人未经担保人同意而擅自转移债务将会破坏担保人的信任，给担保人带来更大的风险。所以为了平衡担保物权人、担保人和债务人间的利益，《民法典》第 391 条规定："第三人提供担保，未经其书面同意，债权人允许债务人转移全部或者部分债务的，担保人不再承担相应的担保责任。"

（三）典型担保物权与非典型担保物权

以担保是否为民法典所明文规定为标准，担保物权可分为典型担保物权与非典型担保物权。其中由《民法典》所明文规定的担保物权为典型担保物权，如抵押权、质权和留置权。非典型担保物权是《民法典》没有明确规定，而是在社会交易中自发产生的、具有担保作用的担保物权，如让与担保、保险担保等。非典型担保物权又称为变态担保或不规则担保，虽然其未被法律所肯认，但在事实上却能实现担保的目的，如果单纯以违反物权法定为由而否定其效力，不甚妥当。所以，如何以特别立法或司法判例的方式对其进行规范

---

〔1〕〔日〕我妻荣：《债权在近代法中的优越地位》，王书江、张雷译，中国大百科全书出版社 1999 年版，第 54 页。

整理，实为担保立法所面临的重大课题。

（四）优先清偿性担保物权和留置性担保物权

以担保物权的效力为标准，担保物权可分为优先清偿性担保物权和留置性担保物权。优先清偿性担保物权是指通过支配担保物的交换价值以实现债务的优先受偿为主要效力的担保物权，其中以抵押权为典型。留置性担保物权是指通过留置担保物而压迫债务人履行债务为主要效力的担保物权，其中以留置权为代表。而质权则集优先清偿性和留置性于一身，具有双重属性。

由于优先清偿性担保物权不移转担保物的占有，所以担保人在提供担保时，仍可对担保物进行利用和处分。而留置性的担保物权则在客观上限制了担保物使用价值的发挥，于物尽其用原则有悖，所以，近代以来，以抵押权为典型的优先清偿性担保物权的地位日益突出，以至于有"担保之王"之美誉。

（五）定限型担保物权与权利移转型担保物权

以担保物权的构造形态为标准，担保物权可以分为定限型担保物权与权利移转型担保物权。所谓定限型担保物权，是指担保物的所有权仍归担保人，担保权人仅取得定限型的权利的担保物权，抵押权、质权和留置权都属于定限型担保物权。而权利移转型担保物权是指将担保物的所有权或其他权利移转给担保权人的担保物权，包括买卖式担保、让与式担保和所有权保留。[1]

除上述五种重要分类之外，还可以按担保物的存在形态，将担保物权分为动产担保物权、不动产担保物权、权利担保物权和非特定担保物权；按设定担保物权是否以交付担保物为标准，将担保物权分为占有担保物权和非占有担保物权；按担保物权的成立是否需要登记公示为标准，将担保物权分为登记担保物权和非登记担保物权。

五、有关担保物权的两个共同性问题[2]

（一）担保合同的无效问题

1. 担保合同无效的原因。担保合同将因以下原因而无效：

（1）主合同无效。《民法典》第388条确立了主债权债务合同无效，担保合同无效的原则。这是由于担保合同是主债权债务合同的从合同，具有从属性。

（2）担保人无订立担保合同的权利能力和行为能力。如国家机关和以公益为目的的事业单位、社会团体违反法律规定提供担保的，担保合同无效。

（3）担保物属于禁止流通物。如以法律、法规禁止流通的财产或者不可转让的财产设定担保的，担保合同无效。

（4）在对外担保合同中，下列情形都可能归于无效：如未经国家有关主管部门批准或者登记对外担保的；未经国家有关主管部门批准或者登记，为境外机构向境内债权人提供担保的等等。

2. 担保合同无效后的法律后果。《民法典》第388条第2款规定："担保合同被确认无效后，债务人、担保人、债权人有过错的，应当根据其过错各自承担相应的民事责任。"

必须明确的是，在担保合同无效时，担保人依法所承担的责任在性质上已不属担保责任。它与担保责任存在区别：它只在担保合同无效时发生；它是一种民事责任，以担保人对担保合同无效有过错为条件；它是赔偿债权人损失的赔偿责任。而担保责任则与此相反：

---

〔1〕 李开国、张玉敏主编：《中国民法学》，法律出版社2002年版，第597~600页。

〔2〕 李开国、张玉敏主编：《中国民法学》，法律出版社2002年版，第601~603页。

担保责任于担保合同有效时才能发生；担保责任虽称"责任"，却非民事责任，而是民事义务，其承担与过错之有无无关；担保责任不是赔偿责任，而是代债务人清偿债务的义务。

（二）担保物权的期限问题

根据《民法典》第419条，抵押权人应当在主债权诉讼时效期间行使抵押权；未行使的，人民法院不予保护。这是关于担保物权存续期间的强制性规定。据此规定，担保物权的存续期间与被担保的主债权的诉讼时效期间具有一致性，超过时效期限，担保物权不再受法律强制保护。

第二节　抵押权

一、抵押权概述

（一）抵押权的概念

《民法典》第394条第1款规定："为担保债务的履行，债务人或者第三人不转移财产的占有，将该财产抵押给债权人的，债务人不履行到期债务或者发生当事人约定的实现抵押权的情形，债权人有权就该财产优先受偿。"依照本规定，抵押权可定义为：抵押权是指债权人对债务人或第三人提供的、不移转占有而作为债务履行担保的财产，于债务人不履行债务时，得就其价值优先受偿的权利。

在抵押权关系中，享有抵押权的债权人称为抵押权人；提供担保财产的债务人或第三人，称为抵押人；抵押人提供的担保财产，称为抵押物或抵押财产。

（二）抵押权的性质和特征

1. 抵押权为物权。在权利性质上，抵押权不是请求某人给付某物的请求权，而是排他地支配某物的支配权，因此抵押权为物权。抵押权的物权性主要表现在以下方面：①抵押权以特定的抵押物为客体。抵押权无论以动产、不动产或不动产用益物权为客体，总是针对特定的物，这一点使抵押权区别于以相对人的给付行为为客体的债权。②抵押权人虽然不占有抵押物，但对抵押物仍然具有一定的支配力。在抵押权担保的债权清偿期届满前，抵押权的存在对抵押物所有权构成了一定的限制。在抵押权担保的债权清偿期届满后，抵押权人有权依法实行抵押权，处分抵押物。③抵押权也具有一定的物上请求效力。在抵押权存续期间，如抵押人的行为导致抵押物价值减少，抵押权人有权请求抵押人停止其行为并修缮抵押物，以恢复抵押物原有的价值。④抵押权也具有物权的排他性。抵押权的排他性主要表现在：抵押权人可排除抵押人的其他债权人，就抵押物的价值优先受偿；在同一物上设定数个抵押权时，先设定抵押权的抵押权人可排除后设定抵押权的抵押权人，就抵押物的价值优先受偿。

2. 抵押权为担保物权。与用益物权不同，抵押权的设立目的不在于财产的使用、收益，而在于利用财产的交换价值担保债权获得清偿，因此抵押权为担保物权。

3. 抵押权具有从属性。抵押权担保债的履行的目的性决定了抵押权从属于被担保的债权。①成立上的从属性。抵押权的有效成立以被担保的债权的有效成立为前提，没有有效成立的债权，就不可能设定有效的抵押权。②移转上的从属性。抵押权随债权的转让而转让。抵押权人既不能单独转让抵押权而保留债权，也不能单独转让债权而保留抵押权。《民法典》第407条规定："抵押权不得与债权分离而单独转让或者作为其他债权的担保。债权转让的，担保该债权的抵押权一并转让，但是法律另有规定或者当事人另有约定的除外。"③消灭上的从属性。抵押权随债权的消灭而消灭。被担保的债权消灭后，抵押权便因失去其存在的前提而消灭。

4. 抵押权具有不可分性。抵押权的不可分性表现在抵押权设定后，债权人得就抵押财产之全部行使其抵押权，抵押财产分割、部分让与，债权分割、部分让与或部分清偿都不影响抵押权。

二、抵押权的主体和客体

（一）抵押权的主体

抵押权的主体是指在抵押权法律关系中享受权利、承担义务的人。抵押权法律关系是由抵押权人、抵押人和不特定的第三人三方主体参加的民事法律关系。

抵押权人为主债的债权人，是抵押权的权利主体。抵押权人对抵押人提供的抵押财产享有就其价值优先于其他债权人受清偿的权利。

抵押人是为抵押权人（债权人）提供抵押财产以保证抵押权人之债权得以实现的人。抵押人一般是债务人本人，也可以是受债务人委托同意以自己特定财产为债务人担保的第三人。抵押是一种财产处分行为，因此抵押人须是对抵押财产享有处分权的人。抵押人对抵押财产不享有处分权的，应按无权处分行为、登记善意取得等有关规定处理。财产抵押后，抵押人并不因此而丧失对抵押财产的权利，但是，其权利须受抵押权之限制。在抵押权人依法行使抵押权范围之内，抵押人负有容忍的义务。

在抵押权法律关系中，不特定的第三人，包括抵押人的其他债权人、抵押财产的买受人（买受人将价款用以清偿被担保的债权的情况除外）、承租人及其他任何人，他们对抵押权人行使抵押权都负有不作为的义务。

（二）抵押权的客体

1. 抵押权客体概述。抵押权的客体是指抵押人提供的用于保证债权人的债权得以实现的抵押财产。按大陆法系国家传统民法的规定，抵押权的客体仅为不动产和不动产用益物权，于动产上只能设定移转占有的质权，不能设定不移转占有的抵押权。但是近现代以来，随着商品经济的发展，为充分发挥动产的经济效益，大陆法系国家亦逐步吸纳了英美法系国家的动产抵押制度。因此，按现代民法的抵押权制度，除法律另有规定外，以下三类财产都可以作为抵押权的客体：

（1）不动产。在以私有制为基础的市场经济国家，可以抵押的不动产包括土地、房屋及土地上的其他定着物。在我国，由于土地公有制的实行，能够作为抵押权客体的不动产只有房屋和法律允许抵押的其他地上定着物。

（2）不动产用益物权。在西方市场经济国家和地区，可以抵押的不动产用益物权包括民法典规定的地上权、永佃权和特别法规定的采矿权、渔业权等。在我国，按现行法的规定，可以抵押的不动产用益物权仅限于土地使用权，且受一定的限制。

（3）动产。除禁止流通物外，其他动产，如机器设备、仪器仪表、交通运输工具、原材料、半成品、产品、农产品、林产品、矿产品、库存商品等均可抵押。

2. 《民法典》关于抵押权客体的具体规定。根据《民法典》第399条，下列财产不得抵押：①土地所有权；②宅基地、自留地、自留山等集体所有土地的使用权，但是法律规定可以抵押的除外；③学校、幼儿园、医疗机构等为公益目的成立的非营利法人的教育设施、医疗卫生设施和其他公益设施；④所有权、使用权不明或者有争议的财产；⑤依法被查封、扣押、监管的财产；⑥法律、行政法规规定不得抵押的其他财产。

如此，除上述各条外，其他不动产、动产原则上均得成为抵押权客体。特别值得留意的是，《民法典》第399条删除了耕地抵押禁止的表述，显然是为了对接《农村土地承包法》及政策文本层面的三权分置法权体系，为土地经营权抵押和未来深化农地改革预留空间。但民法典并未就耕地担保进行具体、全面的制度设计。

三、抵押权的设立

抵押权的设立，是指抵押权就债权人而发生。抵押权的设立，一般须经签订抵押合同、依法进行登记两道程序。抵押权自抵押合同签订时设立的情况，仅为法律规定的例外。

（一）抵押合同

抵押权是约定的担保物权，抵押权的设立必须首先由债权人与债务人或者同意为债务人提供财产担保的第三人签订抵押合同。抵押合同可以单独订立，也可以采取在主债权文书上载明抵押条款的方式订立。

按《民法典》第400条的规定，除债权人、债务人、抵押人的姓名（名称）、住址外，抵押合同一般应当包括以下条款：①被担保债权的种类和数额；②债务人履行债务的期限；③抵押财产的名称、数量等情况；④担保的范围。

在抵押合同中，当事人双方不得为"流质"预约，即不得在抵押合同中预先约定债务人到期不履行债务，抵押财产即转归债权人所有。《民法典》第401条规定："抵押权人在债务履行期限届满前，与抵押人约定债务人不履行到期债务时抵押财产归债权人所有的，只能依法就抵押财产优先受偿。"法律禁止流质预约的目的在于，维护信用交易的公平，防止债权人利用其有利地位损害债务人的利益。

（二）抵押登记

在抵押权设立问题上，我国《民法典》原则上采登记成立主义（即非经登记不得设定抵押权），例外地采登记对抗主义（即抵押合同依法签订，即产生设定抵押权的效果，但非经登记不能对抗善意第三人）。按照《民法典》第402条和第403条的规定，以建筑物和其他土地附着物、建设用地使用权、以招标、拍卖、公开协商等方式取得的荒地等土地承包经营权、正在建造的建筑物抵押的，抵押权自登记时设立；以生产设备、原材料、半成品、产品、交通运输工具以及正在建造的船舶、航空器抵押的，抵押权自抵押合同生效时成立，但非经登记不得对抗善意第三人。

四、抵押权的效力

抵押权的效力是指能使他人认为抵押权人围绕抵押财产所实施的行为为正当行为的法力。在这种法力所及的范围内，抵押权人为实现自己利益所实施的行为在法律上均被认为是正当的行为；超过这个范围则否。抵押权的效力源于抵押权法律制度的各种规定，直接表现为抵押权人的各种法定权利，相应地亦反映出关系人的对应法定义务。

（一）抵押权的效力范围

1. 抵押权所担保的债权的范围。《民法典》以第389条对所有担保物权的担保范围作了统一规定。该条规定："担保物权的担保范围包括主债权及其利息、违约金、损害赔偿金、保管担保财产和实现担保物权的费用。当事人另有约定的，按照其约定。"依这些规定，抵押权担保的债权范围可以由当事人在合同中约定为全额担保或部分担保；没有明确约定为部分担保的，推定为全额担保。全额担保的范围为债权实际清偿时所存在的范围，包括主债权及利息、违约金、损害赔偿金、保管担保财产和实现抵押权的费用。这里所称保管担保财产的费用，是指为实现抵押权而扣押抵押财产后保管担保财产的费用。

2. 抵押权效力所及的财产范围。抵押权的效力不仅及于抵押物本身，还及于抵押物的从物、添附物以及抵押物扣押期间所生的孳息。《民法典》第412条第1款规定，债务人不履行到期债务或者发生当事人约定的实现抵押权的情形，致使抵押财产被人民法院依法扣押的，自扣押之日起，抵押权人有权收取该抵押财产的天然孳息或者法定孳息，但是抵押权人未通知应当清偿法定孳息义务人的除外。换言之，抵押物被扣押后，抵押权人应当将抵押物被扣押的情况通知抵押物法定孳息的清偿义务人（如抵押房屋的承租人）。抵押物法定孳息的清偿义务人自接到通知之时起，不得再向抵押人清偿抵押物的法定孳息（如抵押房屋的租金），而应当向抵押权人清偿。如抵押权人不为此通知，法定孳息清偿义务人向抵押人所为之清偿（如将抵押房屋的租金继续交给抵押人）有效，抵押权人不得再要求清偿。

（二）抵押权的优先效力

抵押权的优先效力是指抵押权所具有的使抵押权人得就抵押财产的价值优先于其他债权人而受清偿的法力。按抵押权的优先效力，抵押财产拍卖后，其卖得价款应优先清偿抵押权人的债权，待抵押权人受抵押财产担保的债权全部受清偿后，才能清偿抵押人的其他债权人的债权。

关于抵押权的优先效力，需进一步研究以下问题：

1. 重复抵押时，各抵押权的优先顺序问题。按照《民法典》第 414 条第 1 款的规定，同一财产向两个以上债权人抵押的，拍卖、变卖抵押财产所得的价款依照下列规定清偿：①抵押权已经登记的，按照登记的时间先后确定清偿顺序；②抵押权已经登记的先于未登记的受偿；③抵押权未登记的，按照债权比例清偿。同时第 2 款规定，其他可以登记的担保物权，清偿顺序参照适用上述规定。

2. 抵押权、质权、留置权并存时，各担保物权的优先顺序问题。按照《民法典》第 415 条，同一财产既设立抵押权又设立质权的，拍卖、变卖该财产所得的价款按照登记、交付的时间先后确定清偿顺序；按照第 456 条的规定，同一动产上已经设立抵押权或者质权，该动产又被留置的，留置权人优先受偿。

（三）抵押权的保全效力

抵押权的保全效力是指抵押权所具有的使抵押权人有权采取必要措施以保全抵押财产价值的法力。抵押权为价值权，当抵押财产价值减少时，即意味着抵押权人的抵押权受到侵害，抵押权人也就因此而享有采取必要措施以保全抵押财产价值的权利。根据《民法典》第 408 条，抵押人的行为足以使抵押财产价值减少的，抵押权人有权请求抵押人停止其行为；抵押财产价值减少的，抵押权人有权请求恢复抵押财产的价值，或者提供与减少的价值相应的担保。抵押人不恢复抵押财产的价值，也不提供担保的，抵押权人有权请求债务人提前清偿债务。由此可知，在抵押物价值之保全上，抵押权人享有以下权利：

1. 当抵押人的行为足以使抵押财产的价值减少时，抵押权人有权请求抵押人停止其行为。抵押人使抵押物价值减少的行为，可能是积极的作为的行为，也可能是消极的不作为的行为。

2. 当抵押人的行为已经使抵押财产的价值减少时，抵押权人有权请求抵押人恢复抵押物的价值，或提出与减少价值额相当之担保。这里所称"恢复抵押物的价值"，是指请求抵押人修缮抵押物，以恢复抵押物于设定抵押权时所具有的价值。此项请求权具有物上请求权的性质。这里所称"相当之担保"，可以是其他动产或不动产抵押，也可以是其他动产或权利质押，只要抵押人提供的其他担保物的价值与原抵押物减少的价值相当即可。是否允许抵押人不另外提供物的担保而提供人的担保？依笔者的认识，须取得抵押权人的同意。因为人的担保不如物的担保可靠。

3. 当抵押权人请求恢复抵押物的价值或提供相当担保遭到拒绝时，抵押权人有权请求债务人提前清偿债务。为保全抵押物的价值，抵押权人也可以提前实行抵押权，依法处分抵押物。

（四）抵押权的物上代位效力

《民法典》第 390 条规定："担保期间，担保财产毁损、灭失或者被征收等，担保物权人可以就获得的保险金、赔偿金或者补偿金等优先受偿。被担保债权的履行期限未届满的，也可以提存该保险金、赔偿金或者补偿金等。"本条所规定者，即担保物权的物上代位效力。抵押权为最重要、最典型的担保物权，自当具有物上代位效力。

物上代位是指权利标的物之替换，即由一物替代权利的原标的物。这里所称的"物"，应作广义的解释，包括财产权利在内。物权的标的物为特定物，其标的物灭失，物权归于消灭，原则上不发生物上代位问题。唯包括抵押权在内的担保物权例外。抵押权为价值权，重在就标的物的价值优先受偿。因此，当抵押物毁损、灭失而使抵押物的所有人（抵押人）获得赔偿请求权时，此赔偿请求权为原抵押物的对价，抵押权人的担保物权可就此请求权而继续存在。在这种情况下，物的抵押变为权利质押，抵押权人可通过行使权利质权而就赔偿金优先受偿。这里所称赔偿请求权，应为广义解释，包括基于第三人的侵权行为而发生的损害赔偿请求权、基于保险事故而发生的保险赔偿请求权以及基于公用征收而发生的补偿请求权等。如果抵押人已取得赔偿金，按《民法典》第 390 条的规定，该赔偿金即为原抵押物的代位物，如果抵押权担保的债权的履行期尚未届满，抵押权人有权提存该赔偿金；如果抵押权担保的债权的履行期已届满，抵押权人则可就该赔偿金优先受偿。

抵押权的物上代位效力发生的条件是：

1. 抵押物灭失。抵押物的灭失，包括物理上的灭失与法律上的灭失，全部灭失与部分灭失。抵押物物理上的灭失，可作为抵押权物上代位效力发生条件的，主要有以下两种情况：①抵押物因第三人的侵权行为而毁损灭失；②抵押物因保险事故而毁损灭失。抵押物因抵押人的过错行为而毁损灭失者，仅产生抵押权人请求抵押人恢复抵押物原状或提供相当担保的请求权（即抵押权的保全效力），而不产生抵押权的物上代位效力。抵押物法律上的灭失，可作为抵押权物上代位效力发生条件者，也主要有两种情况：①抵押物被公用征收；②抵押物因添附而使抵押人丧失抵押物所有权。抵押物因抵押人的转让行为而归他人所有者，则发生抵押权的追及效力，而不发生抵押权的物上代位效力。抵押物因前述可作为物上代位效力发生条件的原因而部分灭失时，抵押权就未灭失部分继续存在，就已灭失部分之赔偿请求权或赔偿金则产生物上代位效力。

2. 需因抵押物之灭失而使抵押人获得赔偿请求权或赔偿金。抵押人因抵押物的灭失而获得的赔偿请求权或赔偿金，是抵押权人物上代位权的标的。因此，如果说抵押物灭失是抵押权物上代位效力发生的必要条件的话，那么抵押人因抵押物的灭失而获得赔偿请求权或赔偿金则是抵押权发生物上代位效力的充分条件。如果抵押物之灭失不能使抵押人获得赔偿请求权或赔偿金，便不发生抵押权的物上代位效力。在这种情况下，抵押物的灭失会产生何种法律效力，将视抵押物灭失的不同原因而定：如抵押物因抵押人的过错行为而灭失，将发生抵押权的保全效力；如抵押物因抵押人的转让行为而归他人所有，将发生抵押权的追及效力；如抵押物因不能归责于任何人的原因而灭失（如未保险的抵押物因自然灾害而灭失），则抵押权消灭。

（五）抵押权的追及效力

抵押权的追及效力是指抵押权所具有的使抵押权人得跟踪抵押财产而行使抵押权的法律效力。抵押权的追及效力涉及抵押物的转让与出租两个问题。

1. 抵押物的转让。财产抵押后，只是为债权人设定了具有他物权性质的抵押权，抵押人并不因此而丧失财产所有权。处分权是财产所有权的重要权能，抵押人既然对抵押财产仍然享有所有权，自然可以以出卖等方式处分抵押财产。为解决抵押人自由转让抵押物与维护抵押权人利益、抵押物受让人利益的矛盾、冲突，传统民法既赋予了抵押权追及效力，又赋予了抵押物的受让人涤除权，科学地解决了这个矛盾问题。

这里所称"涤除权"，是指抵押物受让人以受让抵押物之价款清偿抵押物担保的全部债权或者将相当的价款提存，以消灭其受让物上的抵押权的权利。

在如何解决抵押物转让与抵押权人利益、受让人利益的矛盾问题上，《民法典》之前，我国民事立法及司法解释已有过三次不同的规定。《民法典》第406条规定，抵押期间，抵押人可以转让抵押财产。当事人另有约定的，按照其约定。抵押财产转让的，抵押权不受影响。抵押人转让抵押财产的，应当及时通知抵押权人。抵押权人能够证明抵押财产转让可能损害抵押权的，可以请求抵押人将转让所得的价款向抵押权人提前清偿债务或者提存。转让的价款超过债权数额的部分归抵押人所有，不足部分由债务人清偿。

按照该规定，《民法典》关于抵押物转让的立法精神主要体现在以下几方面：①抵押物属于抵押人，自然可以自由转让，但因其上负担有抵押权，应当及时通知抵押权人；②抵押权人如有证据证明该抵押财产转让行为可能危及抵押权，则可以请求抵押人通过提前清偿或提存方式消除抵押物之上的负担；③抵押物转让后，抵押权人有权追及抵押物优先实现权利；④如抵押人与抵押权人明确约定抵押物不得转让，则抵押人需遵守约定。

这实际上是向传统民法的回归，但并不彻底。在传统民法中，抵押权的追及效力与抵押物的自由转让并行不悖。遇抵押人从法律上处分抵押物之情形时，对抵押权人利益的保护，不是采取限制抵押人处分权的方法来实现的，而是采取赋予抵押权人追及权和占有权的方法来实现的。按传统民法的规定，不动产抵押后，抵押人对已抵押的不动产仍享有不受限制的处分权。但是抵押人的处分行为对抵押权不产生影响，抵押权人有权追及至抵押财产的受让人而行使抵押权。此即抵押权的追及效力。抵押权的追及效力使抵押财产的受让人处于极为不利的地位。为公平保护抵押财产受让人的利益，传统民法又规定，抵押财产的受让人有权以受让抵押财产的价款清偿受抵押财产担保的债权，或者将相当于被担保债权额的价款提存，以涤除其受让财产上的抵押权。此点显然优于《民法典》规定的抵押人自行消除抵押负担，颇值借鉴。此外，对动产抵押，于抵押人转让抵押物时，传统民法对抵押权人利益的保护方法，是赋予抵押权人占有权。按传统民法的规定，占有已抵押动产的抵押人，如债务人不按期履行债务，或者抵押人对抵押物实施迁移、转让、出质等处分行为而有害于抵押权时，抵押权人有权占有抵押物，掌握主动权。

2. 抵押物的出租。《民法典》第405条规定，抵押权设立前，抵押财产已经出租并转移占有的，原租赁关系不受该抵押权的影响。究其实，抵押物出租，无论是抵押前出租的或抵押后出租的，抵押物的出租均不影响抵押权，同时抵押权的存在也不影响承租人的权利。抵押物于抵押前出租或者于抵押后出租，仅对抵押权实行后，抵押物的受让人与承租人的权利产生不同的影响。抵押物于抵押前出租的，抵押权实行时，抵押物受让人所受让的所有权为负租赁负担的所有权，在租赁合同有效期内，受让人不能请求承租人返还租赁物。抵押物于抵押后出租的，抵押权实行时，抵押物受让人所受让的所有权为不负租赁负担的所有权，受让人有权请求承租人返还租赁物。如租赁成立时，抵押人未书面告知承租人该财产已经抵押，承租人所受的损失由抵押人赔偿；反之则由承租人自己承担。

（六）抵押权的实行效力

抵押权的实行效力是指债务人不按期履行债务或者发生当事人约定的实行抵押权的情形时，抵押权人得按照法律规定的抵押权实行程序和实行方式处分抵押物并从中实现其债权的法律效力。

1. 抵押权的实行程序和实行方式。对抵押权的实行程序和实行方式，《民法典》第410条规定，债务人不履行到期债务或者发生当事人约定的实现抵押权的情形，抵押权人可以与抵押人协议以抵押财产折价或者以拍卖、变卖该抵押财产所得的价款优先受偿。协议损害其他债权人利益的，其他债权人可以请求人民法院撤销该协议。抵押权人与抵押人未就抵押权实现方式达成协议的，抵押权人可以请求人民法院拍卖、变卖抵押财产。抵押财产折价或者变卖的，应当参照市场价格。

按照该项规定，抵押权的实行有以下三种方式：

（1）折价。抵押财产的折价，是指抵押权人与抵押人协商一致，将抵押财产折合成一定价款转归抵押权人所有。将抵押财产折价归抵押权人所有，也是抵押权的一种实行方式。但是采用折价方式实现抵押权时，为公平起见，应在鉴定人公平估价的基础上参照市场价格进行，并由抵押权人与抵押人就折价达成协议。如双方不能达成折价的协议，则不能以折价的方式实现抵押权，只能以拍卖或变卖的方式实现抵押权。抵押权人与抵押人的折价协议不能损害顺序在后的担保物权人及其他债权人的利益。

（2）拍卖。拍卖是指由受委托的拍卖机构以公开竞买的方式，由出价最高者买得拍卖物的财产处分方式。拍卖抵押财产时，抵押权人也可以参加竞买。拍卖是实行抵押权的一种最佳方式，为世界各国所普遍采用。以拍卖方式处分抵押财产，不仅可以使抵押财产通过竞买充分实现其价值，而且拍卖由当事人双方或法院委托的拍卖机构进行，顺序在后的抵押权人及其他债权人也难以对抵押财产的处分提出异议，主张撤销权。

（3）变卖。抵押财产的变卖，是指以普通买卖的方式处分抵押财产。抵押权人与抵押人协商同意，也可以以变卖的方式处分抵押财产。在以变卖方式处分抵押财产时，如抵押权人或抵押人不同意买受人给予的价格，都可以请求增价拍卖，即以买方已给的价格作为拍卖起点进行拍卖。如增价拍卖不能实现，则应以原买受人给予的价格卖与原买受人。

上述折价、拍卖、变卖三种方式究竟适用哪种方式处分抵押财产，按照《民法典》的规定，在程序上首先应由抵押权人与抵押人协商确定；协商不成，再由抵押权人申请人民法院扣押抵押物，由人民法院采用拍卖或变卖的方式处分抵押财产。

2. 抵押权实行中的几个特殊问题。

（1）拍卖抵押的房地产时，地产上新增房屋如何处理的问题。按《民法典》第417条的规定，建设用地使用权抵押后，该土地上新增的建筑物不属于抵押财产。该建设用地使用权实现抵押权时，应当将该土地上新增的建筑物与建设用地使用权一并处分。但是，新增建筑物所得的价款，抵押权人无权优先受偿。

（2）以集体土地使用权为客体的抵押权实行后，土地的集体所有权与用途能否改变的问题。按《民法典》第418条规定，以集体所有土地的使用权依法抵押的，实现抵押权后，未经法定程序，不得改变土地所有权的性质和土地用途。

（3）抵押权人对拍卖划拨的国有土地使用权所得价款应如何受偿的问题。按《城市房地产管理法》第51条规定，设定房地产抵押权的土地使用权是以划拨方式取得的，依法拍卖该房地产后，应当从拍卖所得的价款中缴纳相当于应缴纳的土地使用权出让金的款额后，抵押权人方可优先受偿。

（七）物上保证人的追偿权

物上保证人是指为债务人提供财产抵押或质押的第三人。当债务人到期不履行债务时，物上保证人可以代债务人清偿债务，以消灭自己财产上的抵押权或质权。如物上保证人不能或不愿为债务人清偿债务，则其提供抵押或质押的财产将进入抵押权或质权实行程序而受处分。按担保法律制度的规定，物上保证人与信用保证人处于相同的法律地位，物上保证人代债务人清偿债务，或者因担保物权人实行担保物权而丧失对担保物的所有权时，有权按保证担保的有关规定向债务人追偿，此即所谓物上保证人的追偿权。

五、最高额抵押

《民法典》以五个条款专节规定了最高额抵押。作为一种特殊抵押，除了极个别差异外，基本原理、制度设计与一般抵押并无不同，故《民法典》第 424 条规定，最高额抵押权除适用最高额抵押权一节的规定外，适用一般抵押权的有关规定。

所谓最高额抵押，是指在预定的最高担保额度内，为将来一定期间内连续发生的交易关系引起的债权设定的抵押。最高额抵押适用于预定借款总额的连续借款合同及预定交易总额的连续商品交易合同或劳务提供合同。例如，银行给企业的流动资金贷款，如果就每笔贷款签订一份抵押合同，将不胜其烦；如果预定 1 年的借款总额就 1 年的连续借款签订一份抵押合同，就要简便得多。连续供货和连续提供劳务的情况也如此。按《民法典》第 420 条第 2 款的规定，最高额抵押权设立前已经存在的债权，经当事人同意，可以转入最高额抵押担保的债权范围。

最高额抵押较之普通抵押的特点在于，抵押财产所担保的不是已经发生的特定债权，而是当事人将来一定期间内连续交易而可能发生的不特定债权。由于连续交易关系发生的债权在交易结束前一直处于不断增减变动之中，只有一定期间的连续交易结束时通过结算才能确定具体的债权额，因此在订立连续交易契约时若要为连续交易关系所生债权设定抵押担保，当事人只能根据预测为抵押财产确定一个最高担保额，以担保将来连续发生的不特定债权。由最高额抵押的这一性质所决定，连续交易的种类、担保期间（《民法典》第 423 条第 1 项所称"债权确定期间"，即当事人约定的对连续交易所生债权进行结算的期间）、担保物及其担保的最高债权额，是最高额抵押合同的必要约定事项。

根据《民法典》第 422 条，最高额抵押担保的债权确定前，抵押权人与抵押人可以通过协议变更债权确定的期间、债权范围以及最高债权额。但是，变更的内容不得对其他抵押权人产生不利影响。

如前所述，在最高额抵押中，当事人只约定了抵押财产担保的最高债权限额，而抵押财产担保的实际债权额则处于不确定状态，将随当事人间的连续交易而不断增减变动，直到可引起被担保的债权固定下来的法定事由发生，当事人才能通过结算确定被担保的债权额。按照《民法典》第 423 条的规定，可引起被担保债权固定的法定事由有：①约定的债权确定期间届满；②没有约定债权确定期间或者约定不明确，抵押权人或者抵押人自最高额抵押权设立之日起满 2 年后请求确定债权；③新的债权不可能发生；④抵押权人知道或者应当知道抵押财产被查封、扣押；⑤债务人、抵押人被宣告破产或者解散；⑥法律规定债权确定的其他情形。

上述事由之一发生后，当事人即应对最高额抵押设立后发生的连续交易进行结算，以确定被担保的债权额。被担保的债权额确定后，最高额抵押即变为普通抵押，即可适用普通抵押的有关规定处理当事人间的有关问题。通过结算确定的实际债权额如低于抵押合同约定的最高额，抵押财产以实际发生的债权额为限负担保责任；如高于抵押合同约定的最高额，抵押财产则以抵押合同约定的最高额为限负担保责任，超过约定最高额的债权部分不具有优先受偿效力。

<h1 style="text-align:center">第三节　质　权</h1>

一、质权概述

质权是指债权人对债务人或第三人移转占有而供担保的动产或权利，于债务人不履行到期债务时，得就其价值优先受偿的权利。在质权法律关系中，享有质权的债权人称为质权人；将财产移转债权人占有而担保债的履行的债务人或第三人称为出质人；出质人移转给债权人占有的以担保债的履行的财产称为质物或质押物。在质权的设立过程中，债务人或第三人将财产交给债权人占有以担保债的履行的行为称为出质。

质权是一种担保物权。质权与抵押权都具有物权性、担保性、从属性、优先受偿性等特征。质权与抵押权的区别表现在以下两个方面：

1. 成立要件和保持要件与抵押权不同。除签订抵押合同外，抵押权的成立原则上以抵押登记为条件。抵押权的成立不以抵押物的交付为条件；抵押权的保持也不以抵押权人占有抵押物为条件。经登记成立的抵押权，以抵押登记记载的存在为其保持的条件，注销登记即意味着登记的抵押权不复存在。质权的成立与保持则与抵押权不同。质权的成立，除签订质押合同外，须出质人依质押合同的约定将质物交债权人占有。仅订立质押合同而不依质押合同的约定移转质物的占有于债权人，不能成立质权。质权人对质物占有的继续也是保持质权的条件，质权人丧失对质物的占有，即引起质权的消灭。

2. 标的物有所不同。抵押权的标的物为不动产、不动产用益物权和动产；质权的标的物为动产和除不动产用益物权外的其他财产权利，包括债权、股权、知识产权等。抵押权与质权两种担保物权的标的物在动产上有交叉。于动产上成立的担保物权究竟为抵押权还是质权，以债权人是否占有标的物为区别。

关于质权的类型，国外民法规定了不动产质、动产质、权利质三种质权。在我国，民法规定的质权仅有动产质与权利质。我国传统民法规定的典权，在标的物由债权人占有、使用、收益这一点上，与国外民法的不动产质权相同，但是典权所具有的活卖性质（即出典人到期不以原典价赎回典物，典物即归典权人所有）则为外国民法中的不动产质权所不具。

二、动产质权

（一）动产质权的概念

《民法典》第 425 条第 1 款规定："为担保债务的履行，债务人或者第三人将其动产出质给债权人占有的，债务人不履行到期债务或者发生当事人约定的实现质权的情形，债权人有权就该动产优先受偿。"依此规定，可以对动产质权作出如下定义：动产质权，是指债权人对债务人或第三人移转占有而供担保的动产，于债务人不履行到期债务时，得就该动产的价值优先受偿的权利。简言之，即以动产为标的物的质权。

于动产之上既可设立抵押权，又可设立质权。动产质权与动产抵押权的区别在于：

1. 动产质权的设立以移交动产给债权人占有为条件，而动产抵押权的设立则不以移交动产给债权人占有为条件，作为抵押权标的物的动产仍由抵押人占有。

2. 动产质权以标的物的占有为公示方法，只要质权人占有了质权标的物，其质权就具有对抗第三人的效力；而动产抵押权则以登记为公示方法，非经法定登记机关登记，即使其抵押已经设立，亦不具有对抗第三人的效力。

（二）动产质权的设立

动产质权的设立是指动产质权就债权人而发生。动产质权的设立，以债务人或第三人与债权人签订质押合同并按质押合同的约定将质物移交债权人占有为条件。

1. 质押合同。质权是约定的担保物权，其设立在法律上须具备债权行为与物权行为两个法律行为。在质权设立的过程中，订立质押合同之债权行为，是债务人或第三人为债权人设立质权的原因行为。按《民法典》第 427 条的规定，质押合同为要式合同，须采用书面形式订立。质押合同一般包括以下条款：①被担保债权的种类和数额；②债务人履行债务的期限；③质押财产的名称、数量等情况；④担保的范围；⑤质押财产交付的时间、方式。

当质押财产为多个动产时，质押财产的名称、数量、质量、状况可以不在质押合同中写明，而以"质押财产移交清单"的形式附于质押合同的后面。当事人订立的质押合同不完全具备上述内容的，只要移交质押财产于债权人占有之事实存在，质押合同并不因此而无效，所缺的内容可以于事后加以补充。

与抵押合同一样，在质押合同中，当事人不得为"流质"之预约。对此，《民法典》第 428 条规定，质权人在债务履行期限届满前，与出质人约定债务人不履行到期债务时质押财产归债权人所有的，只能依法就质押财产优先受偿。法律不承认流质条款效力的目的，在于维护信用交易的公平，防止债权人利用其有利的经济地位损害债务人的利益。

2. 质押财产的交付。《民法典》第 429 条规定，质权自出质人交付质押财产时设立。在质权设立的过程中，当事人根据质押合同的约定而进一步实施的以质押财产的交付为形式，以设立质权的意思为内容的行为，为物权行为。唯此物权行为才能引起质权设立的法律效果。质押合同作为债权行为，仅发生出质人为债权人设立质权的债务，不能直接引起质权设立的法律效果。由于质权设立的直接根据不是质押合同（质押合同仅为质权设立的间接原因），而是出质人以质押的意思而为的财产交付，因此，如果当事人在质押合同中约定由出质人代债权人占有质物而不为质物之实际交付者，不产生质权设立的法律效果。

（三）动产质权人的权利与义务

1. 动产质权人的权利。动产质权人的权利，是指动产质权人在质权法律关系中为保证自己债权的实现，根据质权的法律效力而实施一定行为的可能性，主要是对质押财产实施一定支配行为的可能性。

根据《民法典》第 430、433 条的规定，动产质权人在质权法律关系中享有以下权利：

（1）占有质押财产和收取质押财产孳息的权利。依动产质权的性质，在债权清偿期届满前对质押财产继续占有是质权人的权利。占有是指人对物的实际控制，质权人对质押财产的占有以能实际控制质押财产为限，至于是在质权人住所或营业场所对质押财产加以控制，或者是在出质人保管财产的仓库以加锁加封的方式对质押财产进行控制，则在所不问。

关于质权人收取质押财产孳息的权利，《民法典》第 430 条作了如下规定："质权人有权收取质押财产的孳息，但是合同另有约定的除外。前款规定的孳息应当先充抵收取孳息的费用。"对这一规定的理解应注意以下两点：①质权人收取质物孳息的权利并非收益权，只具有技术操作上的意义。就经济利益而言，质权人并不能取得质物孳息的所有权，质物孳息的所有权仍属于质物所有人。因此，《民法典》第 430 条第 2 款规定："前款规定的孳息应当先充抵收取孳息的费用。"这一规定还有一层意犹未尽的意思：充抵收取孳息的费用后，如有剩余，应充抵债权利息及债权，或者按质押合同的约定返还出质人。②质物孳息由质权人收取的规定，是任意规定而非强行规定，出质人完全可以与质权人作其他的约定，只有在没有其他约定的情况下才适用质物孳息由质权人收取的规定。

（2）保全质权的权利。保全质权的权利，是指质权存续期间，当出现质物损坏或者价值明显减少的可能性时，质权人为保全质权标的物的价值，依法可以实施一定行为的权利。质权为价值权，质权设定的目的在于运用质物的价值保证质权人的债权得以实现。因此，在质权存续期间，质物能否一直保持质权成立时的价值，事关质权人的债权在质权担保范围内能否全额受偿的问题。为使质权人不因质物价值的减少而受损害，法律也就赋予了质权人为防止质物的减少而采取一定措施的权利。这种权利在学理上便称之为"保全质权的权利"或"质权的保全效力"。

对质权人保全质权的权利，《民法典》第433条作了如下规定："因不可归责于质权人的事由可能使质押财产毁损或者价值明显减少，足以危害质权人权利的，质权人有权请求出质人提供相应的担保；出质人不提供的，质权人可以拍卖、变卖质押财产，并与出质人协议将拍卖、变卖所得的价款提前清偿债务或者提存。"这一规定赋予了质权人防止质物价值减少的四项权利：

第一，请求出质人另外提供相应担保的权利。这一权利的发生必须具备以下两个条件：一是须质物有损坏或者价值明显减少的可能；二是此可能性的出现须出于质物自身的原因而不是质权人保管质物的过失。这两个条件缺一不可，缺少其中任何一个条件都不构成质权人请求出质人另外提供担保的权利。在缺少第一个条件时，如果赋予质权人请求出质人另外提供担保的权利，将意味着允许质权人无理要求出质人增加担保财产。而在缺少第二个条件时，按《民法典》第432条第1款的规定，如果质物价值的减少是由质权人保管上的过失造成的，质权人不仅不能要求出质人另外提供担保，还应当赔偿出质人因质物价值减少而遭受的损失。

第二，拍卖或变卖质押财产的权利。此项权利的构成也须具备两个条件：一是须有质物损坏或价值明显减少的可能，至于其可能性出现的原因则可以在所不问；二是须出质人拒绝提供相应的担保，至于其拒绝的原因也可以在所不问。赋予质权人这一权利的目的在于尽快实现质物的价值，防止质物价值的减少。因此，这一权利的构成和行使可以不问质物价值减少的可能性发生的原因以及出质人拒绝另外提供担保的原因。

在债权清偿期届满前为防止质物价值减少而赋予质权人的拍卖或变卖质物的权利，与质权人在债权清偿期届满后享有的依法拍卖或变卖质物的权利，在性质上是有所不同的。前者为保全质权的权利，而后者则为实现质权的权利。由此还进一步决定了对卖得价款处理规则的不同。因行使保全质权的权利而拍卖或变卖质物时，其卖得的价款，除非出质人放弃期限利益，同意提前清偿债务，否则只能交出质人同意的第三人提存。因行使实现质权的权利而拍卖或变卖质物时，其卖得的价款，则不管出质人的意思如何，质权人均可直接受偿。

第三，物上代位的权利。此处所称物上代位的权利，是指因质物的毁损、灭失而使出质人获得赔偿请求权时，质权人得就该赔偿请求权及进而获得的赔偿金行使质权的权利。在此种情况下，质权的原标的物动产为出质人的赔偿请求权及进而获得的赔偿金所替代，故民法原理上称质权人得就基于质物之毁损灭失而发生的赔偿请求权及赔偿金行使质权的权利为物上代位权。

第四，实行质权的权利。实行质权的权利是指债权清偿期届满后，在债权未获清偿的情况下，质权人为实现质物的价值并就质物的价值使自己债权优先受偿，依法可以为一定行为的权利。

《民法典》第 436 条第 2 款规定，债务人不履行到期债务或者发生当事人约定的实现质权的情形，质权人可以与出质人协议以质押财产折价，也可以就拍卖、变卖质押财产所得的价款优先受偿。依此规定，质权人实现其质权的方式有三：一是与出质人协议以质物折价归质权人所有；二是拍卖质物并从卖得的价款中优先受偿；三是变卖质物并从卖得的价款中优先受偿。按《民法典》第 438 条规定，质押财产折价或者拍卖、变卖后，其价款超过债权数额的部分归出质人所有，不足部分由债务人清偿。

关于质权的实现，《民法典》第 437 条规定了两个方面：一是出质人可以请求质权人在债务履行期限届满后及时行使质权；质权人不行使的，出质人可以请求人民法院拍卖、变卖质押财产。二是出质人请求质权人及时行使质权，因质权人怠于行使权利造成出质人损害的，由质权人承担赔偿责任。本条所称"因质权人怠于行使权利造成出质人损害的"，不仅包括质物价格下跌的损害，还包括质物毁损、灭失的损害，并且不管其毁损、灭失是否出于可归责于质权人保管上的原因。

2. 动产质权人的义务。动产质权人的义务，是指动产质权人在质权法律关系中依法应当实施一定行为的义务。动产质权为限制物权，受出质人所有权的一定制约，因此动产质权人在行使质权的同时亦需对出质人承担一定的义务。根据《民法典》第 431、432、434、436 条的规定，动产质权人在质权法律关系中承担的义务主要有以下三项：

（1）保管质物的义务。此项义务与质权人占有质物的权利密切相关，是与质权人的占有权相对应的义务。在动产质权法律关系中，质物既然由质权人占有，质权人也就理所当然地要对出质人承担保管质物的义务。《民法典》第 432 条第 1 款规定，质权人负有妥善保管质押财产的义务；因保管不善致使质押财产毁损、灭失的，应当承担赔偿责任。"妥善保管"的具体要求是：质权人应如同保管合同中的保管人，对质物之保管尽善良管理人应有之注意义务。质权人如因保管上的过失致质物毁损或灭失，应赔偿出质人因此而遭受的损失。

（2）不得擅自使用和处分质物的义务。《民法典》第 431 条规定，质权人在质权存续期间，未经出质人同意，擅自使用、处分质押财产，造成出质人损害的，应当承担赔偿责任。质权不包括对质物的使用权、收益权。在被担保债务的履行期届满前，也不包括对质物的处分权。在质物的收益方面，质权人虽可收取质物的孳息，但其收取的孳息仍归出质人所有。在质物的使用和处分方面，质权人未经出质人同意不得使用或处分质物，质权人擅自使用或处分质物的，应对出质人承担损害赔偿责任。这里所说的"处分"，包括质物的转让和转质。《民法典》第 434 条对此有明文规定："质权人在质权存续期间，未经出质人同意转质，造成质押财产毁损、灭失的，应当承担赔偿责任。"所谓转质，是指质权人在质权存续期间，为担保自己债务的履行，以其所占有的质物为第三人设定质权。转质须经出质人同意。经出质人同意的转质，第三人的转质权优先于原质权人的质权。但是转质权所担保的债权额不能超过原质权担保的债权额。转质未经出质人同意的，属无权处分行为，应按民法的无权处分的有关规则处理出质人、质权人、转质权人三方面的关系。在质权人不同意、不追认转质的情况下，如果第三人按善意取得制度的规定取得了转质权，质权人应赔偿因第三人实行转质权而给出质人造成的损失。

（3）返还质物的义务。《民法典》第 436 条第 1 款规定，债务人履行债务或者出质人提前清偿所担保的债权的，质权人应当返还质押财产。无论债务履行期届满债务人履行债务，或者出质人提前清偿所担保的债权，质权均因被担保的债权消灭而消灭。质权消灭后，质权人继续占有质物也就失去了法律依据，因此应当将质物返还给出质人。

（四）动产出质人的权利与义务

动产出质人的权利义务，是指动产出质人在动产质权法律关系中依法可以实施一定行为和应当实施一定行为的权利义务。动产质权法律关系，是质权人的质权与出质人的财产所有权互相制约的辩证关系，其结果不仅使质权人享有一定权利、承担一定义务，也使出质人享有一定权利、承担一定义务。法律正是通过对质权人与出质人权利、义务的规定，来平衡质权与所有权的制约关系，实现对质权人、出质人双方利益的公平保护。

1. 出质人的权利。根据《民法典》的明文规定及隐藏于文字背后的意蕴，动产出质人在质权与所有权的相互制约中享有以下权利：

（1）保全质物所有权的权利。这是指出质人在质物出现毁损灭失危险时，为维护质物安全，保全自己对质物的所有权，依法采取一定措施，实施一定行为的权利。《民法典》第432条第2款规定："质权人的行为可能使质押财产毁损、灭失的，出质人可以请求质权人将质押财产提存，或者请求提前清偿债务并返还质押财产。"依此规定，当质物因质权人保管不善而出现毁损、灭失的危险时，出质人为维护质物的安全，可以采取以下两种措施中的一种：①要求质权人将质物提存；②要求提前清偿债务，取回质物。

（2）行使质物所有权的权利。质权设定后，出质人的财产所有权虽然受到质权的限制，但并未因此而丧失，出质人仍可于不损害质权人质权的范围内行使其财产所有权。所有权包括占有、使用、收益、处分四项权能。其中除占有权、使用权因质物由质权人占有而无法行使外，收益权和处分权都是可以行使的。收益权的行使，如与出质人协商将质物出租，以收取的租金清偿被担保的债权。在质物的处分问题上，质权设定后出质人仍可转让质物的所有权，或者就质物再为其他债权人设定担保（包括抵押担保与质押担保）。但是出质人的转让权与再设定担保权受已成立的质权的一定制约。在出质人转让质物所有权时，受让人只能取得负质权负担的所有权。如果受让人想取得不负质权负担的所有权，必须用价款提前清偿质权人的债权或者将价款交质权人同意的第三人提存。在质物上再设定担保物权时，后设定的担保物权也受前面已设定的质权的限制，只有在前质权人受偿后才能就担保物受偿。如果后设定的担保物权也是质权，后质权人也只有在前质权人的债权受债务人或出质人清偿后才能占有质物。

（3）清偿债务，取回质物的权利。在主债关系中，清偿债务是债务人的义务。而在质权法律关系中，清偿债务并非出质人的义务，因为出质人可以不清偿债务，听任质权人处分质物。这一点在出质人为第三人时表现得特别明显。在质权法律关系中，就出质人而言，清偿债务是手段，取回质物是目的，二者结合起来共同构成出质人的一项权利。因此，当出质人向质权人要求清偿债务、取回质物时，质权人不得拒绝。

（4）损害赔偿请求权。当质物因质权人保管上的过失而毁损或灭失时，出质人有请求质权人赔偿损失的权利。

除上述四项权利外，出质人为第三人时，在出质人代债务人履行债务后，或者其出质财产被质权人处分后，对债务人有追偿权。

2. 出质人的义务。质权设立后，由质权的物权性质所决定，出质人的义务主要为容忍义务和不作为义务。所谓容忍义务，是指容忍质权人依法行使质权的行为的义务。例如容忍质权人占有质物、收取质物的孳息，容忍质权人实施保全质权的行为、物上代位的行为、实现质权的行为等。所谓不作为义务，是指出质人在其财产所有权受质权限制的范围内对质物不实施行使财产所有权的行为的义务。例如不占有质物，不使用质物，不收取质物的孳息，不对质物为事实上的处分行为等。此外，出质人如同出卖人，对其出质的财产负有瑕疵担保责任。如果质物有隐蔽瑕疵且出质人未履行告知义务，由此造成质权人其他财产损害的，应由出质人承担赔偿责任。

（五）动产质权的消灭

动产质权的消灭，是指动产质权人对特定动产的质权不复存在。引起质权消灭的原因有：

1. 质权担保的债权消灭。质权为债权的从权利，当债权因清偿、抵消、混同、提存、免除等原因而消灭时，质权随之而消灭。

2. 质权与质物所有权混同。质权与质物所有权混同，是指质权与质物所有权归于一人。例如，质权人受让出质人转让的质物所有权，质权人继承了作为第三人的出质人的质物所有权。在这些情况下，质权均归于消灭。

3. 质物灭失。质物的灭失包括质物事实上的灭失与法律上的灭失。事实上的灭失是指质物自身的消灭。法律上的灭失是指质物虽然存在，但由于法律上的原因使他人原始取得质物的所有权（如第三人之善意取得）。质物灭失，无论事实上的灭失还是法律上的灭失，均使质权因失去标的物而消灭。但是因质物的灭失而使出质人取得赔偿请求权的，质权就出质人的赔偿请求权及进而获得的赔偿金而继续存在。

4. 质权之抛弃与质物的返还。质权是财产权，可以被抛弃。《民法典》第 435 条规定："质权人可以放弃质权。债务人以自己的财产出质，质权人放弃该质权的，其他担保人在质权人丧失优先受偿权益的范围内免除担保责任，但是其他担保人承诺仍然提供担保的除外。"质权之抛弃须返还质物始生抛弃的效力；仅有抛弃的意思而不返还质物不产生抛弃的效力。有返还质物的行为而无抛弃质权的意思（如以暂时保管或使用借贷的意思将质物返还出质人），质权虽不消灭，但该质权因失去公示形式而不能对抗第三人。

5. 质权人处分质物。在质权存续期间，无论质权人为保全质权而拍卖、变卖质物或者为实现质权而拍卖、变卖质物，都产生质权消灭的法律效果。这意味着，质权人对质物的处分同时发生转移所有权和消灭质权的法律效果。受让人取得不负质权负担的财产所有权。与质权人处分质物不同，出质人在质权存续期间转让质物，只能转让质物的所有权，不能消灭质权。因此，受让人要想取得不负质权负担的财产所有权，必须与出质人协商用转让质物的价款提前清偿受质权担保的债权，或者将价款交质权人同意的第三人提存，以价款取代质物作为债权的担保。

6. 质权存续期间届满。质权为有期物权，如果质权人不在质权的法定存续期间内行使质权，超过法定期间质权消灭。

三、权利质权

（一）权利质权概述

权利质权，是指以所有权、用益物权以外的可转让的财产权利为客体的质权。作为权利质权的客体的财产权利，或以金钱、实物之给付为标的，或以专利技术、商标、作品等智慧财产的专有权为标的，与有体物一样具有交换价值，因此以这些权利设质与以动产设质一样，具有保证被担保债权实现的功能。其中，以表现为有价证券的债权、股权设质，由有价证券的金融资产性质所决定，其担保作用甚至比动产质权更为可靠。同时，由于权利是无形的，以权利设质可以省去质权人保管质物的麻烦，这也比动产质权方便得多。因此，随着我国市场经济的发展，作为商业信用票据化产物的商业票据（汇票、本票、支票）、作为物上请求权证券化产物的物权证券（仓单、提单）和作为资本证券化产物的资本证券（股票、债券）的广泛运用，以及知识产权市场的拓展，权利质权在我国经济生活中发挥着越来越重要的作用。权利质权是在质权体系中与动产质权相区别的一类质权。权利质权与动产质权具有以下区别：

1. 质权的客体不同。动产质权的客体是有物质实体的有形动产，而权利质权的客体则是没有物质实体的无形的财产权利。

2. 质权设定的方式有所不同。质权之设定虽然都要具备订立质押合同和移转标的物占有两个条件，但是由于有形动产与无形权利之间的区别，在移转占有的方式上则有很大的不同。设定动产质权时，移转动产占有的方式只有一种——出质人向质权人交付出质的动产。而在设定权利质权时，移转权利"占有"的方式则有三种：①以票据化、证券化之债权或物上请求权设质时，交付作为权利代表符号的票据、证券，即意味着移转了入质债权或物上请求权之"占有"；②以非票据化、证券化的债权设质时，由出质人、质权人将设质之情况通知入质债权的债务人，即意味着移转了入质债权的"占有"；③以股份、股票、基金份额或知识产权设质时，依法进行质押登记，即意味着移转了入质股权或知识产权的"占有"。

3. 质权保全的方式有所不同。保全动产质权的主要方式是质权人对入质动产的实际掌握、控制，而保全权利质权的主要方式则是对出质人处分入质权利的法律限制，如规定非经质权人同意出质人不得为转让、抛弃入质权利或缩小入质权利内容的法律行为。

4. 质权实现的方式有所不同。在质权实现方式上，折价、拍卖或变卖入质动产并从卖得价款中优先受偿，是动产质权人实现其质权的唯一方式，而权利质权的实现则有三种方式：①拍卖、变卖入质权利并从卖得价款中优先受偿；②取代出质人的地位，向入质权利的义务主体直接行使入质权利，并通过直接行使入质权利使被担保的债权优先受偿，如通过收取入质债权的本金和利息使被担保债权优先受偿；③收取入质权利的收益。其中第二种方式是实现权利质权的主要方式。

权利质权与动产质权虽然具有前述区别，但是由于质权的共同性质和特征，权利质权的效力与动产质权的效力，即质权人与出质人的权利、义务，是基本相同的。因此《民法典》第446条规定，权利质权除适用权利质权一节的规定外，适用动产质权的有关规定。权利质权与动产质权在一定条件下还可以互相转换。例如，当因出质动产灭失而使出质人获得赔偿请求权时，动产质权就因此而转化为以该赔偿请求权为客体的权利质权。当以仓单、提单为代表符号的入质的物上请求权先于被担保的债权实现时，如出质人不愿提前清偿主债权，质权继续存在于入质的物上请求权实现后而取得的货物上，此时权利质权也就转化为以货物为客体的动产质权。

我国《民法典》中的权利质权根据其入质权利的不同，可分为有价证券（包括债权证券和物权证券）质权、普通债权质权、股权质权、知识产权质权、收益权质权五种。

（二）权利质权的客体

顾名思义，权利质权的客体应为权利。但是，并非任何权利都可以作为权利质权的客体。由权利质权的担保物权性质所决定，可以作为权利质权客体的权利应具备以下条件：

1. 须是财产权利。财产权利是具有经济内容，可以用金钱加以估价的权利。生命权、身体权、健康权、姓名权、名誉权、肖像权、亲属身份权以及著作权、发明权、发现权中的人身权等没有经济价值的人身权利，则不能作为权利质权的客体。

2. 须是可以转让的财产权利。某些财产权利，虽然具有经济价值，但是依法不能转让，如继承权、亲属间的扶养费请求权、退休金领取权、抚恤金领取权，以及按《公司法》的规定不能转让的股份等，都不能作为权利质权的客体。

3. 须是依法适于设定权利质权的财产权利。物权实行法定主义，什么财产可以设定物权以及可以设定什么物权，均由法律直接规定。因此，某些财产权利，虽然既具有经济价值又可以依法转让，但是依照法律的规定，只能设定其他担保物权，不能设定权利质权。例如，依照我国《担保法》（已失效）的规定，不动产及不动产用益物权只能设定不移转标的物占有的抵押权，不能设定移转标的物占有的质权（包括权利质权）；动产虽然既可以设定不移转标的物占有的抵押权，又可以设定移转标的物占有的动产质权，但是不能设定权利质权。

按《民法典》第 440 条的规定及法理，符合前述条件，可以作为权利质权客体的权利有：

1. 以汇票、本票、支票、债券、存款单、仓单、提单为表现形式的财产权利。这些有价证券作为财产权利的纸制的代表符号，其记载和代表的是以兑现现金或提取货物为内容的给付请求权，其中既有债权请求权，也有物权请求权。这些有价证券记载的权利与证券本身不可分，权利实现可靠，且实现之手续简便，是最佳的质押品。

2. 依法可以转让的普通债权。这里所称普通债权，是指没有有价证券作为其代表符号的债权，即有价证券以外的债权。依法理，债权为财产权，无论是基于合同而发生的债权或者是基于无因管理、不当得利、侵权行为而发生的债权，也无论是表现为有价证券的特殊债权或非表现为有价证券的普通债权，原则上都可以质押。但是也有不能质押或不适于质押的债权。单纯以劳务为标的的债权及其他依照法律规定或者当事人约定不能转让的债权，是不能质押的债权。以下几种债权，或因其担保作用有限，或因其担保作用的发挥取决于一定条件，或因其不具有强制执行的效力，属于不适宜质押的债权：①基于无因管理、不当得利、侵权行为而发生的债权，在标的金额未确定前不适于质押；②基于双务合同而发生的债权，除非该债权有先受清偿的约定，在债权人对债务人之相应义务未履行前不适于质押；③诉讼时效期间届满的债权。以上述几种债权设定质权的，并非其质押无效，只是其担保作用大成问题，会被担保债权的债权人考虑是否接受这些债权入质。综上所述可以看出，从债权的担保价值出发，入质债权应是可转让的以金钱、实物为标的的、已确定的、可以申请法院强制执行的债权。《民法典》第 440 条第 6 项没有将普通债权列入可以出质的权利范围，仅将"现有的以及将有的应收账款"（也是一种普通债权）列入了可以出质的权利范围，就考虑了普通债权之担保价值问题。

债权入质后，如无另外的约定，其附属的利息债权，今后可能发生的违约金债权、赔偿金债权以及为债权担保的抵押权、质权、留置权及保证债权也一同入质。同时，入质债权的债务人可得对抗出质人的一切权利，也得同样对抗质权人。

3. 可以转让的基金份额和股权。

4. 可以转让的注册商标专用权、专利权、著作权等知识产权中的财产权。依知识产权的性质和特点，并非所有的知识产权都能作为质权的客体。①知识产权是财产权和人身权两位一体的权利，其中的人身权没有担保的价值，不能质押。②知识产权中的不能转让的财产权利，也是不能质押的权利。例如发明人、发现人领取奖金的财产权利，就不能质押。除去上述两种不能质押的权利，可以质押的知识产权实际上只剩下了《民法典》第 440 条第 5 项规定的专利权、注册商标专用权和著作权中的财产权。

5. 公路桥梁、公路隧道、公路渡口等不动产的收益权。公路桥梁、公路隧道、公路渡口等不动产皆为社会公用建筑设施，其法律地位与一般建筑物不同，只能归国家所有，不能归私人投资建设者所有。私人投资建设者只能根据其与国家签订的特许契约取得一定年限的经营权。因此，这些公用建筑设施不能作为抵押权的客体。当私人投资建设者需要融通资金时，只能以其取得的经营权或经营权中的收益权为债权人设定权利质权。因此本条所称"不动产收益权"并非国家对这些公用建筑设施的收益权，实乃经营者（即私人投资建设者）经营权中的收益权。

6. 依法可以质押的其他财产权利。

（三）权利质权的设立

权利质权的设立，由权利质权性质所决定，须具备订立权利质押合同、移转出质权利的准占有两个条件。

1. 订立权利质押合同。权利质押合同的内容，按《民法典》第 440 条中共计有七大项，均应当订立书面的质押合同。

2. 移转出质权利的准占有。权利没有一定的形体，不能像对有形物那样具体地占有，只能在观念上抽象地占有。对此种占有，相对于对有形物的占有，民法理论称之为"准占有"。按《民法典》的有关规定，权利准占有的移转有以下几种方式：

（1）交付出质的有价证券。按《民法典》第 441 条的规定，以汇票、本票、支票、债券、存款单、仓单、提单等有价证券出质的，交付出质的有价证券，是质权设定的条件。有价证券之交付，就有价证券本身言，其移转的是有价证券的占有；而就有价证券所记载和代表的权利来说，其移转的则是该权利的准占有。法律不将有价证券质押规定为动产质押，而将其规定为权利质押，说明有价证券质押的本质是其记载和代表的权利的质押。有价证券有记名有价证券与无记名有价证券之分。记名有价证券是记载了权利人姓名或名称的有价证券，只有记名的权利人或依记名权利人之背书转让而受让权利的受让人向义务人提出证券，才能实现证券上的权利。因此，记名有价证券的转让与出质，均需于交付证券时在证券上背书载明"转让"或"质押"字样，否则不能对抗证券权利之义务主体及其他第三人。

无记名有价证券是指没有记载权利人姓名或名称的，由证券持有人享有和行使证券权利的有价证券。以无记名有价证券质押的，只要出质人依质押合同的约定将证券交付债权人即产生质权设定的法律效果。由于无记名有价证券本来就没有记载权利人的姓名或名称，任何持有证券的人都能享有和行使证券权利，因此，无记名有价证券的转让或出质均无须背书，只要交付无记名有价证券即产生转让或质押的法律效果。至于交付的意思是转让或质押，则见诸当事人于无记名有价证券交付前订立的合同。

（2）质押登记。按《民法典》第 443～445 条的规定，以基金份额、股权、知识产权、应收账款出质的，均须登记。其登记机构分别是：以基金份额、证券登记结算机构登记的股权出质的，质押之登记机构为证券登记结算机构；以其他股权出质的，质押之登记机构为工商行政管理部门；以注册商标专用权、专利权、著作权出质的，质押之登记机构为商标、专利、著作权管理部门；以应收账款出质的，质押之登记机构为信贷征信机构。

（3）质押通知。以普通债权出质的，质押合同签订后，出质人应将出质的情况通知出质债权的债务人，质权自出质通知到达出质债权的债务人时设立。对普通债权质权的设立，除应收账款外，我国《民法典》尚无明文规定，但按权利出质应依权利转让之同一方式进行的法理，普通债权质权之设立应按如上方式进行。

（四）权利质权的保全

无形的财产权利与有形的动产和不动产不同，没有有形的物质实体，不存在因担保物毁损、灭失而发生的法律问题。因此，权利质权的保全主要在于从法律上限制出质人处分其出质的权利。由于股权、知识产权、债权性质不同，在限制出质人处分其出质的股权、知识产权、债权上各有其侧重点，故对股权质权、知识产权质权、债权质权的保全需要分别进行分析。

1. 基金份额质权、股权质权、知识产权质权、应收账款质权的保全。基金份额质权、股权质权、知识产权质权、应收账款质权的保全，主要在于限制出质人转让其出质的权利。因此《民法典》第443~445条，分别就限制基金份额出质人、股票出质人、知识产权出质人、应收账款出质人转让出质权利的问题作了规定。其总的精神是：这些权利出质后，出质人未经质权人同意，不得转让其出质的权利。经质权人同意而转让的，其转让所得价款应当向质权人提前清偿所担保的债权或者向质权人同意的第三人提存。未经质权人同意的，其处分行为无效。同时，依法设立的基金份额质权、股权质权、知识产权质权、应收账款质权具有法定的公示形式——登记，当出质人擅自转让其出质的权利时，也不会发生第三人善意取得的问题。因此，除非受让出质权利的第三人将受让该权利应支付的价款向质权人清偿该权利担保的债权或者向质权人同意的第三人提存，质权人有权向受让权利的第三人行使质权。受让出质权利的第三人因此而遭受的损失应由出质人赔偿。由于知识产权还存在一个许可他人使用的问题，因此知识产权出质后，按《民法典》第444条第2款的规定，出质人未经质权人同意亦不得许可他人使用。经质权人同意而许可他人使用的，许可使用费亦应向质权人提前清偿所担保的债权或者向与质权人约定的第三人提存。

2. 债权质权的保全。债权质权的保全重在普通债权质权的保全。以表现为有价证券的特殊债权质押的，由于质权人直接占有着入质债权的代表符号——有价证券，因此，无论出质人或出质债权的债务人侵害质权人质权的可能性都很小。而以普通债权（即无有价证券作为其代表符号的债权）质押的，由于质权人无入质债权之代表物可以占有，出质人和出质债权的债务人侵害质权的可能性就很大。例如，出质人（即出质债权的债权人）完全可能通过请求债务人清偿，以自己的债务与出质的债权抵消，或者以免除债务人债务、减少债务人债务等行为来损害质权人的债权质权。同时，出质债权的债务人也可能向出质人（出质债权的债权人）清偿债务，从而损害质权人的债权质权。因此，债权质权保全的重点在于普通债权质权的保全。按普通债权质权保全的要求，质权人应享有制止前述损害行为以维护其合法利益的权利；同时出质人及出质债权的债务人也应承担不为这类损害行为的义务。如出质人违反其义务，未经质权人同意而通过清偿、抵消、免除等行为消灭出质债权或者缩小出质债权的债权额，其行为无效；出质债权清偿期届满时，质权人仍有权要求出质债权的债务人按债权入质时的债权额清偿。如出质债权的债务人违反其义务，未经质权人同意而向出质人（出质债权的债权人）清偿，以受质押通知为限，其清偿无效，质权人仍有权要求清偿。

（五）权利质权的实行

和其他担保物权一样，权利质权的担保功能的实现主要在于其实行效力。按权利质权的实行效力，被担保的债权清偿期届满后，债务人不为清偿的，质权人有权通过实行权利质权而使其债权优先受清偿。权利质权的实行方式有：

1. 依法处分入质的权利。通过拍卖、变卖、折价等方式依法处分担保物，并从处分所得价款中优先受偿，是担保物权实行的共同方式。这种实行方式同样适用于权利质权。当权利质权担保的债权清偿期届满后，如债务人未清偿，质权人即有权依法采用拍卖、变卖、折价等方式处分入质权利，并从处分所得价款中优先受偿。

2. 依法行使入质的权利。这是债权质权行使的主要方式。这里所称"债权"，既包括非证券化的普通债权，也包括汇票、支票、本票、债券、存款单、仓单、提单等有价证券记载和代表的以兑现现金或提取货物为内容的给付请求权。

3. 收取入质权利的收益。以公路桥梁、公路隧道、公路渡口等公用建筑设施的经营收益权出质的，依法收取出质人的经营收益，是此种权利质权实行的唯一方式。此外，债权质权、股权质权、知识产权质权的效力及于这些权利的法定孳息，如债权的利息、股权的股利及分红、知识产权的许可使用费等。因此，收取这些权利的法定孳息，也是这些权利质权实行的方式之一。

第四节 留置权

一、留置权概述

（一）留置权的概念

所谓留置权，留置权是指按照合同约定占有债务人财产的债权人，在债务人不按期履行债务时，得留置其占有物以保证其债权实现的担保物权。在留置权法律关系中，享有留置权的债权人称为留置权人，其留置的财产称为留置物。当合同债务人不按合同约定履行债务超过一定宽限期，留置权人有权以留置物折价或者以变卖留置物的价款优先受偿。

留置权主要适用于保管合同、运输合同、加工承揽合同等以劳务为标的的合同。在这些劳务合同中，保管人、承运人、加工承揽人基于其债务的履行必先占有寄存人、托运人、定作人的一定财产——保管物、运送物、定作物。如果寄存人、托运人、定作人不按合同约定给付劳务报酬，保管人、承运人、加工承揽人即有权留置其占有的保管物、运送物、定作物。

（二）留置权的特征

留置权与动产质权既有共同之处，又有不同之处。其共同之处表现在：二者都以动产为客体；二者的发生和继续存在都以占有标的物为条件；二者的权利主体对标的物都有继续占有的权利和依法处分标的物并从其价款中优先受偿的权利。与动产质权比较，留置权的特点有：

1. 留置权为法定担保物权。留置权是债权人根据法律的规定直接取得的担保物权。留置权的发生无须当事人特别约定。在我国，债权人取得留置权的法律根据是《民法典》物权编第十九章关于留置权的规定。依照这些法律规定，只要债权人按照合同的约定占有了债务人的财产，如果债务人到期不履行合同约定的债务，债权人对其占有的债务人财产即当然取得留置权。而质权，作为约定的担保物权，其取得必须基于当事人有效成立的质押合同及依质押合同而为的质物交付行为。

2. 留置权的发生晚于债权人对债务人财产的占有。在留置权关系中，债权人占有的留置物并非债务人为担保债务履行而专门提供给债权人的财产，而是债权人基于原债权债务关系而占有的债务人财产。因此，债权人占有债务人财产在先，而基于债务人到期不履行债务而产生的留置权则发生在后，二者之间存在一个或长或短的时间距离。而在质权关系中，由于质物是债务人或第三人为担保债务履行而专门提供给债权人的财产，因此债权人对质物占有的取得时间与其质权的发生时间是同一时间，二者之间不存在时间距离。

3. 债权人对债务人财产的留置具有同时履行抗辩的性质。留置权具有留置债务人财产和通过处分留置物而使债权受清偿的双重效力。其中，债权人对债务人财产的留置是进一步通过处分留置物而使债权受清偿的前提条件。所谓留置，乃拒绝返还原先占有之物而继续其占有之谓。详言之，按原债权债务关系，债权人本应按债务人的请求返还债务人的财产，但是因债务人未履行到期的债务而使债权人得以对抗债务人的请求，继续占有债务人的财产。因此，债权人基于留置权而继续占有债务人财产，具有同时履行抗辩的性质。而在质权关系中，由于债权人占有的质物并非原债权债务关系的标的物，而是债务人或第三人为担保债务的履行而专门交付给债权人的物，因此质权人对质物的占有也就不具有同时履行抗辩的性质。

4. 留置权人留置财产的期限具有债务履行宽限期的性质。在留置权关系中，债务人到期不履行债务还只是债权人得以对抗债务人、继续占有债务人财产的条件，而不是处分债务人财产并从中受清偿的条件。按照法律的规定，从留置债务人财产到处分债务人财产，还必须经过一定的留置期限。此留置期限对债务人而言，具有债务履行宽限期的性质。而在质权关系中，则没有这样的宽限期，债务人到期不履行债务，债权人即可依法处分质物，使其债权获得清偿。

（三）留置担保的适用范围

留置权是一种法定的担保物权，其适用范围由法律直接规定，只适用于因合同而发生的债权，不适用于因侵权行为、不当得利、无因管理而发生的债权。而在合同债权中，又主要适用于因保管合同、运输合同、加工承揽合同而发生的债权，即保管人请求寄存人给付保管费的债权，承运人请求收货人给付运输费的债权，承揽人请求定作人给付承揽报酬的债权。其他合同债权能否适用留置担保，取决于其他法律、法规是否对某种合同债权作出了债权人可以留置债务人财产的规定。另外，即使是法律规定可以适用留置担保的合同债权，当事人还可以在合同中以约定方式排除留置担保的适用。《民法典》第449条规定，法律规定或者当事人约定不得留置的动产，不得留置。

二、留置权的成立与消灭

（一）留置权的成立

留置权作为法定担保物权，其成立必须具备法律规定的条件。按照我国《民法典》的有关规定，留置权的成立须同时具备以下条件：

1. 须债权人按合同约定占有债务人的财产。占有是留置权成立和存续的条件，但并非任何占有都能产生留置权。债权人对债务人财产的占有须是债务人按合同的约定移转给债权人的占有（如定作人按承揽合同的约定将修理的物品交承揽人占有），债务人到期不履行债务时，始生留置的效果。如无合同约定，债权人任意占有债务人的财产，即使为促使债务人履行债务，亦属侵权行为，不能成立留置权。至于债务人依合同而移转给债权人占有的财产是否是其有处分权的财产，在所不问。

2. 须债权人对债务人财产的占有与债务人的债务具有牵连关系。债权人对债务人财产的占有与债务人的债务须具有牵连关系始能成立留置权，是各国立法的共同要求。《民法典》第448条明确规定，债权人留置的动产，应当与债权属于同一法律关系，但是企业之间留置的除外。按照本条的规定，个人与个人之间、个人与企业之间的财产留置，须债权的发生与债权人对债务人财产的占有出于同一法律关系，如加工承揽人基于加工承揽合同关系占有定作人交付的原材料，并取得向定作人收取加工费的债权。而企业之间的财产留置则不以此为限，只要债权人对债务人财产的占有是合法取得的，即使取得债权与取得占有并非出于同一合同关系，亦可留置其占有的债务人财产，以担保其债权的实现。

3. 须债务的履行期限先于债权人返还占有物的期限或与债权人返还占有物的期限相同。债权人对债务人财产的留置具有先履行抗辩或同时履行抗辩的性质，因此只有债务人债务的履行期限先于债权人返还占有物的期限或与债权人返还占有物的期限相同时，债权人才有对抗债务人返还占有物的请求、继续占有债务人财产的理由。如果债务人可得请求债权人返还占有物的期限先于债务人履行债务的期限，债权人则不能为未到期债权的担保而拒绝债务人的请求，扣留债务人的财产。但是，如债务人丧失支付能力，债权人则可以以债务人无支付能力为理由，在债务未至履行期前留置债务人财产。

在一般情况下，具备上述三个条件，留置权即可成立。但是，有以下特殊情况之一的，留置权不成立：①留置违反社会公德的，如扣留身份证、户口簿、荣誉证书、毕业证、学位证等；②留置与其应承担的义务相抵触的，如在货物发运地留置货物；③当事人双方在合同中明确约定不得留置财产的。

（二）留置权的消灭

《民法典》第457条规定，留置权人对留置财产丧失占有或者留置权人接受债务人另行提供担保的，留置权消灭。此外，留置权还可因留置物的灭失、留置权人抛弃留置权等原因而消灭。在留置权因留置物的灭失而消灭时，如债务人因留置物的灭失而对第三人享有损害赔偿请求权时，该损害赔偿请求权应继续作为债务人履行债务的担保。

三、留置权的效力

（一）留置权的效力范围

1. 留置权的担保范围。留置权作为法定担保物权，其担保范围必定为被担保债权的全部，亦即其担保的范围包括主债权及利息、违约金、损害赔偿金、留置物保管费用和实现留置权的费用。

2. 债权人可留置的财产范围。依留置权的目的和民法的公平原则，债权人可留置的债务人财产，以能满足其债权清偿为标准，超过部分应依债务人的请求返还债务人。因此，《民法典》第450条规定，留置财产为可分物的，留置财产的价值应当相当于债务的金额。这里所言"债务的金额"，应同时包括主债务的金额和各种从债务的金额。但是，留置物为不可分物时，则不管留置担保的债权额与留置物的价值是否相当，债权人均可留置。

（二）留置权人的权利

1. 于债权受全部清偿前继续占有债务人财产的权利。若非留置权，债权人原本是应将其占有的债务人财产交还债务人的（如承揽人应将其修理好的物品交还定作人），基于留置权的发生，债权人则可以不予交还而继续占有。债权人的继续占有权不仅可以对抗一般人，还可以对抗债务人或其他关系人的债权请求权与物权请求权。例如，定作人交承揽人修理的物品如系第三人的所有物，在定作人未付清修理费前，承揽人不仅可以对抗定作人请求交付修理物的债权请求权，还可以对抗第三人请求返还原物的物权请求权。

2. 收取留置物孳息的权利。《民法典》第452条规定，留置权人有权收取留置财产的孳息。所收孳息应当先充抵收取孳息的费用。留置权人基于对留置物的占有权，同质权人一样，有权收取留置物的孳息。这里所称孳息，系指天然孳息。收取法定孳息，由于涉及留置物的处分，故应取得债务人的同意。例如，承揽人在留置期内将修理好的汽车出租，就应与定作人协商，取得定作人的同意。留置权人收取留置物孳息的权利并非实质意义上的收益权，因此，留置权人应当以收取的孳息先抵偿留置物的费用，如有剩余再抵偿债权及其利息。

3. 请求偿还留置物保管费用的权利。留置物系债务人的所有物，且债权人留置其物系因债务人不履行其债务所致，所以，债权人有权请求债务人偿付留置物在留置期内的保管费用。

4. 以留置物折价或变卖留置物的价款优先受偿的权利。此项权利是为债权人实现留置权的担保功能而规定的，其内容与质权的实行权相同，但是其行使的条件则与质权有所不同。依留置权的性质，债务人到期不履行债务还不是留置权实行的条件，而只是债权人可得拒绝债务人请求，继续占有债务人财产的条件。换言之，此时的留置权还只具有留置的效力，而不具有实行的效力。《民法典》第 453 条第 1 款规定，留置权人与债务人应当约定留置财产后的债务履行期限；没有约定或者约定不明确的，留置权人应当给债务人 60 日以上履行债务的期限，但是鲜活易腐等不易保管的动产除外。债务人逾期未履行的，留置权人可以与债务人协议以留置财产折价，也可以就拍卖、变卖留置财产所得的价款优先受偿。依此规定，留置权发生后，债权人并不能马上处分留置物，而必须为债务人履行债务再保留 60 日以上的宽限期。此宽限期届满，债务人仍不履行债务时，留置权始生实行效力，债权人才能依法处分留置物，使其债权获得清偿。如债权人违反关于宽限期的规定，提前处分留置物的，应对此造成的损失承担赔偿责任。

（三）留置权人的义务

1. 保管留置物的义务。《民法典》第 451 条规定，留置权人负有妥善保管留置财产的义务；因保管不善致使留置财产毁损、灭失的，应赔偿责任。

2. 不得使用、出租留置物及在留置物上再设立担保的义务。未经债务人同意，留置权人不得使用、出租留置物，不得在留置物上再设立担保。但出于保存留置物的需要而适当使用留置物的，不在此限。

3. 返还留置物的义务。债务人清偿债务后，债权人的留置权消灭，应将留置物返还债务人。

■ **思考题**

1. 什么是担保物权？与用益物权比较，担保物权具有哪些特征？

2. 担保物权有何价值？

3. 在学理上，担保物权有哪些分类？

4. 担保合同有哪些无效原因？其法律效果如何？

5. 什么是抵押权？抵押权具有哪些特征？

6. 什么是质权？与抵押权比较，质权具有哪些特征？

7. 什么是动产质权？动产质权如何设立？在动产质权法律关系中，质权人和出质人各自享有哪些权利，承担哪些义务？

8. 什么是权利质权？权利质权与动产质权有何异同？哪些权利可以作为权利质权的客体？权利质权如何设立、保全和实行？

9. 什么是留置权？与抵押权、质权比较，留置权具有哪些特征？

10. 留置权的成立需具备哪些条件？

11. 在留置权法律关系中，留置权人可以享有哪些权利？应承担哪些义务？

■参考书目

1. 梁慧星编著：《中国物权法草案建议稿：条文、说明、理由与参考立法例》，社会科学文献出版社 2000 年版。
2. 王利明：《物权法研究》，中国人民大学出版社 2002 年版。
3. 苏永钦主编：《民法物权争议问题研究》，清华大学出版社 2004 年版。
4. 朱泉鹰、林建伟编著：《担保法》，厦门大学出版社 2003 年版。

第十八章　占有与取得时效

■ 学习目的和要求

　　通过占有制度的教学，要求学生认识占有制度的重要价值，掌握占有与占有权的概念、占有的分类、占有的各种效力。

第一节　占　有

一、占有概述

（一）占有与占有权

1. 占有。占有是指人对物进行管领的事实。这里所称管领，包括对物进行掌握、控制、使用、收益及处分等。占有的本质在于主体以自己的意志对物进行现实的支配。

占有作为一种事实，其构成须具备一定的条件：

（1）对物的支配须是现实的。所谓现实的支配，是指主体的支配力正及于物，如现实的掌握物、控制物，对物进行使用、收益等。过去对物有过一定的支配力，但后来基于某种原因而丧失者，不构成现实的占有。主体仅存在将来支配某物的可能性，但其支配力尚未现实地及于物者，也不构成占有。

（2）对物的支配须是确定的。所谓确定，是指对物的支配是明确的、肯定的，且具有一定的稳定性。例如，弃置于路旁之物，其为谁所支配不明确，就不构成特定主体对该物的占有。别人之鸭进入自己的鸭舍后又迅即离去，虽然该鸭曾进入自己的支配范围，但这种偶然的转瞬即逝的支配不能构成占有。

（3）对物的支配须具备一定的外观，为外人所认识。占有作为一种事实是有其为外人识别的表现形式即外观的。物之支配关系通常从两个方面表现出来：①物在空间上所处之地位。例如，置于宅内及宅旁之物，通常应认定为住宅所有人或使用人占有之物；堆积于公路旁的沙石，通常应认定为养路段占有之物。②物在法律上的地位。例如，物虽为承租人现实地使用、收益，但依该物的法律地位应认定其所有人具有间接的占有。

在占有关系中，对物为事实上之管领的人称为占有人。由于占有是一种事实行为而非法律行为，因此，无论自然人、法人均可作为物之占有人，自然人中的限制民事行为能力人和无民事行为能力人也可作为物之占有人。占有之客体为有体物、特定物。对无体物（财产权利）只能成立准占有，而不能成立占有。种类物在没有特定化前，也不能成立占有。占有的客体虽与所有权的客体一样须为有体物，但其范围比所有权宽。国家专用财产不能作为集体所有权和公民个人所有权的客体，但可作为集体和个人占有的客体。

2. 占有权。占有权是指物之占有人根据占有之事实而依法享有的权利。在物权法的占有制度中，占有是作为一种法律事实而存在的。占有这种法律事实和其他法律事实一样，法律是赋予了它一定效力的。占有的法律效力包括：①占有人于占有物上行使的权利，可推定其适法；②具备一定条件的善意占有人对其占有的动产可取得所有权或其他物权；③占有人在其占有被侵害时，可请求排除侵害；④善意占有人对其占有物可进行使用和收益；⑤占有人于物权人请求返还原物时，其维护占有物所支出的必要费用可要求物权人偿还。根据占有的这些法律效力，占有人也就享有了相当的权利，这种权利便称为占有权。

占有权与作为所有权和其他物权权能之一的占有权能是不相同的，二者的区别表现在：

（1）发生和消灭的根据不同。占有权能产生于本权（所有权和其他物权），是本权的一项内容、一种作用与表现，它伴随着本权的发生而发生，本权的消灭而消灭。而占有权发生的根据则是现实地对物进行占有的事实，它随占有的取得而取得，占有的丧失而消灭。无论占有人对物的占有是否基于本权，只要占有事实存在，占有人均依法律保护占有的规定而享有一定的占有权。

（2）二者的内容和表现形式不同。占有权能无论其基于什么权利而发生，其内容都是确定的，仅表现为对物进行掌握和控制一个方面。而占有权的内容则是多方面的，而且依占有原因的不同而有所不同。善意占有人的占有权包括即时取得权、使用收益权、排除妨碍请求权、费用偿还请求权等，其内容十分广泛。善意占有人的占有权还可在一定条件下排除本权。而恶意占有人则只能在其占有存续期间依占有适法之推定而享有一定的占有权，且其占有权不能对抗本权。

（3）二者与占有的关系不同。就占有权能与占有的关系而言，享有占有权能是对物进行占有的法律基础与前提，而对物的实际占有则是行使占有权能的表现。在占有权与占有的相互关系中，二者的地位则完全颠倒过来了，占有成了享有占有权的基础与前提。

（二）在物权法中建立占有制度的意义

占有制度在民法理论上被称为类物权制度，是一项与所有权制度和他物权制度存在很大区别的制度。在所有权制度和各种他物权制度中，各种物权的概念是其逻辑的起点。法律在这里总是先为各种物权定名称、下定义，然后再对它们的主体、客体、内容及取得方式、消失原因等进行规定。按所有权制度和各种他物权制度的要求，民事主体必先以法定的方式取得某种物权后，然后才能按该种物权的法定内容对标的物进行实际的支配。而占有制度与此则正好相反，其逻辑起点不是各种物权的概念，而是民事主体对物的现实支配，即占有。它从推定一切现实的占有为适法占有出发，首先宣布给占有以普遍的法律保护，然后再根据占有的不同样态，对一些缺乏本权的占有加以适当的调整。

当然，占有制度与所有权制度和各种他物权制度也不是截然分开而没有联系的。占有制度与所有权制度及各种他物权制度的联系，首先，表现在占有制度对有本权的占有的保护与所有权制度及各种他物权制度是一致的。其次，它对无本权的占有的保护也是充分考虑了与所有权制度和各种他物权制度的衔接的。它把无本权的占有区分为恶意占有与善意占有，对恶意占有，它责成占有人负返还原物及收益的责任，这也是与所有权制度和各种他物权制度相一致的。对善意占有，它也没有偏向占有人一方，而是站在公正的立场上对占有人与本权人的利益加以协调。

占有制度与所有权、他物权制度的区别与联系，使占有制度别具特色，对于稳定占有关系，维护社会经济秩序，促进商品交换，维护社会的公正与和谐具有特殊的意义：

1. 占有制度有利于稳定现实的占有关系，维护社会经济秩序。按照所有权、他物权制度的逻辑，对社会现实的占有关系必须先查明占有人是否享有所有权或他物权，然后才能依所有权或他物权的法定内容给予一定的保护。而要一一查明占有人是否享有所有权或他物权，不仅于客观上难以办到，而且即使能办到，也会使占有人负累不堪，影响其对物的支配与利用。这说明所有权制度和他物权制度对占有关系的保护是有缺陷的，而占有制度正好弥补了所有权制度和他物权制度的这一缺陷。占有制度对物的现实占有人是否享有所有权或他物权不加过问，一律推定其占有为合法占有，即使有人对占有人的占有提出争议，其占有是否合法的举证责任也不由占有人负担，而由提出争议人负担，这就十分有利于稳定现实的占有关系。对现实占有关系的稳定，同时也意味着对社会经济秩序的维护。因为占有关系不稳定，对财产你争我夺，必然导致社会经济秩序的混乱。

2. 占有制度有利于维护商品交易的安全，促进商品经济的发展。物的安全表现为静态安全与动态安全两个方面。物的静态安全是指物之占有方面的安全，物的动态安全则是指物在流通过程中的安全。占有制度不仅对维护物的静态安全具有特殊意义，而且对维护物的动态安全也同样具有特殊的意义。按照占有制度的规定，当转让人非法转让他人之物时，只要受让人受让时没有恶意，就能在一定条件下即时取得受让物的所有权。即使不能即时取得受让物的所有权，只要转让与受让的行为是在市场上公开进行的，善意受让人的利益也受占有制度的一定保护。占有制度的这些规定对维护交易安全、促进商品经济的发展都是十分有利的。如无这些规定，人们就会对商品交易缺乏安全感，使商品受让人要花大量的时间和精力去调查转让人是否有权转让，从而影响商品交易的速度与成交率，阻碍商品经济的发展。

3. 占有制度有利于维护社会的正义与和谐。在民法的各项制度中，占有制度最能体现民法的公平原则与诚实信用原则。按占有制度的规定保护善意占有，公平解决本权人与善意占有人的纷争，就能发扬公平与诚实信用的观念，维护社会的正义与和谐。

二、占有的分类

占有作为一种事实，总是处于一定的状态之下。因此，可以根据占有状态的不同，对占有进行分类。对占有的科学分类，是占有制度对不同占有给予不同法律保护的基础与前提。

（一）自主占有与他主占有

自主占有是以所有的意思对物进行的占有，如所有人对所有物的占有。虽非物的真正所有人，但自信为物的所有人，或自视为物的所有人的占有，也是自主占有。前者如继承人把被继承人为第三人寄存保管的物品视为被继承人遗产而进行的占有，后者如小偷把盗窃物据为己有而进行的占有。他主占有是非以所有之意思对物进行的占有，如经营人、使用人、质权人、留置权人、承租人、借用人、保管人对物进行的占有。

认定占有人的占有意思，应首先考察占有人受让占有时的意思。例如，以买卖之合意受让物之占有为自主占有；以租赁之合意受让物的占有，则为他主占有。非以受让方式而取得物之占有时，则应看取得占有时的具体情形。例如，捕获鸟兽鱼蛇而加以占有，应视为自主占有；而拾得道旁之贵重物品而加以占有，则应视为他主占有。在不能从以上两方面认定占有人的占有意思时，应推定占有人的占有为自主占有。

自主占有可以变更为他主占有，他主占有也可以变更为自主占有。这两种变更中，由于他主占有变更为自主占有直接涉及物之原所有人的权益，因此法、德、日等国的民法均设有特则对其加以规定。按这些国家民法的规定，此种变更只能依两种方式进行：①他主占有人取得自主占有的新权源；②他主占有人向使其为占有的人表示占有意思之变更。非依此两种方式，他主占有不得变更为自主占有。

区分自主占有与他主占有具有以下意义：①只有自主占有人才能依取得时效取得占有物的所有权；②只有自主占有人才能依先占原则取得占有物的所有权；③他主占有人因可归责于自己的事由致占有物毁损灭失时，对返还原物请求人须负损害赔偿的责任，自主占有通常不会发生此种责任。

（二）直接占有与间接占有

直接占有，是不以他人的占有为媒介，直接对物进行管领的占有，如承租人对租赁物的占有，借用人对借用物的占有。所有人直接对所有物进行管领、支配者，亦为直接占有。间接占有，是以他人的占有为媒介，非现实占有其物，仅对物有间接支配力的占有。例如，所有人对其已出租的所有物的占有就是一种间接占有。此时，承租人既是物的直接占有人，同时又是所有人间接占有的媒介人。物之间接占有人不以所有人为限，非所有人亦可依一定法律关系成为物的间接占有人。例如，甲将其所有的房屋一幢典卖给乙，乙又将该房租给丙，丙又将该房转租给丁。在这一连串的关系中，除丁的占有为直接占有外，甲、乙、丙的占有则为不同层次的间接占有。

间接占有的构成须具备三个条件：①须与直接占有人存在一定的法律关系，如经营权关系、使用权关系、质押关系、租赁关系、借用关系、保管关系、运输关系等；②须对直接占有人具有返还原物的请求权；③须对直接占有人对物的支配具有一定的制约能力，换句话说，直接占有人对物的支配须是有限的支配，而非完全的支配。

间接占有不是对物事实上的管领，不能从外观上认定，原非一种自然的占有。法律将其视为一种占有的目的，在于使没有直接占有物但对物享有一定物权的人能够准用占有制度的规定，享受占有制度规定的占有权，与直接占有一样受占有制度的法律保护，从而维护间接占有人的利益。

（三）自己占有与辅助占有

自己占有，是指占有人不使用辅助人，仅以自己的行为对物进行管领的占有。辅助占有，是指在占有人使用辅助人的情况下，辅助人依占有人的指示对物进行的事实上的管理与支配。这里所称辅助人，系指占有人的受雇人、学徒及与占有人有类似法律关系的人。

就占有的外部关系而言，辅助占有人不是为自己的利益而是为占有人的利益而进行占有，因此，辅助占有不为独立的直接占有，占有人在使用辅助人对物进行管领时，也不因此而变为间接占有人。但是，就占有的内部关系而言，辅助占有人的占有具有直接占有的基本特征（对物直接管领），在一定场合可准用关于直接占有的规定。例如，在占有人将财产让与辅助占有人时，可采用简易交付方式进行交付。

（四）单独占有与共同占有

单独占有，是指就同一物只有一个占有人的占有。共同占有，是指多数人就同一物为直接占有或间接占有的占有。前者如数个连带债权人对债务人或第三人提供的质押物的直接占有；后者如数个共有人对已出租的共有物的间接占有。共同占有与单独占有一样，可以是自主占有、他主占有、正权源占有、无权源占有、善意占有、恶意占有。

共同占有与共有是两个不同的概念。①共有是指共同所有，是仅就本权——所有权而言的。而共同占有则是就对物的事实上的支配力而言的。共同占有有基于所有权的共有关系而发生的，也有基于他物权的共有关系而发生的，还有无任何权源的。如几个盗贼共同占有赃物，几个受让人从无权转让人手中共同受让并占有转让物，皆属于无权源的共同占有。②共同占有关系与共有关系受法律的调整与保护也是有区别的。例如，几个盗贼共同占有赃物，就不受法律的保护，其内部关系的协调亦全凭各盗贼的腕力。

但是，共同占有与共有也有密切的联系。共有是产生共同占有的最基本的法律上的原因。因此，不仅共同占有可像共有一样分为按份共同占有与共同共同占有，而且对共同占有人内部关系的调整，一般也可适用共有的规定。

（五）正权源占有与无权源占有

正权源占有，又称合法占有，是指基于法律行为或法律的直接规定等合法原因而取得的占有。作为正权源占有之权源者，可以是所有权，也可以是具有占有权能的他物权，还可以是某些债权或人身权。前者如承租权、借用权、保管权，后者如父母基于亲权对未成年子女财产的占有。无权源占有，又称非法占有，是指非依合法原因而取得的占有。例如，小偷占有赃物，拾得人将拾得物据为己有，受让人从无处分权人之手取得的占有，等等。

区分正权源占有与无权源占有的意义在于对两种占有给予不同的法律保护。正权源占有除受占有制度的保护外，还受其他法律制度如所有权制度、他物权制度及某些债的规定等的保护。而无权源占有则只能根据其占有事实及状态受占有制度的保护。

（六）善意占有与恶意占有

这是以占有人的主观心理状态为标准对无权源占有的进一步区分。善意占有，又称诚实占有，是指占有人不知道，也不可能知道自己的占有为无权源占有，从而误信其为有权源占有的占有。这里所称的"不知道"是指占有人主观心理上确实不知道其占有为无权源占有；所称的"不可能知道"，是指占有人在受让占有时或受让占有后没有任何客观情形可能使占有人对其占有之有无权源产生怀疑。如占有人在公开交易市场以通常之市场价格购买小偷的赃物而加以占有，就是一种善意占有。恶意占有，又称非诚实占有，是指占有人知道或可能知道其占有为无权源占有的占有。这就是说，不仅占有人明知其占有无权源而仍然占有为恶意占有，即使占有人未明知道其占有无权源，但在受让占有时或受让占有后有可能使其产生怀疑的客观情形，也构成恶意占有。

善意占有与恶意占有之区分在占有制度中最为重要。因为占有制度本质上是从稳定占有关系、维护商品交易安全出发而对无权源占有给予一定法律保护的制度。但是，占有制度对无权源占有的保护并不是不加区别的，而是严格按民法诚实信用原则的要求，在划清恶意占有与善意占有的基础上进行的。按照占有制度的规定，恶意占有除在本权人提起返还原物诉讼前受"占有适法"推定原则的保护外，基本上不受其他法律保护。而善意占有则还要受即时取得制度及其他一些法律规定（如善意占有人对占有物享有使用收益权等）的保护。

（七）有瑕疵占有与无瑕疵占有

有瑕疵占有系指强暴占有和隐秘占有。无瑕疵占有系指和平而公然的占有。此类区分之主要意义在于取得时效制度，于占有制度中仅对属于强暴占有之盗窃物设有规定。故什么是强暴占有、和平占有、隐秘占有、公然占有，将在取得时效一节再行论述。

（八）准占有

准占有，又称权利占有，是指行使不包含物的占有权能的财产权的事实。行使此种财产权的人称为准占有人。占有本为物之事实上的支配，故占有制度以保护物的事实上的支配关系为中心。但是，对不包含物之占有权能的财产权的行使，与物之事实上的支配，除指向的客体有所区别（一为权利，一为有体物）外，在性质上并无二致。故对此类财产权的行使，亦应准用占有制度的规定加以保护。于是，行使此类财产权的事实便因此而得名曰"准占有"。

三、占有的效力

由于占有制度给予占有一定的法律保护，占有因此具有一定的法律效力。根据民法保护占有的规定，占有的法律效力主要表现为权利推定、即时取得、占有物的使用收益、占有人对返还原物请求人的权利义务以及占有人的物上请求权五个方面。

（一）权利推定

占有的权利推定效力起源于日耳曼法，其意为占有人于占有物上行使的权利，推定为占有人适法享有的权利。至于占有人是否真正有此权利，在第三人举证破除法律所作推定前在所不问。法律作此推定的目的在于通过假定占有人享有合法权利，给占有以法律保护，从而稳定现实的占有关系。权利推定不仅具有良好的愿望，而且也有充分的依据：①《民法典》明确规定占有是物权的重要公示方法，使占有成为物权的重要外部表现形式，具有很强的公信力；②在法制社会，财产的实际占有人通常是真正享有其权利的人，推定占有人为合法占有人与社会的实际情况一般是吻合的。

权利推定的适用范围应从以下方面考察：①从占有方面看，权利推定适用于一切占有，包括善意占有与恶意占有、无瑕疵的占有与有瑕疵的占有等。②从权利方面看，推定可适用于一切由占有表现的权利，包括所有权与具有占有权能的他物权、债权。至于应推定占有人享有什么权利，则取决于占有的名义和占有人对物进行支配的范围，如以所有人的名义对物全面支配，则推定占有人享有所有权；如以承租人的名义对物为有限的支配，则推定占有人享有承租权。如占有的名义不明确，则推定占有为自主占有，占有人享有所有权。③从占有阶段方面看，推定既适用于现在的占有，也适用于过去的占有。如物之现时占有人在诉讼中如有必要可引用其前手的占有。④从财产方面看，推定只适用于动产。因为不动产物权的公示方法为登记，应推定不动产的登记人享有所登记的权利。

尽管权利推定的适用范围十分广泛，且具有多方面的效力，但推定毕竟只是法律从本权与占有之一般结合情况出发而作出的一种假定，当占有与本权背离时，真正的权利人完全可以通过反证将其推翻，因此，权利推定并不会损害真正权利人的利益。

（二）即时取得与时效取得

即时取得，又称善意取得，是指通过以转移所有权或设定他物权为目的的法律行为受让他人动产时，纵然转让人无转让权，善意的受让人亦能自取得物之占有之时起，立即取得物的所有权或他物权。取得动产的占有，是动产善意取得的重要条件，从占有制度看问题，可善意取得是一定状态的占有的一种效力。关于动产与不动产的善意取得，已详前述，此不具论。

时效取得，是指以所有的意思或为自己的利益，和平、公然占有他人财产或行使他人财产权利（准占有）经过法定期间，即依法取得该财产的所有权或其他财产权。对财产占有持续经过一定期间是时效取得的重要条件，从占有制度看问题，更得视时效取得是一定状态的占有的一种效力。关于时效取得，详见下节。

（三）占有物的使用收益

按传统民法的规定，善意占有人得依其误信享有的权利的内容，对占有物进行使用与收益。于返还原物时，善意占有人没有返还原物收益及使用对价之义务。

善意占有人对占有物是否享有使用、收益之权，应依其误信享有的权利是否包含使用权能与收益权能而定。如善意占有人误信其享有的权利含有使用权与收益权（如误信享有所有权），则善意占有人对占有物就有使用、收益之权，否则便无使用、收益之权（如误信享有质权）。客观上认定善意占有人误信之权利为何种权利，一般应以其受让占有时的意思为准。

善意占有人的使用、收益权存续于善意占有的整个期间。当收益为天然孳息时，只要孳息物是在善意占有期间内与原物分离的，占有人对该孳息物即享有收益之权。当收益为法定孳息时，应按善意占有存续期间之相当日数（即产生法定孳息之日数）计算占有人的收益。至于孳息是否由占有人的劳力与费用所生，则在所不问。

善意占有人的使用、收益权自其善意占有转为恶意占有之时起消灭。至于善意占有自何时起转为恶意占有，各国民法的规定存在一定的差异。按 1964 年《苏俄民法典》第 155 条的规定，善意占有自占有人知道或应当知道其占有为不法占有之时起或者收到所有人起诉通知之时起变为恶意占有。而按《日本民法典》第 189 条的规定，善意占有在占有人本权之诉中败诉的情况下，于该诉讼提起之时起，为恶意占有。

我国《民法典》第 460 条规定，不动产或者动产被占有人占有的，权利人可以请求返还原物及其孳息；但是，应当支付善意占有人因维护该不动产或者动产支出的必要费用。似与传统民法精神有所区别。

（四）占有人对返还原物请求人的权利与义务

无权源占有人，如不能依即时取得制度或时效取得制度取得物之本权，即负有向物之本权人返还原物的基本义务，并由此而产生一系列权利义务。

无权源占有人分为善意占有人与恶意占有人，基于民法的诚信原则，二者对返还原物请求人的权利、义务是有所不同的。

1. 善意占有人的权利、义务。

（1）占有物毁损灭失的责任。《民法典》第 461 条规定："占有的不动产或者动产毁损、灭失，该不动产或者动产的权利人请求赔偿的，占有人应当将因毁损、灭失取得的保险金、赔偿金或者补偿金等返还给权利人；权利人的损害未得到足够弥补的，恶意占有人还应当赔偿损失。"依此规定，占有物毁损灭失的，善意占有人对返还原物请求人仅以因毁损或灭失所受之利益为限负赔偿之责。在确定善意占有人的赔偿责任时，应坚持以下两个原则：①占有物的灭失或毁损系由不可抗力造成，除非善意占有人履行返还原物的义务迟延，善意占有人不负赔偿责任；②善意占有人赔偿责任的大小，不以返还原物请求人所受损失为标准，而依不当得利之返还原则确定其范围。如善意占有人因占有物的灭失或毁损受有利益，则在其所受利益之范围内负赔偿责任；如未受利益，则不负赔偿责任。例如，占有物的毁损如系他人侵权行为所致，善意占有人应在其所受赔偿金的范围内对返还原物请求人负赔偿责任，如系占有人使用占有物之结果，不管其使用有无滥用财产之情况，均以返还残存物为已足，不再负赔偿之责。再如原物之返还不能（灭失），如果系善意占有人出卖原物所致，则善意占有人应就其所得价金对返还原物请求人负赔偿责任，如果系被盗、遗失所致，则不负赔偿责任。

上述赔偿原则，只适用于善意之自主占有。他主占有，即使为善意，亦应对返还原物请求人负全部损害赔偿之责。

（2）费用偿还请求权。善意占有人对占有物所支出的必要费用和有益费用，于返还原物时，有请求相对人偿还的权利。

所谓必要费用，是指为保存占有物而支出的费用。必要费用可分为通常之必要费用与临时必要费用。前者如普通修缮费、饲养费、捐税等。对通常必要费用，如占有人已取得物之收益，无论其收益能否与费用相抵，均认定相抵，不得再请求偿还。善意占有人只有在没有任何收益的情况下，才能请求偿还通常之必要费用。临时必要费用，是指因不可预期的原因（如天灾）致物损坏而对物进行大修理所支出之费用。对临时必要费用，善意占有人有请求偿还收益抵消后之差额的权利。

所谓有益费用，是指因改良占有物所支出的费用。对此项费用，善意占有人于返还原物时，只能就因改良而增加的价值的尚存部分请求相对人偿还。

2. 恶意占有人的权利、义务。

（1）占有物毁损灭失时的责任。恶意占有人因可归责于自己的事由致占有物毁损灭失者，对返还原物请求人负全部损害赔偿之责，包括返还原物请求人之实际损失与可得利益损失，且不管恶意占有人是否因物之毁损灭失受有利益及受利益之多少。例如，占有物毁损，恶意占有人不仅应返还残存物，还应因赔偿物之损坏所造成的损失。

因不可抗力致占有物毁损灭失者，恶意占有人与善意占有人的责任相同，即仅于履行返还原物义务迟延时，才对不可抗力所致之损害负赔偿责任。

（2）返还占有物孳息的义务。恶意占有人对占有物无使用、收益之权，因此恶意占有人于返还原物的同时负有返还他在整个占有期间所获全部孳息的义务。对已消费的、因过失而毁损的及怠于收取的孳息，负偿还其价金的义务。

（3）费用偿还请求权。恶意占有人因保存占有物所支出的必要费用，于返还原物时，只能依无因管理的规定请求偿还。即恶意占有人支出之费用，除为所有人尽公益上之义务或经所有人承认者外，须是有利于所有人且并不违反所有人可得推知之意思者，始得请求偿还。

因改良占有物而支出的有益费用，恶意占有人是否有权请求偿还，各国及地区民法规定不一。依1964年《苏俄民法典》第155条之规定，唯善意占有人得请求偿还有益费用；而依《日本民法典》第196条的规定，恶意占有人与善意占有人均得请求偿还有益费用。

（五）占有人的物上请求权

《民法典》第462条第1款规定："占有的不动产或者动产被侵占的，占有人有权请求返还原物；对妨害占有的行为，占有人有权请求排除妨害或者消除危险；因侵占或者妨害造成损害的，占有人有权依法请求损害赔偿。"为稳定财产的占有关系，维护社会的安宁，法律给占有以相当于本权（所有权与他物权）的保护，故占有人亦享有以维护占有为目的的各种物上请求权，包括占有物返还请求权、占有妨害除去请求权、占有妨害防止请求权，总称为占有人的物上请求权或占有请求权。

占有请求权的主体为占有人。由于法律规定占有请求权的目的在于维护物之事实上的占有关系，占有请求权的相对人，即义务主体，为侵夺或妨害占有之人。物之本权人，于侵夺或妨害占有人之占有时，也会成为占有请求权的相对人。这就是说，即使是物之本权人，如不以合法的途径与方式行使其权利，而对占有人之占有施以非法的侵夺或妨害，亦可成为占有请求权的相对人。例如，甲之马被盗，后经调查，发现为乙占有，如甲不经诉讼程序而强行将马牵走，乙就可以向甲行使返还占有物之请求权。但是，甲在乙提起的占有之诉中败诉后，他可以依其所有权向法院提出本权之诉而取回自己的马。

占有请求权是受诉讼程序保护的实体权，当占有人向相对人行使请求权而为相对人所不应允时，占有人得向法院提起相应的诉讼。此种诉讼归纳起来可分为：请求返还占有物之诉，请求排除妨害之诉和请求防止妨碍之诉。对占有之诉中的请求返还原物之诉，《民法典》第462条第2款作了这样的规定："占有人返还原物的请求权，自侵占发生之日起一年内未行使的，该请求权消灭。"

第二节 取得时效

一、取得时效概述

（一）取得时效的概念

取得时效是以所有的意思或为自己的利益，和平、公然占有他人财产或行使他人财产权利（准占有），经过法律规定的期间，就依法取得该财产所有权或其他财产权的法律制度。在取得时效中，对他人财产的占有或他人财产权利的准占有，与法定期间的经过结合起来，是一种法律事实。而财产所有权或其他财产权的取得，则是由这种法律事实引起的法律后果。从占有角度看问题，取得时效也可视为特定状态的事实占有的一种效力。

取得时效与消灭时效（诉讼时效）、先占、即时取得等相近法律制度比较，具有以下特征：

1. 取得时效作为一种时效制度，和消灭时效一样，须以一定时间的经过为要素。无论取得时效还是消灭时效，都是一定事实状态经过一定期间即产生一定法律后果的时效制度。但是取得时效所要求的事实状态和所产生的法律后果，则与消灭时效完全不同。取得时效所要求的事实状态，是占有他人财产或行使他人财产权利的事实状态；所产生的法律后果，是取得财产所有权或其他财产权。消灭时效所要求的事实状态，是权利不行使的事实状态；所产生的法律后果是请求权或胜诉权的消灭。

2. 取得时效作为取得财产所有权的一种方法，与先占和即时取得一样，均以财产的占有为取得财产所有权的基本条件，但是在是否以时间为要素方面和占有条件方面则有很大差别。按取得时效取得财产所有权，要求一定状态的占有持续一定的期间；而按先占原则和即时取得制度取得财产所有权，则只要求一定条件的占有，不要求该占有持续一定期间。在占有的客体方面，按先占原则取得财产所有权的占有，须是对无主财产的占有；而按取得时效取得财产所有权的占有，须是对他人财产的占有。取得时效制度规定的占有和即时取得制度规定的占有，虽然都是对他人财产的占有，但二者对占有状态、占有原因等方面的要求又各有不同。即时取得制度要求的占有须是自主占有、善意占有、通过法律行为自无权转让人处取得的占有，而且占有物不得是盗窃物、遗失物；而取得时效制度要求的占有仅为自主占有、和平占有、公然占有。只要具备自主、和平、公然三个条件，无论其占有是否为善意占有、通过法律行为自无权转让人取得的占有，也无论其占有物是否为盗窃物、遗失物，均可按取得时效制度的规定取得占有财产的所有权。例如，小偷将盗窃物转让给第三人，第三人的占有即使是善意占有，仍然不能即时取得财产所有权，原所有人仍然有权请求第三人返还原物。但是，如果原所有人基于不知道其财产被第三人占有等原因而没有请求第三人返还原物，第三人的占有经过法律规定的取得时效期间，即可按取得时效取得该财产的所有权。此后，原所有人的所有权消灭，不能再要求第三人返还原物。

（二）取得时效的适用范围

在民法中，取得时效虽然是针对所有权的取得规定的，但其适用范围并不限于所有权。各国民法在规定所有权的取得时效后，一般都有其他财产权准用取得时效的规定。但是，也不是一切财产权都能适用取得时效，按取得时效取得权利。纵观各国民法有关取得时效的规定，无论是所有权的时效取得还是其他财产权的时效取得，均受到一定的限制。

1. 所有权时效取得的限制。对所有权，取得时效之适用须受以下限制：

（1）须受法律规定的限制。一些国家及地区的民法典对取得时效的适用明确规定了一定的限制。例如，在《德国民法典》中取得时效是在"动产所有权的取得和丧失"一节中规定的，其适用的主要对象是动产，对不动产的适用则仅限于《德国民法典》第900条规定的"登记取得时效"一种情况。而按我国台湾地区"民法"的规定，取得时效只适用于动产和未登记之不动产，对登记的不动产则不能适用。1959年的《匈牙利民法典》第121条规定："对于公有物或非法脱离国家或合作社占有的物，不得因取得时效而取得所有权。"

（2）须受占有人民事权利能力的限制。例如，对国家专有财产，私人无取得其所有权的民事权利能力，如私人占有了国家专有财产，自然无适用取得时效取得其所有权之余地。

（3）须受占有物流通能力的限制。非所有人以所有的意思和平、公然占有他人的所有物，通常是在流通领域发生的（如按无效民事行为占有转让人的财产）。禁止流通物没有流通的能力，自然不能在非法流通中受让占有并按取得时效取得其所有权。

（4）须受权利人请求权之实体诉权的限制。

（5）对无主财产的占有不能适用取得时效。因为取得时效要求的占有须是对他人财产的占有。无主财产的归属问题，法律另有规定。

2. 其他财产权时效取得的限制。所有权以外的财产权，包括他物权、债权、继承权、知识产权中的财产权等。对所有权以外的财产权，取得时效之适用须受以下限制：

（1）须受法律规定的限制。法律对所有权以外的财产权准用取得时效的规定有限制者，须受其限制。例如，按《德国民法典》的规定，对所有权以外的财产权，唯以物之占有为要素的物权才能适用取得时效，其他财产权则不能适用取得时效。按我国台湾地区"民法"的规定，不表现和不继续的地役权不能适用取得时效。

（2）须受权利自身性质的限制。有些财产权利，由其自身的性质决定，不能适用取得时效。这样的财产权利主要有：①行使一次即归消灭的财产权利，如撤销权、解除权、买回权、选择权等形成权，以及以一次给付为内容的债权。这类财产权利因其行使不具有持续性，不符合取得时效之要件而不能适用取得时效。②以人身关系为前提的财产权利，如扶养费请求权、养老金请求权、继承权等。这类财产权利因专属于具有特定身份的人，不能为其他人取得而不能适用取得时效。

（三）取得时效制度的意义

由于受苏联民法的影响，我国自《民法通则》开始，只规定了诉讼时效（消灭时效），没有规定取得时效。但这并不表明取得时效对调整我国商品经济没有积极意义。取得时效制度是一项较之诉讼时效制度更为古老的民事法律制度。取得时效制度随着商品经济的产生而产生，随商品经济的发展而发展。商品经济发展的历史反复证明取得时效制度是一项对调整商品经济关系具有积极意义的民事法律制度。

1. 取得时效制度有利于确定财产在复杂的商品交往中的法律地位，使财产的所有权与财产的实际支配的归属趋于一致。取得时效与诉讼时效是各有不同作用的时效制度，仅有诉讼时效而无取得时效，原所有人返还原物请求权的诉讼时效期间届满后，就会使财产处于一种不确定状态：一方面原所有人因诉讼时效期间届满而不能恢复财产的占有，另一方面财产的实际占有人又不能依法取得所有权。财产的这种不确定状态，极不利于建立经济领域中的法律秩序。有了取得时效制度，财产的实际占有人依法取得所有权，才能消除财产的不确定状态，使财产法律上的权利与财产的实际支配的归属保持一致，建立正常的经济法律秩序。

2. 取得时效制度有利于鞭策财产所有人积极行使所有权，发挥财产的社会经济效益。有了取得时效制度，丧失占有的财产所有人如果不恢复财产的占有，超过取得时效期间，就会失去所有权。取得时效制度明确指出这种危险性的存在，可以发挥法律的警告作用，促进财产所有人精心管理自己的财产，于丧失财产的占有时，积极主动地采取恢复占有的法律措施。如果一个丧失占有的财产所有人在法律的警告下对自己的财产仍然采取漫不经心的态度，法律与其维护他名存实亡的所有权，不如承认财产实际支配人的所有权，更能发挥财产的社会经济效益。

3. 取得时效制度有利于稳定既成的经济关系，维护社会经济秩序。在这方面，取得时效制度的作用与诉讼时效制度的作用是一样的。

鉴于取得时效制度对调整商品经济关系具有积极的意义，现代市场经济国家的民法典对这一制度均有规定，尽管在编排的体例上有所不同。随着经济体制改革的深入，社会主义市场经济的建立，我国民法也应当确立与商品经济相适应的取得时效制度。

二、取得时效的要件与效力

（一）取得时效的要件

取得时效的要件，是指按取得时效取得财产所有权的法律事实的构成要件。对取得时效的要件，各国民法的规定并不一致。法国民法和德国民法无普通取得时效与特殊取得时效之区分，一律要求占有人的占有须为善意占有。日本民法和我国台湾地区"民法"则将取得时效分为普通取得时效（长期取得时效）与特殊取得时效（短期取得时效），对二者规定了不同的要件。

1. 普通取得时效的要件。普通取得时效，是指以所有的意思和平、公然占有他人财产，经过法定期间，即取得该财产所有权的取得时效。普通取得时效的时效期间较长，不要求占有人的占有须为善意。普通取得时效对动产与不动产之所有权取得均可适用。

普通取得时效的要件是：

（1）占有人的占有须为自主占有、和平占有、公然占有。自主占有是以所有之意思对财产进行的占有。由于对普通取得时效不要求占有人对其占有为善意，因此只要占有人自视为所有人，以行使所有权之相同意思对财产进行全面支配，即具备此自主占有之要件。至于占有人主观心理状态如何，是否知道其占有为无权占有，则在所不问。

和平占有是非以暴力或胁迫手段取得或维持的占有，即不带有强暴瑕疵的占有。反之则为强暴占有。但是，占有的强暴瑕疵是相对的，而非绝对的。原来的强暴占有可因占有人的变更而转变为和平占有。例如，抢劫者对抢劫物的占有为强暴占有，但如抢劫者将抢劫物出卖于第三人，第三人的占有则不失为和平占有。

公然占有是指不带隐秘瑕疵的占有。带有隐秘瑕疵的占有，则为隐秘占有。占有的隐秘瑕疵同样是相对的，而非绝对的。占有是公然占有或隐秘占有，应看占有人对占有物的利害关系人是否有意隐秘其占有的事实。对占有物的利害关系人有意隐秘其占有事实者，为隐秘占有；无意隐秘其占有事实者，则为公然占有。至于对其他人是否隐秘，则对占有隐秘瑕疵的有无不产生影响。例如，继承人之一对其他继承人隐秘被继承人的某项遗产，即使他对该项遗产的占有并不隐秘其他人，仍为隐秘占有。

（2）占有人的占有须经过法律规定的普通取得时效期间。取得时效制度的基本精神，在于保护永续的占有事实。因此，无权占有即使具备自主、和平、公然三个条件，但如未经过法律规定的期间，仍然不受取得时效制度保护，不能取得占有物的所有权。因此，占有须经过法律规定的期间，便成为取得时效的又一要件。对普通取得时效期间，《日本民法典》不分动产取得与不动产取得，均规定为 20 年；我国台湾地区"民法"规定动产取得须经过 5 年，不动产取得须经过 20 年。

按取得时效制度的规定，占有人的占有是否为自主占有、和平占有、公然占有、继续占有，在举证责任上占有人处于十分有利的地位。法律推定占有人的占有为自主占有、和平占有、公然占有；经证明前后两时为占有者，推定前后两时之间为继续占有。占有人对其占有的自主性、和平性、公然性、前后两时之间的持续性，不负举证证明的责任。相反，占有物的利害关系人如主张占有人的占有存在某种瑕疵，则需对自己的主张负举证证明的责任。

2. 特殊取得时效的要件。特殊取得时效，是指在构成上不仅需要具备普通取得时效要件，还需要具备法律规定的特别要件的取得时效。特殊取得时效的时效期间较短，但要求占有人在占有之初为善意并无过失。特殊取得时效只适用于不动产之时效取得，不适用于动产之时效取得。

在占有条件上，特殊取得时效不仅要求占有人的占有须为自主占有、和平占有、公然占有，还要求占有人在占有之初须为善意并无过失。这里所说善意，是指占有人在占有之初不知其无权利占有，误信其有权利占有。如明知其无权利占有而仍然占有者，则为恶意。这里所称无过失，是指占有人在占有之初并不缺乏应有之注意，但仍然不知其无权利占有。若加以应有的注意，便能知其无权利占有，而因欠缺此注意而不知者，则为有过失。至于在占有持续过程中，占有人是否保持了其最初的善意占有与无过失占有，则在所不问。

在占有须经过的期间上，由于特殊取得时效对占有的条件要求较严，因此相应地对占有须经过的期间则要求较短。按《日本民法典》和我国台湾地区"民法"的规定，不动产的普通取得时效期间为 20 年，而特殊取得时效期间则仅为 10 年。

在举证责任上，按我国台湾地区"民法"的规定，善意占有之占有人可以不负举证责任，但无过失占有之占有人则要负举证责任。

（二）取得时效的效力

取得时效具有补正占有权源瑕疵，使无权占有人取得权利，使原权利人的相应权利归于消灭的效力。这里所说的权源，是指占有人受让占有或权利时所实施的行为。按民事法律行为制度的规定，如果转让财产或财产权利的民事行为存在某种瑕疵（如行为人没有相应的行为能力、意思表示不真实、代理人无代理权、财产转让方无转让权、形式不符合法律要求等），便会因其瑕疵而不能发生效力。于是，按此种民事行为受让财产或权利的占有人，也就不能在法律上取得相应的权利，成为无权占有人。但是，如果允许无权占有长期持续下去，会因时过境迁而不能按有关无效民事行为的规定来处理，使财产的占有关系恢复到无效民事行为发生前的状态，或者虽能恢复但会动摇现实经济关系，影响社会经济秩序。于是，为稳定现实经济关系，就产生了为无权占有人另外创设一个新权源，使其取得相应权利的必要。这个新权源就是取得时效。这个新权源在法律上的效力表现在两个方面：①使无权占有人按其占有的意思取得权利，成为有权占有人，同时使原权利人的相应权利归于消灭；②补正无权占有旧权源上的瑕疵，使法律对其旧权源的瑕疵不再追究。

三、取得时效的中断

取得时效与诉讼时效不同，只有中断的规定，没有中止的规定。取得时效的中断，是指因一定事由的出现，使已经经过的取得时效期间归于无效，待中断事由消除后，取得时效再重新起算。由此可见，取得时效的中断包括中断事由与中断效力两个方面。

（一）中断的事由

传统民法理论将取得时效的中断分为自然中断与法定中断。自然中断是指因占有丧失、占有意思或占有性质变更等自然原因（非法律行为）而引起的中断。法定中断是指因当事人的法律行为而引起的中断。二者各有其不同的中断事由。

1. 自然中断的事由。

(1) 占有意思变更。以所有的意思占有他人财产，嗣后变为不以所有的意思而占有时，所有权之取得时效中断。因为自意思变更之时起，其占有已不再是自主占有，不再符合所有权取得时效的要件。至于是否开始其他财产权利的取得时效，则视其变更后的意思而定。如由自主占有的意思变为辅助占有的意思（如承认所有人的所有权而为所有人继续占有），则不能开始其他权利的取得时效。如由自主占有的意思变为某种他主占有的意思，则可能开始其他权利的取得时效。

(2) 占有人自行中止占有。取得时效的进行以占有的继续为条件。占有人自行中止其占有，如抛弃占有物，返还占有物于原主，移转占有于他人，均会因占有之持续被打断而中断取得时效。

(3) 占有物被侵夺或遗失。占有物被侵夺（被抢、被盗）或遗失，如占有人未恢复其占有，则取得时效中断。如占有人根据占有的物上请求权恢复其占有，则取得时效不中断。

(4) 占有性质变更。占有的和平性和公然性是取得时效的要件。取得时效的进行不仅要求继续保持占有，而且要求继续保持占有的和平性和公然性。因此，在取得时效进行中，如果占有的和平性或公然性发生变更，取得时效便因此而中断。

2. 法定中断的事由。取得时效法定中断的事由与诉讼时效法定中断的事由相同，包括权利人向法院提起诉讼、向占有人提出请求以及占有人承认权利人的权利。权利人的起诉或请求使占有的和平性成为问题，占有人承认权利人的权利则使其占有的意思发生变更，因此都能引起取得时效的中断。

（二）中断的效力

取得时效的中断具有使已经过的时效期间归于无效的效力。但其效力是对一切人发生还是只对特定人发生，则因中断事由的不同而有所不同。当取得时效因占有丧失、占有意思变更而中断时，其中断的效力具有绝对性，对一切人均发生。当取得时效因起诉、请求、承认而中断时，其中断的效力则具有相对性，仅在有关当事人之间发生。例如，甲向占有人乙提出请求，便只能为甲的利益而中断乙的取得时效，不能为其他人的利益而中断乙的取得时效。因占有性质变更而引起的中断，其效力也具有相对性，仅在相对人之间发生。例如，乙的和平占有因甲的争执而变更其性质时，便仅对甲产生中断取得时效的效力，对其他人则不产生中断的效力。

■ **思考题**

1. 占有制度是一项什么性质的物权法制度？它与所有权制度、用益物权制度等本物权制度有何不同？此项制度有何意义？

2. 什么是占有？占有之构成需具备哪些条件？什么是占有权？占有制度中的占有与所有权制度、用益物权制度中的占有权能概念有何不同？

3. 在物权法上占有有哪些分类？这些分类有何意义？作为占有制度出发点的占有应为何种占有？

4. 什么是权利推定？赋予事实占有以权利推定效力有何意义？

5. 什么是占有请求权（占有之诉）？它与物权请求权（物权之诉）有何异同？

6. 取得时效制度是一项什么性质的民法制度？它的适用范围如何？有何意义？

7. 取得时效的完成需具备哪些条件？其完成的效力如何？

8. 什么是取得时效的中断？哪些事由可引起取得时效的中断？取得时效的中断有何法律效果？

■参考书目

1. 孟勤国、黄莹主编：《中国物权法的理论探索》，武汉大学出版社 2004 年版。
2. 万鄂湘主编：《物权法理论与适用》，人民法院出版社 2005 年版。
3. 何志：《物权法判解研究与适用》，人民法院出版社 2004 年版。
4. 苏永钦主编：《民法物权争议问题研究》，清华大学出版社 2004 年版。

第四编 债 权

第十九章 债的一般原理

■ 学习目的和要求

　　掌握债权法最基本的理论与技能，为以后的章节打下基础。学生应当深刻理解债的含义及其法律特征；掌握好债的发生根据、债的分类、债的履行与不履行、债的移转等基础知识；明确债的担保与债的保全制度。重点在于债权法律关系的特征及债的担保制度，难点是债的移转及保全制度。

第一节 债与债权法

一、债的概念

　　一般而言，债是指特定当事人之间的一种民事法律关系。曾经实施三十多年的《民法通则》（已失效）第 84 条规定，债是按照合同的约定或者依照法律的规定，在当事人之间产生的特定的权利和义务关系。显然，过去我国立法也是把债作为特定当事人之间的一种民事法律关系予以规范的。债这种民事法律关系既与"血债""情债""文债"等所言之"债"含义不同，亦非仅指欠人钱财。"血债""情债""文债"中的"债"不过是个借用词；"债即欠人钱财"，则是对债的一种片面理解。民法上的债，泛指某种特定的权利和义务关系。在这种民事法律关系中，一方享有请求他方为一定行为或不为一定行为的权利，而他方则负有满足该项请求的义务；享有权利的一方称为债权人，负有义务的一方称为债务人。生活中的各种合同关系以及致人损害而引起的赔偿关系，都是特定当事人之间的一种民事法律关系，因而都是债的关系。

　　债是一个古老的法律概念。古罗马的《民法大全》对债就有明确的界定，例如，《法学阶梯》认为："债是拘束我们根据国家的法律而为一定给付的法锁。"[1] 这与现代民法的"债"的含义大体是相同的。现代民法通常认为，债务是指特定人的义务，责任则指此项义务不履行所产生的法律后果，两者是有区别的。但在我国古代，"债"与"责"却是通用的。

　　必须指出的是，我国《民法典》中并未设立债编，倒是将合同单独设编了，以合同编取代了债编。其实，这一立法例是《民法典》颁布之前几十年来一直都存在的争议问题。

---

〔1〕 江平、米健：《罗马法基础》，中国政法大学出版社 1987 年版，第 102 页。

在这个问题上，学者们形成两大派，一派主张：设合同编不设债编，合同编通则是可以发挥债法总则之功能的；另一派则主张设立债编，舍此不能很好地统领约定之债及法定之债。立法者最终选择了前者的主张。由于《民法典》不设债编，故而直接涉及"债"的条文并不多，甚至何谓"债"法律都未作界定。例如，《民法典》第 118 条第 2 款规定："债权是因合同、侵权行为、无因管理、不当得利以及法律的其他规定，权利人请求特定义务人为或者不为一定行为的权利。"这仅仅是对债权下的定义，不是对债的概念作出界定。债权和债这是两个不同的概念。从《民法典》第 118 条中可以看出，立法者并不想使用"债"这一概念，但在后续条文中又不得不对"合同之债""侵权之债""选择之债""按份之债""连带之债"等作出规定。这种做法，难说其逻辑思维是严谨的。另外，将无因管理和不当得利都视为"准合同"，因而都往合同这一个"大筐"上装。"准"者类似也。也不知道无因管理、不当得利与合同有何类似，称之为"准侵权"倒是有点像。

中华人民共和国民法学奠基人佟柔先生曾经说过，"在整个民法体系中，'债'这个概念是绕不过去的"。《民法典》不等于民法学。考虑到民法学不应该绕过"债"这一概念，本编仍曰"债权"；债权一编，将分别论述债的一般原理、合同之债、侵权之债、无因管之债及不当得利之债。

二、债的法律特征

民法所调整的财产关系，主要是债权关系和物权（尤其是所有权）关系。这两者虽然都是与财产有密切联系的民事法律关系，但它们有明显的不同。

1. 债与所有权的主体不同。在所有权关系中，权利主体是特定的人，而义务主体却是除所有人之外的一切人。因而，所有权被称为绝对权。债权关系则不尽然。如前所述，债是特定当事人之间的民事法律关系，即不仅仅权利主体是特定的，而且义务主体也是特定的。在债的关系中，通常债权人只能向负有义务的特定人主张其权利，债务人也只需向享有该项权利的特定人尽其义务。因之，债权被称为相对权，它的效力仅及于特定的当事人，但不等于第三人可以侵犯债权。

2. 债与所有权的内容不同。在所有权关系中，所有人对物的利益是直接的，是不以他人的利益为前提的。详言之，在所有权关系中，所有人能直接行使其权利，即能直接占有、使用并处分其所有物，而无须通过他人为一定行为。对于所有人以外的其他人即不特定的义务主体来说，他们的义务也仅仅限于不为一定行为——不妨碍或侵犯所有人行使所有权，而不负有积极协助所有人行使所有权的义务。在债的关系中，债权的实现却并非如此。因为债是特定当事人之间的一种民事法律关系，所以，债权只能通过特定的义务主体为一定行为或不为一定行为才能实现。有鉴于此，有人将所有权称之为支配权，而将债权称之为请求权。债权是一种请求权，这正是债权区别于物权的根本之处。对此，古罗马大法学家保罗曾有精彩表述："债是法律关系，基于这种关系，我们受到约束而必须按照我们国家的法律给付某物。"[1] 当然，债权是请求权，不等于债权与请求权的概念同一。

3. 债与所有权的客体亦有不同。所有权只能以物为客体，因此所有权的客体是单一的。但是，债的客体并不是单一的。债的客体可能是物，也可能是行为，还可能是智力成果。当然，关于什么是债的客体，以及债的客体与债的标的是否为同一概念，尚有不同的看法。

---

[1] 《优士丁尼法学阶梯》第三编第十三章。参见［罗马］查士丁尼：《法学总论——法学阶梯》，张企泰译，商务印书馆 1989 年版，第 158 页；［意］彼德罗·彭梵得：《罗马法教科书》，黄风译，中国政法大学出版社 1992 年版，第 284 页。

苏联的民法学家认为，债的客体，"是各种行为（交付财产、完成工作、支付款项等），或不实施行为"，[1]并不承认物也是债的客体之一。我国也有人主张债的客体为体现一定经济效果的行为，而不包括物。

债的客体与债的标的是否为同一概念？我国学者史尚宽先生认为，债的客体与债的标的是两个不同的概念[2]郑玉波先生则认为：客体、标的、内容是同一的，债的标的即债权客体，也就是债务人的给付。[3]我国大陆学者一般认为，民事法律关系的构成要素，从静态上研究为主体、客体和内容，从动态上研究则为主体、标的和内容。因此，债的客体与债的标的，虽然用语不同，其实并无二义。

此外，债权与所有权的设定也不同。所有权作为绝对权，其权利主体不仅享有对物的直接支配权，而且享有排斥他人干涉的权利，不允许在同一物之上同时并存两个所有权。债权则不然，在同一物之上，可以先后或同时设定数个债权，它们都具有债的效力。例如，卖主与不同的买主签订出售同一货物的几个合同，虽然其中仅有一个合同得以实际履行，但并不因此而导致其他合同无效；在合同有效但无法实际履行时，债权人可以转而行使违约请求权。《最高人民法院关于适用〈中华人民共和国合同法〉若干问题的解释（二）》（以下简称《合同法解释（二）》，已失效）第15条规定："出卖人就同一标的物订立多重买卖合同，合同均不具有合同法第52条规定的无效情形，买受人因不能按照合同约定取得标的物所有权，请求追究出卖人违约责任的，人民法院应予支持。"

三、债权法及其地位

所谓债权法，是指调整特定当事人之间的民事法律关系即债权债务关系的法律规范的总称。债权法有形式债权法与实质债权法之分。形式债权法又称狭义债权法，一般仅指民法债编；实质债权法又称广义债权法，其内容不仅包括民法债编，而且还包括民法债编以外其他有关债的规定。实质债权法在早期人类文明就有了，但形式债权法则始于1900年《德国民法典》。在此之前，1804年施行的《法国民法典》中虽然规定了债，但并未设债之专编。《德国民法典》对各种债的关系作了抽象概括，设专编规定了债，即债务关系编。此后，日本等国仿效之。但债权法在各国民法中的命名不尽相同，在日本称为债权法，在德国称为债务关系法，在瑞士则称为债务法。我国《民法典》第118条第2款规定："债权是……权利人请求特定义务人为或者不为一定行为的权利。"据此，足见立法者倾向于"债权法"这一称谓。如同多数国家一样，我国债权法亦主要由合同制度以及侵权责任制度所构成。

债权法有哪些特征呢？

1. 债权法是调整财产关系的法律。债权法调整的社会关系的范围是非常广泛的。在这些社会关系中，无论是各种合同关系还是侵权致损赔偿关系，本质上都是一种财产关系。此外，债权法还调整某些与财产活动有关的关系，如智力成果的转让等。智力成果虽然并不直接表现为物质财富，但是，以智力成果为客体的这一类债的履行与否，同样会给债权人带来经济利益或财产上的得失。

2. 债权法是调整动态财产关系的法律。债权法和物权法虽然都是调整财产关系的法律，

---

〔1〕　[苏] 格里巴诺夫、科尔涅耶夫编：《苏联民法》（上册），中国社会科学院法学研究所民法经济法研究室译，法律出版社1984年版，第420页。

〔2〕　史尚宽：《债法总论》，荣泰印书馆1978年版，第223页。

〔3〕　郑玉波：《民法总论》，三民书局1979年版，第209页。

但两者的侧重面不同。一般而言，物权法所调整的财产关系，是财产的归属和利用的关系，它所要解决的是现存财产归谁占有、所有和利用的问题。但无论是占有关系或归属关系，都是财产的一种静态关系。可见，物权法是以调整静态的财产关系为主。债权法所调整的财产关系，是流通领域的财产关系，尤其是各种合同关系。毫无疑问，作为各种合同的标的物，在合同关系消灭之前，总处于不断运动状态之中。可见，债权法所调整的财产关系是一种动态的财产关系，尤以各种合同关系为最。所以，债权法通常又被称为交易法。

3. 债权法是富有共性的法律。众所周知，物权制度，尤其是其中的所有权制度，是生产资料所有制的法律反映。有什么样的所有制就要求有什么样的物权法律制度。物权法律制度具有浓厚的政治色彩，不易统一。债权法则不尽然。为适应经济流转的需要，调整动态财产关系的债权法，其技术性较强，民族色彩、政治色彩较为淡薄，因此富有共性，易于统一。特别是进入现代社会后，由于经济组织与交通的发达，交易关系已扩展到国际，客观上要求债权法国际化，因而出现了一系列关于调整债的关系的国际条约。

债权法是伴随商品经济的发展而日趋完善的。在奴隶社会和封建社会，由于商品经济不发达，债权法的适用范围受到种种限制。随着商品经济的高度发达，债权法日显重要，并得到了迅速的发展，成了现代民法的重要组成部分。它的重要地位，从几个有代表性的国家的民事立法可见一斑。曾被恩格斯称为"典型的资产阶级的法典"的《法国民法典》，其中关于债的规定的条款，占整部民法典条款的60%以上；《日本民法典》中关于债的规定的条款，也占整部民法典的40%以上；《苏俄民法典》半数以上的条款是关于债的规定。继《法国民法典》之后，在资本主义世界影响最大的《德国民法典》，不仅率先专设债编，而且将其列于物权编之前。条文共有1260条的我国《民法典》，合同编就设了526条，占整部《民法典》条文的41.7%。可见其分量之重。我国目前尚处于社会主义的初级阶段，这一阶段还需大力发展商品经济，需确立和实施市场经济体制。而市场经济体制的确立和正常运行，都离不开债权法。因此，债权法在我国同样有着广泛的适用范围，其重要作用是其他法律所代替不了的。

第二节 债的发生根据

一、债的发生根据概说

债的发生，系指一种新的债权债务关系的产生。债的关系成立后，主体变更不属于债的发生，而是既存之债的转移。

债同其他民事法律关系一样，它的发生必须以一定的法律事实为根据。能够引起债发生的那些事实，就是债的发生根据。债的发生根据也称债的渊源，罗马法则称作"债因"。债的发生根据是相当广泛的。但自罗马法以来，采用成文法的各国，其民法典中关于债的发生原因，大致分为两大类，即行为和事实，具体包括契约行为、侵权行为、无因管理及不当得利等。契约和私犯是罗马法最初规定的债的两大发生根据。之后又将准契约、准私犯（包括法官渎职行为，家奴、家畜加害于他人等）列为债的发生根据。《法国民法典》规定的债的发生根据实为四种：①契约；②准契约；③侵权行为；④准侵权行为。这与罗马法规定的债的发生根据并无不同，只是提法有异。《法国民法典》以"侵权行为"和"准侵权行为"分别取代了罗马法上的"私犯"和"准私犯"。在《德国民法典》中，契约仍是最为主要的债的发生根据，因而被规定于该法典的总则，而将无因管理、不当得利、不法行为（即侵权行为）规定于各个债务关系章，与买卖、赠与等并列。《瑞士债务法》

则将契约、侵权行为和不当得利分为三节，列于第一编第一章，并将代理纳入契约一节中。至于无因管理，瑞士人认为其具有准委任的性质，不应视为债发生的独立根据。1922 年制定的《苏俄民法典》，不使用"无因管理"这一概念。

二、我国债的发生根据

根据《民法典》以及有关法律规范的规定，在我国，能够引起债发生的法律事实，即债的发生根据，通常认为有以下几类：

（一）合同

合同，也称契约，是指民事主体之间关于设立、变更或终止民事关系的协议。在社会生活中，合同是人们获得物质资料和精神产品，满足生产、生活需要的必不可少的手段。我国公民为满足生活而进行的民事活动，社会组织之间的经济往来，以及开展国际经济技术交流，大多是通过订立各种合同进行的。而任何一种民事合同的成立，都意味着在当事人之间发生债的关系。因此，合同行为是引起债权债务关系发生的最主要、最普遍的根据。

（二）侵权行为

侵权行为，是指行为人不法侵害他人的财产权利或人身权利的行为。根据我国《民法典》侵权责任编以及有关法律、法规的规定，侵权行为一经发生，也能在加害人和受害人之间产生权利义务关系，即受害人有要求加害人赔偿其财产损失或身心损害所带来的经济损失的权利，加害人则负有赔偿这种损失的义务。因此，侵权行为也是我国较为普遍的债的发生根据。因侵权行为而产生的债，传统民法称为"侵权之债"；在我国，习惯上称为"致人损害之债"，简称"损害赔偿"。

（三）不当得利

凡是没有法律或契约上的根据，有损于他人而取得的利益就叫不当得利。不当得利，它可能表现为得利人的财产增加，致使他人不应减少的财产减少了；也可能表现为得利人应支付的费用没有支付，致使他人应当增加的财产没有增加。由于这种获利没有法律或契约上的根据，并有损于他人，因而不当得利一旦发生，其利益所有人（受害者）有权请求不当得利人返还不应得的利益，不当得利者则负有返还的义务。当事人之间的这种权利义务关系，显然是一种债权债务关系。所以，不当得利也是债的一种发生根据。

（四）无因管理

既未受人之托，也不负有法律规定的义务，但自觉为他人管理事务，称之为无因管理。无因管理的管理人既无法定义务，亦未受他人之托，然而一经管理他人事务，就会在管理人与其事务被管理者之间产生一定的权利义务关系，即管理人应像管理自己事务那样尽心管理，并应及时通知或寻找其事务被管理者，如有下落，应将所管理的事务及时返还；而其事务被管理者则负有赔付管理者在管理过程中所支付的合理的费用及直接损失的义务。可见，无因管理也是一种债的发生根据。

无因管理是一种助人为乐的义举，当为法律所确认和保护。如果管理活动的目的和结果都是为其事务被管理者谋利益，管理人就是在实际上自觉地处于其事务者的地位代其管理事务，因此，只要经被管理者追认，就会使无因管理自发生时起具有委托代理的效力，从而适用委托代理的法律规定。

（五）债的其他发生根据

前述几种，是我国债的发生根据中较为普遍或比较典型的几种。此外，遗赠、抢救公物、抚养、拾遗、发现埋藏物等也是债的发生根据。其中，较有代表性的是遗赠和抢救公物。我国法律所确认的遗赠，是指公民用遗嘱将其遗产的一部分或全部赠给国家、集体组织、社会团体和公民个人，而于遗嘱人死后生效的单方法律行为。当公民用遗嘱确定遗赠关系时，这一单方的法律行为就使受赠人在遗嘱人死亡后享有请求权，遗嘱执行人则负有将遗赠财产交付受遗赠人的义务。可见，遗赠也是债的发生根据的一种。

因遗赠而产生的债，是一种较为特殊的债。其特殊性主要表现在两个方面：①受赠人在债的关系中，始终是以一个债权人的身份出现的。遗赠关系确立且遗赠人死亡后，受赠人有权要求遗嘱执行人向其履行遗赠人在遗嘱中所指定的义务，但没有义务去分担遗赠人的债务。②遗赠人并不是受赠人的债务人，当遗赠人生前欠有他人债务时，应先清偿债务；只有在偿还死者的一切债务后遗产有剩余时，遗嘱执行人才能向受赠人履行此项义务，否则，受赠人便无权利可言。

抢救公物，是指我国公民出于对社会义务的深刻责任感，为抢救社会公共财产而作出自我牺牲的行为。这种自我牺牲的行为，往往是在紧急情况下作出的，因此给行为人带来的也往往不限于财产上的损失，有时还可能是人身的伤残、疾患，甚至牺牲生命。当公民为抢救公物而受到损失或伤亡时，本人或其亲属有请求补偿损失的权利，被抢救公物的单位则负有补偿相应损失的义务。因此，抢救公物的行为，也是我国债发生根据之一种。抢救公物所生之债有其明显的特征：①它与侵权之债不同。侵权之债有特定的加害人，但这种债往往没有加害人，只有受损失人即公物抢救者。②它与合同之债不同。合同之债，产生于当事人为达到某种目的的协议。而抢救公物遭受损害的公民，事先与被抢救财产的所有者或管理者并不存在某种协议。

第三节 债的分类

债可以按不同的标准分为许多种类。常见的分类有如下几种：

一、合同之债和非合同之债

根据债的发生原因不同，债可以分为合同之债和非合同之债。合同之债，即由当事人双方或数方签订合同而发生的债，这是最为常见的也是数量最多的一类债。非合同之债，是指由法律直接规定的非因协议而发生的债，因而也称法定之债，它包括：侵权之债、不当得利之债、无因管理之债，以及因遗赠、拾遗、抢救公物等所生之债。

债的这种分类的实际意义在于：上述各种债的法律特征不同，法律调整也各不相同。各种合同之债，适用法律当然是《民法典》的合同编；侵权之债，适用的则是《民法典》的侵权责任编；不当得利之债、无因管理之债以及因遗赠、拾遗、抢救公物等所生之债，只能适用《民法典》的相关条文或相关法律的规定。

二、特定物之债和种类物之债

特定物之债和种类物之债，是根据债的标的物属性的不同而划分的。以特定物为标的物的债称特定物之债，以种类物为标的物的债称种类物之债。前者在债发生时，其标的物即已存在并已特定化。后者在债发生时，其标的物尚未特定化，甚至尚不存在，但当事人双方必须就债的标的物的种类、数量、质量、规格或型号等达成协议。

债的这种分类的法律意义在于：①特定物之债的履行，除非债权人同意，债务人不得以其他标的代为履行；种类物之债不存在这个问题。②有的国家法律规定，特定物之债的标的物所有权可自债成立之时发生转移，标的物意外风险亦随之转移；种类物之债的标的物所有权只能自交付之时起转移，其意外风险也将自交付之日起转移。我国法律则规定：无论是动产还是不动产，标的物的意外风险都是自交付后转移，即交付前由出卖人承担；

交付后由买受人承担（参阅《民法典》第 604 条）。

三、单一之债与多数人之债

单一之债和多数人之债，这是根据债的主体数量多少的不同而划分的。

（一）单一之债

单一之债，是指债的主体，即债权人、债务人各为一人的债。例如，在买卖关系中，买受人和出卖人均各为一人时，这种因买卖而产生的债，就是单一之债。单一之债，由债权人行使权利，债务人履行义务，权利和义务相互对应，债的关系单纯而明确。把单一之债称为简单之债是不正确的。单一之债和简单之债，两者划分标准不同。前者依债的主体数量多少而划分，后者则依债的履行是否具有选择性的不同而划分。两者不可混淆。

（二）多数人之债

多数人之债，顾名思义，是指债的主体为多数人的一种债。其中，有债权人为多数人的，也有债务人为多数人的，还有双方均为多数人的。任何一个多数人之债，它一经成立，不仅会在双方整体之间产生相应的权利义务关系，而且可能在一方个别主体与对方整体以及一方内部的多数人之间产生一定的权利义务关系。因此，多数人之债历来是民法学研究的重要课题之一。

其实，多数人之债也是一个较笼统的概念。多数人之债，按各自的权利义务范围和相互关系的不同，又可以分为按份之债和连带之债。

1. 按份之债。关于按份之债，我国《民法典》第 517 条第 1 款作了如下规定："债权人为二人以上，标的可分，按照份额各自享有债权的，为按份债权；债务人为二人以上，标的可分，按照份额各自负担债务的，为按份债务。"由此规定可以看出，按份之债实质上是债的主体各自按一定份额享有权利或承担债务的一种债。在多数人之债中，如果债权人为多数人且份额确定，那么，债权人所享有的债权就是一种按份债权，每一债权人只能就自己的债权份额享有要求清偿的权利；未经委托，不得代表其他债权人受偿。如果债务人为多数人且份额确定，那么，债务人所负的债务就是一种按份债务，每一债务人只需就自己的债务份额承担清偿的义务；不经债务转移，不负清偿其他债务人债务的义务。《民法典》第 517 条第 2 款还规定："按份债权人或者按份债务人的份额难以确定的，视为份额相同。"

2. 连带之债。关于连带之债，我国《民法典》第 518 条第 1 款作了如下规定："债权人为二人以上，部分或者全部债权人均可以请求债务人履行债务的，为连带债权；债务人为二人以上，债权人可以请求部分或者全部债务人履行全部债务的，为连带债务。"这个问题，《民法通则》（已失效）第 87 条是这样规定的："债权人或者债务人一方人数为二人以上的，依照法律的规定或者当事人的约定，享有连带权利的每个债权人，都有权要求债务人履行义务；负有连带义务的每个债务人，都负有清偿全部债务的义务，履行了义务的人，有权要求其他负有连带义务的人偿付他应当承担的份额。"两相比较，《民法通则》（已失效）的规定似乎要更清楚明白些。

连带之债，简单地说，是债的主体一方或双方在行使权利或者在履行义务方面存在连带关系的一种债。在连带之债中，如果债权人为多数人，债权人所享有的债权就是一种连带债权，每一债权人都享有要求全部清偿的权利，但是，经其中一个或少数债权人要求债务人作出全部履行后，其他债权人就丧失了对债务人要求履行的权利；如果债务人为多数人，债务人所负的债务就是一种连带债务，每一债务人都负有全部清偿的义务，经其中一个或一部分债务人全部清偿后，其他债务人就不再对原债权人承担义务。连带之债中的少数债权人受领了全部清偿或少数债务人履行了全部债务后，连带之债随之消灭而转变为一方内部按份之债。接受清偿的原少数债权人成为新的债务人，负有偿付其他原债权人各自应得份额的义务；履行了全部债务的原少数债务人成了新的债权人，享有要求其他原债务人偿付各自承担份额的权利。《民法典》第519条第2款明确规定："实际承担债务超过自己份额的连带债务人，有权就超出部分在其他连带债务人未履行的份额范围内向其追偿，并相应地享有债权人的权利，但是不得损害债权人的利益。其他连带债务人对债权人的抗辩，可以向该债务人主张。"

值得注意的是，连带债务对外即债权人是不分份额的，只有对内才分份额。连带债务人在内部对自己的份额承担最终责任。连带债务人可以事先约定份额，或者根据实际情况确定额，若份额难以确定，则视为份额相同。《民法典》第519条第3款还规定："被追偿的连带债务人不能履行其应分担份额的，其他连带债务人应当在相应范围内按比例分担。"连带之债产生于两种原因：一是法定连带之债。例如合伙债务、代理上的连带债务、共同侵权行为的损害赔偿责任都属法定连带之债，当然还有法律法规的其他连带之债。二是意定连带之债。即当事人通过协议，约定为连带债权或连带债务。例如借款合同的担保人与出借人即银行签订担保协议，若借款人届时不能履行还款义务，愿与借款人承担连带责任，就属于意定连带之债。

连带之债中虽有连带债权和连带债务之分，但社会生活中连带债务一般要比连带债权多。法律上设置连带之债特别是连带债务的目的，显然是为了保障债的履行。根据前述，在连带债务中，负有连带债务的每一债务人都必须对整个债务负责，不得以任何理由而推诿，拒绝履行全部债务。这实际上是多数债务人彼此之间承担了履行全部债务的担保，每一债务人都责任重大。正由于连带债务人的责任重大，因此，这种债事先须有协议之约定或法律之规定，方能被认为是连带之债。

四、简单之债和选择之债

简单之债和选择之债，是根据债权债务人可为行为的选择性来划分的。凡是债的内容明确规定债务人只能为（或不为）一种行为，没有选择的余地，这种债称简单之债，亦称不可选择之债。

简单之债的发生，大体有两种情况：①由于客观上的原因当事人只能为一种行为，没有选择的余地。例如，甲乙两地既无水路、铁路，亦无机场，只有公路可供运输。如果他们之间签订买卖合同，则货物只能通过公路运输。②根据法律规定或当事人的协议，当事人只能为一种行为，如甲购买乙的精密仪器，声明只能空运，则乙必须通过空运将货送达。

凡是债的内容规定当事人可以在两种以上行为中选择一种行为，这种债称选择之债。其中，选择权属于债权人的，称选择债权；选择权属于债务人的，称选择债务。有选择的规定而没有指明选择权归属的，各国民法一般认定选择权归债务人。选择之债，有由法律规定而产生的，也有由当事人约定而发生的，前者称为法定选择之债，后者则称为约定选择之债，但法定选择之债并不多见。属于约定选择之债的，债的标的、履行地点、履行时间和履行方法等，都是可供选择的内容。选择之债，一经选择确定，就变为简单之债了。

我国《民法典》第515条第1款规定："标的有多项而债务人只需履行其中一项的，债务人享有选择权；但是，法律另有规定、当事人另有约定或者另有交易习惯的除外。"这当然是关于选择之债所作的规定，但种类仅限于履行"标的有多项"者，债务人享有选择权。《民法典》第515条第2款还规定："享有选择权的当事人在约定期限内或者履行期限届满未作选择，经催告后在合理期限内仍未选择的，选择权转移至对方。"

以上是债的几种主要的分类。此外，债还可以根据其他标准分为总债和分债、主债和从债，可分之债和不可分之债，金钱之债和劳务之债，等等。

第四节 债的履行与不履行

一、债的履行的含义及意义

《民法典》第509条第1款规定："当事人应当按照约定全面履行自己的义务。"这无疑是就合同履行所作的规定。而债的履行所指的固然主要是合同的履行，但两者并非同一概念。关于债的履行，《民法通则》（已失效）第84条第2款规定："债权人有权要求债务人按照合同的约定或者依照法律的规定履行义务。"由此可知，所谓债的履行，是指债务人按照合同的约定或者依照法律的规定全面履行自己所承担的义务。债的履行，又称为给付。"给付"与"履行"，虽然用语不同，而实质并无差异。

不同类型的债，其履行的表现形式是不同的。在合同之债中，最常见的如买卖合同的出卖人交付标的物，买受人支付价款；货物运输合同的承运方将托运货物按照约定时间和地点运达，托运方为此支付酬金；承揽合同的承揽人按时、按质、按量完成规定的工作，定作人按时接受并支付报酬等，都是债的履行。而各种非合同之债，其履行分别表现为：不当得利人须将其取得的不当得利返还受损失者；无因管理的管理人应将其所管理的事务移交本人；不法侵害人应当赔偿受害人所受到的损失；等等。

无论是按照合同的约定还是依照法律规定而成立的债，其履行都有重要意义。就合同之债而言，当事人之间的某种合同关系一般都是为了满足某种需要——物质和文化生活的需要而设立的。但债权与所有权不同，债权人仅靠自己的行为不能实现其权利。在绝大多数的情况下，债权人的权利只有通过债务人的行为才能实现。换言之，在合同之债中，只有合同所约定的义务得到履行，双方的目的和需求才能变为现实。反之，合同所约定的义务得不到履行，不仅当事人预定的目的实现不了，还会影响流通渠道的畅通，影响社会秩序的稳定，特别是企业法人之间订立的合同关系，实质上借助于商品交换这种法律形式，实行互助协作，使经济活动的各个环节合理地衔接起来，加速商品流转，缩短资金的周转率，使国家和集体的物力、财力充分发挥其效用，从而为整个社会主义需要所服务。这种建立在基本利益一致基础上的债，其履行就更具有重要意义了。至于无因管理、不当得利以及侵权行为等非合同之债，虽非由当事人协议产生，但它们的成立都有法律上的根据，并且直接关系到公民和法人的切身利益，关系到社会的安定团结，关系到经济秩序的稳定。所以，这种债的切实履行，同样具有重要意义。

二、债的履行原则

债的履行原则，是指债的主体在履行债时必须遵守的准则。我们认为，债的履行应该遵循以下几项主要原则：

（一）实际履行原则

实际履行原则，就其原义而言，是指实物履行原则。但根据我国具体情况，实际履行原应理解为按照债中规定的标的履行。债的标的是什么，就应该履行什么，不能任意用其他标的或以支付违约金和赔偿损失来代替合同的履行。债要求实际履行是由债的本质和目的所决定的。不能认为实际履行原则是计划经济的要求而将其废弃，在实行市场经济的资本主义国家里，也并非完全不讲实际履行。如果无视债的实际履行，允许债务人任意用金钱或非约定的标的来履行债务，债的内容的确定性就无从谈起，商品交易秩序就难以维持。

当然，贯彻债的实际履行原则，也要从客观实际出发。所谓从客观实际出发，是指：①债的实际履行，是否有必要。如果债务人由于迟延履行，使原来约定的标的对于债权人已成为不必要，实际履行将会给债权人带来更大的损害时，就不应再强调实际履行。②债的实际履行，是否有可能。如果因债务人迟延履行，致使履行原来确定的标的已经成为不可能时，不应再强调实际履行。此外，一些特殊部门，如运输部门所造成的承运货物毁损灭失，由于情况特殊，法律也不要求实际履行。

（二）遵守约定原则

遵守约定原则，亦称约定必须信守原则。依法订立的合同对当事人具有法律约束力。双方履行的过程中一切都要服从约定、信守约定，约定的内容是什么就履行什么，一切违反约定的履行行为都属于对该原则的违背。遵守约定原则，其具体内容包括两项：一是适当履行原则，即合同当事人按照合同约定的履行主体、标的、时间、地点以及方式等履行，且均应适当，完全符合合同约定的要求。二是全面履行原则。即要求合同当事人按照合同所约定的各项条款，全部而完整地完成合同义务。

（三）诚实信用原则

诚实信用原则是市场活动中形成的道德规范，它是以市场即商品交换的存在为根据的。这一原则在历史中曾以商业习惯形式长期存在，从而对债尤其是合同之债起某种调整作用。19世纪末，为了调和由于毫无限制的合同自由和自由放任主义给社会经济带来的各种矛盾，资产阶级立法者和法官将公平和诚实信用等道德规范引入法律，使之成为民法的重要原则。尽管资本主义民法的公平和诚实信用原则有其不当的一面，但它对调整债的关系所起的积极作用是不容忽视的。

我国现阶段实行的是社会主义市场经济，鼓励和提倡竞争，这就要求有与社会主义市场经济相应的公平和诚实信用原则。曾经实施的我国《民法总则》（已失效）将诚实信用规定为民法的基本原则，无疑它也适用于债的履行。从某种意义上说，这一原则的确立对债的履行更具有意义。因此，它理所当然地被我国《民法典》规定为合同履行原则之一。按照这一原则，债的主体在履行各自义务时，应讲求诚实、信用、信守合同，严格地依约全面履行债；按照这一原则，债的主体在履行债务或接受履行时，既要考虑自己的利益，也要兼顾他方的利益和社会公共利益；双方既要真诚协作，还要注意债的履行是否经济合理。任何一方在债的履行过程中都不应仅从个人或小团体利益出发。

（四）绿色原则

《民法典》第9条规定："民事主体从事民事活动，应当有利于节约资源、保护生态环境。"《民法典》第509条第3款也明确规定："当事人在履行合同过程中，应当避免浪费资源、污染环境和破坏生态。"我国《民法典》将绿色原则上升为民法的基本原则之一，这一原则当然也应是债的履行原则之一。

总之，债的履行原则，就是全面地、正确地履行债务。

三、债的履行具体要求

债的履行具体要求，是债的履行原则具体化，它要求履行主体、履行标的、履行期限、履行地点和履行方式都是正确的。

（一）履行主体

债的主体和债的履行主体并非同一概念。债的主体是债权人和债务人，而债的履行主体则指履行债务的人和接受履行的人。

债是特定当事人之间的一种民事法律关系，在通常情况下，债应由债务人履行，债权人也只能向债务人请求履行。这种情形下债的主体和债的履行主体是同一的。但是，在某些情况下，债务并非由债务人履行，而债权亦非债权人受领。这就涉及以下问题：债务约定由第三人履行；债务由具有合法利益的第三人代为履行；债权由第三人受领，在这些情况下，债的履行主体与债务人、债权受领人与债权人就不是同一的了。其具体内容，留待下一章第七节再详叙。

（二）履行标的

债的履行标的，是指债务人履行债务的行为所针对的事物，表现为债务人应当给债权人提供的利益。债的履行标的可能是物，也可能是完成工作，还可能是提供劳务。

《民法典》第 509 条第 1 款规定："当事人应当按照约定全面履行自己的义务。"其中，适当履行合同标的的意义重大，因为只有这样才能达到当事人设立债的目的。履行标的是否适当，关键在于标的的质量，一定要按约定的质量履行。"质量要求不明确的，按照强制性国家标准履行；没有强制性国家标准的，按照推荐性国家标准履行；没有推荐性国家标准的，按照行业标准履行；没有国家标准、行业标准的，按照通常标准或者符合合同目的的特定标准履行"（《民法典》第 511 条第 1 项）。履行标的的适当，还包括标的数量、价款或报酬的履行要适当，即符合约定。"价款或者报酬不明确的，按照订立合同时履行地的市场价格履行；依法应当执行政府定价或者政府指导价的，依照规定履行"（《民法典》第 511 条第 2 项）。"执行政府定价或者政府指导价的，在合同约定的交付期限内政府价格调整时，按照交付时的价格计价。逾期交付标的物的，遇价格上涨时，按照原价格执行；价格下降时，按照新价格执行。逾期提取标的物或逾期付款的，遇价格上涨时，按照新价格执行；价格下降时，按照原价格执行"（《民法典》第 513 条）。

（三）履行期限

履行期限是指债务人向债权人履行债务和债权人接受债务人履行的时间。履行的期限一般都有明确的约定。债的履行主体都应按约定的期限履行债务或接受履行，任何一方都不应迟延履行或迟延接受。合同"履行期限不明确的，债务人可以随时履行，债权人也可以随时请求履行，但是应当给对方必要的准备时间"（《民法典》第 511 条第 4 项）。提前履行是否为适当履行？对此回答只能是否定的，但也不属违约行为。债务人提前履行债务，债权人可以拒绝，也可以接受，但因此而增加的费用，应由债务人承担。

（四）履行地点

履行地点是债务人履行债务和债权人接受履行的地点。债的履行地点，一般由当事人约定，但也有由法律直接规定的。我国的一些合同之债，其履行地就是由法律或有关文件规定的。1985 年 7 月 4 日最高人民法院有关文件，即《关于国内矿产品购销合同、农副产品购销合同中的合同履行地如何确定的批复》（已失效）文件指出："合同履行地是指履行合同规定义务的地点，合同标的为实物的，一般是指标的物交付的地点。具体到经济合同法中的工矿产品购销合同或农副产品购销合同。其合同履行地除供需双方在合同中有特殊约定的以外，因交货方式不同而有所不同，凡合同规定由供方送货、代运的，合同履行地为产品发运地；凡合同规定由需方自提的，合同履行地为产品提货地。"该批复显然已难以适应当今之需。在市场经济机制下，合同的履行地多为当事人约定的。按当事人的约定地点履行就是正确履行。若合同"履行地点不明确，给付货币的，在接受货币一方所在地履行；交付不动产的，在不动产所在地履行；其他标的，在履行义务一方所在地履行"（《民法典》第 511 条第 3 项）。

（五）履行方式和费用

债的履行方式是指债务人履行债务的方法。债可以用不同的方式履行：一次全部履行或者分期分批地履行，直接交付或托运或邮寄履行，等等。债的履行方式，一般是当事人根据履行标的物的特点和债的内容确定的。按照当事人的约定方式履行，就是正确履行。合同"履行方式不明确的，按照有利于实现合同目的的方式履行"（《民法典》第511条第5项）。履行费用，是指债务得以履行所付出的费用，例如异地买卖的托运费等。履行费用一般由当事人双方约定。若合同"履行费用的负担不明确的，由履行义务一方负担；因债权人原因增加的履行费用，由债权人负担"（《民法典》第511条第6项）。

四、债的不履行

债的不履行，是指债的履行主体没有实施债中所要求的作为或不作为。债的不履行与债的履行是相对应的。凡对债的履行要求的任何违反，都构成债的不履行。债的不履行的情况复杂，归纳起来，大体有以下三类：

（一）全部不履行

债的履行主体对自己所负的义务根本没有履行的，这是债的全部不履行。债的全部不履行，一般将其分为拒不履行和不能履行两种。拒不履行，又称毁约，是指债务人到了债的履行期限能够履行而拒不履行。不能履行，民法理论上也称"履行不能"或"给付不能"，是指实现债的内容在客观上根本不可能。其中，又可分为自始不能和后发不能。所谓自始不能，是指债的关系从开始设定之日起就不能履行。例如，既无资金，又无场地和设备，却作为供方与他人签订所谓的买卖合同即是。所谓后发不能，是指债成立后，由于客观情况发生变化致使无法履行，如特定物之债成立后、履行前该特定物灭失等。

（二）部分不履行

债的履行主体虽然履行义务，但没有完全按照债中要求的条件履行，这是债的部分不履行。其中，又可分为不适当履行和不完全履行两种。不适当履行，传统民法称为瑕疵，是专指履行标的质量有缺陷，如买卖合同的标的不符合要求，承揽合同中的承揽人完成的工作成果达不到要求等均是。不完全履行，一般是指履行标的数量不足，如买卖合同中的出卖人少交货或者买受人少付货款等即是。

（三）履行迟延

迟于规定期限完成债中规定的行为，这在债法上称为履行迟延。履行迟延一般有两种情况，即债务人迟延和债权人迟延。债务人迟延，是指债务人无正当原因而于规定的期限未能履行债务的行为。其构成条件有四：①必须有债务的存在；②必须为履行期满；③必须属履行可能；④必须可归责于债务人。四者缺一不可。债权人迟延，是指债务人履行债务时，债权人或因拒绝受领或因接受不能而没有及时接受履行的事实。其构成条件是：须属受领债务；须有债务人的履行；须系债权人于债务履行当时未接受履行。三者缺一则不能构成债权人延迟。

履行迟延中有一种不常见的形态，即事变迟延，这是债权人和债务人双方都没有过错的一种履行迟延。它包括两种情况：①因不可抗力而引起的履行迟延；②因情势变更而引起的履行迟延。

总之，债的不履行形态简单来说就是两种，即不履行和履行不符合要求。

此外，债的不履行还有一种形态，叫作预期违约。

在一般情况下，债不履行都会产生相应的法律后果，这其中主要涉及违约责任的承担。故这部分内容留待下一章中的"违约责任"一节再详述。

第五节　债的移转

一、债的移转的概念

债的移转是指不变更债的内容，而将债由原主体移转于他主体的一种法律行为。换言之，变更债的主体的行为，就叫债的移转。例如，租赁合同成立之后，出租人的变更，就是债的移转。

债的移转和合同之债的变更是不同的。债的移转，它所变更的仅是主体而不是内容；合同债的变更则相反，它所变更的仅是内容而不是主体。这是两者最根本的区别。债的移转的原因有两种：①由于法律的直接规定而发生；②由于法律行为而发生。前者如法院判决、继承等，后者如遗赠、签订合同等。其中最为主要的是签订合同。债的移转依其移转的主体不同，可以分为债权的让与、债务的承担以及债权债务同时让与。债权债务同时让与，是指债权人和债务人同时发生变更。如甲乙两人之间的一笔借贷债务未清偿前，双双同时遇难。后来这一债权债务分别由其子女继承，这就是债权债务同时让与。又如，某一特定的租赁关系，出租人和承租人同时发生变更，亦属债权债务同时让与。

但是，生活中债权债务同时移转的事例并不多见，而较为常见的是以契约的形式让与债权或承担债务，所以这里我们所要介绍的主要是以订立合同方式让与债权或承担债务。

二、债权移转

债权人以订立合同方式将债权让与他人的，就叫债权移转。其中原债权人称让与人，接受让与的人称受让人。让与合同一经成立，受让人即取代了原债权人的地位而变为债权人。当然，债权的移转并不是一定要订立合同才可发生，法院判决、行政行为以及继承等都可产生债权的移转。但是这里既然介绍的是"让与"，自然只以订立合同为限。在古罗马，法律是不承认债权可以让与的，但近代各国民事立法普遍规定，债权人所享有的债权可以让与，并且一般无需征得债务人的同意。

各国民事立法虽然允许债权人让与其债权，但同时也规定了一些禁止条件。这些禁止条件是：①具有人身性质的债权不得让与。具体又可分为几种：其一，基于债权人与债务人间的特殊信任关系的债权，不得让与。例如，委托人对受托人的债权、雇佣人对于受雇人的债权等，均是基于债权人和债务人之间特殊信任而设立的债的关系，非经债务人同意，不得让与债权。其二，以特定身份为基础的债权，如扶养请求权、退休金受领权等，原则上不得让与。其三，以特定债权人为基础的债权，如因身体、健康及名誉等被侵害所产生的损害赔偿请求权等不得让与。②当事人有特别约定的不得转让。详言之，依债权的性质，虽不属禁止让与之列，但债权人和债务人在设定债的关系时，如果约定有不得让与债权的，应尊重当事人的意志，一般不得将债权让与。③法律直接规定不得让与的，债权人不得将享有的债权进行让与。按照传统民法，债权的让与，从让与人与受让人达成协议时起发生法律效力。换言之，从让与合同成立时起，受让人即取代了原债权人的地位而成为新的债权人。同时，由于这种债权的变更对债务人所承担的义务没有什么影响，因而让与人只需将让与协议通知债务人即可，而无需征得其同意。

按照传统民法，让与人与受让人达成协议后，还产生以下效力：

1. 让与人对受让人负有告知义务。例如，债务人的地址及债发生的原因、履行期限以及有关情况。如果让与人未履行应告知的义务而使受让人遭受损失的，应负有赔偿的责任。

2. 让与人对受让人负有交付债务证明文件的义务。让与人原有的债权，未必有证明文件。但若有证明文件（如提货单、结单凭证等）收存，即应交出。若怠于交出，致使受让人因无从证明而债务人拒绝履行的，让与人亦应承担赔偿责任。

3. 债权移转时，债权的从属权利，如抵押权、保证债权以及利息债权和债不履行时的违约金、赔偿损失请求权等，也随之移转。

债权让与既然自债权让与合同成立时起生效，那么，自让与合同成立时起，债务人对新的债权人即负有清偿的义务。但各国民法同时也规定：如果债务人与让与人对所让与的债权早已成立和解或免除等关系，债务人可以拒绝向受让人履行债务。因为让与人所让与的债权，事实上已经不存在。对于不存在的债务，当然不存在履行的问题。另外，如果让与合同违背善良风俗，或让与人曾允许延期履行，那么，债务人亦可以拒绝履行。

三、债务的移转

第三人为承担债务人既存的债务而与债务人或债权人达成协议，就叫作债务移转。债务移转又叫作债务的承担，其中愿意接受债务的人称承担人。可见，债务移转实际上可以通过承担人与债权人或承担人与债务人所订立的合同来实现。如果债务移转是通过承担人与债权人的合同来实现的，自合同成立时起，债务即移转于承担人，同时原债务人即脱离债务关系。利用这种方式移转债务的，不必征得原债务人同意，亦不必通知原债务人。但是，如债务移转是通过承担人与债务人订立的合同来实现时，则必须由债权人同意，方为有效。因为债权人不是协议的当事人，而承担债务的第三人是否具有履行能力和信用如何，这些与债权人的权能否实现直接相关，所以，只有经债权人的同意，这一协议才能对债权人发生效力。

债务承担合同，如由债务人与承担人订立，必须得到债权人的承认，债务始得移转。债权人是否予以承认，可据以下方法加以认定：①债务人或承担人向债权人为债务承担的通知时，债权人明确表示者，则为承认。至于债权人以明示或默示方式表示，则在所不问。但是，如果仅有债权人知悉债务承担的事实，而未经债务人或承担人为通知的，尚不能推定其已表示承认。②债务人或承担人向债权人为债务承担而进行通知时，应规定一个答复期限，如果债权人在规定期内不予答复，视为拒绝承认。

按照传统民法，债务移转时，除基于对原债务人的了解和信任而设定的担保（如保证、抵押等），非经担保人认可不随债务的移转而移转外，凡从属于债务的义务如利息债务，因不履行须给付违约金和赔偿损失等义务，必须随债务的移转而移转。

债务移转，在古罗马是不被认可的。因为在古罗马人看来，债的关系是严格特定人之间的关系，不得任意与其主体分离，除因包括继承而移转外，不承认债之特定继承。而近世法律，不仅规定债权可以让与，而且规定债务亦可以移转。当然近世法律也规定，虽然移转债务是债务人可能行使的权利，但行使该项权利必须以不违反法律的规定以及不损害债权人的利益为前提。

四、我国法律关于债的移转的规定

关于债的移转，在我国《合同法》（已失效）颁布之前，《民法通则》（已失效）是这样规定的："合同一方将合同的权利、义务全部或者部分转让给第三人的，应当取得合同另一方的同意，并不得牟利。依照法律规定应当由国家批准的合同，需经原批准机关批准。但是，法律另有规定或者原合同另有约定的除外"（《民法通则》第91条，已失效）。

从这一规定上看，我国《民法通则》（已失效）是允许债权债务移转的。但其规定与传统民法的规定有很大的不同：①在传统民法上，债的移转，除债务移转须征得债权人同意外，债权的让与并不需要征得债务人的同意。但依《民法通则》（已失效）的规定，无论是债务移转，还是债权让与，都必须取得另一方的同意，否则无效。②在传统民法上，除前述的几种（即具有人身性质、当事人有约定或法律有特别规定）的债权债务不得移转外，其他的债权债务都在允许移转之列，包括以牟利为目的的债的移转，亦在允许之列。但依《民法通则》（已失效）的规定，债的移转，不仅不得违反法律和当事人的特别约定，而且不得牟取利益，否则就是违法。③在传统民法上，债权债务只要不属禁止移转或必须办理登记手续之列，当事人达成协议，移转即发生效力，无须办理特别手续。但依《民法通则》（已失效）的规定，有些合同之债，如直接以落实国家计划而设立的合同之债，其成立一般由一定的国家机关批准，因此，这类债转移时，亦需原批准机关批准，方为有效。

显然，《民法通则》（已失效）的这些规定，已经不能适应市场经济的需要。从实际情况出发，我国《合同法》（已失效）在合同转让即债的转移问题上，作了与《民法通则》（已失效）有较大不同的规定。该法明确规定，除了依合同的性质、当事人有约定或法律有规定不得转让外，债权人可以将合同的权利转让给第三人，且只需通知债务人即可，不必征得其同意。债务人征得债权人同意的，也可将债务的全部或部分移转给第三人。《合同法》（已失效）关于债的转移的规定，几乎全被《民法典》所吸收。该法对债权让与、债务转移以及债权债务一并转移分别作了规定。

关于债权让与。"债权人可以将债权的全部或者部分转让给第三人，但是有下列情形之一的除外：（一）根据债权性质不得转让；（二）按照当事人约定不得转让；（三）依照法律规定不得转让。当事人约定非金钱债权不得转让的，不得对抗善意第三人。当事人约定金钱债权不得转让的，不得对抗第三人"（《民法典》第545条）。债权让与，无需征得债务人同意，但应该通知债务人，"债权人转让债权，未通知债务人的，该转让对债务人不发生效力。债权转让的通知不得撤销，但是经受让人同意的除外"（《民法典》第546条）。

债权转让从权利一并转让，即"债权人转让债权的，受让人取得与债权有关的从权利，但是该从权利专属于债权人自身的除外。受让人取得从权利不因该从权利未办理转移登记手续或者未转移占有而受到影响"（《民法典》第547条）。在债权让与过程中，债务人享有两项权利，一是抗辩权，即"债务人接到债权转让通知后，债务人对让与人的抗辩，可以向受让人主张"（《民法典》第548条）。二是抵销权，即"有下列情形之一的，债务人可以向受让人主张抵销：（一）债务人接到债权转让通知时，债务人对让与人享有债权，且债务人的债权先于转让的债权到期或者同时到期；（二）债务人的债权与转让的债权是基于同一合同产生"（《民法典》第549条）。因债权转让增加的费用，由让与人负担。

关于债务转移。"债务人将债务的全部或者部分转移给第三人的，应当经债权人同意。债务人或者第三人可以催告债权人在合理期限内予以同意，债权人未作表示的，视为不同意"（《民法典》第551条）。债务转移的构成要件是：须有有效的债务存在，自然债务不能转移；转让的债务应具有可转让性；须有债务转移的内容；须经债权人同意。从债务随主债务转移，即"债务人转移债务的，新债务人应当承担与主债务有关的从债务，但是该从债务专属于原债务人自身的除外"（《民法典》第554条）。

债务转移还有一个问题，那就是债务加入。债务加入，也称并存的债务承担，指原债务人并没有脱离原债务关系，第三人又加入原存的债务关系中，与债务人共同承担债务。债务加入，除了需要有约定之外，关键是须经债权人同意，或者在合理期限内债权人未明确表示拒绝。《民法典》第552条规定："第三人与债务人约定加入债务并通知债权人，或者第三人向债权人表示愿意加入债务，债权人未在合理期限内明确拒绝的，债权人可以请求第三人在其愿意承担的债务范围内和债务人承担连带债务。"

《民法典》第 553 条规定："债务人转移债务的，新债务人可以主张原债务人对债权人的抗辩；原债务人对债权人享有债权的，新债务人不得向债权人主张抵销。"依此条规定，债务转移后，新债务人取得原债务人的一切法律地位，有关对债权人的一切抗辩和抗辩权，新债务人都有权对债权人主张。但是，原债务人享有的对债权人的抵销权不发生转移，即原债务人对债权人享有债权的，新债务人不得向债权人主张抵销（因为原债务人向新债务人转移的仅仅是债务而不包括债权）。

关于债权债务一并转移。"当事人一方经对方同意，可以将自己在合同中的权利和义务一并转让给第三人"（《民法典》第 555 条）。本条是关于权利义务一并转让的规定。权利义务一并转让，传统民法称之为债权债务概括转移，是指债的关系当事人一方将其债权债务一并转移给第三人，由第三人概括地继受这些债权债务的债的转移形态。这种债的转移形态与前述两种债的转移不同之处在于，债权转让和债务转移仅仅是债权或债务的单一转移，而债权债务概括转移则是债权与债务的一并转让。"合同的权利和义务一并转让的，适用债权转让、债务转移的有关规定"（《民法典》第 556 条）。

第六节　债的担保与债的保全

一、债的担保的概念及意义

债的担保是保证债履行的一种法律形式。因债的担保而发生的权利，对于债权人来说是从属于其主债权的一种从权利。这种从权利以主债的存在为前提，因主债的变更而变更，因主债的消灭而消灭。

债的担保是一项古老的法律制度，早在奴隶制社会，抵押和定金等担保形式已为当时的法律所确认。但对于早期的担保制度，其重要形式是以人身为质担保债务的履行。到资本主义社会，债的担保制度得到了充分的发展，其形式更加科学，适用范围也更加广泛。

债的主要效力在于履行。为促使债务人适当履行其债务，民法特设包括债不履行应负赔偿责任在内的民事责任。损害赔偿等民事责任与债的担保，两者对保障债权的实现都有重要意义，但债的担保更具积极意义。因为，按照债的效力，虽然债权人在债务人不履行债务时有请求赔偿损失的权利，然而，在债务人不积极行使其权利或故意处分其财产，以致丧失履约能力时，债权人难免遭受损失；即使债务人没有丧失履约能力，但他给债权人所造成的损失，非经请求，债权人是得不到补偿的。可见，损害赔偿对于债权人来说，只是债不履行后的一种消极的补救措施而已。债的担保则不同，它的存在，既能促使债务人积极履行其义务，又能在债务人不履行义务或因故丧失履约能力时迅速请求履行担保义务，从而避免造成损失。所以，债的担保是保障债权人实现其权利的一种最为有效的措施。

债的担保可分为人的担保与物的担保。我国《担保法》（已失效）规定的保证、抵押、质押、留置和定金五种担保中，除保证属人的担保外，其余四种皆属物的担保。《民法典》基本上吸收了《担保法》（已失效）所规定的内容。由于抵押、质押和留置在本书物权编已有详述，故本节只论及保证和定金。

二、保证

（一）保证的概念及种类

保证，是指保证人和债权人约定，当债务人不履行债务时，保证人按照约定履行债务或者承担责任的行为。在保证关系中，保证人是以自身信用和不特定财产为他人债务提供担保的人，而债务被担保的人是被保证人。保证涉及的当事人有三，即债权人、债务人

（即被保证人）和保证人。通常由三个不同的合同把他们联系起来，故保证所涉及的法律关系是由三个不同的法律关系构成的：①债权人与债务人之间的主债权债务关系，它是保证关系存在的前提和保证担保对象；②保证人与被保证人（即债务人）之间的委托关系；③保证人与债权人之间的保证关系，这是保证法律关系的主要方面，亦即通常所说的保证关系。关于保证，过去在《民法通则》《合同法》《担保法》以及一些单行法规和司法解释中都有规定。现在它被集中规定于《民法典》之中。按照新法优于旧法的一般原则，《民法典》合同编保证合同一章无疑是我国现行立法关于保证的最具权威的法律。

保证可依不同的标准作不同的分类。近代保证的分类，主要有一般保证、连带保证、共同保证和委托保证等。通常意义上的保证，即由一个保证人依据保证合同约定而作的保证，包括一般保证和连带保证。共同保证则是数个保证人对同一债权所作的保证，与一般保证和连带保证一样，共同保证也是通过订立保证合同成立的，属约定保证。只不过有两个或两个以上的保证人共同作保证而已。信用委托保证是一种法定保证形式，许多国家法律都有明文规定，但我国法律对此未作规定。我国《民法典》只规定了两种保证方式，即一般保证和连带责任保证（参见《民法典》第686条第1款）。

（二）保证合同内容及保证关系的成立

保证关系实质上是一种合同关系。依照我国《民法典》的规定，保证人与债权人可以就单个主合同分别订立保证合同，也可以协议在最高债权额度内就一定期间连续发生的债权提供保证。一般而言，保证合同包括以下内容：①被保证的主债权种类、数额；②债务人履行债务的期限；③保证的方式；④保证担保的范围；⑤保证的期间；⑥双方认为需要约定的其他事项（参见《民法典》第684条）。

"保证合同可以是单独订立的书面合同，也可以是主债权债务合同中的保证条款。第三人单方以书面形式向债权人作出保证，债权人接收且未提出异议的，保证合同成立"（《民法典》第685条）。保证合同订立时若不完全具备上述内容的，事后仍然可以补充。

保证关系既然是一种合同关系，它的成立必须经过一定的程序。在通常的情况下，保证人对被保证人债务有愿意承担保证责任的意思表示，是保证合同成立的重要程序。仅仅是介绍或提供有关债务人支付能力的情况，而没有明确表示愿为债务人提供担保的人，不能认为是保证人。保证协议应以书面形式记载。

由于保证人将在被保证人不履行债务时按约定履行债务或者承担责任，因此，什么人能作保证人，什么人不能为保证人，这是个很重要的问题。对此，曾经实施的我国《担保法》明确规定：具有代为清偿债务能力的法人、其他组织或者公民，可以作保证人。所谓"具有代为清偿债务能力"，是指保证人的财产在价值量上足够用以抵偿保证债务。如果保证人所拥有的财产价值大于或等于所要担保的债务量，应视为有代偿能力，反之，则应视为不具有代偿能力。对于保证人所要担保的债务量即保证责任的范围，我国《民法典》作了明确的规定："保证的范围包括主债权及其利息、违约金、损害赔偿金和实现债权的费用。当事人另有约定的，按照其约定"（《民法典》第691条）。至于保证人的资格，《民法典》第683条规定："机关法人不得为保证人，但是经国务院批准为使用外国政府或者国际经济组织贷款进行转贷的除外。以公益为目的的非营利法人、非法人组织不得为保证人。"该规定中并没有点明谁可以作保证人，只强调哪些不能为保证人。这似乎有点"答非所问"，但却远比原《担保法》的规定要更高明。

（三）保证关系的效力

保证的效力分为两个方面：一是债权人与保证人之间的效力；二是保证人与被保证人

（即债务人）之间的效力。由于保证的目的亦是其最终效力在于确保债权人的债权得以正常实现，因此无论是学理研究还是立法实践，都把重点放在债权人与保证人之间的效力上。保证对债权人的效力是指债权人因保证合同之债而获得请求权，即在债务人不履行债务时，请求保证人代为履行负责赔偿以及申请法院予以强制执行等效力。其中，最为主要的就是对保证人的请求权。对保证人的请求权，因保证的方式不同而有所不同。

1. 连带保证的效力。《民法典》第688条规定："当事人在保证合同中约定保证人和债务人承担连带责任的，为连带责任保证。连带责任保证的债务人不履行到期债务或者发生当事人约定的情形时，债权人可以请求债务人履行债务，也可以请求保证人在其保证范围内承担保证责任。"也就是说，在连带责任保证中，一旦债务到期未能清偿或约定的情形出现，债权人就可以同时或先后向保证人和债务人提出清偿全部或部分债务的请求。一般来说，债权人无需将债务人的违约通知保证人。

2. 一般保证的效力。"当事人在保证合同中约定，债务人不能履行债务时，由保证人承担保证责任的，为一般保证"（《民法典》第687条第1款）。在一般保证中，债权人只能在债务人采取一切补救手段后仍无法清偿时，才能对保证人提出清偿请求，并且债权人还需向保证人发出违约通知。《民法典》第687条第2款规定："一般保证的保证人在主合同纠纷未经审判或者仲裁，并就债务人财产依法强制执行仍不能履行债务前，有权拒绝向债权人承担保证责任……"一般称此为检索抗辩权。它是保证人的抗辩权，对债权人是不利的。因此，该法第687条第2款规定了四种保证人行使检索抗辩权的限制情形，即①债务人下落不明，且无财产可供执行；②人民法院已经受理债务人破产案件；③债权人有证据证明债务人的财产不足以履行全部债务或者丧失履行债务能力；④保证人书面表示放弃检索抗辩权。

其中关于保证人以书面形式放弃检索抗辩权的尤应注意两点：一是保证合同中特别定明主债务人届期没有履行债务，由保证人如数偿还或垫还的，应该为抛弃检索抗辩权。二是注明为连带保证人者，应为抛弃检索抗辩权。在国际融资实务中，不论保证人和借款人是否负连带责任，贷款方一般都要求在保证合同中明确规定，贷款方对保证人有直接求偿权，或把保证人视为主债务人，从而避免法律可能给予的检索抗辩权。

两种保证方式，其效力的不同是明显的。但是，如果当事人在保证合同中对保证方式没有约定或者约定不明确时，应该怎么办？对此，《担保法》（已失效）第19条规定，当事人对保证方式没有约定或者约定不明确的，按照连带责任保证承担保证责任。但《民法典》第686条第2款把它改过来了："当事人在保证合同中对保证方式没有约定或者约定不明确的，按照一般保证承担保证责任。"应该说，这样改相对更合理些。

保证人履行债务后，有权向债务人追偿。属承担连带责任的保证人清偿债务的，有权向其他保证人请求补偿。

（四）保证责任范围及保证责任的消灭

保证人所负责任仅为财产责任。其责任范围，只能等于或小于被保证人的债务。保证人究竟是对债务的全部或一部分作保，由保证人和债权人在保证合同中约定，有约定的，则从约定。若保证范围没有约定或约定不明确的，保证人应对全部债务承担责任。同一被保证人有两个或两个以上保证人时，他们之间依约承担责任，没有约定承担份额的，债权人可以请求任何一个保证人在其保证范围内承担保证责任。

任何保证责任不仅有一定范围，其期限也不可能是无限的。《民法典》第692条第1、2款规定："保证期间是确定保证人承担保证责任的期间，不发生中止、中断和延长。债权人与保证人可以约定保证期间，但是约定的保证期间早于主债务履行期限或者与主债务履行期限同时届满的，视为没有约定；没有约定或者约定不明确的，保证期间为主债务履行期限届满之日起六个月。"保证期间是保证合同的组成部分。它既不是保证合同的有效期间，也不是附期限合同中的期限，而仅仅是针对保证责任的所设定的期限。保证期间可以由法律作出明确规定，也可以由当事人通过特别约定来确定。在当事人没有约定或约定不明时，才适用法律规定的保证期间。

保证责任将因一些原因的出现而消灭。能够引起保证责任消灭的原因，通常有如下几种：其一，债务已经履行。如前所述，保证合同的产生和存在，是以被保证人与债权人所设立并存在的主合同关系为前提的。被保证人与债权人之间的债权债务若已了结，保证合同则失去存在的基础而归于消灭。其二，保证期限届满。《民法典》第693条规定："一般保证的债权人未在保证期间对债务人提起诉讼或者申请仲裁的，保证人不再承担保证责任。连带责任保证的债权人未在保证期间请求保证人承担保证责任的，保证人不再承担保证责任。"这两种情况下保证人之所以不再承担保证责任，就是因为保证期间已届满，保证人获得了"解放"。其三，其他方面原因。主要包括：①债权人转让全部或者部分债权，未通知保证人的，该转让对保证人不发生效力（《民法典》第696条第1款）；②保证人与债权人约定禁止债权转让，债权人未经保证人书面同意转让债权的，保证人对受让人不再承担保证责任（《民法典》第696条第2款）；③债权人未经保证人书面同意，允许债务人转移全部或者部分债务，保证人对未经其同意转移的债务不再承担保证责任，但是债权人和保证人另有约定的除外（《民法典》第697条第1款）；④一般保证的保证人在主债务履行期限届满后，向债权人提供债务人可供执行财产的真实情况，债权人放弃或者怠于行使权利致使该财产不能被执行的，保证人在其提供可供执行财产的价值范围内不再承担保证责任（《民法典》第698条）。

三、定金

（一）定金的概念及性质

"当事人可以约定一方向对方给付定金作为债权的担保。定金合同自实际交付定金时成立。定金的数额由当事人约定；但是，不得超过主合同标的额的百分之二十，超过部分不产生定金的效力。实际交付的定金数额多于或者少于约定数额的，视为变更约定的定金数额。"这是《民法典》第586条吸收了原《担保法》及其司法解释之后对定金及定金限额所作的规定。所谓定金，是指当事人约定，为保证债权的实现，由一方在履行前预先向对方给付的一定数量的货币或者其他代替物。

定金是一种古老的债的担保方式。在传统民法中，依其目的和作用的不同，可分为：①立约定金，即在缔约前交付的定金，以确保契约得以正式成立；②成约定金，即以定金的交付作为合同成立的要件；③证约定金，即以定金的交付作为合同成立的证明；④违约定金，即以定金作为债不履行的赔偿；⑤解约定金，即以定金作为自由解除合同的条件。依《民法典》第586条的规定，我国定金的性质属于违约定金，是债权担保的一种。

定金与预付款是不同的。定金具有担保作用，不履行债务或履行债务不符合约定即违约，致使不能实现合同目的的，适用定金罚则。但预付款仅仅是标的物正常交付或服务正常提供的情况下预付的款项，若有不足，补交即可。由于预付款并非债的担保形式，故合同被解除或当事人一方违约，都不产生定金罚那样的效果。

定金与押金也不同。定金是有限额规定的，但押金却没有限额的规定，而且没有定金罚则的适用。很多情况下，押金是当事人想当然的"履约保证金"，类型多种多样，如留置金、担保金、保证金、押金、订金等，其实与前述的预付款没多大的区别。不管叫什么"金"，只要没有约定定金性质即不写明为"定金"者，都不能按定金处理，适用定金罚则。

（二）定金合同的成立

当事人有定金约定的，其实是签订了定金合同。定金合同是民事法律行为中的一种，适用民事法律行为的一般规则，可以在合同的主文中载明，也可以单独设立。从上述《民法典》第586条的规定看出，我国规定的定金合同属实践合同，自实际交付定金时才成立。当事人就定金达成协议后，不履行交付定金约定的，不承担违约责任。因为定金没有实际交付，定金合同还没有成立，当然就不存在违约问题。作为债的担保形式，定金合同又是一种从合同，依照《民法典》第682条第1款的规定，主债权债务合同无效、被撤销或者不发生效力，定金合同也随之无效或者不发生效力。但是，对于主合同因违约解除的，《民法典》第566条第2款规定："合同因违约解除的，解除权人可以请求违约方承担违约责任，但是当事人另有约定的除外。"也就是说，此种情况下除非当事人另有约定，否则，解除权人仍然有权依据定金罚则请求违约方承担责任。

（三）定金罚则

《民法典》第587条规定："债务人履行债务的，定金应当抵作价款或者收回。给付定金的一方不履行债务或者履行债务不符合约定，致使不能实现合同目的的，无权请求返还定金；收受定金的一方不履行债务或者履行债务不符合约定，致使不能实现合同目的的，应当双倍返还定金。"这一规定，就是所谓的定金罚则。

定金的主要效力，是在主合同履行后，定金应当抵作价款或者收回。抵作价款是以定金抵销货币给付义务，应当优先适用。但是，若当事人一方违约，则定金罚则发生效力。详言之，给付定金的一方不履行约定的债务或者履行债务不符合约定，致使不能实现合同目的的，无权要求返还定金；收受定金一方不履行约定的债务或者履行债务不符合约定，致使不能实现合同目的的，应当双倍返还定金。适用定金罚则的条件是不履行债务即违约。换句话说，只要不履行债务就可以适用定金罚则。谁违约对谁就不利，要是收受定金的一方违约，对其惩罚就更重。

当然，约有定金的合同因不可抗力不能履行的，违约者无需承担责任，定金作为合同的担保也就不再发生效力，应当使其恢复原状，收受定金一方应当将定金返还给付定金的一方当事人。

四、债的保全

债的担保，民法理论上有一般担保和特别担保之分。特别担保亦即前述的保证、抵押权、留置权及定金等形式的担保。这类担保，均为针对某一特定合同之债而设定的。一般担保，即债务人以其全部财产担保债的履行。债的一般担保依债的效力而产生。债务关系一经成立，债务人的全部财产就都成了债权的一般担保。债的不履行的民事责任，包括被法院强制执行或判令赔偿损失，从某种意义上说也属债的担保。

债的保全属债的一般担保。它是为弥补特别担保及强制执行等民事制裁的不足而设立的。如前所述，债权人主要从债务人的财产获得满足。特别担保和强制执行等民事制裁，无疑是实现这种满足的有效保障方式。然而，实际生活中并非每一合同之债都设定有特别担保；法院的强制执行或判令赔偿损失亦非在任何情况下都可采用。因此，为了防止债务人财产发生不当减少，维护其财产状况并确保债务清偿，从而保护一般债权人的利益，法律于特别担保和民事制裁这两种保障之外，还确立了债的保全制度。

在现代民法上，债的保全方法有二，即债权人代位权和撤销权。

（一）债权人代位权

债权人代位权，是指债务人享有对第三人的权利而又不积极行使，致使其财产应增加而未能增加，影响债权人的到期债权实现的，债权人有权向法院请求以自己的名义代位行使债务人对相对人的权利。简言之，代位权是指债权人以自己的名义行使债务人权利的权利。为了保护债权人的合法权益，借鉴国外经验，我国原《合同法》第73对债权人的代位权作了规定。《民法典》在吸收原《合同法》规定的基础上，还新增了两条内容即第536条和第537条。

依《民法典》第535条的规定，当债务人怠于行使属于自己的债权或者与该债权有关的从权利，而害及债权人的权利实现时，债权人可依债权人代位权，以自己的名义代位行使债务人怠于行使的债权。当然，代位权的范围以债权人的到期债权为限，且债权人行使代位权的必要费用，由债务人负担。相对人亦即次债务人对债务人的抗辩，可以向债权人主张。债权人的代位权既不是代理权，也不是优先受偿权，而是债权的法律效力的表现，是债权人的固有权利。但是，债权人以自己的名义代位行使债务人的债权，必须通过诉讼形式，即向人民法院请求，而不能直接行使。

代位权的行使，其目的是为增加债务人的财产，以使债权得以实现。它的成立，必须同时具备以下四个要件：①债务人需享有对于第三人的权利。若第三人并非债务人的债务人或所欠之债已经清偿，则不存在代位权的行使问题。②债务人享有权利却不积极行使，并且不及时行使权利将有丧失的可能。③债务清偿期限届满而未清偿。④应是非专属于债务人自己行使的非专属权和得以强制执行的权利。凡属于债务人行使的专属权，以及法律禁止强制执行的权利，债权人不得代位行使。

代位权行使后的法律效果。设立债的保全制度的国家或地区一般都规定：债权人行使代位权的效果直接归属于债务人；若债务人仍怠于受领，债权人可代位受领。关于债权人行使代位权的效果直接归属问题，我国原《合同法》并没有明确规定，但《最高人民法院关于适用〈中华人民共和国合同法〉若干问题的解释（一）》〔以下简称《合同法解释（一）》（已失效）〕第20条却规定："债权人向次债务人提起的代位权诉讼经人民法院审理后认定代位权成立的，由次债务人向债权人履行清偿义务，债权人与债务人、债务人与次债务人之间相应的债权债务关系即予消灭。"这一司法解释基本上被《民法典》第537条所吸收，该条法律规定："人民法院认定代位权成立的，由债务人的相对人向债权人履行义务，债权人接受履行后，债权人与债务人、债务人与相对人之间相应权利义务终止。债务人对相对人的债权或者与该债权有关的从权利被采取保全、执行措施，或者债务人破产的，依照相关法律的规定处理。"

（二）撤销权

撤销权源于罗马法的"废罢诉权"。"废罢诉权"也称"撤销诉权"，是指因债务人的行为害及债权，债权人有权依诉讼程序，申请法院予以撤销的一种权利。所谓债务人行为害及债权，一般是指债务人负债后，另有所图或陷于绝境时，以其财产之一部分或全部以低廉之价让与第三人，或无偿送与其亲友故旧，致使债权人的利益受到损害。法律为保护债权人，对于债务人的这些行为，特许债权人诉讼，请求撤销，以免债权人的合法利益受到损害。因为"废罢诉权"系由罗马法五大法学家之一保罗（也译作"保利斯"）所创立，所以，法国学者又称之为"保罗诉权"。罗马法的"废罢诉权"后为《法国民法典》所继受，法国人除撤销权之外，更增设债权人的代位权。现代各国民法均规定有债权人的撤销权。现代民法的撤销权与罗马法的"废罢诉权"在性质上并无区别，但其适用范围则有所不同。罗马法上的撤销权，并无破产上与破产外的区别，而现代各国法律一般区分破产上的撤销权与破产外的撤销权。过去，我国法律并无债权人撤销权的规定。后在《合同法》（已失效）的第74条和第75条规定了债权人撤销制度。《民法典》则用5个条文对这一制度作了规定。

1. 债权人的撤销事由。债权人能请求撤销债务人的行为亦即撤销事由。债权人的撤销事由是法定的，大体上分为两大类。

（1）债务人的无偿行为。《民法典》第538条规定："债务人以放弃其债权、放弃债权担保、无偿转让财产等方式无偿处分财产权益，或者恶意延长其到期债权的履行期限，影响债权人的债权实现的，债权人可以请求人民法院撤销债务人的行为。"

债权人对债务人无偿处分行为行使撤销权须具备以下要件：其一，债权人与债务人之间有债权债务关系；其二，债务人实施了处分财产的积极行为或者放弃债权、放弃债权担保的消极行为；其三，债务人的行为有害于债权。无偿处分行为不必具备主观恶意。

确立撤销权的目的是保全债务人的一般财产，通过否定债务人不当减少一般财产的行为（很可能是欺骗行为），将已脱离债务人一般财产的部分，恢复为债务人的一般财产。当债务人实施减少其财产或者放弃其到期债权而损害债权人债权的行为时，债权人依法可以请求法院对该民事行为予以撤销，使不当处分了的财产或权利恢复原状，以保护债权人债权实现的物质基础。但债权人行使这权利，需同时具以下几个条件：一是债权人与债务人之间有债权债务关系且履行期限到期；二是债务人实施了处分财产的积极行为或者放弃债权、放弃债权担保的消极行为；三是债务人的行为须有害于债权；四是债务人是无偿处分其财产权益的。

（2）债务人不太正常的"有偿行为"。《民法典》第539条规定："债务人以明显不合理的低价转让财产、以明显不合理的高价受让他人财产或者为他人的债务提供担保，影响债权人的债权实现，债务人的相对人知道或者应当知道该情形的，债权人可以请求人民法院撤销债务人的行为。"

在一般情况下，债务人有偿处分自己的财产，其行为多与他人包括债权人的利益无关。但是，债务人如果为了逃避债务，恶意低价处分财产或者以明显不合理的高价买入，就危及了债权人的债权。如果相对人知道或应该知道该情形，则构成恶意，债权人可以请求行使撤销权，撤销债务人与相对人的猫腻行为，以保存债务人履行债务的财力。

2. 撤销权的行使范围和期间。《民法典》第540条规定："撤销权的行使范围以债权人的债权为限。债权人行使撤销权的必要费用，由债务人负担。"该法第541条规定："撤销权自债权人知道或者应当知道撤销事由之日起一年内行使。自债务人的行为发生之日起五年内没有行使撤销权的，该撤销权消灭。"撤销权是形成权，存在权利消失的问题，因而适用除斥期间的规定。而除斥期间是不适用诉讼时效中止、中断和延长的规定的。根据《民法典》上述条文的规定，债权人自知道或应当知道撤销事由之日起1年内行使其撤销权，否则，撤销权消灭。如果债权人不知道也不应当知道撤销事由，即自债务人实施的处分财产行为发生之日起，最长为5年，撤销权消灭。当撤销权的行使，将会引起以下法律后果：被撤销的债务人行为（包括单方行为和与第三人的双方行为）归于消灭；被撤销前受益人已受领债务人财产的，负有返还不当得利的义务；撤销人则有权请求受益人向自己返还所受利益，并有义务将收取的利益加入债务人的一般财产，作为全体一般债权人的共同担保，而无优先受偿之权。

第七节　债的消灭

一、债的消灭的概念

任何债权债务关系都是有时间性的。债无论存续多长时间，它终将要归于消灭。因一定法律事实的出现而使既存的债权债务关系客观上不复存在，这在法学上就叫债的消灭。债的消灭，也称债的终止。

债的消灭与债的移转是不同的。债的消灭，是指债客观上不复存在，它无需再履行或已无法再履行。而债的移转，它所变更的只是债权或债务的主体，原有债权和债务并没有消灭，它仍需履行，也可能履行。所以，债的移转所产生的后果并非债的消灭。

关于债的消灭，大多数国家的民事立法都有专章规定。但也有例外，巴西及葡萄牙的民法就是如此。在我国，《民法典》颁布之前，有关债的消灭的法律规定，散见于《民法通则》和《合同法》等条文中，现在这些条文基本上都已成为《民法典》的内容之一了。

二、债的消灭之原因

能导致债的消灭的原因不少。"有下列情形之一的，债权债务终止：（一）债务已经履行；（二）债务相互抵销；（三）债务人依法将标的物提存；（四）债权人免除债务；（五）债权债务同归于一人；（六）法律规定或者当事人约定终止的其他情形。合同解除的，该合同的权利义务关系终止。"（《民法典》第557条）这就是我国债的终止的法定原因，一共6种，也就是清偿、抵销、提存、免除、混同，以及其他。除此之外，合同解除也消灭债的关系。之所以将合同解除从债的消灭事由中单独予以规定，是因为合同的解除是合同尚未履行完毕就推翻了合同的约定，这与前述6种是不一样的。现将我国的债的消灭事由分别简述如下：

（一）债因清偿而消灭

所谓清偿，指的就是履行债务。"清偿""给付"和"履行"，虽然用语不同，但意义上并无两样。要说不同，那只是观察问题的角度不同而用语不同而已。例如"清偿"，这是从债的消灭方面观察问题所使用的语言；而"履行"或"给付"，则是从债的活动方面观察问题所使用的语言。债的清偿，这就意味着债权人的权利已经实现，设立债的目的已经达到；当事人设立债的目的既已达到，债的关系也就自然消灭了。在实践中，清偿是债消灭最为主要的原因。因此，"债务已经履行"被我国《民法典》第557条列为债消灭事由的第一个。仅就债的消灭事由而言，使用"履行"一词比较接地气，通俗易懂，但我们认为，作为法律用语，用"清偿"似乎更准确些。"清偿"意味着债务得到完全、适当地履行，债权得以实现，债务得以清零。而"已经履行"却有多种可能：可能是完全、适当地履行，也可能是履行不符合约定。若是后者，自然不会产生债消灭的法律后果。

（二）债因抵销而消灭

所谓抵销，是指当事人互负给付债务，各自以其债权充当债的清偿，从而使其债务与对方的债务在对等额内相互消灭的债消灭制度。抵销实际上有法定抵销和约定抵销两种。

1. 法定抵销。"当事人互负债务，该债务的标的物种类、品质相同的，任何一方可以将自己的债务与对方的到期债务抵销；但是，根据债务性质、按照当事人约定或者依照法律规定不得抵销的除外。当事人主张抵销的，应当通知对方。通知自到达对方时生效。抵销不得附条件或者附期限。"（《民法典》第568条）。本条是关于法定抵销的规定。法定抵销，是指由法律法规规定的两债得以抵销的条件，当条件具备时，依当事人一方的意思表示即可发生抵销效力的抵销。

法定抵销强调其构成要件。依我国《民法典》第 568 条的规定，法定抵销需具备的要件有四：一是双方当事人必须互负债务，即当事人互为债务人，相互负有义务。若不是互负债务，则不存在抵销问题。二是双方当事人所负债务标的物之种类、品质是相同的。例如，甲欠乙 10 万元的货款，而此前，乙曾借甲货币 10 万元，甲与乙所存在的这两个合同关系中给付的标的种类及品质是相同的，可以用抵销的方法消灭债的关系。三是对方债务须清偿期已届满。这一点，倒是与原《合同法》的规定不同。原《合同法》规定，抵销需是"当事人互负到期债务"，而《民法典》第 568 条规定为"……任何一方可以将自己的债务与对方的到期债务抵销……"。四是双方所负债务必须都属于可以抵销的债务。具备这些要件，当事人取得抵销权，可以即时行使，当然也可以放弃。当事人行使抵销权，不得附条件，也不得附期限。因为若抵销附条件或附期限会使抵销的效力变得不确定，有违抵销的本意。

抵销虽然是一种单方的法律行为，但主张者仍负有通知的义务。当事人主张抵销的，应当通知对方。通知自到达时生效。

2. 约定抵销。"当事人互负债务，标的物种类、品质不相同的，经协商一致，也可以抵销。"（《民法典》第 569 条）本条是关于约定抵销的规定。约定抵销，亦称为意定抵销、合意抵销，是指当事人双方基于协议而实行的抵销。约定抵销尊重当事人的自由选择，因而可以不受法律所规定的构成要件的限制。当事人只要达成抵销协议，即可发生抵销效力。这体现了私法自治的原则。民法为私法，债权属于债权人的私权，债权人有处分的自由权利，只要其处分行为不违背法律、法规与公序良俗，他人包括公权力都无权干涉。

约定抵销的效力与法定抵销还是有区别的。其一，抵销的根据不同。法定抵销所根据的是法律的直接规定，而约定抵销的根据是当事人的约定。其二，债务的性质要求不同。法定抵销要求当事人互负债务的标的物种类、品质相同；而约定抵销，互负债务的标的物种类、品质可以不同。其三，债务的履行期限要求不同。法定抵销规定可以抵销的需是对方到期的债务，约定抵销则不受债务是否已届清偿期的限制。其四，抵销的程序不同。法定抵销以通知的方式为之，抵销自通知到达对方时生效；约定抵销双方协商一致即可。

抵销，其实也是债的一种履行方式。虽然它可以由一方依法单独主张，也可以由双方协商进行，但有些债务，依现行法律之规定是不得抵销的：

1. 破产程序中的一些债务。债权人在破产申请受理前对债务人负有债务的，可以向管理人主张抵销。但是，有下列情形之一的，不得抵销：①债务人的债务人在破产申请受理后取得他人对债务人的债权的；②债权人已知债务人有不能清偿到期债务或者破产申请的事实，对债务人负担债务的；但是，债权人因为法律规定或者有破产申请 1 年前的原因而负担债务的除外；③债务人的债务人已知债务人有不能清偿到期债务或者破产申请的事实，对债务人取得债权的；但是，债务人的债务人因为法律规定或者有破产申请 1 年前所发生的原因而取得债权的除外。（《企业破产法》第 40 条）。

2. 合伙企业债务。合伙人发生与合伙企业无关的债务，相关债权人不得以其债权抵销其对合伙企业的债务；也不得代位行使合伙人在合伙企业中的权利（《合伙企业法》第 41 条）。

3. 农村土地承包。发包方或者其他组织、个人擅自截留、扣缴承包收益或者土地经营权流转收益，承包方请求返还的，应予支持。发包方或者其他组织、个人主张抵销的，不予支持（《最高人民法院关于审理涉及农村土地承包纠纷案件适用法律问题的解释》第 17 条）。

（三）债因提存而消灭

提存有广义和狭义之分。广义上的提存包括为消灭债务关系即清偿的提存、以保证为目的的提存以及执行提存等。狭义上的提存，仅指由于债权人的原因而无法向其交付标的物时，债务人将清偿的标的物提交给提存机关而消灭债的一项制度。本书所论提存仅指狭义提存。现代各国民法一般都将提存规定为债的一种消灭制度。德国、法国及日本等国民法典中都有明确规定。我国《民法典》第 570 条规定："有下列情形之一，难以履行债务的，债务人可以将标的物提存：（一）债权人无正当理由拒绝受领；（二）债权人下落不明；（三）债权人死亡未确定继承人、遗产管理人，或者丧失民事行为能力未确定监护人；（四）法律规定的其他情形。标的物不适于提存或者提存费用过高的，债务人依法可以拍卖或者变卖标的物，提存所得的价款。"

显然，我国《民法典》所规定的提存是狭义上的提存。提存是需要原因的，提存的原因亦是提存的条件。传统民法中的提存条件有两种，一是债权人受领迟延，包括债权人无正当理由不受领或不能受领两种情况。二是债权人不明，包括不知何人为债权人，债权人去向不明等。我国《民法典》上述条文就是关于提存条件的规定。它比传统民法的规定还要明确具体。提存作为债的消灭原因，提存的标的物应与合同约定给付的标的物相符，否则不发生清偿的效力。给付的标的物是债务人的行为、不作为或者单纯的劳务，不适用提存。其他不适宜提存或者提存费用过高的，如体积过大之物，易燃易爆的危险物，应由债务人依法拍卖或变卖，将所得的价金进行提存。

提存实际上也是债的履行的一种形式。它有助于防止和解决债务关系久悬的状态，既维护债权人的债权，也使债务人免受不应受到的损失。提存应依照法律规定的程序进行。多数国家的民事立法规定：提存应于清偿地的提存所进行。如果清偿地没有提存所，受理的一审法院可应债务人的申请，为其指定提存所，或选任保管提存物的人，除债权人住所不明或无法通知外，提存人于提存后，应立即通知债权人，否则提存不产生效力。我国《民法典》第 571 条规定："债务人将标的物或者将标的物依法拍卖、变卖所得价款交付提存部门时，提存成立。提存成立的，视为债务人在其提存范围内已经交付标的物"。《民法典》第 572 条规定："标的物提存后，债务人应当及时通知债权人或者债权的继承人、遗产管理人、监护人、财产代管人。"

《民法典》第 573 条规定，提存既然是债务履行的一种形式，自然会产生相应的后果。标的物提存后，毁损、灭失的风险由债权人承担。提存期间，标的物的孳息归债权人所有。提存费用由债权人负担。《民法典》第 574 条规定，债权人可以随时领取提存物。但是，债权人对债务人负有到期债务的，在债权人未履行债务或者提供担保之前，提存部门根据债务人的要求应当拒绝其领取提存物。债权人领取提存物的权利，自提存之日起 5 年内不行使而消灭，提存物扣除提存费用后归国家所有。但是，债权人未履行对债务人的到期债务，或者债权人向提存部门书面表示放弃领取提存物权利的，债务人负担提存费用后有权取回提存物。

（四）债因混同而消灭

所谓混同，是指某一具体之债的债权人和债务人合为一体。由于原债务人和债权人合为一体，这就不存在谁向谁履行义务的问题。在这种情况下，原来所设立的债的关系也就自行消灭。在实际生活中，互负债务的两个法人组织合并，就会产生混同的法律后果。对于混同是不是债消灭的一种原因，学者有不同的看法。有的认为，债务人不能自己向自己给付，混同之所以引起债权债务关系消灭的法律后果，不是债务清偿的结果，而是给付不能（即履行不能）所致。所以，他们认为，混同不属债消灭的原因。但大多数人认为，混同应属债消灭的一种原因，理由是：从法理上说，债权的成立必须有债权债务人两方为要素，如果债的主体归于一人，那么，就是欠缺债权之要素，混同能使债权消灭。所以，它应属债消灭的原因之一。

我国《民法典》第576条规定："债权和债务同归于一人的，债权债务终止，但是损害第三人利益的除外。"由此可知，我国法律认可混同系债的消灭原因之一。混同是一种事实，即因某些客观事实发生而产生的债权债务同归一人，不必由当事人为意思表示。混同的效力是导致债的关系的绝对消灭，并且主债务消灭，从债务也随之消灭，如保证债务因主债务人与债权人混同而消灭。但当债权是以他人权利为标的时，为保护第三人的利益，债权不能因混同而消灭。例如甲与乙签订了房屋预售合同，甲交付了一定比例的预付款后，取得了对预售的房屋的权利（即债权）。随后甲将取得的预售房屋抵押给了丙。半年后，甲乙公司合并，如果此时合同终止，甲不必取得对于预售房屋的所有权，就会损害抵押权人丙的利益，此种情况下，甲乙二公司的合同不能终止。债因混同而消灭，这是指单位而言。对于自然人如男女结婚，不会因结婚而引起双方原来存在的债权债务消灭，除非一方免除另一方的债务。

（五）债因免除而消灭

所谓免除，就是债权人放弃债权，从而解除债务人所承担的义务。债务人的债务一经债权人免除，债的关系即行消灭。经放弃后的债权，不得再收回。所以，免除也是消灭债的一种原因。

免除的方法，各国民事立法规定也不完全相同。有的规定，运用免除方法消灭债权需以契约方式进行。有的国家认为，免除从性质上说，属单方的法律行为，因此其法律规定，免除只需债权人为意思表示即可成立，无需征得对方的同意，即无需以契约方式进行。

在过去，我国不少人认为，免除一般只适用于公民之间所设立的债权债务关系。法人之间，特别是全民所有制法人之间所设立的合同之债，实现其内容不仅是债权人的权利，同时也是他对国家和社会应尽的义务，如果允许以免除的方法消灭这种债的关系，必将影响法人的经济核算，以及利税的上缴，甚至妨害国家计划的贯彻执行。简言之，在公有制国家中债的免除应有所限制。但《民法典》却没有这种限制性的规定。该法第575条规定："债权人免除债务人部分或者全部债务的，债权债务部分或者全部终止，但是债务人在合理期限内拒绝的除外。"据本条规定可知，①债因免除而消灭为我国法律所认可，且对主体和额度都没有作出任何限制；②债的免除无需以合同方式进行，只需要债权人为意思表示即可。当然，债权人作出免除的意思表示后，债务人可以拒绝。债务人拒绝债务免除的意思表示，应在合理期限内为之，超出合理期限的，视为免除已经生效，消灭该债权债务关系。

（六）债因当事人死亡而消灭

就一般合同之债而言，当事人的死亡或消灭（指法人），只能引起债的主体变更，并不必然导致合同之债的消灭。但是，具有人身性质的合同之债，可随着当事人的死亡而消灭，因为人身关系是不可转让或继承的。因此，凡属委托合同的受托人，如出版合同的约稿人等死亡时，其所签订的合同也就随之而终止。

此外，债权债务关系还可能由于其他原因而消灭，如合同的解除、行政命令、仲裁机关或法院的裁决以及意外事故使履行成为不可能等。

三、债的消灭的法律后果

如前所述，债经一定程序消灭，就失去了法律上的效力，从而终止了原来的债权债务关系。除法律另有规定外，原债权人不得再主张债权，原债务人也不再负有法律义务。同时，债的关系消灭后，其债权担保及其他从权利亦随之消灭。

债消灭时，还应办理一切有关债消灭之后的手续。例如，负债字据的返还及注销等。当然，债务人只有在债的关系消灭时，才能请求债权人返还或注销负债字据。如果债的履行仅是一部分，或者负债字据上载有债权人其他权利的，债务人仅得请求将消灭事由记入字据。如果负债字据遗失或被盗，则返还或注销已不可能，债务人可以请求给出债务消灭的公证书，以证明债的关系已经消灭。

■思考题

1. 债权关系与所有权关系两者有何异同？
2. 债的发生根据有哪些？
3. 何谓连带之债？其特征是什么？
4. 如何理解债的履行原则？
5. 何谓债权移转？债权移转的一般禁止性条件有哪些？
6. 我国现行法律规定的债的担保形式有哪几种？其主要内容和特征是什么？
7. 何谓债的保全？债的保全与债的担保有何不同？

■参考书目

1. 王泽鉴：《债法原理》，中国政法大学出版社 2002 年版。
2. 史尚宽：《债法总论》，荣泰印书馆 1978 年版。
3. 黄茂荣：《债法总论》，吉丰印刷有限公司 2003 年版。
4. 覃有土、王亘编著：《债权法》，光明日报出版社 1989 年版。
5. 王利明主编：《中华人民共和国民法总则详解》，中国法制出版社 2017 年版。
6. 王利明：《民法总则》，中国人民大学出版社 2017 年版。

第二十章　合同总论

■ 学习目的和要求

　　要求学生对整个合同制度有一个最基本的了解。深刻理解合同的概念及其法律特征；弄清合同的分类形式、条款及解释原则；把握好合同订立的一般程序、合同成立的要件以及合同的变更、合同的解除、双务合同之履行抗辩等制度，尤其是要把握好违约的归责原则以及违约责任形式。

第一节　合同与合同制度

一、合同的概念和特征

　　合同，又称契约，是"民事主体之间设立、变更、终止民事关系的协议"（《民法典》第 464 条第 1 款）。合同有广义和狭义之分。我国《民法典》上述条文关于合同的界定，显然仅指狭义而言。狭义合同具有以下特征：

　　1. 合同是一种民事法律行为。民事法律行为是以发生一定民事法律后果为目的的行为。作为民事法律行为的合同，其当事人的目的总是设立、变更或终止一定的民事权利义务关系。其中，旨在设立民事权利义务关系者最多，旨在变更者次之，旨在终止者较少。这三种情况无论是哪一种，都表现出当事人的行为是以产生一定的法律后果为目的的。合同的这一特征使其明显区别于一般社交中的约定行为。一般社交活动中的约定并不产生法律上的权利义务关系。当然，能够产生一定权利义务关系的行为并不都是合同行为。合同以外的一些行为如侵权等也能在当事人之间产生权利义务关系，但这类行为所产生的法律后果不是当事人双方所希望的结果，因而不是合同行为。

　　2. 合同是双方或多方的民事法律行为。民事法律行为有单方和双方或多方之分。仅有一个意思表示民事法律行为即可成立的，为单方的民事法律行为；须由双方或多方意思表示一致民事法律行为方可成立的，为双方或多方的民事法律行为。合同属双方或多方的民事法律行为，这就意味着其主体必须是两个或两个以上，其意思表示必须一致。否则，就不是合同。合同的这一特征，又使其与只需一个意思表示即可成立的单方民事法律行为如立遗嘱、债务免除等明显区别开来。

　　3. 合同是当事人在平等互利基础上的法律行为。所谓平等，是指当事人在合同关系中法律地位是平等的，不存在谁服从谁的问题，不允许任何一方将自己的意志强加于对方。所谓互利，是指双方的经济往来，要按公平、等价、有偿的原则进行。换言之，除极少数无偿合同外，当事人要取得一定经济利益，就必须付出对等的代价。平等互利，这是合同关系与以命令、服从为特征的行政关系的根本区别。

婚姻、收养、监护等有关身份关系的协议也是民事合同,因而《民法典》第464条第2款规定:"婚姻、收养、监护等有关身份关系的协议,适用有关该身份关系的法律规定;没有规定的,可以根据其性质参照适用本编规定。"婚姻、收养、监护等有关身份关系的协议虽然也属民事法律关系的协议,但它们毕竟与狭义合同在性质上有很大的不同,因而应当适用有关身份关系的法律规定。当这些具有身份关系、人格关系的协议在《民法典》总则编、人格编、婚姻家庭编等或者其他法律中没有规定的,可以根据其性质参照适用合同编关于合同的规定。

其实,《民法典》上述的这一规定,是对原《合同法》的修正。原《合同法》第2条第2款规定:"婚姻、收养、监护等有关身份关系的协议,适用其他法律的规定。"该法对于婚姻等身份关系的排除适用过于绝对,给司法实践带来很多难题,故《民法典》开了一个小口。但具体如何参照适用,估计在司法实践中还将会遇到不少的难题。

二、合同制度的历史发展

合同制度不是现在才有的。作为一种法律制度,合同制度已经经历了几个历史发展阶段。

(一)古代合同制度

古代合同制度即奴隶社会和封建社会的合同制度。人类之初,曾经历过一个漫长的原始公社时期。这一时期既无社会分工,亦无多余的产品得以交换,因而也就无所谓合同制度。到了原始社会末期,虽然由于生产逐渐发展而偶有交换,但这种仅就少量剩余产品的交换,既不普遍,也不经常。进入奴隶社会后,随着社会分工和商品交换的发展,社会出现了以直接交换为目的的经济形式。较之于原始社会末期,这时的商品交换已逐渐成为一种普遍和经常的现象。"交换的不断重复使交换成为有规则的社会过程。"[1]古代社会调整产品交换的共同规则,最初表现为习惯,如发誓、念咒、画符号等。当习惯已不足以保障交换规则顺利实行,而刚刚产生的奴隶制国家又需要运用公共权力以保证这种规则的实行时,交换规则本身就上升为法律的形式,这种法律形式就是合同。

古代社会的合同制度,有以下明显特征:①对合同主体限制很严。尤其是在奴隶社会,法律只赋予少数人以订立合同的资格。②注重形式,程序繁琐。契约须依规定的繁琐方式进行,否则,"单纯的契约不能产生诉权"。③国家对合同严加干预。其主要表现为:对买卖价格、租赁租金、借贷利率、服务报酬等进行限制;对缔约方式和程序要求很严。④对违约者处罚极严,甚至施以刑罚。

(二)资本主义合同制度

资本主义社会是商品经济发达的社会。作为商品交换的法律形式的合同,在那里受到高度的重视,合同制度因而也获得空前的发展。

较之于古代合同制度,资本主义合同制度有两个最为明显的特征:

1. 立法体系完备。资本主义世界无论是制定法国家还是判例法国家,都极为重视合同立法。在制定法国家如法国、德国等国,其民法典不仅设有合同的专门编章,而且条文所占比例最多。判例法国家如英国、美国等国,也都均制定有合同法。这些国家的合同立法,其内容之丰富,体系之完整,结构之严谨,都是古代合同制度所无法相比的。

2. 奉行合同自由原则。这一原则是资本主义合同制度的一项极为重要的原则。它甚至

---

〔1〕 〔德〕马克思、恩格斯:《马克思恩格斯全集》(第23卷),中共中央马克思恩格斯列宁斯大林著作编译局译,人民出版社1972年版,第106页。

被视为比公共秩序还要重要。[1]自由资本主义时期的合同自由原则：①订立合同自由。合同订立与否，一任当事人自由。②选择合同对方的自由。任何人都没有必须与某一特定人订立合同的义务。③决定合同内容的自由。④合同方式的自由。合同成立的唯一要件是双方当事人的合意，而不需要其他任何条件。所有这些，都是为适应当时经济发展的需要而被确立的。但是，进入垄断资本主义阶段后，垄断组织控制了国家机器，操纵了市场，合同自由原则也就发生了重大变化，由国家不干预转向了国家干预。一方面制定法律对某些合同加以限制，另一方面出现了强制合同。此外，扩大了法官的权力，使之可以根据需要解释、变更或撤销合同。

（三）我国社会主义合同制度

中华人民共和国成立不久，我国就实行了合同制度。但由于种种原因，合同制度在我国经历了一个比较曲折的发展过程。20 世纪 50 年代初、中期，合同制度受到重视，合同制度推行得比较好，并在实践中创造出一些适用于我国实际情况的新式合同，使合同制度增加了新的内容，成为对私有制进行社会主义改造的法律工具。1957 年以后，由于商品生产、商品交换被否定，合同制度实际上也被抛弃不用。20 世纪 60 年代初，合同制度再次受到重视，但不久又被随之而来的"文化大革命"所冲击。"文革"结束后，特别是十一届三中全会之后，合同制度得到了高度的重视，国家先后制定了《经济合同法》（已失效）、《涉外经济合同法》（已失效）、《技术合同法》（已失效）以及一系列的实施细则。此后，我国才真正步入合同制度轨道。应该肯定，我国的这三部合同法，在 20 世纪八九十年代这近二十年中，对保护合同当事人的合法权益，维护社会经济秩序，促进国内经济、技术和对外经济贸易的发展，保障社会主义建设事业的顺利进行，起到了重要作用。但是，随着改革开放的不断深入和扩大，经济、社会的不断发展，这三部合同法的调整范围和有些规定已不能完全适应需求了，需要根据发展社会主义市场经济的要求，制定统一的合同法。《合同法》（已失效）正是在这样的背景下出台的。该法自 20 世纪 90 年代初开始酝酿，以后多次起草和易稿，多方征求意见。1997 年 5 月，全国人大常委会法制工作委员会组织法律专家和实际工作部门发布了合同法征求意见稿。根据各方面意见进行修改后，于 1998 年 8 月将这一草案提请第九届全国人大常委会第四次会议审议。根据全国人大常委会的决定，将合同法草案全文公布，向全国征求意见，此举是我国过去立法所少见的。1999 年 3 月 15 日，《合同法》（已失效）在第九届全国人民代表大会第二次会议获得通过，同年 10 月 1 日起施行，前述的三部合同法同时废止。1999 年年底，最高人民法院适时地公布了《合同法解释（一）》（已失效），为法院审理合同纠纷案件提供了更加明确的法律依据。在原《合同法》实施 10 年之际，为了适应新的变化，最高人民法院于 2009 年 4 月又公布了《合同法解释（二）》（已失效）。可以说，最高人民法院的《合同法解释（二）》（已失效）是我国合同审判实践 10 年来的经验和问题的集中梳理和应对，是一个非常重要的司法解释。此外，最高人民法院还先后制定了《最高人民法院关于审理买卖合同纠纷案件适用法律问题的解释》《最高人民法院关于审理商品房买卖合同纠纷案件适用法律若干问题的解释》《最高人民法院关于审理城镇房屋租赁合同纠纷案件具体应用法律若干问题的解释》《最高人民法院关于审理建设工程施工合同纠纷案件适用法律问题的解释》《最高人民法院关于审理技术合同纠纷案件适用法律若干问题的解释》《最高人民法院关于审理民间借贷案件适用法律若干问题

---

[1]　[英] P. S. 阿蒂亚：《合同法概论》，程正康、周忠海、刘振民译，法律出版社 1982 年版，第 4 页。

的解释》等一大批司法解释，使我国的合同立法不断得以完善。

当然，真正能体现出我国合同立法之成熟与完备的是《民法典》颁布。2020 年 5 月 28 日，《民法典》在十三届全国人大第三次会议上高票获得通过。它是中华人民共和国成立以来首部被称为"典"的法律，也被人民群众誉为社会生活的"百科全书"。这部 7 编 1260 条的《民法典》，合同编的条文竟达到 526 条，几乎占整部《民法典》的 42%。可见合同编在整部《民法典》中的分量。

我国合同制度与私有制社会合同制度，是两种性质不同的合同制度。私有制社会下的合同制度，从本质上说，是为剥削阶级服务的，是维护私有制，维护阶级剥削和压迫的工具。在我国社会主义条件下，合同制度是为社会主义市场经济服务的，是发展社会主义商品生产，巩固和发展公有制，满足人民大众物质和文化生活需要的重要手段。

第二节　合同的分类

合同的分类，是指按照特定的标准将各种合同加以区别和划分。合同分类的法律意义在于，通过分类使我们掌握同一类合同的共同特征及其共同的成立、生效条件等，以便决定合同的管理、案件管辖和法律适用。对合同分类，每一个国家都有其据以划分的标准。在我国，常见的合同分类有如下几种：

一、有名合同与无名合同

这是根据合同在法律上是否被赋予特定的名称来划分的。凡法律赋予一个特定名称并规定其内容的合同，称为有名合同。有名合同又称典型合同或列名合同。我国《民法典》所列的买卖合同，供用电、水、气、热力合同，赠与合同，借款合同，保证合同，租赁合同，融资租赁合同，保理合同，承揽合同，建设工程合同，运输合同（包括客运合同、货运合同、多式联运合同），技术合同（包括技术开发合同、技术转让合同、技术许可合同、技术咨询合同和技术服务合同），保管合同，仓储合同，委托合同，物业服务合同，行纪合同，中介合同，合伙合同以及《保险法》规定的财产保险合同和人身保险合同等，都是典型合同即有名合同。

有名合同的订立、履行及纠纷的解决，都应依照法律的有关规定办理。无名合同是指法律未赋予特定名称的合同。无名合同的内容只要不违法，同样具有法律效力。这种合同的订立、履行以及纠纷的解决，"本法或者其他法律没有明文规定的合同，适用本编通则的规定，并可以参照适用本编或者其他法律最相类似合同的规定"。（《民法典》第467 条第 1 款）。

二、要式合同与不要式合同

这是根据合同是否需要特定的形式和手续来划分的。凡要求具备特定形式和履行一定手续的合同，称为要式合同。其中，要式合同由法律直接规定的，称为法定要式合同；法律并无明文规定，只是当事人约定必须履行特定方式的合同，称为约定要式合同。不要式合同，是指不需要特定形式和手续为成立要件的合同。在我国，所谓"特定的形式"，主要是指书面形式；所谓"特定的手续"，主要是指经过公证、鉴证或有关国家机关的核准。

在古代，人们视契约为神圣之举，因而合同以要式为原则。现代各国合同法，为适应经济流转的便捷与迅速的需要，合同多以不要式为原则，要式仅为例外。

要式合同多为重要的合同。值得注意的是，这类合同法律所规定的形式，在效力上是有差异的。有的要式合同，不具备法定形式则合同不成立。例如，按照我国法律规定，专利转让合同以及合伙合同等非书面形式不能成立。又如,《民法典》第 502 条第 2 款规定:"依照法律、行政法规的规定,合同应当办理批准等手续的,依照其规定……"再如,当事人约定合同经过公证后生效,则在办理公证后生效。

三、诺成合同与实践合同

这是根据合同是否以交付标的物为成立要件而划分的。凡是当事人意思表示一致合同即告成立的,称为诺成合同。虽经当事人双方意思表示一致,但还须交付标的物合同才能成立的,称为实践合同。传统民法将买卖、租赁、承揽、雇佣及委托等列为诺成合同,而将借贷、借用、运输、保管及赠与等列为实践合同。然而,昔日的信贷业、运输业及保管业,同今日已获得高度发展的信贷业、运输业及仓储业已无可比拟。如果仍然坚持把标的物的交付视为这类合同的成立要件,则显然已很不适应经济发展的需要。因此,我国合同立法已将借款合同中的信贷合同、运输合同中的货运合同以及仓储合同列为诺成合同。

事实上,根据《民法典》的规定,我国的实践合同并不多,只有定金合同、自然人之间的借款合同以及保管合同等极少的合同为实践合同。

区分诺成合同与实践合同,这对于确定合同是否成立以及风险的转移时间等都有重大意义。

四、双务合同与单务合同

这是根据合同当事人双方权利义务的分担方式来划分的。双务合同,是指合同当事人都享有权利和负有义务的合同。这类合同每一方当事人既是债权人又是债务人,而且互为对价关系,即双方各自享有的权利和负有的义务,正是对方应尽的义务和享有的权利。买卖、互易、租赁、承揽、运送及财产保险等,都属这类合同。单务合同,是指一方只享有权利而不尽义务,另一方则只尽义务不享有权利的合同,如赠与合同等,这是合同中的极少例外。合同的这种分类其主要意义在于合同的履行而不是成立。由于双务合同当事人的义务具有对价关系,因此,它具有单务合同所没有的效力,即除法律或合同另有规定外,任何一方在自己未履行合同义务的情况下,无权请求对方履行;一方违约却向对方主张权利的,另一方依法可以行使相应的抗辩权。一句话,任何一方不能只要求他方履行义务而自己却只享受权利。

当然,在一些单务合同例如赠与合同中,赠与人可能会对受赠人附加一些"义务",例如要求接受赠与的款项只能用于学习等即是。但是,这种所谓的"义务"并非对价意义上的义务亦即非合同意义上的义务。

五、有偿合同与无偿合同

这是根据合同双方是否因给付而取得利益来划分的。有偿合同是指当事人享有合同约定的权利而必须付出代价的合同,如买卖、租赁、承揽等。无偿合同,是指当事人享有合同约定的权利而不付任何代价的合同,如赠与、借用等。生活中绝大多数的合同是有偿合同,无偿合同只是极少的例外。有偿合同大多数是双务合同。然而,并非所有双务合同都具有偿性,有的合同如无偿保管虽属双务合同,却是无偿合同。无偿合同原则上是单务合同,但单务合同中如有利息借贷却属有偿合同。

区分有偿合同和无偿合同,其法律意义在于确定当事人履行合同义务时应注意的程度及违约责任大小。一般而言,有偿合同义务的履行,其注意程度要高于无偿合同,而无偿合同的义务人比有偿合同义务人的违约责任要轻。《民法典》第 897 条规定:"保管期内,因保管人保管不善造成保管物毁损、灭失的,保管人应当承担赔偿责任。但是,无偿保管人证明自己没有故意或者重大过失的,不承担赔偿责任。"由此可知,同样是保管合同,有偿保管和无偿保管，其归责原则是不同的。在有偿保管中，除非保管人能够证明自己没有过错，否则他应当对保管期间保管物的毁损、灭失承担赔偿责任。在无偿保管中，保管人则只对其故意或者重大过失造成保管物毁损、灭失的情形承担损害赔偿责任。

六、主合同与从合同

这是根据合同的主从关系来划分的。在有相互关联的合同中，凡不以他种合同的存在为前提而能独立存在的合同，称为主合同。反之，必须以他种合同存在为前提，自己不能独立存在的合同，称为从合同。如抵押合同、保证合同、定金合同等都是从合同。合同的这种分类，其法律意义在于：从合同以主合同存在为前提；主合同消灭，从合同也将随之消灭。

应该注意的是，虽然从合同具有天然的依附性，但主合同的变更，并不必然发生一些从合同的变更。《民法典》第695条明确规定："债权人和债务人未经保证人书面同意，协商变更主债权债务合同内容，减轻债务的，保证人仍对变更后的债务承担保证责任；加重债务的，保证人对加重的部分不承担保证责任。债权人和债务人变更主债权债务合同的履行期限，未经保证人书面同意的，保证期间不受影响。"

七、为订约当事人利益的合同和为第三人利益的合同

这是根据订约人究竟为谁的利益而立约来划分的。在一般情况下，当事人都是为了自己的利益而订立合同的，这类合同称为为订约人自己利益订立的合同。但在某些情况下，订约当事人不是为自己而是为他人的利益订立合同，这类合同就是为第三人的利益订立的合同。例如，指定受益人的人寿保险合同，就属于这类合同。

为第三人利益订立的合同有其明显的特征：①第三人原则上只享有某种权利而不承担任何义务。因此，合同的订立，一般无须事先通知或征得第三人的同意（但以死亡作为给付条件的人身保险合同，须经被保险人书面同意）。②在合同有效期间内，受益者即第三人无须通过为其订约的当事人，自己完全可以独立主张并享有合同规定的权利。③第三人对为其利益订立的合同，可以接受，也可以拒绝。由于第三人并非合同的当事人，但他从合同中可取得利益，因而通常称为受益人。

合同是特定当事人之间的一种民事法律关系，"仅对当事人具有法律约束力"（《民法典》第465条第2款），因而才有合同的相对性原则。"但是法律另有规定的除外"（《民法典》第465条第2款）。这个"另有规定"所指的就是为他人利益所订的合同，如指定受益人的人身保险合同等。

为他人利益订立合同的出现，无疑是对合同相对论的突破，但也不能因此而否定合同的相对性原则。

八、计划合同与非计划合同

这是公有制国家所特有的一种合同分类，它是根据合同受国家计划影响的程度来划分的。

计划合同，是指合同双方直接根据国家计划而签订的合同。非计划合同，则指当事人不是直接根据国家计划而订立的合同。合同的这种分类的法律意义在于：直接以指令性计划为基础的合同，必须严格按照指令性计划指标签订，双方达不成协议时，由上级计划机关决定；合同的变更或协议解除须经计划机关批准；在违背有关计划时就会导致合同无效。而非计划合同由于与国家计划无关，因而其订立、变更和解除均可由双方当事人协商议定。

我国在经济体制改革前，长期施行的是计划经济体制，因而计划合同在各种合同中有着举足轻重的作用。施行社会主义市场经济体制后，计划合同事实上已是少之又少了。

九、本合同与预约合同

这是根据订立合同是否有事先约定的关系来划分的。原《合同法》并没有规定预约合同。《民法典》第495条规定："当事人约定在将来一定期限内订立合同的认购书、订购书、预订书等，构成预约合同。当事人一方不履行预约合同约定的订立合同义务的，对方可以请求其承担预约合同的违约责任。"这一规定，实际上是吸纳了最高人民法院的《买卖合同解释》的内容所作的规定。

预约合同是当事人约定将来一定期限内应当订立合同的预先约定，所以简称预约，与其对应的是本合同。本合同是为了履行预约合同而订立的合同。预约合同当事人的义务就是订立本合同。例如，当事人就某一实践合同达成协议就是预约合同；完成所规定的标的物交付后，实践合同即成立，成立的这一合同就是本合同。合同的这种分类与前述的诺成合同与实践合同的分类有关。

预约合同在审判实务中遇到不少，其主要难点有三：一是如何区别预约与本约；二是能否强制订立本约；三是预约合同的赔偿范围是否包括履行利益。

第三节　合同的订立

一、合同订立的一般程序

合同的成立必须基于当事人的合意，即意思表示一致。合同订立的过程就是当事人双方使其意思表示趋于一致的过程。这一过程在合同法上称为要约和承诺。

（一）要约

1. 要约的概念及其必要条件。要约是指一方当事人向他人作出的以一定条件订立合同的意思表示。前者称为要约人，后者称为受要约人。要约的性质，是一种与承诺结合后成立一个民事法律行为的意思表示，本身并不构成一个独立的法律行为。

要约要取得法律效力，应该具备如下条件：

（1）要约必须是特定人的意思表示。这一特定的人是自然人还是法人，是本人还是代理人可以在所不问，但他必须是在客观上可以确定的人。只有这样，受要约人才能对之承诺。

（2）要约必须是向相对人发出的意思表示。否则，就没有承诺的对象，也不可能有承诺法律效果的产生。要约的相对人可以是特定的人，也可以是不特定的人。向特定的人发出要约通常是某一具体的法人或自然人。向不特定的人发出要约，一般是指向社会公众发出的要约如商店对店内商品标价陈列，可以视为向不特定的人发出要约。要约要有明确的订约目的，并表明经受要约人承诺，要约人即受该意思表示约束。

（3）要约必须是内容具体确定的意思表示。要约的目的在于取得相对人的承诺，建立合同关系。要约能为相对人所接受，关键是拟订立的合同对其亦有利。因此，要约除须表明要约人订立合同的愿望以外，还须表明拟订立合同的主要条款，如标的、数量和质量、价款或报酬履行期限、地点和方式、违约责任、争议的处理方法以及要求对方答复的期限等，以供受要约人考虑是否承诺。

一个有效的要约，必须同时具备上述三个条件，缺一不可。在合同实务中，应该注意要约与要约邀请的区别。要约邀请，也称要约诱引，是指行为人邀请他人向其提出要约。要约诱引不是合同订立的必经程序，因而不具有法律意义，即对行为人不具法律约束力。虽然要约邀请的最终目的也是订立合同，但它本身不是要约而是邀请他人向自己提出要约，由此而引发的要约，须经发出要约邀请的一方表示承诺，合同才能成立。可见，要约邀请确切地说，仅是当事人订立合同的一种预备行为。在实际生活中，"拍卖公告、招标公告、招股说明书、债券募集办法、基金招募说明书、商业广告和宣传、寄送的价目表等为要约邀请"（《民法典》第473条第1款）。但是，"商业广告和宣传的内容符合要约条件的，构成要约"（《民法典》第473条第2款）。一般情况下的商业广告和宣传不是要约，而是要约邀请。但是，如果商业广告和宣传具备了要约的条件，就构成了要约。例如，在商品房买卖中，商品房的销售广告和宣传资料为要约邀请，但是出卖人就商品房开发规划范围内的房屋及相关设施所作的说明和允诺具体确定，并对商品房买卖合同的订立以及房屋价格的确定有重大影响的，则构成要约。该说明和允诺即使未载入商品房买卖合同，亦应当为合同内容，当事人违反的，应当承担违约责任。（参见最高人民法院《商品房买卖合同解释》第3条）。

2. 要约的形式。要约作为一种意思表示，可以书面形式作出，也可以对话形式进行。书面形式，包括信函、电报、电传、传真等函件。究竟以什么形式作出，应根据具体合同而定。

3. 要约的生效时间和要约的撤回、撤销。要约的生效时间主要是指要约行为发出后对要约人产生约束力的时间。《民法典》第474条规定：要约生效的时间适用本法第137条的规定。该法第137条规定："以对话方式作出的意思表示，相对人知道其内容时生效。以非对话方式作出的意思表示，到达相对人时生效。以非对话方式作出的采用数据电文形式的意思表示，相对人指定特定系统接收数据电文的，该数据电文进入该特定系统时生效；未指定特定系统的，相对人知道或者应当知道该数据电文进入其系统时生效。当事人对采用数据电文形式的意思表示的生效时间另有约定的，按照其约定。"根据上述法律条文的规定，在我国，要约的生效时间因要约形式的不同而不同。但大体上可以分为两种，即"了解主义"与"到达主义"。换言之，采用对话形式的要约自受要约人了解要约其意时生效；采用书面形式以及数据电文形式的要约于到达受要约人时生效。从理论上说，要约的效力包括对要约人的拘束力和对受要约人的拘束力两个方面。但在事实上，要约通常对于受要约人没有约束力。受要约人接到要约后，只是在法律上取得承诺的权利，并不因此承担必须承诺的义务。要约的约束力，一般是指在要约的有效期间内，要约人不得随意改变要约的内容，更不得随意撤回要约。否则，由此而给受要约人造成损害的，必须承担赔偿的责任。

但是，属于以下情况之一的，要约对要约人不再具有约束力：①要约被拒绝；②要约被依法撤销；③承诺期限届满，受要约人未作出承诺；④受要约人对要约的内容作出实质性变更（《民法典》第478条）。

要约生效前是可以撤回的。要约的撤回，是指在要约发出之后但在生效之前，要约人为使其不生效而作出的意思表示。要约人撤回要约，应当向对方发出通知。撤回要约的通知先于要约或与要约同时到达对方的（此时应视为要约尚未生效），撤回生效。迟到的撤回通知无效。

要约也是可以撤销的。要约撤销，是指要约人在要约生效之后，受要约人作出承诺之前，宣布取消该要约，使该要约的效力归于消灭的行为。撤销要约的通知应当在受要约人发出承诺通知之前到达受要约人。"但是有下列情形之一的除外：（一）要约人以确定承诺期限或者以其他形式明示要约不可撤销；（二）受要约人有理由认为要约是不可撤销的，并已经为履行合同做了合理准备工作"（《民法典》第476条）。

（二）承诺

1. 承诺的概念及其必备条件。承诺，是指受要约人在有效期间内完全同意要约内容的意思表示。"承诺应当以通知的方式作出；但是，根据交易习惯或者要约表明可以通过行为作出承诺的除外"（《民法典》第480条）。有效的承诺，必须具备如下条件：

（1）承诺必须由受要约人作出。要约和承诺是一种有相对人的意思表示，因此，承诺非受要约人作出不可。受要约人以外的任何第三人即使知道要约的内容并对此作出同意的意思表示，也不能认为是承诺。受要约人，通常是指受要约人本人，但也包括其授权的代理人。代理人在授权范围内所作的承诺与受要约人的承诺具有同等效力。

（2）承诺必须在承诺期限内作出。承诺期限，实际上是受要约人资格的存续期限，在该期限内受要约人具有承诺资格，可以向要约人发出具有约束力的承诺。我国《民法典》第481条规定："承诺应当在要约确定的期限内到达要约人。要约没有确定承诺期限的，承诺应当依照下列规定到达：（一）要约以对话方式作出的，应当即时作出承诺；（二）要约以非对话方式作出的，承诺应当在合理期限内到达。"本条中的"合理期限"，应当根据交易性质、交易习惯和要约采用的传递方式进行综合考虑予以确定。

迟到的承诺是否有效？非因受要约人原因的承诺迟延的法律效力是，原则上该承诺发生承诺的法律效力，但要约人及时通知受要约人因承诺超过期限不接受承诺的，不发生承诺的效力（参见《民法典》第487条）。

（3）承诺必须与要约的内容一致。若受要约人对要约的内容作出实质性变更，则是一种新的要约。所谓"实质性变更"，是指有关合同标的、数量、质量、价款或者报酬、履行期限、履行地点和方式、违约责任和解决争议方法等的变更（参见《民法典》第488条）。

当然，关于承诺的必备条件各国法律规定不完全一致。一般说来，大陆法系各国要求较严，非具备上述三要件者不为有效。而美国法律对此则采取了比较灵活的规定。例如，在承诺须与要约内容相一致这一问题上，美国《统一商法典》规定，商人之间的要约，除要约中已明确规定承诺时不得附加任何条件或所附加的条款对要约作了重大修改外，如果受要约人在承诺中附加了某些条款，承诺仍可有效，这些附加条款得视为合同的一个组成部分。借鉴国外的立法，我国原《合同法》第31条规定："承诺对要约的内容作出非实质性变更的，除要约人及时表示反对或者要约表明承诺不得对要约的内容作出任何变更的以外，该承诺有效，合同的内容以承诺的内容为准。"《民法典》第489条完全吸收了原合同法的上述规定。

2. 承诺的形式。作为意思表示的承诺，其表现形式应与要约相一致，即要约以什么形式作出，承诺也应以什么形式作出。承诺的形式还应注意三个问题：①对于以对话形式作出要约的承诺，除要约有期限外，一般应即时作出，过后承诺的，要约人有权拒绝；②依法必须以书面形式订立的合同，其承诺必须以书面形式作出；③除有特别规定或约定外，沉默不能视为承诺的形式。

3. 承诺的生效时间和承诺撤回。承诺的生效，也就意味着合同成立，因此，承诺时间至关重要。关于承诺的生效时间，英美法系与大陆法系的法律规定是不同的，就是大陆法系各国，其规定也有所不同。英美法系规定，在以书信、电报作出承诺时，承诺一经投邮，立即生效，合同即告成立。这种承诺生效的时间规定，称为"投邮主义"。属于大陆法系的德国，在承诺生效时间问题上，采取了与英美法系不同的原则，其法律规定，承诺必须是在到达相对人即要约人时才发生效力。这种承诺生效时间的规定，称为"到达主义"。《法国民法典》对承诺生效时间虽然没有作出具体规定，但法国最高法院认为，关于承诺生效的时间完全取决于当事人的意思，但"当事人的意思"往往推为适用"投邮主义"。在我国，承诺生效时间原《合同法》的规定为："承诺通知到达要约人时生效。承诺不需要通知的，根据交易习惯或者要约的要求作出承诺的行为时生效……"（第26条）。《民法典》则改为："以通知方式作出的承诺，生效的时间适用本法第一百三十七条的规定。承诺不需要通知的，根据交易习惯或者要约的要求作出承诺的行为时生效"（第484条）。也就是说，以通知方式作出承诺的，其生效时间还是前已述及的"了解主义"和"到达主义"，即以对话方式作出承诺的，要约人知道并了解承诺内容时生效；以非对话方式作出承诺的，到达要约人时生效。

承诺生效前也是可以撤回的。承诺撤回的程序、要求，与要约撤回的程序、要求完全相同。

《民法典》第471条规定："当事人订立合同，可以采取要约、承诺方式或者其他方式。"

这里所说的"其他方式"，主要是指实际行为、格式条款和悬赏广告等。格式合同留待后述。现就悬赏广告作简单的介绍。

《民法典》第499条规定："悬赏人以公开方式声明对完成特定行为的人支付报酬的，完成该行为的人可以请求其支付。"这无疑是对悬赏广告的规定。原《合同法》没有规定悬赏广告。这可能与学术界存在不同看法有关。悬赏广告在性质上属单方允诺行为还是契约行为，理论上素有争论，并认为两者的区别在于：若认悬赏广告为单方允诺，对于事先不知有悬赏广告的人、无民事行为能力人，在完成了悬赏行为后，有权向悬赏人要求支付报酬。若认悬赏广告为契约，则对于上述两类完成了悬赏行为的人，无权直接向悬赏人主张报酬（契约主体缺失），此时就需要法律作出特别的规定。应该说，上述理论争议对于司法实践来说意义不大，因为不管采哪种说法，实际结果都是一样的。《民法典》将悬赏广告的规定置于"合同的订立"一章中，应当认为采纳了契约说。

二、合同成立的时间和地点

（一）合同成立的时间

一般而言，合同成立之际，亦即当事人权利义务开始产生之时。因此，合同成立时间的确定，对当事人任何一方都具有重要意义。

合同成立时间应该如何确定？这个问题不能一概而论。因为合同种类不同，其成立时间的确定标准是不同的。有的可以其承诺生效之时为准，有的则应以交付标的物时间为准，有的只能依履毕法定手续的时间为准。具体而言，既属诺成又属不要式合同的，由当事人意思表示一致即可成立，因此，这类合同承诺生效之时，就是合同成立之时。属实践合同但并非要式的，标的物的交付时间为合同成立的时间；但是，如果承诺生效的同时履行交付标的物的行为，或者在承诺生效前已交付了标的物的，则合同自承诺生效之时成立。

书面合同成立与否以及什么时候成立，这是应该格外注意的。《民法典》第490条规定："当事人采用合同书形式订立合同的，自当事人均签名、盖章或者按指印时合同成立。在签名、盖章或者按指印之前，当事人一方已经履行主要义务，对方接受时，该合同成立。法律、行政法规规定或者当事人约定合同应当采用书面形式订立，当事人未采用书面形式但是一方已经履行主要义务，对方接受时，该合同成立。"采不采用书面方式，只是合同形式问题，而形式不是主要的，重要的在于当事人之间是否真正存在一个合同。如果合同已经得到履行，即使没有以规定或约定的书面形式订立，合同也应当是成立的；如果该合同不违反法律的强制性规定，就是有效的。签名、盖章或按指印同样是形式问题。如果一个以合同书形式订立的合同已经履行，而仅仅是没有签名、盖章或按指印，就认定合同不成立，则违背了当事人的真实意思；当事人既然已经履行，合同当然成立，除非当事人的协议违反法律的强制性规定。

至于采用信件和电子数据订立合同，实际上在符合要求的承诺作出后，合同就成立了。但如果当事人约定还要签订确认书的，则在签订确认书时，该合同成立。因此，双方签署确认书的时间，是信件、数据电文合同成立的时间（参见《民法典》第491条）。

（二）合同成立的地点

合同成立地点的认定，涉及案件的管辖权及准据法的确定，因而不应忽视。关于合同成立的地点，我国《民法典》有明确的规定。该法第492条规定：“承诺生效的地点为合同成立的地点。采用数据电文形式订立合同的，收件人的主营业地为合同成立的地点；没有主营业地的，其住所地为合同成立的地点。当事人另有约定的，按照其约定。”第493条规定：“当事人采用合同书形式订立合同的，最后签名、盖章或者按指印的地点为合同成立的地点，但是当事人另有约定的除外。”

三、合同生效及合同生效要件

（一）合同成立与合同生效的区别

合同成立与合同生效并非同一概念，但两者有着密切的联系。合同成立标志着合同订立过程已经完成；合同生效是指合同发生法律效力，意味着合同履行即将开始。合同未成立，不存在生效的问题；但合同成立不一定就能生效。合同生效要具备生效要件。《民法典》第502条第1款规定：“依法成立的合同，自成立时生效，但是法律另有规定或者当事人另有约定的除外。”根据这一规定，合同生效的要件就是“依法”，即只要不违反法律的强制性规定，合同自成立时生效。

“依法成立的合同自成立时生效”，这是就一般情况下而言。如果法律另有规定或者当事人另有约定的，就得从其规定或者约定。例如，一些重要的合同，法律、法规要求必须报批方能生效的，报批就是生效要件之一了；又如，当事人约定合同经公证后生效，则在办理公证后合同生效，公证就是必不可少的生效要件。在大多数的情况下，合同成立时就具备了生效的要件，因而其成立和生效时间是一致的。只有少数情况下，合同的成立时间与其生效时间并不一致。

（二）合同有效之要件

合同生效与合同有效亦非同一概念。合同有效和合同生效，两者的判断标准不同。在不违反法律强制性规定的情况下，当事人可以约定合同的生效条件，但不能以任何形式约定合同的有效条件。换言之，合同生效条件，存在当事人约定的情形，而合同有效条件却只能是法定的。

合同的有效要件，各国法律规定大体上是一致的。在我国，根据《民法典》第143条的规定，合同有效的要件是：

1. 当事人在订立合同时必须具有相应的订立合同的行为能力。这实质上是法律对合同主体资格作出的一种规定即主体适格。主体不适格，所订立的合同不能发生法律效力。合同主体，无非是自然人和非自然人两类。非自然人作为合同主体，主要有法人组织和没有取得法人资格的“非法人组织”。这类合同主体一般都具有订立合同的行为能力。自然人作为合同主体，根据我国《民法典》第17条、第18条、第19条、第20条、第21条、第22条、第23条的规定，主体适格者，是指如下几种情况：①18周岁以上的自然人为成年人，具有完全民事行为能力（16周岁以上的未成年人，以自己的劳动收入为主要生活来源的，视为完全民事行为能力人），他们可以独立实施民事法律行为，即可以独立订立合同。②8 周岁以上不满 18 周岁的未成年人（16 周岁以上且以自己的劳动收入为主要生活来源的未成年人除外）为限制民事行为能力人，实施民事法律行为由其法定代理人代理或者经其法定代理人同意、追认；但是，可以独立实施纯获利益的民事法律行为或者与其年龄、智力相适应的民事法律行为。③不满 8 周岁的未成年人为无民事行为能力人，由其法定代理人代理实施民事法律行为。④不能辨认自己行为的成年人为无民事行为能力人，由其法定代理人代理实施民事法律行为。不能完全辨认自己行为的成年人为限制民事行为能力人，其实施民事法律行为的要求与前述的限制民事行为能力的未成年人是一样的。

法人和非法人组织作为合同的当事人，其主体是否适格有两个问题值得注意：

（1）负责人超越权限订立合同的效力。《民法典》第 504 条规定："法人的法定代表人或者非法人组织的负责人超越权限订立的合同，除相对人知道或者应当知道其超越权限外，该代表行为有效，订立的合同对法人或者非法人组织发生效力。"其实，该法的第 61 条第 3 款就有规定："法人章程或者法人权力机构对法定代表人代表权的限制，不得对抗善意相对人。"该法第 504 条的规定，无疑是对法人的法定代表人等超越权限订立合同的效力问题的进一步规定。

（2）超越经营范围订立的合同效力。《民法典》第 505 条规定："当事人超越经营范围订立的合同的效力，应当依照本法第一编第六章第三节和本编的有关规定确定，不得仅以超越经营范围确认合同无效。"本条确定的规则是，当事人超越经营范围订立的合同的效力，应该依照该法关于民事法律行为效力问题的规定以及关于合同效力的规定来确定，如果存在无效事由、可撤销或效力待定事由，则应当依照具体规则处理。如果不存在这些方面的法定事由，这个合同就是有效的，不能仅仅以订立合同超越了该法人或者非法人组织的经营范围而确认合同无效。

2. 合同当事人的意思表示真实。这是合同有效的另一个要件。意思表示真实在传统民法理论中又称意思表示健全，我国《民法典》采用"真实"这一提法，使之更加通俗易懂。所谓意思表示真实，是指当事人在缔约过程中所作的要约和承诺都是自己独立且真实意志的表现。在正常情况下，行为人的意志，总是与其外在的表现相符的。但是，由于某些主观上或客观上的原因，也可能发生两者不相符的情形。例如，当事人一方故意捏造虚假情况或隐瞒、掩盖真相；又如，一方当事人利用另一方当事人的某种急迫要求而进行要挟或采用其他方法强迫其接受某些不合理的条件而订立合同，等等。在这些情况下所订立的合同，都是意思表示不真实的合同。意思表示不真实的合同是难以受法律保护的。意思表示真实属合同生效要件而非成立要件。在书面合同中，签字或盖章是当事人意思表示的外在形式之一，但在实际生活中，一些当事人在订立合同时习惯于在合同书上按手印而不是签字或盖章。有鉴于此，最高人民法院《合同法解释（二）》（已失效）第 5 条规定："……当事人在合同书上摁手印的，人民法院应当认定其具有与签字或者盖章同等的法律效力。"《民法典》采纳了这一司法解释的规定。

3. 合同不违反法律、行政法规的强制性规定，不违背公序良俗。这是合同生效要件中最为重要的一个。合同欠缺合法性，没有补救的余地，只能归于完全无效。

合同不违反法律、行政法规的强制性规定是各国的通行规则，被称为合同有效的"适法要件"，它包括目的、标的、条件和方式四个方面都不得违法。所谓目的违法，指行为人主观上所要达到的法律效果违法，如出卖某项动产目的是销赃或为逃避清偿等；所谓标的违法，通常指买卖、赠与等转移物的所有权的法律行为，标的物为禁止流通或限制流通物如毒品、文物等；所谓条件违法，是指行为内容中与目的、标的有实质性关联的权利义务事项和其他事项违法，如附不法条件的遗嘱行为等；所谓方式违法，是指行为的方式将产生违法后果，如不正当竞争和非法垄断行为即是。

公序良俗是公共秩序与善良风俗的简称，是指社会公共利益或道德观念。《民法典》第153 条第 2 款规定："违背公序良俗的民事法律行为无效。"据此，是否违背公序良俗，也是评价合同是否有效的重要标准。

上述三条，是一切合同所应具备的一般生效要件，缺一不可，但并不排除某些合同还应同时具备法律规定的一些特殊要件才能生效。

四、缔约过失责任

缔约过失责任，是指在合同订立过程中，因一方故意或过失违反先合同义务而给对方造成信赖利益的损失时依法应承担的民事责任。所谓先合同义务，是指缔约人双方为签订合同而互相磋商，依诚信原则逐渐产生的注意义务，而非合同成立有效后所产生的给付义务，它包括互相协作、互相照顾、互相保护、互相通知、互相忠诚等义务[1]这是一项法定的义务。

缔约过失责任，最早是由德国著名法学家耶林提出来的。1861 年，耶林在其发表的《缔约上过失——契约无效与未完善的损失赔偿》一文中指出：从事契约缔结的人，是从契约交易外的消极义务范畴进入契约上的积极义务范畴，其因此而承担的首要义务，系于缔约时善尽必要的注意。法律所保护的，并非仅是一个已存在的契约关系，正在发生的契约关系亦包括在内，否则，契约交易将暴露于外，缔约一方当事人不免成为他方疏忽或不注意的牺牲品。简言之，当事人因自己的过失致使契约不成者，对信其契约为有效成立的相对人，应赔偿基于此信赖而产生的损失。[2]耶林的这一观点对合同法理论产生了重大影响，并为一些国家的立法所采纳。为完善合同法律制度，我国原《合同法》吸收了国外立法的成功经验，于该法第 42 条对缔约过失责任作出了规定，《民法典》将其吸而纳之。该法第500 条规定："当事人在订立合同过程中有下列情形之一，造成对方损失的，应当承担赔偿责任：（一）假借订立合同，恶意进行磋商；（二）故意隐瞒与订立合同有关的重要事实或者提供虚假情况；（三）有其他违背诚信原则的行为。"

根据《民法典》的上述规定可知，缔约过失责任之特点有三：其一，它是缔结合同过程中发生的民事责任，合同尚未成立。其二，它是以诚实信用原则为基础的民事责任，不是违约责任。其三，它是以补偿缔约相对人损害后果为特征的民事责任，其责任构成，须是一方有损失，另一方主观上有过错或者重大过失。

缔约过失责任主要有三类：

（一）假借订立合同，恶意进行磋商

"假借订立合同，恶意进行磋商"，是指缔约当事人一方根本就没有与对方缔约之意，但却打着缔约的幌子故意与对方反复"协商"，目的是既使对方与之签不成约，也令其丧失与他人签约的机会，从而造成对方的损失。缔约过程中的这种"作梗"行为，行为人一是主观上根本就没有与对方缔约之意，二是假借缔约之名，行损害对方之实，三是主观上明显有恶意，并非缔约中常见的一些过失行为。

---

〔1〕 余延满：《合同法原论》，武汉大学出版社 1999 年版，第 168 页。
〔2〕 王家福主编：《中国民法学·民法债权》，法律出版社 1991 年版，第 37 页。

（二）故意隐瞒与订立合同有关的重要事实或者提供虚假情况

故意隐瞒与订立合同有关的重要事实或者提供虚假情况，这与未尽说明义务是不同的。前者无疑属于欺骗行为。无论是"故意隐瞒"，还是"提供虚假"，其本质就是欺骗。例如，借款人隐瞒自己险恶的财产状况、投保人向保险人提供虚假健康证明等即是。所有这些，无不表明行为人主观上具有明显的恶意。而未尽说明义务，行为人不一定是故意为之。由于缔约一方当事人的欺骗行为，使相对人陷入错误而造成损失，欺骗者当然要承担由此带来的损失。

（三）其他违背诚实信用原则的行为

缔约过程中的以上两种行为，无论是假借订立合同，进行恶意磋商，还是隐瞒重要事实或提供虚假情况，从司法角度上说，都是违反了诚实信用原则。除此之外，缔约过程中其他违背诚信原则给对方造成损失的，有过错的一方也应当承担赔偿责任。但何为"其他违背诚实信用原则"，这倒是个不太好认定的问题。有学者认为，一方当事人违反双方在意向书、备忘录等初步协议中约定的义务，悬赏广告不成立或广告人撤回悬赏广告，因一方当事人的过错而使合同不具备法定形式导致合同未成立或无效等，都属于"其他违背诚实信用原则"。[1]

第四节　合同的形式、条款和解释

一、合同的形式

合同的形式，是指缔约当事人达成协议的表现形式。合同形式是由合同的内容决定并为之服务的。合同形式，对于正确地表现合同内容，证明合同关系的存在和义务的确定，都具有重要意义。合同的形式通常分为两大类，即口头形式和书面形式。

（一）口头形式

口头形式是指当事人双方以对话的方式达成协议而成立的合同。它一般适用于标的数量不大、内容不复杂而能及时结清的合同关系。合同采用口头形式的优点是简便易行，直接迅速，这对加速商品流转，满足社会的需要有着十分重要的作用，是必不可少的一种合同形式。但是这种合同形式也有明显的缺点。由于它是以对话的方式进行的，没有文字记载，一旦发生纠纷，难以取证，不易分清责任。为了保证交易安全，对于不能即时结清或即使能即时结清但标的比较大的合同，一般不宜采用口头形式。

（二）书面形式

书面形式，是指合同书、信件和数据电文（包括电报、电传、传真、电子数据交换和电子邮件）等可以有形地表现所载内容的形式。

书面形式是当事人广为采用的一种合同形式。各国立法还对某些合同规定必须采用书面形式。例如，我国《民法典》规定：保证合同、借款合同、融资租赁合同、建设工程合同、技术开发合同、技术转让合同和技术许可合同等，都应该采用书面形式。

书面形式，可以分为法定的书面形式和约定的书面形式两种。前者如《民法典》中规定的借款合同、建设工程合同以及技术转让合同等，其书面形式是法律直接规定的，不以书面订立，则合同不能成立；后者法律并没有规定应该以书面订立，但当事人约定应以书

---

[1]　参见李永军：《合同法》，中国人民大学出版社 2020 年版，第 72 页。

面为之。书面形式又可分为普通书面形式和特殊书面形式两种。普通书面形式，是指除当事人所达成的书面协议本身外，无须再履行其他手续的书面形式。例如，当事人就一般的买卖关系、租赁关系达成书面协议，无须公证或鉴证的合同，就属普通书面形式合同。根据法律规定或当事人约定，当事人达成书面协议后还须鉴证、公证或经有关国家机关批准或核准登记才能成立合同的，是特殊的书面合同形式。

书面合同形式，它的订立和履行虽不及口头形式迅速、直接，但却具有口头形式所不具备的优点：①内容明确，权利、义务关系清晰，便于履行和监督；②合同内容以文字记载，有据可查。一旦发生纠纷，易于取证和分清责任。

在一般情况下，合同都会以一定的形式，即或口头或书面体现出来。但生活中也有些合同既未以口头方式进行，也没有以书面形式为之，对此，最高人民法院的《合同法解释（二）》（已失效）第2条规定："当事人未以书面形式或者口头形式订立合同，但从双方从事的民事行为能够推定双方有订立合同意愿的，人民法院可以认定是以合同法第十条第一款中的'其他形式'订立的合同。但法律另有规定的除外。"这实际上是以司法解释的形式，认可了事实合同。《民法典》第471条规定："当事人订立合同，可以采取要约、承诺方式或者其他方式。"本条规定，明显是吸收了司法解释的规定。而这里所确立的"其他形式"，包括了以实际履行方式所订立的合同。这种形式不像一般合同那样，订立过程有所谓的要约和承诺。但能明显看出当事人的行为，是在用实际行动"签约""履约"和"接受履约"。《民法典》这样规定，完全是从我国的实际情况出发，也顺应了民意。

二、合同的条款

作为法律文书的合同，其条款就是该合同内容本身。合同的条款可以分为主要条款和普通条款。

（一）合同的主要条款

合同的主要条款，是合同应该具备的条款，少之则合同难以成立。因此，合同的主要条款又称"必要条款"或"成立条款"。

关于合同的主要条款，各国法律规定不一。在资本主义国家，合同的主要条款基于合同自治原则而一般未作具体规定。我国《民法典》对合同主要条款作了规定。该法第470条规定合同的主要条款有：①当事人的姓名或者名称和住所；②标的；③数量；④质量；⑤价款或者报酬；⑥履行期限、地点和方式；⑦违约责任；⑧解决争议的方法。现分别简述如下：

1. 标的。标的是合同法律关系的客体，是当事人权利义务所共同指向的对象。没有标的即没有客体。没有客体的民事法律关系是不可能存在的。因此，标的是任何合同都不可缺少的条款。合同标的可以是货物，也可以是劳务，还可以是技术成果或工程项目等。但法律禁止的行为或禁止流转的物不得作为合同的标的。

2. 数量和质量。数量和质量，是衡量标的的尺度。任何合同关系，仅有标的而无数量和质量的规定，同样是无法履行的。缺少数量和质量条款，权利义务的大小就难以确定；缺少数量和质量条款，有偿合同便失去了计算价金的依据。因此，数量和质量也是合同的主要条款之一。

3. 价款或报酬。价款或酬金统称"价金"，是取得标的物或接受劳务的一方当事人所支付的代价。价金在不同的合同中叫法不一，在以物为标的的合同中，这一代价叫价款；在以劳务和工作成果为标的的合同中，这种代价则称酬金。价金体现了合同当事人应遵循的等价有偿原则。因此，有偿合同的价金是否合理，是合同能否顺利履行的关键条款之一。

当然，对于无偿合同来说，价金或酬金不仅不是合同的主要条款，而且连一般条款也不是。

4. 履行的期限、地点和方式。合同的履行期限，是指享有权利的一方要求对方履行义务的时间范围；履行地点是指合同当事人履行和接受履行合同规定义务的地点；履行方式是指当事人采取什么方法来履行合同规定的义务。三者之中，履行期限最为重要，它既是享有权利的一方要求对方履行合同的依据，也是检验负有义务的一方是否履行或迟延履行的标准。因此，履行期限也是合同的主要条款之一。

5. 违约责任。即因违反合同应当承担的民事责任。违约责任条款的设定，对督促当事人自觉而适当地履行合同，保护非违约方的合法权益都有重要意义。但违约一方之所以须承担违约责任，并非因为有违约条款的设定，而是由合同的法律效力决定的。换言之，没有违约条款，当事人违约时，依法仍须承担民事责任。所以，违约条款的有无，并不影响合同成立。

6. 解决争议的方法。即合同当事人在发生纠纷时，以什么方法解决，是通过诉讼还是通过仲裁活动解决纠纷。若当事人希望通过仲裁解决问题，则应在合同中有记载。

需要注意的是，《民法典》中所列的合同上述条款，并非所有合同必备的条款。不能因为欠缺上述之一、二项而否认合同成立。对此，最高人民法院《合同法解释（二）》（已失效）第1条第1款规定："当事人对合同是否成立存在争议，人民法院能够确定当事人名称或者姓名、标的和数量的，一般应当认定合同成立。但法律另有规定或者当事人另有约定的除外。"最高人民法院的这一司法解释，明确了一个非常重要的问题：要说合同真正的"主要条款"，所指的其实就是三项即当事人的姓名或名称、标的、数量。这是合同真正的必备条款，少之合同不能成立。合同具备这三项真正的条款，缺少其他条款，还可以通过法律规定的确定方法等予以确定，不能导致合同不成立。

（二）合同的普通条款

合同的普通条款又称"一般条款"，指合同主要条款以外的条款。它又可以分为通常条款和偶尔条款。通常条款又称"常素"，指不必经当事人协商而当然地成为合同条款。例如，买卖合同的出卖人负有保证出卖物没有瑕疵的义务；出租人必须保证出租房屋能够正常使用等。合同的这些内容一般是由法律或交易习惯所规定的，当事人没有协商的必要，即使合同中没有明确表示出来，也不会影响当事人的理解。偶尔条款又叫"偶素"，是指须经当事人协商一致方能成为合同条款的一般条款。这也是偶尔条款与普通条款的区别所在。偶尔条款有时也是合同的重要内容之一，但它一般不影响合同的成立。有的偶尔条款，在合同成立后还可以继续协商。例如，当事人双方就某一买卖合同达成协议后，需方就包装问题提出更高的要求，双方可就这一问题继续协商，达成的协议就是偶尔条款。

三、合同的解释

合同的解释，是指在当事人对合同条款的理解有争议时，依照合同所使用的词句，结合相关条款、合同的性质和目的、交易习惯以及诚实信用原则确定该条款的真实意思的行为。合同的各项条款明确、具体、清楚，当事人的理解完全一致，一般不发生合同解释问题；但在合同用语不准，或当事人对合同条款的理解不一致，发生争执时，就要由法院或仲裁机构对合同进行解释，借以确定双方当事人的权利和义务。

关于如何解释合同的问题，历来存在着两种对立的主张，即意思说和表示说。前者主张，对合同的解释应以当事人的主观意思为标准，而不能拘泥于文字；后者主张，对合同的解释应以客观表示出来的意思为标准，而不能根据当事人自己的意思解释。法国法律在解释合同时强调探讨当事人的真意。《法国民法典》第1156条规定，解释合同时，应寻求订约人的共同意思，而不拘泥于文字。并规定，如果一个条款可作两种解释时，应舍弃无效的解释而作有效的解释；文字可能作两种解释时，应采取最适合于合同目的的解释；有歧义的文字应依订约的习惯进行解释；凡习惯上的条款，虽未载明于合同，但解释合同时亦可用作补充；合同的全部条款可以互相解释，以便确定每一条款在整个合同中的含义。此外，在法国司法实践中，如对合同有疑义时，多作不利于债权人而有利于债务人的解释；对买卖合同，应作不利于卖方的解释。《德国民法典》的规定既反映了意思说，也反映了表示说。该法第 133 条规定，解释意思表示，应探求其真意，不得拘泥于字句。但是，随着资本主义进入垄断阶段，资本主义国家对合同自由原则有了一定的限制，在合同解释上也发生了变化，反映出更加保护交易的安全和第三人的利益，开始转向表示说。因此，《德国民法典》在第 157 条中规定，合同应按诚实信用的原则及一般交易上的习惯进行解释。这实际上是对意思说的解释方式加以限制。英美法系国家则采取表示说，在解释合同时强调合同的文词，而不去探求当事人的主观意思。英美法学家和法官们认为：如果须对合同进行解释，应该不是从当事人心里想什么，而是从他们说了些什么，写了些什么去衡量当事人；法院的任务是在实际经验许可的范围内，保证老实人的合理期望不致落空，而不是去探求捉摸不定的思想活动。所以，司法实践中，英美法院在解释合同时，尽量以合同的文词为依据，只有在没有办法解决问题时，才考虑其他有关情况。

在合同的解释问题上，我国《民法典》第 466 条是这样规定的："当事人对合同条款的理解有争议的，应当依据本法第一百四十二条第一款的规定，确定争议条款的含义。合同文本采用两种以上文字订立并约定具有同等效力的，对各文本使用的词句推定具有相同含义。各文本使用的词句不一致的，应当根据合同的相关条款、性质、目的以及诚信原则等予以解释。"合同解释实为对当事人所为之意思表示进行解释。该法的第 142 条所规定的内容正是关于意思表示的解释。其第 1 款规定："有相对人的意思表示的解释，应当按照所使用的词句，结合相关条款、行为的性质和目的、习惯以及诚信原则，确定意思表示的含义。"我国立法显然是采取客观标准与主观标准相结合的办法解释合同的。

依据《民法典》第 142 条和第 466 条的规定，我国合同解释的具体规则有如下几种：

1. 文义解释。就是按照合同所使用的词句来解释有争议的条款。这主要是就书面合同而言。书面合同的条款当然是由不同的词句构成。由这些词句构成的合同条款，是当事人意思表示的外在表现形式。例如某合同条款中有"定金 2 万元"的约定，而且"定金"在合同中不止出现一次，但当事人对合同条款之含义理解不一：一方认为应该是"订金 2 万元"，另一方则坚持"定金 2 万元"没有错。像这样的争执，面对有争议的合同条款，法院或仲裁机构首先要做的，就是根据合同所使用的词句即当事人意思表示的外在形式进行解释。不能离开合同文本所使用的词句来寻求当事人内心的真实意图。当然，文义解释，也不是说完全拘泥于某一个字的含义。无论是完全抛开合同中所使用的词句，还是完全拘泥于合同中某一个字句，都是有失公允的。

2. 整体解释。整体解释亦称体系解释，指的是若发生条款理解不一，要从整个合同条款体系上解释有争议的条款。每一个合同，其条款无论简繁，都是一个完整的体系，条款之间，都有其内在的联系。因此，如果当事人对某一条款产生争议，法院或仲裁机构应该是从合同的整体而不是割离地去解释有争议的条款。例如，合同条款中的数据，前后记载的大写小写不一的，合同解释就应以大写为准；又如，合同中既有印刷条款，又有手写条款，且相互有矛盾的，依整体解释规则，应以手写为准。

此外，依整体解释规则，若合同条款中既有一般用语，又有特殊用语，且相互有矛盾的，应按特殊用语解释其含义；若合同就某一事项在不同条款中均有不同的约定，则应以约定内容最具体的条款为准。

3. 目的解释。就是对合同中有争议的条款，根据合同目的来解释其真实的含义。当事人缔结合同都有其目的。合同条款就是为了实现各自的目的之必要手段。当文义解释不足以解释合同条款时，就要使用目的解释规则了。例如乘客与运输部门订立运送合同，赢利当然是运输部门的目的之一，而乘客的目的则是能安全地从某一个地方到达另一地方。某航运公司是一家水上旅客运送公司，主要是夜间行船。其与乘客订立的运送合同中，有这么一个条款：提供床上用品。旅客们到各自的铺位一看，所谓的"床上用品"，其实就是一只木枕头和一张草席子。乘客们找船长论理，该船长说，没错呀，各个铺位我们都依约提供了"床上用品"，一样都没少。这就涉及合同解释了，而且应以目的解释规则予以解释。该运送公司是夜间行船。夜间行船，即便是暑天，夜间水面上的温度不会很高，床上也离不开盖的用品。公司只提供一只木枕头和一张草席，是节约了成本，实现了其赚钱的目的；而乘客就遭殃了，有的人很可能在旅途中被冻坏，合同目的自然落空。根据目的解释规则，本例中的"床上用品"，仅仅是一只木枕头和一张草席就能解释得通吗？当然解释不通。

4. 习惯解释。交易习惯，是实践生活的规则，是指某种存在于交易中的行为习惯或语言习惯。习惯解释，指的是在当事人对合同所使用的文字或条款有不同理解时，按照交易习惯来确定该文字或条款的含义。

我国原《合同法》和《民法典》对交易习惯都作了充分的肯定。依最高人民法院《合同法解释（二）》（已失效）第7条规定，在不违反法律、行政法规强制性规定的前提下，下列情形可以认定为"交易习惯"：①在交易行为当地或者某一领域、某一行业通常采用并为交易对方订立合同时所知道或者应当知道的做法；②当事人双方经常使用的习惯做法。对于交易习惯，应由提出主张的一方当事人承担举证责任。

5. 诚信解释。就是指当事人对合同条款有不同理解时，依诚实信用原则进行解释。诚信原则是大陆法系各国民法典均承认的关于契约法的一般原则，成为衡量合同当事人权利义务的基本原则，合同解释也应遵循这一原则。我国原《合同法》和《民法典》都规定了诚信解释规则。

诚信解释规则可以说是"兜底"规则。也就是说，这一解释规则，一般是在以其他解释规则仍不能确定争议条款的真实意思的情况下才适用的。若能以其他解释规则对合同争议条款予以解释者，则没有必要使用诚信解释规则。

第五节 格式合同

一、格式合同的概念及其特征

格式合同，又称定式合同、标准合同或附合合同，是指由某些经济组织或国家授权的机构事先印就的具有固定式样和既定条款内容的标准化格式，且于缔约时相对方只能接受该既定条款内容的一种合同。由上可知，格式合同具有如下特征：

（一）格式合同的样式及条款具有固定性和不可协商性

前已述之，格式合同的条款是由某些经济组织或国家授权的机构预先拟定的，目的之一就是反复使用从而节约缔约时间，提高其经济效益；而为了反复使用，其样式及条款必然是固定的。出于同样的目的，事先拟就合同条款者在与相对一方缔约时，要求对方对其所提出的合同条款只能作全部接收或完全不接收的表示，一般是没有协商的余地的。这在英美法系中被称为"要么接受，要么走开"（take it, or leave it）。在实际生活中，人寿保险合同、铁路及航空旅客运输合同就是常见的格式合同。这些合同的条款分别是由保险公司、铁路和航空管理部门提供的，在缔约时，作为相对人一方的投保人、旅客，他们面对由有关部门事先印就的合同条款所能做到的，确实是"要么接受，要么走开"，讨价还价的余地是没有的。

缔约相对方对于提供条款方的被迫附合，即对合同条款的不可协商性，是格式合同的最根本的特征。

（二）格式合同的当事人双方在经济地位上的悬殊性

一般而言，格式合同的附合一方多是接受商品或是服务的消费者；在流通大市场中，他们又往往是经济上的势单力薄者。而提供商品或服务一方即提供格式合同条款者则不然，在流通大市场中，他们或是事实上的垄断者，或为法律上的垄断者。前者如汽车制造业、航海业及保险业等，由于其占有的资金巨大，从而形成事实上的垄断者；后者如铁路、邮政、城市供电、供气等，国家法律的规定而使其对这些特殊行业享有独占的经营权。无论是事实上的垄断者还是法律上享有独占经营权者，他们在经济上一般都具有绝对的优势地位。这种优势地位对于与其缔约的相对方来说，其悬殊性是巨大的。正是在经济上具有绝对的优势地位，才使格式合同条款的提供者能够在缔约前预先将自己的意思表示为文字并在缔约时强加于对方，从而排除双方在缔约时讨价还价的可能性。

（三）格式合同的要约的形式和内容具有特殊性

这一特殊性主要体现在三个方面，即广泛性、持久性和细节性。所谓广泛性，是指格式合同的要约是向公众发出的，至少是向某一类有可能成为承诺人的人发出的；所谓持久性，是指该要约一般总是涉及在某一特定时期将要订立的全部合同；所谓细节性，是指要约中包含了合同成立所需要的全部条款。[1]

"当事人订立合同，可以采取要约、承诺方式或者其他方式"（《民法典》第471条）。一般认为，这里所列的"其他方式"，就包括格式条款等。但严格地说，格式合同的订立并非没有经过要约和承诺阶段，只是其要约和承诺方式比较特殊而已。

格式合同的产生具有其经济上的必然性，它反映了现代化生产经营活动的高速度、低耗费、高效益的特点，体现了专业分工的科学性和复杂性，适应了现代社会商品经济发展的要求。因此，格式合同在全球范围得以日渐普遍。"Guest指出，在目前普通人所订立的合同总数中，定式合同的数量大约占90%左右。"[2]在我国，铁路、航空、邮政等行业形成了全国性的国家垄断经营；金融、保险、城市供水、供电、供气等也形成相当规模的行业性和地区性垄断经营，因而具备了采用格式合同的可能性和必要性，实际上也实行了格式合同模式。[3]

二、对格式合同的规制

众所周知，私权神圣、过错责任和契约自由是近代私法的三大原则，而契约自由在整个私法领域，实际上又具有核心的作用。但毫无疑问，格式合同的广泛运用，对契约自由原则所带来的冲击是巨大的。其主要表现为：①格式合同的条款提供者多为事实上或法律上的垄断者，这就使得在缔约时，相对人缺乏选择缔约伙伴的完全自由，"拉郎配"变成了

[1] 尹田编著：《法国现代合同法》，法律出版社1995年版，第121页。
[2] 江平主编：《民法学》，中国政法大学出版社2000年版，第601页。
[3] 关怀主编：《合同法教程》，首都经济贸易大学出版社2001年版，第54页。

缔约的一个十分普遍的现象；②格式合同当事人各自经济地位的悬殊性，这就使得缔约当事人，尤其是经济上弱势的一方在缔约过程中所表示出的"自愿"，在很多情况下是一种虚假的"自愿"，或者说是一种无奈的"自愿"，而不是真实的自愿；③一方在缔约时只能就另一方事先拟就的条款作出取或舍的决定，即"要么接受，要么走开"（take it, or leave it），这就剥夺了当事人一方在缔约时进行协商的权利；④格式合同的条款提供者经常会利用其优越的地位，拟定有利于己方而不利于另一方的条款，在形式自由的幌子下严重背离公平与公正原则。由上可见，在私法领域中，如何既要推行格式合同制度，又要维护合同正义，这是各国法律所面临的艰巨任务之一。有鉴于此，包括我国在内的世界各国都对格式合同作出了规制。其主要方式为：

（一）行政规制

行政规制是对格式合同最早的规制方式，是指通过政府行政权力对标准合同的内容予以公法意义上的认可、许可、核准和监督。它包括事先审查和事后监督两个方面[1]事先审查是由行政监督机关对一般的格式合同条款的内容在其使用前先行审核，经政府主管部门审核之后方可使用。在德国和日本，其政府明令规定，特种行业如银行、保险及建筑业等所使用的格式条款，实行强制性的使用前行政审核制度。我国的《保险法》及《铁路法》也分别明文规定，各银行的存贷款种类、利率须经具有政府职能的中国人民银行核准，不许各银行擅自决定；商业保险的主要险种的基本保险条款和保险费率，由银保监会制定，保险公司拟订的其他险种的保险条款和保险费率，应当报银保监会备案；铁路运费及电信费用等，均由政府主管部门核准后方可实施，等等。所有这些都是我国对格式合同所作的行政规制的最为重要的体现。

事后监督是由专门的政府组织机构对正在采用的格式合同条款予以审查，对认为不公平的条款发布使用禁令。例如，英国、法国等，其政府就规定有对格式合同使用事后监督制度。在我国，根据原《合同法》《反不正当竞争法》《消费者权益保护法》等法律的规定，市场管理部门有权对当事人所使用的格式合同实施监督，有权对利用格式合同损害社会、侵害消费者权益的行为进行查处。

（二）立法规制

立法规制，是指通过立法手段对格式合同的不公平条款所作的规制。对格式合同的立法规制又分为一般立法的规制和特别法的规制。前者在大陆法系国家，主要是通过民法典中的一般原则规定来实现的；而在英美法系国家，一般是通过商事法来实现的，如《美国统一商法典》等。后者即特别法的规制，是通过规制格式合同中的不公平条款以保护消费者的专门立法来实现的。例如，1964年以色列的《标准合同法》、1976年德国的《标准合同条款法》、1977年英国的《不公平合同条款法》以及1992年的《欧共体不平等条款指令（草案）》等都属于这种类型的立法。

在我国，事实上也存在一个对格式合同的立法规制体系。在一般法的规制方面，《民法典》中就规定有对法律行为的控制体系，如关于诚信原则等基本原则的规定，关于民事行为的有效与无效的规定，关于格式合同的订立、无效以及解释等即是。在特别法上，《海商法》《消费者权益保护法》以及原《合同法》等，都对格式合同的规制作了规定。当然，我国立法对格式合同所作的规制，其主要内容集中体现在《民法典》中。我国《民法典》

---

〔1〕 陈小君主编：《合同法新制度研究与适用》，珠海出版社1999年版，第100~101页。

对格式合同的立法规制，主要包括以下几个方面的内容：

1. 关于以格式条款订立合同的规定。采用格式合同有利有弊，利者是节约时间，减少成本；弊者是格式条款提供者往往会利用自己的有利条件而加重对方的责任。为此，《民法典》第 496 条第 2 款规定：“采用格式条款订立合同的，提供格式条款的一方应当遵循公平原则确定当事人之间的权利和义务，并采取合理的方式提示对方注意免除或者减轻其责任等与对方有重大利害关系的条款，按照对方的要求，对该条款予以说明。提供格式条款的一方未履行提示或者说明义务，致使对方没有注意或者理解与其有重大利害关系的条款的，对方可以主张该条款不成为合同的内容。”按照这一规定，格式条款提供者在缔约时负有如下之责：①公平确定当事人间的权利义务。所谓公平，即以利益均衡作为价值判断标准来调整民事主体之间的物质利益关系，确定其民事权利和义务。根据这一原则，提供条款的一方在拟定格式条款时，应当将双方的权利和义务确定得相互对等，即双方当事人在合同中享有的权利和承担的义务大体相当，而不是一方只享有权利不承担义务，或者享有的权利明显大于承担的义务，否则即为违反公平原则。违反公平原则的格式条款即使成为正式合同，也是违法的，缔约相对方可以根据《民法典》相关条款的规定，请求人民法院或仲裁机关予以撤销。②切实履行提示或者说明的义务。格式条款的提供者在缔约时应采取合理的方式提请对方注意免除或者减轻其责任的条款，并对该条款予以说明。这一规则亦为世界上大多数国家的立法或判例所确认。法律之所以要明确规定格式条款提供者对“免除或者减轻其责任的条款”负有提示和说明义务，是因为这种条款往往是格式合同中的误区乃至陷阱。

何谓“免除或者减轻其责任的条款”？所谓“免除或者减轻其责任的条款”，一般简称免责条款，是指规定免除或者减轻格式条款提供者责任的各种条件的条文。格式条款提供者一般都是法律上或事实上垄断的商家，商家以赢利为本。格式条款事先由其拟定，从赢利角度出发，对条款的内容尤其有关免除或减轻其责任的条款的内容必然是经过反复研究甚至是想方设法尽可能地免除或减轻自己的责任。而缔约的相对一方，面对事先不知且内容既多又细的格式条款，往往仅注意自己有哪些权利义务，很少顾及格式条款提供者在条款中为其设定的免责内容；再加上格式合同中的免责条款往往过于专业化，有的表述甚至似是而非，在这种情况下，非专业人员是很难看清其中的奥妙的。因此，从立法上规定“采用格式条款订立合同的，提供格式条款的一方应采取合理的方式提请对方注意免除或者减轻其责任的条款，按照对方的要求，对该条款予以说明”，是非常有道理的。至于提请注意的“合理方式”，一般是指能够使对方当事人对这些条款引起注意并考虑其含义的方式，如以黑体字、斜体字或大字体等表述其免责条款。缔约相对人对免责条款存在疑虑而发问时，格式条款提供者还应说明。毫无疑问，免责条款不能以默示的方式而只能以明示的方式出现，不仅将该条款明示，而且还应请对方注意。一般认为，如果格式条款提供者对免责条款并未明示，未尽提请对方注意和说明义务，就是违背了缔约所应遵循的诚信原则，其后果是该免责条款不发生效力。

值得一提的是，关于格式合同免责条款的“说明”义务，我国原《合同法》与《保险法》的规定是有差异的。原《合同法》第 39 条第 1 款规定：“采用格式条款订立合同的，提供格式条款的一方应当……采取合理的方式提请对方注意免除或者限制其责任的条款，按照对方的要求，对该条款予以说明。”而《保险法》第 17 条第 2 款规定：“对保险合同中免除保险人责任的条款，保险人在订立合同时应当在投保单、保险单或者其他保险凭证上作出足以引起投保人注意的提示，并对该条款的内容以书面或者口头形式向投保人作出明确说明；未作提示或者明确说明的，该条款不产生效力。"两者不同规定是显而易见的，在原《合同法》中，格式条款提供者对于免责条款所负的"说明"义务是有前提的，这一前提是当对方提出要求以后；如果对方并未提出要求，依《合同法》的规定，格式条款提供者对免责条款不负说明义务。而在《保险法》上，免责条款的"说明"义务的产生并不以投保人提出要求为前提，即无论投保人提出要求与否，保险人即格式条款提供者都必须就免责条款向投保人明确说明。原《合同法》第39条只规定了提供格式条款的一方对免除或限制其责任的条款有提请注意及说明义务，而未规定其违反此种义务的法律后果。《保险法》第17条则明确规定，格式条款提供者对免责条款未向对方明确说明的，该条款不产生效力。在这个问题上，《保险法》的规定比原《合同法》的规定更科学，更易于操作，也更利于维护当事人尤其是消费者的合法权益。而《民法典》第496条规定的内容，显然要比原《合同法》第39条充实得多了。

2. 关于格式条款无效条件的规定。格式条款无效，是指格式条款中含有法律所禁止的内容，或者在缔约时违反法律规定而导致格式条款无效的情况。格式条款虽然具有较为固定性、规范性的特点，且往往是大量地反复使用，但并不因此当然地成为合同的组成部分而具有法律效力。如果格式条款的提供者在拟定条款时没有遵循公平原则合理地确定当事人之间的权利义务，从而明显违反法律关于民事活动应当遵循平等互利、等价有偿等基本原则的规定的，这样的条款即使经过当事人双方签字盖章，也是无效的。关于格式条款无效的具体条件，《民法典》第497条作了规定。根据这一规定，在我国，格式条款无效有以下几种情况：①格式条款具备《民法典》第一编第六章第三节和第506条规定的情形，即无民事行为能力人实施的民事法律行为、虚假的民事法律行为、违反法律、行政法规的强制性规定的民事法律行为、违背公序良俗的民事法律行为、恶意串通的民事法律行为，以及造成对方人身损害、因故意或重大过失造成对方财产损失的免责条款，都一律无效。上述前种情形，是阻碍所有合同生效的无效事由，当然也是阻碍格式合同生效的无效事由。②提供格式条款一方不合理地免除或者减轻其责任、加重对方责任、限制对方主要权利，这些情形都不是合同当事人订立合同时所期望的，与当事人订立合同的目的相悖，严重损害对方当事人的合法权益，明显违背公平原则等民法基本原则，因而都是导致格式条款无效的法定事由。只要出现其中的一种情况，格式合同就无效。③提供格式条款一方排除对方主要权利。排除对方当事人的主要权利，将导致对方当事人订立合同的目的落空，因而属于格式条款绝对无效的事由。

（三）司法规制

司法规制，一般是指通过司法机关对案件的实际裁判来限制、否定格式合同中的不公平条款。其主要方式是：①直接适用强制法的规定，将违反强制法规定的格式条款裁判为无效；②通过法律赋予法官的自由裁量权，主要表现为根据法律规定的弹性条款而对合同条款进行解释来限制格式合同中不公平的条款。但严格来说前者应属于立法规制的范畴，真正意义上的司法规制应为后者。在大陆法系国家，这种真正意义上的规制是利用民法规定的诚信原则、公序良俗原则、公平原则等来实现的；而在英美法系国家则是利用其固有的判例法来实现的。[1]

我国是一个制定法的国家，但在过去几十年中，法律不健全，尤其是民事法律不健全

---

〔1〕 江平主编：《民法学》，中国政法大学出版社2000年版，第611页。

是一个不争的事实。虽然在原《合同法》颁布之前也有《民法通则》（已失效）、《经济合同法》（已失效）等重要的民事法律，然而，在"宜粗不宜细"的立法思想指导下，作为基本法的《民法通则》（已失效）仅有156条，而《经济合同法》（已失效）愈修订愈少，最后还不足50条。总之，2020年5月《民法典》颁布之前，民事立法过于原则化是显而易见的。按说，这种立法状况下的我国法官，其审判过程中的自由裁量权理应比其他国家的法官要大；法院依据"宜粗不宜细"的规定办案，根据其弹性条款对包括格式合同在内的所有合同中不公平条款进行规制，其余地应比国外法院的法官要大。但事实并非如此。实践中确实存在这样的矛盾：一方面，我国的一些法官们遇到许多在法律上找不到直接规定的问题而不知如何审理，另一方面却将诚信原则、公平原则束之高阁。总之，我国存在一个司法规制体系，但并没有发挥其对包括格式合同在内的所有合同的应有作用。原因是多方面的。有人认为，"最重要的恐怕是法官素质问题"。[1] 我们认为，这种说法对我们的法官不公正。诚然，我国的法官尤其是边远地区的基层法院的法官总体上说业务素质不是很高，但大多数被称为"法官"的人，经过近年来多渠道的学习深造，可以说是训练有素的。面对显失公平的条款，遇到情势变更的案件，他们还不至于连诚信原则为何物，《民法通则》（已失效）的基本原则是干什么用的都不知道。问题是在这些情况下往往不是法官的"无能"，而是他们"难能"。因为在遇到没有法律直接规定的问题时，若运用有关法律的基本原则审理、裁定，这从本质上说就是"法官造法"。但众所周知，按照我国现行的司法制度，地方法院和法官个人是无权"造法"的。我国也不实行判例法制度，无论是最高人民法院审结的案件所形成的裁决书，还是经最高人民法院整理汇编的具有典型意义的案例，都不能作为法院审理同类案件的直接依据而援用。既然如此，埋怨法官们在遇到没有法律直接规定的情况下"却将诚信原则束之高阁"，能说是公平吗？显见在不实行判例法制度的情况下，在地方法院和法官个人无权"造法"的情况下，无论我们的法律规定了多少条基本原则，也无论我们将公平原则、诚信原则的地位抬得多么高，法官们在司法活动中所具有的自由裁量权终究是十分有限的。

应该说，我国原《合同法》的颁布和实施，为格式合同司法规制提供了有力的武器。原《合同法》第41条规定："对格式条款的理解发生争议的，应当按照通常理解予以解释。对格式条款有两种以上解释的，应当作出不利于提供格式条款一方的解释。格式条款和非格式条款不一致的，应当采用非格式条款。"《民法典》把这一条作为其第498条规定下来了。这一条规定，是关于格式条款争议解释原则的规定，也是我国对格式合同司法规制的主要法律依据之一。它主要涉及两个问题：

1. 格式条款争议的解释原则。所谓格式条款争议的解释原则，是指当事人采用格式条款订立合同后，在履行过程中因对有关条款的含义有不同的理解，应当采取何种原则进行解释。按照《民法典》第498条的规定，对格式条款的理解发生争议的，应当按照通常理解予以解释；格式条款有两种以上解释的，应当作出不利于格式条款提供一方的解释。详言之，在双方当事人对格式条款有不同理解时，应当按照通常的、具有本行业知识的人士的理解作出解释，而不能按照格式条款提供者的理解作出解释，即应作出不利于格式条款提供者的解释。我国《保险法》第30条也作了类似的规定。在法理上，这一合同解释原则被称为不利解释原则或严格解释原则。事实上，对格式条款提供者作出不利解释的原则，也是国际上通行做法。但需要强调的是，不利于格式条款提供者解释原则只有在格式合同条款含糊不清的情况下才有适用的余地，而不能扩大到用语明确、不可能发生歧义的条款。

2. 格式条款与非格式条款不一致的处理原则。在一般情况下，格式合同的条款是单一的，即合同的全部条款均为事先拟就的条文，在格式条款之外，一般不存在非格式条款。但也有例外情况，如果当事人双方都认为格式条款中有不尽意之处且都愿意加以补充的，还可以另行签订书面协议，或者对格式条款进行修改，以其他文字替代格式合同中的某些条款。这种情况，就意味着一份合同具有了格式条款和非格式条款两个部分，两者构成了一份完整的合同。这种合同若在履行过程中发现格式条款与非格式条款不一致时怎么办？究竟以何为准？按照《民法典》第498条的规定，在格式条款与非格式条款不一致时，应当采用非格式条款。这就是所谓的非格式条款从优原则。确立非格式条款从优原则，目的不仅是维护经济上弱者的利益，更主要的是与格式条款相比较，非格式条款更能体现和反映缔约双方当事人的合意。

第六节　合同的变更和解除

合同依法成立，即具有法律约束力，当事人双方都必须恪守信用，认真履行，不得擅自变更或解除。这是合同法律效力的重要内容。但是，合同生效之后，在尚未履行或未完全履行之前，由于客观情况的变化而使合同不能或不宜履行时，在一定的条件下，法律是允许变更或解除既存的合同关系的。

一、合同变更和解除的概念

合同的变更，通常是指依法成立的合同尚未履行或未完全履行之前，当事人就其内容进行修改和补充而达成的协议。合同变更必须以有效成立的合同为对象。凡未成立或无效的合同，不存在变更的问题。合同的变更，可能表现为标的数量和质量的变更，也可能表现为履行的期限、地点和方式的变更，还可能表现为价款或酬金的变更等。

合同的变更，分为约定变更、法定变更、裁定变更三种。常见的是约定变更。

合同变更所具有的特征是：①在通常情况下，合同变更是一种双方的法律行为，因而，单方变更合同不发生法律效力。当然，在极个别情况下，如发生合同可变更的法定事由时，享有权利的一方可请求法院或仲裁机构对合同予以变更或者撤销，无须征得对方的同意。②合同变更，仅指内容变更，不涉及当事人变更问题。③合同变更，必然会产生新的债权债务关系。变更程序一经完成，当事人只能按新的协议所确定的权利义务关系履行合同。

合同的解除，即依法提前终止合同关系。合同解除，同样以生效成立的合同为对象，未成立或无效合同都不存在解除问题。合同解除有两种，即约定解除和法定解除。前者是指根据当事人双方的约定，给一方或双方保留解除权的一种解除。后者亦称法律上的解除，是指法律的原因出现时，合同当事人可依法行使解除权，消灭已生效的合同关系。合同解除与合同消灭不同。合同解除，仅指合同义务未履行或尚未完全履行前当事人所为的法律行为。而合同消灭，它的内涵和外延都要比合同解除广得多。详言之，合同关系可能因义务完全履行而消灭，也可能因标的给付不能而消灭，还可能因法定或协商解除而消灭。合同解除仅是合同消灭的一种情况。

二、合同变更和解除的条件

合同可以变更或解除，但必须具备一定的条件。就合同约定变更而言，根据我国《民法典》第543条的规定，"当事人协商一致，可以变更合同"。所以，"当事人协商一致"

是合同约定变更的唯一条件。当然，法律、行政法规规定变更合同应当办理批准、登记等手续的，依照其规定。

就合同解除而言，其解除条件因合同解除的种类不同而不同。合同解除亦有约定解除和法定解除之分。约定解除，是指当事人通过其约定或行使约定的解除权而导致合同的解除。我国《民法典》第562条的内容，就是关于合同约定解除的内容。该条规定："当事人协商一致，可以解除合同。当事人可以约定一方解除合同的事由。解除合同的事由发生时，解除权人可以解除合同。"根据这一规定，在我国，合同约定解除又包括两种情况：①协议解除，即合同成立后，在未履行或未完全履行之前，当事人双方通过协商解除合同，从而使合同的效力归于消灭；②约定解除权，即当事人双方在合同中约定，在合同成立以后，没有履行或没有完全履行之前，由当事人一方在某种事由发生后享有解除权，并可以通过行使合同解除权，使合同关系消灭。

合同的法定解除，是指在合同成立以后，没有履行或没有完全履行之前，当事人一方行使法定的解除权而使合同效力消灭的行为。其特点在于：由法律直接规定解除的条件，当此种条件具备时，当事人就可以解除合同。根据《民法典》第563条的规定，在我国，合同的法定解除条件有：①因不可抗力致使不能实现合同目的；②在履行期限届满前，当事人一方明确表示或者以自己的行为表示不履行主要债务；③当事人一方迟延履行主要债务，经催告后在合理期限内仍未履行；④当事人一方迟延履行债务或者有其他违约行为致使不能实现合同目的；⑤法律规定的其他情形。以上几种情形，只要有其中一种，当事人就可以行使解除权。其中所谓"法律规定的其他情形"，亦称特别的解除条件。例如，《民法典》中规定："承租人未经出租人同意转租的，出租人可以解除合同"（第716条第2款）；"定作人逾期不履行的，承揽人可以解除合同"（第778条）以及"借款人未按照约定的借款用途使用借款的，贷款人可以停止发放借款、提前收回借款或者解除合同"（第673条）等即是。

此外，与合同变更和解除条件有关的，还有一个情势变更原则问题。所谓情势变更原则，是指在法律关系成立之后，作为该项法律关系的基础的事情，由于不可归责于当事人的原因，发生了非当初所能预料得到的变化，如果仍然坚持原来的法律效力，将会产生显失公平的结果，有悖于诚实信用的原则，因此，应对原来的法律效力作相应的变更（如增加或减少履行的义务）或解除合同的一项法律原则。情势变更原则的一个重要理论依据是"合同基础论"，即认为合同的有效性应以合同成立时所处的环境继续存在为条件；如果合同成立后，订约时所依据的环境条件已发生重大变更，那么就不能按原来的合同规定去履行。大陆法系虽然承认情势变更原则，但在民法中对于情势变更的效力没有作出明确的规定。《德国民法典》就没有明确提到情势变更的问题。《瑞士债务法》也仅对承揽合同作出规定，承揽合同之外的其他合同不能适用情势变更原则。当代资本主义国家，政治、经济动荡不定，在订立合同之后，情况常有变化，因此，如何解释和适用情势变更原则是一个十分现实的问题。德国法院从第一次世界大战以后就经常遇到情势变更的案件。主要是对战前订立的合同应当如何处理。

由于《德国民法典》对情势变更并没有明确的规定，法院在法典上找不到依据，只好自行找出一些处理办法。如把所谓"经济上不可能履行"解释为《德国民法典》第275条所指的履行不能。该条规定，在债务关系发生后，非因债务人的过失致使履行不可能者，债务人免除履行的义务。据此，德国法院认为，战前订立的合同属于经济上的履行不能，债务人可免除履行义务；如战后要求债务人继续生产原合同的货物将会遇到巨大的困难，或者所出售的货物已被政府征用，很难找到替代的货物，而且价格很高，在这种情况下，债务人也可以解除履约义务。法国法院对以情势变更为理由要求免除履行的抗辩要求很严格，一般不容易予以接受，只有发生不可归责于债务人的、不可预料的，使债务人在相当期间内不可能履行合同的障碍，方能解除债务人的履约义务。即使是发生罢工、进出口限制、政府征用等意外事件，也要考虑具体的案情，只有当这些情况使债务人不可能履行合同时，法院才允许解除债务人的义务。

在我国，情势变更原则在《民法典》颁布之前的民事立法上虽然没有明文规定，但在有关法律条文中，这一原则却有所体现。例如，原《民法通则》关于民事活动应遵循公平及诚实信用原则的规定。此外，我国已正式加入《联合国国际货物销售合同公约》，该公约第79条的内容就是情势变更原则的规定。因此，有学者认为：我国所面临的问题，不是应否确立情势变更原则，而是在现行立法基础上，进一步借鉴各国立法经验和理论研究成果，完善我国情势变更原则法律制度。但我国原《合同法》对此依然未作明确规定。原合同法没有规定，最高人民法院《合同法解释（二）》（已失效）第26条却规定了"情势变更"条款，即合同成立以后客观情况发生了当事人在订立合同时无法预见的、非不可抗力造成的不属于商业风险的重大变化，继续履行合同对于一方当事人明显不公平或者不能实现合同目的，当事人请求法院变更或者解除合同的，法院应当根据公平原则，并结合案件的实际情况确定是否变更或解除。《合同法解释（二）》（已失效）要求严格区分变更的情势与正常的市场风险，审慎适用情势变更原则。对符合解释规定条件，必须适用情势变更原则进行裁判的个案，应当在程序上进行规范，坚持调解优先的原则，能调解的尽量调解，有协商余地的尽量协商。最高人民法院的目的就是最大限度地避免对交易安全和市场秩序造成冲击，积极拓展调解工作领域，不断创新调解方式，将调解工作贯穿到合同纠纷诉讼的全过程。

最高人民法院上述的司法解释为《民法典》所吸收。该法第533条规定："合同成立后，合同的基础条件发生了当事人在订立合同时无法预见的、不属于商业风险的重大变化，继续履行合同对于当事人一方明显不公平的，受不利影响的当事人可以与对方重新协商；在合理期限内协商不成的，当事人可以请求人民法院或者仲裁机构变更或者解除合同。人民法院或者仲裁机构应当结合案件的实际情况，根据公平原则变更或者解除合同。"该规定与最高人民法院相关司法解释基本上是一致的，但同时强调：发生情势变更时，当事人双方负有重新协商的义务；只有在合理的期限内协商不成时，才考虑是否变更或者解除合同。

情势变更与商业风险是不同的。情势变更与不可抗力亦非同一概念，但也有学者认为，没有必要对这两者进行严格的区别。

三、合同变更和解除的方法

合同的变更和解除，都有一个方法的问题。即使是法定解除，由于我国法律没有采取当然解除主义，因此，合同具备法定解除条件时并不等于必然解除，要想使合同得以解除，仍须有解除行为，因之也就有一个解除方法问题。但是，协议变更或解除合同与具备法定条件而解除合同其方法是不同的。

（一）协议变更和解除合同的方法

双方协议变更或解除合同，实质上是当事人又签订了一个新的合同。因此，凡属这类合同变更或解除，其程序与合同订立的程序是一致的，即都有一个要约和承诺的过程。一般而言，只要一方提出变更或解除合同的建议（要约）为对方所接受（承诺），即双方达成协议，变更或解除行为就生效，原订合同即失去了效力。如果一方的提议不为对方所接受或提出新的条件，还应经过充分协商，直至取得一致意见。如果原先订立的合同属依照法律、行政法规规定经过批准或者履行其他手续成立的合同，其变更或解除也应经过批准或者履行其他手续。

从民法理论上说，变更合同的要约和承诺，应当在当事人约定的期限内作出；没有约定期限的，要约人应当指定承诺期限。受要约人在指定的期限未作承诺的，视为拒绝承诺。

（二）法定解除合同的方法

《民法典》第565条第1款规定："当事人一方依法主张解除合同的，应当通知对方。合同自通知到达对方时解除；通知载明债务人在一定期限内不履行债务则合同自动解除，债务人在该期限内未履行债务的，合同自通知载明的期限届满时解除。对方对解除合同有异议的，任何一方当事人均可以请求人民法院或者仲裁机构确认解除行为的效力。"

合同的法定解除，是一种单方的法律行为。当合同的法定解除条件出现时，依法享有解除权的一方当事人向另一方当事人作解除合同的意思表示，即可发生解除合同的效力，而无须征得另一方当事人的同意。换言之，属于法定解除合同者，享有解除权的一方不存在与对方协商的程序问题，可直接行使解除合同的权利。当然，不存在双方协议的程序，并不等于不要任何手续。法律为保障合同当事人的合法权益，维护正常的经济秩序，规定享有解除权的一方，在行使解除权时，负有及时通知另一方的义务。若对方有异议，还可以请求人民法院或仲裁机构确认解除合同的效力。

此外，约定解除权的合同，当约定的解除条件出现后，当事人一方行使解除权，也是一种单方的法律行为，只需向另一方当事人作出解除合同的意思表示即可。其解除方法与法定解除并无不同。

四、合同变更和解除的效力

合同变更或解除后，将产生如下法律效力：

1. 合同变更和解除后，原订合同即失去效力。其中，属于合同变更的，变更程序完成之时，亦是新的债权债务关系产生之时。

2. 合同变更后，其效力只向着将来，不存在溯及力问题；合同解除的效力，除非当事人事先有约定，也不存在溯及力问题。当然，关于合同解除的效力是否有溯及力，我国尚有不同意见。但我们认为，合同解除，除当事人有约定外不应具有溯及力。因为，合同解除是以成立有效的合同为对象的。合同未成立则不存在解除的问题。若承认合同解除具有溯及力，实际上也就承认被解除的合同自始未成立，这是自相矛盾的。

3. 合同变更和解除后，不影响合同约定的争议处理条款的效力，也不影响当事人要求赔偿损失的权利。因此，合同变更或解除后使一方遭受损失的，除依法或依约可以免除责任外，应由有过错的一方承担责任。

第七节　合同履行的几项制度

为了更好地保护合同当事人的合法权益，维护正常的社会经济秩序，我国原《合同法》汲取了两大法系合同立法的成功经验，在合同履行问题上作出了一些新的规定。这些新的规定包括附随义务的履行、涉他合同的履行、双务合同履行中的抗辩权、债权人代位权和债权人撤销权等几项制度。《民法典》基本上吸收了原《合同法》中的这些规定。

一、附随义务的履行

（一）附随义务的概念及其特征

所谓附随义务，在传统民法中是指法律并无明确规定，当事人在缔约时亦未约定，但基于诚信原则和社会上的一般交易观念当事人应负担的义务。如买卖合同订立后，一方当事人发生机构分立或合并的通知义务，或者当事人一方的办公地发生迁移的通知义务等，就属附随义务。附随义务的理论是在诚信原则广泛适用背景下由德国学者首次提出来的。在传统民法中，只有法律明文规定或当事人的约定的权利义务，才在债的当事人间发生效力。但是，许多债的关系尤其合同关系由于法律的规定和当事人的约定都不可能囊括一切义务而影响履行效果，不利于社会经济的发展。附随义务的理论与实施，使合同当事人负担的义务有所扩大，从而克服了这一缺陷。合同的附随义务当然是相对于给付义务而言的。给付义务依当事人的约定而产生，附随义务则依诚信原则而存在。

一般认为，合同的附随义务具有以下特征：

1. 附随义务依合同关系的发展情形而产生，其内容并非自始确定，并且在任何合同关系中均可发生，不受特定合同类型的限制。

2. 附随义务的功能是辅助给付利益的全部实现，一般不可诉请履行，这是它与给付义务中的从给付义务的区别所在。当然，也有人主张附随义务本身就是从给付义务。

3. 附随义务不属于对待给付，不发生同时履行抗辩权。

4. 在通常情况下，不履行附随义务只发生不完全履行的效力，债权人可请求损害人赔偿，但不得行使解除权。[1]

（二）附随义务的内容及履行

我国《民法典》第509条第2款规定："当事人应当遵循诚信原则，根据合同的性质、目的和交易习惯履行通知、协助、保密等义务。"这是我国《民法典》关于附随义务的原则规定。如前所述，传统民法中的附随义务是基于诚信原则而不是基于法律规定或当事人约定产生的，我国《民法典》却以明文规定了这一义务，这就使附随义务具有法定义务的性质。当然，这一法定义务依然是由诚信原则所派生出来的。按照《民法典》第509条第2款的规定，在我国，合同当事人的附随义务有以下主要内容：

1. 通知的义务。即合同当事人在履行合同过程中应当将与合同履行密切相关、涉及债权人利益的事项及时相互告知，以便对方能够做好相应的准备，及时且适当地履行合同义务，从而实现双方的预期目的。不同类型的合同，其通知义务是不同的。在买卖合同、互易合同及赠与等合同中，出让人对其出让物的使用、维修的方法及标的物之瑕疵负有告知义务，其中，易燃、易爆或有毒物品的出卖人，还应告知其运输、保管及使用等注意事项。在提供劳务合同中，受雇人或代理人应当如实向雇主或委托人报告与其劳务或工作相关的情况。在保险合同中，投保人对保险事故的发生或保险财产危险增加负有告知义务。此外，一些合同尚有给付不能的告知义务，情势变更的告知义务，等等。告知的义务在很多情况下是债务人的义务，但有时候债权人也有告知义务，如债权人分立、合并或者变更住所等应当将其有关情况告知债务人。

2. 协助的义务。合同的履行特别是双务合同的履行需要双方的协助。一般所说的协助义务是指：债权人依约及时受领债务履行；债权人依约或基于诚信原则为债务人履行债务

---

〔1〕 杨振山主编：《债法事典》，中华工商联合出版社1994年版，第540页。

所创造的必要条件；因不可归责于双方的事由发生，致使合同不能履行或全面履行义务时，各方均有采取积极措施、以防损失扩大的义务等。当然，协助义务绝不是无限的。双方当事人在履行合同过程中，不应该也不允许强调协助义务而加重对方的义务，更不能漠视甚至否定一方当事人独立的合同利益。

3. 保密的义务。合同的内容往往涉及一些商业秘密，而这些商业秘密与当事人的利益密切相关，是不宜公开的，否则，就会影响到一方的利益，甚至会威胁到其生存与发展。因此，无论是在合同订立、履行过程中，还是在履行之后，当事人都负有保密的义务，不得向他人泄露因缔约、履约而掌握的对方当事人的商业秘密，也不得为自己的目的不适当地使用该商业秘密。其中，合同履毕之后为对方保密的义务，以及对原合同伙伴的商业秘密不予侵害的义务，在学理上被称为后契约义务。

二、涉他合同的履行

所谓涉他合同，是指向第三人履行或由第三人履行的合同。《民法典》关于"向第三人履行"（第522条）、关于"第三人履行"（第523条）和关于"第三人代为履行"（第524条），就是针对这几个问题所作的规定。

（一）向第三人履行的合同

我国《民法典》第522条规定的向第三人履行的合同，是指当事人双方约定由债务人向第三人为给付的合同。例如，投保人以自己的身体向保险公司投保死亡保险，并指定其母为受益人，在这里，投保人的母亲就是该人身保险合同的"第三人"。在向第三人履行的合同中，第三人并非合同的当事人，因此，债务人向第三人履行债务，或者第三人向债务人请求履行时，必须符合以下条件：

1. 债务人与债权人之间所订立的合同必须是成立有效的合同。如果当事人所订立的合同属法律规定的无效合同，当然不会产生法律效力；缔约当事人之间不存在合同义务，债务人当然也就不存在向第三人履行合同的义务，第三人亦无权要求债务人向其履行根本就不存在的合同义务。

2. 债务人向第三人履行债务必须由当事人约定。前已述及，在向第三人履行的合同中，第三人并非合同的当事人。合同当事人依然是债权人和债务人。他们之所以要订立这样的合同，即由债务人向第三人履行的合同，是以第三人取得利益为目的的。因此，债务人向第三人履行债务必须由合同当事人约定，即当事人合意中须有使第三人取得利益的意思。若不以第三人取得利益为目的，则不是真正的向第三人履行的合同，多是合同履行地点为第三人处。例如，汇款人通过邮局向第三人汇款，收款人即直接取得请求邮局交付汇款的权利。

至于"第三人"的具体对象，可在合同成立时确定，亦可在合同履行时明确（但人身死亡保险合同中的受益人必须是保险事故发生前明确），可以是自然人，亦可为法人，且有无行为能力都不影响其对利益的取得。因此，未出生的胎儿和未成立的法人，都可作这种合同的"第三人"。

3. 债务人未向第三人履行债务只能向债权人承担违约责任。在这种合同中，第三人虽非合同当事人，但一经合同当事人约定，债务人就有义务向第三人履行债务，第三人亦有权请求债务人向其履行合同。若债务人向第三人履行债务不当，包括未向第三人履行债务或履行债务不符合约定的，就会产生相应的违约责任。在这种情况下，依法谁有权追究债务人的违约责任？债务人又应向谁承担违约责任？依合同相对性原则，唯有债权人才有权追究债务人的违约责任，债务人也只应向债权人承担违约责任。原因很简单，因为只有债权人和债务人才是合同的当事人，第三人虽因合同的设立而取得利益，但这种利益就其性质而言仅是一种可期待的利益，他并非合同当事人，不能因债务人违约而直接以其行为寻求法律援助。

（二）由第三人履行的合同

我国《民法典》第523条规定的由第三人履行的合同，是指当事人双方约定由第三人向债权人给付的合同。例如，甲乙订立买卖合同，双方约定并经丙同意由丙依约向乙供货，这一合同就属由第三人履行的合同，丙则是合同中的"第三人"。在这种合同中，第三人同样不是合同的当事人。由第三人向债权人履行债务，必须符合以下条件：

1. 第三人替代履行必须由合同当事人约定。合同关系是特定主体间的权利义务关系，因此，由债务人向债权人履行合同，是合同履行的一般规则。但这一规则并不一概排除在一定的前提下由第三人向债权人履行债务。所谓"一定的前提下"，主要是指：①债务人和第三人之间存在特定的关系，第三人系债务人的债务人，或债务人有款存于第三人处，或债务人与第三人有长期业务往来关系和极好的信用关系等；②第三人愿意替代债务人向债权人履行债务；③由第三人替代债务人履行债务于合同中有明确的约定。这对于后者尤为重要，如果第三人向债权人履行并未在合同中约定，不管第三人与债务人是何关系，也不管其愿望如何，都不存在由第三人向债权人履行义务的问题。

2. 第三人须具备相应的履约能力。由第三人履行合同和向第三人履行合同都存在一个"第三人"，但这两种合同中的"第三人"是不同的。在向第三人履行的合同中，第三人享有的利益是因合同当事人的合意而取得的，这就排除了第三人对享有的利益须作明确的意思表示，因而，有无行为能力都不影响其作为这种合同的"第三人"。由第三人履行合同的"第三人"则不然。依这种合同的性质及目的，为保证合同得以履行，不仅需要"第三人"愿意代为履行，更要强调其是否具有相应的履约能力，不具备相应的履约能力，合同履行就会落空。因此，这种合同的履行，第三人具备相应的履行能力是非常重要的条件。

3. 第三人履行债务不当，债务人应向债权人承担违约责任。第三人并非合同的当事人，在一般情况下，第三人没有向与其无直接的债权债务关系之任何人履行的义务。但是，一经债权人和债务人合意，且第三人愿意替代债务人向债权人履行合同，第三人就应替代债务人向债权人履行合同。若第三人未向债权人履行债务或虽履行却不符约定，不会产生相应的违约责任。由于第三人仅为履行的替代者而非合同的当事人，第三人向债权人履行债务不当并不是他违约，违约者是债务人，因此，债务人应当向债权人承担相应的违约责任。

（三）由第三人代为履行的合同

《民法典》第524条规定："债务人不履行债务，第三人对履行该债务具有合法利益的，第三人有权向债权人代为履行；但是，根据债务性质、按照当事人约定或者依照法律规定只能由债务人履行的除外。债权人接受第三人履行后，其对债务人的债权转让给第三人，但是债务人和第三人另有约定的除外。"本条规定的内容，原《合同法》没有规定。最高人民法院倒是有相应的司法解释［最高人民法院2009年发布的《关于审理城镇房屋租赁合同纠纷案件具体应用法律若干问题的解释》（已被修改）］。《民法典》的上述一条内容正是吸纳了最高人民法院的司法解释而作出的规定。依据这一条规定，当一个债务已届履行期，债务人不履行债务，其不履行行为有可能损害第三人的利益时，第三人得代债务人向债权人履行债务以便自己的合法利益得到保全。例如，甲某将其一套房租给乙某，后经甲同意，乙将该房转租给丙某。该套房转租后，丙某一直按时将租金交给乙某，但乙某却长期拖欠甲的房屋租金，甲因此而欲解除合同，收回出租房屋。若甲收回出租房，丙某的合法利益自然会受到损害。在这种情况下，丙某得代乙某向甲某履行债务即交付应交的租金，从而使自己的合法利益即继续租赁该房得以保全。当然，若根据债务的性质、按照当事人的约定或者依照法律规定该债务只能由债务人履行的，不适用第三人代为履行规则。第三人代债务人履行之后，债权人已经接受第三人履行的，债权人对债务人的债权就转让给第三人，第三人对债务人享有该债权，可以向债务人主张该债权。若债务人和第三人另有约定，则按约定办。

债务约定由第三人履行和债务由具有合法利益的第三人代为履行，其履行者的角色都是"代"，但前者只是履行主体的变化，债权债务并未发生转移；而后者虽然也属履行主体发生变化，但只要债权人接受履行，就发生了债权债务的转移。这是两者最大的不同之处。

三、双务合同履行中的抗辩权

所谓抗辩权，又称异议权，是指权利人用以对抗他人请求权的权利。抗辩权的重要功能在于通过行使这种权利而使对方的请求权消灭，或使其效力延期发生。前者功能的抗辩权称为消灭的抗辩权或永久的抗辩权，后者功能的抗辩权称为延缓的抗辩权。

双务合同履行中的抗辩权，是指在符合法定条件时，当事人一方对抗对方当事人的履行请求权，暂时拒绝履行其债务的权利，就其性质或功能而言，它们属于延缓的抗辩权。根据《民法典》的规定，在我国，双务合同履行中的抗辩权有：同时履行抗辩权、先履行抗辩权和不安履行抗辩权。

（一）同时履行抗辩权

1. 同时履行抗辩权的概念。同时履行抗辩权，又称不履行抗辩权，是指无先后履行顺序的双务合同当事人，在对方未为对待给付之前得拒绝履行的权利。同时履行抗辩权是一种延缓的抗辩权，它的行使并不导致对方请求权的消灭，而是使对方的请求权在一定期限内不能行使，一旦同时履行抗辩权成立的条件消灭，如对方履行合同，且履行符合约定，抗辩权即行消灭。

同时履行抗辩权与留置权颇为相似，它们都表现为暂时拒绝履行自己的义务，将自己的给付暂时保留，但两者存在很大的差别[1]：①目的不同。留置权乃出于担保债权实现的目的，所担保者为金钱债权；同时履行抗辩权系以诚信原则为基础，虽然也具有一定担保功能，但主要是为了维护当事人之间利益的平衡。②性质不同。留置权为担保物权，系属支配权，具有对世效力；同时履行抗辩权属广义形成权，仅具有对人效力。③根据不同。留置权以一方因合同关系占有另一方动产，另一方不履行债务而发生，留置权人返还动产的义务与所担保的债权之间并无对价关系；同时履行抗辩权虽一般发生于双务合同中，但所拒绝履行的债务与对方的债务有对价关系。④内容不同。留置权所拒绝的给付为债务人所有动产，留置权人对该物在一定条件下有优先受偿权，因债务人其他担保的提出而消灭；同时履行抗辩权所拒绝的债务并不以此为限，且权利人无优先受偿权，除非以下三种情况，即当事人就合同履行达成协议，或者对方提出履行，或者已为履行，同时履行抗辩权才消灭。所以，不能将两者混淆。

2. 同时履行抗辩权的适用条件。根据《民法典》第 525 条的规定，同时履行抗辩权的适用条件包括以下几项：

（1）必须是由同一双务合同所产生的两项债，且互为对价给付。这一条件包括三层含

---

[1] 关怀主编：《合同法教程》，首都经济贸易大学出版社 2001 年版，第 141 页。

义：①同时履行抗辩权仅存在于双务合同之中，非双务合同之债，当事人之间不存在同时履行抗辩权；②须由同一双务合同产生债务，即双方当事人之间的债务是根据同一合同产生的，如果双方的债务是基于两个以上合同产生，即使双方在实际上有密切联系，也不产生同时履行抗辩权；③双方当事人互负债务，即双方所负的债务之间具有对价或牵连，否则，同样不存在同时履行抗辩权。

（2）必须是双方的互负债务属同时履行且已届履行期。若双方债务顺序有先后之分，则无从主张同时履行抗辩权。因此，是否同时履行之债至关重要。一般而言，当事人如果明确约定一方应先履行义务，只要该约定不违反法律的强制性规定，则排除同时履行抗辩权的适用。反之，如果当事人没有约定一方应先履行，按照合同的性质也不能确定义务应先后履行的，则推定为同时履行。对于"同时"的理解不应过于僵硬，只要时间相差不大，都应视为"同时"。例如，通常的"货到付款"或"款到发货"等约定，都属于同时履行的约定，否则，可能不适当地限制同时履行抗辩权的适用，违反法律目的。

（3）必须是对方未履行债务或者履行债务不符合约定。同时履行抗辩权制度的作用主要表现在平衡利益、维护秩序、促进协作。因此，当事人一方行使同时履行抗辩权，必须有对方未履行债务的事实为前提。如果对方已经履行债务，则当事人一方不存在对抗对方请求的抗辩权。此外，由于同时履行抗辩权的对抗属性，如果对方未请求履行，他方当事人自无援用同时履行抗辩权以资对抗的必要。

（4）必须是对方的对待义务可能履行。前已述及，法律设置同时履行抗辩权的目的，在于促进双务合同的当事人同时履行其债务。但是，同时履行是以能够履行为前提的，若对方的履行不可能时，无论是因可归责于或不可归责于对方的原因，同时履行的目的已无法实现时，则应运用其他的救济手段。

（二）先履行抗辩权

先履行抗辩权，又称顺序履行抗辩权，亦称后履行抗辩权，是指在双务合同中，有先后履行顺序的，后序履行一方对先序履行一方未履行时所享有的一种抗辩权。

先履行抗辩权确立的法律依据在于维护诚信原则和切实保护后序履行人的合法权益，也是对本应先为履行的一方未履行或虽已先为履行但不符合约定的一种法律制裁。大陆法系中并没有规定先履行抗辩权，因为其认为这是合同全面履行原则的当然内容。我国在以前的司法实践中，将许多正当行使抗辩权的行为作为违约对待，从而出现了一些所谓的双方违约的裁定。原《合同法》为纠正这种状况，在该法的第67条中对先履行抗辩权作出了明确的规定。《民法典》第526条吸纳了这一规定。根据该法第526的规定，先履行抗辩权的适用条件，除前已述及的与同时履行抗辩权适用条件相同之点即"必须是由同一双务合同所产生的且互为对待给付之债已届履行期"外，还必须具备以下条件：

1. 双方互负之债须有先后履行顺序。一般而言，合同大都要求同时履行，但也有些合同义务的履行有先后顺序，这种履行顺序大多数情况下是由当事人双方在合同中约定或依交易习惯确定，也有一些是由法律直接规定的。先履行抗辩权设立的目的，在于使后序履行一方得对抗先序履行的而未履行一方。因此，这一权利的行使，必须以顺序履行的存在为前提。如果不存在顺序履行这一前提，即使是互负债务已届履行期，也根本谈不上先履行抗辩权的存在和行使。

2. 必须是应先为履行一方有未履约或履约不当的事实。后履行抗辩权是对后序履行一方合法权益的保障。按照《民法典》第526条的规定，后序履行一方行使抗辩权，必须有先序履行一方未履行债务或履行不当的事实。如果先序履行一方已经履行债务且并无不当，则后履行一方不存在对抗先序履行一方请求权的抗辩权。如果先序履行一方仅部分履行债务，后序履行一方亦仅能拒绝其相应的请求履行而不能拒绝履行其全部义务。

3. 先序履行一方的债务有履行的可能。若先序履行一方所负债务已无履行的可能，亦不可能产生后履行抗辩权。

（三）不安履行抗辩权

1. 不安履行抗辩权的概念。不安履行抗辩权，是指在双务合同中应当先为履行债务的当事人在有确切证据证明后序履行债务的当事人于缔约后出现足以影响其对待给付的情形时，可以中止合同履行并有条件地解除合同的权利。不安履行抗辩权是大陆法系合同立法的一项特殊制度，但在原《合同法》颁布之前，我国合同立法并没有就抗辩权作出任何规定。原《合同法》汲取了大陆法系国家立法中的有益经验，于该法的第 68～69 条作出关于先履行合同义务一方在一定条件下有"中止履行"或"解除合同"的权利的规定，即属不安履行抗辩权的规定。《民法典》第 527 条吸收了原《合同法》的这一规定的内容。

2. 不安履行抗辩权的适用条件。根据《民法典》第 527 条的规定，不安履行抗辩权的适用条件有：

（1）必须是互为对价的双务合同当事人各自债务的履行有先后履行顺序，且先序履行一方尚未履行债务。如同其他合同履行抗辩权一样，不安履行抗辩权的基础乃是双务合同当事人的义务具有牵连性，在单务合同中不可能存在不安履行抗辩权。虽属双务合同，但双方义务应当同时履行，则仅有同时履行抗辩权产生的可能，而不存在不安抗辩权。另外，须先序履行一方尚未履行债务。如果先序履行一方已经履行了债务，即使后序履行一方有不履行的情势发生，先履行一方只能通过违约请求保护其权益，而不能主张不安履行抗辩权。

（2）后序履行一方当事人在合同订立后丧失了履行合同的能力，即后序履行方的"履行不能"。这一条件亦即不安履行抗辩权适用的实体条件。关于不安履行抗辩权所适用的实体条件，大陆法系各国规定虽然有所不同，但传统观点一般倾向"财产显形减少"。至于何为"财产显形减少"，立法并无明文规定。我国《民法典》对于不安履行抗辩权适用的实体条件较其他大陆法系国家更为广泛、具体，这些条件可以概括为"对方丧失履行能力"和"履行不能"。"对方丧失履行能力"的具体情形包括：①经营状况严重恶化；②转移财产、抽逃资金，以逃避债务；③丧失商业信誉；④有丧失或可能丧失履行债务能力的其他情形。而"履行不能"情形，是指发生在合同订立之后，因情况有变致使合同履行在客观上已经不可能。如果发生在合同有效订立之前，则一般适用欺诈等规则，以保护另一方的合法权益，没有必要主张不安履行抗辩权。

（3）先序履行合同一方当事人有确切证据证明后序履行方丧失履约基础，即先序履行一方负举证责任。这一条件亦即不安履行抗辩权的行使所适用的程序要件。为了保障不安履行抗辩制度价值的真正实现，防止不安履行抗辩权的滥用，行使不安履行抗辩权的一方必须有确切证据证明对方丧失履约基础。否则，当事人没有确切证据而中止履行的，应当承担违约责任。

3. 不履行抗辩权的行使及后果。不安履行抗辩权的行使，必须同时具备前已述及的条件和程序要件，两者缺一不可。

当条件具备时，不安履行抗辩权是否行使，取决于先序履行一方的意思，无须征得对方同意，但应当履行及时通知义务，即不安履行抗辩权人须及时通知后序履行一方其将中止履行合同的情况。及时通知，应为在最短时间内以书面的形式通知后序履行方。后序履行方提供担保的，先序履行方应当恢复履行。但是，中止履行后，对方在合理期限内未恢复履行能力并且未提供适当担保的，中止履行的一方可以解除合同并可以请求对方承担违约责任（《民法典》第528条）。

此外，我国《民法典》中还规定了预期违约、债权人代位权、债权人撤销权等新制度。这几项制度，本节之前已有介绍，此处不再赘述。

第八节　违约责任

一、违约责任的概念及法律特征

违约责任，是指当事人违反合同依法应该承担的法律责任。违约责任是合同法律制度的核心。它具有以下特征：

（一）违约责任是一种财产责任

违约责任随合同制度的产生而产生，并随之发展而发展。古代合同制度的违约责任，既是一种财产责任，也是一种人身制裁。然而，现代合同制度的违约责任，仅仅是一种财产责任。法律一般只强制违约者用其财产来弥补因违约给对方所造成的财产损失。虽然这种弥补有时含有惩罚性（如收受定金一方不履约须双倍返还定金等），但是，它与刑事责任的刑罚是根本不同的。刑事责任中虽然也有罚金、没收财产等刑罚，但对犯罪者个人无论是科处罚金或没收财产，都是对罪犯财产的剥夺，都带有人身惩罚的性质。违约责任则不然，它只限于财产责任，是违约者对造成他人损害而必须承担的一种义务，而不是对违约者的人身惩罚。因此，任何人对违约者都不能施行人身限制，更不能对违约者采取扣留或关押的强制手段，否则，就是侵权，甚至是犯罪行为。

（二）违约责任仅存在于合同当事人之间

违约责任，是合同一方当事人因违反合同而产生的民事责任。依债的相对性原则，没有合同关系，就不可能存在违约责任问题。因此，违约责任只能存在于合同当事人之间。就责任的承担者而言，必须是违约者自己而不是别人。原因就在于：违约责任虽然也是一种损害赔偿之债，但这种损害赔偿之债不是独立的，而是本来之债（合同）的传来之债，是本来之债的延长和扩张。由于不履行本来之债，才用损害赔偿来代替。因此，违约责任只能由违约者自己承担。至于违约责任向谁承担，毫无疑问，也只能向非违约一方即债权人承担，而不应涉及合同关系以外的第三人，因为合同关系是特定当事人之间的权利义务关系。前已述及，违约责任是本来之债（合同）扩张而出的不能独立的损害赔偿之债，是违约一方不履行合同的补救措施，得益于这种补救的当然只能是因违约受到损失的非违约一方。合同关系以外的第三人未因违约受到损失，因而违约者不能向他承担违约责任。总之，它所体现的是合同的相对性原则。

（三）违约责任基于法律的规定或当事人的约定而产生

1. 违约责任基于法律的规定而产生。在通常情况下，合同当事人违约之所以要承担违约责任，并非出于当事人自己的约定，而是由合同的法律效力决定的。因此，即使当事人在合同中没有列明违约责任条款，也不影响违约责任的存在。没有约定违约责任条款的合同，当事人违约时，根据《民法典》相关条款的规定，仍然要承担民事责任。

2. 违约责任也可以依当事人的约定而产生。当事人约定的违约责任，常常是基于法律规定而产生的违约责任的重要补充。当事人在法律允许的范围内对违约责任自行约定，如约定违约金之数额或违约时损失的计算办法等，既有利于日后合同纠纷的及时解决，又充分尊重了当事人的意愿。但这种责任形式，只适用于有违约金约定的合同。

二、违约责任的归责原则

（一）违约责任归责原则概述

违约责任的归责原则，是指确定违约行为人所应当承担的民事责任的基本准则。毫无疑问，归责原则在违约责任制度中居于核心地位。违约责任的归责原则从根本上说有二，即过错责任原则与严格责任原则。过错责任原则是指责任的承担以行为人的过错为必要，责任范围受过错程度影响的一项归责原则；严格责任原则是指不问行为人是否有过错，只要其违约行为给他方当事人造成损害且无免责事由的，即须承担责任的一项归责原则。也有学者称之为无过错责任原则。

违约责任归责原则的确立有着十分重要的法律意义：①归责原则直接决定着违约责任的构成要件。如果实行过错责任原则，行为人的过错就是违约责任的一般构成要件；如果采用严格责任原则，行为人的过错不是违约责任的构成要件，即行为人违约有无过错都不影响违约责任的成立。②归责原则决定着举证责任的主体及内容。在严格责任原则下，过错既然不影响责任的成立，原告仅对违约行为的存在负举证责任，不需对违约方的过错进行举证。但是，过错原则下须由违约方反证自己无过错，即实行举证责任的倒置。③归责原则决定免责事由。过错原则既然以过错为构成要件，违约方只要证明自己没有过错即可免责，因而，意外事件、第三人行为等都可以成为免责事由，其范围较为广泛；在严格责任情况下，除非违约方有免责事由，即证明有不可抗力和免责条款的存在，否则不能免于承担违约责任，仅仅证明自己对违约无过错是不足以免除责任的。④归责原则决定着损害赔偿的范围。在实行过错原则的情况下，如果双方当事人均有过错，可根据双方的过错程度来决定损害赔偿范围；而在实行严格责任的情况下，损害赔偿范围的确定一般不考虑受害人的过错、双方的过错程度等因素。[1]

学理上通常认为，大陆法系与英美法系在违约责任的归责原则上分别采取了过错责任原则与严格责任原则。在有代表性的大陆法系国家民法典中，如《法国民法典》《德国民法典》《奥地利民法典》以及《苏俄民法典》中，都确认了过错是承担违约责任的一般条件。英美法系的严格责任原则则体现在其判例中。当然，《美国合同法重述》第2版第260条规定，如果合同的履行义务已经到期，任何不履行都构成违约，这就将过错因素排除在考虑之外，确立了严格责任原则。英美法系采取严格责任原则的依据主要在于，其合同法认为合同是当事人提供的一项担保，即对合同所预期的结果加以保证，故当事人一旦违约即违反担保则不问其是否有过错均须承担合同责任。[2]

值得注意的是，大陆法系与英美法系虽然分别以过错责任原则与严格责任原则为违约责任的归责原则，但也并不排除适用严格责任或过错责任的例外。就大陆法系而言，金钱债务的迟延责任、运输业者对其承运物毁损灭失的责任、旅店业者、浴池业者对其保管的顾客物品的毁损灭失责任等，实行严格责任（无过错责任）原则。其理论根据主要有德国法的"主观不能理论"。就英美法系而言，其在归责时考虑过错因素主要体现在通常将过错作为违约的重要因素，在迟延履行责任中，把过错作为归责事由以及确立了所谓"合同落

---

〔1〕　关怀主编：《合同法教程》，首都经济贸易大学出版社2001年版，第234~235页；余延满：《合同法原论》，武汉大学出版社1999年版，第521~522页。

〔2〕　李双元、温世扬主编：《比较民法学》，武汉大学出版社1998年版，第742页。

空"的理论等。[1]

(二) 我国违约责任的归责原则

在一国之中,违约责任一般都采取单一的归责原则,即要么实行过错责任原则,要么采取严格责任原则。然而,我国在原《合同法》颁布之前并非如此,原《民法通则》以及三个合同法在这个问题上的规定并不完全一致。1981 年制定、1993 年修正的原《经济合同法》第 29 条第 1 款规定:"由于当事人一方的过错,造成经济合同不能履行或者不能完全履行,由有过错的一方承担违约责任;如属双方的过错,根据实际情况,由双方分别承担各自应负的违约责任。"显然,在违约责任的归责原则这个问题上,原《经济合同法》所采取的是过错责任原则。而在后来制定的原《民法通则》、原《涉外经济合同法》以及原《技术合同法》中对此规定却有新的发展。原《民法通则》第 106 条第 1 款规定:"公民、法人违反合同或者不履行其他义务的,应当承担民事责任。"原《民法通则》第 111 条进一步规定:"当事人一方不履行合同义务或者履行合同义务不符合约定条件的,另一方有权要求履行或者采取补救措施,并有权要求赔偿损失。"《涉外经济合同法》(已失效)第 18 条规定:"当事人一方不履行合同或者履行合同义务不符合约定条件,即违反合同的,另一方有权要求赔偿损失或者采取其他合理的补救措施。采取其他补救措施后,尚不能完全弥补另一方受到的损失的,另一方仍然有权要求赔偿损失。"这些规定中都没有规定"过错"。仅从法律条文的规定上看,后述的这几个法条所采用的归责原则,无疑是严格责任原则。但是,在实践中却产生了各不相同的理解和做法。

在制定统一合同法过程中,我国的违约责任采取什么样的归责原则,学者们认识不一。在起草《合同法》(已失效)时就形成两种截然对立的观点。一种观点认为,我国的违约归责责任,从我国的实际情况出发,宜以过错责任为主,以无过错责任原则为辅,并对过错原则采取过错推定的做法。另一种观点则认为,严格责任是合同法的发展趋势,我国应采取严格责任原则。各自都充分阐述了其理论依据。最后,持严格责任归责原则的观点得到了立法认可,原《合同法》第 107 条规定:"当事人一方不履行合同义务或者履行合同义务不符合约定的,应当承担继续履行、采取补救措施或者赔偿损失等违约责任。"根据我国原《合同法》所确立的严格责任原则,过错不再是违约责任的构成要件,当事人违约除有免责事由即不可抗力或免责条款外,即使能证明自己没有过错也不能免于承担违约责任。

当然,我国原《合同法》虽然采取了严格责任的归责原则,但也例外地承认过错责任原则的适用,这种例外的适用,该法在有关赠与合同、运输合同、保管合同、委托合同以及租赁合同、承揽合同、仓储合同等的规定中都有所体现。

《民法典》第 577 条规定:"当事人一方不履行合同义务或者履行合同义务不符合约定的,应当承担继续履行、采取补救措施或者赔偿损失等违约责任。"第 823 条第 1 款规定:"承运人应当对运输过程中旅客的伤亡承担赔偿责任;但是,伤亡是旅客自身健康原因造成的或者承运人证明伤亡是旅客故意、重大过失造成的除外。"可见,《民法典》所确立违约的归责原则与原《合同法》是一样的,即以严格责任为主,以过错责任为辅。

三、违约的责任形式

违约,是债的不履行最为主要的表现形式。违约是要承担民事责任的。《民法典》第 577 条规定:"当事人一方不履行合同义务或者履行合同义务不符合约定的,应当承担继续

---

[1] 李双元、温世扬主编:《比较民法学》,武汉大学出版社 1998 年版,第 743 页;余延满:《合同法原论》,武汉大学出版社 1999 年版,第 522 页。

履行、采取补救措施或者赔偿损失等违约责任。"这无疑是违约责任的规定。据此可知，在我国，违约需要承担的责任形式有如下几种：

（一）继续履行

继续履行并不额外增加债务人的负担，但根据《民法典》的规定，它却是违约责任形式中的一种。你不履约或者履约不符约定，一般情况下你得继续履行。属于金钱债务的，"当事人一方未支付价款、报酬、租金、利息，或者不履行其他金钱债务的，对方可以请求其支付"（《民法典》第579条）。

当然，继续履行尤其是非金钱债务继续履行也不是绝对的。《民法典》第580条规定："当事人一方不履行非金钱债务或者履行非金钱债务不符合约定的，对方可以请求履行，但是有下列情形之一的除外：（一）法律上或者事实上不能履行；（二）债务的标的不适于强制履行或者履行费用过高；（三）债权人在合理期限内未请求履行。有前款规定的除外情形之一，致使不能实现合同目的的，人民法院或者仲裁机构可以根据当事人的请求终止合同权利义务关系，但是不影响违约责任的承担。"

以上规定，需要正确理解。债权人请求继续履行，必须以非金钱债务能够继续履行为前提，如果非金钱债务不能继续履行，对方就不能请求继续履行，否则，债务人依法可以提出抗辩。当然，即便债权人不能请求债务人继续履行，但依法他仍然可以请求债务人承担其他的违约责任形式，如赔偿金或违约金等。

不能请求继续履行具体包括两种。一是法律上或者事实上不能履行。所谓法律上不能，指的是基于法律上的规定而不能履行，或者履行将违反法律的强制性规定。而事实上不能，是指依据自然法则已经不能履行。是否存在以上的"两不能"不是由当事人说了算，而应由人民法院或仲裁机构审定。二是债务标的不适于强制履行或者履行费用过高。债务的标的不适于强制履行，是指依债务的性质不适合强制履行。例如，合伙合同、委托合同等，当事人之间的人身依赖性较强，不能强制履行；又如，一些提供服务、提供劳务的合同，其履行是在不失尊严的前提下自愿行为，如果允许强制履行，势必会伤到债务人的人格尊严，甚至侵犯了债务人的人身自由。履行费用过高，是指履行仍然可能，但继续履行会导致履约一方负担过重，且产生的这过大负担是不太合理的。依诚实信用原则，此种情形不应强制履行。

值得注意的是，对于《民法典》第580条第2款，不能机械理解为：既然不能继续履行，合同目的的实现不了，那么，如果当事人提出终止合同的请求的，人民法院或者仲裁机构必须作出终止合同的裁定。这种理解当然是不正确的。在这种情形下，人民法院或仲裁机构应结合案件的实际情况，根据公平和诚信原则决定是否终止合同。

（二）采取补救措施

《民法典》第582条规定："履行不符合约定的，应当按照当事人的约定承担违约责任。对违约责任没有约定或者约定不明确，依据本法第五百一十条的规定仍不能确定的，受损害方根据标的的性质以及损失的大小，可以合理选择请求对方承担修理、重作、更换、退货、减少价款或者报酬等违约责任。"

本条是对《民法典》第577条的进一步规定，主要是针对债务人履约不符合约定之情形。而"履约不符合约定"，主要是指债务人交付的货物有瑕疵。这种履行，通常叫"瑕疵履行"。对于非金钱债务，如果债务人履行不符合约定即交货有瑕疵，应当承担的违约责任主要是采取补救措施。在这种情况下，如果当事人在合同中已经对责任形式和补救方式作了明确约定的，则违约方应该按照合同约定承担违约责任。如果合同对违约责任没有约定或者约定不明，也不能通过协商确定，甚至依据《民法典》第510条的规定仍然不能确定的，守约方可以合理选择请求违约方承担修理、更换、重作、退货、减少价款或者报酬、赔偿损失等违约责任。

瑕疵履行的违约责任追究，比较麻烦的是如何追究债务人的加害给付行为。加害给付，是指债务人的履行有瑕疵且因其瑕疵而致债权人受履行利益以外的损害的情形。例如，债务人交付的家电质量不合格，致使使用人在使用过程中受到损害等即是。这种情况，不仅是"履约不符约定"，而且致债权人受履行利益以外的损害。债务人的瑕疵履行，债权人若能举证并经认定属于加害给付者，受害人即债权人可以选择要求加害人承担违约责任或者侵权责任。当然，不应随便将某个履行瑕疵定性为加害给付。加害给付须具备以下条件才能构成：其一，须债务人有履行行为；其二，须债务人的履行不符合法律规定或合同的约定，即有瑕疵；其三，须因债务人的瑕疵履行而造成债权人遭受履行利益以外的损失；其四，须债务人有过错。如果债务人能够证明自己没有过错，也不构成加害给付。虽然履行瑕疵却不构成加害给付，债权人当然只能追究债务人的违约责任，而不能追究其侵权责任了。

（三）赔偿损失

《民法典》第583条规定："当事人一方不履行合同义务或者履行合同义务不符合约定的，在履行义务或者采取补救措施后，对方还有其他损失的，应当赔偿损失。"该法第584条规定："当事人一方不履行合同义务或者履行合同义务不符合约定，造成对方损失的，损失赔偿额应当相当于因违约所造成的损失，包括合同履行后可以获得的利益；但是，不得超过违约一方订立合同时预见到或者应当预见到的因违约可能造成的损失。"

以上两条，第一条是对该法第577条的进一步规定，第二条则是对前一条的重要补充。针对的是合同继续履行了或者采取补救措施后，对方还有其他损失的情形。在这种情况下，债务人还要承担违约的赔偿损失责任。

赔偿损失在民法上包括违约的赔偿损失、侵权的赔偿损失以及其他的赔偿损失。而违约的赔偿损失又包括法定的赔偿损失和约定的赔偿损失。《民法典》第584条规定的是法定的违约赔偿损失。但违约的损失赔偿也可由当事人双方约定。当事人还可以事先约定免除责任和限制责任的条款；在不违反法律规定的前提下，该免责或限制责任条款是有效的。在法律没有特别规定和当事人没有另行约定的情况下，应按完全赔偿原则予以赔偿。完全赔偿，包括对实际损失和可得利益的赔偿。实际损失，一是指信赖利益的损失，包括费用的支出、本次交易可能获利的损失、丧失其他交易机会的损失以及因对方违约导致自己对第三人承担违约赔偿的损失等。二是固有利益的损失。这些都是直接损失。可得利益损失属于间接损失。可得利益，它是指可以获得的预期利益的简称。通常所说的可得利益，一般是指利润。鉴于证明可得利益损失即间接损失的难度比较大，债权人可以选择请求债务人赔偿信赖利益。

违约的赔偿损失责任固然应该贯彻完全赔偿的原则，但赔偿额不能超过受害人的损失。

此外，违约金的支付，也是违约责任形式之一。违约金是当事人在合同中约定的或者由法律直接规定的一方违约时应向对方支付一定数额的金钱，这是违约可以采用的承担民事责任的方式。违约金有约定的，也有法定的。法定违约金是由法律直接规定违约的情形和支付违约金额。只要当事人一方发生法律规定的违约情形，就应当按照法律规定的数额向对方支付违约金。中国人民银行关于逾期罚息的规定，可以认为是法定违约金。作为一种违约的责任形式，它既适用于当事人事先有违约金约定的情形，也适用于法律直接规定的违约应支付法定金额的情形。但一般所说的"承担支付违约金的责任",主要是指前者而不是后者。约定违约金可能表现为不同的形式,可以约定向对方支付一定数额的违约金,也可以约定因违约产生的损失赔偿额的计算方法。

我国《民法典》第585条规定:"当事人可以约定一方违约时应当根据违约情况向对方支付一定数额的违约金,也可以约定因违约产生的损失赔偿额的计算方法。约定的违约金低于造成的损失的,人民法院或者仲裁机构可以根据当事人的请求予以增加;约定的违约金过分高于造成的损失的,人民法院或者仲裁机构可以根据当事人的请求予以适当减少。当事人就迟延履行约定违约金的,违约方支付违约金后,还应当履行债务。"当事人约定违约金的目的,一是为了事先确定违约后的损失赔偿额,以降低法定损失的举证成本;二是为了向对方施加履约压力,促使其信守合同。当然,违约金毕竟是事先约定,违约实际造成的损失,有可能远高于或远低于原约定的违约金额。为维护当事人的合法权益,本条对于约定的违约金额确立了司法酌情增减规则。

以上违约责任形式能否并处?这要视具体情况而定。在以上四种违约责任形式中,"继续履行"与"补救措施",两者是不存在并处的,因为"补救措施"实际上是在继续履行合同。"继续履行"与"损失赔偿",两者一般不应该并处。当守约一方因对方的违约所造成的实际损失获得足额赔偿后仍要求继续履行的,一般不应予以支持。"继续履行"与"支付违约金"可以并处,这就是人们经常说的既"打"又"罚"。例如,当事人就迟延履行约定违约金的,违约方支付违约金后,还应当履行债务。

(四)预期违约的后果

《民法典》第578条规定:"当事人一方明确表示或者以自己的行为表明不履行合同义务的,对方可以在履行期限届满前请求其承担违约责任。"这几乎是原封不动地将原《合同法》第108条搬过来的。毫无疑问,这是关于预期违约的规定。

预期违约起源于英美法系,也是英美法系所独有的制度。预期违约制度自确立以来,对当今世界许多国家的合同立法及实践都产生了重大影响。我国在制定《合同法》(已失效)时吸纳了这一制度。预期违约又称先期违约,是指合同履行期限到来之前,一方虽无正当理由但明确表示其在履行期到来后将不履行合同,或者其行为表明在履行到来后将不可能履行合同。作为违约行为的形态之一,预期违约当然要负违约责任。虽然预期违约是在履行期限到来之前的违约,它所侵害的是期待的债权而不是现实的债权,但在出现预期违约后,根据《民法典》第578条的规定,债权人可以在履行期限届满之前要求违约一方承担违约责任。

预期违约包括明示预期违约和默示预期违约两种。前者是指一方当事人无正当理由,明确肯定地向另一方当事人表示他将在履行期限到来后不履行合同;后者是指在履行期限到来之前,一方虽然没有明确表示不履行债务但以自己的行为表明其将不会或不能履行债务。这两种预期违约行为,都是发生在合同有效成立后至履行期限到来之前,它们有共同之处即侵害的都是债权人的期待权,但二者是有区别的。在英美法的预期违约制度中,明示预期违约与默示预期违约的区别有三:其一,违约构成不同。一般认为,构成明示预期违约应该具备三点,一是违约方明确、肯定地向对方作出毁约的意思表示;二是违约方明确表示,在履行期限到来后根本不会履行合同义务;三是违约方毁约无正当理由。构成默示预期违约亦有三点,一是一方预见到另一方在合同履行期限到来时将不履行或不能履行合同;二是一方的预见有确切的证据,而不是分析判断;三是被要求提供履约保证的一方不能在合理的期间内提供充分的保障。其二,违约者的主观方面不同。明示预期违约表现为债务人能够履行而不履行，表明违约者的主观状态是故意的。而默示预期违约则有两种可能，履约客观的不能或虽能履约却不打算履约。其三，救济措施不同。明示预期违约发生后，受害方有权选择救济措施，即受害方要么不接受对方预期违约的表示，等履行期限到来之后再要对方实际履行，若对方届时不实际履行，则按实际违约要求对方承担责任；要么接受对方预期违约的意思表示，立即解除合同并可以要求对方赔偿损失。而默示预期违约发生后，受害方享有的第一个救济措施是通知对方并要求其在一个合理的期限内提供将来能够履行合同的担保，在必要、合理的情况下可以中止履行合同，而不是立即解除合同。另一个救济措施是，如果对方在收到通知后的合理期限内并未提供将来履行合同的充分保证，则默示预期违约就转化为明示预期违约了，受害方可以像明示预期违约发生时那样采取选择的救济措施，保护自己的利益。

我国法律似乎并不很强调两种预期违约的区别，而且救济的方式也比较单一，即只要发生预期违约行为，守约一方"可以在履行期限届满前请求其承担违约责任"。也只能"请求其承担违约责任"而已。至于其他救济措施比如通知对方、要求对方提供担保以及解除合同等，都交给《民法典》的另外两条规定即第527条和第528条（不安抗辩权及其行使）解决去了。

四、违约却无须承担责任的几种情形

在一般情形下，违约是要承担责任的。但在某些情形下，虽有违约行为却可以不承担责任。这"某些情形"主要有如下几种：

（一）因不可抗力违约者不承担责任

所谓不可抗力，是指不能预见、不能避免且不能克服的客观情况。不可抗力既包括基于自然原因而发生的自然现象如地震、台风、洪水、海啸等，也包括基于社会原因而发生的现象如战争、骚乱、政府行为等。但无论是前者还是后者，它们都有一个共同点——"三不"，即不能预见，不能避免，不能克服。这"三不"中最难理解的恐怕要算"不能预见"了。对于不能预见的理解，应该是根据现有的技术水平，一般对某事件发生没有预知能力。人们对某事件的发生的预知能力取决于当代的科学技术水平。不能避免并不能克服，应该是指当事人已经尽到最大的努力和采取一切可以采取的措施，仍然不能避免此种事件的发生且不能克服事件所造成的后果。一句话，这是人力不可抗拒的。《民法典》第180条第1款规定："因不可抗力不能履行民事义务的，不承担民事责任。法律另有规定的，依照其规定。"这是因不可抗力的责任免除规定。

不可抗力的责任免除制度源于罗马法。罗马法规定，当不可抗力致使给付不可能时债务人可被免责。罗马法的规定对大陆法系国家产生了一定影响。《法国民法典》第1148条规定：如债务人系由于不可抗力或偶然事变而未履行给付或作为的债务，或违反约定从事禁止的行为时，不发生损害赔偿的责任。《德国民法典》第275条也规定：债务人于债之关系发生后，因不可归责于自己的事由，致给付不能者，免其给付义务。这里所谓"不可归责于自己的事由"即包括了不可抗力。英美法系并无不可抗力用语，但在其"合同目的落空"或"合同受挫失败"原则中包含了不可抗力的内容。《美国合同法重述》第265条规定，凡以任何一方应取得某种预定的目标、效力的假设的可能性作为对方订立合同的基础时，如果这种目标或效力已经落空或肯定会落空，对于这种落空没有过失而受落空损害的一方，得解除其履行合同的责任。英美合同法上的合同落空原因包括战争状态、政府发布禁令、非当事人双方的过错造成合同标的物灭失等情形，其范围远比大陆法系的不可抗力广泛。

《民法典》第 590 条规定："当事人一方因不可抗力不能履行合同的，根据不可抗力的影响，部分或者全部免除责任，但是法律另有规定的除外。因不可抗力不能履行合同的，应当及时通知对方，以减轻可能给对方造成的损失，并应当在合理期限内提供证明。当事人迟延履行后发生不可抗力的，不免除其违约责任。"在合同履行过程中，如果发生不可抗力，《民法典》第 180 条规定的一般原则是不承担民事责任的，法律另有规定的依照其规定。第 590 条对合同领域中发生不可抗力的规定，就是法律另有的规定之一。

根据《民法典》第 590 条的规定，当事人一方因不可抗力不能履行合同时，要根据不可抗力的影响程度来确定其免责程度，即合同不能履行部分原因是不可抗力造成的，部分免责；不能履行全部原因是不可抗力所致，全部免责。不可抗力致使合同不能履行时，一方当事人应该及时通知对方，以减轻可能给对方造成的损失，并在合理期限内提供因不可抗力而不能履行合同的证明。

应该注意的是，不可抗力虽然原则上可免除当事人的责任，但也有例外。例外之一是，法律另有规定的，从其规定。例如《民用航空法》第 160 条规定，民用航空器造成他人损害的，民用航空器的经营人只有能够证明损害是武装冲突、骚乱造成的，或者是因受害人故意造成的，才能免除其责任。因不可抗力的自然灾害造成的，不能免除民用航空器经营者的责任。如果民用航空器在空中遭雷击坠毁，造成地面人员伤亡，航空公司不能以不可抗力为由而对受害人或其亲属予以抗辩。例外之二是，当事人迟延履行后发生不可抗力的，不免除其违约责任。道理很简单，如果债务人没有迟延履行，则不可抗力的发生就不会导致债务人的不能履行进而发生损害。很明显，债务人的迟延履行与债权人的损害之间具有因果关系，因此，债务人应当就不可抗力所造成的后果负责。否则，对债权人来说是不公平的。

（二）债务人责任因债权人的过错得以免除

我国合同的违约归责原则，总的来说是以无过错为主，以有过错为辅。以有过错为归责原则的，主要适用于提供服务、提供行为的一些合同如运输合同及保管合同等。

凡以过错为归责原则的合同，一方当事人就应该对自己的过错行为负责；若违约是对方即债权人的过错所致，这后果不应由债务人来承担。因债权人的过错致使债务人不履行合同，债务人得以免责的，我国以往的法律如《民法通则》（已失效）、《合同法》（已失效）、《保险法》等都有规定，新颁布的《民法典》也有规定。《民法典》第 823 条第 1 款规定："承运人应当对运输过程中旅客的伤亡承担赔偿责任；但是，伤亡是旅客自身健康原因造成的或者承运人证明伤亡是旅客故意、重大过失造成的除外。"该法第 832 条规定："承运人对运输过程中货物的毁损、灭失承担赔偿责任。但是，承运人证明货物的毁损、灭失是因不可抗力、货物本身的自然性质或者合理损耗以及托运人、收货人的过错造成的，不承担赔偿责任"。这两条规定都体现出，在运输合同履行过程中，债权人的损害是由其过错所造成者，作为债务人的承运人不负损害赔偿责任。

因债权人的过错使债务人得以免责的，这在保管合同中也有规定。《民法典》第 893 条规定："寄存人交付的保管物有瑕疵或者根据保管物的性质需要采取特殊保管措施的，寄存人应当将有关情况告知保管人。寄存人未告知，致使保管物受损失的，保管人不承担赔偿责任……"该法第 917 条规定："储存期内，因保管不善造成仓储物毁损、灭失的，保管人应当承担赔偿责任。因仓储物本身的自然性质、包装不符合约定或者超过有效储存期造成仓储物变质、损坏的，保管人不承担赔偿责任。"以上两条规定中，无论是寄存人对保管物的瑕疵或需特殊措施未告知，还是储存人对储存物包装不符合约定或超过有效期储存，都是债权人有过错，而损失恰恰是其过错造成的，保管人不应为债权人的过错"埋单"。

因债权人的过错使债务人得以免责，这在保险合同中就更多了。保险所经营的实际上是一种风险的"买卖"。保险合同的订立和履行，都要求当事人应遵循最大的诚信原则。依最大的诚信原则，投保人在投保时应尽如实告知义务。我国《保险法》第16条第4款规定："投保人故意不履行如实告知义务的，保险人对于合同解除前发生的保险事故，不承担赔偿或者给付保险金的责任，并不退还保险费。"投保人在投保时的告知义务是法定义务。有的国家规定，若对告知义务的违反，可引起保险合同无效的法律后果。我国的做法没有那么极端，此种情况下合同还是有效的，但保险人享有合同的解除权；合同解除前发生保险事故的，保险人不承担责任，而且连保险费也不用退。这种做法与直接宣布合同无效相比，更加不利于违反告知义务的投保人。因为合同被宣布无效，其法律后果就是恢复原状，恢复原状也就意味着必须退回已经交付的保险费。

其实，债务人之责因债权人过错得以免除，有法定免除和约定免除两种。凡是法律有明文规定得以免除的，当然属于法定免除。约定免责是通过当事人的约定实现的。例如，投保人某甲与乙保险公司订立了一份人身意外伤害保险合同，保险合同期限为一年。合同约定，在保险合同期限内，某甲不能参加危险性很大的登山活动，否则，某甲因登山而发生伤亡的，乙保险公司不负给付保险金的责任，某甲也对此向乙保险公司立下了保证书。但某甲未能信守合同，违背了自己的保证，在保险期限内，背着乙保险公司，带着侥幸的心理参加了由他人组织的登山活动，结果遭遇雪崩而遇难了。又如，甲养殖场与乙物流公司签订了一份运输合同。合同约定：乙公司负责将存于甲养殖场的一百头活猪运送到丙市屠宰场。为安全起见，双方还达成协议，活猪运输过程中，甲养殖场派两名押运员随车押运；若甲养殖场未派押运员随车押运，运输途中发生活猪走失或死亡的，乙物流公司不负赔偿责任。结果，甲养殖场违约，未派押运员随车押运，尽管乙物流公司运送人员尽了自己应尽的义务，但由于随车押员缺位，运输途中的活猪死了三头，走失了两头。这两合同中，都有关于债务人责任免除的约定，即投保人某甲擅自参加登山活动者；甲养殖场未派押运者。结果，投保人某甲偏偏参加了危险的登山活动，并在登山过程中遇难了；甲养殖场压根就不派出随车押运员，致使运送的活猪途中发生损失。在这两例合同中，无论是债权人某甲的死亡，还是债权人甲养殖场的损失，依合同事先之约定，都不应该由债务人负责。

此外，债务人因债权人过错得以免责也体现在过失相抵上。我国《民法典》第592条第1款规定："当事人都违反合同的，应当各自承担相应的责任。"第2款规定："当事人一方违约造成对方损失，对方对损失的发生有过错的，可以减少相应的损失赔偿额。"本条第2款的内容是关于过失相抵的规定，也是过去没有的新规定。在合同履行过程中，当事人一方的违约行为造成对方损失，但受损害方对损失的发生也有过错的，应当实行过失相抵。过失相抵的法律后果是，按照受损害一方当事人对损害发生的过错程度，可以减少违约方相应损失赔偿。

■思考题

1. 什么叫合同？其主要法律特征是什么？
2. 合同一般可作哪些分类？这些分类其法律意义是什么？
3. 格式合同的特征有哪些？对格式合同的规制主要表现在哪些方面？
4. 何谓缔约过失责任？缔约过失责任的构成要件是什么？

5. 简述双务合同中的履行抗辩权。

6. 合同协议解除与法定解除有何异同？

7. 何谓违约责任？何谓违约责任的归责原则？违约的责任形式有哪些？

■参考书目

1. 「英」P. S. 阿蒂亚：《合同法概论》，程正康等译，法律出版社 1982 年版。

2. 李双元、温世扬主编：《比较民法学》，武汉大学出版社 1998 年版。

3. 尹田编著：《法国现代合同法》，法律出版社 1995 年版。

4. 王利明、崔建远：《合同法新论·总则》，中国政法大学出版社 1996 年版。

5. 余延满：《合同法原论》，武汉大学出版社 1999 年版。

6. 崔建远主编：《合同法》，法律出版社 2016 年版。

第二十一章 买卖合同

■学习目的和要求

　　了解买卖合同的概念和特征，重点掌握出卖人和买受人各应负担的义务及买卖标的物意外灭失的风险负担。重点、难点在于买卖标的物的瑕疵担保责任、买卖标的物所有权的移转时间、买卖标的物的风险负担。

第一节　一般买卖合同

一、买卖合同的概念和特征

　　买卖合同，指当事人双方约定一方交付标的物并移转所有权于他方，他方受领标的物并支付价款的合同。[1] 在买卖合同中，交付标的物并移转所有权的一方为出卖人，受领标的物并支付价款的一方为买受人。买卖合同是经济生活中最常见、最普遍的合同，它具有以下特征：

　　1. 买卖合同是转移所有权的合同。买卖合同以转移标的物所有权为目的。

　　2. 买卖合同是双务合同、有偿合同。在买卖合同中，双方当事人的义务具有对价关系，任何一方取得利益都必须支付相应的代价，出卖人收取价金应交付标的物，买受人取得财物所有权应支付价金。

　　3. 买卖合同是诺成合同。除法律另有规定或当事人另有约定外，当事人之间一经达成协议，买卖合同即告成立，而不以交付实物为合同成立的要件。

　　4. 买卖合同是不要式合同。除法律另有特别规定外，买卖合同的成立和生效并不需要具备特别的形式或履行批准手续。[2]

　　5. 作为买卖合同标的物，必须是法律允许流通的，凡是法律禁止流通的物不能成为买卖合同的标的物。限制流通的物，如金银、文物、麻醉药品等只能作为特定主体之间买卖关系的标的物，其他主体之间不能买卖，否则买卖合同无效。

　　作为买卖合同的标的物，并不要求在买卖合同成立时就已存在。买卖合同成立时，尚不存在的物，只要买卖合同履行时能够存在并能够实际履行，也可以作为买卖合同的标的物。

二、买卖合同的种类

　　对买卖合同，可依据不同的标准进行分类：

　　1. 依价金支付方式不同，可分为现金买卖合同、赊欠买卖合同和分期付款买卖合同。

---

〔1〕　买卖，可包括物的买卖及权利的买卖，后者如土地使用权的转让、专利权转让、商标权转让、著作权转让等。本书所述限于物的买卖。

〔2〕　法律特别规定应采用特定形式者，例如，《海商法》第9条第2款规定，船舶所有权的转让，应当签订书面合同；《城市房地产管理法》第41条规定，房地产转让，应当签订书面转让合同。

现金买卖合同，是指买受人于转移标的物所有权时支付价金的买卖合同。赊欠买卖合同，又称信用买卖合同，指买受人先取得所有权而于日后交付价金的买卖合同。分期付款买卖合同，指买受人将其应支付的总价金按一定期限分批支付的买卖合同。

2. 依买卖标的物是否为特定物，可分为特定物买卖合同和种类物买卖合同。以特定物为标的物的买卖合同是特定物买卖合同。以种类物为标的物的买卖合同是种类物买卖合同。

3. 依买卖的成立方式不同，可分为自由买卖合同和竞争买卖合同。自由买卖合同，是指出卖方自由选择相对人并协商定价而进行的买卖合同。竞争买卖合同，指出卖方以公开竞争方式确定相对人和价金的买卖合同。

4. 依买卖标的物交付时间不同，可分为即时买卖合同和定期买卖合同。于买卖关系成立时即交付标的物的，为即时买卖合同。于买卖关系成立后将来某一特定时期才交付标的物的，为定期买卖合同，又称远期交货买卖合同。即时买卖合同和定期买卖合同均属于现货买卖合同。

三、买卖合同当事人的权利义务

（一）出卖人的义务

1. 出卖人负有向买受人交付标的物，并使其取得该标的物所有权的义务。买受人取得所有权，系基于法律行为而发生的物权变动。依我国法律规定，买卖标的物为动产者，除当事人另有约定或法律另有规定外，买受人于交付（即取得占有）时取得标的物所有权；买卖标的物为不动产时，买受人于登记时取得标的物所有权。[1]

出卖人应按约定的标的物及数量为交付，否则，应负违约责任（债务不履行之责任）。出卖人应当向买受人交付标的物或者交付提取标的物的单证（《民法典》第598条）；标的物附有从物时出卖人于交付时，应将从物与主物一并交付给买受人；与标的物相关的单证和资料，应交付给买受人。[2]除当事人另有约定外，出卖人应负担交付标的物所需的费用（履行费用）。

出卖人应当按照约定的时间交付标的物或移转标的物所有权。约定交付期限的，出卖人可以在该交付期限内的任何时间交付（《民法典》第601条）。当事人没有约定标的物的

[1] 参阅《民法典》第208条、第209条、第214条、第224条至第228条。于此，关于动产买卖的所有权取得，尚须说明如下：①所谓交付，系指出卖人的"给予"和买受人"接受"的结合，表现为出卖人移转占有而买受人取得占有。②买受人取得动产所有权，以交付为原则，但有例外。例外有两种情形：一是当事人的特别约定，二是法律的特别规定。当事人的特别约定，指所有权保留买卖（参阅《民法典》第641条至第643条、《最高人民法院关于审理买卖合同纠纷案件适用法律问题的解释》第25条和第26条）。法律的特别规定可再细分为两种情形：一是交付的"弱化"形式，主要指《物权法》（已失效）第25条的规定（"简易交付"），以及第26条和第27条的规定（以占有改定和返还请求权之让与，代替交付）；二是依《物权法》（已失效）第24条规定，在船舶、航空器和机动车买卖之情形，买受人取得所有权，不以交付（和登记）为要件。最高人民法院曾明确肯定，《民法典》第225条（原《物权法》第24条）关于三种特殊动产物权变动的规定系采用学理上所称的登记对抗主义（参阅"进一步提升保障财产权利及市场交易安全与效率的法治化程度——最高人民法院民一庭负责人就物权法司法解释（一）答记者问"，载《人民法院报》2016年2月24日，第3版）。依物权变动登记对抗主义之法理，物权变动，既不以登记，也不以交付为要件，而只要出卖人和买受人有让与所有权之合意（买卖合同生效）即可。另请参照《民法典》第335条、第374条、第403条。

[2] 《民法典》第599条规定："出卖人应当按照约定或者交易习惯向买受人交付提取标的物单证以外的有关单证和资料。"依《最高人民法院关于审理买卖合同纠纷案件适用法律问题的解释》第4条规定，提取标的物单证以外的有关单证和资料，指保险单、保修单、普通发票、增值税专用发票、产品合格证、质量保证书、质量鉴定书、品质检验证书、产品进出口检疫书、原产地证明书、使用说明书、装箱单等。

交付期限或者约定不明确的，当事人可以协议补充；不能达成补充协议的，按照合同有关条款或者交易习惯确定；仍不能确定时，出卖人可以随时履行；买受人也可以随时要求履行，但应当给对方必要的准备时间（《民法典》第 602 条、第 510 条、第 511 条第 4 项）。出卖人未按期限履行义务的，应当负迟延履行的责任，买受人可以请求出卖人继续履行合同，并要求出卖人负违约损害赔偿责任（《民法典》第 583 条、第 584 条、第 585 条第 3 款），[1] 或者解除合同（《民法典》第 563 条，并参阅第 564 条），买受人解除合同的，其损害赔偿请求权不受影响（《民法典》第 566 条）。[2]

出卖人应当按照约定的地点交付标的物（《民法典》第 603 条第 1 款）。当事人没有约定交付地点或者约定不明确的，当事人可以协议补充；不能达成补充协议的，按照合同有关条款或者交易习惯确定；仍不能确定时，适用下列规定：①标的物为不动产的，在不动产所在地履行；其他标的物在履行义务一方所在地履行；②标的物需要运输的，出卖人应当将标的物交付第一承运人以运交给买受人；③标的物不需要运输，出卖人和买受人订立合同时知道标的物所在地点的，出卖人应当在该地点交付标的物；不知道标的物所在地点的，出卖人应当在出卖人订立合同时营业地交付标的物（《民法典》第 603 条第 2 款、第 511 条第 3 项、第 510 条）。

出卖人应当按照约定的包装方式交付标的物。对包装方式没有约定或者约定不明确，依《民法典》第 510 条规定仍不能确定的，应当按照通用的方式包装；没有通用方式的，应当采取足以保护标的物且有利于节约资源、保护生态环境的包装方式（《民法典》第 619 条）。

2. 出卖人对标的物的权利瑕疵负担保责任。《民法典》第 612 条规定，除法律另有特别规定外，出卖人就交付的标的物，负有保证不被第三人追索的义务。所谓权利瑕疵，指标的物为第三人所有或标的物上负担着第三人的合法权利。其主要表现形式有：①出卖人所交付的标的物为第三人所有，或为出卖人与第三人共有；②第三人对出卖人所交付的标的物享有抵押权、质权或留置权等。负担着上述权利的标的物一旦交付给买受人，就得由买受人承受，由此，买受人就不可能获得充分的所有权。

对标的物的权利瑕疵，出卖人应否承担责任，依买受人知悉与否而定。《民法典》第 613 条规定，买受人订立合同时知道或者应当知道第三人对买卖标的物享有权利的，出卖人对标的物权利瑕疵不负担义务。据此规定，如果买受人知道标的物有权利瑕疵仍为接受，则出卖人不负瑕疵担保责任；但合同另有约定的除外。如果买受人不知道标的物存在权利

---

〔1〕 关于商品房买卖，《最高人民法院关于审理商品房买卖合同纠纷案件适用法律若干问题的解释》第 13 条第 3 款规定，商品房买卖合同的出卖人逾期交付房屋的，如果双方当事人于合同中没有约定违约金数额或者损失赔偿额计算方法时，其违约金数额或者损失赔偿额，按照逾期交付房屋期间有关主管部门公布或者有资格的房地产评估机构评定的同地段同类房屋租金标准确定。第 14 条规定："由于出卖人的原因，买受人在下列期限届满未能取得不动产权属证书的，除当事人有特殊约定外，出卖人应当承担违约责任：（一）商品房买卖合同约定的办理不动产登记的期限；（二）商品房买卖合同的标的物为尚未建成房屋的，自房屋交付使用之日起 90 日；（三）商品房买卖合同的标的物为已竣工房屋的，自合同订立之日起 90 日。合同没有约定违约金或者损失数额难以确定的，可以按照已付购房款总额，参照中国人民银行规定的金融机构计收逾期贷款利息的标准计算。"

〔2〕 关于商品房买卖，《最高人民法院关于审理商品房买卖合同纠纷案件适用法律若干问题的解释》第 15 条规定，商品房买卖合同约定或《城市房地产开发经营管理条例》第 32 条规定的办理不动产登记的期限届满后超过 1 年，由于出卖人的原因，导致买受人无法办理不动产登记，买受人请求解除合同和赔偿损失的，应予支持。

瑕疵而为接受，则出卖人应负瑕疵担保责任，买受人有权向出卖人主张支付违约金、实际履行、解除合同、赔偿损失或者其他权利。

3. 出卖人对标的物品质瑕疵负担保责任。标的物品质瑕疵，指出卖人所交付的标的物，存在着可能使标的物价值或使用价值灭失或者降低其效用，或其他不符合出卖人所保证的品质的情况，通常又称"物之瑕疵担保责任"。[1]出卖人应担保标的物在交付于买受人时，无灭失或减少其价值和效用的瑕疵，或者具有其所保证的品质。《民法典》第615条规定，出卖人应当按照约定的质量交付标的物。出卖人提供有关标的物质量说明的，交付的标的物应当符合该说明的质量要求。依《民法典》第616条、第510条及第511条规定，当事人对标的物的质量没有约定或者约定不明确的，当事人可以协议补充；不能达成补充协议的，按照合同有关条款或者交易习惯确定；仍不能确定时，按照国家标准、行业标准履行，没有国家标准、行业标准的，按照通常标准或者符合合同目的的特定标准履行。

标的物的品质瑕疵，在买卖合同订立时，为买受人明知或可得知者，出卖人不负担责任；但买受人在订约时不知该瑕疵会导致标的物基本效用显著降低者，不在此限。买受人因重大过失不知标的物存在瑕疵，而出卖人又未保证标的物无瑕疵者，出卖人亦不负瑕疵担保责任；但出卖人故意不告知瑕疵者，仍应负瑕疵担保责任。合同约定减轻或免除出卖人瑕疵担保责任，而出卖人故意或因重大过失未告知标的物瑕疵者，出卖人不得主张减轻或免除瑕疵担保责任（《民法典》第618条）。

出卖人瑕疵担保责任的具体内容如下：①标的物存在瑕疵且应由出卖人负担责任时，买受人可以要求减少价款，或要求出卖人进行修理，或者自行修理，费用由出卖人负担（参阅《民法典》第617条，《最高人民法院关于审理买卖合同纠纷案件适用法律问题的解释》第16条、第17条）。[2]②标的物为种类物时，买受人可不行使前项权利，而要求出卖人另行交付无瑕疵的替代物（继续履行）；出卖人因此构成迟延履行的，应负迟延履行的责任（《民法典》第582条、第583条、第584条）。③因标的物存在品质瑕疵，致使不能实现合同目的的，买受人可以拒绝接受标的物或者解除合同（《民法典》第610条）；买受人解除合同的，其损害赔偿请求权不受影响（《民法典》第566条第1款）。④买受人因标的物瑕疵或者缺乏保证品质而遭受财产上或人身上损害时，有权要求出卖人赔偿（《民法典》第583条）。

买受人因标的物主物有瑕疵而解除合同时，解除合同的效力及于从物；从物有瑕疵时，买受人仅能就从物部分解除合同（《民法典》第631条）。买卖合同标的物为数物时，其中一物有瑕疵的，买受人仅得就有瑕疵的物解除。如以总价金将数物一同出卖的，买受人有权请求减少与瑕疵物相当的金额。数物作为总体出卖的，如有瑕疵的物与其他物分离显受损害的，任何一方当事人可就全部标的物解除合同（《民法典》第632条）。

标的物为分批交付的，出卖人对其中一批标的物不交付或者交付不符合约定，致使该

---

〔1〕 在民法理论上，关于物之瑕疵担保责任之性质，一向有担保说与履行说之争论。依担保说，物之瑕疵担保责任系一种附加担保之责任，而非义务。依履行说，交付无瑕疵之标的物，乃债务人之当然义务，当所交付之标的物有瑕疵时，债务人即应负责；依此说，瑕疵担保责任又可称为"瑕疵担保义务"。关于物之瑕疵担保责任性质之讨论，可参阅姚志明：《债务不履行——不完全给付之研究》，元照出版公司2000年版，第128页以下。

〔2〕 此外，《最高人民法院关于审理买卖合同纠纷案件适用法律问题的解释》第15条规定：买受人依约保留部分价款作为质量保证金，出卖人在质量保证期间未及时解决质量问题，影响标的物的价值或使用效果者，出卖人不得主张支付该部分价款。

批标的物不能实现合同目的的，买受人可以就该批标的物为解除。出卖人不交付其中一批标的物或者交付不符合约定，致使今后其他各批标的物的交付不能实现合同目的的，买受人可以就该批以及今后各批标的物为解除。买受人如果就其中一批标的物为解除，而该批标的物与其他各批标的物互相依存的，可以就已经交付和未交付的各批标的物为解除（《民法典》第633条）。

买卖合同双方可通过特别约定，免除或者限制出卖人关于权利瑕疵或品质瑕疵担保责任，但倘若出卖人故意不告知其瑕疵，其特别约定无效。

（二）买受人的义务

1. 买受人负有按合同约定支付价金的义务。买受人应当按照约定的数额支付价款。当事人对价款没有约定或者约定不明确的，当事人可以协议补充；不能达成补充协议的，按照合同有关条款或者交易习惯确定；仍不能确定时，按照订立合同时履行地的市场价格履行；依法应当执行政府定价或者政府指导价的，按照规定履行（《民法典》第626条）。

买受人应当按照约定的地点支付价款。当事人对支付地点没有约定或者约定不明确的，当事人可以协议补充；不能达成补充协议的，按照合同有关条款或者交易习惯确定；仍不能确定时，买受人应当在出卖人的营业地支付，但约定支付价款以交付标的物或者交付提取标的物单证为条件的，在交付标的物或者交付提取标的物单证的所在地支付（《民法典》第627条）。[1]

买受人应当按照约定的时间支付价款。当事人对支付时间没有约定或者约定不明确的，当事人可以协议补充；不能达成补充协议的，按照合同有关条款或者交易习惯确定；仍不能确定时，买受人应当在收到标的物或者提取标的物单证的同时支付（《民法典》第628条）。[2]

如有确切证据证明第三人可能就标的物主张权利的，买受人有权拒绝支付相应的买卖价金，但出卖人提供担保的，买受人不得拒绝（《民法典》第614条）。

买受人逾期支付买卖价金的，应当负迟延履行的责任，买受人除应当继续支付买卖价金外，还应承担其他违约责任，例如赔偿迟延履行给对方造成的损失，支付买卖价金的利息等（《民法典》第583条、第584条、第585条第3款）。[3]买受人逾期支付买卖价金，经催告后的合理期限内仍不支付的，出卖人可以解除合同（《民法典》第563条）；[4][5]出卖人解除合同时，其损害赔偿请求权不受影响（《民法典》第566条）。

2. 买受人负有及时受领标的物的义务。请求出卖人交付标的物是买受人的权利，但是，在出卖人按合同规定交付标的物时，接受标的物则成为买受人的义务。买受人应当按照约

[1] 于此，须注意《民法典》第627条与第511条第3项规定的不同。
[2] 于此，须注意《民法典》第628条与第511条第4项规定的不同。
[3] 关于商品房买卖，依《最高人民法院关于审理商品房买卖合同纠纷案件适用法律若干问题的解释》第13条第2款规定，商品房买卖合同的买受人逾期支付房屋买卖价金的，如果双方当事人于合同中没有约定违约金数额或损失赔偿额计算方法时，其违约金数额或损失赔偿额，按照未付购房款总额，参照中国人民银行规定的金融机构计收逾期贷款利息的标准计算。
[4] 关于商品房买卖，依《最高人民法院关于审理商品房买卖合同纠纷案件适用法律若干问题的解释》第11条第1款规定，买受人迟延支付房屋买卖价金的，出卖人得催告其支付，买受人于催告到达后3个月内仍未履行的，出卖人得解除合同，但当事人另有约定的，从其约定。
[5] 关于商品房买卖合同解除权的行使期间，参见《民法典》第564条和依《最高人民法院关于审理商品房买卖合同纠纷案件适用法律若干问题的解释》第11条第2款。

定的时间、地点和方式受领标的物。标的物由买受人自提的，应在出卖人通知的期限内到指定的地点提取；由出卖人代办托运的，应按承运人的通知及时提取；由出卖人送货上门的，买受人应按时受领，不及时受领标的物造成出卖人损失的，应负赔偿责任。

3. 买受人拒绝受领标的物时的保管义务。买受人受领是以出卖人所交付的标的物没有瑕疵为前提的，如果出卖人所交付的标的物品质上有瑕疵，则买受人有权拒绝受领。因此，买受人在受领标的物后，应依通常办法尽快对标的物进行检查。《民法典》第 620 条规定：买受人受领标的物时，应当在约定的检验期间内检验。没有约定检验期间的，应当及时检验。如发现标的物存在应由出卖人负担保责任的瑕疵，对买受人产生两项义务：

（1）买受人应当在约定或者法定的期间内，将标的物的瑕疵通知出卖人，超过期间不为通知的，交付的标的物视为无瑕疵。《民法典》第 621 条规定：当事人约定检验期间的，买受人应当在检验期间内将标的物的数量或者质量不符合约定的情形通知出卖人。买受人怠于通知的，视为标的物的数量或者质量符合约定。当事人没有约定检验期间的，买受人应当在发现或者应当发现标的物的数量或者质量不符合约定的合理期间内通知出卖人。[1]买受人在合理期间内未通知或者自收到标的物之日起 2 年内未通知出卖人的，视为标的物数量或者质量符合约定，但对标的物有质量保证期的，适用质量保证期，不适用该 2 年的规定。[2]出卖人知道或者应当知道提供的标的物不符合约定的，买受人不受约定或法定期限的限制。[3]

（2）妥善保管或处理标的物。例如，异地交付的货物，到达买受人时，发现标的物存在品质瑕疵，此时买受人在作出拒绝受领的同时，应将货物加以妥善保管，以防止灭失或毁损；又如，对于不易保管变质腐烂的物品（如水果、蔬菜），买受人可以紧急变卖。买受人因保管或处理标的物而支付的费用，有权请求出卖人偿还或从变卖的标的物价款中扣除。

此外，根据《民法典》第 629 条规定：对于出卖人所交付的标的物超出约定的部分，买受人有权拒绝受领；但买受人亦应负通知和保管的义务。

四、标的物意外灭失的风险负担

标的物意外灭失的风险负担，是指买卖合同成立后，因发生不可归责于双方当事人的事由，致使标的物灭失或毁损时，其损失的归属。在买卖合同中，风险负担直接涉及买卖双方的基本义务。如果风险由买受人负担，则标的物即使遭受灭失或毁损，买受人仍应按合同规定支付价金；如果风险由出卖人负担，则一旦发生标的物灭失或毁损，买受人没有支付价款的义务。

---

[1] 依《最高人民法院关于审理买卖合同纠纷案件适用法律问题的解释》第 12 条第 1 款规定，合理期间，应当综合当事人之间的交易性质、交易目的、交易方式、交易习惯、标的物的种类、数量、性质、安装和使用情况、瑕疵的性质、买受人应尽的合理注意义务、检验方法和难易程度、买受人或者检验人所处的具体环境、自身技能以及其他合理因素，依据诚实信用原则，确定之。

[2] 例如：甲向乙购买一台大型设备，在合同中未约定检验期限。甲受领设备后，即组织技术人员进行检验，未发现质量有问题。该设备使用至第四年，出现故障，经反复查找，发现设备关键部位存在质量瑕疵。乙提供的设备说明书载明，其质量保证期为五年。于此情形，出卖人乙仍应承担设备质量不合格之违约责任（品质瑕疵担保责任）。

[3] 依《民法典》第 622 条规定，约定的检验期间过短，依标的物的性质和交易习惯，买受人在检验期限内难以完成全面检验者，所约定的期限，仅视为买受人对外观瑕疵提出异议的期限。约定的检验期限或质量保证期，短于法律、行政法规规定的检验期限或质量保证期者，以法律、行政法规规定的检验期限或者质量保证期为准。

关于标的物的风险由谁负担的问题，在理论上有不同的主张，立法上有两种规范模式：①依所有权归属确定风险的负担，即所有权归属于谁，便由谁负担风险；②依标的物是否为交付确定风险的负担，即标的物交付之前由出卖人负担，标的物交付之后由买受人负担，而不论标的物的所有权归属于谁。英国法和法国法属于前者，美国法、德国法及《联合国国际货物销售合同公约》属于后者。[1]

《民法典》关于买卖标的物风险负担的规定，采用的是后一种规范模式，具体而言：

1. 标的物毁损、灭失的风险，在标的物交付之前由出卖人负担，交付之后由买受人负担，但法律另有规定或者当事人另有约定的除外（《民法典》第604条）。此为《民法典》关于买卖标的物风险负担的一般性规则。

2. 因买受人的原因致使标的物不能按照约定的期限交付的，买受人应当自违反约定时起负担标的物毁损、灭失的风险（《民法典》第605条）。

3. 买卖标的物为运输途中的货物时（路货买卖），标的物毁损、灭失的风险自合同成立时起由买受人负担，但当事人另有约定者，从其约定（《民法典》第606条）。[2]但出卖人在合同成立时知道或应当知道标的物已经毁损、灭失而未告知买受人者，买受人得主张不负担标的物毁损、灭失的风险（参阅《最高人民法院关于审理买卖合同纠纷案件适用法律问题的解释》第10条）。

4. 对于标的物的交付地点，当事人有明确约定时，如果标的物需要运输，[3]自出卖人将标的物交付给承运人后，标的物毁损、灭失的风险由买受人负担，但当事人另有约定者，从其约定（《民法典》第607条第1款、《最高人民法院关于审理买卖合同纠纷案件适用法律问题的解释》第9条）。如果标的物不需要运输，出卖人将标的物交付于约定地点，自交付之日起，标的物毁损、灭失的风险由买受人负担。

5. 对于标的物的交付地点，当事人没有约定或者约定不明时，如果标的物需要运输，则标的物毁损、灭失的风险，自出卖人将标的物交付给第一承运人时起，由买受人负担（《民法典》第607条第2款）。

6. 对于标的物的交付地点，当事人没有约定或者约定不明，而标的物不需要运输时，依据《民法典》规定，如果买卖当事人于订立合同时知道标的物所处地点的，以该地点为标的物的交付地点；不知道标的物所处地点的，以出卖人订立合同时的营业地为标的物的交付地点。出卖人将标的物置于交付地点，买受人违反约定没有收取的，标的物毁损、灭失的风险自违反约定之日起由买受人负担（《民法典》第608条）。

7. 出卖人按照约定未交付有关标的物的单证和有关资料的，不影响标的物毁损、灭失风险的移转（《民法典》第609条）。[4]

8. 因标的物质量不符合质量要求，致使不能实现合同目的的，买受人可以拒绝接受标的物或者解除合同。买受人拒绝接受标的物或者解除合同的，标的物毁损、灭失的风险由

[1] 胡康生主编：《〈中华人民共和国合同法〉释义》，法律出版社1999年版，第224页。
[2] 《联合国国际货物销售合同公约》第68条亦有类似规定。
[3] "标的物需要运输"，指标的物由出卖人负责办理托运，且以独立于买卖合同当事人以外的运输业者为承运人之情形（参阅《最高人民法院关于审理买卖合同纠纷案件适用法律问题的解释》第8条）。
[4] 本条规定的意义在于：不论出卖人不交付标的物的单证是否意味着出卖人保留了标的物的所有权，均不影响标的物的风险从交付时起，由出卖人转移给买受人。关于标的物的风险负担，《民法典》所确立的原则是，除当事人另有约定外，标的物的风险，自其交付时起，移转于买受人。《民法典》第609条是该原则的细化规定。《联合国国际货物销售合同公约》第67条亦有类似规定。

出卖人负担（《民法典》第 610 条）。

此外，《民法典》第 611 条还规定："标的物毁损、灭失的风险由买受人承担的，不影响因出卖人履行义务不符合约定，买受人请求其承担违约责任的权利。"

第二节　特种买卖合同

一、分期付款买卖

分期付款买卖，指买卖关系成立时双方约定，出卖人将标的物交付给买受人，买受人将应付的总价款按一定期限分期支付给出卖人的买卖。分期付款买卖属于分期给付买卖的一种。[1]

分期付款买卖具有以下特征：①分期支付价款。买受人应支付的总价款，至少分三次支付。[2]②出卖人在合同成立后，价金未全部付清之前，将标的物交付给买受人。③标的物交付给买受人后，无论标的物所有权是否移转于买受人，其风险责任均由买受人负担。

分期付款买卖成立后，对双方当事人产生以下效力：

1. 出卖人负有将标的物交付给买受人占有的义务。分期付款买卖成立后，出卖人应按合同规定将标的物交付买受人占有，但并不必须移转标的物所有权。其标的物所有权的移转，依双方当事人书面明示约定，如无书面明示约定，推定自交付时起标的物所有权移转于买受人。由于在分期付款买卖中，出卖人将标的物交付后，买受人非一次性支付价金，使得出卖人负担着价金不能全部受领的危险。这样，法律一般允许当事人作出如下约定：①出卖人在交付标的物时，转移所有权于买受人，但于该标的物上设定出卖人为第一顺序抵押权人；②标的物所有权不因交付而转移，在买受人付清全部价金之前，标的物的所有权保留于出卖人。

此外，出卖人对标的物亦负瑕疵担保责任。出卖人的此项义务适用一般买卖合同的规定。

2. 买受人应按合同规定分期付款。买受人接受标的物，应按合同规定的期限支付每期价金。如买受人迟延支付价金达一定期数或占总价款的一定比例，则买受人丧失期限利益，出卖人有权要求买受人支付剩余的全部价款，或者解除合同。依《民法典》第 634 条第 1 款规定，分期付款买卖的买受人未支付到期价款的金额达到全部价款的1/5时，经催告后在合理期限内仍未支付到期价款的，出卖人有权请求买受人支付全部价款或者解除合同。[3]当事人不得通过特约改变此项规定，否则无效。

依《民法典》第 634 条第 2 款规定，出卖人在解除合同时，可以向买受人请求支付或者扣留价金，但其数额不得超过相当于该标的物的使用费。关于标的物的使用费，当事人

---

[1] 分期给付买卖可分为分期付款买卖和分期交付标的物买卖。后者如：订购整套《中国大百科全书》，约定每月交付一卷。有关分期给付标的物买卖的法律规定，见《民法典》第 633 条。

[2] 参阅《最高人民法院关于审理买卖合同纠纷案件适用法律问题的解释》第 27 条第 1 款。

[3] 依《最高人民法院关于审理买卖合同纠纷案件适用法律问题的解释》第 27 条第 2 款规定，当事人违反《民法典》第 634 条第 1 款的约定，如损害买受人利益者，买受人得主张该约定无效；例如，依约定，买受人未支付到期价款的金额达到全部价款的1/7，出卖人即可请求买受人支付全部价款或者解除合同者，买受人得主张该约定无效。

有约定者，从其约定；无约定者，参照当地相同种类之物的租金标准确定。[1]标的物如有毁损，则出卖人可要求相应的损害赔偿金。

3. 标的物的风险责任由买受人负担。分期付款买卖的标的物，自交付时起，风险责任转移由买受人负担，出卖人是否保留标的物的所有权，在所不问。

二、样品买卖

样品买卖，指买卖标的物依据特定样品作为确定标准的买卖。样品买卖实际上应为普通买卖，只不过这种普通买卖，在买卖关系成立时，附加了出卖人的一项担保，即出卖人按样品的品质标准向买受人交付标的物。

构成样品买卖，应具备如下条件：①买卖合同应定有按样品标准交付标的物的条款；②样品实际存在。

样品买卖，除适用普通买卖的规定外，尚产生下列效力：①出卖人应按样品所确定的品质标准向买受人交付标的物。为保证出卖人所交付的标的物切实符合样品所确定的品质，当事人应当封存样品，并应对样品的品质标准，作详细明确的说明（《民法典》第635条）。倘若出卖人所交付的标的物与样品品质不相符，则出卖人应承担债务不履行的责任。[2]②倘若样品本身存在瑕疵，而买受人不知道样品有隐蔽瑕疵的，即使交付的标的物与样品相同，出卖人交付的标的物的质量仍然应当符合同种物的通常标准（《民法典》第636条）。

三、试用买卖

试用买卖，指合同成立时出卖人将标的物交付买受人在一定期限内试用，买受人于期限届满前同意购买并支付价金的买卖。[3]

一般认为，试用买卖是一种附停止条件的买卖合同。试用买卖成立后，产生以下效力：①在试用买卖所附条件成就以前，出卖人应将标的物交付给买受人试用；但买受人未承认购买之前，标的物的所有权仍归属于出卖人。②买受人接受标的物后应妥善使用，并于试用期限届至前向出卖人明确表示是否承认购买（《民法典》第638条）。至于试用期限，当事人有约定的，从其约定；当事人未约定或者约定不明的，可以协议补充；不能达成补充协议的，按照合同有关条款或者交易习惯确定；仍不能确定的，由出卖人确定（《民法典》第637条）。买受人承认购买后，试用买卖转为普通买卖，双方当事人的权利义务适用普通买卖的规则；若不同意购买，买受人应于试用期限届至前返还标的物，但对不同意购买的原因无解释义务。③试用期限届至，买受人对是否承认购买不作任何表示的，推定买受人同意购买（《民法典》第638条第1款）。在试用期间，买受人向出卖人支付价金者，除另有约定外，推定买受人同意购买。在试用期间，买受人将标的物出卖、出租，或者以标的物设定担保物权者，推定买受人同意购买（《民法典》第638条第2款）。

此外，当事人没有约定标的物使用费，或者约定不明确者，出卖人不得主张使用费

---

[1] 参见《最高人民法院关于审理买卖合同纠纷案件适用法律问题的解释》第28条。

[2] 关于样品品质的确定，《最高人民法院关于审理买卖合同纠纷案件适用法律问题的解释》第29条规定，合同约定的样品质量与文字说明不一致，当事人因此发生争议且不能达成合意时，如样品在封存后外观和内在品质没有发生变化，应以样品为准；如外观和内在品质发生变化，或者当事人对是否发生变化有争议且无法查明，应以文字说明为准。

[3] 依《最高人民法院关于审理买卖合同纠纷案件适用法律问题的解释》第30条规定，买卖合同含有下列约定之一者，非为试用买卖：①约定标的物经过试用或者检验符合一定要求时，买受人应当购买标的物；②约定第三人经试验对标的物认可时，买受人应当购买标的物；③约定买受人在一定期限内可以调换标的物；④约定买受人在一定期限内可以退还标的物。

（《民法典》第639条）。标的物在试用期内毁损、灭失的风险由出卖人承担（《民法典》第640条）。

四、所有权保留买卖

（一）概述

所有权保留买卖，指约定标的物所有权在买受人支付全部价款或履行其他义务前不移转于买受人的买卖（《民法典》第641条第1款）。

所有权保留买卖的基本特征如下：①出卖人交付（现实交付或观念交付）标的物于买受人或买受人指定的人；②买受人在标的物交付后一定期间内履行合同义务；③标的物的所有权，在买受人履行义务前不发生移转，仅在买受人履行义务时始移转于买受人；易言之，标的物所有权的变动附有条件。

标的物所有权买受人履行义务前归属出卖人，实质上是对出卖人债权的担保。学理上，将买卖中的所有权保留，视为非典型担保。正因为如此，因所有权保留买卖而发生的纠纷，可参照适用担保物权的实现程序（《民法典》第642条第2款）。[1]

依《最高人民法院关于审理买卖合同纠纷案件适用法律问题的解释》第25条规定，所有权保留仅适用于动产，而不适用于不动产。不仅如此，物权变动以登记为公示方法的动产，例如船舶和航空器（参见《民法典》第225条），亦不应适用所有权保留。盖此种动产的买卖，与不动产的买卖一样，为担保其买卖价金，可采用在买卖标的物上设定抵押权的方式为之。

（二）关于所有权保留买卖的特别规则

所有权保留买卖，除适用买卖合同的一般规定外，适用以下规则：

1. 标的物所有权转移前，买受人有下列情形之一者，除当事人另有约定外，出卖人有权取回标的物：①未按约定支付价款，经催告后在合理期限内仍未支付；②未按约定完成特定条件；③将标的物出卖、出质或作出其他不当处分（《民法典》第642条第1款）。但买受人已支付标的物总价款75%以上者，出卖人不得取回标的物（《最高人民法院关于审理买卖合同纠纷案件适用法律问题的解释》第26条第1款）。[2]

2. 出卖人依法取回标的物后，买受人在双方约定或出卖人指定的合理回赎期限内，消除出卖人取回标的物的事由，以回赎标的物（《民法典》第643条第1款）。

3. 买受人未在回赎期限届满前回赎标的物，出卖人有权以合理价格变卖标的物，并将变卖所得价金充抵买受人未支付的价款及必要费用，充抵后有剩余者，应返还买受人；变卖所得价金不足充抵买受人未支付的价款及必要费用时，就不足部分，买受人仍有清偿义务（《民法典》第643条第2款）。

五、招标投标买卖

招标投标买卖，指招标人公布标的物的买卖条件，投标人参与投标竞争，招标人从中

---

[1] 在担保物权不适用时效的法律制度中，价金债权罹于时效者，出卖人仍得行使基于所有权保留而具有的权利。立法例参见《德国民法典》第216条第2款第2句。

[2] 依《最高人民法院关于审理买卖合同纠纷案件适用法律问题的解释》第26条第2款规定，第三人对标的物已善意取得所有权或其他物权者，出卖人不得取回标的物。我们认为，该条关于"第三人对标的物已善意取得其他物权者，出卖人不得取回标的物"的规定，值得进一步研究。因为，例如第三人对标的物善意取得动产抵押权或动产质权时，出卖人对标的物仍享有所有权。应该承认，《民法典》第641条第2款的表达，即"出卖人对标的物保留的所有权，未经登记，不得对抗善意第三人"，更为科学合理。在《民法典》第642条第1款第3项情形下，第三人依据《民法典》第311条的规定已经善意取得标的物所有权或者其他物权，出卖人主张取回标的物的，人民法院不予支持。

选择与提供最有利条件的投标人订立买卖合同。[1]

招标投标买卖，虽亦以竞争方式订立合同，但投标人（竞争人）彼此不知他方所提出的条件，此点与通常所称的拍卖不同。

招标投标买卖的程序，可分为招标、投标和定标等。招标时，应发出招标公告。依《民法典》第 473 条规定，招标人的招标性质上为要约邀请（要约引诱）。[2]投标人的投标性质上为要约。投标人投标后，招标人应当按照招标公告所确定的时间、地点和程序开标，并组织评标；招标人依据评标结果定标，确定中标人。定标性质上为承诺。

在大宗订货及政府采购活动中，买受人通常采用招标投标方式订立买卖合同。[3]

依《民法典》第 644 条规定，招标投标买卖合同当事人的权利义务以及招标投标程序等，依照有关法律、行政法规之规定。

六、拍卖

（一）拍卖的概念

拍卖，通常指出卖人以对话方式，诱引多数竞买人公开竞价，并与出价最高者订立买卖合同。[4]

最高价格的确定方法，通常为由竞买人竞相出价，直至无更高价格出现时，该价格即为最高价；但亦可由出卖人渐次落价，直至应买人出现时，该价格即为最高价格。

（二）拍卖的种类

1. 拍卖依其程序不同，可分为公的拍卖和私的拍卖。公的拍卖是指司法机关（法院）依强制执行程序而进行的拍卖，又称强制拍卖。私的拍卖是指私人所进行的拍卖，又称任意拍卖。《拍卖法》所调整的拍卖，即为私的拍卖。在私的拍卖，出卖人可亲自为之，亦可委托他人代为拍卖。国家行政机关和人民法院委托他人拍卖罚没物品，亦属于私的拍卖。[5]

2. 拍卖依其发生原因不同，可分为法定拍卖和意定拍卖。法定拍卖是指基于法律规定的原因而发生的拍卖，例如：因给付标的物不适于提存而进行的拍卖（参照《民法典》第570 条第 2 款），因发包人未能按时支付工程价款而拍卖建设工程（参照《民法典》第 807条），因抵押权人实行抵押权而进行的拍卖（参照原《担保法》第 53 条第 2 款），因质权人实行质权而进行的拍卖（参照原《担保法》第 71 条第 2 款），因留置权人行使留置权而进行的拍卖（参照原《担保法》第 87 条第 2 款）等。意定拍卖是指基于出卖人本人的自由意思而进行的拍卖。

法定拍卖，除法律明确规定或权利人选择由法院进行拍卖等情形，须依强制执行程序

---

[1] 以招标投标作为订立合同的方式，除买卖外，还适用于承揽、建设工程、运输、服务、承包等合同。招标投标与拍卖，均属于竞争缔约。

[2] 倘若招标人在招标公告中明确表示必与报价最优者订立合同，则招标人负有在投标人中选择条件最优者订立合同之义务，此种招标可视为要约。王利明、郭明瑞、方流芳：《民法新论》（下册），中国政法大学出版社1988 年版，第 379 页。

[3] 依《招标投标法》第 3 条规定，与若干工程建设有关的重要设备、材料等的采购，必须进行招标。

[4] 广义的拍卖，还包括"标卖"。标卖不同于通常所称的拍卖。通常所称拍卖，以公开竞价方式进行，而标卖则以秘密的方式进行。

[5] 《拍卖法》第 9 条规定："国家行政机关依法没收的物品，充抵税款、罚款的物品和其他物品，按照国务院规定应当委托拍卖的，由财产所在地的省、自治区、直辖市的人民政府和设区的市的人民政府指定的拍卖人进行拍卖。拍卖由人民法院依法没收的物品，充抵罚金、罚款的物品以及无法返还的追回物品，适用前款规定。"

进行外，[1]法定拍卖在程序上仍依任意拍卖（私的拍卖）进行。可见，法定拍卖，非均应依强制拍卖（公的拍卖）进行。

此外，拍卖尚可分为动产拍卖和不动产拍卖、有底价拍卖与无底价拍卖（有保留价拍卖与无保留价拍卖）、定向拍卖和非定向拍卖等。

（三）拍卖的标的

拍卖之标的，包括物和权利。[2]作为拍卖之标的，须具有可流转性。依《拍卖法》第8条规定，依照法律或者按照国务院规定需经审批才能转让的物品或者财产权利，在拍卖前，应当依法办理审批手续。委托拍卖的文物，在拍卖前，应当经拍卖人住所地的文物行政管理部门依法鉴定、许可。

（四）拍卖的成立

1. 拍卖的表示。拍卖的表示，是指出卖人或拍卖人向不特定多数人发出的对标的物进行拍卖的表示，通常于拍卖公告或者由拍卖师在拍卖开始时为之。通说认为，拍卖的表示原则上为要约邀请（要约引诱），[3]在法律上并无拘束力。拍卖的表示，既为要约邀请，则对于竞买人所出最高价格，出卖人若认为不足时，可不作出卖定的表示而撤回其物。但若出卖人表示对于出价最高之人必为卖定的表示，则应认为要约。[4]又，出卖人自定最高价格，渐次降减，以求应买人时，其拍卖的表示，通常可解释为要约。[5]

2. 应买的表示。应买的表示，是指竞买人发出的以特定价格购买拍卖标的物的意思表示，通常称应价或竞价。在一般情况下，拍卖的表示为要约引诱，竞买人的应价为要约。

竞买人的应买，既为要约，对竞买人即有拘束力；又，应价的表示为对话的意思表示，故应价一经作出，竞买人即不得撤回（《拍卖法》第36条）。[6]但其拘束力终于何时？依民法一般理论，对话方式的要约（意思表示），非即时承诺失其拘束力，[7]但从竞争缔约的目的来看，在其他出价更高的要约之前，应维持其拘束力。[8]换言之，应买的意思表示，自有其他更高出价时，失其拘束力。[9]此外，应买的意思表示，亦因出卖人撤回拍卖标的而失其拘束力。

在拍卖的表示有要约性质时，竞买人的应价为承诺；竞买人一经应价，买卖合同即成

---

〔1〕　依原《担保法》第53条第2款及《民法典》第807条规定的精神，抵押物的拍卖、建设工程的拍卖，可申请人民法院为之，亦可协议进行。至于质物的拍卖、留置物的拍卖，依原《担保法》第71条第2款及第87条第2款规定的精神，质权人或留置权人可自行为之，亦可申请人民法院为之。

〔2〕　本书的说明，限于物的拍卖、私的拍卖。

〔3〕　《民法典》第473条第1款规定，拍卖公告为要约邀请。

〔4〕　史尚宽：《债法各论》，中国政法大学出版社2000年版，第98页；崔建远主编：《合同法》，法律出版社2003年版，第350页。《拍卖法》第50条规定："拍卖标的无保留价的，拍卖师应当在拍卖前予以说明。拍卖标的有保留价的，竞买人的最高应价未达到保留价时，该应价不发生效力，拍卖师应当停止拍卖标的的拍卖。"依此规定，可反面推论：若出卖人对拍卖标的无保留价，则当无竞买人出更高价格时，出卖人应当与最后出价最高者订立合同；此种情形下，拍卖的表示即为要约，竞买人的应价为承诺。但无保留价的拍卖有其缺点：倘若竞买人串通以低价买取，而由竞买人中的一人对于其他竞买人给予补偿，而互约不为竞争或只为形式上的竞争，则对于出卖人，极为不利。参见史尚宽：《债法各论》，中国政法大学出版社2000年版，第98页。

〔5〕　史尚宽：《债法各论》，中国政法大学出版社2000年版，第98页。

〔6〕　意思表示的撤回，须先于或同时到达受表示之人。

〔7〕　《民法典》第481条第2款第1项规定，对以对话方式作出的要约，应当即时作出承诺，即表明此意。

〔8〕　史尚宽：《债法各论》，中国政法大学出版社2000年版，第99页。

〔9〕　《拍卖法》第36条规定："竞买人一经应价，不得撤回，当其他竞买人有更高应价时，其应价即丧失约束力。"

立，但该合同为附停止条件合同，即以在竞价终结前无其他更高应价的承诺作为合同的生效条件，倘若有其他竞买人的更高出价时，条件不成就，合同不发生效力。

拍卖人及其工作人员对其所经营或执行的拍卖，不得应买，亦不得使第三人为其应买或者为第三人的代理人而应买。《拍卖法》第 22 条规定："拍卖人及其工作人员不得以竞买人的身份参与自己组织的拍卖活动，并不得委托他人代为竞买。"[1]拍卖人或其工作人员违反此项规定，自为竞买或使第三人为其竞买或为第三人的代理人竞买时，其所订立合同的效力如何？有主张其无效者，亦有主张其得因委托人的承认而生效力。[2]《拍卖法》第 62 条仅规定，于上述情形，工商行政管理部门对于拍卖人或其工作人员应予以行政处罚，并未规定合同无效。本书认为，于上述情形而订立的合同，得因委托人的承认而生效力。

3. 卖定的表示。卖定的表示，是指出卖人同意与出价最高者订立买卖合同的意思表示。卖定的表示，以拍板或依其他惯用的方法作出。卖定的表示一经作出，买卖合同成立，拍卖结束。《拍卖法》第 51 条规定："竞买人的最高应价经拍卖师落槌或者以其他公开表示买定的方式确认后，拍卖成交。"在性质上，卖定的表示，通常为承诺，但在拍卖的表示有要约性质时，卖定的表示，仅有宣示的效力，[3]即表示与出价最高者成立买卖合同，竞买结束。经拍卖人确认的出最高应价的竞买人即为买受人。拍卖经拍板成交后，买受人和拍卖人应当签署成交确认书（《拍卖法》第 52 条）。签署成交确认书，是对已成立的合同的确认。

须注意的是，出卖人不负必须为卖定表示的义务。对于竞买人所出最高价格，如果认为不足，可以不为卖定的表示，撤回其物，并终止拍卖。[4]

拍卖人违反委托人的指示而为卖定的表示时，除委托人的反对意思表示已为公告外，其卖定的表示仍为有效，换言之，买卖合同仍有效成立。至于拍卖人与委托人之间的关系，应依其内部关系处理，即拍卖人应对委托人负债务不履行的责任。

（五）拍卖成立的效力

拍卖，经拍卖人卖定表示后，买卖合同即成立。其效力原则上与一般买卖相同。

1. 买受人应当按照约定支付价金（《拍卖法》第 39 条第 1 款）。此"约定"，通常表现为拍卖公告所规定的价金支付条款。未约定支付时间的，通常应解释为应立即支付；未约定支付方式的，通常应解释为现金支付。但买受人为债权人时，仍得以其债权与价金主张抵消。[5]

2. 出卖人应当按照约定交付标的物，并移转标的物所有权。动产所有权于交付时移转于买受人，不动产所有权于登记后移转于买受人。

3. 出卖人应当对拍卖标的物负瑕疵担保责任。在委托拍卖时，依《拍卖法》第 61 条第 1、2 款规定，买受人有权向拍卖人主张瑕疵担保责任；若瑕疵责任可归责于委托人（出卖人），拍卖人有权向委托人追偿。但在以下两种情形，出卖人或拍卖人，不负瑕疵担保责任：①于拍卖公告中或拍卖时，对拍卖标的物的瑕疵，已经作出说明；②于拍卖公告中或

[1] 依《拍卖法》第 30 条规定，委托人亦不得参与竞买，或委托他人代为竞买。违反该规定者，依《拍卖法》第 64 条规定，工商行政管理部门得对其处拍卖成交价 30% 以下的罚款。
[2] 史尚宽：《债法各论》，中国政法大学出版社 2000 年版，第 100 页。
[3] 史尚宽：《债法各论》，中国政法大学出版社 2000 年版，第 98、100 页。
[4] 依《拍卖法》第 50 条规定，拍卖标的无保留价的，拍卖师应当在拍卖前予以说明；拍卖标的有保留价的，竞买人的最高应价未达到保留价时，该应价不发生效力，拍卖师应当停止拍卖。
[5] 史尚宽：《债法各论》，中国政法大学出版社 2000 年版，第 101 页。

拍卖时，已经声明不能保证拍卖标的物的真伪或者品质（《拍卖法》第61条第1、2款）。

4. 风险负担的移转。拍卖标的物的风险于交付时移转于买受人（参照《民法典》第604条）；买受人若不按时支付价金，则陷于给付迟延，同时陷于受领迟延，在受领迟延中应负标的物的风险（参照《民法典》第605条）。

（六）再拍卖

拍卖的买受人，若不按时支付价金（金钱债务之迟延履行），出卖人固然可以申请强制执行，或经催告后解除合同，[1]但对出卖人而言，此恐有缓不济急或不胜其烦之累。[2]故一般规定，若买受人不按时履行价金给付义务，出卖人有权不经催告而径行解除合同。[3]

合同解除后，若再行拍卖，原买受人应负"再拍卖之赔偿责任"。出卖人解除合同后，为进行再拍卖而支出的费用，应由原买受人负担；再拍卖所得价金低于原拍卖价金时，原买受人应当赔偿该差额（《拍卖法》第39条第2款）。

七、继续性供给合同

继续性供给合同，指双方当事人约定，一方在一定期间或不定期间内，向他方连续供给定量或不定量同种品质的物，而他方按一定标准支付价金的合同。[4]

继续性供给合同的特征是：①当事人所订合同为单一合同；②合同可能是定期的，也可能是不定期的；③标的物的给付量随时间的延长而增加，换言之，继续性供给合同的总给付量是不确定的。

《民法典》合同编第十章关于供用电、水、气、热力合同的规定就是对继续性供给合同的规范（详见本章第四节）。

八、买回

买回，指当事人在买卖合同成立时达成协议，出卖人保留其于将来买回已出卖的标的物权利的合同。关于买回的性质，有不同的看法，有认为特种买卖的，也有认为附解除条件买卖合同的，还有认为附停止条件的再买卖合同。

对买回，大陆法系国家或地区的民法典多有明确的规定。[5]法律承认买回制度，在于保护原所有人的利益，使其在一定条件下，可以回复其已失去的权利，从而达到经济上的目的。但买回制度也有其消极的方面。所以，立法对买回制度都有所限制，如有的国家规定买回仅限于不动产；又如，有的国家规定，买回权应于合同成立后10年内行使，且不得延长或更新。

原出卖人行使买回权，主要产生以下效力：

1. 买回人应承担如下义务：①向原买受人偿还其原所接受的价金；②向原买受人支付原买卖费用；③负担因买回所需费用；④向原买受人偿还改良买卖标的物的费用及其他有

---

〔1〕 《民法典》第563条第1款第3项规定，当事人一方迟延履行主要义务，经催告后在合理期限内仍未履行者，另一方可以解除合同。

〔2〕 邱聪智：《民法债编各论》（上），中国人民大学出版社2006年版，第158页；黄立主编：《民法债编各论》（上），中国政法大学出版社2003年版，第139页。

〔3〕 《拍卖法》第39条第1款规定，买受人未按照约定支付价款的，应当承担违约责任，或者由拍卖人征得委托人的同意，将拍卖标的再行拍卖。

〔4〕 继续性供给合同属于继续性合同（继续性债之关系）的一种。除继续性供给合同外，合伙、雇佣、租赁、使用借贷、消费借贷、保管等亦为继续性合同。

〔5〕 例如《德国民法典》第456～462条、《日本民法典》第579～585条、《法国民法典》第1659～1673条、《意大利民法典》第1500～1509条、《奥地利民法典》第1067～1071条等。

益费用。

2. 原买受人应承担如下义务：①向买回人交付标的物及其从物；②买受人在约定期限内不得自由处分标的物；③应合理使用标的物；④因可归责于买受人的原因，致使标的物灭失或毁损时，原买受人应承担赔偿责任。

第三节 互易合同

一、互易合同的概念和特征

互易合同，指当事人双方互相交换金钱以外的财物的合同，《民法典》称之为易货交易。

互易合同具有以下法律特征：①互易合同的标的物必须是金钱以外的物；②互易合同属于转移财产所有权的合同；③互易合同是诺成合同、双务合同、有偿合同；④除不动产互易应以书面形式成立并办理登记手续外，其他标的互易为不要式合同。

二、互易合同当事人的权利义务

在互易法律关系中，双方当事人均可视为出卖人或买受人（参见《民法典》第647条）。互易成立生效后，对双方当事人产生以下效力：

1. 双方都负有向对方交付标的物的义务。互易合同为双务合同，双方都享有同时履行的抗辩权。

2. 双方对各自交付的标的物，均负有瑕疵担保责任，包括对标的物的权利瑕疵担保责任和品质瑕疵担保责任。

3. 双方互相交付的标的物，如果是不等价，多得利益的一方负有向对方支付补充价金的义务。

第四节 供用电、水、气、热力合同

《民法典》合同编第十章对供用电、水、气、热力合同作了规定。所称供用电、水、气、热力合同，是指一方提供电、水、气、热力供他方利用，他方支付价款的合同。就其法律性质而言，供用电、水、气、热力合同是一种特殊的买卖合同。在供用电、水、气、热力合同中，从事电、水、气、热力供应的企业，负有在确定期间或不定期间，继续性地向利用人供给定量或不定量的电、水、气、热力的义务，因此供用电、水、气、热力合同属于继续性供给合同。就民法制度及理论关于"物"的界定而言，电、水、气、热力都属于"物"的范畴，因此供用电、水、气、热力合同仍属于"物"的买卖合同。由于供用电、水、气、热力合同在义务履行上的继续性，合同标的物的特殊性，供用电、水、气、热力的公众性和公益性等因素，《民法典》将供用电、水、气、热力合同从买卖合同中分离出来，作单独规定。但需要说明的是，《民法典》只是对供用电合同作了具体规定，而对于供用水、供用气、供用热力合同，《民法典》第656条规定"参照适用供用电合同的有关规定"。

本节仅就供用电合同作说明。

一、供用电合同的概念和特征

供用电合同，是指供电人向用电人供电，用电人支付电费的合同（《民法典》第648条第1款）。提供电的一方是供电人、利用电的一方是用电人。供用电合同具有以下特征：

1. 供用电合同具有明显的公用性和公益性。供用电合同的用电人不是个别人或一部分人，而是社会公众。供电人对于用电人提出的缔约要求，一般不得拒绝。供用电合同的目的，不只是供电人从中获得利益，更主要的是为了满足人民生活需要，提高人民生活水平和质量。

2. 供用电合同具有很强的计划性。电力是国民经济发展和人民生活所需要的基本能源，关乎国计民生，国家有必要对电力资源进行宏观调控，使之得到充分、有效的利用。《电力法》和《电力供应与使用条例》都规定，国家对电力的供应和利用，实行计划原则。

3. 供用电合同为继续性合同。在我国，供用电合同可分为生产经营性供用电合同和生活消费性供用电合同。不论何种供用电合同，电的供应和利用都不是一次性的，而是在一定时期内持续、不间断的。因此供用电合同属于继续性合同。

4. 供用电合同为格式合同。供用电合同一般都是由电力部门预先拟定合同条款，用电人对其中内容表示接受或不接受，因此供用电合同是格式合同。在现实生活中，居民用电通常并不订立书面的供用电合同，但双方的权利义务也是按照国家关于供用电的法律或政策来执行的。由于供用电合同是格式合同，因此《民法典》第496条至第498条关于格式合同的规定，也适用于供用电合同。

5. 供用电合同为有偿、双务、诺成合同。在供用电合同中，供电人负有按照国家规定的标准和合同约定内容安全供电的义务，用电人负有按照国家的有关规定和合同的约定支付电费的义务，双方均负有义务，且互为对价，因此供用电合同属于有偿、双务合同。供用电合同一经签订，即成立生效，因此为诺成合同。

二、供用电合同当事人的权利和义务

（一）供电人的主要义务

1. 供电人应及时、安全、保证质量地履行供电义务。对于用电人的用电申请，供电人应尽快确定供电方案，并在合理期限内书面通知用电人。合同订立后，供电人应当按照合同约定的数量、地点和时间，及时向用电人供电。依《民法典》第650条规定，供电人应当根据合同约定的履行地点进行供电；合同没有约定或者约定不明确的，供电设施的产权分界处为履行地点。

供电人应当按照国家规定的供电质量标准和合同的约定，安全供电。所谓"安全供电"，是指按照国家有关安全供电的规章制度供应电力，电压应当稳定，频率应当达到标准，输电线路必须安全畅通。[1]

供电人未按照国家规定的供电质量标准和约定安全供电，造成用电人损失的，应当承担赔偿责任（《民法典》第651条）。[2] 此处所称"承担赔偿责任"，是指供电人就其违约行为所致用电人之损失负赔偿责任，其损失包括直接损失，也包括合同履行后可以获得的利益，但不得超过供电人订立合同时预见到或者应当预见到的因违反合同可能造成的损失。[3]

2. 供电人因供电设施检修、依法限电、用电人违法用电等原因而需要停电时的通知义务。供用电合同是一种继续性供给合同，供电人在发电、供电系统正常的情况下，应当继续

---

〔1〕《供电营业规则》对供电质量标准有明确的规定，详请参阅之。

〔2〕《电力法》第59条规定，电力企业或者用户违反供用电合同，给对方造成损失的，应当依法承担赔偿责任；电力企业未保证供电质量或者未事先通知用户中断供电，给用户造成损失的，应当依法承担赔偿责任。

〔3〕胡康生主编：《〈中华人民共和国合同法〉释义》，法律出版社1999年版，第269页。另请参阅《民法典》第584条。

性地向用电人供电，不得中断，否则应负违约责任。但在某些特定的情形下，供电人可以中断供电。依《民法典》第652条规定，供电人可以中断供电的情形有供电设施检修、依法限电、用电人违法用电等。供电设施检修，包括计划检修和临时检修。依法限电，是指在电力总量不足需要计划分配的情况下，依照有关法律、法规对一个地区中一部分地区、部分用户、用电大户的部分用电设施等，在一定期间内停止供电。用户违法用电包括违章用电、窃电、超计划用电、不安全用电，以及其他违反法律、法规的用电行为。[1]供电人因上述情形而中断供电的，不承担违约责任。但为了避免突然中断供电可能造成用电人损失，供电人应提前通知用电人。关于通知方式和时间，《供电营业规则》有明确的规定。[2]依《民法典》第652条规定，供电人未事先通知用电人中断供电，造成用电人损失的，应当承担赔偿责任。[3]

3. 对事故断电的抢修义务。所谓事故断电，是指因为不可抗力或意外事故造成供电系统不能正常运转，电力无法继续正常供应的情况。在出现这种事故断电情况时，供电人应迅速实施抢修，以恢复供电。《民法典》第653条规定："因自然灾害等原因断电，供电人应当按照国家有关规定及时抢修；未及时抢修，造成用电人损失的，应当承担赔偿责任。"发生意外事故时，用电人一方也应该尽力减少损失。此外，供电人还负有因限电或停电造成用电人用电未达标时，补充供给一定量电力的义务，在用电人交纳电费时，向用电人开具用电详细情况记录的义务等。

（二）用电人的主要义务

1. 用电人负按照国家核定的电价及时支付电费的义务。《民法典》第654条第1款规定，用电人应当按照国家有关规定和当事人的约定及时支付电费。用电人逾期不支付电费的，应当按照约定支付违约金。[4]经催告用电人在合理期限内仍不支付电费和违约金的，供电人可以按照国家规定的程序中止供电。《电力法》第33条第3款规定，用户应当按照国家核准的电价和用电计量装置的记录，按时交纳电费；对供电企业查电人员和抄表收费

---

[1] 《供电营业规则》第66条规定："在发供电系统正常情况下，供电企业应连续向用户供应电力。但是，有下列情形之一的，须经批准方可中止供电：1. 对危害供用电安全，扰乱供用电秩序，拒绝检查者；2. 拖欠电费经通知催交仍不交者；3. 受电装置经检验不合格，在指定期间未改善者；4. 用户注入电网的谐波电流超过标准，以及冲击负荷、非对称负荷等对电能质量产生干扰与妨碍，在规定限期内不采取措施者；5. 拒不在限期内拆除私增用电容量者；6. 拒不在限期内交付违约用电引起的费用者；7. 违反安全用电、计划用电有关规定，拒不改正者；8. 私自向外转供电力者。有下列情形之一的，不经批准即可中止供电，但事后应报告本单位负责人：1. 不可抗力和紧急避险；2. 确有窃电行为。"

[2] 《供电营业规则》第67条规定："除因故中止供电外，供电企业需对用户停止供电时，应按下列程序办理停电手续：1. 应将停电的用户、原因、时间报本单位负责人批准。批准权限和程序由省电网经营企业制定；2. 在停电前三至七天内，将停电通知书送达用户，对重要用户的停电，应将停电通知书报送同级电力管理部门；3. 在停电前30分钟，将停电时间再通知用户一次，方可在通知规定时间实施停电。"第68条："因故需要中止供电时，供电企业应按下列要求事先通知用户或进行公告：1. 因供电设施计划检修需要停电时，应提前七天通知用户或进行公告；2. 因供电设施临时检修需要停止供电时，应当提前24小时通知重要用户或进行公告；3. 发供电系统发生故障需要停电、限电或者计划限、停电时，供电企业应按确定的限电序位进行停电或限电。但限电序位应事前公告用户。"

[3] 《电力法》第29条第1款规定："供电企业在发电、供电系统正常的情况下，应当连续向用户供电，不得中断。因供电设施检修、依法限电或者用户违法用电等原因，需要中断供电时，供电企业应当按照国家有关规定事先通知用户。"

[4] 对于迟延支付电费的违约金，有关电力供应与使用的行政法规或规章有详细的规定，详请参阅《电力供应与使用条例》第39条、《供电营业规则》第98条。

人员依法履行职责，应当提供方便。此外，供电人为用电人安全而为其检修用电设施的，用电人应当支付服务费。

2. 用电人负有安全用电的义务。《民法典》第 655 条规定，用电人应当按照国家有关规定和当事人的约定安全用电。用电人未按照国家有关规定和当事人的约定安全用电的，属于违章用电行为。用电人违章用电，造成供电人损失的，应当承担赔偿责任。对于违章用电行为，我国有关法律、法规作了更为详细具体的规定。例如，《电力法》第 65 条规定："……危害供电、用电安全或者扰乱供电、用电秩序的，由电力管理部门责令改正，给予警告；情节严重或者拒绝改正的，可以中止供电，可以并处五万元以下的罚款。"《电力供应与使用条例》第 40 条规定，用电人违章用电的，供电企业可以根据违章事实和造成的后果追缴电费，并按照国务院电力管理部门的规定加收电费和国家规定的其他费用；情节严重的，可以按照国家规定的程序停止供电。

3. 对供电人正常合理的停电、限电措施，用电人负有容忍义务。供电属于高度危险作业，因各种原因需要停电、限电，是常见的现象，有时也是防止危险的必要措施。因此，对供电人正常合理的停电、限电措施，用电人应当容忍。此外，供电人因检修供电设备需要用电人协助时，用电人还负有协助义务。

■思考题

1. 如何理解买卖合同是双务有偿合同？
2. 出卖人负有哪些义务？
3. 买受人负有哪些义务？
4. 何谓买卖标的物的风险负担？《民法典》关于买卖标的物的风险负担是如何规定的？
5. 出卖人为二重买卖时，应如何负担责任？
6. 受领买卖标的物，是买受人的权利，还是买受人的义务？
7. 分期付款买卖与所有权保留买卖二者关系如何？
8. 如何理解分期付款买卖、样品买卖、试用买卖、拍卖、买回等特种买卖合同的法律效力？

■参考书目

1. 王利明：《合同法》，中国人民大学出版社 2021 年版。
2. 李少伟、张晓飞主编：《合同法》，法律出版社 2021 年版。
3. 崔建远主编：《合同法》，法律出版社 2003 年版。
4. 史尚宽：《债法各论》，中国政法大学出版社 2000 年版。
5. 邱聪智：《新订债法各论》（上），中国人民大学出版社 2006 年版。
6. 黄立主编：《民法债编各论》（上），中国政法大学出版社 2003 年版。
7. 黄茂荣：《买卖法》，中国政法大学出版社 2002 年版。

第二十二章　赠与合同

第一节　一般赠与合同

一、赠与合同的概念和特征

赠与合同，指当事人约定一方将自己的财产无偿移转于他方所有的合同。将财产无偿移转于他方的人是赠与人，接受财产的一方是受赠人。赠与合同具有以下法律特征：

1. 赠与合同是转移标的物所有权的合同。与买卖合同、互易合同一样，赠与合同也以转移标的物所有权为实质内容，赠与合同的履行产生标的物所有权转移的效果。

2. 赠与合同是无偿合同。在赠与合同中，受赠人接受赠与物而不必向赠与人为相应的给付，赠与人向受赠人交付赠与物而不收取相应的报偿。

3. 赠与合同是单务合同。在赠与合同中，赠与人对于受赠人负无偿给付赠与财产的义务，而受赠人不承担义务。

4. 赠与合同是诺成合同。

二、赠与合同的效力

1. 赠与人的给付义务。赠与合同成立生效后，除赠与人依法撤销赠与外，赠与人应当按照约定的期限、地点、方式和标准向受赠人交付赠与财产。赠与人不交付赠与财产的，受赠人有权要求交付。[1] 赠与的财产依法需要办理登记或其他手续的，赠与人应履行协助义务，配合办理有关手续（《民法典》第659条）。赠与人不协助办理有关手续的，受赠人有权要求赠与人办理有关手续。

2. 赠与人不为给付时的责任。赠与亦为一种债之关系。依债之一般原则，赠与人不履行给付义务的，亦应负债之不履行的责任。但因赠与合同为无偿合同，应减轻赠与人的责任：①赠与人不为给付时，受赠人可以请求给付赠与的财产（交付赠与的财产，移转赠与财产的权利），但不得请求迟延利息和其他损害赔偿。②赠与的财产，在未交付之前，有毁损或灭失时，赠与人仅就其故意或者重大过失，负赔偿责任（《民法典》第660条第2款）。赠与人的此项责任，不得预先免除。此外，当事人通过特约提高赠与人责任的，该约定

---

[1] 《民法典》第660条第1款规定："经过公证的赠与合同或者依法不得撤销的具有救灾、扶贫、助残等公益、道德义务性质的赠与合同，赠与人不交付赠与财产的，受赠人可以请求交付。"

有效。

3. 赠与人的瑕疵担保责任。赠与的财产，如有瑕疵，赠与人不负担保责任（《民法典》第662条第1款）。但赠与人故意不告知其瑕疵，或者保证其无瑕疵，造成受赠人损害的，赠与人应当负赔偿责任（《民法典》第662条第2款）。

三、赠与合同的撤销

（一）赠与合同的任意撤销

《民法典》第658条第1款规定："赠与人在赠与财产的权利转移之前可以撤销赠与。"依其规定，以动产为标的物的赠与合同，在赠与物交付之前，赠与人可任意撤销；以非经登记不得移转权利的财物（如不动产）为标的物的赠与合同，在办理权利移转登记之前，赠与人可任意撤销。由此亦可知，赠与的财产已移转其权利的，赠与人不得任意撤销赠与合同；但赠与的财产部分移转其权利时，对于权利未移转的部分，赠与人仍可任意撤销。[1]

同时，依《民法典》第658条第2款规定，对于具有救灾、扶贫等社会公益的赠与合同、具有道德义务性质的赠与合同、经过公证的赠与合同，赠与人不得任意撤销。

（二）赠与合同的法定撤销

1. 法定撤销的事由。依《民法典》第663条第1款规定，受赠人严重侵害赠与人或其近亲属的，或者对赠与人有扶养义务而不履行的，不履行赠与合同约定义务的，赠与人有权撤销赠与合同。依其规定，赠与人可以法定撤销赠与的事由为：

（1）受赠人严重侵害赠与人或者赠与人的近亲属。[2] 该事由的构成要件为：①须受赠人有侵害行为。此所谓侵害行为，在解释上，含义较广，凡不利于赠与人或赠与人近亲属的行为，均包括在内，杀害行为、伤害行为等固属侵害行为，伪证、诬告、妨害选举等亦为侵害行为。此外，受赠人的侵害行为，无论是否出于故意，或是否构成犯罪，均非所问。[3] ②须其侵害行为或侵害后果严重。③受侵害人须为赠与人本人或其近亲属。

（2）受赠人对赠与人有扶养义务而不履行。该事由的构成要件为：①受赠人对于赠与人负有扶养义务。②受赠人有扶养能力，而不履行对赠与人的扶养义务。如果受赠人没有扶养能力或丧失扶养能力而无法履行扶养义务，则赠与人不得撤销。[4]

（3）受赠人不履行赠与合同约定的义务。该事由的构成要件为：①赠与合同中约定受赠人负有一定的义务。②赠与人已将赠与的财产交付于受赠人，或者已将赠与财产的权利移转于受赠人。③受赠人不履行赠与合同约定的义务。

2. 撤销权人。赠与合同的撤销权人原则上为赠与人。但是，因受赠人的故意不法行为致赠与人死亡或妨碍其撤销赠与（例如因受赠人的违法行为而致赠与人丧失民事行为能力）的，赠与人的继承人或者法定代理人有权撤销赠与（《民法典》第664条第1款）。

3. 撤销权的行使。赠与人行使撤销权的，应自知道或者应当知道撤销原因之日起1年内进行（《民法典》第663条第2款）。赠与人的继承人或者法定代理人行使撤销权的，应

---

[1] 胡康生主编：《〈中华人民共和国合同法〉释义》，法律出版社1999年版，第280页；崔建远主编：《合同法》，法律出版社2003年版，第360页。

[2] 近亲属包括配偶、父母、子女、兄弟姐妹、祖父母、外祖父母、孙子女、外孙子女（《民法典》第1045条第2款）。

[3] 胡康生主编：《〈中华人民共和国合同法〉释义》，法律出版社1999年版，第288页。

[4] 胡康生主编：《〈中华人民共和国合同法〉释义》，法律出版社1999年版，第289页。

自知道或者应当知道撤销原因之日起 6 个月内进行（《民法典》第 664 条第 2 款）。

4. 撤销的效力。赠与合同尚未履行的，经撤销，赠与合同溯及其订立时即消灭，赠与人可拒绝履行。赠与已经履行，撤销权人有权请求受赠人返还所赠与的财产（《民法典》第 665 条）。

四、赠与的拒绝履行

赠与合同的拒绝履行，是指赠与合同成立后，赠与人因其经济状况显著恶化，严重影响其生产经营或者家庭生活，而不再履行赠与义务（《民法典》第 666 条）。赠与的拒绝履行性质上是一种抗辩权，此项抗辩权不得预先抛弃。

第二节　特别赠与

一、附负担的赠与

附负担的赠与，指以受赠人对于赠与人或第三人承担一定义务为附加条款的赠与。又称附义务的赠与或附条件的赠与。有些国家法律明确规定赠与不得附加负担，大多数国家法律规定赠与可以附加负担。《民法典》第 661 条对附负担的赠与作了规定。

赠与合同所附的负担，是赠与合同的一部分，而不是另外一个附随于赠与合同的从合同。但该负担并不是赠与财产的对价，故附负担的赠与合同，仍为无偿合同、单务合同。

在附负担的赠与中，享受负担利益的人可以是：①赠与人本人，例如，赠与人将私房赠与他人，但约定受赠人用该房为赠与人抵押债务；②特定的第三人，例如，赠与人将出租的私房赠与他人，但约定受赠人将部分租金支付给赠与人的侄子；③不特定的多数人，例如，赠与人将某不动产赠与受赠人，并约定由受赠人将其收益之一部分用于慈善事业。

对于附负担的赠与，受赠人在接受赠与后，应履行其负担。《民法典》第 661 条第 2 款规定："赠与附义务的，受赠人应当按照约定履行义务。" 如赠与物不足履行负担，则受赠人仅就赠与价值内负履行义务。

受赠人接受赠与后，能履行负担而不履行时，赠与人有权请求受赠人履行其负担，或者撤销赠与，要求返还所赠财产。

附负担的赠与，其赠与物如有瑕疵，赠与人在受赠人负担的限度内负与出卖人相同的担保责任（《民法典》第 662 条第 1 款）。

二、混合赠与

赠与为无偿行为，但也可以含有有偿行为。同时含有有偿行为的赠与，称混合赠与。例如，含有赠与目的的廉价买卖财物。混合赠与的特征是：①双方所为的给付不等价；②对差价部分，一方有无偿给予对方的意思。

三、死因赠与

死因赠与，指赠与人生前与受赠人订立的于赠与人死亡时生效的赠与。死因赠与具有以下特征：

1. 无偿行为。与普通赠与一样，死因赠与也是以无偿给付财产为内容的法律行为。

2. 死后行为。死因赠与是赠与人生前所为的行为，但该行为以赠与人死亡为条件而发生效力。

3. 双方行为。死因赠与的成立，除赠与人作出无偿给予的意思表示外，还必须有受赠人的承诺。这一点区别于遗赠，遗赠只需遗赠人的意思表示就能成立，属于单方行为。

四、定期赠与

定期赠与，指赠与人按每一确定的时期无偿给付受赠人财产的赠与。例如，每月末由赠与人无偿给付受赠人人民币若干。

定期赠与可以约定其存续期限，如 10 年或 20 年，也可以不约定其存续期限。有约定期限的，期限届满时，定期赠与失去效力。但定期赠与不论是否定有存续期限，都因当事人一方死亡而失去效力。

五、目的赠与

目的赠与，指为实现某种目的而为的赠与。例如，未婚夫赠与未婚妻戒指。目的赠与和附负担赠与的主要区别在于，当目的不能实现时，赠与人只能依不当得利请求赠与物之返还，而不能请求目的之实现。

■思考题

1. 简述赠与的法定撤销。
2. 死因赠与和遗赠有何不同？
3. 死因赠与和遗赠扶养协议有何不同？
4. 甲因对乙负有债务，而以一件古董，为乙设定抵押权，但该抵押权未经登记。嗣后甲将该古董赠与丙，并为交付；丙对古董已设定抵押之事实一无所知。问：于债务履行期限届至而甲不能清偿其债务时，乙能否对该古董行使抵押权？

■参考书目

1. 王利明：《合同法》，中国人民大学出版社 2021 年版。
2. 李少伟、张晓飞主编：《合同法》，法律出版社 2021 年版。
3. 崔建远主编：《合同法》，法律出版社 2003 年版。
4. 史尚宽：《债法各论》，中国政法大学出版社 2000 年版。
5. 邱聪智：《新订债法各论》（上），中国人民大学出版社 2006 年版。
6. 黄立主编：《民法债编各论》（上），中国政法大学出版社 2003 年版。

第二十三章　借贷合同

■ **学习目的和要求**

　　学习、理解和掌握使用借贷合同的概念和特征、当事人的权利义务，理解和掌握消费借贷合同的概念和特征、当事人的权利义务，理解和掌握借款合同的概念和特征、当事人的权利义务。重点、难点在于借款合同中借款人义务的履行、自然人间借贷的利息限制。

第一节　使用借贷合同

一、使用借贷合同的概念和特征

　　使用借贷合同，指当事人双方约定一方将物无偿交付他方使用，他方于使用后返还其所借原物的合同。将物无偿交付他方使用的人是出借人，无偿使用他人物的人是借用人。使用借贷合同简称借用合同，它具有以下特征：

　　1. 使用借贷合同是移转标的物使用权的合同。借用的目的在于使用，借用人取得对标的物的占有后，只享有在一定期限内的占有权，并不取得所有权，期满后应将原物返还给出借人。

　　2. 因借用人于合同期满时返还的必须是其所借的原物，使用借贷合同的标的物通常是特定物、非消费物。[1] 此与消费借贷合同明显不同。

　　3. 使用借贷合同是无偿合同。借用人除于合同期满时应当返还原物外，无须因为使用借用物而向出借人支付报酬。此与租赁合同明显不同。

　　4. 使用借贷合同是实践性合同。除借用人与出借人达成协议外，须出借人交付借用物，使用借贷合同始告成立。

　　5. 使用借贷合同是单务合同。在使用借贷合同中，虽有出借人对借用人负容忍义务及借用物瑕疵担保义务，借用人负于合同期满时返还借用物的义务，但二者不构成对价关系。

二、使用借贷合同当事人的权利义务

　　（一）出借人的权利义务

　　1. 出借人对借用物负瑕疵担保义务。如因出借人故意隐瞒借用物的权利瑕疵或者品质瑕疵或因重大过失不告知瑕疵致使借用人遭受损害的，出借人应负赔偿责任。

　　2. 出借人于下列情形之一时，有权终止借用合同：①出借人因不可预知的事由，自己需要使用借用物的；②借用人死亡的；③借用人未尽善良管理人之注意，致借用物毁损或

---

[1]　在特定情形下，消费物亦可作为借用物。例如，为陈列或展示之使用，而借用他人之消费物。

者有毁损危险的；④借用人违背约定或违背借用物的性质使用借用物的；⑤借用人未经出借人同意，允许第三人使用的。

（二）借用人的义务

1. 借用人必须按合同规定或借用物的性能使用借用物。有具体约定或使用说明的，应按约定或说明使用；无约定或使用说明的，应按借用物的性能或通用方法合理使用。借用人如因使用方法不当造成借用物毁损灭失的，应负赔偿责任，出借人亦可解除合同。

2. 借用人应以善良管理人的注意妥善保管借用物，并负担保管借用物通常所需的费用。如因保管不善造成借用物毁损灭失的，借用人负赔偿责任。在使用期内借用人应承担为维持借用物价值和使用价值而支出的养护费用，如机器设备的修理费。借用物为动物时，借用人应负担其饲养费。

3. 借用人应当自己使用借用物。未经出借人同意，借用人不得擅自允许第三人使用借用物。否则，出借人有权解除合同。

4. 返还原物。借用人应按约定的期限返还借用物。如合同未约定返还期限，借用人应在使用完毕后返还借用物。经过相当时期，可推知借用人已使用完毕的，出借人亦有权请求返还借用物。借用合同未约定返还期限，又无法依使用目的推知期限时，出借人有权随时请求借用人返还，但应给借用人合理的准备期间。返还借用物时，借用物如有毁坏或损耗，借用人应负赔偿责任，以使借用物维持原有的价值。但借用人按照合同约定或者依借用物的性质使用借用物，致借用物变更或者毁损的，不负赔偿责任。返还借用物时，对借用人在借用物上所附之添加物，借用人有权取回，但不得损害借用物。

第二节　消费借贷合同

一、消费借贷合同的概念和特征

消费借贷合同，指当事人双方约定，一方将一定的物交付他方使用，他方于约定期限内返还同等种类、质量、数量实物的合同。消费借贷合同具有以下特征：

1. 消费借贷合同是转移标的物所有权的合同。消费借贷合同的目的在于消费，消费是对标的物事实上的处分。因此，借用人必须取得借贷物的所有权。

2. 消费借贷合同的标的物是可消费物、种类物（代替物）。借贷的目的在于消费，消费的结果是借贷物不复存在，而借用人又须返还同种类的借贷物，因此可作为借贷物的，只能是可消费物、种类物（代替物）。

3. 消费借贷合同可以是有偿合同，也可以是无偿合同。法律有规定的，依其规定；法律无规定的，依当事人约定；无法律规定，又无当事人约定的，推定为无偿合同。

4. 消费借贷合同是实践性合同（要物合同）。除当事人意思表示一致达成协议外，还须出借人将借贷物交付给借用人，借贷合同始告成立。

5. 无偿的消费借贷合同是单务合同，对此并无异议。而对于有偿的消费借贷合同，究竟为双务合同，或为单务合同，有不同见解。通说认为，有偿的消费借贷合同，为单务合同，其理由是：消费借贷合同为实践性合同，出借人交付借用物，为合同的生效要件，消费借贷合同生效后，负担义务的，仅为借用人一方（给付利息或其他种类报酬，返还同等数量、质量的代替物），而出借人不负义务。但是，消费借贷合同属于继续性合同，出借人在合同生效后，亦负有义务，即容忍义务，就此而论，借用人给付利息或其他报酬，乃相对于出借人所负容忍义务的对价。因此，有偿的消费借贷合同，应为双务合同。[1]

二、消费借贷合同当事人的权利义务

(一) 出借人的义务

出借人对借贷物负瑕疵担保责任。如为有偿借贷，出借人除应更换无瑕疵的种类物外，无论是否有过失，均应向借用人负损害赔偿责任；但借用人在接受借贷物时，已知有瑕疵仍为接受的，出借人不负损害赔偿责任。如为无偿借贷，出借人仅于自己故意不告知瑕疵或有重大过失未告知瑕疵时，向借用人负损害赔偿责任。

(二) 借用人的义务

1. 返还义务。借用人应于约定的期限到来时，向出借人返还同等质量、数量的种类物；借用人不能以种类物返还的，经出借人同意，可按借贷物的实际价值折算成货币返还。

2. 支付报酬的义务。消费借贷合同为有偿的，借用人应按规定或约定向出借人支付报酬。

第三节 借款合同

一、借款合同的概念和特征

借款合同，指贷款人（银行或其他金融机构、自然人）将一定数额的货币交付给借款人使用，借款人按期归还同等数额货币并支付利息的合同。在借款合同中，提供借款的一方称为贷款人，向贷款人借款的一方称为借款人。

借款合同具有以下特征：

1. 借款合同的标的具有特定性。借款合同以货币为标的物，故称货币借贷合同。借款合同性质上属于消费借贷合同。

2. 借款合同一般为诺成合同。依《民法典》第 671 条规定，贷款人未按照约定的日期、数额提供借款，造成借款人损失的，应当赔偿损失；借款人未按照约定的日期、数额收取借款的，应当按照约定的日期、数额支付利息。因此，借款合同一般自当事人之间达成合意时即成立生效。但自然人之间的借款合同则属例外，依《民法典》第 679 条规定，自然人之间的借款合同，自贷款人将货币交付于借款人时生效，故自然人之间的借款合同为实践性合同（要物合同）。

3. 借款合同一般为有偿、双务合同。以金融机构为贷款人的借款合同，为诺成合同，合同成立生效后，借款人有权取得借款，到期负有义务偿还借款；贷款人有义务交付借款，有权请求到期偿还借款和支付利息，故为有偿、双务合同。自然人之间的借贷合同是否为双务合同，则因其有偿与否而不同。自然人之间的借贷，如为无偿，为单务合同，如为有偿，则为双务合同。[2]

---

[1] 持相同见解者：王泽鉴：《债法原理》（第一册），中国政法大学出版社 2001 年版，第 146 页。

[2] 《民法典》第 680 条第 2 款规定："借款合同对支付利息没有约定的，视为没有利息。"第 3 款规定："借款合同对支付利息约定不明确，当事人不能达成补充协议的，按照当地或者当事人的交易方式、交易习惯、市场利率等因素确定利息；自然人之间借款的，视为没有利息。"关于民间借贷的利息，《最高人民法院关于审理民间借贷案件适用法律若干问题的规定》第 24 条规定："借贷双方没有约定利息，出借人主张支付利息的，人民法院不予支持。自然人之间借贷对利息约定不明，出借人主张支付利息的，人民法院不予支持。除自然人之间借贷的外，借贷双方对借贷利息约定不明，出借人主张利息的，人民法院应当结合民间借贷合同的内容，并根据当地或者当事人的交易方式、交易习惯、市场报价利率等因素确定利息。"

4. 借款合同一般为要式合同。依《民法典》第 668 条第 1 款的规定，借款合同应当采用书面形式，但自然人之间的借款合同，当事人可以约定不采用书面形式。

二、借款合同的成立

订立借款合同，首先由借款人向银行或其他金融机构提出书面申请，并应当按照贷款人的要求提供与借款有关的业务活动和财务状况的真实情况（《民法典》第 669 条）。银行或其他金融机构接受申请后，对借款人的资格、条件、借款用途进行审查，决定是否向借款人提供借款。对符合借款条件的，银行或其他金融机构与借款人签订借款合同。借款合同应包括下列条款：

1. 借款种类。根据借款行业、借款用途等不同，借款可分为工商借款、农业借款、基本建设借款等。不同种类的借款，其期限、数量及利率都有不同的规定。

2. 借款币种。合同中应当明确约定借款合同的标的物是何种货币，是人民币还是外币，如果是外币，还应当明确是哪一个国家的货币。

3. 借款用途。借款合同对借款用途有明确规定的，应按合同规定的用途使用借款，特别是政策性借款，专款专用，不得挪作他用。

4. 借款金额。借款金额是确定双方当事人权利义务大小的根据，应在合同中准确无误载明。

5. 借款利率。对借款利率，国家有明文规定，应严格执行，不得随意更改。[1]

6. 借款期限。借款人应按约定期限还款付息，不得拖延。

7. 返还借款的资金来源及还款方式。

8. 担保条款。借款担保以财产担保为原则，特定场合下也可以采取保证担保。由保证人担保时，应在借款合同中明确规定保证人的担保责任。

9. 违约责任。

三、借款合同当事人的权利义务

（一）贷款人的权利义务

1. 贷款人的主要权利是：①有权要求借款人提供担保；②有权检查、监督借款的使用情况（《民法典》第 672 条）。

2. 贷款人的主要义务是：①贷款人应及时提供贷款。贷款人未按约定的日期、数额提供贷款，造成借款人损失的，应当赔偿损失（《民法典》第 671 条第 1 款）。②贷款人不得预先在本金中扣除借款的利息；预先在本金中扣除利息的，应当按照实际借款数额返还借款并计算利息（《民法典》第 670 条）。[2]③通知义务。贷款人应于贷款期限到来前，口头或书面通知借款人还本付息。④保密义务。贷款人对于其在合同订立和履行过程中所了解到的借款人的各项秘密信息，负有保密的义务。

（二）借款人的权利义务

1. 借款人的主要权利是要求贷款人按照约定的日期、数额提供贷款。

---

〔1〕《民法典》第 680 条第 1 款规定："禁止高利放贷，借款的利率不得违反国家有关规定。"关于民间借贷的利率，《最高人民法院关于审理民间借贷案件适用法律若干问题的规定》第 25 条规定："出借人请求借款人按照合同约定利率支付利息的，人民法院应予支持，但是双方约定的利率超过合同成立时一年期贷款市场报价利率四倍的除外。前款所称'一年期贷款市场报价利率'，是指中国人民银行授权全国银行间同业拆借中心自 2019 年 8 月 20 日起每月发布的一年期贷款市场报价利率。"

〔2〕《最高人民法院关于审理民间借贷案件适用法律若干问题的规定》第 26 条规定："……预先在本金中扣除利息的，人民法院应当将实际出借的金额认定为本金。"

2. 借款人的主要义务是：①及时受领借款。借款人未按照约定的日期、数额受领借款的，应当按照约定的日期、数额支付利息（《民法典》第 671 条第 2 款）。②按照约定的用途合理使用借款。借款人未按照约定的借款用途使用借款的，贷款人有权停止发放借款，提前收回借款（《民法典》第 673 条）。③借款人应当按照约定向贷款人定期提供有关财务会计报表或其他资料（《民法典》第 672 条第 2 句）。④按期偿还贷款本金。借款人应当按照约定的期限返还借款。对借款期限没有约定或者约定不明确的，当事人可以协议补充；不能达成补充协议的，按照合同有关条款或者交易习惯确定；仍不能确定的，借款人可以随时返还；贷款人可以催告借款人在合理期限内返还（《民法典》第 675 条）。⑤支付利息的义务。借款人应当按照约定的期限支付利息；对支付利息没有约定或者约定不明确的，当事人可以协议补充；不能达成补充协议的，按照合同有关条款或者交易习惯确定；仍不能确定的，按以下处理：借款期间不满 1 年的，应当在返还借款时一并支付；借款期间 1 年以上的，应当在每届满 1 年时支付，剩余时间不满 1 年的，应当在返还借款时一并支付（《民法典》第 674 条）。[1] 借款人提前偿还借款的，除当事人另有约定外，应当按照实际借款的期间计算利息（《民法典》第 677 条）。借款人未按照约定的期限返还借款的，应支付逾期利息（《民法典》第 676 条）。[2]

■思考题

1. 使用借贷合同、消费借贷合同、借款合同三者之间有何区别？
2. 使用借贷合同和租赁合同有何不同？
3. 使用借贷合同的借用人有何权利？
4. 使用借贷合同未定期限时，出借人可否请求返还借用物？
5. 甲应向乙支付买卖价金 5 万元，但甲经过 1 年有余仍不能清偿其债务。甲向乙书面表示：该欠款已发生的利息滚入原本，按 2 倍于银行同期利率计算利息。乙表示同意。问：因买卖而发生的价金债务，可否依当事人的合意，嗣后成为借款合同（消费借贷合同）？该借款合同是原债务的更改还是原债务的变更？原债务是否消灭？当事人之间关于将利息滚入原本再生利息的约定，是否有效？

■参考书目

1. 王利明：《合同法》，中国人民大学出版社 2021 年版。
2. 李少伟、张晓飞主编：《合同法》，法律出版社 2021 年版。
3. 崔建远主编：《合同法》，法律出版社 2003 年版。
4. 史尚宽：《债法各论》，中国政法大学出版社 2000 年版。
5. 邱聪智：《新订债法各论》（上），中国人民大学出版社 2006 年版。
6. 黄立主编：《民法债编各论》（上），中国政法大学出版社 2003 年版。
7. 黄茂荣：《债法各论》（第一册），中国政法大学出版社 2004 年版。

---

[1] 于此，须注意《民法典》第 674 条与第 511 条第 4 项规定得不同。

[2] 关于民间借贷的逾期利率，《最高人民法院关于审理民间借贷案件适用法律若干问题的规定》第 28 条规定："借贷双方对逾期利率有约定的，从其约定，但是以不超过合同成立时一年期贷款市场报价利率四倍为限。未约定逾期利率或者约定不明的，人民法院可以区分不同情况处理：（一）既未约定借期内利率，也未约定逾期利率，出借人主张借款人自逾期还款之日起参照当时一年期贷款市场报价利率标准计算的利息承担逾期还款违约责任的，人民法院应予支持；（二）约定了借期内利率但是未约定逾期利率，出借人主张借款人自逾期还款之日起按照借期内利率支付资金占用期间利息的，人民法院应予支持。"

第二十四章　租赁合同与融资租赁合同

■ 学习目的和要求

　　理解和掌握租赁合同的概念和特征，出租人和承租人的权利义务，租赁合同对第三人的效力，租赁合同的终止原因；了解和掌握《民法典》关于房屋租赁的特别规定；理解和掌握融资租赁合同的概念和特征，出租人、承租人和租赁物出卖人的权利义务。重点、难点在于租赁合同出租人和承租人的权利义务、租赁合同对第三人的效力、房屋租赁合同中承租人的优先购买权和优先承租权、融资租赁合同各方当事人的权利义务、融资租赁合同终止后或无效时租赁物所有权的归属。

第一节　租赁合同

一、租赁合同的概念和特征

　　租赁合同，指当事人双方约定一方将租赁物交于他方使用收益，他方支付租金并于租赁关系终止时返还原物的合同。将租赁物交于他方使用收益的人是出租人，使用收益他人财产的人是承租人。租赁合同具有以下法律特征：

　　1. 租赁合同是转移租赁物使用权的合同。在租赁法律关系中，承租人取得租赁物的使用权，租赁物的所有权仍由出租人保留。这是租赁区别于买卖、互易、赠与等移转所有权合同的最根本特征。

　　租赁的目的在于使用、收益，使用、收益须以占有为前提。因此，出租人应将租赁物的占有移转给承租人。

　　2. 租赁合同是诺成合同、有偿合同、双务合同。租赁合同经双方当事人达成合意即成立生效，不以交付租赁物为必要。租赁合同原则上不以登记为有效要件。[1]租赁合同成立后，出租人应按约定交付租赁物，承租人亦应按约定使用租赁物，支付租金并于租赁关系终止后返还租赁物，出租人交付租赁物，让渡租赁物的使用权（收益权）是以承租人向其支付报酬（租金）为前提的。

　　3. 租赁合同的标的物，即租赁物，通常是有体物、非消费物。租赁物一般以有体物为限，包括动产和不动产。[2]但权利或企业亦可作为租赁标的物。[3]此外，物的一部分也可以单独

---

〔1〕 《民法典》第706条规定："当事人未依照法律、行政法规规定办理租赁合同登记备案手续的，不影响合同的效力。"

〔2〕 我国1982年《宪法》第10条第4款规定："任何组织或者个人不得侵占、买卖、出租或者以其他形式非法转让土地。"1988年宪法修正案将《宪法》第10条第4款修改为："任何组织或个人不得侵占、买卖或者以其他形式非法转让土地。土地的使用权可以依照法律的规定转让。"

〔3〕 依据国务院1988年颁布的《全民所有制小型工业企业租赁经营暂行条例》（1990年修订）规定，企业可以作为租赁的标的物。

作为租赁标的物，例如房屋的外墙可以出租给他人用于发布广告。又因为租赁合同不移转租赁物的所有权，租赁关系终止时，承租人必须返还原物，故一般而言，租赁物须为非消费物。[1]

二、租赁合同当事人的权利义务

（一）出租人的义务

1. 出租人必须按照约定将租赁物交付承租人使用。租赁，以使用收益为目的。通常，物的使用与收益，以对物占有为前提。因此，租赁合同成立后，出租人应按照合同约定的时间，及时地将租赁物交付给承租人，并在租赁期间保持租赁物符合约定的用途（《民法典》第708条）。出租人未按约定时间及时交付租赁物的，应向承租人承担违约责任，并应赔偿承租人因此所受的损失。出租人交付租赁物时，如有辅助租赁物使用的从物，例如租赁物的辅助设备、装配设备、使用说明书、操作规程等也应一并交付。

2. 出租人对租赁物负瑕疵担保责任。出租人交付的租赁物必须符合合同规定的使用、收益状态。如租赁物有品质瑕疵而不能使用、收益时，出租人应更换同类的物或者进行修缮。因此致使承租人受有损害的，出租人应承担赔偿责任。因权利瑕疵致承租人不能依约为租赁物使用、收益的，承租人有权解除合同。承租人因此受有损失的，出租人应承担赔偿责任。租赁物危及承租人的安全或者健康的，即使承租人于订立合同时明知该租赁物存在品质瑕疵，承租人仍有权随时解除合同（《民法典》第731条）。

3. 出租人负有修缮的义务。除当事人另有约定外，在租赁期间，租赁物出现缺陷而妨碍使用，有修缮必要和可能时，出租人负有及时修缮的义务（《民法典》第712条）。出租人逾合理期限而不修缮的，承租人可以自行修缮，费用由出租人承担。[2] 因修缮租赁物而影响承租人使用、收益的，应相应减少租金或者延长租期，但按约定或者习惯应由承租人修缮的除外（《民法典》第713条第1款）。出租人对租赁物的修缮义务以承租人对租赁物的使用障碍没有过失为前提。如因承租人的故意或过失导致租赁物不能正常使用的，应由承租人负担修缮义务（《民法典》第713条第2款）。

4. 租赁物上的合法负担，由出租人承担。承租人代为承担时应从租金中扣除。

5. 租赁合同终止时，出租人应及时接受承租人返还的租赁物，并应及时退还押金和其他担保物。因出租人的过错不能及时返还租赁物的，出租人应承担违约责任；出租人在合同成立时如按约定收取押金或占有其他担保物的，应于合同终止时如数退还。承租人不履行合同义务时，出租人可就承租人所提供的担保物行使相应的权利。

（二）承租人的义务

1. 交付租金的义务。承租人应按约定的期限、标准和方式向出租人支付租金。这是承租人最主要的义务。

承租人应当按照约定的期限支付租金。对支付期限没有约定或者约定不明确的，当事人可以协议补充；不能达成协议的，按照合同有关条款或者交易习惯确定；仍不能确定时，如租赁期限不满1年的，应当在租赁期限届满时支付；租赁期限1年以上的，应当在每届满1年时支付，剩余期限不满1年的，应当在租赁期限届满时支付（《民法典》

---

〔1〕 在特定情形下，消费物亦可作为租赁物。例如，为陈列或展示之使用，而租赁他人之消费物。

〔2〕 租赁物有修缮必要，经承租人定相当期限催告出租人修缮，而出租人逾期不为修缮时，承租人除可自行修缮外，是否可以终止租赁合同？对此，《民法典》未作明文规定。有学者认为，出租人无正当理由在承租人通知的合理期限内拒不履行其修缮义务的，构成根本违约，承租人有权解除合同，并可要求出租人承担违约责任。参见胡康生主编：《〈中华人民共和国合同法〉释义》，法律出版社1999年版，第329页。

第 721 条）。[1] 承租人无正当理由未支付租金或者迟延支付租金的，出租人可以要求承租人在合理期限内支付。承租人逾期不支付的，出租人有权解除合同（《民法典》第 722 条）。[2]

当事人可以自由约定租金的支付标准，但法律有租金最高限额时，当事人应当遵守规定。承租人无正当理由，不得任意降低租金标准。但是，因第三人主张权利而致使承租人不能对租赁物使用、收益的，承租人有权要求减少租金或者不支付租金（《民法典》第 723 条第 1 款）；因不可抗力等不可归责于承租人的事由，致使租赁物部分灭失或全部灭失时，承租人可就灭失部分，请求减少租金或不支付租金（《民法典》第 729 条）。

当事人可以约定用货币或实物作为支付租金的方式。对租金的支付方式没有约定的，推定以货币为租金形式。

2. 正当使用、收益，善意保管租赁物的义务。承租人应当按照约定的用途和使用方法，或出租人提供的使用说明书使用租赁物。对租赁物的使用方法，没有约定或者约定不明确的，当事人可以协议补充；不能达成协议的，按照合同有关条款或者交易习惯确定；仍不能确定时，应当按照租赁物的性能合理使用租赁物（《民法典》第 709 条）。承租人按照约定的方法或者租赁物的性质使用租赁物，致使租赁物受到损耗的，不承担赔偿责任（《民法典》第 710 条）。承租人未按照约定的方法或者租赁物的性质使用租赁物，致使租赁物受到损失的，出租人有权解除合同并请求赔偿（《民法典》第 711 条）。

承租人应以善良管理人的注意，妥善保管租赁物，因保管不善造成租赁物毁损、灭失的，应当承担损害赔偿责任（《民法典》第 714 条）。

租赁物有收益能力的，应保持其能力。为保管租赁物及维持其收益能力所支出的费用，由承租人负担。

3. 维持租赁物原状的义务。承租人对租赁物进行改善或者增设他物，须事先征得出租人同意。未经出租人同意的，出租人有权要求承租人恢复原状或者赔偿损失（《民法典》第 715 条）。[3]

4. 承租人负有通知的义务。当租赁物出现不适用而有修缮必要时，承租人应停止使用并及时通知出租人修缮，同时应对租赁物加以妥善保管。遇有第三人侵害租赁物或者第三人对租赁物主张权利时，承租人亦负通知义务（《民法典》第 723 条第 2 款）。如承租人不尽上述通知义务，致使租赁物毁损、灭失，或使出租人不能救济其权利而受到侵害的，承租人应负赔偿损失的责任。

5. 不得擅自转租的义务。未经出租人同意，承租人不得将租赁物转租给第三人。承租人未经出租人同意，擅自将租赁物转租给第三人的，出租人有权解除合同。经出租人同意而转租的，承租人与出租人之间的租赁合同继续有效，第三人对租赁物造成损害的，承租人应当赔偿损失（《民法典》第 716 条）。[4]

---

[1] 于此，须注意的是《民法典》第 721 条与第 511 条第 4 项规定的不同。
[2] 依《民法典》第 719 条规定，承租人拖欠租金者，以转租合同对出租人具有法律约束力为限，次承租人可代承租人支付拖欠的租金和违约金。次承租人代为支付的租金和违约金，可充抵次承租人应向承租人支付的租金；超出应付租金数额时，次承租人有权向承租人追偿。
[3] 《最高人民法院关于审理城镇房屋租赁合同纠纷案件具体应用法律若干问题的解释》第 6 条："承租人擅自变动房屋建筑主体和承重结构或者扩建，在出租人要求的合理期限内仍不予恢复原状，出租人请求解除合同并要求赔偿损失的，人民法院依照民法典第七百一十一条的规定处理。"
[4] 《民法典》第 717 条："承租人经出租人同意将租赁物转租给第三人，转租期限超过承租人剩余租赁期限的，超过部分的约定对出租人不具有法律约束力，但是出租人与承租人另有约定的除外。"第 718 条："出租人知道或者应当知道承租人转租，但是在六个月内未提出异议的，视为出租人同意转租。"

6. 返还原租赁物的义务。租赁关系终止后，承租人应及时向出租人返还原租赁物。租赁物返还时应当符合按照约定或依租赁物的性质使用后的状态，否则，承租人应承担赔偿责任（《民法典》第733条）。但租赁物的变更或者耗损如属承租人按照合同约定方法或者根据租赁物的性能进行使用、收益所致，承租人不承担赔偿责任（《民法典》第710条）。[1]

（三）租赁合同对第三人的效力

1. 承租人依租赁合同对租赁物享有占有、使用、收益的权利，对此权利，任何第三人都负有不侵害的义务。当第三人的行为妨碍承租人行使租赁权时，承租人可以请求出租人排除妨碍，也可以直接要求侵害人排除妨碍、停止侵害，并赔偿承租人因侵害行为所遭受的损失。

2. 租赁物的所有权在租赁期间被第三人有效取得时，承租人与原出租人所订的租赁合同对该第三人继续有效，直至原定租赁期限届满为止（《民法典》第725条）。

3. 租赁关系成立后，出租人在租赁物上设立他物权时，租赁权优先于他物权。但在租赁关系成立前就已在租赁物上设立他物权时，依物权优先于债权原则，承租人不得对抗他物权人。[2]

三、租赁的期限

《民法典》对租赁的期限设有如下规定：

1. 最长期限。租赁期限的长短，可以由当事人双方确定，但最长不得超过20年。当事人约定的期限如果超过最长期限的，超过部分无效（《民法典》第705条第1款）。

2. 期限更新。租赁期限可采取明示方式或默示方式更新。明示方式更新期限，指租赁期限届满前，双方当事人达成延长租赁期限的协议。更新期限不得长于法定的最长期限（《民法典》第705条第2款）。默示方式更新期限，指租赁期限届满后，承租人继续使用收益租赁物，而出租人不表示反对，由此推定为双方当事人达成了延长租赁期限的协议。租赁以默示方式更新期限后，是一种不定期限的租赁。此外，依《民法典》第734条第1款规定，租赁期间届满，承租人继续使用租赁物，出租人没有提出异议的，原租赁合同继续有效，但租赁期限为不定期。[3]

3. 未定期限的租赁。《民法典》第730条第1句规定，当事人对租赁期限没有约定或者约定不明确的，当事人可以协议补充；不能达成协议的，按照合同有关条款或者交易习惯确定；仍不能确定的，视为不定期限的租赁（简称不定期租赁）。

此外，《民法典》第707条规定："租赁期限六个月以上的，应当采用书面形式。当事人未采用书面形式，无法确定租赁期限的，视为不定期租赁。"

---

[1] 《最高人民法院关于审理城镇房屋租赁合同纠纷案件具体应用法律若干问题的解释》第13条："房屋租赁合同无效、履行期限届满或者解除，出租人请求负有腾房义务的次承租人支付逾期腾房占有使用费的，人民法院应予支持。"

[2] 《民法典》第405条规定："抵押权设立前，抵押财产已经出租并转移占有的，原租赁关系不受该抵押权的影响。"《最高人民法院关于审理城镇房屋租赁合同纠纷案件具体应用法律若干问题的解释》第14条规定："租赁房屋在承租人按照租赁合同占有期限内发生所有权变动，承租人请求房屋受让人继续履行原租赁合同的，人民法院应予支持。但租赁房屋具有下列情形或者当事人另有约定的除外：（一）房屋在出租前已设立抵押权，因抵押权人实现抵押权发生所有权变动的；（二）房屋在出租前已被人民法院依法查封的。"

[3] 此系将当事人单纯的沉默（不作为）拟制为"同意"的意思表示。关于意思表示的拟制，请参阅王泽鉴：《民法总则》，中国政法大学出版社2001年版，第339~340页。

对于不定期限的租赁，各当事人可随时提出解除合同，但应给对方合理的准备时间（《民法典》第730条第2句）。

四、租赁合同的终止

1. 租赁期限届满。租赁合同定有期限的，期限届满时，租赁合同终止。

2. 通知终止。对于不定期租赁，提出解除合同的一方当事人应提前通知对方，合理期限届满时，租赁关系终止。

3. 一方行使解除权而终止。终止权可因一方当事人不履行其义务而发生，亦可因其他事由而发生，例如，因不可归责于承租人的事由，致使标的物部分或者全部毁损、灭失，并因此致使不能实现合同目的的，承租人有权解除合同（《民法典》第729条）。享有解除权的当事人行使解除权的，租赁合同终止。

4. 承租人死亡而终止。无论租赁合同是否定有期限，承租人死亡均致租赁合同终止。

五、关于房屋租赁合同的特别规定

1. 承租人优先购买权。租赁关系存续期间，出租人出卖租赁房屋的，应当在出卖前的合理期限内通知承租人，承租人在同等条件下有优先购买权；但房屋按份共有人行使优先购买权，或者出租人将房屋出卖给近亲属时，承租人不享有优先购买权（《民法典》第726条第1款）。出租人履行通知义务后，承租人未在15日内明确表示购买者，视为放弃优先购买权（《民法典》第726条第2款）。[1]出租人未通知承租人或有其他妨害承租人行使优先购买权情形者，承租人可请求出租人承担赔偿责任。出租人与第三人订立的房屋买卖合同的效力不受影响（《民法典》第728条）。

2. 同住人续租权。承租人在房屋租赁期间死亡的，与其生前共同居住的人或者共同经营者，可以按照原租赁合同租赁该房屋（《民法典》第732条）。

3. 优先承租权。租赁期限届满后，房屋出租人如继续出租房屋，承租人享有以同等条件优先承租的权利（《民法典》第734条第2款）。

第二节　融资租赁合同

一、融资租赁合同的概念和特征

融资租赁合同，指当事人双方约定出租人按照承租人的要求出资向第三人购买租赁物，交付承租人在一定期限内使用、收益，承租人支付约定租金，并于合同期满后返还或购买租赁物的合同。融资租赁合同，与传统的租赁合同具有明显不同的特征，主要表现在：

1. 传统的租赁合同只有一个合同，租赁关系的当事人也只有出租人与承租人双方。而融资租赁合同涉及两个合同，即租赁公司（出租人）和承租人的租赁合同及租赁公司与租赁物供应商（出卖人）的买卖合同；存在着三方当事人，即租赁公司、承租人、供应商，融资租赁合同的履行也往往体现着租赁公司、承租人、供应商三者之间的权利义务关系。

2. 融资租赁合同的标的在租赁合同成立时，对承租人来说并不存在，并且租赁物的交付使用取决于另一个合同（买卖合同）的履行。而在租赁物买卖合同中反映的是，买受人

---

[1] 《民法典》第727条规定："出租人委托拍卖人拍卖租赁房屋的，应当在拍卖五日前通知承租人。承租人未参加拍卖的，视为放弃优先购买权。"《最高人民法院关于审理城镇房屋租赁合同纠纷案件具体应用法律若干问题的解释》第15条规定："出租人与抵押权人协议折价、变卖租赁房屋偿还债务，应当在合理期限内通知承租人。承租人请求以同等条件优先购买房屋的，人民法院应予支持。"

（出租人）用自己的资金购买承租人选定的租赁物，其实质意味着，承租人介入了他人的买卖关系，买卖合同的成立须经承租人确认，买卖合同成立生效后，未经承租人同意不得变更和解除。

3. 租赁期限届满后，承租人通常购买或取得租赁物。在融资租赁合同中，出租人是通过租金的形式完全收回其投资并获取利润的，租赁物在租赁期限届满时，其价值往往所剩无几，所以一般的惯例是，租赁期满后由承租人购买或取得租赁物的所有权。此外，融资租赁合同的标的是承租人根据其需要而选定的，具有特定的针对性，对承租人以外的其他人未必有用，这也促使出租人愿意以低廉的价格将租赁物转让给承租人。正因上述原因，在融资租赁合同中往往有"租赁期满后，由承租人购买或取得租赁物"的条款。

4. 融资租赁合同的租金一般高于传统租赁的租金。融资租赁期满，通常由承租人取得或以低廉价格购得租赁物。这样，出租人要收回投资并赚取利润，就必须在其所收取的租金中含有折抵租赁物价款的部分。因此，其租金要比一般的租金高。

订立融资租赁合同一般经以下程序：①承租人在供应商那里选择自己所需要的租赁物；②承租人向租赁公司提出租赁申请，并与之订立租赁合同；③租赁公司与供应商签订买卖合同；④供应商向承租人交付租赁物；⑤承租人验收租赁物后，向租赁公司交付受领证书；⑥租赁公司向供应商支付租赁物货款。融资租赁合同应采用书面形式（《民法典》第736条第2款）。

二、融资租赁合同各方当事人的权利义务

（一）出租人的权利义务

1. 出租人的主要权利是：①根据租赁物买卖合同取得租赁物的所有权。②根据租赁合同按时收取租金。除当事人另有约定外，租金应当根据购买租赁物的大部分或者全部成本以及出租人的合理利润确定（《民法典》第746条）。③承租人迟延支付租金，经催告，在合理期限内仍不支付租金的，出租人有权要求支付全部租金，或者解除合同，收回租赁物（《民法典》第752条）。

2. 出租人的主要义务：①按承租人确定的出卖人、购买租赁物的条件和具体要求，及时购买租赁物；未经承租人同意，出租人不得变更与承租人有关的合同内容（《民法典》第744条）。租赁物不符合约定或不符合使用目的，而承租人就租赁物的确定或选择，系依赖出租人的技能或受出租人干预而作出者，出租人应负责任（《民法典》第747条）。②出租人在收到承租人交付的受领证书后，应及时向出卖人支付货款。③出租人应当保证承租人对物的占有和使用（《民法典》第748条第1款）。④租赁期满时，按约定办法及时处理租赁物。对租赁物的归属没有约定或者约定不明确的，当事人可以协议补充；不能达成协议的，按照合同有关条款或者交易习惯确定；仍不能确定的，租赁物的所有权归属出租人（《民法典》第757条）。

（二）承租人的权利义务

1. 承租人的主要权利是：①自行选择租赁物及其出卖人。②受领出卖人交付的租赁物，并享有与受领标的物有关的买受人的权利（《民法典》第739条）。③在租赁期限内，对租赁物享有占有和使用的权利。出租人无正当理由收回租赁物，或者无正当理由妨碍、干扰承租人对租赁物的占有和使用，或者因出租人的原因致使第三人对租赁物主张权利的，承租人对出租人有损害赔偿请求权（《民法典》第748条第2款）。④根据约定，于出卖人不履行买卖合同义务时，向出卖人行使索赔权；并有权要求出租人予以协助（《民法典》第741条）。⑤当事人约定租赁期限届满租赁物归承租人所有，承租人已经支付大部分租金，但无力支付剩余租金，出租人因此解除合同收回租赁物的，收回的租赁物的价值超过承租人欠付的租金以及其他费用的，承租人有权要求部分返还（《民法典》第758条第1款）。

2. 承租人的主要义务：①依约向出租人交付租金。收取租金是出租人参加融资租赁的主要目的，是出租人收回购买租赁物资金和赚取利润的形式，承租人应依约支付租金（《民法典》第752条第1句）。承租人占有租赁物期间，租赁物毁损、灭失的，除法律另有规定或当事人另有约定外，承租人负继续支付租金的义务（《民法典》第751条）。承租人迟延支付租金，经催告后在合理期限内仍不支付租金的，出租人有权请求支付全部租金，或者解除合同，收回租赁物。②承租人应当及时接受出卖人交付的标的物，并应及时进行验收。标的物不符合约定者，应及时向出卖人提出异议，并请求瑕疵担保责任；承租人不行使此项权利的，不影响支付租金的义务。因标的物严重不符合约定而拒绝受领（《民法典》第740条第1款第1项）的，应及时通知出租人（《民法典》第740条第2款）。怠于通知，或者无正当理由拒绝受领，致出租人损害者，应负赔偿责任（《最高人民法院关于审理融资租赁合同纠纷案件适用法律问题的解释》第3条）。③承租人应妥善保管租赁物，并应当按照合同约定或者租赁物的性质进行使用、收益，并负担租赁物的维修和保养（《民法典》第750条）。除另有约定外，负责租赁物的保险。④占有租赁物期间，因租赁物造成他人人身伤害或者财产损害的，负赔偿责任（《民法典》第749条）。⑤未经出租人同意，不得对租赁物进行转让、抵押、质押、投资入股或其他形式的处分，否则，出租人有权解除合同（《民法典》第753条），并有权要求损害赔偿金。⑥租赁期满时，按约定及时返还或购买租赁物。

（三）租赁物出卖人的权利义务

租赁物出卖人的主要权利是：向出租人收取租赁设备价款；主要义务是按照约定向承租人交付（标的物）租赁物，并对租赁物的质量负担保责任（参见《民法典》第739条、第740条）。

■**思考题**

1. 租赁物可否转租？租赁物的转租与租赁权的让与有无不同？
2. 出租人不履行修缮义务时，承租人可以如何处置？承租人是否可以行使同时履行抗辩权而不给付租金？
3. 承租人就租赁物支出必要费用时，能否请求出租人偿还？
4. 承租人就租赁物增设工作物或其他设施时，应如何处理？
5. 试述租赁权物权化。
6. 试述承租人优先购买权的性质和条件。
7. 简述融资租赁合同的概念和特征。
8. 简述融资租赁合同各方当事人的权利义务。
9. 简述融资租赁合同终止后租赁物所有权的归属。
10. 简述融资租赁合同无效时租赁物所有权的归属。
11. 甲出租其房屋于乙，租赁契约终了时，乙尚欠甲租金五千元未付。租赁房屋内有乙的音响一台，时价值一万元。请回答以下问题：
（1）出租人甲，得否以乙未全部支付租金为理由，对音响实行扣押？
（2）假设：乙除租金债务外，尚对丙负有一万元债务；乙除音响外，别无其他财产可供清偿债务。丙知甲扣押乙的音响后，即时以债权人名义，主张参与音响的分配。问：应如何分配？
（3）假设：该音响，系乙以分期付款所有权保留之方式，自丁商行以两万元购得；现尚有五千元余款未支付。问：①出租人甲，得否对音响实行扣押？②倘音响拍卖所得为一万元，甲、丙、丁均主张参与分配，则应如何分配？

■参考书目

1. 王利明：《合同法》，中国人民大学出版社 2021 年版。

2. 李少伟、张晓飞主编：《合同法》，法律出版社 2021 年版。

3. 崔建远主编：《合同法》，法律出版社 2003 年版。

4. 史尚宽：《新订债法各论》，中国政法大学出版社 2000 年版。

5. 邱聪智：《债法各论》（上），中国人民大学出版社 2006 年版。

6. 黄立主编：《民法债编各论》（上），中国政法大学出版社 2003 年版。

7. 黄茂荣：《债法各论》（第一册），中国政法大学出版社 2004 年版。

第二十五章 承揽合同、建设工程合同

第一节 承揽合同

一、承揽合同的概念和特征

　　承揽合同，指当事人双方约定，一方按照他方的要求完成一定的工作，他方接受工作成果并给付约定报酬的合同。按照他方的要求完成一定工作的人是承揽人，接受工作成果并给付约定报酬的人是定作人。承揽合同具有以下特征：

　　1. 承揽合同的目的是工作成果，而非劳务。虽然，在承揽合同中，承揽人为了完成工作成果，需付出劳动（即劳务），但劳动本身不是加工承揽合同的目的，而不过是完成工作成果的手段。此点与直接以劳务为目的的合同（如雇佣合同）有本质区别。因此，承揽人虽付出劳动但无工作成果时，无权请求定作人给付报酬。

　　2. 承揽人完成的工作成果具有特定性。承揽人在承揽活动中，对于承揽标的物的种类、规格、形状、质量等都是按照定作人的特定要求完成工作成果的，由此决定了承揽人所完成的工作成果不是一般的或普通的工作成果，而是具有特定性的成果。承揽合同的意义就在于以特定性的工作成果满足人们的特定需要。

　　3. 承揽人在完成工作过程中承担风险责任。在完成工作过程中，因不可抗力等不可归责于双方当事人的原因致使工作成果无法实现或工作物遭受意外灭失或毁损，从而导致工作物的原材料损失和承揽人劳动价值损失，由承揽人自行承担风险责任，承揽人无权要求定作人给付报酬或赔偿损失。但原材料由定作人提供的，则原材料的损失由定作人承担。

　　4. 承揽合同是双务合同、有偿合同。在加工承揽合同中，当事人双方互向对方负担债务，并且互为对价，故承揽合同为双务、有偿合同。

　　5. 承揽合同是诺成合同、不要式合同。承揽合同因当事人意思表示一致而成立，不以当事人的实际交付为成立要件，故为诺成合同。当事人的意思表示不以任何形式为必要，故为不要式合同。

二、承揽合同当事人的权利义务

(一) 承揽人的义务

1. 承揽人负有按合同约定完成工作的义务。这是承揽人的基本义务。承揽人应恪守信用,严格按合同约定的标的、规格、形状、质量等完成工作,以满足定作人的特殊需要。未经定作人同意,承揽人不得擅自改变承揽内容,不得偷梁换柱、偷工减料、以次充好。否则,定作人有权拒绝接受,要求重作、修理、减少报酬,并享有请求支付违约金和赔偿损失的权利。

2. 承揽人必须亲自完成工作。承揽人必须以自己的设备、技术和劳力,完成承揽工作。对于承揽的主要工作,未经定作人同意,承揽人不得将其交由第三人完成,否则,定作人有权解除合同;经定作人同意后的,承揽人应当对第三人完成的工作成果向定作人负责(《民法典》第772条)。对于承揽的辅助工作,承揽人可以不经定作人同意,将其交由第三人完成,但承揽人应当对第三人完成的工作成果向定作人负责(《民法典》第773条)。

3. 承揽人负有检验和保管原材料的义务。依据合同约定,由定作人提供原材料的,承揽人应对原材料及时验收,如发现原材料质量不合格或数量短少,应通知定作人更换、补充或者采取其他补救措施(《民法典》第775条第1款)。否则,承揽人不得以定作人提供的原材料质量缺陷或数量不足为由要求定作人负责。承揽人对于定作人提供的原材料负有妥善保管的义务,承揽人如不尽此项义务,对因其过错而造成的原材料灭失、污损及其他价值下降,应承担赔偿责任(《民法典》第784条)。

4. 接受检查、监督及诚信义务。依据合同约定,原材料由承揽人提供的,承揽人应当按照约定选用材料,并接受定作人检验(《民法典》第774条)。承揽人不得擅自更换定作人提供的材料,不得更换不需要修理的零部件(《民法典》第775条第2款)。承揽人发现定作人提供的图纸或者技术要求不合理的,应当及时通知定作人(《民法典》第776条)。承揽人在工作期间,应当接受定作人必要的监督检验(《民法典》第779条)。

5. 承揽人应按期完成工作并按期交付工作成果。承揽人应按合同规定的数量和期限完成工作,交付工作成果,并提交必要的技术资料和有关质量证明(《民法典》第780条)。在承揽过程中,如确实需要变更履行期限的,应由双方达成协议并按协议执行。如因承揽人的过错,不能按期交付工作成果的,承揽人应向定作人承担迟延履行的责任或者部分不履行的责任。承揽人交付的工作成果不符合质量标准的,应当向定作人负修理、重作、减少报酬、赔偿损失等责任(具体应负何种责任,由定作人作出合理选择,参见《民法典》第781条)。

6. 承揽人对承揽内容负有保密义务。承揽人应当按照定作人的要求,保守秘密,未经定作人许可,不得留存复制品和技术资料(《民法典》第785条)。

7. 承揽人对定作物负瑕疵担保责任,保证自己所交付的定作物在品质、效用等方面符合合同的规定。为确定定作物的品质和效用,定作人有权在承揽人交付工作成果时,对标的物进行检验(《民法典》第780条)。如不符合合同规定,定作人有权请求承揽人在合理期限内进行修补。如承揽人拒绝修补,则定作人可自行修补,修补费用由承揽人承担;定作人亦可解除合同。

(二) 定作人的义务

1. 定作人负有及时接受工作成果的义务。定作人应按约定的方式、时间、地点及时验收工作成果(《民法典》第780条)。定作人迟延接受或无故拒绝的,应承担违约责任;如因此而造成工作成果(标的物)有缺陷的,定作人应负赔偿责任。如验收时发现工作成果有缺陷，可以拒绝受领，但应妥善保管并应及时通知承揽人。

2. 定作人负有按合同规定支付报酬的义务。对报酬的支付方式和期限，当事人有明确约定的，按约定方式（如约定以一定的实物作为报酬）和期限支付报酬。《民法典》第782条规定：定作人应当按照约定的期限支付报酬。对报酬的支付期限没有约定或者约定不明确的，可以协议补充；不能达成补充协议的，按照合同有关条款或者交易习惯确定；仍不能确定的，定作人应当在承揽人交付工作成果时支付，工作成果部分交付的，定作人应当相应支付。[1]对支付方式未作约定或约定不明确的，定作人应当在接受工作成果时，以货币为支付方式。定作人未向承揽人支付报酬或者材料费等价款的，除当事人另有约定外，承揽人对完成的工作成果有权行使留置权或拒绝交付（《民法典》第783条）。

3. 定作人应按合同规定的时间、地点、数量和质量向承揽人提供原材料和工作材料，以保证承揽人正常进行工作。定作人未按期、按质、按量提供原材料和工作资料的，承揽人有权顺延交付定作物的日期，并有权要求定作人赔偿停工待料所造成的损失。

4. 协助义务。承揽工作需要定作人协助的，定作人负有协助的义务。定作人不履行协助义务，致承揽工作不能完成的，承揽人得定合理期限催告定作人履行义务，并可以顺延履行期限；定作人仍不履行义务的，承揽人得解除合同（《民法典》第778条）。

5. 定作人中途变更承揽工作要求，致承揽人损失的，应负赔偿责任（《民法典》第777条）。定作人得随时解除承揽合同，但因此致承揽人损失的，应负赔偿责任（《民法典》第787条）。

第二节　建设工程合同

一、建设工程合同的概念、特征和种类

建设工程合同，指发包人（建设单位）和承包人（勘察、设计、施工人）之间签订的，由承包人完成工程建设，发包人接受工作成果并支付报酬的合同。实践中，常又称基本建设合同。

建设工程合同属于完成工作、交付工作成果的合同，与承揽合同有相同之处，如都是双务合同、有偿合同、诺成合同。但它又有自己的特征：

1. 建设工程合同的标的物，一般都是大型的建设项目，具有经济价值大、不可移动、长期存在的特点，标的物的这一特殊性，要求合同当事人必须比一般合同的履行更注重质量要求，做到"百年大计，质量第一"。

2. 由于建设工程都是大型的建设项目，投资大、周期长、技术要求高，所以，作为建设工程合同的承包人必须是法人。公民个人不能作为基本建设承包合同的当事人。

3. 建设工程合同主要反映大中型工厂、矿山、水利设施、交通运输设施、邮电通讯设施等建设而发生的经济关系，这些经济关系对社会经济及整个国民经济有着重要影响。因此，建设工程合同一般都具有严格的计划性，合同的订立和履行受到国家的严格管理和监督。《民法典》第792条规定："国家重大建设工程合同，应当按照国家规定的程序和国家批准的投资计划、可行性研究报告等文件订立。"

建设工程合同可以由发包人与总承包人订立建设工程合同（总包合同），然后由总包人

---

[1]　于此，须注意《民法典》第782条与第511条第4项规定的不同。

与各分包人订立各种分包合同；也可以由发包人分别与勘察人、设计人、施工人订立勘察、设计、施工承包合同。但发包人不得将应当由一个承包人完成的建设工程支解成若干部分发包给几个承包人（《民法典》第 791 条第 1 款）。

建设工程一般涉及工程的勘察、设计、施工等方面，以承包合同的不同内容为标准，可将建设工程合同分为勘察合同、设计合同、施工合同等。

二、建设工程合同当事人的权利义务

（一）发包人的义务

1. 发包人应当按照约定的时间和要求提供原材料、设备、场地、资金、技术资料。未尽此项义务的，承包人可以顺延工程日期，造成承包人停工、窝工等损失的，发包人应负赔偿责任（《民法典》第 803 条）。

2. 发包人对承包人的作业进度、质量进行监督检查时，不应妨碍承包人的正常作业（《民法典》第 797 条）。

3. 对于隐蔽工程，应当根据承包人的通知，在被隐蔽以前及时进行检查。未及时检查的，承包人可以顺延工程日期，造成承包人停工、窝工等损失的，发包人应负赔偿责任（《民法典》第 798 条）。

4. 因发包人的原因致工程中途停建、缓建的，发包人应当采取补救措施减少损失；因工程停建、缓建造成承包人停工、窝工、倒运、机械设备调迁和构件积压等损失的，发包人应负赔偿责任（《民法典》第 804 条）。发包人提供的主要建筑材料、建筑构配件和设备不符合强制性标准或不履行协助义务，致使承包人无法施工，经催告后在合理期限内仍未履行相应义务的，承包人有权解除合同（《民法典》第 806 条第 2 款）。

5. 因发包人变更计划，提供资料不准确，或者未按照期限提供必要的勘察、设计工作条件，造成勘察设计费及工作量增加的，发包人应承担责任（《民法典》第 805 条）。

6. 建设工程竣工后，发包人应当根据施工图纸及说明书、国家颁布的施工验收规范和质量检验标准及时进行验收。经验收合格的，发包人应当接收该工程。经验收合格的建设工程，方可交付使用；未经验收或者验收不合格的不得交付使用（《民法典》第 799 条）。

7. 建设工程竣工后经验收合格，发包人应当按照约定支付价款（《民法典》第 799 条第 1 款第 2 句）。发包人未按照约定支付价款的，承包人得定合理期限催告发包人支付；发包人逾期仍未支付的，除按照建设工程的性质不宜折价、拍卖外，承包人可以与发包人协议将建设工程折价，也可以申请人民法院将建设工程拍卖，并就折价或者拍卖所得价款优先受偿（《民法典》第 807 条）。

（二）承包人的义务

1. 承包人应当亲自完成工程建设任务。经发包人同意，总承包人或者勘察、设计、施工承包人，可以将自己承包的部分交由第三人完成。但对第三人完成的工作成果，总承包人或者勘察、设计、施工承包人应当与第三人向发包人承担连带责任。承包人不得将其承包的全部建设工程转包给第三人或者将其承包的全部建设工程支解以后以分包的名义分别转包给第三人。承包人不得将工程分包给不具备相应资质条件的单位。分包单位不得将其承包的工程再行分包。建设工程主体的施工必须由承包人自行完成（《民法典》第 791 条第 2 款、第 3 款）。承包人未经发包人同意将建设工程转包，或者违法分包的，发包人有权解除合同（《民法典》第 806 条第 1 款）。

2. 承包人应当接受发包人的监督检查（《民法典》第 797 条）。

3. 承包人应当按照约定的期限交付合格的工作成果。勘察、设计的质量不符合要求或者未按照期限提交勘察、设计文件拖延工期，造成发包人损失的，勘察人、设计人应当继续完善勘察、设计，减收或者免收勘察、设计费并赔偿损失（《民法典》第800条）。因施工人的原因致使建设工程质量不符合约定的，施工人应当在合理期限内无偿修理或者返工、改建；因修理或者返工、改建，逾期交付建设工程的，施工人应当承担违约责任（《民法典》第801条）。因承包人的原因致建设工程在合理使用期限内造成人身损害、财产损失的，承包人应负赔偿责任（《民法典》第802条）。

三、建设工程勘察设计合同

（一）建设工程勘察设计合同的概念

建设工程勘察设计合同，指发包人与承包人（勘察设计人）为完成一定的勘察设计，明确双方权利义务的合同。

（二）建设工程勘察设计合同的成立

建设工程勘察设计合同的双方当事人都必须是具有法人资格的社会组织，非法人不能订立建设工程勘察设计合同。

建设工程勘察设计合同的发包人（委托人），一般是建设单位，也可以是与建设单位有密切关系的单位，如建设单位的上级主管机关。

建设工程勘察设计合同的承包人（勘察设计人），必须是具有法人资格，并经国家认可的勘察设计单位。具体而言，勘察合同的承包人必须是经国家或省、直辖市、自治区主管机关批准并发给《勘察许可证》、具有法人资格的勘察单位。设计合同的承包人必须是经国家或省、直辖市、自治区主管机关批准并发给《设计许可证》、具有法人资格的设计单位。

勘察合同，由建设单位、设计单位或有关单位提出委托，经双方同意即可签订。

设计合同，须具有上级机关批准的设计任务书方能签订。小型单项工程须具有上级机关批准的文件方能签订。如单项委托施工图设计任务，应同时具有经有关部门批准的初步设计文件方能签订。

建设工程勘察设计合同在双方当事人经过协商取得一致意见，由双方负责人或指定的代表签字并加盖公章后，方为生效。

为了保证建设工程勘察设计合同的履行，建设工程勘察设计合同生效后，委托方应向承包人给付定金。建设工程勘察设计合同履行后，定金可抵作勘察费、设计费。

建设工程勘察设计合同应采取书面形式（《民法典》第789条），合同的主要条款应包括：①建设工程的名称、规模、投资额、建设地点；②委托书提供资料的内容、技术要求及期限；③承包人勘察的范围、进度和质量；④设计的阶段、进度、质量和设计文件的份数；⑤勘察、设计取费的依据、取费标准及拨付方法；⑥违约责任（《民法典》第794条）。

（三）建设工程勘察设计合同当事人的权利义务

1. 发包人的义务。

（1）发包人应向承包人提供勘察设计工程所需的有关基础资料，提出勘察设计要求及附图，并对提出的时间、进度及资料的可靠性负责。委托初步设计的，在初步设计前应提供经过批准的设计任务书、选点报告，有关原料、燃料、动力、运输等方面的协议文件。委托施工图设计的，在施工图设计前，应提供经过批准的初步设计文件和满足施工图要求的勘察资料、施工条件，以及有关的技术资料。

因发包人未按期提供资料或资料不准确，或变更计划等原因造成勘察设计费及工作量增加时，委托方应承担责任。

（2）发包人应按规定向承包人支付勘察设计费。勘察设计费的数额、支付时间及支付方式，由双方当事人根据国家有关规定、设计规模的大小、技术复杂程度等情况协商确定。发包人逾期不支付勘察设计费的，应支付违约金。

（3）发包人应维护承包人的勘察成果和设计文件，不得擅自修改，也不得转让给第三人重复使用。

2. 承包人的义务。

（1）承包人应按时向委托方提交符合要求的勘察设计成果。勘察单位应按现行的标准、规范、规程和技术条例进行工程测量、工程地质、水文地质等勘察工作。承包人应根据批准的计划任务书或上一阶段的批准文件，以及有关技术协议文件、设计标准、技术规范、规程定额等进行设计，并按合同规定的进度和质量提交设计文件。初步设计经上级主管机关审查后，在原定任务书范围内的必要修改，由承包人负责。

（2）设计人对所承担的设计任务的建设项目应配合施工，进行设计技术交底，解决施工过程中有关设计的问题，负责设计变更和修改预算，参加试车考核及工程竣工验收。对大中型工业项目和复杂的民用工程应派现场设计代表，并参加隐蔽工程验收。

承包人应对勘察设计质量负责，因质量低劣造成工程损失的，除承包人应继续完成勘察设计任务外，还应根据实际损失减免勘察设计费，承担赔偿损失的责任。

四、建设工程施工合同

（一）建设工程施工合同的概念

建设工程施工合同，指发包人（建设单位）与承包人（施工单位）之间订立的为完成特定的建设工程，明确双方权利义务关系的合同。按照建设工程施工合同，施工单位应按时、按质、按量完成建设工程，建设单位应按时提供必要的文件资料和其他工作条件，验收已完成的项目，并按规定交付工程价款。

（二）建设工程施工合同的成立

订立建设工程施工合同应符合法律规定的条件：①双方当事人都必须有法人资格，且双方都有履行合同的能力。在签订合同时，发包人必须已将其建设项目在国家工商行政管理部门进行筹建登记或开业登记。承包人必须是具有法人资格的建设施工企业，所从事的建设工程符合其法定的经营范围。②承包工程的初步设计和总概算已经批准。承包工程所需的投资和统配物资已列入国家计划。③列入国家计划内的重点建设工程，必须按照国家规定的基本建设程序和国家批准的投资计划签订合同。

建设工程施工合同应当采取书面形式。双方协商同意的有关修改合同的设计变更文件、洽谈记录、会议纪要以及资料、图表等，也是合同的组成部分。

根据有关法律规定，建设工程施工合同应具备以下主要条款：①工程名称和地点；②工程范围和内容；③开工、竣工日期及中间交工工程的开工、竣工日期；④工程质量、保修期及保修条件；⑤工程造价；⑥工程价款的支付、结算及交工验收方法；⑦设计文件及概算、预算和技术资料提供日期；⑧材料和设备的供应及进场期限；⑨双方互相协作的事项；⑩违约责任等。

（三）建设工程施工合同当事人的权利义务

1. 发包人的义务。

（1）发包人应做好施工前的准备工作。具体是：办理正式工程和临时设施范围内的土地征用、租用，申请施工许可执照和占道、爆破以及临时铁道专用线接岔道等的许可证；确定建筑物、道路、线路、上下水道的定位标桩、水准点和坐标控制点；开工前，施工现场水源、电源和运输道路，拆迁现场内的民房和障碍物等。

（2）按双方协定的分工范围和要求，按时提供符合质量标准的材料和设备，按合同规定的时间和份数向承包人交付经有关单位审定的施工图纸及其他技术材料。发包人没有履行该义务的，除应顺延竣工日期外，还应赔偿承包人因此而遭受的损失。

（3）及时进行竣工验收。发包人在接到承包人竣工通知后，应在规定的时间内，组织自己及施工、设计等单位进行初验，初验后向主管部门提出竣工验收报告，由主管部门组织验收。对建设工程的验收，应以初步设计、施工以及国家颁发的施工验收规则和质量检验标准为依据。

发包人超过规定的日期验收的，按合同规定应偿付违约金。合同规定发包人对在施工过程中的隐蔽工程进行检验并办理验收手续的，发包人应及时办理，否则应赔偿因此而造成的停工、窝工等实际损失。

（4）按合同规定支付工程价款。发包人应组织勘察设计人、施工人共同商定工程价款和竣工结算，向经办银行按时提交拨款所需文件，办理拨款与结算。发包人如果不按期支付工程价款，按银行逾期付款办法或工程价款结算办法的有关规定处理。

2. 承包人的义务。

（1）承包人应做好施工前的准备工作。具体是：施工场地的平整；施工界区内的用水、用电、道路和临时设施的施工；编制施工组织设计或施工方案。

（2）按双方商定的分工范围，做好材料和设备的采购、供应和管理。如因承包人的过错致材料不符合约定而影响工期或工程质量的，承包人应承担责任。

（3）严格按照施工图和说明书进行施工，确保工程质量。承包人应及时向发包人提出开工通知书、竣工验收报告；提供月份施工作业计划、月份施工统计表、工程事故报告以及提出应由承包人供应的材料、设备的供应计划。施工过程中，承包人应严格按照设计要求和施工验收规范全面完成工程任务，确保工程质量。对已完工的房屋、构筑物和安装设备，在交工前应负责保管，并清理场地。

（4）按期交付工程。工程竣工后，承包人应按规定的期限向发包人提出书面交工验收通知。按照有关规定提出竣工验收技术资料，办理工程竣工结算。在合同规定的保修期内，对属于承包人的责任的工程质量问题，承包人负责无偿修理。承包人逾期交付工程的，应承担违约责任。

（四）建设工程施工合同无效时的处理

建设工程施工合同无效时，应依建设工程经验收合格与否，作不同处理。经验收合格者，参照合同关于工程价款的约定，折价补偿承包人。易言之，承包人有折价补偿请求权。[1]建设工程经验收不合格者，处理办法如下：

1. 对建设工程进行修复，修复后经验收合格者，承包人有折价补偿请求权，但承包人应承担修复费用。

2. 建设工程无法修复，或者修复后经验收不合格者，承包人无折价补偿请求权。

3. 发包人对因建设工程不合格造成的损失有过错者，应承担相应的责任。

■思考题

1. 试述承揽合同的概念和特征。

2. 承揽合同与买卖合同有何不同？

---

[1]　该折价补偿请求权，性质上为不当得利返还请求权。

3. 承揽合同与雇佣合同有何不同？

4. 试述承揽合同的效力。

5. 试述承揽合同的风险负担。

6. 试述建设工程合同的概念和特征。

7. 试述建设工程合同的效力。

8. 试述建设工程勘察设计合同当事人的义务。

9. 试述建设工程施工合同当事人的义务。

10. 自然人甲与家具厂乙，订立家具加工合同，约定：加工家具所需木料由甲提供，其他材料由乙负责。家具加工完成后，交付前，家具厂厂房遭雷击失火，家具焚毁。问：对于家具的焚毁，谁应当负责？

■参考书目

1. 王利明：《合同法》，中国人民大学出版社 2021 年版。

2. 李少伟、张晓飞主编：《合同法》，法律出版社 2021 年版。

3. 崔建远主编：《合同法》，法律出版社 2003 年版。

4. 史尚宽：《债法各论》，中国政法大学出版社 2000 年版。

5. 邱聪智：《新订债法各论》（中），中国人民大学出版社 2006 年版。

6. 黄立主编：《民法债编各论》（上），中国政法大学出版社 2003 年版。

7. 黄茂荣：《债法各论》（第一册），中国政法大学出版社 2004 年版。

第二十六章　运输合同

■ 学习目的和要求

　　运输合同属于提供劳动服务的合同。合同标的是运输行为，即承运人运送旅客或货物的劳务行为，而不是旅客和货物本身。重点在于掌握运输合同的特征，客运和货运合同当事人的权利、义务。难点在于货运合同中的联运合同，特别是多式联运合同当事人的权利、义务和损害赔偿责任。

第一节　运输合同概述

一、运输合同的概念

　　运输合同，指承运人将承运的旅客及行李或货物运送至指定地点，旅客、托运人或收货人向承运人支付运费的合同。运输合同属于提供劳务的合同。

　　运输合同的种类较多。依运输对象不同，分为货物运输合同和旅客运输合同；其中货物运输合同又分为普通货物、特殊货物（如鲜活货物，易腐、易变质的货物等）和危险货物（如易燃、易爆、有毒的货物等）运输合同。依运输工具不同，分为铁路运输合同、水上（海上、内河）运输合同、公路运输合同、航空运输合同等。依运输方法不同，分为单一运输工具的运输合同和两种或两种以上运输工具的运输合同，即联运合同，又称多式联运合同，如铁路、水路联运，航空与铁路或公路联运等；其中联运合同又可分为国内联运合同和国际联运合同。

二、运输合同的特征

　　1. 运输合同是双务、有偿合同。在运输合同中，承运人负有将旅客或货物运送至指定地点的义务，旅客、托运人或收货人负有支付运费的义务。双方互负义务且互为对价。

　　2. 运输合同是诺成合同。货物运输合同，在合同条款达成合意并经双方签字盖章时，即成立并生效。旅客运输合同在车票买卖程序完成时成立并生效。

　　3. 运输合同多为格式合同。运输合同的主要条款，包括运费、票价等，都由国家授权的运输部门统一制定。合同文本、提单、客票等一般都统一印制。

　　4. 货物运输合同常常涉及第三人。货物运输合同，除托运人和承运人外，常常还会涉及第三人，即收货人。收货人可能是托运人本人，也可能是第三人。第三人虽未参加合同的订立，但对承运人可以取得权利，并承担义务。

第二节　旅客运输合同

　　旅客运输合同，指承运人按约定时间将旅客及其行李运送到目的地，旅客支付运费的合同。依运送方式不同，旅客运输合同可分为铁路旅客运输合同、公路旅客运输合同、水路旅客运输合同和航空旅客运输合同。

客票是旅客乘坐运输工具的凭证，也是订立运输合同的证据。除当事人另有约定或另有交易习惯外，旅客运输合同在承运人向旅客交付客票时成立（《民法典》第814条）。

旅客运输合同常常与行李运输相伴随。

旅客的主要权利是按照客票上标明的日期和班次、座位，乘坐约定的运输工具，以抵达指定地点，旅客有权按照客运规章制度的规定，携带小孩和随身物品，请求承运人托运行李；有权使用运输工具上提供的生活和文化娱乐方面的各种设施。

旅客的主要义务是交付国家统一规定的运费，遵守交通规章制度，遵守公共秩序，爱护国家财产。

承运人的主要权利是按照规定向旅客收取运费。旅客无票或使用失效、伪造、涂改的客票乘坐交通工具，或者在随身携带的行李中夹带易燃、易爆、有腐蚀性等危险物品、禁运物品时，承运人有权对旅客进行批评教育，采取补票、罚款等措施，情节严重者，移交有关机关依法处理。

承运人的主要义务是将旅客及其行李，按时、安全地运送到指定地点。承运人在运输过程中，有为旅客提供必要设备和服务的义务。对老人、残疾人、幼儿，应予必要的帮助；对遇险的旅客应尽力抢救；对发生急病或分娩的旅客，应予必要的医疗和照顾（《民法典》第822条）。旅客在运输过程中的伤亡，除承运人证明系因可归责于旅客的事由（例如旅客自身健康原因、旅客对自身伤亡存在故意或重大过失）所致外，承运人应负赔偿责任（《民法典》第823条）。承运人对旅客托运的行李，自承运时起至交付时止，负安全运输责任。行李在运输中的损坏、灭失、短少、变质、受到污染等，除因不可抗力、货物本身的自然属性或旅客的过错所致外，承运人应负赔偿责任（《民法典》第824条、832条）。

第三节　货物运输合同

一、货物运输合同的订立、变更和解除

（一）货物运输合同的订立

依国家有关的货物运输规章的规定，铁路大宗物资运输，可按年度、半年或季度签订运输合同，其他整车货物运输，应按月度签订运输合同；水路大宗物资运输和其他按规定须提交月度托运计划的货物，可按月度签订运输合同。

（二）货物运输合同的变更和解除

货物运输合同订立后，即具有法律约束力。但在一定条件下，货物运输合同当事人可以根据货运规则的规定，提出变更或解除合同的要求。因自然灾害、抢险救灾等紧急任务，无法按合同的规定运送货物时，承运人应及时通知托运人并提出处理意见。承运人变更货物运输，应事先征得托运人同意，但在某些情况下可以例外，如为了托运人利益并事先无法通知托运人的情况。在承运过程中，托运人因发生特殊情况，可向发货站或到达站等提出取消托运、变更到达站或收货人的请求。变更运输，违反国家法律、行政法规、物资流向或运输限制者，承运人有权拒绝。运输变更后，应根据具体情况，按规定增加或减少运费。

二、托运人的权利义务

托运人的主要权利是要求承运人按照合同约定时间，把货物运送到目的地。在承运人

将货物交付收货人之前，托运人可要求承运人中止运输、返还货物或变更到达地，或者将货物交给其他收货人，但应赔偿承运人因此受到的损失（《民法典》第829条）。

托运人的义务包括：

1. 在办理货物运输时，应向承运人准确表明收货人的姓名、名称或者凭指示的收货人，货物的名称、性质、重量、数量，收货地点等有关货物运输的必要情况。因托运人申报不实或遗漏重要情况，致承运人损害时，托运人应负赔偿责任（《民法典》第825条）。货物运输需要办理审批、检验等手续者，托运人应将审批、检验文件提交承运人（《民法典》第826条）。

2. 对托运的货物，应按照约定的方式包装，否则承运人有权拒绝承运（《民法典》第827条）。

3. 托运易燃、易爆、有毒、有腐蚀性、有放射性等危险物品时，托运人应按国家有关危险物品运输的规定，对危险物品妥善包装，做出危险物品标志和标签，并将有关危险物品的名称、性质和防范措施的书面材料提交承运人。托运人有违反行为者，承运人可以拒绝运输，或者采取相应措施以避免损失的发生，因此产生的费用由托运人负担（《民法典》第828条）。

4. 及时提货。未及时提货者，应当向承运人支付保管费等费用（《民法典》第830条）。

5. 按时交付规定的运费、保管费或其他费用。但货物如在运输过程中因不可抗力灭失，除法律另有规定外，未收取运费的，承运人不得请求支付运费；已经收取运费的，托运人有权请求返还（《民法典》第835条）。

三、承运人的权利义务

承运人有权向托运人、收货人收取运费、保管费和其他费用。托运人或收货人不支付运费、保管费或其他费用者，除另有约定外，承运人对相应的运输货物享有留置权（《民法典》第836条）。承运人留置货物后，托运人或收货人未在指定期间内补交费用者，承运人有权变卖留置物，以抵偿应收取的费用。变卖留置物所得价金不足以抵偿费用者，承运人就不足部分，仍有请求权。收货人不明，或者收货人无正当理由拒绝受领货物时，承运人有权依法提存货物（《民法典》第837条）。

承运人的义务包括：

1. 在合同约定的期间内，将全部货物安全地运到指定地点。承运人对承运的货物，自接受承运时到交付收货人为止，负安全运输和妥善保管的责任。货物在运输过程中有毁损、灭失等情形者，除承运人证明货物的毁损、灭失，系因不可抗力、货物本身的自然性质或合理损耗，或者托运人、收货人过错所致外，承运人应负赔偿责任（《民法典》第832条）。

2. 在货物运输到达后，应及时通知收货人提物（《民法典》第830条）。在收货人提货前，应妥善保管货物。

四、收货人的权利义务

收货人的权利义务包括：

1. 提货的权利义务。提货既是收货人的权利，也是收货人的义务。收货人在收到提货通知后及时提货。收货人未及时提货者，应支付保管费（《民法典》第830条）。

2. 检验货物的权利义务。收货人在提货时有检验货物的权利。同时，收货人应按约定的期间检验货物。当事人对检验期间未约定或约定不明，且依《民法典》第510条规定仍不能确定者，收货人应在合理期间内检验货物（《民法典》第831条）。

3. 赔偿请求权。有货物毁损、灭失或其他与货运单、提货单不符等情形时，有权请求承运人赔偿（《民法典》第 832 条）。

4. 费用支付义务。有关费用应由收货人支付者，收货人应在提货时支付该费用。

第四节　多式联运合同

一、多式联运合同的概念

多式联运合同，指由托运人或旅客和第一承运人订立一份合同，通过一次交付费用，采用同一运送凭证，使用两种以上运输工具将货物或旅客运送到目的地的合同。实行联运合同可以使各种运输工具得到综合利用，使各个运输环节有机地衔接、紧密合作，从而发挥运输设备的能力，有效地完成各项运输任务。因此，联运的意义，不仅仅在于能够简化运输手续，而更重要的是能够充分发挥运输能力，加速承运货物的周转，方便人民的旅行，节省运输费用，以便最大限度地满足工农业生产和人民生活的需要。

联运合同有两种方式：①单式联运合同，即承运人以同一运输方式进行的联运合同，这种联运方式又称为"连续运输"或"相继运输"；②多式联运合同，即承运人以两种以上不同运输方式进行的联运合同，如铁路、水路联运，铁路、公路、水路联运，航空与铁路或公路联运等。此外还有国际联运合同等。

二、多式联运合同的特点

多式联运合同除具有普通运输合同的一般特征外，还具有以下特点：

1. 以多种方式履行合同。所谓多种运输方式，指多式联运经营人以两种或两种以上互相衔接的运输工具将同一货物运输到指定地点，并收取全程运输费用的合同。承运人为两人或两人以上，但以单一运输方式承运者，属于单式联运，而非多式联运。

2. 托运人一次交费并使用同一运输凭证。在多式联运合同中，承运人虽为两人或两人以上，但与托运人订立合同的是多式联运经营人。多式联运合同使用一份全程多式联运单据。托运人只需一次交费，承运人只需签发一份运单。《民法典》第 840 条规定："多式联运经营人收到托运人交付的货物时，应当签发多式联运单据。按照托运人的要求，多式联运单据可以是可转让单据，也可以是不可转让单据。"

3. 多式联运经营人负责履行或者组织履行多式联运合同，对全程运输享有承运人的权利，承担承运人的义务（《民法典》第 838 条）。

三、多式联运合同当事人的责任和损害赔偿责任

多式联运经营人在其与托运人订立货物运输合同后，即成为承运人。多式联运经营人对托运人承担的义务与一般运输合同基本相同。多式联运经营人就运输过程中货物的毁损灭失统一承担损害赔偿责任。《民法典》第 839 条规定，多式联运经营人可就多式联运合同的各区段运输，与参加多式联运的各区段承运人，约定其责任，但该约定不影响多式联运经营人对全程运输承担的义务。

因托运人托运货物时的过错，致多式联运经营人损害者，托运人应负赔偿责任，多式联运单据已转让者，亦同（《民法典》第 841 条）。

依《民法典》第 842 条规定，货物的毁损或灭失发生的运输区段能确定者，多式联运经营人的赔偿责任和责任限额，适用调整该区段运输方式的有关法律规定。货物毁损、灭失发生的运输区段不能确定者，依货物运输合同关于承担货物毁损、灭失风险的规定承担责任。

■思考题

1. 简述运输合同的概念和特征。
2. 简述客运合同当事人的权利和义务。
3. 简述货运合同当事人的权利和义务。
4. 简述货运合同的履行规则。
5. 简述多式联运合同中联运经营人、承运人的责任。

■参考书目

1. 王利明:《合同法》,中国人民大学出版社 2021 年版。
2. 李少伟、张晓飞主编:《合同法》,法律出版社 2021 年版。
3. 魏振瀛主编:《民法》,北京大学出版社、高等教育出版社 2021 年版。
4. 史尚宽:《债法各论》,中国政法大学出版社 2000 年版。

第二十七章 技术合同

第一节　技术开发合同

一、技术开发合同的概念和特征

　　技术开发合同，指当事人约定研究开发新技术、新产品、新工艺、新品种或者新材料及其系统的合同（《民法典》第851条第1款）。技术开发合同的基本法律特征是：①其标的是待研究开发的技术项目，即合同订立时，合同的标的不是现有的技术成果，而是必须经过艰苦探索、试验、研究等创造性劳动才能获得的成果。②技术开发合同的当事人具有共同的目的，都是为了取得新的技术成果。

二、技术开发合同的种类

　　技术开发合同可分为委托开发合同和合作开发合同两种（《民法典》第851条第2款）。

（一）委托开发合同

　　委托开发合同，指当事人约定，一方完成某种新技术项目的研究开发任务，他方接受研究开发成果并给付报酬的合同。其中，承担研究开发任务的一方称受托人，接受研究开发成果的一方称委托人。

　　委托开发合同的各方当事人应负担下列主要义务：

　　1. 委托人的义务：①委托人应依合同约定向受托人支付研究开发费用和报酬。②委托人应依合同约定，向受托人提供技术开发所需要的技术资料，并完成其他协作事项。③按期接受研究开发成果。如因委托人无故拒绝或迟延接受研究开发成果，致使该研究成果被第三人以合法形式取得，或丧失新颖性，或遭受毁损、灭失时，委托人应承担责任。

　　2. 受托人的义务：①受托人应依合同约定，按期完成研究开发工作，交付研究开发成果。②受托人应当亲自完成技术开发工作。非经委托人同意，不得将技术开发工作的主要部分交由第三人完成。③受托人应当合理使用开发费用。开发费用有剩余的，应当返还。④受托人依合同约定完成研究开发成果，交付技术开发成果时，应当提供有关的技术资料，并给予必要的技术指导，帮助委托人掌握该项技术成果。⑤除法律另有规定外，受托人不得对第三人泄露技术开发成果的技术秘密，也不得向第三人提供该项技术成果。

（二）合作开发合同

合作开发合同，指两个或两个以上的当事人，为了共同完成特定的研究开发工作所订立的明确各方权利义务的合同。在合作开发合同中，各方当事人的目的是共同的、一致的。此点与委托开发合同不同。

合作开发合同的各方当事人应负担下列主要义务：

1. 依合同的约定进行投资。当事人的投资包括金钱、场地、设备、技术。

2. 依合同约定的分工参与开发工作。当事人应共同制定研究开发计划。各方当事人既可共同进行全部的研究开发工作，亦可依合同约定的分工，分别承担某个阶段或某个部分的研究开发工作。

3. 与其他各方协作配合。合作开发合同的目的是共同研究开发完成特定的技术项目，其技术难度一般都较高，需要各方当事人的共同协作配合。

4. 各方当事人应严格保守技术情报和技术资料的秘密。

三、技术开发合同的技术成果的归属

对于技术开发成果的归属，当事人有约定的，依约定；无约定或约定不明确的，依下列规定确定技术成果的归属：

1. 委托开发完成的发明创造，专利申请权归属于受托人。受托人取得专利权的，委托人有权免费使用该项专利。受托人就其发明创造转让专利申请权的，委托人有优先受让的权利。

2. 合作开发完成的发明创造，专利申请权归属于合作各方共有。一方转让其共有的专利申请权的，另一方或其他各方有优先受让其共有的专利申请权。一方声明放弃其共有的专利申请权的，另一方或其他各方可单独申请或共同申请。发明创造被授予专利权后，放弃专利申请权的一方有权免费使用该项专利。合作开发的各方中，一方不同意申请专利的，其他合作方不得申请专利。

3. 委托开发所完成的技术秘密成果归属于受托人，合作开发所完成的技术秘密（非专利技术）成果归属于合作各方共有。各方对该技术成果均有使用权。合作开发所完成的技术秘密成果，非经各方同意，任何一方均不得将该技术成果转让给第三人，或者将该技术成果的技术秘密或技术资料泄露给第三人。

四、技术开发合同的风险负担

对因出现无法克服的技术困难导致开发失败或者部分失败的风险负担，当事人有约定的，依约定。无约定的，在委托开发合同，除可归责于受托人的事由外，由委托人负担；在合作开发合同，由各方合理分担。

当事人一方发现有可能导致开发失败或者部分失败的情况时，应当及时通知他方，并采取适当措施减少损失。怠于通知和采取措施的，应当就扩大的损失承担责任。

第二节　技术转让合同

一、技术转让合同的概念

技术转让合同，指当事人约定一方将专利申请权、专利权或者技术秘密（非专利技术）转让他方，他方支付转让金的合同（《民法典》第 862 条第 1 款）。

技术转让合同的标的物是现有的技术成果（权），而非待研究开发的技术成果。该技术成果权为知识产权中的专利申请权、专利权和技术秘密，属于无形财产权。

技术转让合同具体包括专利申请权转让合同、专利权转让合同、技术秘密（非专利技术）转让合同。

二、专利申请权转让合同

专利申请权转让合同，指转让人将其特定的发明创造申请专利的权利转让给受让人，受让人支付约定价款所订立的合同。专利申请权转让合同具有以下效力：

1. 转让人应按合同约定将发明创造申请专利的权利移交给受让人；同时应当提供申请专利和实施专利所需要的技术情报和技术资料，该技术情报和技术资料应当达到使该领域一般专业技术人员能够实施发明创造的程度。转让人不履行合同义务的，应当支付违约金或赔偿损失。

2. 受让人应按合同约定向转让人支付转让金。受让人不履行合同义务的，应当支付违约金，并应返还专利申请权，归还技术资料。如有损失，应赔偿损失。

3. 除合同另有约定外，转让人在专利申请权转让合同成立生效后，应当停止使用其发明创造。

4. 专利申请权转让合同订立前所订立的技术秘密许可使用合同，在专利申请权转让合同订立后，继续有效，除合同另有约定外，原技术秘密许可使用合同的权利义务由受让人承受。

5. 受让人就发明创造申请专利被驳回的，受让人不得请求转让人返还价金。但转让人侵害他人专利权、专利申请权或其他技术成果权的除外。

6. 合同的双方当事人均应遵守合同中约定的保密事项。违反保密义务给对方造成损失的，应负赔偿责任。

三、专利权转让合同

专利权转让合同，指专利权人（转让人）将其所有或持有的某种发明创造专利权移转给受让人所有或持有的合同。专利权转让合同具有以下效力：

1. 转让人应将合同约定的专利权移转给受让人所有或持有，并办理法律规定的转让手续；应交付与所转让技术有关的技术情报和技术资料，并提供必要的技术指导。转让人不履行合同的，应当支付违约金或者赔偿损失。

2. 受让人应按合同约定向转让人支付转让金。受让人不履行合同的，应当支付违约金或者赔偿损失。

3. 除合同另有约定外，转让人在专利权转让合同订立后，应停止实施专利。

4. 专利权转让合同订立前所订立的专利实施许可合同，在专利权转让合同订立后，继续有效，除合同另有约定外，原专利实施许可合同的权利义务由受让人承受。

5. 转让的专利权被撤销或者被宣告无效时，受让人不得请求转让人返还转让金。但是，如不返还，明显违反公平原则的，转让人应当返还全部或者部分转让金。因转让人的恶意给受让人造成损失时，转让人应当赔偿损失。例如，转让人明知自己的专利会被宣告无效，仍与他人签订专利权转让合同，则转让人应负赔偿损失的责任。

6. 合同的双方当事人均应遵守合同中约定的保密事项。违反保密义务给对方造成损失的，应负赔偿责任。

四、技术秘密转让合同

技术秘密转让合同，指当事人约定，一方将技术秘密转让于他方，他方支付转让金的合同。技术秘密包括未申请专利的技术成果、未授予专利的技术成果和专利法规定不授予专利权的技术成果。

技术秘密转让合同具有以下效力：

1. 转让人应将合同约定的技术秘密移转给受让人；交付与转让的技术有关的技术资料，并提供必要的技术指导。转让人不履行合同的，应当支付违约金或者赔偿损失。

2. 受让人应按合同约定向转让人支付转让金。受让人不履行合同的，应该支付违约金或者赔偿损失。

3. 除合同另有规定外，转让人在技术秘密转让合同订立后，应停止实施该非专利技术。

4. 技术秘密转让合同订立前所订立的技术秘密实施许可合同，在技术秘密转让合同订立后，继续有效，除合同另有约定外，原技术秘密实施许可合同的权利义务由受让人承受。

5. 技术秘密的转让人应当保证技术的实用性与可靠性。

6. 合同的双方当事人均应遵守合同中约定的保密事项。违反保密义务给对方造成损失的，应负赔偿责任。

第三节　技术许可合同

一、技术许可合同的概念和种类

技术许可合同，指当事人约定，一方许可他方实施、使用技术，他方支付使用费的合同。所谓技术，包括专利技术和技术秘密（《民法典》第 863 条第 2 款）。技术许可合同以许可实施或使用技术为内容，许可人不因此丧失其对技术的权利。

依据许可人许可实施或使用技术程度和范围的不同，技术许可合同分为以下类型：

1. 普通许可合同。在这种合同中，被许可人在合同规定的期限和地域范围内，实施许可人的技术，但无权排除第三人在同一地域内使用该技术，即许可人仍可同时将技术再许可给第三人在该地域内使用。同时，许可人保留自己使用该项技术的权利。

2. 独家许可合同。在这种合同中，被许可人在合同规定的期限和地域范围内，实施许可人的技术，许可人不得将该项技术再许可第三人使用，但许可人保留自己使用该项技术的权利。

3. 独占许可合同。在这种合同中，被许可人在合同规定的期限和地域范围内，独占地实施许可人的技术，许可人不得将该项技术再许可第三人使用，也不得自己保留使用该项技术的权利。

4. 分售许可合同。在这种合同中，被许可人在合同规定的期限和地域范围内，除有权自己使用被许可使用的技术外，还可以将该项技术部分或全部地转许可给第三人使用。

二、技术许可使用合同的效力

1. 许可人应在合同约定的范围内许可被许可人使用其技术；应保证其对技术享有许可他人使用的权利，并应保证被许可人依照合同约定使用其技术不会损害第三人的权利；许可人应当依照合同约定，为被许可人提供必要的技术指导。许可人不履行合同的，应支付违约金或赔偿损失。

2. 被许可人应按合同约定向许可人支付使用费；应在合同约定的范围内使用技术，未经许可，不得擅自将技术转许可给第三人使用。被许可人不履行合同的，应支付违约金或赔偿损失。此外，被许可人使用专利时，应当标示权利人的姓名或名称。

3. 许可人丧失许可他人使用的权利时，被许可人不得请求返还使用费。但是，如不返还，明显违反公平原则的，许可人应当返还部分或全部使用费。因许可人的恶意给被许可人造成损失的，许可人应当赔偿损失。

4. 合同双方当事人均应遵守合同中约定的保密事项。违反保密义务给对方造成损失的,应负赔偿责任。

5. 后续改进的技术成果归属于完成的一方当事人。

第四节 技术咨询合同

一、技术咨询合同的概念

技术咨询合同,是指当事人约定,一方为他方就特定技术项目提供可行性论证、技术预测、专题调查、分析评价报告等,他方支付报酬的合同。从法律性质上看,技术咨询合同是一种特殊的承揽合同。

二、技术咨询合同的效力

1. 技术咨询合同的委托人应当按照约定,阐明咨询的问题,提供技术背景材料及有关技术资料、数据;接受受托人的工作成果,支付报酬(《民法典》第879条)。未按照约定提供必要的资料和数据,影响工作进度或质量,不接受或者逾期接受工作成果的,支付的报酬不得追回,未支付的报酬应当支付(《民法典》第881条第1款)。

2. 技术咨询合同的受托人应当按照约定的期限完成咨询报告或者解答问题;提出的咨询报告应当达到约定的要求(《民法典》第880条)。未按照约定的期限完成咨询报告、解答问题,或者提出的咨询报告不符合约定要求的,应当减收或者免收报酬(《民法典》第881条第2款)。

3. 在技术咨询合同履行过程中,受托人利用委托人提供的技术资料和工作条件完成的新的技术成果,属于受托人。委托人利用受托人的工作成果完成新的技术成果,属于委托人。当事人另有约定的,依其约定(《民法典》第885条)。

4. 合同双方当事人均应遵守合同中规定的保密事项。违反保密义务给对方造成损失的,应负赔偿责任。

5. 委托人按照受托人符合合同要求的咨询报告和意见作出决策所造成的损失,除合同另有约定外,由委托人承担(《民法典》第881条第3款)。

第五节 技术服务合同

一、技术服务合同的概念

技术服务合同,指当事人约定,一方以技术知识为他方解决特定技术问题,他方支付报酬的合同。从法律性质上看,技术服务是一种特殊的承揽合同。

二、技术服务合同的效力

1. 技术服务合同的委托人应当按照约定提供工作条件,完成配合事项;接受工作成果并支付报酬(《民法典》第882条)。委托人不履行合同义务或者履行义务不符合约定,影响工作进度和质量,不接受或者逾期接受工作成果的,支付的报酬不得追回,未支付的报酬应当支付(《民法典》第884条第1款)。

2. 技术服务合同的受托人应按约定完成服务项目,解决技术问题,保证工作质量,并传授解决技术问题的知识。受托人未按照约定完成服务工作的,应当承担免收报酬等违约责任(《民法典》第884条第2款)。

3. 在技术服务合同履行过程中,受托人利用委托人提供的技术资料和工作条件完成的新的技术成果，属于受托人。委托人利用受托人的工作成果完成新的技术成果，属于委托人。当事人另有约定的，依其约定（《民法典》第885条）。

4. 合同双方当事人均应遵守合同中规定的保密事项。违反保密义务给对方造成损失的，应负赔偿责任。

5. 除合同另有约定外，因履行技术服务合同而产生的新的技术成果归属于受托人。

■思考题

1. 技术合同主要有哪些种类？如何区别技术转让合同和技术实施许可合同？
2. 试述技术开发合同的技术成果的归属。
3. 试述技术开发合同的风险负担。
4. 试述专利申请权转让合同当事人的义务。
5. 试述专利权转让合同当事人的义务。
6. 试述技术秘密转让合同当事人的义务。
7. 试述技术实施许可合同当事人的义务。
8. 试述技术咨询合同和技术服务合同当事人的义务。

■参考书目

1. 王利明：《合同法》，中国人民大学出版社2021年版。
2. 李少伟、张晓飞主编：《合同法》，法律出版社2021年版。
3. 崔建远主编：《合同法》，法律出版社2003年版。

第二十八章　保管合同、仓储合同

第一节　保管合同

一、保管合同的概念和特征

保管合同，指当事人双方约定，一方有偿或无偿地为他方保管财物，并于约定期限期满或应他方的请求，返还财物的合同。有偿或无偿地为他方保管财物的人是保管人，将财物交付他人保管的人是寄托人。保管合同又称寄托合同。

就物的占有和管理而言，保管合同与租赁合同、承揽合同、借用合同和运输合同有类似之处。但在租赁合同、承揽合同、借用合同和运输合同中，保管物的行为是一种从属性的义务，而在保管合同中，保管物的行为是合同的主要义务。

保管合同具有以下特征：

1. 保管合同是实践性合同。保管合同的成立，除当事人意思表示一致外，尚须寄托人将所要保管的物品交给保管人验收后，合同始告成立。《民法典》第890条规定，除当事人另有约定外，保管合同自保管物交付时起成立。

2. 保管合同既可以是有偿合同，也可以是无偿合同。保管合同究竟是有偿合同，抑或是无偿合同，由当事人约定。当事人对保管费没有约定或者约定不明确的，可以协议补充；不能达成补充协议的，按照有关条款或者交易习惯确定；仍不能确定的，推定保管合同为无偿合同（《民法典》第889条）。

3. 保管合同是不要式合同。对保管合同的形式，法律不作具体规定，当事人可以视不同需要分别采用口头形式、书面形式或公证形式。

4. 保管合同只移转保管物的占有权，不移转所有权、使用权、收益权。因此，未经寄托人的同意，保管人不得使用或处分保管物。

二、保管合同当事人的权利义务

（一）保管人的义务

1. 保管人对保管物负验收并妥善保管的义务。保管人接受保管物时应进行检验。除另有交易习惯外，保管人在接受保管物时应当向寄托人给付保管凭证（《民法典》第891条）。在保管期间，无偿保管合同的保管人对保管物，应尽与保管自己的物相同的注意义务；有偿保管合同的保管人应当对保管物尽善良管理人的注意义务（参见《民法典》第

892 条第 1 款）。营业场所对顾客寄存的物品应当尽善良管理人的注意义务（参见《民法典》第 888 条第 2 款）。因未尽义务致保管物毁损、灭失的，保管人负赔偿责任（《民法典》第 897 条）。

当事人对保管场所和保管方法有特别约定的，除非遇有紧急情况或者为了寄托人的利益，保管人不得擅自更改（《民法典》第 892 条第 2 款）；无特别约定的，保管人应根据保管物的性质、保管目的及诚实信用原则确定保管方法和保管场所。

2. 保管人负有不使用保管物的义务。除经保管人同意或者基于保管物的性质必须使用外，保管人不得使用或者许可第三人使用保管物（《民法典》第 895 条）。

3. 保管人负有亲自保管的义务。除经保管人同意，或另有习惯、有不得已的事由外，保管人不得转交第三人代为保管（《民法典》第 894 条第 1 款）。因保管人同意，或另有习惯、有不得已的事由而使第三人代为保管的，保管人对第三人的选任及指示负有责任。保管人违反约定或者未经寄托人同意，将保管物转交第三人保管，对保管物造成损害的，应当负赔偿责任（《民法典》第 894 条第 2 款）。

4. 保管人负有危险通知的义务。当有第三人对保管物主张权利的，除依法对保管物采取保全或者执行措施外，保管人应当履行向寄存人返还保管物义务。第三人对保管物提起诉讼、进行扣押时，保管人应将有关情况及时通知寄托人（《民法典》第 896 条）。

5. 返还保管物的义务。合同有约定期限的，保管人除非有特别事由，不得提前返还保管物。但作为寄托人，不论合同是否定有期限，寄托人得随时请求保管人返还保管物，应寄托人的请求，保管人须及时返还保管物（《民法典》第 899 条）。保管物于保管期间所产生的孳息，应一并返还（《民法典》第 900 条）。

对于保管物的返还地点，双方有约定的，依约定；无约定的，保管地为返还地点。对于返还方式，双方有约定的，依约定；无约定的，保管人应依保管物的性状决定返还方式。

6. 保管人对保管物负赔偿责任。保管物在保管期间毁损或灭失时，保管人依过错原则承担赔偿责任。但保管人的赔偿责任，因保管合同有偿与否而不同。如为有偿保管合同，保管人对其一切过错行为所致保管物毁损或灭失承担赔偿责任；如为无偿保管合同，保管人仅对其因故意或重大过失所致保管物毁损或灭失承担赔偿责任。驻留或活动于营业场所的顾客，对于货币、有价证券及其他贵重物品，应当声明并寄存；寄存人未声明的，该物品毁损、灭失后，保管人可以按照一般物品予以赔偿（《民法典》第 898 条）。

（二）寄托人的义务

1. 寄托人负有提供必要的货物验收、保管资料的义务。寄托人交付的保管物有瑕疵或者按照保管物的性质需要采取特殊保管措施的，寄托人应当将有关情况告知保管人。寄托人未告知，致保管物受有损害者，保管人不负赔偿责任；因此致保管人受有损害的，除保管人知道或者应当知道却未采取补救措施外，寄托人应负损害赔偿责任（《民法典》第 893 条）。

2. 寄托人负有返还必要费用的义务。保管人因保管物而支出的必要费用，寄托人应负责偿付。

3. 寄托人负有向保管人给付报酬的义务。如为有偿保管合同，寄托人应当按照约定的标准向保管人支付保管费（《民法典》第 889 条第 1 款）；对保管费的支付期限有约定的，应当按照约定的期限支付，对支付期限没有约定或者约定不明确的，可以协议补充；不能达成补充协议的，按照有关条款或者交易习惯确定；仍不能确定的，应当在领取保管物时支付（《民法典》第 902 条）。[1] 寄托人不履行此项义务时，保管人有权留置保管物，当事人另有约定的除外（《民法典》第 903 条）。

4. 寄托人负有损害赔偿的责任。保管人因保管物的性质或瑕疵而受有损害时，保管人如能证明对此损害没有过错，寄托人应负赔偿责任。

5. 寄托人对保管物意外灭失承担风险责任。对于具体的物毁损或灭失，保管人如能证明是由于不可抗力等保管人过错原因以外事由所致，则免除保管人的赔偿责任，寄托人对此损失承担风险责任。

第二节　仓储合同

一、仓储合同的概念和特征

仓储合同，指当事人双方约定，一方为他方提供仓储保管服务，他方为此向保管人支付报酬的合同。为他方提供仓储保管服务的人是仓库营业人（有时简称保管人），将财物交付他人保管的人是存货人。仓储保管具有以下特征：

1. 仓储合同是诺成合同、要式合同。保管人与存货人就合同的主要条款协商一致，写成书面文件，由双方的法定代表人或授权的经办人签字、单位盖公章或合同专用章，合同即告成立。这一点与保管合同为实践性合同、不要式合同不同（《民法典》第 905 条、第 909 条）。

2. 仓储合同是有偿合同。保管合同可以是有偿的也可以是无偿的，但仓储合同只能是有偿的。

3. 仓储合同的保管人，是专门从事仓储保管业务的法人；而且其所储存和保管的货物大都是大宗物质。

二、仓储合同的成立

（一）主体资格

仓储合同的保管人必须是经工商行政管理机关核准、依法从事仓储保管业务的法人；存货人一般也应是具有法人资格的组织。

（二）订立程序

订立仓储合同一般由存货人提出储存货物的要求，保管人根据仓储能力，与存货人协商订立。双方依法就合同的主要条款达成一致意见后，写成书面文件，由双方的法定代表或授权的经办人签字，经双方单位加盖公章或合同专用章后，合同即告成立。由本单位授权的经办人签订合同时，亦应向受托人交付授权委托书，受托人于签订合同时向对方出具。

（三）合同的主要条款

仓储合同的主要条款包括：

1. 货物的品名或品类。

2. 货物的数量、质量、包装。

3. 货物验收的内容、标准、方法、时间。

4. 货物的保管条件和保管要求。

5. 货物进出库手续、时间、地点、运输方式。

---

〔1〕　于此，须注意《民法典》第 902 条与第 511 条第 4 项规定的不同。

6. 货物的损耗标准和损耗处理。

7. 计费项目、标准和结算方式、银行账号、时间。

8. 责任划分和违约处理。

9. 合同的有效期限。

10. 保管和终止合同的期限。

三、仓储合同当事人的权利义务

（一）保管人的义务

1. 保管人负有验收货物的义务。验收的范围通常包括货物的品名、规格、数量、外包装状况，以及无须开箱直观可见的锈蚀、损坏、变质等质量情况。如发现入库货物与合同规定不符，应及时通知存货人处理。如保管人未按合同规定的项目、方法和期限验收或验收不准确，造成经济损失，则保管人应负法律责任（《民法典》第907条）。

验收后，保管人应当向存货人签发仓单、入库单等凭证（《民法典》第908条）。

2. 保管人负有妥善保管的义务。保管人应按合同约定的储存条件和保管要求保管货物，保管人未尽此项义务造成经济损失的，应负赔偿责任。货物在储存保管过程中，因保管或操作不当而使包装发生毁损，保管人应负责修理或按价赔偿；造成货物损坏的，保管人应负赔偿责任。但因仓储物的自然性质、包装不符合约定或者超过有效储存期造成仓储物变质、损坏的，保管人不负赔偿责任（《民法典》第917条）。

3. 保管人负有协助与通知的义务。存货人或者仓单持有人要求检查仓储物或者提取样品的，保管人应当同意（《民法典》第911条）。保管人在保管期间发现仓储物有变质或者其他损坏的，应当及时通知存货人或者仓单持有人（《民法典》第912条）。保管人在保管期间发现仓储物有变质或者其他损坏，有可能危及其他仓储物的安全或者正常保管的，应当催告存货人或者仓单持有人作必要的处置。若情况紧急，保管人有权进行必要的处置，但应当及时通知存货人或者仓单持有人（《民法典》第913条）。对于货物外包装或货物上标明有效期的，保管人应于有效期届满前的合理期限内通知存货人。

4. 保管人负有返还货物的义务。对存储期限有约定的，保管人除非有特别事由，不得提前返还保管物；对储存期限没有约定或者约定不明确的，保管人可以随时要求存货人或者仓单持有人提取仓储物，但应当给予必要的准备时间。但作为存货人或者仓单持有人，不论合同是否定有期限，存货人或者仓单持有人得随时请求保管人返还保管物，保管人应根据存货人或者仓单持有人的请求，及时返还保管物（《民法典》第914条）。

（二）存货人的义务

1. 存货人负有提供验收资料的义务。因存货人未提供验收资料或提供验收资料不齐全、不及时，造成验收差错的，存货人应负相应的责任。《民法典》第906条规定，储存易燃、易爆、有毒、有腐蚀性等危险物品或者易变质物品，存货人应当说明该物品的性质，提供有关资料。存货人不提供的，保管人有权拒收仓储物，或者接收仓储物，并对其采取避免损害发生的措施，因此而发生的费用由存货人负担。

2. 存货人负有包装货物的义务。货物的包装，有国家或专业标准的，按国家或专业标准进行包装；没有国家或专业标准的，根据保证运输和储存安全的原则进行包装。

3. 及时提取仓储物的义务。储存期限届满，存货人（或者仓单持有人）应当凭仓单、入库单提取仓储物（《民法典》第915条）；不提取仓储物的，保管人得定合理期限催告其提取，逾期仍不提取的，保管人得提存仓储物（《民法典》第916条）。

4. 存货人负有向保管人支付保管费和必要费用的义务。存货人应按合同规定的数额

（或标准）、支付方式、支付时间、支付地点向保管人支付保管费。保管期限届满仍不提取仓储物的，应当加付保管费；提前提取仓储物的，按约定的保管期限，支付保管费（《民法典》第 915 条）。存货人不支付保管费的，保管人有权留置保管物。保管人因堆放、保管货物或根据存货人的要求托运货物等支出的必要费用，如运费、保险费、修缮费、转仓费，存货人应及时向保管人支付。

5. 存货人负损害赔偿责任。因货物性质或瑕疵，保管人受到损害的，存货人应负损害赔偿责任。但保管人已知货物危险性质的，存货人不负赔偿责任。

6. 存货人对货物的意外灭失承担风险责任。货物在储存期间，因不可抗力、自然因素或货物本身的性质所发生的损失，由存货人负责。

■思考题

1. 试述保管合同的特征。
2. 如何理解保管合同是实践性合同？
3. 保管合同当事人负有哪些义务？
4. 保管合同与仓储合同有何区别？
5. 仓储合同当事人负有哪些义务？
6. 甲外出旅游，将其所饲养的宠物狗交由乙代为饲养。乙将甲所寄养的宠物狗与自己的宠物狗一同带出散步，途中，甲的宠物狗跑入车道，被丙驾驶的车辆撞成重伤，乙趁甲未回来之前，将该宠物狗毒死。问：对于宠物狗之重伤及死亡，谁当负其责？设：如果是乙的受雇人丁受乙的指示，将宠物狗带出散步，其间发生甲的宠物狗被车辆撞成重伤时，谁当负其责？又设：乙将甲的宠物狗置于家中，因房屋失火，宠物狗被烧死时，谁当负其责？

■参考书目

1. 王利明：《合同法》，中国人民大学出版社 2021 年版。
2. 李少伟、张晓飞主编：《合同法》，法律出版社 2021 年版。
3. 崔建远主编：《合同法》，法律出版社 2003 年版。
4. 史尚宽：《债法各论》，中国政法大学出版社 2000 年版。
5. 邱聪智：《债法各论》（中），中国人民大学出版社 2006 年版。
6. 黄立主编：《民法债编各论》（下），中国政法大学出版社 2003 年版。

第二十九章　委托合同、行纪合同、中介合同

■ **学习目的和要求**

学习目的：委托合同、行纪合同和中介合同都是通过他人和第三人发生合同关系，也都是属于提供劳动服务类型的合同。特别是委托合同广泛适用在民商事活动中，其内容也是多种多样的。

重点：全面掌握上述三个合同的特点，其与相关合同的区别及其在实际上的运用。

第一节　委托合同

一、委托合同的概念和法律特征

委托合同，又称委任合同，指受托人在委托权限范围内，以委托人的名义和费用，处理委托事务的合同。委托合同的法律特征主要是：

1. 委托合同的标的通常是法律行为。例如委托他人在某地为自己购买房屋。此时，委托关系是受托人为代理行为（意定代理）的前提。需注意的是，与公民人身密不可分的法律行为，如订立遗嘱、结婚、收养等，不能委托他人为之。除法律行为外，当事人亦得就其他事项，例如财产管理等，订立委托合同。

2. 委托合同以当事人双方互相信任为基础。委托人选择受托人是以对其能力（业务能力、专门知识）和信誉为前提，受托人接受委托事务时，也要对委托人有所了解。因此，受托人必须亲自办理受托事务，不得擅自转托他人处理委托事务。受托人在执行委托事务中，必须保护委托人的合法权益，并应当选择对委托人最有利的条件。

3. 委托合同的受托人是以委托人的名义和费用为委托人处理事务。委托人可以特别委托受托人处理一项或者数项事务，也可以概括委托受托人处理一切事务（《民法典》第920条）。受托人在委托权限内处理事务产生的法律后果，直接由委托人承担。

4. 委托合同既可以无偿，也可以有偿。委托合同是否有偿，可由当事人双方约定。未约定有偿，且依习惯非为有偿者，视为无偿。

二、委托合同当事人的权利和义务

（一）受托人的主要义务

1. 按照委托人的指示处理委托事务。委托人处理委托事务，应当按照委托人的指示。需要变更委托人指示的，应当经委托人同意，因情况紧急，难以和委托人取得联系的，受托人应当妥善处理委托事务，但事后应当将该情况及时报告委托人（《民法典》第922条）。受托人不履行职责，致委托人受损害者，应当承担民事责任（《民法典》第164条）。

2. 受托人应当亲自处理委托事务。委托关系以相互信任为基础，受托人应当亲自处理

委托事务。只有在委托人同意或为了保护委托人利益而不得已时,受托人才有权将所接受的委托任务转托他人处理。受托人转委托的,应当及时报告委托人。在此情形,受托人仅就第三人的选任及其对第三人的指示承担责任。转委托未经同意且未得到追认的,受托人应当对次受托人的行为向委托人承担责任(《民法典》第923条)。

3. 受托人应在委托权限内处理事务。超越权限造成委托人损失的,应当赔偿损失(《民法典》第929条第2款、第172条)。

4. 受托人应及时报告办理委托事务的情况。受托人在处理委托事务中,应随时或定期报告经办委托事务进行的情况,在完成委托任务后,应将办理事务的整个过程和办理结果向委托人全面报告,并提交必要的证明文件(《民法典》第924条)。

5. 受托人应将办理委托事务的结果及时移交委托人(《民法典》第927条)。

6. 受托人应对过错承担责任。委托合同有偿时,受托人应对任何过错所致损害,负赔偿责任。委托合同无偿时,应对故意或重大过失所致损害,负赔偿责任(《民法典》第929条第1款)。受托人有数人时,除另有约定外,应对委托人负连带责任(《民法典》第932条)。

7. 受托人可随时解除委托合同,但解除合同造成委托人损失的,除不可归责于受托人的事由外,无偿委托合同的受托人应当赔偿因解除时间不当造成的直接损失,有偿委托合同的受托人应当赔偿委托人的直接损失和合同履行后可以获得的利益(《民法典》第933条)。

8. 受托人继续处理委托事务的义务。委托人死亡或者被宣告破产、解散时,如委托合同终止有害于委托人的利益,在委托人的继承人、遗产管理人或者清算人承受委托事务前,受托人应继续处理委托事务(《民法典》第935条)。

(二)委托人的主要义务

1. 委托人应对受托人依约定而为的事务处理负其责任。但对受托人超出委托权限而为的事务处理,委托人不负责任。

2. 委托人应向受托人预付处理委托事务的费用。受托人为处理委托事务垫付的必要费用,委托人应当偿还该费用并支付利息(《民法典》第921条)。

3. 委托人应依约定向受托人支付报酬。委托合同约定报酬时,在委托事务完成后,委托人应向受托人支付报酬;因不可归责于受托人的事由,委托合同解除或者委托事务不能完成的,除另有约定外,委托人应当向受托人支付相应的报酬(《民法典》第928条)。

4. 委托人应赔偿受托人在处理事务中因不可归责于受托人的事由而受到的损害(《民法典》第930条)。

5. 委托人可随时解除委托合同,但解除合同造成受托人损失的,除不可归责于委托人的事由外,无偿委托合同的委托人应当赔偿因解除时间不当造成的直接损失,有偿委托合同的委托人应当赔偿受托人的直接损失和合同履行后可以获得的利益(《民法典》第933条)。

三、委托合同的终止

委托合同终止的最主要原因是合同约定的委托事务已全部完成或委托期限届满。此外,委托合同因下列情况终止:

1. 因当事人解除而终止。一方解除合同致对方损失的,应负赔偿责任(《民法典》第933条)。

2. 因委托人死亡或终止而终止;但当事人另有约定或者根据委托事务的性质不宜终止

的除外（《民法典》第 934 条、第 935 条）。

3. 因受托人死亡、丧失民事行为能力、终止而终止；但当事人另有约定或者根据委托事务的性质不宜终止的除外（《民法典》第 934 条）。受托人死亡、丧失民事行为能力或者被宣告破产、解散时，受托人的继承人、遗产管理人、法定代理人或者清算人应当及时通知委托人。如委托合同终止有害于委托人利益，在委托人作出善后处理前，受托人的继承人、遗产管理人、法定代理人或者清算人应当采取必要措施（《民法典》第 936 条）。

第二节　行纪合同

一、行纪合同的概念和特征

行纪合同，是指行纪人以自己的名义为委托人从事贸易活动，委托人支付报酬的合同。行纪合同的主要法律特征是：

1. 行纪人以自己的名义，在委托人指定的权限范围内办理所受托的事务。行纪合同与委托合同都是按照委托人的指示而处理委托事务；其主要区别是委托合同中的受托人是以委托人的名义从事民事活动，而行纪合同中的行纪人以自己的名义从事民事活动，故行纪人对其与第三人订立的合同，直接享有权利和承担义务（《民法典》第 958 条第 1 款）。

2. 行纪人处理委托事务而支出的费用，除当事人另有约定外，由行纪人负担（《民法典法》第 952 条）。

3. 行纪合同是有偿合同。行纪人为委托人办理委托事务都要收取一定的报酬。

二、行纪合同当事人的权利和义务

（一）委托人的主要义务

1. 行纪人按照约定完成委托事务后，委托人应及时受领其结果。行纪人按照约定买入委托物，委托人应当及时受领；经行纪人催告，委托人无正当理由拒绝受领的，行纪人可以提存委托物。委托物不能卖出或委托人撤回出卖时，委托人应及时取回或处分该委托物；经行纪人催告，委托人不取回或者不处分该物的，行纪人可以提存委托物（《民法典》第 957 条）。

2. 委托人应按照约定支付报酬。行纪人完成或部分完成委托事务的，委托人应依约定向行纪人支付报酬。委托人逾期不支付报酬的，除另有约定外，行纪人对委托物有留置权（《民法典》第 959 条）。

（二）行纪人的主要义务

1. 行纪人应当按照委托人的指示办理委托事务。行纪人以低于委托人指定的价格卖出委托物，或者以高于委托人指定的价格买入委托物时，应当经委托人同意。未经委托人同意，行纪人补偿其差额的，该买卖对委托人发生效力。行纪人以高于委托人指定的价格卖出委托物，或者以低于委托人指定的价格买入委托物时，得依约定请求增加报酬。没有约定或约定不明确，且依《民法典》第 510 条仍不能确定者，该利益属于委托人。委托人对价格有特别指示的，行纪人不得违背该指示卖出或者买入（《民法典》第 955 条）。

2. 行纪人应妥善保管委托物。行纪人占有委托物者，应妥善保管委托物（《民法典》第 953 条）。

3. 第三人不履行义务致委托人损害时，除行纪人与委托人另有约定外，行纪人应负赔偿责任（《民法典》第 958 条第 2 款）。

第三节 中介合同

一、中介合同的概念和法律特征

中介合同是指中介人向委托人报告订立合同的机会或提供订立合同的媒介服务，并由委托人支付报酬的合同。中介合同中的当事人，一方是中介人，另一方是委托人。中介合同的主要法律特征是：

1. 中介人是按照委托人的指示，报告订立合同的机会或提供订立合同的媒介服务。中介人的活动仅在于为委托人和第三人订立合同创造条件，因此不是任何一方的代理人。

2. 中介合同是双务、有偿合同。

二、中介合同当事人的权利义务

（一）委托人的主要义务

委托人的主要义务是在中介人促成合同成立时，向中介人支付报酬；在中介人未促成合同成立时，向中介人支付为居间活动而支出的必要费用。《民法典》第 963 条规定，委托人因中介人报告订立合同的机会而订立合同时，应当按照约定支付报酬。委托人和中介人对报酬没有约定或约定不明确，且依照《民法典》第 510 条仍不能确定时，应依中介人的劳务，合理确定之。委托人因中介人提供订立合同的媒介服务而订立合同成立时，由该合同的当事人平均负担中介人的报酬。中介人促成合同成立的，中介活动的费用，由中介人负担。第 964 条规定，中介人未促成委托人订立合同时，不得要求支付报酬，但可以要求委托人支付从事中介活动支出的必要费用。第 965 条规定，委托人在接受中介人的服务后，利用中介人提供的交易机会或者媒介服务，绕开中介人直接订立合同的，应当向中介人支付报酬。

（二）中介人的主要义务

中介人的主要义务是为委托人的利益，认真负责地执行委托人的委托任务，并积极协助双方当事人订立合同。中介人为居间活动时应诚实、公正、守信用，不得弄虚作假，或者有显失公平的行为，《民法典》第 962 条规定："中介人应当就有关订立合同的事项向委托人如实报告。中介人故意隐瞒与订立合同有关的重要事实或者提供虚假情况，损害委托人利益的，不得请求支付报酬并应当承担赔偿责任。"

■思考题

1. 简述委托合同、行纪合同和中介合同的区别。
2. 简述委托与代理的区别。
3. 根据《民法典》第 926 条的规定，委托合同的受托人负有披露义务，同时享有介入权、选择权和抗辩权，简述其基本内容。
4. 简述行纪合同的含义与法律特征。
5. 简述中介人和委托人的权利义务。

■参考书目

1. 王利明：《合同法》，中国人民大学出版社 2021 年版。
2. 李少伟、张晓飞主编：《合同法》，法律出版社 2021 年版。
3. 魏振瀛主编：《民法》，北京大学出版社 2021 年版。
4. 周江洪、陆青、章程主编：《民法判例百选》，法律出版社 2020 年版。
5. 史尚宽：《债法各论》，中国政法大学出版社 2000 年版。

第三十章　合伙合同

■ 学习目的和要求

通过本章学习，理解和掌握合伙合同的概念和特征，合伙合同的效力，隐名合伙合同的概念，隐名合伙与一般合伙的不同，隐名合伙合同的效力。重点、难点在于合伙财产的性质、合伙事务的执行、合伙债务的履行。

第一节　合伙合同概述

一、合伙合同的概念

合伙合同是两个或两个以上合伙人为了共同的事业目的，订立的共享利益、共担风险的合同（《民法典》第 967 条）。

广义上，凡两个或两个以上民事主体互约出资、经营共同事业的合同，均称合伙合同。对共同事业的种类，不问其是否以营利为目的（经济目的），举凡慈善、学术、祭祀、宗教、技术及其他各种事业均可订立合伙合同；对共同事业的期限，亦不问其为继续的或临时的，均可订立合伙合同。

二、合伙合同的特征

1. 合伙合同的目的具有共同性。在一般合同中，各当事人的目的是对立的，订立合同是为了相互交换；在合伙合同中，各当事人是为了经营共同事业以获取经济上的利益，其目的具有共同性或一致性。

2. 合伙合同是双务、有偿合同。各当事人通过合伙合同，互相允诺出资，由此当事人各负出资义务，彼此形成对价关系。故为双务合同，从而为有偿合同。

3. 合伙合同是诺成、不要式合同。合伙合同经当事人意思表示一致，即告成立，不以出资的给付为合同的成立要件，故为诺成合同。对合伙合同，法律并不要求以特定形式为必要，当事人可以任何形式订立，故为不要式合同。

4. 合伙当事人之间因合伙合同而形成一个整体，具有团体性质。在合伙合同中，各合伙人因合伙合同而结成整体，各合伙人出资集合而成的合伙财产相对独立于各合伙人的财产；为了合伙团体的利益，该团体可以起字号，以字号名义与第三人订立合同或对外从事经营活动；对合伙事务的执行，采取多数决原则等。这些都反映了合伙的团体性质。

第二节　合伙合同的效力

一、合伙人的出资义务

合伙人因合伙合同而负有出资义务（《民法典》第 968 条）。合伙人的出资可以是金钱、实物（包括场地、厂房、设备、其他物质）、实物的使用、技术、劳务及信用等。各合伙人的出资比例由合伙人自由约定；如无约定，推定出资比例相同。以非金钱出资的，应对该出资进行折算，以确定其在合伙的出资总额中所占的份额。

合伙人除有特别约定外，无于约定出资外增加出资的义务。

合伙人应于约定的时间，如无约定则应于合同成立时，履行出资义务。合伙人不履行出资义务的，应负损害赔偿责任。合伙人以金钱为出资标的而不按约定履行其义务时，还应支付利息。

二、合伙人的忠实义务

合伙关系是一种信用关系和团体关系，合伙人负有忠实的义务。例如，合伙人应以相当的注意执行合伙的事务；不泄漏合伙的经营秘密；不从事与合伙构成竞争的业务等。

三、合伙财产

合伙财产由合伙人的出资、因执行合伙业务而获得的财产、基于合伙财产而产生的财产等组成（《民法典》第 969 条第 1 款）。合伙财产为全体合伙人共同共有。为保障合伙财产供经营合伙事业之用，合伙人通常应遵守以下规则：

1. 合伙财产分割之限制。合伙人于合同终止前，不得请求分割合伙财产（《民法典》第 969 条第 2 款）。但此规定仅对于某一合伙人或一部分合伙人而言，限制其分割请求权，如经全体合伙人同意，分割合伙财产的一部分，自应许可。如经全体合伙人同意将全部合伙财产分配给各合伙人，则发生合伙因合意而解散。

2. 合伙股份处分之限制。合伙人非经其他合伙人全体同意，不得将自己在合伙中的股份转让于第三人（《民法典》第 974 条）。但合伙人得将自己的股份转让给其他合伙人。

3. 债权人权利行使之限制。①合伙人个人的债权人，在合伙存续期间内，就该合伙人对于合伙所享有的权利，不得代位行使。但利益分配请求权，不在此限（《民法典》第 975 条）。②合伙个人的债权人，对于该合伙人在合伙中的股份，得申请扣押；但应提前（该提前期限由法律作出规定）通知合伙及该合伙人。在该合伙人不采取补救措施的情况下，此通知有代合伙人声明退伙的效力。

4. 合伙债权抵销之禁止。所谓合伙债权禁止抵消，指①合伙人不得以自己对于合伙所负担的债务，与自己对于合伙所享有的债权为抵消；②对于合伙负有债务的第三人，不得以其对于该合伙中合伙人个人所享有的债权为抵消。

四、合伙债务

合伙债务为合伙人的共同债务，各合伙人对合伙债务应负连带清偿责任。偿还合伙债务超过自己应负担数额的合伙人，有权向合伙或者其他未足额清偿的合伙人追偿（《民法典》第 973 条）。同时，合伙人对合伙的债务负无限清偿责任，合伙财产不足以清偿合伙债务时，须以自己的全部财产负清偿之责。

五、损益分配

所谓损益分配，指将经营合伙事业所产生的利益及损失分配于各合伙人。合伙财产多于出资总和时为利益，反之为损失。

损益分配应依一定比例进行。损益分配的比例，无论仅就利益或者仅就损失约定，都通用于利益和损失的分配。无损益分配比例约定的，以出资比例为分配标准。无损益分配比例，又无明确出资比例时，以等分原则处理（《民法典》第 972 条）。除另有约定外，合伙的损益分配应于每届业务年度终了时进行。

六、合伙事务的执行

合伙事务是合伙人的共同事务，每个合伙人均有事务执行权。如合伙人约定由合伙人中的一人或数人执行合伙事务，则其他合伙人不参与合伙事务的执行。

合伙事务由全体合伙人共同执行或约定由一部分合伙人共同执行的，对合伙的通常事务，有执行权的各合伙人可单独执行；对合伙的重大事务或者约定由合伙人全体或合伙人全体过半数决定的事务，则应根据多数决原则执行。有表决权的合伙人无论其出资多寡，每个合伙人均有一个表决权。

合伙事务的执行人，除非有正当理由，不得辞任；其他合伙人亦不得将其解任。事务执行人有正当理由提出辞任的，应提前通知其他合伙人，在合伙事务能正常处理时，始得离任。有正当理由需要解任执行人时，应由其他合伙人全体同意，或采多数决原则，撤销其执行权。

合伙事务执行人应承担以下义务：①在执行事务中应尽善良管理人的注意义务。如违反此义务，给合伙造成损害，应负损害赔偿责任。②合伙事务执行人有忠实处理合伙事务的义务，如违反此义务、给合伙造成损害，应负损害赔偿责任。③合伙事务执行人有亲自执行的义务。④对于执行事务的情况有向全体合伙人报告的义务。

合伙事务执行人享有以下权利：①如合伙合同约定执行合伙事务的人有报酬请求权，则执行人得请求报酬（《民法典》第971条）。②因执行合伙事务而预付的必要费用，有偿还请求权。③因执行合伙事务而负担的必要债务，有清偿请求权。④因执行合伙事务而遭受的无法避免的损害，有损害赔偿请求权。

各合伙人对合伙事务均有监督权。合伙事业为全体合伙人的共同事业，合伙的财产属于全体合伙人的共同共有财产，各合伙人无论是否有合伙事务执行权，均有监督合伙事务及检查合伙财产的权利，并有随时查阅合伙账簿及资料的权利。合伙合同对此如有相反约定，则约定无效。

七、合伙代表权

被委任执行合伙事务的合伙人，在所执行的事务范围内，有代表其他合伙人的权利。合伙人之间对任何一个执行合伙事务的合伙人权利的限制，不得对抗善意第三人。

代表人在代表权范围内，以合伙或其他合伙人的名义所实施的行为，直接对合伙或全体合伙人发生效力。

八、合伙人的退伙与加入

（一）合伙人的退伙

退伙，指合伙人退出合伙关系而丧失合伙人资格的行为。退伙分为声明退伙和法定退伙。

1. 声明退伙。声明退伙是基于合伙人向其他合伙人以一方意思表示而发生的退伙。合伙未定有存续期间或约定以合伙人中一人终身为存续期间的，各合伙人原则上无须任何理由得随时声明退伙。但应提前（该提前期限由法律作出规定）通知全体其他合伙人。同时，合伙人声明退伙，不得于有损合伙事务的时期进行。于有损合伙事务的时期声明退伙的，不产生退伙的效力。合伙定有存续期间的，原则上期限届满前不得退伙。但合伙人如有不可归责于自己的重大事由时，得声明退伙。

2. 法定退伙。法定退伙是不基于合伙人的意思，而是基于法律规定的特定事由而发生的退伙。这些事由一般包括：①合伙人死亡或被宣告死亡（但合伙合同中订明其继承人可以继承的，不在此限）；②合伙人被宣告为无行为能力人或限制行为能力人；③合伙人被宣告破产；④合伙人被合伙除名。除名合伙人须有正当理由，并应经其他合伙人全体同意。同时，除名决定应通知被除名的合伙人。

不论声明退伙或法定退伙，退伙只向将来发生效力。退伙人自退伙时起丧失合伙人地位。合伙人退伙后，应对合伙财产进行结算。退伙人与其他合伙人的结算，应当以退伙当时的财产状况为依据。退伙人的合伙股份和应得利益，除应当并能够用合伙财产之现物分割外，不论其出资种类如何，合伙得以金钱抵还。合伙期间发生的损失，退伙人应当以结算核定的各合伙人应负担的份额，向其他合伙人缴付；但以劳务为出资标的的合伙人退伙时，除有特别约定外，不负担损失。退伙时尚未了结的合伙事务，得于了结后进行计算并分配其损益。退伙人对退伙后所产生的债务不负任何责任，但对退伙前既存的合伙债务，退伙人仍应与原合伙人承担连带责任。

（二）合伙人的加入

合伙人的加入，指第三人加入既存的合伙，取得合伙人资格的行为。除合伙人有特别约定外，第三人请求加入既存合伙，须经全体合伙人同意。合伙人加入者（新合伙人）当然取得对于合伙财产的份额。同时，新合伙人对其加入前的合伙债务，除有特别约定外，与原合伙人负同一责任。约定对加入前的合伙债务不负责任的新合伙人，承担了加入前的合伙债务后，有权就其承担的数额向原各合伙人求偿。

第三人加入合伙时，加入前的合伙事务、债权债务及损益分配已全部清结的，加入后的合伙视为新合伙。

九、合伙合同的终止与清算

（一）合伙合同的终止

合伙合同的终止，指因出现某种特定事由使全体合伙人的合伙关系消灭的事实。合伙的终止与退伙不同，退伙只是使退伙人的合伙关系消灭，而合伙合同的终止则使全体合伙人的合伙关系消灭。

引起合伙合同终止的事由有：①合伙存续期间届满；②合伙人全体同意终止；③合伙的目的业已完成或者已经确定不能完成；④合伙人死亡、丧失民事行为能力或终止；⑤合伙人特别约定的终止事由发生。

关于合伙合同的终止，尚须注意以下各点（参见《民法典》第976条、第977条）：

1. 合伙期限届满后，合伙人继续执行合伙事务，其他合伙人没有提出异议的，原合伙合同继续有效，但合伙期限为不定期。

2. 合伙人对合伙期限没有约定或者约定不明确，依《民法典》第510条规定仍不能确定的，视为不定期合伙。

3. 对不定期合伙合同，合伙人可随时解除，但应提前合理期间通知其他合伙人。

4. 依约定，合伙合同不因合伙人死亡、丧失民事行为能力或终止而终止，或者依合伙事务的性质，合伙合同不宜终止者，合伙合同不终止。

（二）合伙的清算

合伙解散后，必须经过清算程序。

1. 清算人的选任。除有特别约定外，合伙从解散之时起，依合伙合同属于某一特定合伙人或一部分合伙人的事务执行权因解散归于消灭，有关事务的执行权归全体合伙人共同行使。因此，合伙解散后的清算事务，由全体合伙人或者由全体合伙人选任的清算人进行。清算人的选任，以全体合伙人过半数决定。

2. 清算人的权限。为执行清算职务，清算人拥有为一切必要行为的权利。对内执行清算事务，对外于执行清算范围内享有代表权，以合伙的名义为一切必要行为。在诉讼中，清算人代表合伙参与诉讼活动。清算人的权限，非经合伙人全体过半数决定，不得限制。

3. 清算人的职务。清算人的职务包括了结合伙事务、收取合伙债权、清偿合伙债务、返还出资、分配剩余财产。

4. 清算顺序。合伙财产计算完毕后，应按以下顺序清算：①清偿合伙的债务；②清偿合伙事务上合伙人对另一合伙人所负的债务；③返还各合伙人的出资；④按各合伙人应受的利益分配比例，向各合伙人分配利益。

5. 合伙债务的清偿。清偿合伙债务时，如有未届清偿期或者处于诉讼中的债务，应当将其清偿或者争讼所需的数额从合伙财产中划出，予以保留，待到期时或了结后作清偿处理。合伙财产，如不足清偿合伙债务，各合伙人应当按其对损失应分担的比例，向合伙的债权人负连带无限责任。对于无清偿能力的合伙人，其他合伙人应当比照利益分配比例，负担其债务。

第三节　隐名合伙合同

一、隐名合伙合同的概念

隐名合伙合同，指当事人约定，一方对于他方所经营的事业出资，而分享其经营所生利益，并在出资限度内分担经营所生损失的合同。出资的一方称隐名合伙人，营业的一方称出名营业人。

隐名合伙与一般合伙不同：①隐名合伙的当事人为隐名合伙人和出名营业人，是双方当事人；一般合伙的当事人为全体合伙人，是多数当事人。②隐名合伙的出资人是隐名合伙人，出名营业人无出资义务，隐名合伙人的出资财产移属于出名营业人所有；一般合伙的出资人是全体合伙人，合伙财产为全体合伙人共同共有。③隐名合伙为出名营业人单独营业，隐名合伙人不参与营业；一般合伙为合伙人共同营业。④隐名合伙的隐名合伙人不为登记，原则上对于出名营业人的债权人不直接负责；一般合伙的合伙人则均应为登记，对于合伙的债权人均应直接负责。

二、隐名合伙合同的效力

（一）内部关系

1. 隐名合伙人的义务：①出资义务。隐名合伙人负有依合同约定，为出资的义务。如无特别约定，隐名合伙人出资的财产应属于出名营业人所有。②不为地位让与之义务。如无特别约定，非经出名营业人的同意，隐名合伙人不得将其营业执行请求权及业务监督权让与第三人。③负担经营所生损失的义务。对于营业所生的损失，如有负担比例之特别约定，依约定；如无特别约定，隐名合伙人仅在其出资的限度内负担经营所生的损失。

2. 出名营业人的义务：①业务执行的义务。出名营业人应将隐名合伙人的出资，依合同规定的目的进行利用，并应以善良管理人的注意经营合伙业务。②利益分配的义务。出名营业人负有将营业所生的利益分配给隐名合伙人的义务。如无特别约定，出名营业人应于每届事务年度终了时计算营业的损益，并向隐名合伙人支付应当归于隐名合伙人的部分。③接受隐名合伙人营业监督的义务。隐名合伙人对于隐名合伙有监督权，得于每届年度终了时查阅合伙的账簿，检查合伙事务及财产状况。出名营业人应接受其监督和检查，并应积极配合，将隐名合伙事务的进行状况向隐名合伙人报告。

（二）外部关系

1. 原则上对外不发生权利义务关系。隐名合伙对外与第三人的营业活动，以出名营业人的名义进行，出名营业人直接与第三人发生权利义务关系，隐名合伙人与第三人不发生权利义务关系。

2. 例外的连带责任。隐名合伙人虽原则上对外不发生权利义务关系。但民法为保护交易安全，特设例外规定。即隐名合伙人如参与隐名合伙事务的执行，或者为参与执行的公开表示，或者知道他人提出自己参与执行而不否认的，即使有反对之特别约定，仍应对于其后发生的债务，与出名营业人共同向第三人承担连带责任。

三、隐名合伙的终止

（一）隐名合伙终止的原因

1. 基于当事人的意思而终止：①因隐名合伙人声明退伙而终止；②因存续期间届满而终止；③因双方当事人同意而终止。

2. 基于法定事由而终止：①因目的事业已完成或者不能完成而终止；②出名营业人死亡或丧失营业能力（如被宣告为限制行为能力人或无行为能力人）而终止；③因出名营业人或隐名合伙人被宣告破产而终止；④营业的结束或转让。

（二）隐名合伙终止的效力

1. 隐名合伙终止后，出名营业人应对隐名合伙进行计算。计算方法，准用关于合伙人退伙的规定。即计算时应以合同终止时的财产状况为准；合同终止时尚未了结的事务，于了结后计算。隐名合伙人对于未了结的事务仍有监督权。

2. 经计算，隐名合伙终止时，营业不存在损失的，出名营业人应当返还隐名合伙人的出资和给付其应得的利益。

3. 经计算，隐名合伙终止时，有营业损失的，隐名合伙人在其出资限度内分担营业损失。分担损失后，如有存余，出名营业人应向隐名合伙人返还存余额。

4. 隐名合伙终止时尚未了结的事务，应于事务了结后计算并分配其损益。

■思考题

1. 试述合伙合同的效力。

2. 合伙财产的性质如何？

3. 合伙财产不足清偿合伙债务时，合伙人是否应当负责？如何负责？

4. 隐名合伙与一般合伙有何区别？

5. 试述隐名合伙合同的效力。

6. 甲乙丙各出资相当于 10 万元的财产成立合伙。合伙期间，甲将自己所出资的价值相当于 10 万元一辆卡车，不经乙丙的同意，出卖于丁，并为交付。问：于此情形，丁是否已经取得该卡车的所有权？

7. 甲乙丙为经营共同事业而成立合伙，并租用丁的房屋，雇戊为职员。嗣后因经营不善，债务超过合伙财产，致丁的租金及戊的薪金未能支付。问：于此情形，丁、戊可否直接对于各合伙人请求支付？

■参考书目

1. 王利明：《合同法》，中国人民大学出版社 2021 年版。

2. 李少伟、张晓飞主编：《合同法》，法律出版社 2021 年版。

3. 史尚宽：《债法各论》，中国政法大学出版社 2000 年版。

4. 邱聪智：《债法各论》（下），中国人民大学出版社 2006 年版。

5. 黄立主编：《民法债编各论》（下），中国政法大学出版社 2003 年版。

第三十一章　雇佣合同

第一节　雇佣合同概述

一、雇佣合同的概念和特征

　　雇佣合同，指雇用人与受雇人约定，由受雇人为雇用人提供服务，雇用人向受雇人给付报酬的合同。雇佣合同具有以下法律特征：

　　1. 雇佣合同以供给劳务本身为目的。基于此，受雇人只要按雇用人的指示已经提供劳务，不问是否产生雇用人所期望的结果，受雇人就有权要求雇用人给付报酬。这一点与承揽合同有本质区别。

　　2. 雇佣合同是有偿合同、双务合同。在雇佣合同中，雇用人有支付报酬的义务，受雇人有供给劳务的义务，且双方互为对价，故为双务、有偿合同。

　　3. 雇佣合同是诺成合同、不要式合同。雇佣合同以当事人双方意思表示一致而成立，不以交付实物为成立要件，故属诺成合同。对于雇佣合同的形式，法律未作具体规定，对雇佣合同采取何种形式，由双方当事人自行决定，故属不要式合同。

二、雇佣合同与劳动合同、集体合同

　　1. 依我国《劳动法》及有关法律，劳动合同指劳动者与用人单位确立劳动关系、明确双方权利义务的合同。劳动合同是一种特殊的雇佣合同，与一般的雇佣合同相比，具有特殊之处：①劳动合同的主体，一方是国家机关、企业、事业单位、社会团体及其他组织，另一方是公民个人。劳动者与用人单位之间存在着行政上的从属关系。②较之于一般雇佣合同的劳动供给，劳动者的劳动须在高度服从用人单位的情形下进行。③劳动合同是要式合同，须以书面形式订立。

　　民法上关于雇佣合同的规定为一般规定，劳动法上关于劳动合同无特别规定时，适用民法上雇佣合同的规定。

　　2. 依《劳动法》第33条规定，集体合同是指企业职工与企业就劳动报酬、工作时间、休息休假、劳动安全卫生、保险福利等事项经协商一致后而订立的合同。集体合同既非雇佣合同，亦非雇佣合同的预约合同。其作用在于：集体合同的规定当然为用人单位与劳动者个人之间劳动合同的内容，对用人单位和劳动者具有约束力。劳动合同不得违反集体合同的规定，如有违反，违反部分无效，无效部分按集体合同的规定执行。

劳动合同、集体合同的具体内容宜于劳动法中说明，此从略。

第二节　雇佣合同的效力

一、对受雇人的效力

1. 受雇人有供给劳务的义务。供给何种劳务由双方当事人在合同中约定。受雇人在供给劳务过程中，应尽善良管理人的义务。受雇人无正当理由不提供劳务，或不尽注意义务，或不完全提供劳务，应承担违约责任。

受雇人明示或者默示保证其有某种特殊技能的，如无此种特殊技能，雇用人有权解除合同。

2. 受雇人负有亲自提供劳务的义务。在雇佣合同中，雇用人选用受雇人，通常基于信任，即信任受雇人有完成任务的经验和技能。因此受雇人非经雇用人的同意，不得由他人代为提供劳务。受雇人违反此项规定时，雇用人有权解除合同。

3. 受雇人负有诚实义务。受雇人于提供劳务期间，负有服从雇用人指示、保守秘密、告知重大情况和照顾雇用人利益的义务。同时还应承担竞业禁止的义务。受雇人故意或因重大过失违反此项义务，致雇用人遭受重大损失时，雇用人有权解除合同，并请求损害赔偿。

4. 受雇人负有损害赔偿的义务。首先，受雇人在从事雇佣活动中，因其故意或者重大过失致人损害的，应负损害赔偿责任。其次，雇佣合同定有期限的，受雇人无正当理由不得中途辞去雇佣，否则，对因其辞雇造成的雇用人损失，负损害赔偿责任。

二、对雇用人的效力

1. 雇用人负有不将劳务请求权让与第三人的义务。雇用人对于受雇人有请求其提供劳务的权利。雇用人非经受雇人同意，不得将其劳务请求权让与第三人。否则，受雇人有权解除合同。

2. 雇用人负有给付报酬的义务。

（1）合同中约定的报酬，不得低于法律、法规规定的最低标准。合同中对报酬未作约定或约定不明确，而国家有关机关定有报酬标准的，依规定的标准给付报酬；如无规定，参照市场同类劳务报酬标准给付。

雇用人无正当理由不得扣减受雇人的报酬，基于正当理由扣减雇用人报酬的，扣减数额总计不得超过当期应付报酬的一定比例（其比例由法律作出规定）。雇用人不得因下列事由扣减雇用人的报酬：受雇人到医疗机构看病就医、接受门诊治疗或身体检查；受雇人哺乳婴儿；法定节假日；因重大事由暂时不能提供劳务；因故意或重大过失以外的原因给雇用人造成损失；未能收回第三人对雇用人的债务。

（2）对报酬的种类，当事人有约定的，依约定；无约定的，雇用人应以货币给付报酬。

（3）对报酬的给付时期，当事人有约定的，依约定；无约定的，依习惯。无习惯时，应根据以下规则给付：提供持续时间超过2个月的继续性劳务的，至少每月给付一次报酬；提供一次性短期劳务的，于劳务完毕时给付报酬；提供间断性劳务的，于每次劳务完毕时给付报酬；受雇人以报酬为基本生活来源的，雇用人应于劳务开始时预付足以维持受雇人基本生活的部分报酬。雇用人未按期给付报酬时，受雇人有权解除合同。

3. 雇用人对受雇人供给劳务期间的生命、健康负有保护义务。雇用人应当为受雇人提供合理的劳动条件和安全保障。雇用人违反此项义务的，受雇人有权解除合同。受雇人于受雇期间遭受的人身损害，除受雇人本人故意所致外，由雇用人承担损害赔偿责任。雇用人能够证明受雇人对其遭受的损害有重大过失的，可酌情减轻责任。雇佣合同中如约定继续提供劳务的期限为 1 年以上的，雇用人应当为受雇人投保意外伤害险和医疗险。

4. 雇用人无重大事由，不得中途解除合同。雇用人违反此项义务的，应承担违约责任。

第三节　雇佣合同的终止

一、雇佣合同终止的原因

1. 以完成特定劳务为内容的合同，该劳务完成，合同即告终止。

2. 因期限届满而终止。雇佣合同定有期限的，期限届满，合同终止。合同期限届满后，受雇人继续提供劳务，雇用人知道而不表示异议的，视为合同默示延长。

3. 受雇人死亡，雇佣合同终止。

4. 因当事人一方行使解除权而终止。①受雇人明示或者默示保证其有特殊技能的，如无此特殊技能时，雇用人得解除合同。②雇用人非经受雇人同意而将劳务请求权让与第三人，或受雇人非经雇用人同意而使第三人代为提供劳务，则对方有权解除合同。③雇用人未为受雇人提供合理的劳动条件和安全保障的，雇用人有权解除合同。④受雇人因故意或重大过失违反诚实义务，致雇用人遭受重大损失的，雇用人有权解除合同。⑤雇用人未按期给付报酬的，受雇人有权解除合同。⑥雇佣合同未定期限的，依劳务性质或者目的亦不能定其期限的，双方当事人有权随时解除合同，但应提前通知对方。存在有利于受雇人的习惯时，从其习惯。雇用人不得在对受雇人有重大不利时解除合同。⑦雇佣合同定有期限的，双方当事人遇有重大事由时，有权提前解除合同。

二、雇佣合同终止的效力

1. 合同终止后，受雇人对雇用人仍负有雇佣合同所规定的保守秘密的义务，以及依约定在一定期限内负竞业禁止的义务。

2. 因不可归责于受雇人的事由，雇用人解除合同的，应当向受雇人给付按一定方法计算的解约金。

3. 受雇人继续提供劳务满 1 年以上后解除合同的，雇用人应当向受雇人给付按一定方法计算的补偿金。

■思考题

1. 雇佣合同与委托合同、承揽合同有何区别？
2. 如何认识雇佣合同与劳动合同的关系？
3. 试述雇佣合同当事人的义务。

■参考书目

1. 史尚宽：《债法各论》，中国政法大学出版社 2000 年版。
2. 邱聪智：《债法各论》（中），中国人民大学出版社 2006 年版。
3. 黄立主编：《民法债编各论》（上），中国政法大学出版社 2003 年版。
4. 黄茂荣：《债法各论》（第一册），中国政法大学出版社 2004 年版。

第三十二章 侵权行为之债

■ 学习目的和要求

　　要求学生弄清侵权行为、侵权行为之债的含义及其法律特征，了解侵权责任法的历史变化尤其是其在当代的新发展；熟练掌握侵权责任的构成要件，并能较好地把握侵权损害赔偿之范围。重点在于侵权责任的构成要件及承担责任的方式。难点在于精神损害赔偿责任。

第一节　概　述

一、侵权行为的含义和分类

（一）侵权行为的含义

"侵权行为"在不同的语种中有着不同的表现形式：英语为"tort"，法语为"delict"，德语为"Delikt"，拉丁语为"delictum"。尽管表现形式不同，但都含有"不正当行为""不法行为""过错""侵犯他人权利"等意思。而且，无论是法语的"delict"，还是德语的"Delikt"，都可以从拉丁语的"delictum"中找到其影子。而拉丁语的"delictum"，则专指不法致人损害的种种行为，较早时候中文译为"私犯"。可见，"侵权行为"是一个外来词。它在各国文字中已经取得了法律上的专门含义，即一种违反公共行为规范的致人损害的行为。

我国民事立法中，无论是原《民法通则》、原《侵权责任法》，还是后来颁布的《民法典》，都没有对侵权行为进行界定。但通说认为，所谓侵权行为，一般是指行为人由于过错侵害他人的人身权、财产权，依法应承担民事责任的行为；行为人虽无过错，但法律特别规定应对受害人承担民事责任的其他致害行为，也属侵权行为。

侵权行为的明显特征是，它既与犯罪行为具有一定的联系，又与犯罪行为有着根本的区别。就其联系而言，侵权行为与犯罪行为有时发生规范竞合。这种情况常见于杀人、放火、伤害及重大责任事故等案件中，行为人的这些行为，可能既构成侵权行为又构成犯罪行为，两种责任并行不悖，互不排斥，即行为人承担民事责任不影响其承担刑事责任，反之亦然。就其区别而言，侵权行为是对民事主体的民事权益，包括生命权、健康权、姓名权、名誉权、肖像权、隐私权、婚姻自主权、监护权、所有权、用益物权、担保物权、著作权、专利权、商标专用权、发现权、股权、继承权等人身、财产权益的侵害，其法律后果一般是对受害人财产性的补偿；犯罪行为是对社会秩序和公共利益的侵犯，其法律后果是对行为人的刑事惩罚。

（二）侵权行为的分类

1. 一般侵权行为与特殊侵权行为。这是根据侵权行为的构成要件所作的分类。一般侵权行为也称"普通侵权行为",是指行为人基于过错直接致人损害,因而适用民法上的一般责任条款的行为。这是最常见的侵权行为。例如行为人故意损坏他人财产,驾车违反交通规则撞伤行人等,都属此类。特殊侵权行为也称"特种侵权行为",是指行为人虽无过错,但他人的损害确系与行为人有关的行为、事件或特别原因所致,因而适用民法上的特别责任条款或民事特别法的规定而应负民事责任的行为。例如,《民法典》侵权责任编中的第三章、第四章、第五章、第六章和第七章等规定的因特定主体(如国家机关及其工作人员)致人损害的行为、因特定活动(如高度危险作业、医疗活动)致人损害的行为、因特定物件(如产品)或物质(如环境污染)致人损害的行为等,均属此类。此外,无行为能力人或者限制行为能力人致人损害行为,教唆、帮助他人实施侵权行为等,都属于特殊的侵权行为。

2. 侵害财产权行为和侵害人身权行为。这是根据侵害对象的不同所作的分类。侵害财产权行为,是指行为人侵害他人财产权包括所有权、知识产权等行为。例如,非法占有或毁坏他人财产,剽窃、篡改他人作品等都属此类。侵害人身权行为,是指行为人不法侵害他人的生命健康权、姓名权、肖像权、名誉权与荣誉权等。例如,故意或过失伤人、诽谤他人或公开他人的隐私等,都是侵害人身权的行为。

3. 单独侵权行为与共同侵权行为。这是根据致害人的人数所作的分类。单独侵权行为,是指致害人仅为一人的侵权行为。共同侵权行为,是指致害人为两人以上的侵权行为。共同侵权行为的共同致害人对受害人负连带赔偿责任(《民法典》第1168条)。构成共同侵权行为需要满足四个要件:一是主体的复合性。二是共同实施侵权行为。这里的"共同"又包括三层含义:共同故意;共同过失;故意行为与过失行为相结合。三是侵权行为与损害结果之间具有因果关系。四是受害人具有损害,且该损害不可分割。(《最高人民法院关于审理旅游纠纷案件适用法律若干问题的规定》)。

值得注意的是,我国《民法典》第1169条第1款规定:"教唆、帮助他人实施侵权行为的,应当与行为人承担连带责任。"十分清楚,我国立法将教唆、帮助他人致人损害的行为列为共同侵权行为之一。

4. 积极侵权行为和消极侵权行为。这是根据侵权行为的性质不同所作的分类。所谓积极侵权行为,是指行为人以一定的作为致人损害的行为。例如,非法占有他人财产,毁损他人财物,不法伤害他人身体等。所谓消极侵权行为,是指行为人以一定的不作为致人损害的行为,例如,扳道工未履行扳道义务致使列车出轨,值班人员擅离职守致使公物被盗等。

以上是大陆法系国家对侵权行为的分类。判例法系国家对侵权行为的分类,与此有很大不同。在判例法系国家,侵权行为被分为"对财产的侵害""对个人的侵害"以及"过失"三大类。在这三大类之外,还有许多独立的种类。

二、侵权行为之债的概念及特征

(一) 侵权行为之债的概念

侵权行为是债的发生根据之一。通常所称的侵权行为之债,一般是指行为人因故意或过失侵害他人财产权利或人身权利,并造成损失而产生的一种债权债务关系。在这种债的关系中,债权人为受害人,债务人为致害人;受害人有权请求致害人对其造成的损害进行赔偿,致害人则负有义务给予对方相应的赔偿。由于这种债的关系是行为人的侵权行为所引起的,因而法学上称为"因侵权行为所生之债",简称"侵权行为之债"或"侵权之债"。

侵权之债在各国民事立法中所使用的名称不尽相同，有的称"侵权行为之债"，有的称"致人损害之债"，有的则称"损害赔偿之债"，还有的称"非合同所致损害的责任"。在我国，原《民法通则》中所使用的概念是"侵权的民事责任"；原《侵权责任法》用语更为简洁，直接称"侵权责任"；而《民法典》的第七编就叫"侵权责任"编。

（二）侵权行为之债的特征

侵权行为之债是一种较为普遍的债。它具有以下法律特征：

1. 侵权之债的债务人所负的责任是一种民事责任。侵权之债的履行，是令致害人承担一定的法律责任。法律责任有刑事责任、行政责任和民事责任三种。侵权之债的债务人所承担的责任，是一种民事责任，它与刑事责任和行政责任都不同：①性质不同。侵权行为的民事责任是致害人违反民事法律的结果；而行政责任和刑事责任则是不法行为人分别违反行政法和刑法的结果。由于行为性质不同，行为人承担责任的方式也不同。侵权的民事责任，其方式主要有返还财产和赔偿损失等，而且一般只具有赔偿性质并无惩罚之意。行政责任和刑事责任则不同，这两种责任中也可能有经济制裁，但不过是一种附带，而且纯属惩罚性质。②强制程度不同。侵权之债的债务人，由于所负的是一种民事责任，因而允许当事人在不违背法律和社会道德准则的条件下，自行协商解决或由第三人调解；作为债权人的受害人也可以放弃赔偿要求。而刑事责任和行政责任由司法机关或行政主管机关分别作出裁决后必须执行，制裁者与被制裁者之间是没有商量的余地的。③处理的原则不同。在侵权之债中，致害人的赔偿责任，其范围只能根据等价有偿的原则来确定，一般不能超过受害人所遭受的实际损失数额。而刑事责任和行政责任中的财产惩罚，并非以不法行为人给他人或国家造成的财产损失的数额为前提或依据，罚没多少，由司法机关或行政主管机关决定，不存在协议问题。

2. 侵权之债的债务人所负责任是一种财产责任。侵权之债是行为人因过错致人损害而发生的。债务人所负的主要是财产责任，即用致害人的财产赔偿受害人的财产损失。侵权责任以财产损失为限，是自罗马法以来传统民法的一项原则。然而，当代各资本主义国家民事立法却有不少关于精神损害赔偿的规定。我国立法和司法在一个相当长的时间内是不承认精神损害赔偿的。直到制定《民法通则》时，才明文规定了"公民的姓名权、肖像权、名誉权、荣誉权受到侵害的，有权要求停止侵害，恢复名誉，消除影响，赔礼道歉，并可以要求赔偿损失"。当然，即便是在国外，采用单纯的精神损害赔偿，也只是极少数。通常情况下，侵权之债的债务人所负的责任，主要是财产责任。

3. 侵权之债是针对侵犯所有权和人身权而设立的一项民事法律制度。人所享有的权利包括政治权利和民事权利。民事权利指的是财产权和人身权；财产权之中最为主要的是所有权和债权。因此，所谓侵权，就有一个从广义角度还是从狭义角度去理解的问题。在广义上，侵权可以理解为行为人侵犯他人政治权利和民事权利。但传统民法所说的侵权指的是一种狭义侵权，它不仅不包括侵犯政治权利，也不包括侵犯债权，而单指侵犯他人所有权（包括知识产权）和人身权。侵犯他人债权（一般系合同之债）虽然也是一种侵权，但它与侵犯他人所有权和人身权不同。侵犯他人债权在侵权行为发生之前，双方当事人之间一般已有协议存在；而侵犯他人所有权和人身权，在侵权行为发生之前当事人之间并不存在由协议确定的某种权利义务关系。因此，有关侵犯债权问题，各国民事立法一般都将其列入债的不履行的效力之中。侵权之债仅是针对侵犯所有权（含知识产权）和人身权而设立的一项民事法律制度。

三、侵权责任法的历史发展

（一）侵权责任法的历史沿革

人类社会初期，对侵权行为所引起的损害，习惯上是通过受害人及其血亲公开地对致害人及其血亲以对等损害的复仇方式来解决的。随着社会的进步，这种对等血亲复仇的方式渐为财物赔偿所代替。但严格地说，最初的损害赔偿，只是一种可以用财物赔偿代替私人复仇的变通做法，它仍属于一种习惯，尚不具有法律意义。

侵权损害赔偿制度作为一项法律制度，是人类进入成文法时期才确立的。人类进入成文法时期后，作为野蛮的标志之一的私人复仇习惯逐渐被废止，代之而起的是侵权之债的设立。据史料记载，奴隶社会的《苏美尔法典》《汉穆拉比法典》以及古罗马的《十二铜表法》等都有对侵权损害赔偿的典型规定。特别是在古罗马，当时的立法者已经把民事责任分为契约上的责任和侵权行为上的责任两种，并将契约和侵权行为列于其债务法部分，作为债的发生根据的两大原因。罗马法把一些重要的侵权行为依其性质不同而分为"私犯"和"准私犯"两大类。"私犯"相对"公犯"而言。"公犯"系指危害国家的行为，凡罗马市民都可控告，而且须受刑事制裁；"私犯"则指侵害他人人身或个人财产的行为，违犯者负损害赔偿责任，但仅蒙受损失人方可起诉。"私犯"之外还有"准私犯"。"准私犯"指类似"私犯"而未列入"私犯"的违法行为。"准私犯"大多出于过失和渎职而发生。

罗马法关于侵权之债的规定，对后世侵权责任法的制定，产生了很深的影响，尤其是大陆法系各国。例如，1804 年制定的《法国民法典》，其中关于侵权行为的规定，从确定责任的原则到侵权行为的分类，以至其在法典编排体系中的位置等，无不受罗马法的影响。在这部法典中，法国用"侵权行为"和"准侵权行为"代替了罗马法中的"私犯"和"准私犯"。《德国民法典》同样受到了罗马法的影响。当然，《法国民法典》和《德国民法典》同罗马法制定的年代毕竟有很大的距离，因而在侵权立法这一问题上，这两部法典都与罗马法有所不同，都有自己的特征。《法国民法典》关于侵权行为的立法最明显的特征有二：①打破了以往对各种侵权行为分别加以规定的做法，采取了制定一个适用一切侵权行为的原则条文的新方法；②除规定一般侵权行为责任之外，还规定了一些特殊的侵权行为责任。《德国民法典》关于侵权行为立法所具有的特色更为明显：①它首次把侵权行为列为债的独立发生根据；②它规定了更加概括的一般侵权行为责任的原则条文；③它以若干条文对一些特别侵权行为责任、监护责任、共同侵权行为责任以及损害赔偿范围、请求权时效等详加规定，从而使侵权之债成为一个完整的法律制度，为许多国家的民法典所仿效。

在大陆法系国家中，侵权行为大都被视为民法债的一种发生根据。而在英国，侵权行为规范则是一个古老的、独立的法律制度。其主要原因是英国没有接受罗马法的体系，在法的结构和概念上与欧洲大陆国家明显不同。在结构上，它没有公法与私法之分，没有民法部门，大陆法系民法所包含的基本制度在英国都独立存在。在概念上，英国有时也用民法这个名称，但这是从大陆法系国家借用来的。英国的侵权行为法律制度，早在中世纪已经存在。当时规定，凡人身和财产受到侵害的当事人，可按普通法提起损害赔偿之诉。然而，与契约法不同，英国侵权行为法一直没有形成侵权行为的一般概念和赔偿责任的一般规则，只承认若干具体的侵权行为，如诈欺、损害、侵犯文字和口头诽谤等。英美法系的国家，其侵权法律制度大体与英国差不多。

在我国，1986 年制定的《民法通则》首先突破了传统民法中关于侵权责任的立法体例。传统民法把侵权的民事责任仅规定为一种债的关系。我国民事立法没有把侵权行为列入债法中，而是先于《民法通则》中将民事责任独立成章，并在其中专门规定了侵权的民事责任；而后专门制定《侵权责任法》。这种立法体例，既不否定侵权行为是债的一种发生根据，又突出了侵权行为的法律后果之法律责任性质。

（二）现代侵权制度的变化和发展

法律是经济基础的上层建筑，它随客观经济条件的变化而变化，适应社会的发展而发展。人类进入现代文明社会之后，侵权制度有了新的变化和发展。具体表现在如下几个方面：

1. 侵权责任法在各国法律体系中的地位日益重要。在资本主义国家里，随着贫富悬殊日益增大，社会矛盾日益尖锐。为了解决社会各种矛盾，以求资本主义生产得以稳定和发展，各资本主义国家都十分重视侵权立法，不少国家在其民法典中对侵权行为作了比较完备的规定。例如，在《法国民法典》中，有关侵权行为的规定仅为 5 条，而《日本民法典》和《德国民法典》则分别多达 15 条和 30 条。很明显，随着时间的推移，各国或地区的民法典对侵权行为的规定，愈趋详尽和完备。此外，不少资本主义国家在许多单行法中也都有关于侵权行为的规定。英国还就若干具体侵权行为如诈欺和损害先后颁布了《修正防止诈欺法》《灾祸事故赔偿法》等。

侵权立法地位日益重要在我国尤为明显。前已述及，我国首先于中《民法通则》突破了传统民法的体例，不是把侵权行为列入债法中，而将其规定于民事责任一章内；而后于 2009 年 12 月又专门制定了《侵权责任法》，该法共计 12 章 92 条；2021 年 5 月获得通过的《民法典》；其第七编"侵权责任"条文比原《侵权责任法》还多出 3 条，共 95 条，几乎是《法国民法典》中关于侵权条款规定的 20 倍。这就使侵权行为的内容和法律后果远远超出了"债"的范畴，加重了侵权行为法律后果的分量，从而更加有效地对被侵权人的合法权益予以保护，同时更为有地控制和减少不法行为的发生。

2. 无过错责任原则的确立。过错原则是传统侵权行为法的一项原则。根据这一原则，无过错则无责任。但是，随着大工业的出现，危险事业与日俱增，如果拘守侵权行为责任以过错为必要条件的原则，就可能使某些受害人遭受的损失无法得到赔偿。因此，从 19 世纪末以来，一些资本主义国家在工人劳动者的强烈要求下，在立法上出现了"无过错责任"的规定，即在特定的情况下，致人损害的一方即使没有过错也应承担赔偿责任。所谓"特定的情况"，主要是指容易致人损害的企业和职业，如铁路运输企业、容易患职业病的职业等。无过错原则作为处理特殊侵权行为的原则，是由德国、奥地利和瑞士等大陆法系国家首先提出来的，称为"原因责任"（在英美法系各国称为"结果责任"原则），并为许多国家立法所接受。这是在传统侵权行为法的过失原则之外的又一责任原则。

与此有关的是，举证责任逐渐减弱。与过错责任和无过错责任并存时期相适应，为了公平解决侵权纠纷，减少侵权行为，被侵权人的举证责任逐渐减弱。主要表现为：一是对过错的认定逐渐客观化，不从单个行为人的主观状态认定其过错，而以多数人的注意义务标准认定有无过错。二是在特定条件下法律规定不由被侵权人承担举证责任，而由行为人承担举证责任，学理上称为"举证责任倒置"。三是在实行无过错责任时，当事人双方不必证明行为人过错，只需争议法定免责事由是否存在，若不存在法定免责事由，行为人就要承担侵权责任。

3. 公平原则的适用。在传统侵权行为法理论之外产生的第三责任原则是公平责任原则。在 19 世纪，一些主要资本主义国家的民法都把过失责任原则作为法定的一般原则，无过失原则作为补充。但是，自 20 世纪以来，这两项原则对于一些特殊的侵权行为，如产品瑕疵致人损害、无行为能力人致人损害等难以适用。在这类案件中，致害人和受害人对于损害的发生可能都没有过错。如果根据过失责任原则而免除致害人的责任，未免有失公平。因此，为了解决侵权行为中某些过失责任原则和无过失责任原则所无法解释的情形，在当代各国侵权行为法理论中便产生和发展了第三种责任原则——公平责任原则。根据这一原则，在某些复杂、特殊的情况下，法院可以在有"正当社会理由，而且法律许可时"，不适用法律条文"而基于公平的考虑作出判决"。这一原则目前已为许多国家民法所接受。

4. 精神损害赔偿的确立以及对人身权、财产权保护范围的不断扩大。侵权责任以财产损失为限的原则，是自罗马法以来传统民法的一项赔偿原则。但随着社会的不断发展，无论是大陆法系还是英美法系国家，也无论是资本主义国家还是社会主义国家，其侵权立法和司法都打破了罗马法以来侵权责任以财产损失为限的原则，规定了对于精神、人格、名誉等造成损害的行为人也应负赔偿责任。其中，大陆法系国家（如日本）有的用法律条文规定下来，有的虽然法律条文无明确规定，但在司法实践中认为，侵权损害赔偿，应包括财产损害和精神损害两种赔偿。英美法系一向认为人格至上，他们甚至认为，精神损害赔偿在某种意义上比财产损害赔偿更为重要。我国在争论了几十年之后，精神损害赔偿问题在《民法通则》（已失效）中得到了初步的确立，但《民法通则》（已失效）仅对此作出较原则性的规定。有鉴于此，2001 年 2 月 26 日最高人民法院出台了一项司法解释，即《关于确定民事侵权精神损害赔偿责任若干问题的解释》。然而，最高人民法院的这一解释也仅仅是一个司法解释，并不是严格意义上的立法。精神损害制度的真正确立，当属《侵权责任法》（已失效）第 22 条的规定："侵害他人人身权益，造成他人严重精神损害的，被侵权人可以请求精神损害赔偿。"《民法典》第 1183 条第 1 款将其吸纳之。这一条文虽然只有一句话，但承载了相当丰富和厚重的内涵，其意义十分重大。

各国在确立精神损害赔偿的同时，在人身权、财产权保护方面，不断地扩大了保护范围。德国 1896 年制定的民法典还没有规定有保护公民的名誉权，半个世纪后才开始明确保护名誉权。之后尤其是进入网络时代以后，过去难以想象的侵害名誉权、隐私权等行为屡屡发生；产品责任、环境污染、生产事故禁而不止，这一切都推动各国加强对公民生命和财产安全的保护。

第二节　侵权责任的一般构成要件

侵权责任的一般构成要件，是指在一般情况下，构成侵权行为民事责任所必须具备的条件。它包括客观要件和主观要件两个方面。

一、侵权责任的客观要件

侵权责任的客观要件是指：侵权损害事实；加害行为的违法性；违法行为与损害结果之间有因果关系。

（一）侵权损害事实

侵权责任主要是一种财产责任。它以财产赔偿的方式制裁致害人，从而补偿受害人所受到的财产损失。既然是对损害进行赔偿，当然须有损害事实，才有可能发生赔偿的问题。

所谓损害，是指由一定行为或事件造成人身或财产上的不利益，即不良后果或不良状态。损害依其性质和内容划分，有物质上的财产损害和心理上的精神损害两种。物质上的财产损害，可能是由于行为人对受害人的物质财富实施违法行为所引起的，如毁人房屋，盗人车辆等；也可能是对受害人的人身实施违法行为所致，如致人伤残，受害者因此而导致支付医疗费和收入的减少等。心理上的精神损害，是指人格受侮辱、名誉受毁损等。当然，精神损害，各国法律规定不一。例如，法国把精神损害理解为使个人尊严受贬低或使威信下降，以及使精神痛苦和不安等行为。英美法系国家对精神损害的解释要宽泛得多。他们认为，凡是侵害生命、人体、健康、自由、名誉、秘密、贞操以及精神折磨、妨碍婚姻家庭等，都属精神损害之列。

损害应该包括直接损害和间接损害。两者都是损害事实。

（二）加害行为的违法性

造成损害事实的行为，必须具有违法性质，行为人才负有赔偿责任。否则，即使有损害事实，也不能使行为人承担赔偿责任。所以，加害行为的违法性，是构成侵权民事责任的又一要件。

违法行为有两种表现形式，即作为的违法行为和不作为的违法行为。所谓作为的违法行为，是指行为人作了法律所不允许的行为。例如，法律严禁侵害公共财产和个人的合法权益，行为人违反法律规定，损害公共财产或侵害他人的合法权益（如打人、诽谤等），行为人的这种行为，就是作为的违法行为。所谓不作为的违法行为，是指法律要求行为人作而行为人没有作的行为。例如，司机未及时刹车而撞伤行人，施工人员未设置明显标志和采取安全措施造成他人损害等，都属不作为的违法行为。判断行为人有无不作为的违法行为，最主要的要看两条：①行为人在法律上是否有作为的义务；②负有一定义务的人在当时是否具备了履行的条件。行为人只有在法律上负有义务，并且具备履行条件而不履行的情况下，才能认定其有不作为的违法行为。

在通常情况下，造成他人损害的行为总是违法的，但是，也有些行为表面上似乎是侵害了他人的权利，而行为本身却是合法的，因而不能追究行为人的民事责任。例如，正确执行职务的行为（如医生经患者或其亲属签字同意施行手术行为等），正当防卫行为和紧急避险行为等，都属此类情况。当然，在执行职务过程中失误，防卫过当或紧急避险不当给他人造成损害，依法仍须负民事责任。

造成损害的行为是侵权责任构成务必不可少的。但是，行为人不作为也有可能产生侵权责任，这是现代侵权责任法的一种发展趋势，即在特定情形下行为人还负有积极保护他人的义务。例如，《民法典》第1198条第1款规定："宾馆、商场、银行、车站、机场、体育场馆、娱乐场所等经营场所、公共场所的经营者、管理者或者群众性活动的组织者，未尽到安全保障义务，造成他人损害的，应当承担侵权责任。"其第2款规定："因第三人的行为造成他人损害的，由第三人承担侵权责任；经营者、管理者或者组织者未尽到安全保障义务的，承担相应的补充责任。经营者、管理者或者组织者承担补充责任后，可以向第三人追偿。"这是针对违反安全保障义务所作的规定。根据安全保障义务的内容不同，可以将其分为两类：一是防止他人遭受义务人侵害的安全保障义务，二是防止他人遭受第三人侵害的安全保障义务。若违反该条第1款的规定，比如顾客到餐厅吃饭，由于餐厅的地板有油渍导致顾客摔倒受伤，这就违反了前述第一类的安全保障义务，餐厅因此就应当承侵权责任。若违反该条第2款，比如储户到银行取钱遭到第三人抢劫，银行的保安未尽到保障义务，未能及时注意和控制，导致客户损失，亦即违反了前述第二类安全保障义务，银行因此就应承担相应的补充责任。

（三）违法行为与损害结果之间有因果关系

侵权责任只有在侵权的违法行为与损害结果之间存在因果关系时，才能构成。如果加害人虽有侵权的违法行为，但受害人遭受到的损害与此无关，还不能令其承担赔偿责任。因此，损害结果与违法行为之间有因果关系，是构成侵权民事责任的又一要件。

什么叫因果关系？所谓因果关系，是指社会现象之间的一种客观联系，即一种现象在一定条件下必然引起另一种现象的发生，前一种现象称原因，后一种现象称结果，这两种现象之间的联系，就叫因果关系。例如，甲故意毁损乙房屋，直接造成乙损失 1 万元。在这里，甲的不法行为是原因，乙的损失是结果，后者是前者造成的。在客观世界中，原因与结果表现为互相作用的无穷无尽的链条。但我们在认定侵权民事责任的因果关系时，不是去寻找事物的普遍联系或一般联系，而是去研究违法行为和损害结果的关系，即研究特定的损害事实是否系行为人的行为所必然引起的结果，如果是，则违法行为与损害结果之间有因果关系，否则，就没有因果关系。如果是多因一果，还要把主要原因和次要原因区别开来。没有因果关系的侵权民事责任是不能成立的。但仅凭单纯的客观因果联系，也不能就此得出行为人应对损害负责的结论。行为人最终是否承担责任，还取决于其行为是否有过错和法律对主观归责条件的规定。

二、侵权责任的主观要件

确定行为人是否应负侵权民事责任，不仅要看其客观因素——损害事实、违法行为及损害事实与违法行为之间有因果关系，而且还必须看其主观因素——行为人是否有行为能力及其主观上是否有过错。如果行为人实施违法行为，造成了损害结果，违法行为和损害结果之间的因果关系也确证无疑，但行为人并无行为能力或主观上并无过错，还不能追究其本人的责任。所以，行为人有行为能力及主观有过错，是构成侵权民事责任的又一要件。这一要件包括两个方面。

（一）行为人须有行为能力

行为能力是民事行为能力所包括的三个方面的内容之一。按照法律规定，承担法律责任的人，必须是有行为能力的人。所谓行为能力，就是一个人具有了解自己行为的性质、意义和后果，并自觉地控制自己行为和对自己行为负责任的能力，简言之，就是能够辨认和控制自己行为的能力。有行为能力的人，对自己所实施的侵权行为，应由其本人承担民事责任。如果实施违法行为人属无行为能力人，则不能由其本人承担民事责任。"无行为能力者无责任"，这是各国立法和司法的通例。

什么人才具有行为能力？一般而言，人达到一定年龄之后，就自然具备了这种能力。因此，我国《民法典》第 17 条规定，18 周岁以上的自然人为成年人。第 18 条规定："成年人为完全民事行为能力人，可以独立实施民事法律行为。十六周岁以上的未成年人，以自己的劳动收入为主要生活来源的，视为完全民事行为能力人。"这就是说，在我国，18周岁以上的公民是具有行为能力的人；未满 18 周岁但已满 16 周岁并以自己的劳动收入为主要生活来源的自然人，也是具有行为能力的人，他们应对自己的侵权行为负民事责任。当然，有的人也可能由于某种原因，特别是患病（主要是精神病）的缘故，虽到成年的年龄，却不具有行为能力，这是例外。

（二）行为人主观上有过错

《民法典》第 1165 条规定："行为人因过错侵害他人民事权益造成损害的，应当承担侵权责任。依照法律规定推定行为人有过错，其不能证明自己没有过错的，应当承担侵权责任。"本条是对过错责任原则的规定。

过错，是行为人决定其行动的一种心理状态。过错违法，法理学上称主观违法。过错包括故意和过失两种形式。行为人预见到自己行为的结果，并希望其发生或放任其发生的，这叫故意。例如，明知投石于人群中会伤人而仍投掷者；明知毁人财产违法仍实施其行为者，均属故意的侵权行为。行为人对其行为的结果应预见到或能预见到但竟未预见到，或者虽然预见到而轻信其不会发生，以致损害结果的，这叫过失。例如，汽车司机明知车辆刹车不灵，但自信技术好仍然出车，途中因刹车不灵而撞伤行人。司机的行为，显然是一种过失。衡量行为人是否有过失，应以行为人是否应注意、能注意而未注意为依据。而应注意和能注意的标准，则应根据具体的时间、地点和条件来决定，不能作主观抽象的理解。例如，在医疗事故中，对医生、见习医生和护士的应注意和能注意的要求，就应有所不同，不能一律看待。

在一般情况下，行为人的行为是故意或过失，以及过错程度大小如何，这对于确定其民事责任并无实际意义。因为确定侵权民事责任的范围，通常取决于损害的有无或大小，并不因为行为人的故意或过失而有所不同。但是，在特定的情况下，如在混合过错、共同致人损害、受害人有故意或重大过失的情况下，行为人的过错程度，就成为确定其赔偿责任的主要依据了。

总之，根据《民法典》第1165条第1款的规定，在过错责任原则制度下，一般的侵权责任，只要同时满足以下两个条件，即①行为人有行为能力；②行为人行为时有过错，再加上前述客观条件，行为人的行为就构成了侵权行为，他就得承担相应的侵权责任。

第三节　侵权责任的责任减免事由

侵权责任的减免，原《侵权责任法》在制定时，相关章的章名就有不同意见。立法者既不采"免责事由"的建议，也不纳"抗辩事由"之建言，而是直接将第三章取名为"不承担责任和减轻责任的情形"，一共规定了6条。《民法典》基本上吸收了这些条文，并将其规定于侵权责任编的第一章即"一般规定"中。该法侵权责任编虽然没有取"不承担责任和减轻责任的情形"作为章名，但规定于侵权责任编第一章中的"受害人故意""自甘风险"等条文，其目的和作用是显而易见的。

根据《民法典》第1173条至第1178条的规定，侵权的责任减免事由或者说不承担责任和减轻责任的情形有如下几种：

一、过错相抵

被侵权人对于损害的发生或者扩大也有过的，让侵权人承担全部赔偿责任，有失公允。因此，侵权人可以以被侵权人的过错为由进行抗辩，要求减轻自己的侵权责任，主要是减少损害赔偿的数额。在学理上一般称为"与有过失"或"过错相抵"。

然而，与有过失（过错相抵）的适用范围问题一直是有争论的，尤其是与有过失（过错相抵）是否适用于无过错责任，我国理论界的争论由来已久。中国社科院法学所资深研究员极力主张：无过错责任只是不考虑加害人有无过错，并不是不考虑受害人的过错；按照受害人过错的大小，减轻直至免除加害人的赔偿责任，与无过错责任的法理并不矛盾。在无过错责任的侵权案件中适用过失相抵原则，实质是用受害人的过失抵销加害人的责任。2003年原《最高人民法院关于审理人身损害赔偿案件适用法律若干问题的解释》基本上采纳了上述观点。其第2条规定："受害人对同一损害的发生或者扩大有故意、过失的，依照民法通则第一百三十一条的规定，可以减轻或者免除赔偿义务人的赔偿责任。但侵权人因故意或者重大过失致人损害，受害人只有一般过失的，不减轻赔偿义务人的赔偿责任。适用民法通则第一百零六条第三款规定确定赔偿义务人的赔偿责任时，受害人有重大过失的，可以减轻赔偿义务人的赔偿责任。"按照该条规定，原《民法通则》第106条第3款规定的是无过错责任，即在无过错责任的案件中，如果受害人有重大过失，可以减轻侵权人的赔偿责任，但受害人属于轻微过失的，不减轻侵权人的赔偿责任。虽然《民法通则》已经废止，最高人民法院的上述司法解释第 2 条已被删除，但其精神已被《民法典》相关条款所吸收。

从国外的立法来看，《俄罗斯民法典》采纳了类似上述的观点。我国《民法典》第1173 条规定："被侵权人对同一损害的发生或者扩大有过错的，可以减轻侵权人的责任。"这一规定无疑是采纳了最高人民法院的司法解释和原《侵权责任法》相关内容的规定。根据这一规定，被侵权人对同一损害的发生或扩大有过错甚至存有故意，而侵权人对于损害的发生也有故意或重大过失的，可以减轻侵权人的责任，但不属于免责范畴。

二、受害人故意

"损害是因受害人故意造成的，行为人不承担责任"（《民法典》第 1174 条）。本条是关于受害人故意造成损害，行为人免责的规定。

受害人故意造成损害，是指受害人明知自己的行为会发生损害自己的后果，而希望或者放任此种结果的发生。受害人故意分为直接故意和间接故意。直接故意是指受害人从主观上追求损害自己的结果发生，例如受害人故意摸高压线自杀而亡；间接故意是指受害人已经预见到自己的行为可能发生损害自己的结果，虽不直接追求损害结果的发生，但也不停止该行为，而是放任损害结果的发生，例如受害人盗割高压线，导致自己死亡即是。

《民法典》第 1174 条规定对行为人免责，是指损害完全是因为受害人的故意造成的，即受害人故意的行为是其损害发生的唯一原因。前述受害人故意摸高压线而亡之例，其死亡后果的唯一原因是故意触摸高压线。如果受害人故意造成自己损害而让无辜的行为人承担责任，不仅是有失公允，简直就是法律和社会的悲哀了。因此，包括我国在内的法治国家明确规定，损害完全系受害人故意造成的，行为人不承担责任。事实上，关于行为人侵权免责的规定，除了本条之外，《民法典》还在以下条款中有规定：

1. 《民法典》第 1208 条规定："机动车发生交通事故造成损害的，依照道路交通安全法律和本法的有关规定承担赔偿责任。"而《道路交通安全法》最重要的一条是第 76 条。该条第 2 款明确规定：交通事故的损失是由非机动车驾驶人、行人故意碰撞机动车造成的，机动车一方不承担赔偿责任。

2. 该法第 823 条规定，承运人应当对运输过程中旅客的伤亡承担赔偿责任；但是，伤亡是旅客自身健康原因造成的或者承运人证明伤亡是旅客故意、重大过失造成的除外。

3. 该法第 1237 条规定，民用核设施或者运入运出核设施的核材料发生核事故造成他人损害的，民用核设施的营运单位应当承担侵权责任；但是，能够证明损害是因为战争、武装冲突、暴乱等情形或者受害人故意造成的，不承担责任。

4. 该法第 1238 条规定，民用航空器造成他人损害的，民用航空器的经营者应当承担侵权责任；但是，能够证明损害是因受害人故意造成的，不承担责任。

5. 该法第 1239 条规定，占有或使用易燃、易爆、剧毒、高放射性、强腐蚀性、高致病性等高度危险物造成他人损害的，占有人或者使用人应当承担赔偿责任；但是，能够证明损害是因受害人故意或者不可抗力造成的，不承担责任。

6. 该法第 1240 条规定，从事高空、高压、地下挖掘活动或者使用高速轨道运输工具造成他人损害的，经营者应当承担侵权责任；但是，能够证明损害是因为受害人故意或者不可抗力造成的，不承担责任。

7. 该法第 1245 条规定，饲养的动物造成他人损害的，动物饲养人或者管理人应当承担侵权责任；但是，能够证明损害是因被侵权人故意或者重大过失造成的，可以不承担或者减轻责任。

8. 该法第 1248 条规定，动物园的动物造成他人损害的，动物园应当承担侵权责任；但是，能够证明尽到管理职责的，不承担责任。在这里，动物园"尽到管理职责"，说明其设施、设备没有瑕疵，有明显的警示牌，管理人员对游客挑逗、投打动物或者擅自翻越拦杆靠近行为进行了劝阻，该尽的管理职责已经尽到了，仍然不能制止游客的不文明行为，从而导致损害的发生，这种损害的发生，其原因从根本上说还是受害人的故意所致，因此，应该免除动物园的责任。

因受害人的故意从而使行为人得以免除其责任，有关法律的规定当然不止这些，此处不再一一列举。

三、第三人过错

《民法典》第 1175 条规定："损害是因第三人造成，第三人应当承担侵权责任。"本条是关于"第三人过错"致损的规定。

第三人过错，也叫"第三人原因"，是指受害人和加害人对于损害的发生都没有过错，受害人的损害完全是第三人的过错行为造成的，若要加害人承担全部责任，这是不公平的。因此，应当把"第三人过错"作为不承担责任或减轻责任的情形之一。

第三人的过错包括故意和过失。第三人是指受害人和加害人之外的独立民事主体，他既不隶属于受害人，更不是加害人的员工。员工对于用人单位来说不是"第三人"。如果用人单位的员工在工作中造成他人损害的，用人单位不能以其员工为"第三人"为由而提出抗辩。这与我们所说的因第三人的过错得以免责的完全是两回事。

因第三人过错而得以减免责任的，从大的方面来说可分两种，一是第三人过错是造成损害的唯一原因，二是第三人过错是造成损害的部分原因。两者的主要区别是第三者最终承担的责任大或小的问题。我们这里主要论及前者。第三人过错造成损害从而使加害人得以责任减免，既适用于过错责任情形，也适用于无过错责任情形。先说说适用于过错责任情形。这种情况，生活中并不少见。例如，甲某骑单车从运动场旁经过，被一射力十足的足球击中，连人带车倒向路边，其单车撞伤了行人乙某。踢球者系丙某。在本例中，甲某对丙某突然向其"射门"行为是不可预见的。甲某致乙某损害却没有任何过错，有过错的是"第三人"丙某。身为"第三人"丙某的过错是造成乙某损害的唯一原因。因此，本例中的受害人乙某的损失应当由"第三人"丙某负责，加害人甲某免予承担责任。

再说说适用于无过错责任情形。无过错责任也称危险责任。对于一些超常危险的活动，即使受害人的损害完全是因第三人的过错造成，依法律之规定须首先由危险活动的行为人或者高度危险物的持有人承担责任；然后视具体情况而定。具体情况又可以分为以下三种：

1. 由加害人先承担责任。在某些无过错责任情形下，损害即便完全是因第三人的过错造成，受害人也不会找第三人，而是直接将危险活动的行为人或高度危险物的持有人告到法院，使之成为被告人。在这种情况下，身为加害者的被告方不能以第三人造成损害为由，对受害人即原告进行抗辩。因为此类损害之赔偿，政府有令。例如，国务院《关于核事故损害赔偿责任问题的批复》第 2 条和第 9 条第 2 款规定，营运者应当对核事故造成的人身伤亡、财产损失或者环境受到的损害承担赔偿责任。营运者以外的其他人不承担赔偿责任。核事故损害是由于自然人的故意作为或者不作为造成的，营运者向受害人赔偿后，对该自然人行使追偿权。

因此，凡属此类损害发生，"危险活动"的管理者或营运者须首先依法承担赔偿责任，然后，才能依法向有过错的第三人进行追偿。

2. 受害人有权选择责任承担人。在某些无过错责任情形下，虽然损害完全是第三人的过错造成，但根据法律的规定，受害人可以从加害人（包括危险物的所有人）或者第三人中，选择其中一人承担责任。这是法律赋予其权利。例如，《民法典》第 1250 条规定，因第三人的过错致使动物造成他人损害的，被侵权人可以向动物饲养人或者管理人请求赔偿，也可以向第三人请求赔偿。动物饲养人或者管理人赔偿后，有权向第三人追偿。

3. 损害只能由有过错的第三人承担责任。在某些无过错责任情形下，损害完全是因第三人的过错造成的，依法由第三人承担责任。换言之，属于这种情形，加害人即案中的被告依法可以以第三人的过错为由，对受害人即案中的原告进行抗辩。例如，我国《电力法》第 60 条第 3 款规定，因用户或者第三人的过错给电力企业或者其他用户造成损害的，该用户或者第三人应当依法承担赔偿责任。电力营运虽然也有危险，但相对于民用核电力等营运，其危险性就要低得多，因而这种损害的发生，其责任的承担是有显著不同的。

四、自甘风险

《民法典》第 1176 条规定："自愿参加具有一定风险的文体活动，因其他参加者的行为受到损害的，受害人不得请求其他参加者承担侵权责任；但是，其他参加者对损害的发生有故意或者重大过失的除外。活动组织者的责任适用本法第一千一百九十八条至第一千二百零一条的规定。"

自甘风险也叫危险的自愿承担，原《侵权责任法》没有规定这一免责事由，本条是我国第一次确认自甘风险为免责事由。

自甘风险，是指受害人自愿参加具有一定风险的文体活动，因其他参加者的行为受到损害的，受害人不得请求其他参加者承担侵权责任，但其他参加者对损害的发生有故意或者重大过失的除外。

自甘风险作为免责事由，其构成要件是：

1. 组织者组织的文体活动有一定的风险。例如，蹦极比赛、篮球比赛、足球比赛等即是。文体活动尤其是体育活中的篮球比赛、足球比赛等，对抗性强，比赛过程中难免发生肢体接触甚至冲撞，从而发生一些损害。

2. 受害人有风险意识。受害人深知这类活动有一定的风险，但经过权衡利弊得失之后，自愿参加，甘冒风险。

3. 受害人的损害存有因果关系。详言之，受害人损害发生，正是参加这类活动，在活动过程中因其他参加者的行为造成的。

4. 组织者和致损者都没有过错。受损害者的损害虽然是活动的其他参加者造成，但组织者和致损者都不存在故意或过失。

当然，如果损害的发生因为其他参加者的故意或重大过失造成，例如，足球比赛中，参加者因一合理冲撞或因一球而大打出手，致使对手受伤，这种行为当然不适用自甘风险规则而予以免责。

五、自力救济

《民法典》第 1177 条规定："合法权益受到侵害，情况紧迫且不能及时获得国家机关保护，不立即采取措施将使其合法权益受到难以弥补的损害的，受害人可以在保护自己合法权益的必要范围内采取扣留侵权人的财物等合理措施；但是，应当立即请求有关国家机关处理。受害人采取的措施不当造成他人损害的，应当承担侵权责任。"

这也是一条新规，是原《侵权责任法》没有规定的内容。依照这条规定，当受害人的合法权益受到侵害，情况紧迫且不能及时获得国家机关保护，不立即采取措施将使其合法权益受到难以弥补的损害的，受害人可以在保护自己合法权益的必要范围内采取扣留侵权人的财物等合理措施。这一规定使自力救济合法化，并使之成为侵权的免责事由之一。

对于私权受侵害，各国通行的做法是以公权力救济为主，在万不得已的时候才允许自力救济。自力救济务必慎用。受害人所采取的措施应当在必要的范围内。如果因其采取的措施不当造成他人损害的，那就不是免责事由，而应承担相应的侵权责任了。自力救济的前提是"情况紧迫"，当紧迫情况解除，受害人的合法权益得到保障后，受害人应当立即请求有关国家机关处理，即接受公权力的合法救济。

六、特别规定优先适用

《民法典》第1178条规定："本法和其他法律对不承担责任或者减轻责任的情形另有规定的，依照其规定。"

这是关于"特别规定"优先适用的规定。所谓"特别规定"，是指除前述免责事由规定之外的其他"特别规定"。这些关于免责事由的"特别规定"，有规定于《民法典》内，也有规定于其他法律之中。

《民法典》关于侵权免责事由的"特别规定"，主要集中在总则编，如第180条规定的不可抗力、第181条规定的正当防卫、第182条规定的紧急避险、第184条规定的紧急救助行为，都是免责事由和减责事由，都可以适用于侵权责任编，作为侵权责任的免责事由。

其他法律规定的免责事由，是指《民法典》之外的其他法律或非民事法律中规定的有关侵权责任的免责事由和减责事由。例如，《道路交通安全法》规定了道路交通事故责任的免责事由；《民用航空法》规定了承运人的免责事由和减责事由；《铁路法》规定了铁路企业的免责事由；《产品质量法》规定了产品责任的免责事由；等等。

在处理侵权责任纠纷时，"特别规定"不仅可以适用，依《民法典》第1178条的规定，还应优先适用。

第四节 传统意义上的特殊侵权责任

在一般情况下，侵权责任的构成，必须同时具备前述的几个要件，缺一不可。但是，在某些特殊情况下，侵权行为虽不同时具备前述的几个要件，法律规定须承担民事责任的，与致害者有关的组织或个人也要承担责任。这类侵权民事责任，称为特殊侵权的民事责任。说它特殊，有表现为责任构成要件的不同，有表现为行为人与责任主体的分离，还表现为归责原则的不同，等等。相对于以往，如今特殊的侵权民事责任的种类越来越多，若仅用一节来构架，实在有点安排不过来，故分三节述之。

一、被监护人致人损害其监护人的责任

被监护人是指无民事行为能力人和限制民事行为能力人。

民事行为能力是民事主体从事民事活动所具备的资格。只有具备完全民事行为人才能独立进行民事活。从理论上说，具有行为能力人才能独立承相应的责任，这就是所谓的"无行为能力则无责任"。但是，如果无行为能力人和限制行为能力人致人损害，无辜的受害者却得不到应有的赔偿，这是不公平的。出于公平，应该找人来为无行为能力人和行为能力受限人（其实绝大多数是未成年人）致人损害行为"埋单"。谁来为未成年人的不良行为"埋单"最为合适？各国的通行做法就是确立监护人制度。无行为能力人和行为能力受限人的监护人就是他的法定代理人（通常是父母亲）。通过监护人制度，让被监护人的法定代理人维护无行为能力人和限制行为能力人的合法权益，同时对他们致人损害后果予以

"埋单"。

然而，各国关于监护人责任的规定却有所不同，大体上可分为三类：一是监护人对被监护人的行为承担无过错责任。法国就是如此。《法国民法典》规定，任何人对应由其负责的他人行为所造成的损害，负赔偿的责任。具有监护权的父母对与其一起生活的未成年子女造成的损害承担赔偿责任。二是监护人对被监护人承担过错推定责任。德国就是如此。《德国民法典》规定，依法律规定对未成年人或者精神与身体状况而需要监护的人负有监督义务者，对此人给第三人造成的不法损害，有赔偿义务。监督人如果已经尽到相当的监督责任，或者纵然加以应有的监督也难免发生损害的，不负赔偿责任。三是根据被监护人的年龄区分监护人的责任。荷兰就是如此。

我国《民法典》第1188条规定："无民事行为能力人、限制民事行为能力人造成他人损害的，由监护人承担侵权责任。监护人尽到监护职责的，可以减轻其侵权责任。有财产的无民事行为能力人、限制民事行为能力人造成他人损害的，从本人财产中支付赔偿费用；不足部分，由监护人赔偿。"看得出来，我国《民法典》的这一规定，基本上采用了德国的做法，但与德国的规定又有所不同。

无民事行为能力人和限制民事行为能力人造成他人损害的，由监护人承担民事责任，是由监护人的职责所决定的。由于大多数监护人与被监护人有着血缘等密切关注，监护人有责任通过教育、管理等方式来减少或者避免被监护人侵权行为的发生。从《民法典》第1188条规定看，监护人的责任不能简单地将其归为无过错责任或者过错推定责任。因为一方面监护人如果能证明其尽到监护责任的，只能减轻其侵权责任，而不能免除，这就不同于一般的过错推定责任；另一方面，无行为能力人和限制行为能力人的行为构成了侵权，监护人才承担相应责任，监护人不是对被监护人所有的行为都承担侵权责任。监护人也不是对被监护人造成的所有损失都承担侵权责任，如果监护人能够证明其尽到了监护责任的，可以减轻其责任，从这一点看，也有别于无过错责任。

根据《民法典》上述条文的规定，无民事行为能力人和限制行为能力人造成他人损害的，应当由其监护人承担侵权责任。其归责原则，从本质上说就是无过错责任。但是，在具体承担赔偿责任时，如果被监护人有财产的，例如，未成年人接受了亲友赠与的财产或者拥有其他价值较大的财产等，则应当首先从被监护人的财产中支付赔偿费用，不足的部分再由监护人承担赔偿责任。

其实，上述的这些规定原《民法通则》就作了明确规定，它是我国司法实践经验的总结，因而为《民法典》所吸纳。

二、用人单位工作人员的侵权责任

用人单位的侵权责任，是传统民法中最为重要的特殊侵权责任。原《侵权责任法》第34条规定："用人单位的工作人员因执行工作任务造成他人损害的，由用人单位承担侵权责任。劳务派遣期间，被派遣的工作人员因执行工作任务造成他人损害的，由接受劳务派遣的用工单位承担侵权责任；劳务派遣单位有过错的，承担相应的补充责任。"这个问题，原《民法通则》第43、121条以及《最高人民法院关于人身损害赔偿案件适用法律若干问题的解释》都有相应的规定。原《侵权责任法》第34条只是就相关法律、司法解释进行整合，明确用人单位对工作人员因工作造成他人损害的，承担无过错责任。《民法典》基本上吸纳了原《侵权责任法》第34条的内容。《民法典》第1191条第1款规定："用人单位的工作人员执行工作任务造成他人损害的，由用人单位承担侵权责任。用人单位承担侵权责任后，可以向有故意或者重大过失的工作人追偿。"仔细比较，《民法典》的这条规定与原

《侵权责任法》的规定还是有所不同的。

这里所说的"用人单位",既包括企事法人和非法人组织,也包括国家机关和社会团体,还包括劳务派遣和接受劳务派遣的用工单位。用人单位的工作人员因工作造成他人损害的,由用人单位对外承担侵权责任,这在法理上称为替代责任,即由他人对行为人的行为承担责任。要说道理,一是工作人员是为用人单位工作、谋利的,后者应该为前者承担一定的风险。二是用人单位经济实力要比工作人员强,让其替代承担侵权责任,能更好地保护被侵权人的合法权益。

在西方国家的民事活动中,个人与所在单位之间的关系可以统称为雇佣关系。其用人单位就是雇主,工作人员就是雇员。用人单位与工作人员的关系就是雇主与雇员的关系。我们是社会主义国家,个人与单位之间不是雇佣关系,我们不用"雇主""雇员"这类概念,改称"用工单位"和"工作人员"比较合适。现将这些用工单位的特殊侵权责任分别简述如下:

(一)企事业法人、非法人组织的侵权责任

法人是重要的民事主体,它们具有民事权利能力和民事行为能力,依法独立享有民事权利和承担民事义务。法人有企业法人和非企业法人之分,其中,最主要的是企业法人。依法能独立进行民事活动的还有非法人组织。法人和非法组织虽然有权利能力和行为能力,但它毕竟不是有血有肉的自然人。它的行为能力,即对外业务活动,需要通过它的代表或代理人即工作人员来进行。按照民事法律的规定,法人代表及其所委托的人员对外进行民事活动时,他所代表的不是个人,而是法人本身。因此,《民法典》第61条第2款规定:"法定代表人以法人的名义从事的民事活动,其法律后果由法人承担。"第62条第1款规定:"法定代表人因执行职务造成他人损害的,由法人承担民事责任。"法人及非法人组织的民事活动,其领导人事必躬亲的并不多,绝大多数是通过其工作人员来实现的。因此,《民法典》第1191条第1款规定,用人单位的工作人员执行工作任务造成他人损害的,由用人单位承担侵权责任。这是一种特殊的侵权责任。它特殊在:法人(含非法人组织)或其工作人员致人损害,并不由行为人直接负赔偿责任,直接承担责任的是行为人所在的单位。

法人(或非法人组织)承担的虽然是一种无过错责任,但其工作人员致人损害的侵权责任还是有条件的。这些条件是:①损害必须是法人(或非法人组织)的工作人员所造成。如果损害并非法人所委托的工作人员所致,则损害与法人的违法行为之间没有因果关系。没有因果关系的侵权民事责任在任何情况下都是不可能成立的。②损害必须是法人的工作人员在执行职务中所造成。法人的工作人员的所有行为并非都是代表法人的,只有在执行职务中所为的行为,才是代表法人行为。因此,法人只对自己的工作人员执行职务中造成的损害承担责任。如果法人的工作人员不是在执行职务中造成损害,那么,这种损害只能由工作人员本人自己承担。③损害必须是法人工作人员在执行职务中由于侵权行为而造成。所谓用工单位承担无错过责任,指的是工作人员无论有无过错,只要是因工作致人损害行为构成了侵权,用工单位就得承担侵权责任。在这里,用工单位承担责任的前提是工作人员的行为构成侵权。因此,对于以过错为归责原则的责任,工作人员的行为没有过错(缺乏主观要件),那么即使造成他人的损害,用人单位也无须承担侵权责任;在高度危险责任等以无过错为归责原则的责任,工作人员的行为如果符合法律规定的免责条件,用人单位也不承担责任。总之一句话,只有工作人员的行为符合法律规定的侵权行为的构成要件,用人单位才对该侵权行为对外承担无过错责任。

　　用人单位承担侵权责任后能否进行追偿？在这个问题上，原《侵权责任法》与《民法典》的规定有明显的不同，即原《侵权责任法》没有规定，《民法典》却作了明确的规定。原《侵权责任法》并非疏漏，而是有意为之。据有关文献介绍，在制定原《侵权责任法》时，立法者考虑到，在《侵权责任法》中规定追偿权是一把双刃剑，既有有利的一面，也有不利的因素。权衡利弊之后，只好暂为舍之。我们认为，《民法典》这样规定，有着十分积极的意义。其一，能有效促使工作人员在工作中谨慎行事，认真对待自己的工作，减少侵权行为的发生。其二，通过对那些主观恶意较大的工作人员进行追偿，能起到经济制裁的作用，并在一定程度上弥补用人单位的损失。当然，追偿权也不可滥用。滥用追偿权是对员工合法权益的侵害，是不应该的。

　　（二）国家机关工作人员致人损害的侵权责任

　　国家机关或其工作人员致人损害，是指由于国家机关或其工作人员施行某种措施或决定而侵害了他人的合法权益。我国《宪法》第41条第3款规定："由于国家机关和国家工作人员侵犯公民权利而受到损失的人，有依照法律规定取得赔偿的权利。"根据这一规定的精神，原《民法通则》第121条规定："国家机关或者国家机关工作人员在执行职务中，侵犯公民、法人的合法权益造成损害的，应当承担民事责任。"原《民法通则》所规定的这种侵权责任，也是一种特殊的侵权民事责任。其特殊性表现在：侵权责任的承担者，不是实施行为的公民个人，而是并非民事主体的国家机关或较为特殊的民事主体的机关法人。

　　国家机关及其工作人员致人损害的赔偿责任，实际上包括两种，即因履行公职权和因履行非公职权而产生的侵权责任。因履行公职权而产生的侵权责任如法院所造成的冤案、错案须负赔偿责任即是。这种侵权行为，其责任主体一般简称为"国家机关"。因履行公职权而发生侵权，其行为是否构成侵权责任，要不要赔偿，应该赔偿多少，这属于国家赔偿制度的范畴，应该适用的法律是《国家赔偿法》。因履行非公职权而产生的侵权责任，如国家机关司机外出公干，驾车不慎撞伤行人须负民事赔偿责任。这种侵权行为，其责任主体一般简称为"机关法人"。这类赔偿责任，有别于国家赔偿，当然不能适用《国家赔偿法》，而只能适用《民法典》等法律。

　　机关法人因履行非公职权而产生的侵权责任，其责任的构成，必须同时具备三个条件：①损害必须系国家机关或国家工作人员所造成。在我国，所谓国家机关，是指各级人民代表大会、国务院及各级人民政府、各级政协机关、各级司法机关和军事机关。所谓国家机关工作人员，是指在上述机关供职的人员。若损害不是由上述机关及其工作人员所造成，则不能构成国家机关的侵权责任。②损害必须系执行职务行为所造成。国家机关工作人员在执行职务时，不是以一般的民事主体即公民身份进行的，因此，对于他所造成的损害，承担损害赔偿的主体应是国家，而不是工作人员。若损害非系执行职务行为所致，则这种侵权责任不能成立。③损害必须系执行职务中的不当行为所造成。换言之，执行职务过程中有违法行为，才有可能构成这种侵权责任。对于执行职务中的合法行为，即使造成损害，也不能构成侵权责任。需要注意的是，国家机关的这两种侵权行为所产生的不同侵权责任，其适用法律是不同的。详言之，因履行公职权行为如法院的冤、错案等，其适用法律是《国家赔偿法》；因履行非公职权行为如政府机关司机公干驾车不慎致人伤亡等，则适用《民法典》等民事法律的规定，两者不可混淆。

　　与企事业法人一样，机关法人在承担侵权责任，依法可以向有故意或者重大过失的工作人员进行追偿。

(三) 劳务派遣中产生的侵权责任

"劳务派遣期间,被派遣的工作人员因执行工作任务造成他人损害的,由接受劳务派遣的用工单位承担侵权责任;劳务派遣单位有过错的,承担相应的责任"(《民法典》第1191条第2款)。这是对用工单位中"劳务派遣单位"和"劳务派遣的用工单位"所作的侵权责任的规定。

劳务派遣的用工形式不同于一般的用人单位。劳务派遣单位虽然与被派遣的员工签订了劳动合同,但不对被派遣员工进行直接使用和具体管理。在劳务派遣期间,被派遣的员工是为接受用工单位工作,接受用工单位的指示和管理,为用工单位创造价值或提供服务,同时由用工单位为被派遣员工提供相应的劳动条件和劳动保护的。因此,被派遣的员工因工作造成他人损害的,根据《民法典》第1191条第2款的规定,其责任应当由用工单位承担。劳务派遣单位在派遣工作人员方面存在过错,应当承担相应的责任。例如,某高校因开校车的两名司机均患病,要求某劳务派遣单位派一名能开大客车的司机来校顶工一周。但该劳务派遣单位派来的员工李某虽然开了十多年的车,却没有驾驶大客车的资格,结果李某在驾车过程中,由于不熟悉大客车的性能而发生了撞死多名行人的悲剧。在这种情况下,虽然用工单位即某高校作为直接使用李某的单位,要承担司机李某致人损害的赔偿责任,但是某劳务派遣单位在选派员工方面有过错,也应承担相应的责任。当然,这里所说的"相应责任",只能是一种补充责任。

三、个人劳务关系中的侵权责任

"个人之间形成劳务关系,提供劳务一方因劳务造成他人损害的,由接受劳务一方承担侵权责任。接受劳务一方承担侵权责任后,可以向有故意或者重大过失的提供劳务一方追偿。提供劳务一方因劳务受到损害的,根据双方各自的过错承担相应的责任"(《民法典》第1192条第1款)。"提供劳务期间,因第三人的行为造成提供劳务一方损害的,提供劳务一方有权请求第三人承担侵权责任,也有权请求接受劳务一方给予补偿。接受劳务一方补偿后,可以向第三人追偿"(《民法典》第1192条第2款)。这是《民法典》关于个人劳务关系中的侵权责任的规定。

个人之间形成的劳务关系,这在改革开放之前几乎是没有的。彼时,农村中每逢红白喜事或者盖新房、修旧院等需要劳力时,才有帮工情形。但帮工者一般仅限于亲戚朋友之间,没有任何酬劳,仅管几餐饭而已。如今,个人之间形成的劳务关系遍布城乡,尤其是城市,家庭保姆、家庭教师、家庭护工、清洁小时工、搬家搬运工、水电维修工等越来越多,许多人家已经离不开这些所提供的劳务了。虽然我国很少用"雇佣"这一概念,但目前存在于我国城乡的众多的个人劳务关系,是典型的雇佣关系。

何谓劳务关系? 所谓劳务关系,指的是提供劳务一方为接受劳务一方提供劳务服务,由接受劳务一方按照约定支付报酬而建立的一种民事权利义务关系。劳务关系与劳动关系是不同的。两者的主要区别表现为:

1. 主体条件不同。劳务关系的主体,可能双方都是自然人个人,也可能一方为自然人而另一方是单位的。提供劳务的自然人,法律上的主体资格条件要求并不是很严。而劳动关系的主体,一方必定是符合法定条件的用人单位,不能是个人,另一方必然是自然人。作为劳动关系主体的自然人,其主体资格是有严格条件要求的:一是年龄条件,须年满16周岁以上,退休年龄以下;二是能力条件,即具有与履行劳动合同义务和相适应的能力。

2. 主体地位不同。劳务关系的双方,彼此不存在隶属关系,各自是独立的。接受劳务一方并非"雇主",提供劳务一方亦非"雇员"。一般不存在所谓的劳动纪律问题,也不存在谁对谁行使处理权的问题。而在劳动关系中，用人单位与员工之间，彼此是一种隶属关系，单位是职工的"大家庭"，职工则是"大家庭"的成员，两者是同一整体。职工除遵守党纪国法之外，还应受单位纪律的约束。若职工违反纪律，单位有权依法进行处理。

3. 主体待遇不同。在劳务关系中，既然双方并非"雇主"与"雇员"的关系，接受劳务一方除支付约定劳务报酬外，可以不承担提供劳务一方的社会保险费；付出劳务的一方除了获得约定的劳务报酬之外，一般再无其福利待遇可言。在劳动关系中就不一样了。用人单位必须按照国家的规定为每位职工购买各种社保；职工除了薪酬，另有其他福利，还能享受国家规定的各种假期。

4. 关系存续期间不同。劳动关系一般比较稳定，期间也比较长。有的劳动者甚至一辈子就待在一个单位，有很强的归属感。而劳务关系的期间，多半很短，谈不上稳定。双方之间，往往是一次性的"交易"；即使还有"下一次"，也是签新约议新规了。

总之，劳务关系与劳动关系是两种不同的法律关系，适用的法律规定当然不同。劳动关系适用劳动法和劳动合同等法律，劳务关系则适用《民法典》等法律的规定。

依《民法典》第1192条第1款之规定，个人之间形成的劳务关系，接受劳务一方对提供劳务一方造成他人损害"替代埋单"是有前提的，这一前提就是提供劳务一方的行为系因劳务产生；如果提供劳务一方的行为纯属个人的行为（如保姆休假回家将他人打伤等行为），与提供劳务无关，接受劳务一方则不存在责任承担可言。提供劳务一方致人损害即便是因劳务而生，若存在故意或者重大过失，接受劳务一方承担侵权责任后，可以向有故意或者重大过失的提供劳务一方追偿。

提供劳务一方在提供劳务过程中，除了可能给他人造成损害之外，还有可能发生自己受到了损害，如保洁工在工作中不慎摔伤、手脚被割伤等。这种情形，应该根据双方各自的过错承担相应的责任。这种损害责任的承担，与有"大家庭"的工作人员在用人单位受到损害的规定不同。我国《工伤保险条例》规定，中华人民共和国境内的各类企业、有雇工的个体工商户应当依照本条例规定参加工伤保险，为本单位全部职工或者雇工缴纳工伤保险费。从现有的规定看，工作人员在工作过程中受到工伤损害的，用人单位原则上承担无过错责任。只要工作人员因工作遭受事故或者患职业病的，职工就可以依照相关规定获得医疗救济和经济补偿。而个人之间形成的劳务关系，不属于依法应当参加工伤保险统筹的情形，提供劳务一方在劳动中受到损害后，不能适用《工伤保险条例》。所以，劳务提供者受到损害的，不宜采取无过错责任原则，要求接受劳务的一方无条件地承担赔偿责任。

在个人之间形成的劳务关系中，劳务提供者在提供劳务期间，除了可能致人损害和自伤外，还有可能被第三人所损害。如果发生这种情况，劳务提供者依据《民法典》第1192条第2款之规定，有权请求加害的第三人承担侵权责任，也有权请求接受劳务一方给予补偿。这实际上是给受损害的劳务提供者提供了"双保险"：这种情况下发生的损害，接受劳务一方虽然没担责的义务，但劳务提供者毕竟是在提供劳务过程中被他人损害的，其受益者劳务接受人应该本着人道主义精神，给受损害的劳务提供者予以补偿。当然，受损害的劳务提供者不应获得双重的赔偿。当受损害的劳务提供者接受补偿之后，接受劳务一方就获得了追偿权，可以向第三人进行追偿。

四、承揽关系中的侵权责任

"承揽人在完成工作中造成第三人损害或者自己损害的，定作人不承担侵权责任。但是，定作人对定作、指示或者选任有过错的，应当承担相应的责任"（《民法典》第1193条）。这是我国《民法典》关于承揽关系中的侵权责任的规定。

承揽，一般是通过建立承揽合同关系而得以实现的。承揽合同是承揽人按照定作人的要求完成工，交付成果，定作人给付报酬的合同。承揽包括加工、定作、修理、测试、检验等工作。承揽合同与前述的劳务合同是不同的。其主要区别就在于：承揽合同的劳动者所交付的标的是劳动成果，而劳务合同的劳动者交付的标的是劳动过程。劳务合同实际上是一种劳务关系，而定作人与承揽人之间不存在劳务关系。

承揽关系中也可能有损害的发生，常见的有两种，一是承揽人在完成工作过程中造成第三人损害，二是承揽人在完成工作过程中给自己造成损害。但无论是哪一种，只要定作人没有过错，依《民法典》第1193条的规定，侵权责任就落不到定作人的头上。但是，如果定作人对定作、指示或者选任有过错的，应当承担相应的责任。很显然，这里的"相应的责任"只是一种补充责任。例如，前些年武汉某民办高校在迎新组装舞台时发生的组装人员意外坠亡，就与学校对舞台组装单位的选择不当有关。大型文艺晚会一般需要临时组装舞台。组装舞台，简称"装台"。"装台"虽然不是什么高技术活，但所需的钢管、铁角等在装卸过程却有一定的危险。某高校为了节约开支，放着技术过硬，资金雄厚的专业装台公司不选，选了进城务工不足一年的六位农民工组成的"装台"队。这个"装台"队在组装舞台过程中，一位农民工不幸坠地而亡。其亲属讨要赔偿费，"装台"队一分也拿不出来。与"装台"队有承揽关系的某高校是难逃其责的，因为某高校在选任上有过错。

五、饲养动物损害赔偿责任

（一）饲养动物损害责任归责原则

饲养动物致人损害承担赔偿责任是一项古老的法律制度。在各类侵权行为中，饲养动物致人损害是一种特殊的形式，其特殊性在于它是间接侵权而引发的一种直接责任，其加害行为是人的行为与动物的行为的复合。人的行为是指人对其动物的所有、占有、饲养或者管理。动物行为是指直接的加害行为。这两种行为的结合，才能构成侵权行为。因此，一般民法理论认为，动物致人损害的构成要件有四：一是须为人所饲养的动物；二是须有饲养动物的加害行为；三是须有造成他人的损害事实；四是须有饲养动物加害行为与损害之间的因果关系。

饲养动物损害责任的归责原则，很多国家都从过错责任原则开始，而后逐渐改为无过错责任原则的。我国在《民法通则》前和后就是如此。《民法典》第1245条规定："饲养的动物造成他人损害的，动物饲养人或者管理人应当承担侵权责任；但是，能够证明损害是因被侵权人故意或者重大过失造成的，可以不承担或者减轻责任。"这一规定表明，饲养动物损害责任，我国适用的归责原则是无过错责任原则。因为任何动物，其本性决定了它们都不同程度地存在着致人损害的危险。由于动物的饲养人或管理人对饲养动物负有管理义务，因而也就必须对动物所具有的危险性负责，保证其动物不至于造成他人损害。一旦这种危险性造成损害，无论有无过错，都应承担损害赔偿责任。当然，饲养动物损害赔偿责任，亦并非绝对的无过错责任。饲养动物致人损害，饲养人或管理人能够证明是因被侵权人故意或重大过失造成的，依法可以不承担或者减轻责任。

（二）未对动物采取安全措施损害责任

"饲养动物应当遵守法律法规、尊重社会公德，不得妨碍他人生活"（《民法典》第1251条）。这是我国以法典的形式作出规定，希望国人文明地饲养动物，并对其严加管理。"违反管理规定，未对动物采取安全措施造成他人损害的，动物饲养人或者管理人应当承担侵权责任；但是，能够证明损害是因被侵权人故意造成的，可以减轻责任"（《民法典》第1246条）。原《侵权责任法》对这个问题所的规定是一种绝对责任条款，即没有规定减轻责任的规则。这样规定是不合适的。《民法典》从实际出发，增加了减轻责任规则，动物饲养人或者管理人能够证明损害是因被侵权人故意造成的，不是免除责任，而是减轻责任。被侵权人重大过失或者过失所致损害，不在减轻责任之列。

"违反管理规定"的行为当然是错误的，但这里所谓的管理规定，应当限于规范性法律文件的规，包括法律、行政法规、规章、条例、办法等，小区的管理规约等应当不属于此处所说的管理规定。

（三）动物园饲养动物损害责任

《民法典》第1248条规定："动物园的动物造成他人损害的，动物园应当承担侵权责任；但是，能够证明尽到管理职责的，不承担侵权责任。"

从上述规定的条文看，它适用的是过错推定责任。动物园负有高度注意义务，只有能够证明已经采取足够的安全措施，并尽充分的警示义务，才能认定为没有过错。如果动物园能够证明设施、设备没有瑕疵、有明显的警示牌，管理人员对游客挑逗、投打动物或者擅自翻越栏杆靠近动物等行为进行了劝阻，该尽的管理职责已经做到了，那么动物园就可以不承担侵权责任。

此外，《民法典》于第1247条、第1249条、第1250条，分别对禁止饲养动物损害责任、遗弃逃逸动物损害责任、因第三人过错致使动物致害责任作了规定。

禁止饲养的烈性犬等危险动物造成他人损害的，是饲养动物损害责任中最严格的责任，不仅适用无过错责任原则，而且没有规定免责事由，因而被称为绝对责任条款。

动物的遗弃是指动物的饲养人抛弃了动物。逃逸的动物是指饲养人并不是放弃了自己饲养的权利，而是暂时地丧失了对该动物的占有和控制。对这两种饲养动物造成的损害，我国法律均规定由原饲养人或者管理人承担侵权责任。

因第三人的过错致使动物造成他人损害的，被侵权人可以向动物饲养人或者管理人请求赔偿，也可以向第三人请求赔偿。动物饲养人或者管理人赔偿后，有权向第三人追偿。这里所说的"第三人过错"，是指被侵权人和动物的饲养人或管理人以外的人对动物造成损害都没有过错。第三人过错大多表现为：有意挑逗、投打、投喂、诱使动物等，从而致使他人受到人身或财产的损害，其实质是实施了诱发动物致害的行为。其后果完全由有过错的第三人负责。

第五节 机动车交通事故责任

前些年，根据世界卫生组织报告，全世界每年因道路交通死亡人数大约125万，每天平均3000多人，等于每天掉下20架波音客机。全世界每年因交通事故造成损失大约5000亿美元。机动车交通事故案件占中国法院受理的侵权案的1/3，有的地方法院甚至占一半以上[1]。这些惊人的数据充分说明，对于交通事故责任的规定和处理，必须予以高度的重视。故将交通事故责任单设一节予以阐述。

一、机动车交通事故责任的原则规定

这个问题原《民法通则》没有相应的具体条文，但原《侵权责任法》设专章，即第六章专门予以规定。该法第48条规定："机动车发生交通事故造成损害的，依照道路交通安

---

[1] 参见王胜明主编：《〈中华人民共和国侵权责任法〉解读》，中国法制出版社2010年版，第7页。

全法的有关规定承担赔偿责任。"《民法典》第 1208 条吸纳了这条规定。这里所说的"道路交通安全法的有关规定",指的就是《道路交通安全法》第 76 条。《道路交通安全法》第 76 条第 1 款规定:"机动车发生交通事故造成人身伤亡、财产损失的,由保险公司在机动车第三者责任强制保险责任限额范围内予以赔偿;不足的部分,按照下列规定承担赔偿责任:(一)机动车之间发生交通事故的,由有过错的一方承担赔偿责任;双方都有过错的,按照各自过错的比例分担责任。(二)机动车与非机动车驾驶人、行人之间发生交通事故,非机动车驾驶人、行人没有过错的,由机动车一方承担赔偿责任;有证据证明非机动车驾驶人、行人有过错的,根据过错程度适当减轻机动车一方的赔偿责任;机动车一方没有过错的,承担不超过百分之十的赔偿责任。"第 2 款规定:"交通事故的损失是由非机动车驾驶人、行人故意碰撞机动车造成的,机动车一方不承担赔偿责任。"

《道路交通安全法》第 76 条主要有以下几层含义:

1. 强制保险金额限额内的赔偿责任。《道路交通安全法》第 17 条规定,国家实行机动车第三者责任强制保险制度。未投保第三者强制险的机动车不得上路。据《道路交通安全法》第 76 条的规定:"机动车发生交通事故造成人身伤亡、财产损失的,由保险公司在机动车第三者责任强制保险责任限额内予以赔偿……"这就是说,车祸中加害人即被保险车辆造成的损害只要是在"强制保险责任限额内",无论加害人有无过错,保险公司都负有赔偿之责,而这一险种保险人负有赔偿之责是以加害人即被保险人对受害人负有侵权责任作为前提的。显然,上述情况发生的交通事故,其侵权责任的归责原则无疑是无过错原则。

2. 超出强制险保险金额以外的赔偿责任。超出保险金额以外的赔偿责任,又可分为几种情况:①机动车之间发生交通事故的,由有过错的一方承担赔偿责任;双方都有过错的,按照各自过错的比例分担责任。这里适用的显然是过错原则。②机动车与非机动车驾驶人、行人之间发生交通事故,非机动车驾驶人、行人没有过错的,由机动车一方承担赔偿责任。这里实行的是过错推定,即推定机动车一方有过错。③"有证据证明非机动车驾驶人、行人有过错的,根据过错程度适当减轻机动车一方的赔偿责任。"机动车一方要减轻自己的赔偿责任,必须证明受害人一方有过错,即实行举证责任倒置。④"机动车一方没有过错的,承担不超过百分之十的赔偿责任。"即便是机动车完全没有过错,也不能是"撞了白撞"。当然,若机动车没有过错,交通事故中造成的损失,其超出保险金额以外的部分,机动车一方承担不超过 10% 的赔偿责任,但必须举证。这里适用的,既有过失相抵原则、公平原则,还有举证责任倒置。

3. 受害人的故意行为的责任。在交通事故中,如果是由于非机动车驾驶人、行人故意碰撞机动车而造成损失的,这种损失哪怕是在强制保险的保险金额内,机动车一方也不承担赔偿责任。这种损失由故意行为人自己负责。

二、租赁、借用机动车交通事故责任

《民法典》第 1209 条规定:"因租赁、借用等情形机动车所有人、管理人与使用人不是同一人时,发生交通事故造成损害,属于该机动车一方责任的,由机动车使用人承担赔偿责任;机动车所有人、管理人对损害的发生有过错的,承担相应的赔偿责任。"这是专门对租赁、借用机动车交通事故责任所作的规定。与原《侵权责任法》有所不同的是,本条增加了"管理人"这一主体。而这里的"管理人、使用人"不仅包括承租人、借用,还包括机动车出质期间的质权人、维修期间的维修人、由他人保管期间的保管人等。在上述机动车离开所有人期间,谁使用该机动车发生交通事故,谁负赔偿责任;但机动车所有人、管理人对损害的发生有过错的,承担相应的赔偿责任。

在上述情形下，如何认定机动车所有人、管理人有过错？《最高人民法院关于审理道路交通事故损害赔偿案件适用法律若干问题的解释》第1条是这样规定的："机动车发生交通事故造成损害，机动车所有人或者管理人有下列情形之一，人民法院应当认定其对损害的发生有过错，并适用民法典第一千二百零九条的规定确定其相应的赔偿责任：（一）知道或者应当知道机动车存在缺陷，且该缺陷是交通事故发生原因之一的；（二）知道或者应当知道驾驶人无驾驶资格或者未取得相应驾驶资格的；（三）知道或者应当知道驾驶人因饮酒、服用国家管制的精神药品或者麻醉药品，或者患有妨碍安全驾驶机动车的疾病等不能驾驶机动车的；（四）其他应当认定机动车所有人或者管理人有过错的。"

三、转让并交付但未办理登记的机动车侵权责任

"当事人之间已经以买卖或者其他方式转让并交付机动车但是未办理登记，发生交通事故造成损害，属于该机动车一方责任的，由受让人承担赔偿责任"（《民法典》第1210条）。这是关于已经转让并交付但未办登记过户的机动车发生交通事故，由谁承担赔偿责任的规定。这一规定与原《侵权责任法》有所不同。

根据《民法典》物权编的规定，机动车所有权的转移在交付时发生效力，未经登记，只是缺少公示而不产生社会公信力，在交易过程中不能对抗善意第三人。当事人之间已经以买卖、赠与等方式转让并交付机动车但未办理所有权转移登记的，原机动车所有人已经不是真正的所有人，更不是机动车的占有人，他不具有机动车的实质所有权，丧失了对机动车运行支配的能力，不具有防范事故发生的控制力。因此，法律作出这样的规定，既合法，又合情、合理。

四、挂靠车辆、擅自驾车交通事故责任

《民法典》第1211条和第1212条分别对这两个问题作出了规定。

以挂靠形式从事道路运输经营活动的机动车运营，是比较普遍的现象，原因是从事机动车运营需要政府管理部门核准资质，而政府只给法人或者非法人组织办理运营资质，不给个人颁发运营资质，因而个人从事机动车运营活动，只能挂靠到有运营资质的单位，才能进行合法运营活动。挂靠机动车发生交通事故造成他人损害，属于机动车一方责任的，其责任分担方式，是挂靠一方和被挂靠一方共同承担连带责任。被侵权人可以向挂靠一方或者被挂靠一方主张承担连带责任。挂靠和被挂靠双方则应依照《民法典》第178条规定的连带责任规则承担责任。

"未经允许驾驶他人机动车，发生交通事故造成损害，属于该机动车一方责任的，由机动车使用人承担赔偿责任；机动车所有人、管理人对损害的发生有过错的，承担相应的赔偿责任，但本章另有规定的除外"（《民法典》第1212条）。

五、拼装车辆、盗抢车辆交通事故责任

这两种情况，我国《民法典》分别于其第1214条和第1215条作了规定。

以买卖或者其他方式转让拼装或者已经达到报废标准的机动车，发生交通事故造成损害的，由转让人和受让人承担连带责任。毫无疑问，这是比较重的责任承担方式，尤其是对转让人而言。

被盗车辆交通事故责任分两种情形，一是被盗车辆由盗窃者占有时发生交通事故的责任，二是被盗车辆转手后由他人占有时发生交通的责任。

盗窃、抢劫或者抢夺他人的机动车，是侵害他人财产权的违法犯罪行为。在盗窃人、抢劫人或者抢夺人占有该机动车时发生交通事故造成他人损害的，应当承担赔偿责任，而不是由该机动车所有人、管理人承担侵权责任。在机动车被盗的情形下，即使所有人对该

机动车疏于保管而丢失，这与机动车发生交通事故没有直接的因果关系。因此，应当由盗窃者承担发生交通事故后的损害赔偿责任。至于被盗车辆转手后由实际占有者驾车造成他人损害的侵权责任，其道理也是不言自明的。一般而言，驾驶机动车发生交通事故属于该机动车一方责任的，应当由机动车使用人承担责任，但是，为了惩罚盗窃、抢劫人或者抢夺人的行为，使他们不能逃脱法律的制裁，《民法典》规定，他们必须与机动车的实际使用人承担连带赔偿责任。至于还要不要问罪，那是另一回事了。

六、交通事故的救济

"机动车发生交通事故造成损害，属于该机动车一方责任的，先由承保机动车强制保险的保险人在强制保险责任限额范围内予以赔偿；不足部分，由承保机动车商业保险的保险人按照保险合同的约定予以赔偿；仍然不足或者没有投保机动车商业保险的，由侵权人赔偿"（《民法典》第 1213 条）。

如果驾驶人逃逸怎么办？"机动车驾驶人发生交通事故后逃逸，该机动车参加强制保险的，由保险人在机动车强制保险责任限额范围内予以赔偿；机动车不明、该机动车未参加强制保险或者抢救费用超过机动车强制保险责任限额，需要支付被侵权人人身伤亡的抢救、丧葬费用的，由道路交通事故社会救助基金垫付。道路交通事故社会救助基金垫付后，其管理机构有权向交通事故责任人追偿"（《民法典》第 1216 条）。

此外，在侵权责任编中，我国法律还对"好意同乘"作了规定，这是过去所没有的。所谓好意同乘，是指经机动车驾驶人同意，无偿搭乘机动车的行为。"非营运机动车发生交通事故造成无偿搭乘人损害，属于该机动车一方责任的，应当减轻其赔偿责任，但是机动车使用人有故意或者重大过失的除外"（《民法典》第 1217 条）。好意同乘，因为是好意，且是无偿的，发生交通事故造成搭乘人员损害，若机动车驾驶人没有过错或重大过失，应当减轻好意人即机动车驾驶员的赔偿责任。但是，如果机动车使用人有故意或者重大过失的，则不减轻其对搭乘人的赔偿责任。

第六节　其他特殊侵权责任

其他特殊侵权责任，是相对于传统民法中的特殊侵权责任而言的（当然也包括前已述及的机动车交通事故责任）。如果说传统的特殊侵权责任其特殊性主要在于责任主体的话，那么，本节所述的其他特殊侵权责任的特殊性，主要是体现在其责任的归责原则上。

一、产品责任

产品质量不合格致人损害的民事责任，简称产品责任。《民法典》于侵权责任编中用 1 章 6 个条文对产品责任作了规定。

（一）产品生产者的侵权责任

我国法律规定的产品责任，主要是生产者的侵权责任。《民法典》第 1202 条规定："因产品存在缺陷造成他人损害的，生产者应当承担侵权责任。"这里的"缺陷"是有特定含义的，它一般不是指产品有瑕疵，而是指产品质量不好，达到危害人民生命和财产安全的程度。而"不好"的程度，实践中以《产品质量法》第 46 条为判断标准。

《民法典》第 1202 条的规定，实际上是对产品生产者承担侵权责任的归责原则所作的规定。产品责任的归责原则是《民法典》侵权责任编第四章的核心内容。在这个问题上，各国的立法路径都差不多，基本上都是从"合同责任——过失责任——无过错责任"这样一步步走过来的。现如今，对产品生产者侵权实行无过错归责原则几乎是各国尤其是发达国家的不二选择。借鉴国际通行做法，我国《民法典》对产品生产者侵权责任作了上述的规定。按照这一规定，只要产品存在缺陷造成他人损害的，除了有法定可以减轻或者免除责任事由外，无论缺陷产品生产者主观上是否有过错，都应当承担侵权责任。依据《民法典》第1202条的规定，构成产品责任须具备三个要件：其一，产品具有缺陷；其二，有缺陷产品造成受害人损害的事实；其三，缺陷产品的使用与损害事实之间存在因果关系。毫无疑问，我国的产品生产者侵权责任，实行是无过错归责原则。

产品生产者侵权责任虽然实行的是无过错责任，但不是绝对责任。生产者仍有减轻或者免除责任的情形。国外对此亦有相应的规定。我国对此作出明确规定的主要是《产品质量法》。该法第41条第2款规定，生产者不承担产品责任的情形主要有：①生产者能够证明未将产品投入流通的。②生产者能够证明产品投入流通时，引起损害的缺陷尚不存在的。③生产者能够证明将产品投入流通时的科学技术水平尚不能发现缺陷的存在的。

（二）产品运输者等第三人的责任

产品责任，除了生产者的侵权责任之外，可能还有第三人需要承担侵权责任。产品责任中的第三人，包括产品的运输者、仓储者等。《民法典》第1204条规定："因运输者、仓储者等第三人的过错使产品存在缺陷，造成他人损害的，产品的生产者、销售者赔偿后，有权向第三人追偿。"

产品在运输流通过程中，运输者、仓储者等应当按照有关规定和产品包装上标明的运输、储藏等标准进行运输、储藏。如果运输者、储藏者等不按上述规定的标准运输或储藏，就有可能造成产品缺陷。有缺陷的产品造成他人损害的，受害人即被侵权人当然有权请求赔偿。但在现实生活中，产品从生产到使用人手中，要经过生产、储存、运输、销售等许多环节，被侵权人往往不知道运输者、仓储者是谁，也不知道产品缺陷是谁造成的，最简单的办法就是直接寻找销售者或生产者。因此，《民法典》上述条文规定：因运输者等第三人的过错使产品存在缺陷造成他人损害的，产品的生产者、销售者赔偿后，有权向第三人追偿。该法第1203条第2款规定："……因销售者的过错使产品存在缺陷的，生产者赔偿后，有权向销售者追偿"。但追偿的前提是第三人有"过错"；若第三人没有过错，则生产者在进行赔偿后并不存在追偿权。由此可知，运输者、仓储者、销售者等第三人承担产品责任，适用的是过错原则而不无过错原则，这与产品生产者侵权的归责原则是不同的。

（三）产品责任的赔偿与惩罚性赔偿

因产品缺陷造成他人损害，这"损害"可能是人身损害，也可能是财产损害，还可能是两者而兼有之。但无论是人身损害还是财产损害，被侵权人所获得的救济只是具有填补性的赔偿。有权要求获得赔偿的人，包括直接购买并使用缺陷产品的人，也包括非直接购买使用缺陷产品但受到缺陷产品损害的其他人。关于被侵权人请求损害赔偿的途径和先行赔偿人追偿权的行使，《民法典》第1203条明确规定："因产品存在缺陷造成他人损害的，被侵权人可以向产品的生产者请求赔偿，也可以向产品的销售者请求赔偿。产品缺陷由生产者造成的，销售者赔偿后，有权向生产者追偿。因销售者的过错使产品存在缺陷的，生产者赔偿后，有权向销售者追偿。"

至于产品责任中的惩罚性赔偿，《民法典》的规定有着十分明确的针对性。该法第1206条第1款规定，产品投入流通后发现存在缺陷的，生产者、销售者应当及时采取停止销售、警示、召回等补救措施，未及时采取补救措施或者补救措施不力造成损害扩大的，对扩大的损害也应承担侵权责任。接着该法第1207条规定："明知产品存在缺陷仍然生产、销售，或者没有依据前条规定采取有效补救措施，造成他人死亡或者健康严重损害的，被侵权人有权请求相应的惩罚性赔偿。"

惩罚性赔偿是一种集补偿、惩罚、遏止等功能于一身的赔偿制度。依这一制度，侵权人付给受害人的赔偿实际上是超过了侵权造成的损失。但惩罚性赔偿的主要目的不在于个案的处理，即弥补被侵权人的损失，而在于惩罚有主观故意的侵权行为，并遏制这种侵权行为的发生。通过个案的处理体现出法律的威慑性。惩罚性赔偿的适用必须具备三个要件：其一，侵权人具有主观上的故意，即明知是缺陷产品仍然生产或者销售。其二，要有严重损害的事实，不是一般损害事实。其三，要有因果关系，即严重损害正是侵权行为造成的。以上三条，缺一不可。

惩罚性赔偿不可滥用。对其适用，必须严格限于《民法典》所规定的"造成他人死亡或者健康严重损害的"范围之内。除此之外的其他损害，都不应适用惩罚性赔偿。即便符合条件而适用，也应当严格按照《民法典》规定的"相应的惩罚性赔偿"额度予以执行。何为"相应"？"相应"者，相当也，即确定的惩罚性赔偿额，应与侵权人的恶意相当，与侵权人造成的后果相当，与足以对侵权人形成威慑相当。

二、医疗损害责任

医疗损害责任在原《侵权责任法》中共有11条，《民法典》亦规定了11条，可见其分量之重。

（一）医疗损害责任的归责原则

医疗侵权的归责原则，各国大多按照过错责任原则处理，如欧美和日本等国莫不如此。我国《民法典》第1218条规定："患者在诊疗活动中受到损害，医疗机构或者其医务人员有过错的，由医疗机构承担赔偿责任。"显然，关于医疗侵权的归责原则，我国适用的是过错责任原则。适用过错原则却将其列入"特殊侵权"之类，是因为较之于一般的侵权责任，它的确有点特殊，特殊就特殊在，医疗中尤其是外科医疗过程中必然要"损伤"到患者，但这种"损伤"是为了治病，是经过患者同意的，"损伤"只要适度就是合法的。

医疗损害责任适用过错责任原则，即只有医疗机构或者其医务人员在诊疗活动中有过错，才对在该医疗机构就医的患者所受损害承担赔偿责任。诊疗活动包括诊断、治疗、护理等环节。问题是如何判定诊疗活动中医务人员有过错？

医务人员的过错包括故意和过失。故意易于理解，亦不难判断。倒是如何界定过失才是问题的着眼点。而是否有过失，注意义务是个非常重的观测点。在现代侵权责任法上，无论是大陆法系还是英美法系，注意义务是侵权责任的核心要素，是界定过失的基准。我国《民法典》第1221条规定："医务人员在诊疗活动中未尽到与当时的医疗水平相应的诊疗义务，造成患者损害的，医疗机构应当承担赔偿责任。"依照这一条规定，医务人员的注意意义务就是应当尽到与当时的医疗水平相应的诊疗义务。尽到诊疗义务的一个重要方面，是诊疗行为符合法律、行政法规、规章以及诊疗规范的有关要求。但医务人员的注意义务并非与合法合规完等同的概念。一个医务人员应当具有的诊疗水平，并非完全能够被法律、行政法规、规章以及诊疗规范的有关要求所涵盖。医务人员完全遵守了具体的操作规程，仍然有可能作出事后被证明是错误的判断，实施后被证明是错误的行为。然而，医疗行为具有未知性、特色性和专业性等特点，不能仅凭事后被证明过错误这一点来认定医务室存在诊疗过错。关键要看是不是其他的医务人员一般都不会犯这种错误。因此，《民法典》第1221条规定的诊治义务，可以理解为一般情况下医务人员可以尽到的，通过谨慎的作为或者不作为避免患者受到损害的义务。若做不到，就是有过失。医务人员在诊疗活动中因过失而造成患者损害的，其所有单位就要承担赔偿责任。

（二）医疗损害责任中的过错推定

过错推定是过错原则适用的一种特殊情况，是指受害人若能证明其受损害是由行为人所造成，而行为人不能证明自己对造成损害没有过错，则法律推定其有过错并就此损害承担侵权责任。《民法典》第1222条规定："患者在诊疗活动中受到损害，有下列情形之一的，推定医疗机构有过错：（一）违反法律、行政法规、规章以及其他有关诊疗规范的规定；（二）隐匿或者拒绝提供与纠纷有关的病历资料；（三）遗失、伪造、篡改或者违法销毁病历资料。"患者有损害，因本条规定之一所致者，推定医疗机构有过错。

当然，推定医疗机构有过错，并非当然认定医疗机构就有过错。医疗机构也可以提出反证，证明自己没有过错。如果医疗机构的反证明能成立，证明自己并没有过错，就不承担损害的赔偿责任。

（三）药品等缺陷或不合格血液输入侵权责任

"因药品、消毒产品、医疗器械的缺陷，或者输入不合格的血液造成患者损害的，患者可以向药品上市许可持有人、生产者、血液提供机构请求赔偿，也可以向医疗机构请求赔偿。患者向医疗机构请求赔偿的，医疗机构赔偿后，有权向负有责任的药品上市许可持有人、生产者、血液提供机构追偿"（《民法典》第1223条）。这里的"缺陷"是有特定的含义的。可资参考是《产品质量法》第46条的规定，即"产品存在危及人身、他人财产安全的不合理的危险；产品有保障人体健康和人身、财产安全的国家标准、行业标准的，是指不符合该标准"。

因药品、消毒药剂、医疗器械的缺陷，或输入不合格的血液造成患者损害的，涉及药品、消毒剂、医疗器械的生产者或血液提供机构和医疗机构的责任，为了避免相互推诿的现象，《民法典》作出了上述的规定。

（四）医疗机构的免责事由

《民法典》第1224条就医疗机构的免责事由作了规定。依据这一规定，医疗机构免责事由之一是"患者或者其近亲属不配合医疗机构进行符合诊疗规范的诊疗"。医疗活动，当然主要要靠医院和医生，但患者和其亲人的配合也很重要。倘若医疗机构完全按照符合规范进行诊疗，患者却不予以配合，例如严重心脏病患者，医生嘱其戒烟戒酒，禁食油腻，但患者却不遵医嘱，住院期间照样喝酒吃肥肉，照样一天几包烟，结果病越治越重，以致损害发生。对于患者的这种自残致损，若要医疗机构来承担赔偿责任，于法于理都说不过去。

医疗机构的法定免责事由之二是"医务人员在抢救生命垂危的患者等紧急情况下已经尽到合理诊疗义务"。这里有两个要件，一是抢救生命垂危的患者等紧急情况，二是医务人员在紧急情况下尽到合理的诊疗义务。在两个要件均符合的情况下，对于患者的损害，医疗机构不承担责任。

医疗机构的法定免责事由之三是"限于当时的医疗水平难以诊疗"。医疗机构对患者进行诊疗，并不负有保证治愈的义务。对于某些复杂的疾病，如果医疗机构已经尽到了与当时的医疗水平相应的诊疗义务，但限于当时的医疗水平，对患者采取的医疗措施不仅未取得治愈的效果，反而带来新的损害，对此，医疗机构不承担赔偿责任。

三、环境污染和生态破坏侵权责任

（一）环境污染和生态破坏侵权责任归责原则

对于环境污染侵权，是适用一般的过错原则还是无过错原则，各国立法不尽相同，但大多是区分不同环境侵权的类型，分别采用过错责任和无过错责任。我国《民法典》第

1229 条规定："因污染环境、破坏生态造成他人损害的，侵权人应当承担侵权责任。"这一规定表明，我国环境污染侵权，适用的是无过错归责原则。

　　环境污染，既包括对生活环境的污染，也包括对生态环境的破坏。环境污染责任作为一种特殊的侵权责任，其特殊性首先表现在采用了无过错的归责原则。依无过错责任原则，在受害人有损害，污染者的行为与损害有因果关系的情况下，不论污染者主观上有无过错，都应对其污染的损害承担侵权责任。但适用无过错责任的环境侵权并非绝对责任，侵权人可以依据法律规定的不承担责任或减轻责任的情形提出抗辩，从而免减自己的侵权责任。对此，《民法典》第 1230 条规定："因污染环境、破坏生态发生纠纷，行为人应当就法律规定的不承担责任或者减轻责任的情形及其行为与损害之间不存在因果关系承担举证责任。"这就是说，环境污染、生态破坏侵权实行因果关系的举证责任倒置，将污染行为、生态破坏行为与损害之间的因果关系的举证义务加于污染者，有利于保护受害人的合法权益。受害人只要证明污染者有污染行为、有损害以及行为与损害的初步联系，就由污染者承担排污行为和损害事实之间有无因果关系的证明责任，污染必须提出反证证明其行为与损害之间没有关系，才能不承担侵权责任。

　　（二）多个侵权人造成损害的责任分担

　　《民法典》第 1231 条规定："两个以上侵权人污染环境、破坏生态的，承担责任的大小，根据污染物的种类、浓度、排放量，破坏生态的方式、范围、程度，以及行为对损害后果所起的作用等因素确定。"这是关于两个以上污染者造成损害的责任分担的规定。

　　依《民法典》上述条文的规定，多人造成环境污染的侵权责任，其构成要件有三，一是多个侵权主体，即有两个或两个以上侵权人；二是数个侵权人的行为都造成了环境损害；三是每个侵权人造成的是哪一部分损害不能实际确定。不具备这三个条件则不属于多人污染责任，不适用本条的规定。

　　在多个侵权人造成环境污染案的件中，侵权人承担责任大小的主要依据是其行为在导致损害的结果中所占的原因力比例。环境污染、破坏生态中原因力的确定比较复杂，各方的责任分担，应该依《民法典》上述条文的规定，考虑污染物的种类、浓度、排放量，考虑其破坏生态的方式、范围、程度，以及行为对损害后所起的作用等因素确定。

　　（三）生态环境损害修复责任

　　《民法典》第 1234 就这个问题作了规定。这是原《侵权责任法》没有规定的新规定。生态环境损害的修复责任，是将生态环境受到的损害恢复原状。《草原法》规定的限期恢复植被和《森林法》规定的补种毁坏的树木等，都是修复责任。但请求侵权人承担修复责任的主体一般不是被侵权人，而是国家规定的机关或者法律规定的组织，例如生态环境保护部门或者环保公益组织。

　　依《民法典》上述条文的规定，承担修复责任的规则是：其一，违反国家规定造成生态环境损害，能够修复的，才承担修复责任。其二，有权请求侵权人在合理期限内承担修复责任的主体，是国家规定的机关或者法律规定的组织。其三，侵权人在合理期限内未履行修复责任的，法律规定的机关或者组织可以自行或者委托他人进行修复，所需费用责令由侵权行为人承担。

　　（四）环境侵权人的惩罚性赔偿

　　"侵权人违反规定故意污染环境、破坏生态造成严重后果的，被侵权人有权请求相应的惩罚性赔偿"（《民法典》第 1232 条）。侵权责任是一种民事责任，而民事责任主要是填补受害一方的损失。《民法典》的这条规定，其主要目的，是意在减少、遏制这种侵权行为的发生，而不是为增加被侵权人的赔偿额。

环境污染中的惩罚性赔偿不可滥用。依《民法典》上述条文的规定，它必须符合以下三个要件：一是侵权人实施了生态环境的行为。二是侵权人主观上违反法律规定故意损害生态环境，即明知法律规定禁止损害生态环境而执意为之；重大过失不适用惩罚性赔偿责任。三是侵权人故意实施的损害生态环境的行为造成的损害后果严重，表现为受害人的死亡或者健康严重损害，而不是一般性的损害。

四、高度危险责任

（一）何谓高度危险作业

高度危险作业是原《民法通则》首先使用的一个概念，后来原《侵权责任法》和《民法典》吸纳了这一概念。应该说，高度危险作业是个开放性的概念，包括一切对周围环境产生高度危险的作业形式。详言之，高度危险作业，既包括使用民用核设施、高速轨道运输工具和从事高压、高空、地下采掘等高度危险活动，也包括占有、使用易燃、易爆、剧毒和放射性等高度危险物的行为。

在理论和司法实践中，一般认为，具体行为构成高度危险作业应具以下三个条件：其一，作业具有高度的危险性。这种危险性变为现实损害的概率很大，远远超过一般正常人的防范意识，或者说远远超过了在一般条件下人们可以避免或躲避的危险。其二，高度危险作业即使采取安全措施并尽到了相当的注意也无法完全避免损害的发生。日常生活中，任何一种活动都可能对周围人们的人身或财产产生一定的危险性，但只要尽到相当的注意度，还是避免或减少危险的发生的。高度危险作业则不同。高度危险作业具有不完全受人控制或者难以控制的危险性。其三，基于上述两条，只要这种高危作业产生损害，不考虑行为人对造成损害是否有过错。这也是大多数国家的通行做法。

（二）高度危险责任的归责原则

《民法典》第 1236 条规定："从事高度危险作业造成他人损害的，应当承担侵权责任。"这一规定表明，我国的高度危险责任的归责原则适用的是无过错责任。就是说，只要是高度危险作业造成他人人身、财产损害，无论作业人主观上是否有过错，都要承担侵权责任。但也不是绝对的，不是说高度危险责任没有任何不承担责任或者减轻责任之情形。《民法典》第 1237 条就规定，民用核设施或者运出运入核设施的核材料发生核事故造成他人损害的，民用核设施的营运单位应当承担侵权责任；但是，能够证明损害是因战争、武装冲突、暴乱等情形或者受害人故意造成的，不承担责任。该法第 1238 条规定，民用航空器造成他人损害的，民用航空器的经营者应当承担责任；但是，能够证明损害是因受害人故意造成的，不承责任。

很显然，民用核设施和民用航空器造成损害是因受害人的故意所致者，高危作业人免于承担侵权责任。《民法典》还于第 1239 条和第 1240 条分别规定，占有或使用易燃、易爆、高放射性等高度危险物，从事高空、高压或使用高速轨道运输工具造成他人损害的，经营者应当承担侵权责任；但是，能够证明损害是因受害人故意或者不可抗力造成的，不承担责任。被侵权人对损害的发生有重大过失的，可以减轻经营者的责任。

（三）遗失、抛弃或非法占有高度危险物致害的侵权责任

"遗失、抛弃高度危险物造成他人损害的，由所有人承担侵权责任。所有人将高度危险物交由他人管理的，由管理人承担侵权责任；所有人有过错的，与管理人承担连带责任"（《民法典》第 1241 条）。

高度危险物的高危性决定了其所有人或管理人应当严格按照有关安全生产规范，对其

占有、使用的高危物进行储存或者管理。如果管理人遗失、抛弃高危物造成他人损害的，有过错的所有人或管理人承担连带责任。被侵权人可以要求所有人承担侵权责任，也可以要求管理人承担侵权责任，还可以要求所有人和管理人共同承担侵权责任。

至于非法占有高危物品致人损害的，性质更严重。因此，法律规定，非法占有高度危险物造成他人损害的，由非法占有人承担侵权责任。所有人、管理人不能证明对防止非法占有尽到高度注意义务的，与非法占有人承担连带责任（《民法典》第 1242 条）。非法占有，是明知自己无法占有而通过非法手段将他人的物品占为己有。现实生活中，盗窃、抢劫、抢夺等都是非法占有的主要形式。

此外，未经许可进入高危作业区致损的，管理人能证明已经采取足够安全措施并尽到充分警示义务的，可以减轻或者不承担责任。

五、建筑物和物件损害责任

（一）建筑物等设施倒塌、塌陷致害责任

建筑物等设施致害责任，是侵权立法中的重要制度。在《民法典》侵权责任编中，其第十章之首条就是关于建筑物、构筑物或其他设施倒塌、塌陷致害责任的规定。该法第 1252 条规定："建筑物、构筑物或者其他设施倒塌、塌陷造成他人损害的，由建设单位与施工单位承担连带责任，但是建设单位与施工单位能够证明不存在质量缺陷的除外。建设单位、施工单位赔偿后，有其他责任人的，有权向其他责任人追偿。因所有人、管理人、使用人或者第三人的原因，建筑物、构筑物或者其他设施倒塌、塌陷造成他人损害的，由所有人、管理人、使用人或者第三人承担侵权责任。"

上述条文的规定的内容实际上包含三层意思：其一，这种侵权责任，由建设单位与施工单位连带承担，但建设单位与施工单位能够证明不存在质量缺陷的除外。其二，如果建设单位、施工单位赔偿后，有其他责任人的，有权向其他责任追偿。其三，因其他责任人的原因致建筑物等设施倒塌造成他人损害的，由其他责任人承担侵权责任。例如，如果业主或者其他房屋使用者在装修房屋的过程中，违法擅自将房屋的承重墙拆改导致房屋倒塌、塌陷造成他人损害的，该业主或者其他使用者即属于上述法律条文规定的"其他责任人"，应当承担侵权责任。

建筑物、构筑物或者其他设施倒塌、塌陷致害的责任，其归责原则，明显是适用过错责任的原则。

（二）建筑物等设施及其搁置物、悬挂物脱落、坠落致害责任

人们所说的建筑物，是指住宅、办公楼、教学楼、医疗楼、车间、仓库等人工建造物。而构筑物或其他设施则指道路、桥梁、隧道、广场、围墙、堤坝等建筑物以外的设施人工建造物。建筑物等设施上搁置物、悬挂物是指搁置、悬挂在建筑物、构筑物或其他设施上，非建筑物、构筑物或者其他设施本身的组成部分的物品。例如，搁置于阳台上的花盆、立于房顶上的广告牌、悬挂于天花板上的电风扇等即是。建筑物等设施及其搁置物、悬挂物脱落、坠，是指建筑物、构筑物或者其他设施的某一个组成部分以及搁置物、悬挂物从建筑物、构筑物或其他设施上脱落、坠落。例如房屋墙壁上的瓷砖脱落、房顶上的广告牌脱落以及阳台上的花盆坠落等即是。

我国《民法典》第 1253 条对建筑物等设置及其搁置物、悬挂物脱落、坠落致损责任作了规定。从这一条规定看，所采用的是过错推定原则。也就是说，损害发生后，被侵权人证明自己的损害是因为建筑物等设施或者其搁置物、悬挂物脱落、坠落造成的。而所有人、管理人或者使用人对自己没有过错承担举证责任，如其不能证明自己没有过错的，就应承担侵权责任。这里说的所有人，是指对建筑物等设施拥有所有权的人；管理人是指对建筑物等设施及其搁置物、悬挂物负有管理、维护义务的人；使用人一般是指因租赁、借用或者其他情形使用建筑物等设施的人。

（三）高空抛掷物、坠落物致害责任

《民法典》第1254条对此作了规定。这一条文与原《侵权责任法》的相关规定有较大的改变。其规定的基本规则有如下几点：

1. 禁止从建筑物中抛掷物品。这是一个禁止性规定。在建筑物中抛掷物品，是很不道德、违反公序良俗的行为，也是危害公共安全、具有很大危险性的行为，故必须严格禁止。

2. 谁施害谁承担侵权责任。任何人从建筑物中抛掷物品，或者建筑物坠落的物品造成他人损害，都由侵权人承担责任。侵权人就是抛掷物品的行为人，或者坠落物品的建筑物的所有人、管理人或者使用人。

3. 经调查难以确定具体侵权人的，由可能加害的建筑物使用人给予补偿。侵权人不明补偿责任的构成要件有四：一是行为人在建筑物中抛掷物品，或者建筑物有坠落物品；二是抛掷的物品或者坠落的物品造成他人损害，主要是人身的损害；三是实施抛掷行为或坠落物品的所有人不明，不能确定谁是加害人；四是所有嫌疑者不能证明自己不是侵权人。责任承担方式，是由可能加害的建筑物使用人对受害人的损失给予补偿，而不是承担连带责任。每个人补偿多少，应该根据其经济状况予以确定。能够证明自己不是加害人的，当然不承担补偿责任。

4. 可能加害的建筑物使用人补偿后有权向侵权人追偿。由可能加害人补偿受害人这种做法，其中必定有无辜者；若查到真正的侵权人，已作出补偿的无辜者当然享有追偿权，向真正的侵权人进行追偿。

5. 建筑物管理人未采取安全保障必要措施的，依法承担责任。建筑物管理人如物业服务公司应当采取必要安全措施，防止高空抛掷物品或者坠落物品造成损害的发生。未尽此安全义务，造成损害的，应当依照《民法典》第1198条规定，承担违反安全保障义务的损害赔偿责任。

6. 公安等机关应当依法及时调查，查清责任人。为避免大量出现加害人不明的高空抛掷物损害责任，《民法典》规定，一旦发生高空抛掷物、坠落物造成他人损害的，公安等机关应当依法及时调查，查清责任人。这是罕见的规定。

第七节　侵权损害赔偿的范围和计算

关于民事责任的承担方式，我国《民法典》有明确规定。该法第179条第1、2款规定："承担民事责任的方式主要有：（一）停止侵害；（二）排除妨碍；（三）消除危险；（四）返还财产；（五）恢复原状；（六）修理、重作、更换；（七）继续履行；（八）赔偿损失；（九）支付违约金；（十）消除影响、恢复名誉；（十一）赔礼道歉。法律规定惩罚性赔偿的，依照其规定"。这当中除修理、重作、更换以及支付违约金、继续履行仅适用于违约责任之外，其余的方式，侵权责任案件均可适用。当然，这些责任方式中，最为重要的当属损害赔偿；而损害赔偿则主要涉及赔偿范围和计算方法。因此，本节主要内容是围绕财产损害、人身损害以及精神损害的赔偿范围及计算分别作简要的阐述。

一、财产损害的赔偿范围及计算

财产损害的赔偿，是指行为人对他人财产的侵害应负的赔偿责任。《民法典》第207条规定:"国家、集体、私人的物权和其他权利人的物权受法律保护,任何组织或者个人不得侵犯。"第 1184 条规定:"侵害他人财产的,财产损失按照损失发生时的市场价格或者其他合理方式计算。"依该法第 1184 条的规定,侵害他人民事权益应当承担侵权责任;而侵权包括对人身权益和财产权益等的侵害,故本条明显是指对侵害他人财产权益所造成损害的计算。当财产权益受到侵害后,根据上述规定,救济方式首先应该考虑的是,能返还原物的,要返还原物;原物损坏但能修复的要尽量修复;修复后影响其质量和价值的,应予相应的经济补偿;如果不能返还原物或恢复原状的,则只赔偿损失。加害人对其侵权行为所造成的损害,须承担全部赔偿的责任,即赔偿受害人的所有实际损失,这叫全部赔偿原则。具体的赔偿数额,"按照损失发生时的市场价格或者其他合理方式计算"。

财产权益是民事权益中的重要部分,包括物权、知识产权、股权以及虚拟经济中的财产权利等有财产性质的权益。

(一) 侵害他人物权的财产损失计算

侵害他人物权,是侵害他人财产最为主要的表现形态,包括对他人所有的不动产如房屋被损毁、动产如汽车被撞翻等,从而使该财产无论是外在形式还是内在质量都受到严重破坏,直接影响其价值和使用价值,甚至是完全丧失价值。因侵权行为导致财产损失的,要按照财产损失发生时的市场价格计算。易言之,损失额以财产损失发生的那个时间段该财产在市场上的价格为计算标准,全损全赔,部分毁损部分赔偿。例如,甲某以 60 万元人民币购得新车一辆,驾回途中意外被一辆失控的大卡车撞翻,彻底报废。交警定责,完全是大卡车一方的责任。甲某所受损害,是购车当天发生的;他购买的是一辆新车,当天市场价格是 60 万元人民币。依《民法典》第 1184 条的规定,肇事司机即加害者应当赔偿甲某 60 万元。但若甲某当天所购的新车被撞并非报废,只是被撞坏了,当天正规的汽修厂确定的修理费大约需要 5 万元,则实际损失 5 万元。这是部分损失。加害人只需赔偿 5 万元。如果被损害的财产并未在市场上流通,没有相应的市场价格,如家传的某件古董等,对于这类没有在市场流通,无市价可鉴之物,则应该以其他合理方式如组织专家估价等予以计算。

(二) 侵害他人知识产权的财产损失计算

知识产权是一种无形财产权,是从事智力创造性活动取得成果后依法享有的权利。著作权、商标法、专利权等知识产权是一种以价值为基础和依托的无形财产权。知识产权既包括人身权利也包括财产权利,其人身权利指权利与取得智力成果者的人身不可分离,是人身关系在法律上的反映,如署名权等,亦为精神权利;其财产权利是指智力成果被法律承认以后,权利人可以利用这些智力成果取得报酬等权利,因此也称经济权利。知识产权是具有财产和人身权利结合的一种复合性权益。财产权属性是知识产权的重要内容。对侵害知识产权所造成的财产损害,侵权人应当承担相应的赔偿责任。

侵害他人知识产权的财产损失计算与一般财产的赔偿原则并没有什么不同,但由于我国知识产权的法律都有相应的承担民事责任方面的规定,依特别法优于普通法的原则,当侵害他人知识产权损害发生,其他法律对这种侵权责任另有规定的,应当首先适用这些单行法的规定。以下规定内容,就是我国单行法对侵害著作权、侵害专利权和侵害商标权分别作出的规定:

1. 侵害著作权。"侵犯著作权或者与著作权有关的权利的,侵权人应当按照权利人因此受到的实际损失或者侵权人的违法所得给予赔偿;权利人的实际损失或者侵权人的违法所得难以计算的,可以参照该权利使用费给予赔偿。对故意侵犯著作权或者与著作权有关的权利，情节严重的，可以按照上述方法确定一倍以上五倍以下给予赔偿。权利人的实际损失、侵权人的违法所得、权利使用费难以计算的，由人民法院根据侵权行为的情节，判决给予五百元以上五百万元以下的赔偿。赔偿数额还应当包括权利人为制止侵权行为所支付的合理开支"（《著作权法》第 54 条第 1~3 款）。

2. 侵害专利权。"侵害专利权的赔偿数额按照权利人因被侵权所受到的实际损失或者侵权人因侵权所获得的利益确定；权利人损失或者侵权人获得的利益难以确定的，参照该专利许可使用费的倍数合理确定。对故意侵犯专利权，情节严重的，可以在按照上述方法确定数额的一倍以上五倍以下确定赔偿数额。权利人的损失、侵权人获得的利益和专利许可使用费均难以确定的，人民法院可以根据专利权的类型、侵权行为的性质和情节等因素，确定给予三万元以上五百万元以下的赔偿。赔偿数额还应当包括权利人为制止侵权行为所支付的合理开支"（《专利法》第 71 条第 1~3 款）。

3. 侵害商标权。"侵害商标专用权的赔偿数额，按照权利人因被侵权所受到的实际损失确定；实际损失难以确定的，可以按照侵权人因侵权所获得的利益确定；权利人的损失或者侵权人获得的利益难以确定的，参照该商标许可使用费的倍数合理确定。对恶意侵犯商标专用权，情节严重的，可以在按照上述方法确定数额的一倍以上五倍以下确定赔偿数额。赔偿数额应当包括权利人为制止侵权行为所支付的合理开支"（《商标法》第 63 条第 1 款）。

（三）侵害他人股权等财产的损失计算

"民事主体依法享有股权和其他投资性权利"（《民法典》第 125 条）。股权又称股东权，广义的股权指股东得以向公司主张的各种权利。狭义的股权指股东出资而取得的、依法定或公司章程的规定参与事务并在公司中享有的财产权益、具有可转让性的权利。侵害股权造成财产损失的，应当按照《公司法》等相关法律规定承担侵权赔偿责任。

二、人身损害的赔偿范围及计算

人身损害的赔偿，是指对他人身体的侵害并造成经济上的损失应负的赔偿责任。

（一）人身损害的赔偿范围

"侵害他人造成人身损害的，应当赔偿医疗费、护理费、交通费、营养费、住院伙食补助费等为治疗和康复支出的合理费用，以及因误工减少的收入。造成残疾的，还应当赔偿辅助器具费和残疾赔偿金；造成死亡的，还应当赔偿丧葬费和死亡赔偿金"（《民法典》第 1179 条）。这是我国《民法典》关于人身损害赔偿范围所作的规定。

依据上述条文的规定，人身损害的赔偿范围，实际上可分三类：

1. 非致残疾的赔偿范围。损害并非致残的，应当赔偿医疗费、护理费、交通费、营养费、住院伙食补助费等为治疗和康复支出的合理费用（若不需住院治疗且完全能自理者则不存在护理费、住院伙食补贴费等）。其中，①医疗费。包括挂号费、检查费、药费、治疗费、康复费等费用。既包括已经发生的费用，也包括将来确定要发生的费用。②护理费。指受害人因受到损害导致生活不能自理，需要有人进行护理而产生的费用支出。一般根据护理人员的收入状况、护理人数、护理期限确定。③交通费。指受害人及其必要的陪护人员因就医或转院所实际发生的用于交通的费用。④营养费。是指对受到伤害的人在治疗和康复期间需要补充营养的费用。⑤因误工减少的收入。指受害人由于受到伤害，无法从事正常工作或者劳动而失去或者减少的工作收入。

2. 造成残疾的赔偿范围。损害造成残疾的，除了上述赔偿范围之外，还应当赔偿辅助器具费和残疾赔偿金。其中，①残疾辅助器具费。指受害人因被严重损害而造成身体功能全部或部分丧失后需要配制补助功能的残疾辅助器具，如假肢等所需要的费用。这些残疾辅助器具一般不是永久使用的，还得定期更换。②残疾赔偿金。这实际上是对受到伤害造成残疾丧失劳动能力而失去的劳动收入的赔偿。

3. 造成死亡的赔偿范围。损害造成死亡的，除了抢救所支出的医疗等费用之外，还应当赔偿丧葬费和死亡赔偿金。其中，①死亡丧葬费。丧葬费是对死者丧葬所应当支付的财产损失。在司法实践中，丧葬费按照受诉法院所在地上一年度职工月工资平均标准，以6个月总额计算。②死亡赔偿金。这实际上是付给死者亲属的一笔抚慰金。

（二）人身损害的赔偿计算

人身损害赔偿计算方法，包括医疗费、护理费、交通费、营养费、住院伙食补助费、误工费、残疾赔偿金和死亡赔偿金，在《最高人民法院关于审理人身损害赔偿案件适用法律若干问题的解释》中都有明确规定。这里，仅对残疾赔偿金和死亡赔偿金的计算作简要的介绍。

1. 残疾赔偿金的计算。其计算标准，根据受害人丧失劳动能力程度或者伤残等级，按受诉法院所在地上年度城镇居民人均可支配收入或者农村居民人均纯收入标准，自定残之日起按20年计算。但60周岁以上的，年龄每增加1岁减少1年；75周岁以上的，按5年计算（参见《最高人民法院关于审理人身损害赔偿案件适用法律若干问题的解释》第12条第1款）。

2. 死亡赔偿金的计算。在司法实践中，死亡赔偿金按照受诉法院所在地上年一度城镇居民可支配收入或者农村居民人均纯收入标准，按20年计算赔偿。但60岁以上的，年龄每增加一岁减少一年，75周岁以上的，按5年计算赔偿。（参见《最高人民法院关于审理人身损害赔偿案件适用法律若干问题的解释》第15条）。

"因同一侵权行为造成多人死亡的，可以以相同的数额确定死亡赔偿金"（《民法典》第1180条）。这是我国法律对以相同数额确定死亡赔偿金的规定。但应该注意的是，①它只适用于同一侵权行为造成多人死亡的案件（如空难、海难、矿难等）。②以相同数额确定死亡赔偿金，只是"可以"采用，而非"应当"采用。③以相同数额确定死亡赔偿金的，原则上不考虑受害人的年龄、收入状况等个人因素。

三、被侵权人死亡或消亡谁是请求权主体

被侵权人死亡或消亡，其作为法律主体资格已经不复存在，不可能以权利主体资格请求侵权人承担侵权责。这种情况下，谁能充当请求权主体？

《民法典》第1181条规定："被侵权人死亡的，其近亲属有权请求侵权人承担侵权责任。被侵权人为组织，该组织分立、合并的，承继权利的组织有权请侵权人承担侵权责任。被侵权人死亡的，支付被侵权人医疗费、丧葬费等合理费用的人有权请求侵权人赔偿费用，但是侵权人已经支付该费用的除外。"这一条文，就是关于被侵权人死亡后，谁可以成为赔偿请求权主体的规定。

对以上这一条文，可以从三个方面进行解读：

1. 被侵权人死亡的，其近亲属有权请求侵权人承担侵权责任。"近亲属"只是通常习惯用语。具体的哪些人系"近亲属"，我国法律并没有明文界定。被侵权人不幸死亡后，最需要予以救济的近亲属，无非是与受害人共同生活的家庭成员如配偶，或者一直依靠受害人生活的近亲属如未成年子女，或者与受害人有紧密联系、有赡养义务的近亲属如父母亲。因此，这里所说的"近亲属"，其包含范围应该是配偶、子女、父母，这与我国法律规定的第一顺序法定继承人是相一致的。为确保最需救济的人得到救济，被侵权人死亡后，原则上，请求权人应当是上述与受害人最为亲近的人，即配偶、子女、父母。

2. 被侵权人为单位，该单位分立、合并的，承继权利的单位有权请求侵权人承担侵权责任。分立是指原单位一分为二，合并是指两个单位合二为一。单位无论是发生分立还是合并，都会发生一个相同的后果——原来的单位不存在了。作为被侵权人的原单位不在了，也就意味着其权利义务主体资格消亡了。但是，单位（一般法人组织）的权利能力与自然人不同；自然人的权利能力始于出生，终于死亡。单位的分立或合并，并非真正意义的"死亡"，原单位的权利和义务，会通过合同对承继者予以安排；没有作出安排的，则依据民法典、公司法等法律的相关规定决定谁有权承这种权利和义务。一旦权利义务承继者得到确定，承继者就有权请求侵权人承担侵权责任。

3. 被侵权人死亡，支付被侵权人医疗费、丧葬费等合理费用的人有权请求侵权人赔偿费用，但侵权人已支付该费用的除外。严重的人身损害，往往事发突然，在寻医抢救过程中，被侵权人绝大多数已身不由己，甚至处于昏迷状态。因此，受害人死亡前的医疗费等合理费用，几乎不可能是由受害者本人支付，而是由其亲属、朋友或其他人代为支付；至于丧葬费，往往也是死者的亲属、朋友或他人垫付。如果支付这些费用的是被侵权人的近亲属，他们可以依《民法典》第1181条第1款的规定，请求侵权人赔偿这些费用。如果实际支付这些费用不是死者的近亲属而是其朋友、其他人或某一单位，依《民法典》第1181条第2款的规定，实际支付这些费用的主体也可以作为独立的请求权人请求侵权人赔偿这些费用。但是，如果侵权人已经将这些费用赔偿给被侵权人近亲属的，实际支付这些费用的主体就不能再向侵权人请求赔偿，而只能要求获得赔偿的近亲属给其返还这些费用。

法律赋予实际支付医疗费、丧葬费等费用的主体独立请求权，有利于弘扬帮扶帮衬的社会美德，保护善良的社会风俗，也可以防止侵权人获得不当利益。

四、精神损害的赔偿范围及计算

侵权责任以财产损失为限的原则，是自罗马法以来传统民法的一项原则。但进入近、现代后，一些资本主义国家在民法典或有关立法中，先后突破了传统民法的规定，规定了精神损害也适用财产赔偿。

所谓精神损害，一般是指公民的姓名权、肖像权、名誉权、荣誉权受到不法侵害，致使公民的人格受到非财产性的损失，给受害人造成了精神上的痛苦。从立法和司法的实践看，对精神损害要追究民事责任的问题已是一个客观趋势。因此，原《民法通则》在借鉴和总结我国民事立法、司法实践经验的基础上，对精神损害的民事责任作了原则性的规定。原《民法通则》第120条规定："公民的姓名权、肖像权、名誉权、荣誉权受到侵害的，有权要求停止侵害，恢复名誉，消除影响，赔礼道歉，并可以要求赔偿损失。法人的名称权、名誉权、荣誉权受到侵害的，适用前款规定。"这一规定，否定了几十年来我国的传统民法理论之一——关于精神损害不适用金钱赔偿的陈旧观点。原《侵权责任法》第22条规定："侵害他人人身权益，造成他人严重精神损害的，被侵权人可以请求精神损害赔偿。"这一规定使我国精神损害赔偿制度得以真正地确立。

当然，精神损害的赔偿范围，在《最高人民法院关于确定民事侵权精神损害赔偿责任若干问题的解释》出台之前，根据原《民法通则》的规定，只限于侵害公民姓名权、肖像权、名誉权、荣誉权以及法人的名称权、名誉权和荣誉权，其他人身权利受到侵害未引起财产损失的，不宜适用。即使是公民或法人的上述权利受到侵害，但并未造成经济损失的，也不一定都采用金钱赔偿的办法来解决。显然，原《民法通则》关于精神损害赔偿的规定，不仅比较原则，难于操作，而且保护范围较小。最高人民法院前述的解释弥补了立法上的不足。根据这一司法解释，享有精神损害赔偿请求权者范围要比原《民法通则》规定的宽得多。2001 年出台、2020 年修正的《最高人民法院关于确定民事侵权精神损害赔偿责任若干问题的解释》第 1 条规定，自然人因下列人格权利遭受非法侵害，向人民法院起诉请求赔偿精神损害的，人民法院应当依法予以受理：①生命权、健康权、身体权；②姓名权、肖像权、名誉权、荣誉权；③人格尊严权、人身自由权。违反社会公共利益、社会公德侵害他人隐私或者其他人格利益，受害人以侵权为由向人民法院起诉请求赔偿精神损害的，人民法院应当依法予以受理。第 2 条规定，非法使被监护人脱离监护，导致亲子关系或者近亲属间的亲属关系遭受严重损害，监护人向人民法院起诉请求赔偿精神损害的，人民法院应当依法予以受理。第 3 条规定，自然人死亡后，其近亲属因下列侵权行为遭受精神痛苦，向人民法院起诉请求赔偿精神损害的，人民法院应当依法予以受理：①以侮辱、诽谤、贬损、丑化或者违反社会公共利益、社会公德的其他方式，侵害死者姓名、肖像、名誉、荣誉；②非法披露、利用死者隐私，或者以违反社会公共利益、社会公德的其他方式侵害死者隐私；③非法利用、损害遗体、遗骨，或者以违反社会公共利益、社会公德的其他方式侵害遗体、遗骨。第 4 条规定：具有人格象征意义的特定纪念物品，因侵权行为而永久性灭失或者毁损，物品所有人以侵权为由，向人民法院起诉请求赔偿精神损害的，人民法院应当依法予以受理。第 5 条规定：法人或者其他组织以人格权利遭受侵害为由，向人民法院起诉请求赔偿精神损害的，人民法院不予受理。这些规定，在司法实践中就容易操作得多了。

最高人民法院的上述解释还就精神损害的责任承担方式及计算作了规定。该解释第 9 条规定：精神损害抚慰金包括以下方式：①致人残疾的，为残疾赔偿金；②致人死亡的，为死亡赔偿金；③其他损害情形的精神抚慰金。第 10 条规定：精神损害的赔偿数额根据以下因素确定：①侵权人的过错程度，法律另有规定的除外；②侵害的手段、场合、行为方式等具体情节；③侵权行为所造成的后果；④侵权人的获利情况；⑤侵权人承担责任的经济能力；⑥受诉法院所在地平均生活水平。法律、行政法规对残疾赔偿金、死亡赔偿金等有明确规定的，适用法律、行政法规的规定。第 11 条规定：受害人对损害事实和损害后果的发生有过错的，可以根据其过错程度减轻或者免除侵权人的精神损害赔偿责任。精神损害赔偿中的标准和数额问题，是一个较为复杂的问题，因此，在司法实践中，既要注意维护法律的严肃性，保护受害人的合法权益，又要防止一些人把人格商品化，不允许那种无边无际的所谓索赔要求得逞。

值得注意的是，根据原《侵权责任法》第 22 条的规定，"造成他人严重精神损害"，才能够获得精神损害赔偿。"严重精神损害"是构成精神损害赔偿的法定条件。

《民法典》第 1183 条规定："侵害自然人人身权益造成严重精神损害的，被侵权人有权请求精神损害赔偿。因故意或者重大过失侵害自然人具有人身意义的特定物造成严重精神损害的，被侵权人有权请求精神损害赔偿。"

《民法典》的这一条规定，是在吸纳了原《侵权责任法》以及最高人民法院的司法解释的基础上所作出的规定。它仍然强调：①并非所有的人身权益遭受损害被侵权人都有权请求精神损害赔偿。只有"造成严重精神损害，"才有可能获得精神损害赔偿。"严重精神损害"是构成精神损害赔偿的法定条件。②对于造成财产损害，一般不以承担精神损害赔偿责任的方法进行救济。但是，如果侵权人故意或者重大过失侵害了他人具有人身意义的特定物从而给其造成严重精神损害的，被侵权人有权请求精神损害赔偿。③法人虽然也具有人格权，但包括法人在内的社会组织不存在精神损害赔偿问题。

■**思考题**

1. 何谓侵权之债？其主要特征是什么？
2. 一般侵权民事责任的构成要件有哪些？
3. 现代侵权制度有哪些新发展？
4. 如何认定精神损害赔偿责任及其范围？

■**参考书目**

1. 王利明主编：《民法典·侵权责任法研究》，人民法院出版社 2003 年版。
2. 张新宝：《中国侵权行为法》，中国社会科学院出版社 1995 年版。
3. 徐爱国编著：《英美侵权行为法》，法律出版社 1999 年版。
4. 王胜明主编：《中华人民共和国侵权责任法解读》，中国法制出版社 2010 年版。

第三十三章　不当得利和无因管理之债

■ 学习目的和要求

　　要求学生一般了解不当得利、无因管理以及由此所生之债的法律特征；掌握不当得利之债及无因管理之债的正确履行。难点在于对无因管理过程中管理人注意程度的把握。

　　原《民法通则》、原《民法总则》都将无因管理和不当得利纳入其"民事权利"一章加以规定，《民法典》却赋予其"准合同"之名而置于合同编里，算是为它们寻找到一个"安身立命"之地。

第一节　不当得利之债

一、不当得利之债的概念

所谓不当得利，是指法律上没有根据，有损于他人而自己获得的一种利益。不当得利由于没有合法的根据，因而虽属既成事实也不受法律保护，并随这一自然事实的出现而在当事人之间形成相应的债权债务关系。这种因不当得利而产生的债称为不当得利之债。其中，因不当得利事实而使财产受损的一方是债权人，有权请求返还其利益；因不当得利事实而获得财产利益的一方是债务人，负有返还他人利益的义务。

不当得利之债与侵权之债虽然有某些相似之处，但两者却有着本质的区别：

1. 当事人获利不同。在不当得利之债中，它表现为一方从对方那里获得了利益；而在侵权之债中，致害人在致人损害的同时，可能从对方获得利益，也可能没有得到任何利益。

2. 行为性质不同。侵权之债是违法行为的结果，因而，致害者主观上往往是有过错的；而不当得利，则是由于一方或双方的误解，或者由于第三人的原因所致。换言之，不当得利的发生，并非获利者预谋的结果。

3. 法律后果不同。不当得利之债的债务人既然在主观上并无预谋，因此，这种债的履行，在一般情况下仅仅是返还不当得利，不会因此而带来经济损失。而侵权之债，债的履行就要赔偿受害人的损失，对于债务人来说，这是带有制裁性的，因而必然会直接影响到其经济利益。

不当得利的规定源于罗马法。罗马法规定，无原因或因不法行为而负担债务的，履行后可提起"不当得利之诉"，请求返还或赔偿。其所说的"无原因"，是指无法律根据，它包括三种情况：①因错误而清偿不存在的债务；②以将来发生某项结果为目的，给付某物于他人而结果并未发生；③法律行为不成立。"因不法行为"也包括三种情况：①盗窃他人而取得财物的；②依不正当的原因而将财产给予他人的；③依有伤风化之原因而将物品给与他人的。罗马法虽然规定了一种特别诉权——"不当得利之诉"，但它仅将不当得利列为准契约中的一种，并不认为它是债的独立发生根据。后来，法国、荷兰、意大利等国在制定其民法或商法时，承袭了罗马法的规定，也将不当得利列于"准契约"章节中。在1881年制定瑞士旧债务法中，资产阶级立法者首次对不当得利作了统一的规定，承认其为债的独立发生根据。随后，德国、日本及土耳其等相继仿效，前苏俄民法典也接受了这一立法形式。

1986年之前，我国民事立法对不当得利虽然没有明文规定，但在司法实践中是承认不当得利之债的。在1986年制定的《民法通则》中，不当得利这一法律制度得到了确立。原《民法总则》第122条对不当得利制度再次确认。原《民法通则》和原《民法总则》关于不当得利的规定，实际上是社会主义道德规范的法律化，它对于加强社会主义法制和发扬社会主义道德风尚都有积极的意义。2021年5月颁发的我国《民法典》在原《民法总则》第122条的基础上更加完善了不当得利的规定。《民法典》第985条规定："得利人没有法律依据取得不当利益的，受损失的人可以请求得利人返还取得的利益，但是有下列情形之一的除外：（一）为履行道德义务进行的给付；（二）债务到期之前的清偿；（三）明知无给付义务而进行的债务清偿。"

二、不当得利之债的构成要件

依《民法典》第985条的规定，不当得利之债，须具备以下条件才能构成：

（一）必须是一方受益

必须是一方确实获得利益，这是不当得利之债成立的一个要件，也是它与侵权之债的明显区别所在。如果一方使他方的财产利益受到损害，但并未从中受益，那么，由此产生的债，只能是侵权之债而不是不当得利之债。什么是受益？所谓受益，是指一方因一定事实的结果而增加其财产的总额。根据增加的情况不同，法理上又将其分为积极增加和消极增加两种形式。前者是指受益人财产数额的直接增多；后者是指得利人财产数额的间接增多。例如买受人应支付而没有支付，从而使其财产本应减少却未减少，就是一种消极增加。积极增加和消极增加尽管表现形式不同，但本质上并无区别，得利人事实上都获得了利益。

（二）必须使他方受损

必须使他方受损，这是不当得利之债成立的又一要件。如果一方受益，他方并不因此而受到任何损害，那么，不构成不当得利之债。例如，收捡并变卖他人抛弃的物品，利用他人处理过的废渣生产建筑材料，收集人畜粪便用以肥田等，这些虽然都可以使收集利用者受益，但并未造成他人损害，因而不能构成不当得利之债。什么是受损？所谓受损，是指一方因一定事实的发生使其财产总额减少。根据减少的情况，法理上也分为积极减少和消极减少两种形式。其中的积极减少，是指受损害者财产数额的直接减少；消极减少，是指受损害者的财产数额的间接减少，即财产应增加而未增加。他方受损，有一个问题尚需提及，即可得增加的利益，不以必然增加为必要，以通常可增加就足够了。因此，无权利而使用他人的财物的，权利人通常受有相当于使用对价（租金）的损害，例如，无根据地利用他人空闲房屋营业，其所谋取的利益，对权利人而言，就是一种损害，因而可成立不当得利之债。

（三）受益和受损之间必须有因果关系

不当得利之债是由于一方受益的同时使他方受损而产生的。所以，受益和受损之间的因果关系是这种债成立的要件之一。

因果关系，是两个现象之间的一种客观联系。受益与受损之间有因果关系，就是受害一方的损害事实与受益一方所获利益两者之间有着必然的联系。换言之，双方的"得"与"失"，应该基于同一原因事实。例如，银行办事员甲某由于疏忽而多支付 1000 元给乙某。在这里，乙某的"得"与银行的"失"，恰恰是基于同一原因事实，因而是一种因果关系。

但是，如果两个现象并非同出一个原因事实，尽管一方有所得，另一方有所失，甚至表面上还有一定的联系，由于得与失之间不具因果关系，因而也成立不了不当得利之债。例如，张某拾得李某抛弃的一头小病猪，经细心饲养后成一头大肥猪。在这种情况下，张某所得不应视为不当得利，因而李某不能请求返还。因为李某之"失"与张某之"得"虽有一定联系，但不是出自同一事实。"抛"使李某丧失了对病猪所享有的权利，而"拾"则使张某获得了所有权。两个事实之间并无直接的联系，所以不能成立不当得利之债。

（四）受益必须没有合法根据

受益无合法根据，是指一方受益缺乏合法的原因。必须是没有合法根据，这是不当得利之债成立的一个至关重要的条件。如果一方受益，他方受损有着合法的原因，那么，这种"损""益"结果，理应受法律保护，不存在不当得利问题。

不当得利与无因管理，两者都有一个无合法根据的问题，但含义是不同的。无因管理中所指无合法的根据，是指管理人对其事务的管理，既未受人委托，亦无法律上的义务；而不当得利中所说的无合法根据，是指一方受益没有合法的原因。其表现形式有两种：①自始欠缺原因，即不当得利的发生，一开始就没有法律根据，如前述的储户取款，出纳人员因疏忽而多付，就属于这种情况。②嗣后丧失原因，即一方受益时有法律根据，其后由于情况发生了变化而丧失了法律根据。例如，合同被撤销后仍继续占有依该合同而取得的财产。

三、不当得利的除外情形

没有法律根据的取得，并不一定构成不当得利。《民法典》第 985 条规定了以下三种情形不属于不当得利：

1. 为履行道德义务进行的给付。基于道德上的义务为给付行为符合社会道德观念，一旦给付，即不得依不当得利请求返还。例如，养子女对其亲生父母的法定赡养义务因收养而解除，不再负担。如果该养子女仍然赡养其亲生父母，则属于尽道德义务。对于因此而支出的费用，该养子女不得以不当得利请求返还。当然，是否为道德上义务，应视一般社会观念及当事人之的关系、给付标的物的价等情况认定。

2. 债务到期之前的清偿。清偿期到来之前，债务人并无清偿义务，此时债务人的清偿应该是非债清偿；但债权人的受领并非没有合法根据。债务提前履行亦非违约行为，只要债权人受领，就会发生债务消灭的法律后果。故不产生不当得利问题。

3. 明知无给付义务而进行的债务清偿。一方明知自己没有给付义务而向他人交付财物的，对方接受财产不成立不当得利。此种情形应视为赠与。

四、不当得利之债的履行

《民法典》上述条文的规定，不仅明确了不当得利之债的构成要件，也明确了不当得利之债的权利义务主体，以及不当得利应该返还的客体和范围。

（一）不当得利之债的权利、义务主体

不当得利事实一经发生，即在当事人之间产生相应的债权债务关系。这是一种一方只享有权利而无义务，另一方则只负有义务而无权利的债权债务关系。不当得利之债的权利主体只能是"没有合法根据"而使之"受损失的人"。自己并无利益上的损失，当然就不存在利益的返还问题，因而也就不能充当这种债的权利主体。不当得利之债的义务主体，可能是"取得不当利益"之本人，也可能是其继承人，还可能是第三人。在一般情况下，取得不当利益本人就是这种债的义务主体。但是，如果受益人死亡，其继承人将不当得利作为遗产继承的，他就是不当得利之债的义务主体；如果不当得利被无偿转让于第三人的，第三人是义务主体。

（二）不当得利之债履行之内容

依《民法典》第 986 条、第 987 条、第 988 条的规定，不当得利之债的履行内容分为三种情形：

1. 善意得利人的返还义务。"得利人不知道且不应当知道取得的利益没有法律根据，取得的利益已经不存在的，不承担返还该利益的义务"（《民法典》第 986 条）。这种情形称为善意取得，属于善意取得者，只需返还尚能返还的利益，若该利益已经不存在则不承担返还义务。

2. 恶意得利人的返还责任。"得利人知道或者应当知道取得的利益没有法律依据的，受损失的人可以请求得利人返还其取得的利益并依法赔偿损失"（《民法典》第 987 条）。这种情形称为恶意取得。对于恶意取得，取得利益者须负返还义务，若该利益已不存在，也不得免责，必须依法予以赔偿。

3. 第三人的返还义务。"得利人已经将取得的利益无偿转让给第三人的，受损失的人可以请求第三人在相应范围内承担返还义务"（《民法典》第 988 条）。第三人要是无偿地从得利人处获得利益，依本条的规定，当然负有返还的义务；但是如果得利人并不知道该利益系无法律依据且以合理价格受让的，则第三人应属善于取得，这种情况下受损人不能向第三人主张权利，而只能向得利人主张其权利，即得利人负有返还相应利益的义务。

第二节 无因管理之债

一、无因管理之债的概念

在通常情况下，管理他人事务，须有合法根据，否则，就有可能构成侵权行为。无因管理则是一种例外。

所谓无因管理，是指没有法定的或约定的义务，为避免他人利益受损失，自愿管理他人事务或为他人提供服务的行为。如收留他人离家迷途的儿童，看管和饲养他人走失的牲口，雨夜为出门友人抢修危房，岁末为在外地的邻居代缴房租水电费等，都是无因管理。无因管理是一种事实行为。行为人即管理他人事务或提供服务的一方叫管理人，其事务受管理的一方叫本人，也称受益人。无因管理一经发生，就会在相关的人之间产生相应的债权债务关系，即管理人是债权人，有请求偿还因管理事务所支出的必要费用的权利；本人是债务人，负有偿还该项费用的义务。管理人与本人之间，原来并不存在权利义务关系，只是因为发生无因管理事实行为，才在两者之间产生了债权债务关系。可见，无因管理也是债的发生根据之一。由于这种债的关系是因无因管理行为直接引起的，因而称无因管理之债，或称"因无因管理所生之债"。

无因管理的规定源于罗马法。在罗马法中，是以准契约的观念承认无因管理的。当时的立法者虽然承认无因管理受法律保护，但并未将其列为债的独立发生根据，而仅仅视为准契约中的一种。《法国民法典》同样如此。1900 年施行的《德国民法典》第一次将无因管理列为债的一种独立发生根据，并作了专章的规定。以后，瑞士、土耳其、日本、泰国等在制定其民商法时，均效仿德国，对无因管理作了规定。《苏俄民法典》没有关于无因管理的规定。而英美法系各国，由于没有"债"这一概念，当然也就没有作为债的发生根据之一的无因管理的规定。

在我国，人们对是否规定无因管理这一法律制度，曾有不同的看法。有人认为，没有必要在立法上对此作出规定。理由有二：①生活中的无因管理行为，只是偶尔发生，并不具有普遍性；②无因管理行为有时与非法干涉他人事务的侵权行为之间难以区别，承认无因管理的合法性，客观上会促使更多的侵权行为发生。然而，多数人不同意这种看法。他们认为，在社会生活中，无因管理行为的发生虽不及委托代理那样频繁和普遍，但无论是过去、现在或将来，这种既未受人之托，又无法律义务的管理行为都是存在的。社会生活愈安定，人们的情趣愈高尚，无因管理行为的发生就会愈多。因此，有必要在立法上对此作出规定，以保护当事人的合法权益。我国原《民法通则》采纳了多数人的意见，在第93条中对无因管理作了明确的规定："没有法定的或者约定的义务，为避免他人利益受损失进行管理或者服务的，有权要求受益人偿付由此而支付的必要费用。"这一条文列于"债权"一节中，所以，从当时立法上看，我国是承认无因管理是债的独立发生根据之一的。原《民法总则》第121条的规定与《民法通则》第93条的规定完全一致。《民法典》在原《民法通则》和原《民法总则》相关规定的基础上对无因管理制度进行了完善。该法用6个条文对这一制度作出了规定。

二、无因管理之债的构成要件

《民法典》第979条第1款规定："管理人没有法定的或者约定的义务，为避免他人利益受损失而管理他人事务的，可以请求受益人偿还因管理事务而支出的费用；管理人因管理事务受到损失的，可以请求受益人给予适当补偿。"由此可知，无因管理之债的成立，必须同时具备以下几个要件：

（一）必须是管理他人的事务

必须是管理他人的事务，这是无因管理之债成立的首要条件。它涉及两个问题，即事务及管理。

所谓他人事务，是指与他人生活有关的事项。它可能是纯财产意义上的事项，也可能是与财产利益毫无相干的事项。是否与财产利益相干并不重要，重要的是：①"事务"必须是他人的，且必须是非人身性的他人事务。②"事务"应以能够发生债权债务关系为限；单纯的不作为，或纯粹为宗教或道德的事项，不是我们所说的"事务"。③"事务"不得是非法事项，如帮人报复打人等。

所谓管理，是指实现事务的内容的行为。这种行为，不仅有一般管理行为所包含的看管、保管、保养等之意，也含有提供服务甚至处分之意。换言之，无因管理的"管理"一词，较之一般管理含义要广泛得多。例如，前述的看管和饲养他人走失的牲口的行为，当然是"管理"，而雨夜为出门友人抢修危房，行为人所提供的是一种服务，也是"管理"。

无因管理之债的成立既然必须以管理他人事务为条件，那么，凡是管理人将自己的事务误认为他人事务而加以管理，凡是管理人对其与他人共有事务的管理，或者是管理自己事务的同时为他人带来了利益，但没有为他人管理事务的意思的，都不可能产生无因管理之债权债务的关系。

（二）必须有为他人谋利益的意思

必须有为他人谋利益的意思，这是无因管理之债得以成立的又一要件。所谓有为他人谋利益的意思，是指管理人所为行为，确有为他人图利益、避免其损失的意思。对此可以从两个方面来考察：从动机上看，管理人应出于为他人利益的目的而为管理行为；从效果上看，由管理行为所取得的利益应最终归本人所有。符合这一要求，就能说明管理人确有为他人谋利益的意思。如果管理人的管理不是为他人谋利益而是完全为了自己的利益，如善意占有人改良占有物等，则不构成无因管理之债。

（三）必须符合本人即受益人的真实意思

构成无因管理之债，应当以管理人的管理行为符合本人明示或可以推知的意思为前提，即管理人的"见义勇为"要符合本人的真实意思。一般来说，好心当然是为办好事；但有时候好心却未必办出好事来，即"好事"并非本人所想要的，亦即并非本人的真实意思。例如，甲某和乙某都是种植专业户，而且是多年的好朋友，相互帮忙是经常的事。他们承包的地是挨在一起的。开春后正是农忙时节，甲某费了很大的劲才请来机耕工人为其承包的土地进行翻耕。甲某想，反正乙某的地也得请机耕队翻耕，于是当天就让雇来的工人把乙某的地也给翻耕了，为此多付了500元工钱。甲某本以为为乙某办了一件好事，实不知是多此一举。因为乙某的这一片地是准备休耕一年的。村里有好几个人都知道他的想法和决定。甲某的做法实在是不符合乙某的真实意思。"管理事务不符合受益人真实意思的，管理人不享有前款规定的权利"（《民法典》第979条第2款），这里的"前款规定的权利"，是指"管理人管理他人事务的，可以请求受益人偿还因管理事务而支出的必要费用。"

不符合受益人真实意思的管理，不能构成无因管理之债。"但是，受益人的真实意思违反法律或者违背公序良俗的除外"（《民法典》第979条第2款）。这种情况不多，但生活中却偶有发生。例如，某甲一时糊涂而跳河自杀，某乙刚好路过，奋而救助。某甲决定自杀之时，并无他人诱逼，其意肯定是真实的意思，但这一真实意思不说是违反法律，至少也是违背公序良俗的。依《民法典》上述条款的规定，乙某的抢救行为，构成无因管理。

（四）必须是没有法定或约定义务

无因管理之债的"无因"，指的是"没有法定的或者约定的义务"。"无因"是无因管理之债的重要条件。如果管理人是在有法定或约定义务的情况下实施管理，则这种管理不能成立无因管理之债。例如，作为法定监护人的父母代理无行为能力的子女进行民事活动，或公民接受他人的委托代签合同，这种管理都不是"无因"，而是"有因"，即有法定或约定的义务，都不能构成无因管理。凡公益上负有义务的人员所为之事，如执勤中的警察所施行的救助行为，消防队员的救火行为等，都不是"无因"，因而不能构成无因管理。但是，警察和消防队员若在公务之外为上述行为的，应属无因管理，能产生无因管理之债。

管理人在管理事务过程中，有时可能是前有义务，后无义务；有时则可能是相反的情况。在这种情况下，确定其是否构成无因管理，应从实际出发，不可臆断。

三、无因管理之债的履行

（一）管理人的义务

1. 管理义务。管理人既然为他人管理事务，自然应负管理义务。履行这一义务，应该注意三个问题，即管理方法、注意程度、无正当理由不得中断管理。

所谓管理方法，是指管理人于他人遇到困难时以什么方法进行救助。由于这种救助是在既无委托，又无法定义务，且无法与本人商量的情况下发生的，因此，管理人采取什么方式管理，大多是取决于其意志。但是，这并不意味着管理人在管理方法上可以为所欲为。他应依照本人即其事务被管理者显而易见或可推定而知的意愿，即利于本人的方法进行。例如，甲某行于途中，遇见乙某病发昏倒，情况紧急，必须进行抢救。在当时情况下，甲可以采取救助的方法当然不止一种。如果甲租用或拦截途经的车辆将乙送往附近医院进行抢救，使之转危为安，这种救助方法，无疑是符合患者本人明显的或可推定而知的意愿。反之，如果甲某舍近求远，或嫌送医院麻烦，将乙抬往乡下，用土法治疗，或求神拜佛，以致误了抢救时间，这种管理方法，是违反本人明显的或可推定而知的意愿的。

所谓注意程度，是指管理人在管理过程中，为避免给本人造成损失所应注意的程度。多数国家法律规定，管理人的管理义务，原则上应与一般债务人负同等的注意义务。

"管理人管理他人事务，应当采取有利于受益人的方法。中断管理对受益人不利的，无正当理由不得中断"（《民法典》第981条）。

管理人违反上述适当管理的义务，造成事务被管理者损失的，应负赔偿责任。

2. 通知的义务。"管理人管理他人事务，能够通知受益人的，应当及时通知受益人。管理的事务不需要紧急处理的，应当等待受益人的指示"（《民法典》第982条）。无因管理事实发生后，管理人除应如同对待自己的事务那样管理好他人事务之外，还应积极寻找和通知本人。管理人的通知，以能通知为限。如果所管理的事务不需要紧急处理，应该等待受益人的指示。不可擅作处理。

3. 报告及移交财产的义务。"管理结束后，管理人应当向受益人报告管理事务的情况。管理人管理事务取得的财产，应当及时交给受益人"（《民法典》第983条）。管理人履行其通知义务后，一旦本人有回音，并要求移交其事务的，应及时移交所管理事务。一时难以移交的，应积极创造条件，以便尽快移交。在无因管理结束时，管理人应向本人报告管理情况，提供有关单据和证明。管理人处理事务所收取的金钱、财物及孳息等，均应返还本人。管理人以自己的名义为事务被管理者所取得的权利，亦应返还。

（二）本人即受益人的义务

管理人为本人管理事务，纯属义举，因而管理人在结束管理时，不得要求本人即受益人支付报酬，但"可以请求受益人偿还因管理事务而支出的必要费用；管理人因管理事务受到损失的，可以请求受益人给予适当补偿"（《民法典》第979条第1款）。换言之，本人即受益人负有偿还管理人在管理过程中所支出的必要费用和所受到的损失的义务。所谓"必要费用"，就是管理事务必不可少的费用。它包括管理事务直接支出的费用；为谋取本人利益而负担的债务；管理人在管理过程中所受的直接损失。

应该注意的是，无因管理中所说的"受益"，它可能表现为本人增加了新的财富，也可能表现为使本人避免了某种精神上的创伤或财富上的损失。总之，衡量本人是否受益，不应把"受益"仅仅理解为物质财富的增加。

■思考题

1. 何谓不当得利？何谓无因管理？
2. 不当得利之债与侵权之债有何异同？
3. 无因管理之债的管理人主要义务是什么？他能否收取适当的报酬？

■参考书目

1. 张俊浩主编：《民法学原理》，中国政法大学出版社1991年版。
2. 史尚宽：《债法总论》，荣泰印书馆1978年版。
3. 黄茂荣：《债法各论》，植根法学丛书编辑室2003年版。
4. 《中华人民共和国民法典（实用版）》，中国法制出版社2021年版。

第五编 继承权

第三十四章 继承制度概述

■ 学习目的和要求

　　继承制度是财产法律制度中的重要组成部分。本章重点是继承的概念和特征以及继承民事法律关系的特点。难点在于如何掌握和运用继承制度的基本原则（如权利、义务一致基本原则的实际运用）。

第一节 继承概述

一、继承概述

继承一词有多种含义。民法中的继承是指死者死亡时遗留财产的所有权移属有权取得其财产的人的法律制度。自然人死亡时遗留的个人合法财产称为遗产。死亡时遗留遗产的自然人称为被继承人。依照法律规定有权取得遗产的人称为继承人。根据法律规定或死者生前所立的有效遗嘱取得被继承人遗产的权利称作继承权。

因继承发生的财产流转关系是一种民事法律关系，其法律特征是：

1. 继承关系的发生以被继承人死亡和留有财产为前提。

2. 继承关系的主体只能是自然人，而且是与被继承人有特定身份关系的人。家庭、法人及其他社会组织不能成为继承关系的主体。

3. 继承关系的客体是被继承人死亡时遗留的个人合法财产。需要说明的是，继承是权利义务的全面承受，继承人接受继承的，不仅承受财产权利，还应当清偿被继承人依法应缴纳的税款和债务，即承受财产义务。当然，对被继承人应缴纳的税款和生前所负债务的清偿，限于其遗产价值总额的范围内，超过遗产实际价值的部分，继承人可以不负清偿的责任。继承人放弃继承的，可以不负清偿责任。

4. 继承是继承人无偿取得被继承人的遗产。继承人从被继承人死亡时开始，即无偿地取得被继承人的遗产。

二、中华人民共和国成立后的继承制度

早在 1950 年 5 月 1 日公布施行的《婚姻法》第 12、14 条即规定家庭成员间的财产继承权受法律保护。1954 年《宪法》第 12 条明确规定："国家依照法律保护公民的私有财产的继承权。"1980 年《婚姻法》第 18 条再次确认了夫妻之间及父母和子女之间相互继承遗产的权利。1982 年《宪法》再次肯定："国家保护公民的私有财产的继承权。"1985 年 4 月

10 日，《继承法》正式颁布，1985 年 10 月 1 日起施行。2020 年 5 月 28 日通过的《民法典》将继承法律制度列为第六编。

第二节　继承制度的基本原则

我国继承制度的基本原则如下：

一、保护自然人私有财产继承权原则

保护公民个人的合法财产的继承权，是我国社会主义继承制度立法的基础和根据。《宪法》第 13 条第 2 款规定："国家依照法律规定保护公民的私有财产权和继承权。"《民法典》第 1120 条规定："国家保护自然人的继承权。"

二、养老育幼原则

养老育幼，即赡养老人、抚育未成年子女以及照顾病残者，是我国社会主义家庭的重要职能之一。敬重、赡养和照顾老年人，关心、爱护和抚育未成年人，是我们中华民族长期以来的优良传统和美德，是我国社会主义法制和社会主义道德规范的基本要求，也是建设社会主义精神文明的要求。《宪法》规定："公民在年老、疾病或者丧失劳动能力的情况下，有从国家和社会获得物质帮助的权利"（第 45 条第 1 款）；"父母有抚养教育未成年子女的义务，成年子女有赡养扶助父母的义务"（第 49 条第 3 款）；"禁止虐待老人、妇女和儿童"（第 49 条第 4 款）等。《民法典》婚姻家庭编规定：父母不履行抚养义务的，未成年子女或者不能独立生活的成年子女，有要求父母给付抚养费的权利；成年子女不履行赡养义务的，缺乏劳动能力或者生活困难的父母，有要求成年子女给付赡养费的权利。有负担能力的祖父母、外祖父母，对于父母已经死亡或者父母无力抚养的未成年孙子女、外孙子女，有抚养的义务；有负担能力的孙子女、外孙子女，对于子女已经死亡或者子女无力赡养的祖父母、外祖父母，有赡养的义务；有负担能力的兄、姐，对于父母已经死亡或者父母无力抚养的未成年弟、妹，有扶养的义务；由兄、姐扶养长大的有负担能力的弟、妹，对于缺乏劳动能力又缺乏生活来源的兄、姐，有扶养的义务（第 1067 条、第 1074 条、第 1075 条）。《民法典》继承编将养老育幼原则具体化。在确定继承人范围、继承顺序、遗嘱的有效条件、遗产的分割和遗产的分配以及遗赠扶养协议等方面，都不同程度体现了养老育幼原则。例如《民法典》规定，丧偶儿媳对公婆，丧偶女婿对岳父母，尽了主要赡养义务的，作为第一顺序继承人（第 1129 条）；在同一顺序继承人分配遗产时，对生活有特殊困难又缺乏劳动能力的继承人，分配遗产时，应当予以照顾（第 1130 条第 2 款）；遗嘱应当为缺乏劳动能力又没有生活来源的继承人保留必要的遗产份额（第 1141 条）；分割遗产，应当清偿被继承人依法应当缴纳的税款和债务；但是，应当为缺乏劳动能力又没有生活来源的继承人保留必要的遗产（第 1159 条）；遗产分割时，应当保留胎儿的继承份额（第 1155 条第 1 句）。

三、权利义务一致原则

权利义务一致是我国宪法的一个重要原则，继承制度同样贯彻这一重要。例如《民法典》规定，对被继承人尽了主要扶养义务或者与被继承人共同生活的继承人，分配遗产时，可以多分；有扶养能力和有扶养条件的继承人，不尽扶养义务的，分配遗产时，应当不分或者少分（第 1130 条第 3 款和第 4 款）；继承人以外的对被继承人扶养较多的人，可以分给适当的遗产（第 1131 条）等。

四、男女平等原则

我国《宪法》第 48 条第 1 款规定："中华人民共和国妇女在政治的、经济的、文化的、

社会的和家庭的生活等各方面享有同男子平等的权利。"《民法典》第1126条规定："继承权男女平等。"男女平等原则具体体现如下：

1. 男女平等享有继承权。妇女不论已婚、未婚、初婚、再婚，也不论是参加社会工作，还是从事家务劳动，都与男子享有同样的继承权。夫妻间有相互继承财产的权利。子女可以平等地继承父母的遗产，即使是已出嫁的女儿，亦享有继承权。此外，兄弟姐妹间的继承、尊卑亲属间的继承，均不因性别而有所差别。

2. 遗产分配上，同一继承顺序中的继承人，不论男女，继承份额均等。

3. 代位继承上，无论先于被继承人死亡的是儿子，还是女儿，他们的子女（无论男女）平等享有代位继承的权利。

■思考题

1. 简述继承的基本特征。
2. 简述我国继承制度的基本原则。
3. 试述继承制度男女平等原则的基本内容。

■参考书目

1. 杨立新：《婚姻家庭与继承法》，法律出版社2021年版。
2. 张伟：《婚姻家庭继承法学》，法律出版社2021年版。
3. 史尚宽：《继承法论》，中国政法大学出版社2000年版。
4. 王泽鉴：《民法概要》，中国政法大学出版社2003年版。

第三十五章 继承权

■ 学习目的和要求

全面了解继承法律关系的主体、内容和客体。重点是继承权的特点，继承权的取得、丧失、放弃和恢复及其运用。难点在于正确理解继承权的性质，即对期待权和既得权的理解及其相互关系和区别。

第一节 继承权的概念和法律特征

一、继承权的概念

继承权是自然人依照法律规定或有效遗嘱取得被继承人遗产的权利。法定继承人享有的是法定继承权，遗嘱继承人享有的是遗嘱继承权。继承法律关系与其他民事法律关系一样，具有主体、内容、客体三个要素，分述如下：

1. 继承法律关系的主体。它是指在财产继承中享有权利和承担义务的人。继承法律关系的主体与继承的主体不同。前者的范围较广，它包括继承人（含法定继承人、遗嘱继承人）、受遗赠人、继承参与人以及一切社会组织和其他公民，其中继承人、受遗赠人是继承法律关系的基本主体。他们不仅是最基本的权利主体，即遗产的最基本的受益人，而且也是最基本的义务主体，即履行遗产义务的承担人。继承参与人的范围是广泛的，它是指继承人、受遗赠人以外的所有参与财产继承活动的人，包括遗产管理人、遗嘱见证人、遗嘱执行人、遗产债权人、遗产债务人等。继承的主体只能是自然人，其权利主体是继承人，义务主体是继承人以外的不特定的任何人。由于继承关系主要是基于自然人之间既存的婚姻、家庭、血缘方面的人身关系而产生的财产关系，因此，有权享有继承权的人只能是自然人，国家、法人及其他社会组织都不能成为继承的主体。被继承人不是继承关系的主体，因为人的民事权利能力，始于出生，终于死亡。被继承人死亡后，其民事权利能力消灭，已无参与民事法律关系、享受民事权利、承担民事义务的资格。

2. 继承法律关系的客体。它是指被继承人生前拥有的个人合法财产，如财物、债权、债务；公民的版权、专利权、商标权所产生的财产权利和义务；以及其他合法财产（也包括某种必须履行的行为）。公民的人身权利，由于它和公民的人身存在紧密相联，不可分割，随着公民的死亡而消失，因此它不能作为继承权的客体转移给他人。继承是对权利义务的全面承受，继承人接受遗产，应当清偿被继承人依法应当缴纳的税款和债务，放弃继承的，对此可以不负清偿责任。因此继承法律关系的客体主要或基本上是遗产，但遗产不是继承法律关系中唯一的客体。

3. 继承法律关系的内容。它是指遗产继承中的权利与义务。具体来说，继承法律关系的主体（继承人、受遗赠人、继承参与人等）在遗产继承活动中，享有各自的权利和承担相应的义务。继承法律关系中的权利，包括死者遗留的财产和财产权利；继承法律关系中的义务，包括死者依法应缴纳的税款和所欠的债务以及死者生前在遗嘱中所附的义务（可以是财产性义务，也可以是某种行为）。继承法律关系主体之间的权利与义务，是相互联系、相互依存的。往往一方的权利，就是另一方的义务。权利与义务又是统一的，不可分割的。当然，由于参加继承法律关系的主体不同，即继承人、受遗赠人、继承参与人不同，因而他们享受的权利和承担的义务也不尽相同。

二、继承权的法律特征

1. 继承权属于绝对权，具有排他性。继承权的权利主体是特定的，义务主体是不特定的，是泛指继承人以外的一切人（包括公民、法人及其他社会组织等）。权利人无须经义务人实施一定行为即可实现其权利。权利人以外的一切人都负有不得妨害继承人行使继承权的义务。继承权一旦被某人所侵害，将受到国家法律的保护。

2. 继承权是一种财产权。它是以财产利益为内容的权利。继承权与所有权紧密相联，不可分离。继承权的基础和前提是财产所有权，而继承权实现的法律后果，又是财产所有权的转移，即被继承人的财产转归继承人所有。继承权是所有权的延伸，是所有权派生出来的一种权利。因此，继承权属于财产权。

3. 继承权以被继承人的死亡为法律事实而发生。继承这一民事法律关系是由被继承人的死亡或被宣告死亡引起的。在被继承人死亡前，法律为继承人规定其所享有的继承权，只是公民所具有的一种民事权利能力，不是一种实体权利。这仅仅是继承人将来继承被继承人权利义务的希望与可能，是一种继承期待权。只有被继承人死亡这个法律事实发生后，继承人才能实际取得继承权，依法继承死者的遗产。这是一种权利主体实际享有的、现实的实体权利，因此又称它为继承既得权。

第二节 继承权的取得和丧失

一、继承权的取得

继承权的取得，指自然人根据法律规定或遗嘱指定而取得继承权。根据《民法典》规定的精神，继承权取得的根据是血缘关系、婚姻关系和扶养关系。

子女、父母、祖父母、外祖父母、兄弟姐妹是基于死者的血缘关系取得继承权的。根据与死者血缘关系的亲疏远近确定其法定继承人的范围和不同的继承顺序。

配偶的继承权是基于婚姻关系的效力而产生的。

养子女与养父母之间、有扶养关系的继子女与继父母之间的继承权就是基于双方的权利义务关系而取得的。此外，《民法典》规定，丧偶儿媳对公婆，丧偶女婿对岳父、岳母，尽了主要赡养义务的，其作为第一顺序继承人。这也是因其尽了主要赡养义务而取得继承权。

二、继承权的丧失

继承权的丧失又称继承权的剥夺，它是指对被继承人或其他继承人犯有某种罪行或者有其他违法行为的继承人，依照法律取消其原来享有的继承权。因继承人自动放弃（如放弃继承）或因继承权赖以产生的客观条件发生变化（如收养关系、婚姻关系解除）而丧失，都不属于继承权丧失的概念和范围。

依《民法典》第 1125 条规定，继承人有下列行为之一者，丧失继承权：

（一）故意杀害被继承人

继承人故意杀害被继承人是一种严重的犯罪行为。继承人故意杀害被继承人的，不论出于何种动机，也不论是既遂还是未遂，均丧失继承权［《最高人民法院关于适用〈中华人民共和国民法典〉继承编的解释（一）》（以下简称《继承编司法解释》）第 7 条］。其虽为遗嘱受益人，亦不得基于遗嘱取得遗产（《继承编司法解释》第 8 条）。实施杀害行为的继承人，只丧失对被害被继承人遗产的继承权，对其他被继承人遗产的继承权不丧失。

（二）为争夺遗产而杀害其他继承人

继承人出于争夺遗产的目的，而杀害其他继承人的，不论是既遂，还是未遂，均丧失继承权。其虽为遗嘱受益人，亦不得基于遗嘱取得遗产（《继承编司法解释》第 8 条）。如因其他目的而杀害其他继承人，不丧失继承权。

（三）遗弃被继承人，或者虐待被继承人情节严重

遗弃被继承人是指有能力的继承人对年老体衰、丧失劳动能力或没有独立生活能力的被继承人拒不履行赡养或扶养义务。凡有遗弃被继承人行为的继承人，均丧失继承权。但是，如果被继承人有独立生活能力，继承人不尽扶养义务的，尽管其行为不合法，也不构成遗弃。如果继承人本身没有独立生活能力，无力尽扶养义务的，同样不能构成遗弃。

虐待被继承人是指对被继承人以各种手段进行精神上或肉体上的摧残折磨。根据《民法典》规定，虐待被继承人必须是情节严重的情形才丧失继承权。判断情节是否严重，可以从实施虐待行为的时间的长短、手段的恶劣程度、后果的严重程度、社会影响的大小和群众的反映等多方面来具体分析（《继承编司法解释》第 6 条）。但并非指虐待行为一定要构成犯罪，才算情节严重，即不论是否追究其刑事责任，均可确认其丧失继承权。

（四）伪造、篡改、隐匿或销毁遗嘱，情节严重

伪造遗嘱，指继承人为单独继承遗产或取得超过应继分的遗产，以被继承人名义作成虚假遗嘱的行为。篡改遗嘱，指继承人涂改遗嘱内容的行为。隐匿遗嘱，指继承人将被继承人所立遗嘱予以隐藏使他人不知被继承人立有遗嘱的行为。销毁遗嘱，指继承人使被继承人所立遗嘱灭失的行为。继承人篡改、隐匿或销毁遗嘱，或者因遗嘱内容于己不利而为之，或者为取得全部或超过应继分的遗产而为之。伪造、篡改、隐匿或者销毁遗嘱，情节严重者，丧失继承权。特别地，继承人伪造、篡改、隐匿或者销毁遗嘱，侵害了缺乏劳动能力又无生活来源的继承人的利益，并造成其生活困难的，应当认定情节严重（《继承编司法解释》第 9 条）。

（五）以欺诈、胁迫手段迫使或妨碍被继承人设立、变更或撤回遗嘱，情节严重

遗嘱应当是被继承人独立、自由意志作成的真实意思表示。被继承人在受欺诈或胁迫的情况下设立、变更或撤回遗嘱，必然不可能反映被继承人的真实意思。继承人以欺诈、胁迫手段迫使或妨碍被继承人设立、变更或撤回遗嘱，实质上是对被继承人遗嘱意思之形成自由的侵害，同时也会侵害其他继承人的利益。因此，继承人对被继承人遗嘱的设立、变更或撤回，存在欺诈或胁迫且情节严重者，应丧失继承权。

依《民法典》第 1125 条第 2 款规定，继承人有第 3 项至第 5 项行为，嗣后确有悔改表现，且被继承人表示宽恕或事后在遗嘱中将其列为继承人的，该继承人不丧失继承权。

第三节　继承的放弃

一、继承放弃的概念

继承的放弃，指继承人在继承开始后，于法定期间内作出的不接受被继承人遗产的意思表示。

继承人可以接受继承，也可以放弃继承。接受继承是一种单方法律行为，只要有继承人本人或其代理人代其作出接受继承的意思表示，就发生法律上的效力。放弃继承也是一种单方法律行为，只要继承人本人作出放弃继承的意思表示，就发生法律效力。法定代理人一般不能代替继承人作出放弃继承的意思表示，这是因为放弃继承涉及继承人的切身利益。

放弃继承必须是继承人本人真实的意思表示。因受欺骗或胁迫而作出的放弃继承权的意思表示，是可以撤销的。

放弃继承不得附条件。继承人因放弃继承权，致其不能履行法定义务的，放弃继承权的行为无效（《继承编司法解释》第 32 条）。

二、放弃继承的期限

继承人放弃继承的意思表示，应在继承开始后、遗产处理前作出。继承开始前放弃继承的表示无效。继承人未在遗产处理前表示放弃继承者，视为接受继承。遗产分割后表示放弃的不再是继承权，而是所有权（《民法典》第 1124 条第 1 款、《继承编司法解释》第 35 条）。

继承人放弃继承的意思表示，应以书面形式，向遗产管理人或者其他继承人作出（《民法典》第 1124 条第 1 款、《继承编司法解释》第 33 条）。继承人在诉讼中以口头方式表示放弃继承的，应由法院作成笔录，由放弃继承的人签名（《继承编司法解释》第 34 条）。

继承的放弃，原则上不得反悔。继承人放弃继承后，在遗产处理前或者诉讼进行中，表示反悔者，应由人民法院视其具体理由，决定是否予以承认。继承人在遗产处理后表示反悔者，不予承认（《继承编司法解释》第 36 条）。

三、继承权放弃的效力

放弃继承的效力，追溯到继承开始的时间（《继承编司法解释》第 37 条）。

继承人放弃继承的，对被继承人依法应当缴纳的税款和债务可以不负偿还责任。

继承人放弃继承时，遗产可由其他继承人继承。没有继承人时，应视为无人继承的财产，遗产归集体或国家所有。

第四节　继承权恢复请求权

一、继承权恢复请求权的概念

继承权恢复请求权，又称为遗产诉权或遗产请求权，指合法继承人的继承权被他人侵害时，有权请求恢复至继承开始时的状态。继承权恢复请求权包括：①确认继承人的继承资格和继承地位的权利；②确认继承标的的请求权，即对遗产的返还请求权。这两种请求权在实践中往往是结合在一起的。只有确认了继承人的合法地位，才能要求侵权人返还被其非法占有的遗产，维护继承人的继承权。

二、继承权被侵害的情况

继承人的继承权被他人侵害，主要有以下几种情况：

1. 非继承人在没有任何法律根据的情况下，占有了被继承人的遗产而又拒不返还。

2. 继承开始后，在依法需要对某项遗产进行新的产权登记时，如某人排斥了继承人的权利，应认定为该继承人权利被侵犯。

3. 在同一顺序的数个法定继承人中，对遗产进行实际分割时，一部分人排斥了另一部分人应得的遗产份额。

4. 在法定继承中，第二顺序的继承人先于第一顺序的继承人得到遗产，这是对第一顺序继承人的继承权的侵犯。

5. 已经取得遗产的继承人，后被依法确认其丧失继承权的，应将所得遗产返还给应得该遗产的继承人，否则是对合法继承人继承权的侵犯。

出现上述继承人的继承权被侵害的情况之一时，继承人有继承权恢复请求权。

三、继承恢复请求权的行使

请求恢复继承权的行使，指合法继承权被侵犯的继承人或其法定代理人向人民法院提起诉讼或人民调解委员会申请解决。

对继承恢复请求权，适用普通时效的规定。

■思考题

1. 简述继承权的性质和法律特征。
2. 简述继承法律关系的三要素。
3. 简述丧失继承权的事由？

■参考书目

1. 杨立新：《婚姻家庭与继承法》，法律出版社 2021 年版。
2. 张伟：《婚姻家庭继承法学》，法律出版社 2021 年版。
3. 史尚宽：《继承法论》，中国政法大学出版社 2000 年版。
4. 王泽鉴：《民法概要》，中国政法大学出版社 2003 年版。

第三十六章 法定继承

■ 学习目的和要求

　　本章重点是法定继承人的适用范围、法定继承人的顺序，代位继承和转继承的区别。难点是法定继承人范围的确定。

第一节 法定继承概述

一、法定继承的概念和特征

　　法定继承，指按照法律规定的继承人范围、继承人顺序、遗产分配的原则，继承被继承人的遗产。法定继承，仅在被继承人未立遗嘱、所立遗嘱无效或者有遗嘱未处分之财产的情况下才会发生，故又称无遗嘱继承。

　　法定继承的基本特征，具体表现：①法定继承以特定的人身关系为前提，即确定法定继承人的范围、继承顺序和遗产份额的根据是继承人与被继承人之间存在血缘关系、婚姻关系和收养关系。例如将配偶规定为法定继承人，其根据是存在婚姻关系；规定父母、子女、兄弟姐妹、祖父母、外祖父母为法定继承人，其根据是存在血缘关系。②法定继承中的法定继承人范围、法定继承人顺序、继承份额以及遗产分配原则等均由法律予以具体规定。

二、法定继承的适用范围

　　《民法典》第1123条规定："继承开始后，按照法定继承办理；有遗嘱的，按照遗嘱继承或者遗赠办理；有遗赠扶养协议的，按照协议办理。"具体而言，法定继承适用于下列情形：

　　1. 被继承人生前未立遗嘱的，适用法定继承。所立遗嘱未处分其全部遗产的，未受遗嘱处分的遗产，适用法定继承（《民法典》第1154条第5项）。

　　2. 被继承人生前所立遗嘱无效或部分无效。遗嘱无效部分所涉及的遗产，适用法定继承（《民法典》第1154条第4项）。

　　3. 遗嘱继承人放弃继承或受遗赠人放弃遗赠的，放弃继承或放弃遗赠所涉及的遗产，适用法定继承（《民法典》第1154条第1项）。

　　4. 遗嘱继承人丧失继承权或受遗赠人丧失受遗赠权的，继承权或受遗赠权丧失所涉及的遗产，适用法定继承（《民法典》第1154条第2项）。

　　5. 遗嘱继承人或受遗赠人先于被继承人死亡或终止的，该遗嘱无效，被继承人的遗产适用法定继承（《民法典》第1154条第3项）。

第二节 法定继承人的范围和顺序

一、法定继承人的范围

法定继承人的范围，指适用法定继承方式时，哪些人可以作为死者遗产的继承人。依《民法典》规定，法定继承人的范围是：被继承人的配偶、子女、父母、兄弟姐妹、祖父母、外祖父母，以及死于被继承人之前的子女的直系卑亲属、对公婆或岳父母尽了主要赡养义务的儿媳或女婿。

（一）配偶

男女双方因结婚而成为夫妻，夫妻双方互为配偶。夫妻是组成家庭的基本成员，相互之间存在最密切的人身关系和财产关系。因此《民法典》第 1061 条规定："夫妻有相互继承遗产的权利。"第 1127 条明确规定配偶为第一顺位的法定继承人。

（二）子女

子女与被继承人有着最亲近的直系血亲关系，父母子女之间不仅存在着血缘关系，而且有着极为密切的人身关系和财产关系。因此，子女理所当然应规定为法定继承人。

继承制度的子女，包括婚生子女、非婚生子女、养子女和有扶养关系的继子女（《民法典》第 1127 条第 3 款）。

1. 婚生子女。婚生子女指具有合法婚姻关系的夫妻所生育的子女。根据继承权男女平等的原则，子女作为法定继承人，其继承权不受性别、年龄的限制，也没有已婚和未婚、婚生和非婚生等区别。子女对父母的遗产都享有同等的继承权。因父母离婚而由一方扶养的子女，对没有抚养他的父亲或母亲的遗产仍然享有继承权。

关于胎儿，《民法典》第 16 条规定："涉及遗产继承、接受赠与等胎儿利益保护的，胎儿视为具有民事权利能力。但是，胎儿娩出时为死体的，其民事权利能力自始不存在。"第 1155 条规定："遗产分割时，应当保留胎儿的继承份额。胎儿娩出时是死体的，保留的份额按照法定继承办理。"依此规定，胎儿正常出生者，亦为继承人，享有继承权。

2. 非婚生子女。非婚生子女指没有婚姻关系的父母所生育的子女。《民法典》第 1071 条第 1 款规定："非婚生子女享有与婚生子女同等的权利，任何组织或者个人不得加以危害和歧视。"

3. 养子女。养子女是指与被继承人在生前依据法律规定的条件和程序确定了收养关系的人。养子女与养父母为拟制血亲关系。《民法典》第 1111 条规定："自收养关系成立之日起，养父母与养子女间的权利义务关系，适用本法关于父母子女关系的规定；养子女与养父母的近亲属间的权利义务关系，适用本法关于子女与父母的近亲属关系的规定。养子女和生父母以及其他近亲属间的权利和义务，因收养关系的成立而消除。"依此规定，收养关系一经成立，即产生两个法律后果：①确立了养父母子女的权利义务关系，养子女对养父母的财产有继承权；②解除了养子女与亲生父母之间的权利义务关系，养子女对自己的亲生父母的遗产不再享有继承权。收养关系一经解除，养子女与养父母之间的权利义务关系也同时终止，对养父母的遗产不再享有继承权，包括与养父母以外的其他亲属之间的权利义务关系也终止。收养关系解除，就可以重新恢复与生父母的权利义务关系，他可以继承生父母的遗产，但不能继承养父母的遗产。在法律适用时，应当把收养与寄养分开，寄养是寄养人把子女委托他人代为扶养，不论时间多长，被寄养人与受托寄养人之间不建立收养关系，他们之间也无继承关系。

4. 继子女。继子女是指妻与前夫或夫与前妻所生的子女。继父母与继子女之间的关系，是子女因父母一方死亡，他方再行结婚，或因父母离婚，一方或双方再行结婚而形成的。继父母与继子女之间是一种姻亲关系，而不是血缘关系。《民法典》第 1072 条第 2 款规定："继父或者继母和受其抚养教育的继子女间的权利义务关系，适用本法关于父母子女关系的规定。"依此规定，继父或继母同继子女形成扶养教育关系的，才发生法律效力。继子女与继父母之间是否有相互继承遗产的权利，取决于继子女与继父母有无共同生活、形成扶养、赡养关系。

与继父或继母存在扶养、教育关系的继子女，在享有继承继父或继母遗产权利的同时，能否继承其生父、生母遗产的问题，《继承编司法解释》第 11 条规定："继子女继承了继父母遗产的，不影响其继承生父母的遗产。继父母继承了继子女遗产的，不影响其继承生子女的遗产。"因为父母婚姻关系的改变，不影响与子女间的血缘关系，他们具有双重继承权。这是继子女与养子女在继承上的不同。

（三）父母

依《民法典》第 1127 条第 4 款规定，继承制度上的父母，包括生父母、养父母和形成扶养关系的继父母。

（四）兄弟姐妹

依《民法典》第 1127 条第 5 款规定，继承制度上的兄弟姐妹，包括同父母的兄弟姐妹、同父异母或者同母异父的兄弟姐妹、养兄弟姐妹、有扶养关系的继兄弟姐妹。

（五）祖父母、外祖父母

祖父母、外祖父母与孙子女、外孙子女之间，在家庭关系中是除父母子女以外最近的直系血亲。他们相互间的扶养义务次于父母子女。《民法典》第 1074 条规定："有负担能力的祖父母、外祖父母，对于父母已经死亡或者父母无力抚养的未成年孙子女、外孙子女，有抚养的义务。有负担能力的孙子女、外孙子女，对于子女已经死亡或者子女无力赡养的祖父母、外祖父母，有赡养的义务。"依《民法典》第 1127 条第 1 款第 2 项规定，祖父母、外祖父母为孙子女、外孙子女遗产的第二顺序继承人。此外，在有第一顺序继承人，而祖父母、外祖父母对孙子女、外孙子女扶养较多之情形，祖父母、外祖父母可依《民法典》第 1131 条的规定，请求分得适当遗产。[1]

（六）丧偶儿媳和丧偶女婿

儿媳与公婆、女婿与岳父属姻亲关系，无血缘上的联系，相互间本无法律上的权利义务关系。《民法典》基于权利义务一致原则，于第 1129 条规定："丧偶儿媳对公婆，丧偶女婿对岳父母，尽了主要赡养义务的，作为第一顺序继承人。"司法实践中，关于如何认定丧偶儿媳和丧偶女婿是否尽了主要赡养义务，一般应从三方面综合来考虑：①在经济上对被继承人进行扶助、供养；②在生活上对被继承人进行照顾；③对被继承人的赡养必须是长期的、经常的。丧偶儿媳或女婿作为第一顺序法定继承人，享有对公、婆或者岳父、岳母遗产的继承权，不管他们是否再婚，都可作为第一顺序继承人，他们继承后，并不影响其子女的代位继承权。如果儿媳或女婿丧偶后，对公、婆或岳父、岳母断绝了赡养扶助关系的，就不能以儿媳或女婿的身份继承公、婆或岳父、岳母的遗产。

---

[1] 值得说明是，《民法典》只规定祖父母、外祖父母为第二顺序的法定继承人，而没有将孙子女、外孙子女也规定为第二顺序的法定继承人。其理由是，孙子女、外孙子女可基于代位继承，代替已故父或母，继承祖父母或外祖父母的遗产。

二、法定继承人的顺序

依《民法典》第 1127 条第 1 款规定，第一顺序的法定继承人是配偶、子女、父母；第二顺序的法定继承人是兄弟姐妹、祖父母、外祖父母。第 1129 条规定，丧偶儿媳对公、婆，丧偶女婿对岳父、岳母，尽了主要赡养义务的，作为第一顺序继承人。

继承开始后，由第一顺序继承人继承，第二顺序继承人不继承；没有第一顺序的继承人或者第一顺序的继承人全部放弃继承权或者被剥夺继承权时，第二顺序的继承人继承。

第三节 代位继承

一、代位继承的概念和特征

代位继承，指继承人先于被继承人死亡时，由继承人的晚辈直系血亲代替继承人继承被继承人遗产的一种继承方式。在代位继承中，先于被继承人死亡的继承人，称为被代位人，代替被代位人继承遗产的晚辈直系血亲，称为代位继承人。

依《民法典》第 1128 条规定，代位继承有两种情形：①在第一顺序继承时，被继承人的子女先于被继承人死亡的，由被继承人子女的晚辈直系血亲代位继承被继承人的遗产；②在第二顺序继承时，被继承人的兄弟姐妹先于被继承人死亡的，由被继承人兄弟姐妹的子女代位继承被继承人的遗产。

代位继承有以下法律特征：

1. 代位继承的发生，以被继承人的子女或兄弟姐妹先于被继承人死亡为要件。被继承人的其他继承人（例如配偶、父母、祖父母、外祖父母）先于被继承人死亡的，不发生代位继承。被继承人的子女或兄弟姐妹后于被继承人死亡的，也不发生代位继承。

2. 被代位人为被继承人的子女、兄弟姐妹或其晚辈直系血亲。依规定，代位继承人不受辈数的限制，被继承人子女或被继承人兄弟姐妹的子女、孙子女、外孙子女、曾孙子女、外曾孙子女，均可代位继承（参见《继承编司法解释》第 14 条）。

3. 代位人只能取得被代位人应得的继承份额。《民法典》第 1128 条第 3 款规定："代位继承人一般只能继承被代位继承人有权继承的遗产份额。"同时，《继承编司法解释》第 16 条规定："代位继承人缺乏劳动能力又没有生活来源，或者对被继承人尽过主要赡养义务的，分配遗产时，可以多分。"

4. 被代位人须有继承权。继承人丧失继承权的，其晚辈直系血亲不得代位继承。如该代位继承人缺乏劳动能力又没有生活来源，或者对被继承人尽赡养义务较多的，可以适当分给遗产（《继承编司法解释》第 17 条）。

5. 丧偶儿媳对公婆、丧偶女婿对岳父母，依《民法典》第 1129 条规定作为第一顺序继承人时，无论其是否再婚，均不影响其子女代位继承（《继承编司法解释》第 18 条）。

6. 代位继承只适用于法定继承，遗嘱继承不适用代位继承。其理由是：遗嘱受益人先于遗嘱人（被继承人）死亡的，遗嘱无效。

二、代位继承和转继承

转继承，指被继承人死亡后，继承人在实际取得遗产之前死亡，其应继承的份额转由其继承人继承。《民法典》第 1152 条规定："继承开始后，继承人于遗产分割前死亡，并没有放弃继承的，该继承人应当继承的遗产转给其继承人，但是遗嘱另有安排的除外。"实际接受遗产的是死亡继承人的继承人，称为转继承人。转继承的发生条件是：①继承人在被继承人死亡后，遗产分割前死亡；②继承人生前未放弃继承权或未被剥夺继承权。

代位继承与转继承有以下主要区别：

1. 事实基础不同。代位继承是基于继承人先于被继承人死亡的事实而发生；转继承基于继承人在被继承人死亡后、取得遗产前死亡的事实而发生。

2. 继承人死亡的时间不同。代位继承中，继承人在继承开始前死亡；转继承中，继承人在继承开始后死亡。

3. 继承主体不同。代位继承人为继承人的晚辈直系血亲；转继承人为继承人的继承人。

4. 适用的范围不同。代位继承只适用于法定继承，不适用于遗嘱继承；转继承既适用法定继承，也适用遗嘱继承。

■思考题

1. 简述我国法定继承的特点。
2. 简述《民法典》关于法定继承人范围的规定。
3. 简述《民法典》关于法定继承人继承顺序的规定。
4. 简述代位继承和转继承的区别。

■参考书目

1. 杨立新：《婚姻家庭与继承法》，法律出版社 2021 年版。
2. 张伟：《婚姻家庭继承法学》，法律出版社 2021 年版。
3. 史尚宽：《继承法论》，中国政法大学出版社 2000 年版。
4. 王泽鉴：《民法概要》，中国政法大学出版社 2003 年版。

第三十七章　遗嘱继承和遗嘱

■ 学习目的和要求

　　本章重点是遗嘱继承的概念和特征，遗嘱的形式、内容和有效条件，遗嘱的变更、撤销和执行。难点是有效遗嘱的认定。

第一节　遗嘱继承概述

一、遗嘱继承的概念和特征

　　遗嘱继承，指继承人按照被继承人生前所立有效遗嘱继承被继承人的遗产。订立遗嘱的人为遗嘱人，遗嘱指定的继承人为遗嘱继承人。在遗嘱中，遗嘱人可以指定其继承人及继承遗产的种类、数额。

　　遗产继承的特点主要是：①遗嘱继承须有两个法律事实，即被继承人（遗嘱人）死亡和被继承人立有合法有效的遗嘱；②遗嘱继承中有关遗嘱继承的范围、顺序、继承人的遗产份额等内容均由遗嘱来确定；③遗嘱继承人为法定继承人中的一人或数人。

二、遗嘱自由原则及其限制

　　遗嘱自由是指被继承人生前通过遗嘱的方式处分自己财产所有权的自由。遗嘱人通过订立遗嘱可以变更法定继承人的继承顺序和继承份额，甚至还可以取消法定继承人的继承权，将遗产赠与法定继承人以外的人，或者赠给国家等。

　　但遗嘱自由并非受限制，主要限制是：①遗嘱不得违反宪法和法律；②遗嘱不得违背公序良俗；③遗嘱不得剥夺缺乏劳动能力又没有生活来源的继承人的继承份额（《继承编司法解释》第25条）。

第二节　遗嘱及其形式、内容和有效条件

一、遗嘱的概念和特征

　　遗嘱是立遗嘱人生前在法律允许的范围内，按照法律规定的方式处分自己的财产或其他事务，并于遗嘱人死后发生法律效力的法律行为。

　　遗嘱有以下主要特征：

　　1. 遗嘱是单方法律行为。遗嘱人订立遗嘱，无需取得他人同意，遗嘱的内容也无需征求他人意见或取得他人同意。遗嘱人生前可自由撤销或变更其遗嘱。

　　2. 遗嘱为遗嘱人的真实意思表示。因此，遗嘱须由遗嘱人本人作出，其他人不能代理。所谓代书遗嘱，仍为遗嘱人本人的意思表示，遗嘱代书人代书遗嘱时须全面、客观、真实

反映遗嘱人的意思，而不能有任何自己的意思。

3. 遗嘱人须有完全行为能力。遗嘱人在订立遗嘱时须有完全行为能力。限制行为能力和无行为能力人，不得订立遗嘱。

4. 遗嘱是遗嘱人死后生效的法律行为。遗嘱是遗嘱人生前作成的意思表示，但只有到遗嘱人死亡后才发生法律效力，具有法律上的执行效力。

5. 遗嘱是要式法律行为。遗嘱人必须是按照法律规定的遗嘱形式订立遗嘱，否则无效。

二、遗嘱的形式

为保证遗嘱的合法性、真实性和有效性，避免或减少遗嘱纠纷，《民法典》对遗嘱的形式做了具体规定。

1. 自书遗嘱，指遗嘱人生前亲笔书写的遗嘱。自书遗嘱须由遗嘱人亲笔书写，签名，并注明年、月、日（《民法典》第1134条）。依《继承编司法解释》第27条规定："自然人在遗书中涉及死后个人财产处分的内容，确为死者的真实意思表示，有本人签名并注明了年、月、日，又无相反证据的，可以按自书遗嘱对待。"

2. 代书遗嘱，指由遗嘱人口述，请别人代为书写的遗嘱。遗嘱人亲自书写遗嘱确有困难的，可由他人代书。为了保证代书人所书写的遗嘱确实体现遗嘱人的真实意愿，代书遗嘱时应当有两个以上见证人在场见证，由其中一人代书，并由遗嘱人、代书人和其他见证人签名，注明年、月、日（《民法典》第1135条）。

3. 打印遗嘱，指遗嘱内容由打印机等机器设备打印而成的遗嘱。打印遗嘱的文本，无论由遗嘱人本人或者由他人作成，均须有两个以上见证人在场见证。遗嘱人和见证人应当在遗嘱每一页签名，注明年、月、日（《民法典》第1136条）。

4. 录音录像遗嘱，录音录像遗嘱分为录音遗嘱和录像遗嘱。录音遗嘱指遗嘱人口述遗嘱内容并以录音方式记录而形成的遗嘱。录像遗嘱指遗嘱人表达遗嘱内容并以录像方式记录而形成的遗嘱。《民法典》第1137条规定："以录音录像形式立的遗嘱，应当有两个以上见证人在场见证。遗嘱人和见证人应当在录音录像中记录其姓名或者肖像，以及年、月、日。"

5. 口头遗嘱，指遗嘱人用口头表述的遗嘱。口述的遗嘱容易发生纠纷，因此采用这种形式，在法律上有严格限制。《民法典》第1138条规定："遗嘱人在危急情况下，可以立口头遗嘱。口头遗嘱应当有两个以上见证人在场见证。危急情况消除后，遗嘱人能够以书面或者录音录像形式立遗嘱的，所立的口头遗嘱无效。"

6. 公证遗嘱，指遗嘱人经公证机构办理的遗嘱。

在上述遗嘱形式中，代书遗嘱、打印遗嘱、录音录像遗嘱和口头遗嘱都要求两个以上见证人在场见证，见证人的证明直接关系到遗嘱的效力。为保证这几种遗嘱的真实性，下列人员不能作为遗嘱见证人：①无行为能力人、限制行为能力人；②继承人、受遗赠人；③与继承人、受遗赠人有利害关系的人（《民法典》第1140条）。与继承人、受遗赠人有利害关系的人包括继承人、受遗赠人的近亲属、子女、与继承人或受遗赠人有财产上权利义务关系的其他人，如债权人、债务人、合伙人及其他与继承人、受遗赠人有利害牵连的人。

三、遗嘱的内容

遗嘱一般包括以下内容：①指定遗嘱继承人或受遗赠人；②确定分配继承人继承财产的数额或赠与的数额；③指明某项财产的用途或使用的目的；④遗嘱人对遗嘱继承人或受遗赠人附加的义务；⑤指定遗嘱执行人；⑥设立遗嘱的时间、地点。遗嘱内容须合法、具体、明确，以免发生歧义。

四、遗嘱的有效条件

遗嘱的有效条件是指遗嘱发生法律效力应具备的条件。遗嘱有效须符合下列要件：

1. 遗嘱人在立遗嘱时须有完全行为能力。无行为能力人或限制行为能力人所立遗嘱无效（《民法典》第1143条第1款）。立遗嘱人有无完全行为能力是以遗嘱人订立遗嘱时为准。

2. 遗嘱须为遗嘱人的真实意思表示。受胁迫、欺骗所立的遗嘱无效。伪造的遗嘱无效。遗嘱被篡改的，篡改的内容无效（《民法典》第1143条第2款至第4款）。

3. 遗嘱内容须合法、不违背公序良俗。违反法律或公序良俗的遗嘱无效。《民法典》第1141条规定："遗嘱应当为缺乏劳动能力又没有生活来源的继承人保留必要的遗产份额。"《继承编司法解释》第25条规定："遗嘱人未保留缺乏劳动能力又没有生活来源的继承人的遗产份额，遗产处理时，应当为该继承人留下必要的遗产，所剩余的部分，才可参照遗嘱确定的分配原则处理。"第26条规定："遗嘱人以遗嘱处分了国家、集体或者他人财产的，应当认定该部分遗嘱无效。"

4. 遗嘱的形式须合法。遗嘱是要式的法律行为，不符合法律规定形式的遗嘱无效。

第三节　遗嘱的撤回、变更和执行

一、遗嘱的撤回和变更

《民法典》第1142条第1款规定："遗嘱人可以撤回、变更自己所立的遗嘱。"遗嘱的撤回，指遗嘱人取消所立的整个遗嘱。遗嘱的变更，指遗嘱人在遗嘱设立后对遗嘱作出修改。遗嘱人订立遗嘱后，可能会因种种原因，改变其当初立遗嘱时的意愿。法律允许并保障遗嘱人撤回、变更自己所立的遗嘱，是遗嘱自由原则的必然要求。遗嘱的撤回或变更，与遗嘱的订立一样，必须由遗嘱人亲自进行，不得由他人代理。

撤回或变更遗嘱有两种方式：①明示方式，例如对所立遗嘱注明"废弃""无效""取消"等字样，或者将所立遗嘱直接销毁等。②推定方式，例如遗嘱人在订立遗嘱后，实施与遗嘱内容相反的民事法律行为者，视为对遗嘱相关内容的撤回，又如遗嘱人前后立有数份遗嘱，且内容相互抵触时，推定遗嘱人以最后一份遗嘱撤回或变更其他遗嘱（参见《民法典》第1142条第2款和第3款）。

二、遗嘱的执行

遗嘱的执行，指遗嘱人死亡后，由特定人按照遗嘱人所立遗嘱的内容对财产进行分割，以实现遗产的转移。为保证遗嘱在遗嘱人死亡后得到切实执行，《民法典》第1133条第1款规定，遗嘱人可以指定遗嘱执行人。遗嘱人可在遗嘱中指定继承人中的一人或数人、继承人以外的一人或数人以及遗嘱人生前所在单位或继承开始地点的基层组织（例如居民委员会、村民委员会）作为遗嘱执行人。遗嘱执行人须为完全行为能力人。遗嘱自遗嘱人死亡之日起开始执行。遗嘱执行人在执行遗嘱时，应当遵守法律、办事公正，并体现遗嘱人的意志，任何人不得妨碍和干涉。遗嘱执行人执行遗嘱时违背法律规定和遗嘱内容者，遗嘱继承人和受遗赠人可提起诉讼，要求解除其职务。遗嘱执行人对因其过错所致之财产损失，应负担赔偿责任。

■思考题

1. 试述遗嘱继承与法定继承的关系与区别。
2. 简述我国对遗嘱自由的限制。

3. 遗嘱应具备哪些有效条件?
4. 简述《民法典》关于遗嘱形式的规定。
5. 试述遗嘱的撤回和变更。
6. 试述遗嘱的执行。

■参考书目

1. 杨立新:《婚姻家庭与继承法》,法律出版社 2021 年版。
2. 张伟:《婚姻家庭继承法学》,法律出版社 2021 年版。
3. 史尚宽:《继承法论》,中国政法大学出版社 2000 年版。
4. 王泽鉴:《民法概要》,中国政法大学出版社 2003 年版。

第三十八章　遗赠、遗托和遗赠扶养协议

■ 学习目的和要求

　　重点是遗赠、遗托的概念和特点及其与遗嘱继承、赠与的区别；遗赠扶养协议的性质和特点及其与遗赠的区别。难点是遗赠扶养协议的法律效力。

第一节　遗赠概述

一、遗赠的概念和特征

　　遗赠，指自然人订立遗嘱将其个人财产的一部分或全部赠与国家、集体组织或法定继承人以外的其他人，并在遗嘱人死后发生法律效力的法律行为。《民法典》第 1133 条第 3 款规定："自然人可以立遗嘱将个人财产赠与国家、集体或者法定继承人以外的组织、个人。"在遗赠中，立遗嘱人为遗赠人，遗嘱所指定接受遗赠财产的人为受遗赠人，也称遗赠受领人。

　　遗赠的特征主要是：

　　1. 遗赠是单方的、要式的法律行为。遗赠仅须遗赠人单方的意思表示即可成立并具有法律效力。遗赠须以遗嘱的方式为之。遗赠人生前可撤销或变更其遗赠。对遗赠，受遗赠人可以接受，也可以拒绝。

　　2. 遗赠是无偿法律行为。遗赠人将财产遗赠他人，不以取得对价为条件。遗赠人在遗赠中虽有时也附加某种义务，但这不是遗赠的对价。

　　3. 遗赠是死因法律行为。遗赠虽为遗赠人生前所作出，但只在遗嘱人死后才发生法律效力。

　　4. 受遗赠人是国家、集体或法定继承人以外的组织或个人。

二、遗赠与遗嘱继承的区别

　　遗赠与遗嘱继承有以下区别：

　　1. 遗赠受领人与遗嘱继承人的范围不同。受遗赠人是国家、集体或法定继承人以外的组织或个人，遗嘱继承人是法定继承人中的一人或数人。

　　2. 受遗赠与遗嘱继承的接受、放弃的规定不同。依《民法典》第 1124 条第 2 款规定，受遗赠人应当在知道受遗赠后 60 日内，作出接受或放弃受遗赠的表示。到期没有表示的，视为放弃受遗赠。在遗嘱继承中，遗嘱继承人在继承开始后、遗产处理前，没有表示放弃的，视为接受继承。

三、遗赠与赠与的区别

遗赠与赠与有以下区别：

1. 法律行为的性质不同。遗赠是单方法律行为，赠与是双方法律行为。

2. 发生效力的时间不同。遗赠是死后生效的法律行为（死因法律行为）。赠与是生前生效的法律行为。

3. 意思表示的方式不同。遗赠是要式法律行为，赠与是不要式法律行为。

第二节　遗　托

遗托，指遗嘱人在遗嘱中对遗嘱继承人或遗赠受领人附加提出的某种必须履行的义务。遗赠与遗托都是以遗嘱方式作出的，但遗赠是遗嘱人指定将其财物赠与他人，而遗托是遗嘱人在遗嘱中对遗嘱继承人或受遗赠人提出必须履行的某项附加义务的要求。

遗托的法律特征是：

1. 遗托具有附随性。遗托是遗嘱继承和遗赠的附加义务，它不是一项独立的义务。遗嘱人只有授予遗嘱继承和受遗赠人以遗嘱继承权和受遗赠权，才能要求遗嘱继承人和受遗赠人履行遗托义务。即遗托附随于遗嘱继承权和受遗赠权。

2. 履行遗托义务是接受遗产和接受遗赠的前提条件。履行遗托义务是有条件的，遗嘱继承人或遗赠受领人只有在接受了遗产或遗赠时，才应当履行遗嘱人附加的义务。

3. 遗托是必须履行的，具有不可免除性。只要遗托的内容不违反法律和社会主义道德，而且能履行，那么，接受了遗嘱继承的遗嘱继承人和接受遗赠的受遗赠人就必须履行遗嘱人所指定的遗托义务。

《民法典》第 1144 条规定："遗嘱继承或者遗赠附有义务的，继承人或者受遗赠人应当履行义务。没有正当理由不履行义务的，经利害关系人或者有关组织请求，人民法院可以取消其接受附义务部分遗产的权利。"

第三节　遗赠扶养协议

一、遗赠扶养协议的概念与特征

遗赠扶养协议，指遗赠人与扶养人间订立的关于扶养人承担遗赠人生养死葬的义务，遗赠人的财产在其死后转归扶养人所有的协议。《民法典》第 1158 条规定："自然人可以与继承人以外的组织或者个人签订遗赠扶养协议。按照协议，该组织或者个人承担该自然人生养死葬的义务，享有受遗赠的权利。"

遗赠扶养协议的法律特征是：

1. 遗赠扶养协议的主体。遗赠人是自然人，一般多为孤寡老人，没有法定赡养人，或者虽有子女，但不在其身边，不能尽赡养义务等。扶养人可以是自然人，也可以是组织。

2. 遗赠扶养协议是双务、有偿法律行为。遗赠扶养协议属于有偿法律行为，其有偿性表现在扶养人接受遗赠财产，以对遗赠人进行扶养为代价，但扶养人付出的代价不一定与取得的遗产价值相等。

3. 遗赠扶养协议是生前法律行为与死后法律行为的统一。生前法律行为是指双方当事人签订协议，并履行协议规定的扶养义务，这些行为都是在生前进行的；死后法律行为是指必须等到遗赠人死后才能将遗产转移给扶养人，扶养人在遗赠人生前不得提出取得遗赠财产的要求。

4. 遗赠扶养协议的法律效力优先于遗嘱。《民法典》第 1123 条规定："继承开始后，按照法定继承办理；有遗嘱的，按照遗嘱继承或者遗赠办理；有遗赠扶养协议的，按照协议办理。"《继承编司法解释》第 3 条规定："被继承人生前与他人订有遗赠扶养协议，同时又立有遗嘱的，继承开始后，如果遗赠扶养协议与遗嘱没有抵触，遗产分别按协议和遗嘱处理；如果有抵触，按协议处理，与协议抵触的遗嘱全部或者部分无效。"

二、遗赠扶养协议双方当事人的权利和义务

遗赠扶养协议一经订立，就受到法律的约束，双方都必须严格遵守，按照协议的约定履行，任何一方不能随意变更或撤销协议。擅自撕毁协议的一方，如给对方造成损失的，应负赔偿损失的责任。扶养人应按协议履行对遗赠人生养死葬的义务，妥善安排遗赠人的生活。扶养人不得虐待被扶养人，也不得随意中断对被扶养人的扶养、照顾。扶养人无正当理由不履行协议，致使协议解除的，不能享有受遗赠的权利，其支付的供养费用一般不予补偿（《继承编司法解释》第 40 条前半段）。如有正当理由需要解除协议的，应事先通知被扶养人，并对被扶养人的短期内的生活作出妥善安排。扶养人按照协议切实履行自己的扶养义务后，有权按协议的约定取得被扶养人遗赠的财产。

被扶养人应当恪守协议，不得私自改变协议的内容。被扶养人不得将已在协议中约定为遗赠内容的财产，再用遗嘱等方式进行处分，被扶养人确有理由要求解除协议的，也应与扶养人协商，合情合理地解决。被扶养人应根据扶养人已按照协议所尽扶养义务的实际情况，给予扶养人适当的经济补偿。被扶养人无正当理由不履行协议，致使协议解除的，则应偿还扶养人在履约中已支付的供养费用（《继承编司法解释》第 40 条后半段）。如果出现扶养人先于被扶养人死亡或者丧失扶养能力等情况，被扶养人可以提出要求终止履行遗赠扶养协议。

三、遗赠扶养协议与遗赠的区别

1. 遗赠扶养协议是双方法律行为，遗赠是单方法律行为。
2. 遗赠扶养协议是有偿法律行为，遗赠是无偿法律行为。
3. 遗赠扶养协议兼有生前法律行为与死后法律行为的性质，遗赠是死后法律行为。

■思考题

1. 简述遗赠和遗嘱继承的区别。
2. 简述遗赠和遗赠扶养协议的区别。
3. 简述遗赠扶养协议的法律效力。

■参考书目

1. 杨立新：《婚姻家庭与继承法》，法律出版社 2021 年版。
2. 张伟：《婚姻家庭继承法学》，法律出版社 2021 年版。
3. 史尚宽：《继承法论》，中国政法大学出版社 2000 年版。
4. 王泽鉴：《民法概要》，中国政法大学出版社 2003 年版。

第三十九章　有关继承的其他问题

第一节　继承的开始

一、继承开始的时间

《民法典》第 1121 条第 1 款规定："继承从被继承人死亡时开始。"因此被继承人死亡的时间也就是继承开始的时间。所称死亡，包括生理死亡和宣告死亡（《继承编司法解释》第 1 条第 1 款）。在被继承人生理死亡之情形，其死亡时间，以有关部门开具的死亡证明确认的死亡的时间为准。在被继承人受死亡宣告之情形，以人民法院宣告死亡的判决作出之日，视为其死亡的日期；因意外事件下落不明宣告死亡的，意外事件发生之日视为其死亡的日期（《继承编司法解释》第 1 条第 2 款、《民法典》第 48 条）。

相互有继承关系的数人在同一事件中死亡，且各人的死亡时间难以确定时，应如何认定其继承关系（死亡先后）？对此，《民法典》第 1121 条第 2 款规定："……推定没有其他继承人的人先死亡。都有其他继承人，辈份不同的，推定长辈先死亡；辈份相同的，推定同时死亡，相互不发生继承。"

继承开始的时间具有重要意义。继承的地点、继承人的范围、遗产的范围、遗产价值以及遗产的具体分配和 20 年诉讼时效的起算时间等均以继承开始的时间为准。此外，《民法典》第 230 条规定："因继承取得物权的，自继承开始时发生效力。"

二、继承地点

《民法典》对继承地点未作规定。通常是被继承人生前的最后住所地或主要遗产所在地（如在最后住所地无主要遗产，死者最后住所不明等情况下）。继承地点是继承人和受遗赠人行使继承权、受遗赠权，实际取得遗产的场所。

确定继承地点，有利于调查被继承人的遗产，便于继承人继承遗产，发生纠纷后便于确定诉讼管辖。《民事诉讼法》第 33 条第 3 项规定："因继承遗产纠纷提起的诉讼，由被继承人死亡时住所地或者主要遗产所在地人民法院管辖。"

被继承人死亡时，继承开始，有的继承人、受遗赠人或遗嘱执行人可能还不知道被继承人已经死亡或者由于各种原因不能及时继承，由知道被继承人死亡的其他继承人或被继承人生前所在单位或住所地的居民委员会、村民委员会及时通知。同时，要对遗产采取保护和管理措施，以保证遗产不受损害，防止遗产被隐匿或盗窃。因保管遗产所支出的保管费，由遗产予以支付。

第二节　遗产的概念和范围

一、遗产的概念

遗产，指自然人死亡时遗留的个人合法财产（《民法典》第 1122 条第 1 款）。

遗产具有以下法律特征：

1. 遗产是指自然人死亡时遗留的财产。在确定死者遗产范围时，对死者家庭共有财产应进行分割，属于死者应得的部分财产，才能列为遗产进行继承。

2. 遗产是自然人遗留的财产。作为继承法律关系的客体只能是财产，包括所有权、债权、知识产权、股权等。

3. 遗产是自然人死亡时尚有的财产。只有自然人死亡时遗留的财产才是遗产。公民生前已处分的财产，因其已移属他人所有而不能再作为遗产。遗产必须是自然人生前个人的合法财产，非法占有国家、集体和他人的财产以及非法收入等不能作为遗产。

二、遗产的范围

1. 公民的收入。主要包括公民的工资、奖金、存款及利息；其他合法劳动的收入；以及接受赠与、继承等所得的财产。它还包括公民从事智力创作等活动所获得的收入。

2. 公民的房屋、家具和生活用品。房屋是我国公民的最主要、最基本的生活资料。公民的房屋是指地上建筑部分，并不包括房屋下的宅基地。公民对宅基地只有使用权，没有所有权，因此宅基地的所有权不能继承。家具和生活用品（包括公民个人的衣服、首饰、家用电器等日常用品）都属于遗产范围。

3. 公民的林木、牲畜和家禽。林木主要包括个人所有的宅旁、院内少数树木、果树或成片竹林，也包括个人所有的果园和树林等。当然都不包括土地，土地为公有。牲畜是指公民自己饲养的马、牛、羊、猪等。家禽是指自然人自己喂养的鸡、鸭、鹅等。

4. 公民的文物、图书资料。文物是指公民自己收藏的书画、古玩、艺术品等。文物可以继承，但必须遵守我国《文物保护法》的有关规定。严禁倒卖文物牟利，严禁将文物私自卖给外国人。图书资料是指书籍、手稿、笔记、研究成果等，由于属于个人所有，当然可以继承。如果图书资料涉及国家机密的，应按国家有关保密的规定处理。

5. 法律允许公民所有的生产资料。一般指国家法律和政策允许从事工商经营的公民或农村集体组织成员拥有的汽车、拖拉机、船舶等各种运输工具以及各种机器、饲养设备等。它还包括华侨、港澳同胞、外国人在我国内地投资所拥有的各类生产资料。

6. 公民的著作权、专利权中的财产权利。一般指公民基于著作权、发明权、发现权、技术革新、合理化建议等所获得的财产权利，允许其合法继承人继承，并受到法律保护。但这些权利是有期限限制的。

7. 公民的其他合法财产。主要指国库券、债券、支票、股票等有价证券和履行标的为财物的债权等。

在确定遗产范围时，应注意下列财产不能作为遗产：

1. 共有财产中属于其他人的财产。与被继承人生前共有的财产主要有：夫妻共有财产、家庭共有财产和合伙共有财产。在确定遗产的范围时，应将遗产与其他成员的个人财产区别开来，不能把共有财产中属于其他成员的个人财产当作遗产进行分配。在共有财产中属于被继承人的财产部分可作为遗产。因此，无论哪一种形式的共有都不能将共有财产作为遗产处理，而要先进行分割，分出他人的财产，然后再确定遗产范围。《民法典》第1153条规定："夫妻共同所有的财产，除有约定的外，遗产分割时，应当先将共同所有的财产的一半分出为配偶所有，其余的为被继承人的遗产。遗产在家庭共有财产之中的，遗产分割时，应当先分出他人的财产。"

2. 房屋租赁权。房屋租赁权是指承租人与出租人双方由于签订房屋租赁合同而产生的承租人的房屋承租权。这种权利专属于合同当事人，不属于遗产范围，不能继承。如无特别规定或约定，承租人死亡时，合同即终止。如其继承人希望继续租赁关系的，双方可以签订新的房屋租赁合同。如果没有任何一方提出终止合同的，也可以视为合同继续有效。如果以家庭的名义与出租人签订合同的，户主的死亡并不影响其他家庭成员的承租权。

3. 复员、转业军人的资助金、复员费、转业费、医疗费。复员、转业军人从部队领回的资助金、复员费、转业费、医疗费，归复员、转业军人所有，一般不能作为家庭共有财产处理。复员、转业军人死亡时，上述费用尚存的应作为遗产转移给继承人。但如果上述费用已经全部用于家庭的共同生活，则不再作为遗产处理。

4. 抚恤金、保险金。国家发给因工伤残者和革命残废军人的抚恤费，归上述人个人所有。当他们死亡时，尚存余的部分可以作为遗产，由他们的继承人继承。职工因公死亡、革命军人牺牲或病故、公民因交通事故或其他事故死亡时，国家机关按照有关法律规定，给予死者家属的抚恤金和其他生活补助费，则是国家对死者家属的关怀和帮助，并非死者的遗产。

死者生前参加人身保险的，投保人因保险事故而死亡时，保险公司应按照规定给付保险金。那么保险金能否作为遗产来继承呢？如果在保险合同中投保人已指定了受益人，则由合同所指定的受益人收取保险金；如果没有指定受益人的，可以作为遗产，列入遗产范围，由死者的继承人继承。

此外，死者的遗体是否属于遗产，国内外学者众说纷纭，争议较大。主要有三种观点：一种观点认为，遗体是物，为被继承人死亡时遗留的个人财产，属于遗产的一部分，可以继承；另一种观点认为，遗体虽然是物，但不是所有权的标的，而是亲属埋葬权的标的，不属于遗产；还有一种观点认为，遗体不是物，也不是财产的所有权的标的，而是亲属埋葬权的标的，其最近亲属只能作出埋葬、管理等处分。

第三节　遗产管理人

遗产管理人，指在继承开始后负责处理与遗产有关事务的人。

一、遗产管理人的产生

依《民法典》第1145条和第1146条规定，遗产管理人的产生办法如下：

1. 被继承人生前立有遗嘱，且在遗嘱中指定遗嘱执行人的，继承开始后，遗嘱执行人即为遗产管理人。

2. 被继承人未指定遗嘱执行人的，继承开始后，继承人应及时推选遗产管理人。

3. 继承人未推选遗产管理人的，由全体继承人共同担任遗产管理人。

4. 没有继承人或者继承人均放弃继承的，由被继承人生前住所地的民政部门或者村民委员会担任遗产管理人。

5. 对遗产管理人的确定有争议的，由人民法院依利害关系人申请指定遗产管理人。

二、遗产管理人的职责

依《民法典》第1147条规定，遗产管理人应当履行下列职责：

1. 清理遗产并制作遗产清单；
2. 向继承人报告遗产情况；
3. 采取必要措施防止遗产毁损、灭失；
4. 处理被继承人的债权债务；
5. 按照遗嘱或者依照法律规定分割遗产；
6. 实施与管理遗产有关的其他必要行为。

遗产管理人应认真、公正履行职责，在履行职责过程中，故意或重大过失造成继承人、受遗赠人、债权人损害的，应当承担民事责任（《民法典》第1148条）。

二、遗产管理人的权利

遗产管理人的管理遗产，必然需要付出时间和精力。为此，《民法典》第1149条规定："遗产管理人可以依照法律规定或者按照约定获得报酬。"

第四节　遗产分割和债务清偿

一、遗产分割

遗产分割，指继承开始后，依法在各继承人之间进行遗产分配，使遗产实际转归各个继承人所有的行为。

关于遗产分割，需注意以下各点：

1. 有利生产和生活需要。《民法典》第1156条第1款规定："遗产分割应当有利于生产和生活需要，不损害遗产的效用。"对生产资料的分割要从有利于生产的目的出发，要考虑生产的需要和财产的用途，将生产资料尽量分配给具有生产经营能力的人。对生活资料，也要考虑继承人的实际需要，尽量将其分给有特殊需要的人，然后由接受该项遗产的人采取折价付款的方式予以补偿（《继承编司法解释》第42条）。

2. 遗产分割时，应保留胎儿的继承份额。如被继承人留有尚未出生的胎儿，依《民法典》第1155条规定："遗产分割时，应当保留胎儿的继承份额。胎儿娩出时是死体的，保留的份额按照法定继承办理。"如胎儿出生后死亡的，由婴儿的法定继承人继承。

3. 不能损害遗产的效用。对不宜分割的遗产，在分割时，可以采取折价、适当补偿或者共有等方法处理（《民法典》第1156条第2款）。

二、被继承人债务的清偿

遗产既包括财产权利，也包括财产义务。继承人继承被继承人遗留的财产权利，应同时承受被继承人遗留的财产义务。当然，继承人如果放弃继承，则对被继承人遗留的财产义务不负清偿的责任。《民法典》第1161条第2款规定："继承人放弃继承的，对被继承人依法应当缴纳的税款和债务可以不负清偿责任。"

《民法典》第1161条第1款规定："继承人以所得遗产实际价值为限清偿被继承人依法应当缴纳的税款和债务。超过遗产实际价值部分，继承人自愿偿还的不在此限。"依此规定，继承人对被继承人遗留的债务，只在被继承人的遗产实际价值范围内负责偿还，对于债务超过遗产的实际价值部分，不负清偿债务的责任，但继承人自愿偿还的不受限制。

关于被继承人债务的清偿，应注意下列各点：

1. 清偿被继承人债务时，应当将家庭债务和死者债务区分开来。前者是指被继承人生前以个人名义欠下的，但却是用于家庭生活需要的债务。家庭债务不能作为个人债务处理，应属于家庭成员的共同债务，由家庭成员的共同财产予以清偿；后者是指以死者个人名义，并且是为死者个人的需要欠下的债务，应列入被继承人的债务范围。

2. 清偿被继承人债务时，在继承人中，如有缺乏劳动能力又没有生活来源的人，应予以照顾。即使遗产不足清偿债务时，为了保障他们的必要生活费用，也应给他们保留必要的遗产，然后再依法清偿债务（《民法典》第1159条）。

3. 在同一继承法律关系中，既有法定继承又有遗嘱继承和遗赠的，如遗产已被分割，但尚未清偿债务时，偿还债务的顺序是：首先由法定继承人用其所得遗产清偿债务。不足清偿时，剩余的债务由遗嘱继承人和受遗赠人按比例用所得遗产予以偿还；如果只有遗嘱继承和遗赠的，由遗嘱继承人和受遗赠人按比例用所得遗产予以偿还。另外，在执行遗嘱中的遗赠时，不得妨碍清偿被继承人的税款和债务，只有在遗赠人的税款和债务都得以清偿，遗产还有剩余时，才能执行遗赠。

第五节　无人继承遗产的处理

无人继承的遗产，指公民死亡之后，既没有法定继承人，又无遗嘱继承人和遗赠受领人，生前又未订立遗赠扶养协议或全体继承人、受遗赠人都放弃继承权、受遗赠权等，其遗产即为无人继承的遗产。

对无人继承遗产的处理，《民法典》第1160条规定："无人继承又无人受遗赠的遗产，归国家所有，用于公益事业；死者生前是集体所有制组织成员的，归所在集体所有制组织所有。"《继承编司法解释》第41条规定，遗产因无人继承又无人受遗赠归国家或者集体所有制组织所有时，依《民法典》第1131条规定可以分给适当遗产的人提出取得遗产的诉讼请求，人民法院应当视情况适当分给遗产。

■思考题

1. 简述继承开始时间的法律意义。
2. 继承人继承遗产时，对被继承人的生前债务承担什么责任？
3. 简述遗产分割的原则和方法。

■参考书目

1. 杨立新：《婚姻家庭与继承法》，法律出版社2021年版。
2. 张伟：《婚姻家庭继承法学》，法律出版社2021年版。
3. 史尚宽：《继承法论》，中国政法大学出版社2000年版。
4. 王泽鉴：《民法概要》，中国政法大学出版社2003年版。